KB162503

우리말의 어원과 그 문화

— 우리말의 어원사전

米壽記念

우리말의 어원과 그 문화

- 우리말의 어원사전

박갑수

역락

사랑하는 英雅에게
감사하는 마음과 함께 이 冊을 바친다.

● 저자 근영

▲ 세종문화상(학술부문) 수상식에서(2015)

▲ 학회를 마치고 돈황(敦煌) 명사산(鳴沙山)에서(2010)

언어는 문화를 반영한다. 아니 언어와 문화는 표리관계를 지닌다. 문화가 내면을, 언어가 표면을 이룬다. 언어는 이렇게 사회, 제도, 풍속, 심상 등 모든 문화를 반영한다. 사람들은 문화의 독자적 반영체로서의 언어에 의해 생각을 하고, 또 생각한 바를 표현한다. 각자 그들 나름의 민족어(民族語)로 생각하고 표현하는 것이다.

우리는 입장(入丈)으로서의 장가를 들었고, 출가(出嫁)로서의 시집을 갔다. 결혼이나 혼인은 남녀의 결합이 아니라, 사돈(査頓)이란 친족관계를 맺는 것이었다. "사랑"이란 감싸는 애정이 아니라, 생각하는 것이었고, 그러노라면 그리워지고, 나아가 결과적으로 애정을 느껴 사랑하게 되는 그런 사랑이었다. 공부(工夫)라는 말도 열심히 학업을 닦으면 출세를 하게 되는 그런 공부이다. 일본처럼 궁리하는 "구후우(工夫)"이거나, 중국처럼 시간·기예·고심 따위를 의미하는 "꿍푸(工夫)"가 아니다.

따라서 민족어를 제대로 이해하려면 어원(語源) 내지 한자의 자원(字源)을 알아야 하고, 어휘의 변화에 대해 알아야 한다. 그래야 민족어를 제대로 운용할 수 있다. 그런데 불행히도 우리는 이 민족어의 어원을 파악하는 데에 어려움이 있다. 고려 이전의 우리말에 대한 기록이 거의 없기 때문에 고대의 우리말을 살피거나 재구(再構)할 수 없는 것이다. 그리하여 의식(衣食)을 나타내는 "옷, 집"만 하더라도 그 어원을 상고할 수가 없다. 물론 어느 나라 말이건 간에 그 말의 근원적 어원을 밝히기란 지난(至難)한 일이다. 그래서 서구어도 그 어원을 흔히 희랍, 라틴어까지 소급하는 데 그친다. 따라서 우리의 어원 연구는 흔히 전기 중세국어의 중간어원(中間語源)을 밝히는 정도까지만 거슬러 올라간다.

이 책에서는 우리말의 어원과 그 배경문화를 살펴보기로 하였다. 그러나 앞에서 언급한 바와 같이 본질적으로 난점이 도사리고 있다. 비교언어학적 연구도 고려하나 지난날의 언어 자료가 부족하여 그 성과를 거두지 못하고 있다. 따라서 여기서는 어원을 다루되 대체로 15세기의 문헌 기록까지의, 주로 중간어원의 어원의 천착에 머무르게 된다.

이 책에서는 우리의 고유어와 한자어 및 외래어의 어원을 다 살피게 될 것이다. 우리가 알아야 할 어휘의 기본적인 어원도 물론 다루게 된다. 그러나 그것보다는 지금까지 다루어지지 않은 어휘들의 어원과, 독창적 어원의 추구가 꾀해질 것이다. 따라서 여기서는 지금까지 해결하지 못한 어원이 밝혀지는가 하면, 종래의 어원이 새롭게 재해석되기도 할 것이다. 예를 들어 "도떼기 시장"을 "도(都)-떼기(購買)-시장(市場)"이라 분석한 것은 새롭게 어원을 밝힌 것이며, "널뛰기"를 "널(板)-뛰기(跳躍)"가 아닌, "널(板)-뒤기(反轉)"라 해석한 것은 종래의 설과는 다른, 새로운 해석을 한 것이다. 여기에는 이러한 독창적인 어원론이 도처에서 빛을 발할 것이다.

저자는 일찍 어원론에 관심을 가졌다. 그래서 제1논설집인 "국어의 표현과 순화론"(지학사, 1984) 이래 제5논설집인 "언어·문학·문화, 그리고 교육 이야기"(역락, 2015)에 이르는 논설집에서 어원 문제가 다루어졌다. 그리고 "사라진 말 살아남는 말"(서래헌, 1979), "우리말의 허상과 실상"(한국방송사업단, 1983), "국어의 오용과 순화"(한국방송사업단, 1984), 및 "우리말 바로 써야 한다, 1. 2. 3"(집문당 1955) 등의 책 곳곳에서 우리말의 어원을 고구한 바 있다. 2018년 1월부터는 "한글+漢字문화"에 어원을 본격적으로 천착해 발표하는 글을 연재하며, 2021년 말까지 4년을 게재하였다. 그래서 본서에는 이미 발표한 40여 편의 글과 새로 집필한 글 30여 편을 합쳐, 도합 72편의 글을 묶기로 하였다. 책의 이름은 "우리말의 어원과 그 문화"라 하고, 그 내용은 4부로 나누었다. 4부로의 분장은 포괄적·편의적인 것이다. 본서에는 "우리말의 어원사전"이란 부제를 달았다. 많은 어휘 색인을 붙였다. 필요한 말의 어원을 확인하시기 바란다.

　본서는 저자의 미수(米壽) 기념으로 간행한다. 저자는 그 동안 공저·편저 및 교과서를 제외한 단독 저서를 31종 총 35권을 간행하였고, 270여 편의 논문을 발표한 바 있다. 대표적인 저작으로는 "국어순화와 법률문장의 순화" 등 국어순화 관계 10여권, "현대문학의 문체와 표현" 등 문체론(文體論) 관계 서적 역시 10여권, "한국어교육학 총서" 전 5권 등 한국어교육 관계 연구서 예닐곱 권 등이 그것이다. 인생 80년을 부지런히 일하며 잘 살아온 것을 하느님께 감사한다. 그간 사랑을 베풀어 주신 주변의 모든 분들께도 이 기회를 빌려 감사의 인사를 드린다. 헌사에도 밝혔듯, 무엇보다 사랑하는 英雅에게 감사한 마음을 표한다. 그간 저자의 책들을 읽어 주신 독자 여러분께도 고맙다는 뜻을 전한다. 감사합니다.

2021년 6월 20일 瑞草書室에서

南川 씀

● 차례

제2부 문화적 배경과 어원

제3부 어휘의 인식과 명명

제4부 외래문화와 언어의 변용

제1부

일상생활과 언어문화

1. 말의 의미와 형식의 조화

말은 기호(記號)다. 말에는 형식과 내용이 있다. 말의 형식은 음성이고, 내용은 개념이다. 이들은 짝이 맞아야 한다. 그 중 어느 하나가 적절하지 않을 때 그 기호는 제 구실을 하지 못한다. 언어 기호는 형식과 개념이 제대로 조화되어야 한다. 이는 명명(命名)과 함께 운용할 때도 마찬가지다.

"개뿔"의 어원과 의미

사람은 무엇인가를 소유해야 한다. 아무것도 갖고 잊지 않다는 것은 슬픈 일이다. "개뿔도 없는 녀석"이라고 핀잔을 듣는 사람이라면 세상 살 맛이 나지 않을 것이다.

"개뿔도 없다"라는 말은 돈이나 명예 능력 따위를 전혀 갖고 있지 않다는 말이다. 그렇다면 "개뿔"이란 어떻게 된 말인가? 이는 어형으로 보아 "개"와 "뿔"로 분석될 말이다. "개"는 "개 견(犬)"의 "개"가 틀림이 없다. "뿔"은 "뿔 각(角)"자의 "뿔"인가? 개에게는 "뿔"이 없다. 그렇다면 이는 달리 보아야 하다. 사이시옷에 의한 된소리(硬音)를 생각할 수 있다. "개-ㅅ-불"이 "개뿔"로 되는 것이다.

우리 사전은 금기어, 특히 성(性)과 관련된 금기어를 표제어로 내걸고 있지 않다. 개의 신(腎)이나 신낭(腎囊)을 이르는 말도 표제어가 없다. 북(北)의 사전은 "개불"을 표제어로 내걸고 "①개의 불알. ②→개뿔"이라 풀이하고 있다. 북(北)의 사전에 보이듯, "개뿔"이란 "개불"이 변한 말이고, "개-ㅅ-불"이 "개뿔"이 된 말이라 하겠다.

"개뿔"은 "별 볼일 없이 하찮은 것을 경멸하는 태도로 속되게 이르는 말"이다. 북(北)에서는 "개뿔"을 "쥐뿔"과 같은 말로 보고, "쥐뿔"에서 "<아주 보잘것없는 것>을 비겨 이르는 말"이라 풀이하고 있다. 따라서 "개뿔"의 의미는 남북이 같다.

우리의 사전은 "개뿔"에서 "개뿔도 모르다, 개뿔도 아니다, 개뿔도 없다"란 관용어를 들고 이에 대한 풀이를 하고 있다. 여기서 "개뿔"의 어원이 "개-ㅅ-불"임이 좀 더 분명해진다. "개뿔도 없다"는 "돈이나 명예 능력 따위를 전혀 가지고 있지 아니하다"를 뜻하는 말이다. 따라서 "개뿔(犬角)"이란 애시당초 말이 안 되고, "구신(狗腎)"과 같이 변변치 못한 것, 하찮은 것을 의미한다. 그리고 "개뿔도 없다"는 이러한 "개의 불"도 가진 것이 없다고 경멸하는 말이다. 이러한 의미는 "개뿔도 모르다"나 "개뿔도 아니다"에 그대로 적용된다. "개뿔도 모르다"는 하찮은 구신(狗腎)도 모른다는 말이며, "개뿔도 아니다"는 "개뿔도 아닌 게 설친다"와 같이 변변찮은 구신만도 못한 존재라고 폄하하는 말이다. "개뿔"이 구신을 의미한다는 것은 "개뿔"을 "개좆"으로 대치해도 그 뜻이 같다는 데서도 확인된다.

"개뿔"은 북에서 동의어로 보듯 "쥐뿔"과 같은 뜻의 말이기도 하다. "쥐뿔"도 "쥐-ㅅ-불"이 벼한 말임은 물론이다. "쥐뿔"은 "개뿔"의 경우와 같이 "모르다, 없다"와 같이 쓰여 관용어를 이루는 외에 "쥐뿔만도 못하다, 쥐뿔이나 있어야지"와 같은 말도 있다. 이밖에 "쥐뿔이 나다"도 있는데, 이는 보잘 것 없는 사람이 같잖은 짓을 하다를 뜻한다. 또한 "쥐뿔같다"는 형용사와 "쥐뿔같이"란 부사도 있다. "쥐뿔같다"는 "쥐좆같다"와 같은 뜻의 말이다. "쥐불"은 "개불"보다 작고 보잘 것 없는 것일 테니 관용어도 "개뿔"보다 많다 하겠다.

"교포"와 "동포"의 의미와 용법

우리말에는 뜻이 비슷해 혼란이 빚어지는 말이 많다. "교포"와 "동포"라는 말도 이러한 것의 하나다.

중국에 살고 있는 조선족과 옛 소련에 살고 있는 고려인을 우리는 "교포"라 하기도 하고, "동포"라 하기도 한다. 과연 이렇게 말해도 좋은 것인가? 결론적으로 말해 "동포"라고 해야지, "교포"라 하면 안 된다.

"교포(僑胞)"라는 말은 "우거할 교(旅寓)", "태 포(胎衣)"자를 쓰는 한자말로, 이는 "다른 나라에 살고 있는 자국민"을 말한다. 이는 공식적으로는 "재외국민"이라 한다. 이에 대해 "동포(同胞)"라는 말은 "같을 동(又)", "태 포(胎衣)"자를 쓰는 한자말로, "같은 겨레"를 뜻하는 말이다. 이들 두 낱말은 나라와 겨레(血緣)란 분류 기준이 다른 말이다. "교포"는 국적을, "동포"는 혈연을 기준으로 분류하는 말이다. 따라서 앞에서 예를 든 중국과 소련의 조선족과 고려인은 그들의 국적이 각각 중국과 소련으로 우리와 달라 우리의 "교포"라 할 수 없다. 대한민국 국민이 아니기 때문이다. 그러나 이들은 다 같은 한민족으로 동족이다. 따라서 우리의 "동포"다. 중국의 조선족이나, 옛 소련의 고려인은 우리의 "동포"다. "교포"가 아니다. 이에 대해 미국을 비롯한 서구에 살고 있는 우리 국민은 "교포"인 동시에 "동포"가 된다.

이러한 "교포(재외국민)"와 "동포"란 구별은 법으로 명문화되어 있다. "재외동포재단법"과 "재외동포의출입국과 법적지위에 관한 법률"이 그것인데, 여기에서는 좀 더 구체적인 "재외동포의 출입국과 법적지위에 관한 법률"을 보기로 한다.

제2조[정의] 이 법에서 "재외동포"라 함은 다음 각호의 1에 해당하는 자를 말한다.

1. 대한민국국민으로서 외국의 영주권을 취득한 자, 또는 영주할 목적으로

외국에 거주하고 있는 자(이하 재외국민이라 한다).

2. 대한민국의 국적을 보유하였던 자, 또는 그 직계비속으로서 외국 국적을 취득한 자 중 대통령이 정하는 자(이하 외국국적동포라 한다).

이렇게 "교포(재외국민)"와 "동포"는 법으로 명문화(明文化)된 다른 말이다. 개념이 다른 말을 바꾸어 부를 수는 없다. 그렇게 되면 신분을 바꾸어 놓게 된다. 한 예로 재일동포의 경우, 거류민단(居留民團)에 속한 사람은 재외국민으로, 이들은 "교포"요 "동포"이다. 이에 대해 조총련(朝總聯)에 속한 사람들은 북한 국적을 지닌 사람이어 "동포"이긴 하나, "교포"는 될 수 없다. 이들을 "교포"라 하게 되면 이들의 신분이 한국 국민이 되게 된다.

그리고 여기 부기할 것은 우리의 교포 가운데는 이 "교포"라는 말에 거부감을 갖는 사람들이 있다는 것이다. "우거하다, 부치어 살다"라는 뜻의 "僑"자가 거부감을 갖게 한다는 것이다. 그러나 이는 그렇게 생각할 필요가 없다. 본국에 살지 아니하고 외국에 거류하고 있다는 뜻을 나타낼 뿐이기 때문이다. "교포"라는 말이 듣기 싫으면 "재외국민"이라 하면 된다.

"귀성"과 "귀향"의 의미와 용법

설과 추석은 민족 대이동의 명절이다. 지난 추석에도 예외 없이 고향을 찾는 사람으로 교통대란(交通大亂)을 겪었다. 2천8백만 국민이 대이동을 하였다니 그러고도 남음이 있으리라.

그런데 이렇게 명절 때 고향에 가는 것을 흔히 "귀성(歸省)"이라 한다. 그리하여 매스컴에서는 "귀성객, 귀성열차, 귀성 차량"이라고 "귀성"이라는 단어를 마구 토해낸다. "밤새운 귀성전쟁", "편안한 귀성길 묘안 부심" 같은 것은 이러한 단면을 보여 주는 신문 표제어(表題語)들이다.

그런데 이렇게 명절에 고향에 가는 것이 진짜 "귀성"인가? 국민 대이동으로 표현되는, 2,800만 국민이 모두 "귀성객"이란 말인가? 아니다. "귀성"은 "돌아갈 귀(歸), 살필 성(省)"자를 쓰는 한자말로, 이는 사전에 "부모를 뵙기 위하여 고향으로 돌아가거나 돌아옴"이라 풀이하고 있다. 객지(客地)에 있다가 부모를 뵈러 고향으로 돌아가는 것을 의미한다. 이렇게 볼 때 고향에 가는 사람들 모두가 "귀성객"이 아님이 분명하다. 그 가운데는 이미 부모가 돌아가신 분도 있을 것이다. 일부가 "귀성객"일 뿐이다.

더구나 추석 때엔 설 때와 같이 세배 드리러 가는 것도 아니고, 조상에 차례를 지내고, 성묘를 하기 위해 고향에 가는 것이고 보면 더구나 "귀성(歸省)" 본래의 의미와는 거리가 있다. 고향을 찾는 것이니 오히려 "귀향, 귀향객"이 어울린다. 한자말 대신 풀어서 "고향 가기, 고향을 찾는 사람"이라 할 수도 있다. "귀성(歸省)"의 "성(省)"은 저녁에 부모의 잠자리를 보아 드리고, 새벽에 밤새의 안부를 묻는 "혼정신성(昏定晨省)"의 살필 "성(省)"의 의미를 지닌다. 이는 단순한 문안(問安)이 아니요, 효행(孝行)을 의미한다. 2,800만 "귀성객"이 모두 부모에게 효도를 하기 위해 고향을 찾는 것이 아니다. 말뜻을 바로 알고 상황에 부합하는 표현을 해야 한다.

"사숙"과 "사사"의 의미와 문화

인생은 학습의 연속이다. 태어나면서부터 죽을 때까지 배움이 계속된다. 그래서 요사이는 평생 교육이란 말이 많이 쓰이고 있다. 교수 및 학습과 관계된 말에 "사숙(私淑)", 혹은 "사사(師事)"라는 말이 있다. 그런데 이들은 자못 혼란이 빚어지고 있다.

"사숙(私淑)"이란 "직접 가르침을 받지 아니하나, 스스로 그 사람의 덕을 사모하고 본받아서 도나 학문을 닦는 것"을 말한다. 곧 직접 가르침을 받지 아니하고, 마음으로 그를 사모하거나, 스승으로 모시거나, 저서 등에 의해 도를 닦고, 몸을 닦는 것을 의미한다. 맹자(孟子)는 직접 공자의 가르침을 받은 제자가 아니다. 그는 "사람들을 통해 공자를 사숙한다(余私淑諸人也)"고 하였다. "사숙"은 이렇게 직접 가르침을 받는 것이 아니고, 마음속으로 어떤 사람을 본받아 도나 학문을 닦는 것을 말한다. 따라서 직접 가르침을 받으면서 "누구를 사숙한다"고 하게 되면 그것은 잘못된 말이 된다.

"사사(師事)"는 "스승으로 섬기는 것. 또는 스승으로 삼고 가르침을 받는 것"을 의미한다. "아무개를 스승으로 섬기다"가 본래의 의미다. "소월(素月)은 안서(岸曙)를 사사했다"와 같이 쓰는 것이 정통 용법이다. "사숙"이 간접적으로 가르침을 받는 것인데 대해 "사사"는 직접적으로 가르침을 받는 것이다. 따라서 "사숙"과 "사사"는 혼용될 수 없는 말이다. "사숙"한 스승을 "사사"했다고 한다면 그것은 사칭(詐稱)이요, 망발이다.

"사사"라는 말은 예술계에서 많이 사용한다. "누구에게 첼로를 사사했다"거나, "K 선생에게 바이올린 사사"와 같이 쓰는 것이 그것이다. "누구를 사사하다"가 아니라, "누구에게 사사하다"라 한다. 이러한 표현은 본래의 용법과 다소 다른 것이다. 그러나 "누구에게 무엇을 사사하다"가 일반적으로 사용하는 용법이고 보면 이는 의미의 확장으로 보아야 할 것 같다. 사전의 용례로 "소월은 안서 김억에게 시를 사사하였다."나, "그는 김 선생에게 창을 사사했다."와 같은 것이 보이는데 이러한 것이 그것이다.

"영부인(令夫人)"의 의미와 문화

이화여대(梨花女大)가 재도약을 위해 축연을 베풀었는데, 이때 졸업생들이 배우자로 맞은 각계 인사들이 대거 부부 동반으로 참석하였다 한다.

우리들의 풍속도 많이 바뀌어 부부동반(夫婦同伴)이 하나의 관례처럼 굳어가고 있다. 그러나 모교인 여학교에 부군과 함께 가는 일은 흔치 않을 것이다. 부부동반으로 모교를 방문한 이들 "영부인(令夫人)"들은 가슴이 벅차고 자랑스러웠을 것이다.

"영부인"이란 말은 이렇게 남의 부인에 대한 높임말로, "부인(夫人)"이란 말과 같이 쓰이는 말이다. 지난날 초청장 말미에 "동 영부인 귀하(同 令夫人 貴下)"라 쓰던 "영부인"이 이런 것이다. "아무개와 그의 부인 귀하"라는 말로, 같이 오십사하고 청한 것이다.

그런데 이 "영부인"을 "대통령 부인"이란 의미로 잘못 알고 있는 사람이 많다. "영(令)"은 접두사로 남의 가족에 경의를 표하여 부를 때 명사 위에 붙이는 말이다. 남의 아들은 "영식(令息)", 남의 딸은 "영애(令愛)", 남의 부인은 "영부인(令夫人)"이라 하는 것이다. 대통령 부인만이 아닌, 남의 부인은 다 높여서 "영부인"이라 호칭할 수 있다. 그래서 동네 아저씨에게도 "영부인은 안녕하시지요?"라 안부를 물을 수 있다. 대통령에게도 그 부인을 말하는 경우엔 "영부인(令夫人)"이라 하면 된다. "영부인"이란 말이 "대통령 부인"을 뜻하는 말로 오인되게 된 것은 3공 때 육(陸) 여사를 "영부인"이라 특칭한 데 연유하는 것으로 보인다. 당시엔 "큰 영애", "작은 영애"라는 특칭까지 있었으니 격세지감(隔世之感)을 갖게 한다. "영(令)"자는 남의 가족에 대한 경칭에 쓰이는 말이다. 대통령과는 아무런 관계가 없다. 대통령의 "령"자는 "거느릴 령(領)"자로 "하여금 령(令)"자와는 다른 것이다. 이의 사용에 오해가 없도록 할 일이다.

대통령 부인을 "영부인(領夫人)"이라 한자를 바꿔 써 가며 경칭을 만들기도 했다. "부인(夫人)"이란 말 자체가 경칭이다. 만일 이런 식으로 호칭한다면 장관 부인은 "관부인(官夫人)", 장군 부인은 "군부인(軍夫人)"이 된다. 이렇게 되면 해괴한 말, 웃기는 말도 나올 것이다.

"정거장"과 "정류장"의 의미와 명명

우리의 대중가요에 "잘 있어요, 잘 가세요 이별 슬픈 부산 정거장"이란 구절이다. "정거장"은 이렇게 역(驛)을 뜻하는 말이다. "정거장"은 흘러간 가요처럼, 구세대의 말이란 느낌을 준다. 그런데 이 말이 첨단과학의 장에도 쓰이고 있다.

> "우주에 '21세기 국제정거장' 띄운다" (동 6, 3)
>
> "2004년에 완성될 새 우주정거장 알파의 상상도 올 11월에 우주정거장 건설을 위한 첫 구조물이 발사된다." (동 6, 3)

러시아의 우주 정류장 '미르'와 미국의 우주왕복선을 결합한 21세기의 새로운 우주정류장의 건설이 본격적으로 시도되고 있다. 이제 사람들은 답답한 지구를 떠나 머지않아 우주여행을 하게 될 모양이다.

그런데 이러한 내용을 전하는 기사에서 "우주정거장"이란 말이 쓰이고 있다. ISS도 기사에서는 "국제우주정거장"이라 하였다. 과연 이를 "정거장"이라 하여 좋은가? "정거장"이란 "머무를 정(停), 수레 거(車), 마당 장(場)"자를 쓰는 한자말이다. "차가 머무르는 곳"이란 말이다.

"차", 그것도 일반적으로는 "열차"가 서는 곳을 뜻하는 "정거장"을 "우주선(宇宙船)"이 머무르는 곳에 전용해도 좋을까? 이는 개념과 명칭이 제대로 부합하지 않아 바람직한 말이 못 된다. 배가 닿는 곳을 "선착장(船着場)"이라 하고, 비행기가 뜨고 내리는 곳을 "비행장(飛行場)"이라 하듯, 어울리는 말을 써야 한다. "우주선(宇宙船)"은 "Spaceship"의 번역어이고, "우주정거장"이란 "Space station"의 번역어일 것이고 보면 이는 "우주정류장(宇宙停留場)"이라고 "정거장(停車場)" 아닌, "정류장(停留場)"이라 하는 것이 바람직하다. "정류장(停留場)"은 광의의 교통기관이 머무르는 곳을 뜻하기 때문이다. 그러면 ISS는 "국제 우주 정류장"이 되고, 앞의 기사의 표제는 "우주에 '21세기 국제정류장' 띄운다"가 된다.

(한글+漢字 문화, 2018. 4월호)

2. 일상생활과 관련이 많은 어휘들 (1)
- 고유어의 경우

"기침"의 어원과 의미

"기침에 재채기"라는 속담이 있다. 어려운 일이 공교롭게 이어짐을 비유적으로 이르는 말이다. "기침"이란 기도의 점막이 자극을 받아 반사적으로 일어나는 급격한 날숨 운동으로, 목감기의 주된 증상의 하나다. 건성 기침과 습성 기침이 있다. 이는 한자어로 해수(咳嗽), 또는 수해(嗽咳)라 한다.

"기침"은 고어로 "기춤·기츰·기츰" 등으로 일러졌다. 이들의 예를 보면 다음과 같다.

* 기춤: 혼 쁴 기춤ᄒ시며 <석보상절>, 기춤(欬嗽) <역어유해>
* 기츰: 諸佛 기츰 소리와 <법화경언해>, 기츰 해(咳) <훈몽자회>
* 기춤: 기춤ᄒ며 <소학언해>, 북향ᄒ야 기춤ᄒ고 <가례언해>

"기침"은 "기춤>기츰·기츰"의 변화를 거친 말로, 이는 동사 "긫다"에서 파생된 말이다. "긫다"의 용례는 마경언해(馬經諺解) 등에 "기츰 기츠며 왼 녑흘 알흐며"가 보이며, "깃다"로도 나타난다. "깃다"의 예는 두창집언해의 "기춤 깃고"가 그 예이다.

"기침"은 앞에서 말한 바와 같이 목감기의 주된 증상 가운데 하나이다. "감기"는 "感氣"라 쓰는 한국 한자어로 한청문감에 "감긔"로 나타난다. 한어로 "감모(感冒)", "상풍(傷風)"이라 하며, 고유어로 "고뿔"이라 한다. "고뿔"은 "고(鼻)-ㅅ(사이시옷)-불(火)"의 복합어이다. 이는 코에 열기가 있기 때문에 이런 이름이 붙은 것이다. 한자어로 풍한(風寒), 감모풍한, 한질(寒疾)이라고도 한다. "감기 고뿔도 남 안 준다."고 하는 속담은 지독하게 인색할 때 비유적으로 쓰는 말이다.

"미주알고주알"의 의미와 문화

"미주알고주알"이란 좀 이색적 형태의 부사이다. 현진건의 "무영탑"에는 이런 용례가 보인다. "털이가 안 된다는 까닭을 미주알고주알 캐내서 수다를 늘어놓는데 주만은 참다못하여 소리를 빽 질렀다."

"미주알고주알"은 위의 용례처럼 "캐내다"라든가, "늘어놓다"와 공기(共起) 현상을 보인다. "미주알고주알 캔다"는 관용어이기까지 하다. 그래서 사전은 "미주알고주알"을 "아주 사소한 일까지 속속들이"라 풀이하고 있다. 이 말은 앞뒤의 형태가 바뀌어 "고주알미주알"이라고도 한다. 그러나 원형은 "미주알고주알"이고, "고주알미주알"은 변형이라 하겠다. 이런 의태어의 경우 조어상(造語上) 앞에 실사(實辭)가 오는 것이 원칙이기 때문이다.

"미주알"은 "항문을 이루는 창자의 끝부분", "밑살"을 의미한다. "고주알"은 별다른 뜻이 없는 말로, 운율적 효과를 드러내기 위해 첩어(疊語) 형태를 취한 것이다. "미주알고주알"은 "미주왈고주왈"이라고도 하는데, 여기 쓰인 "-왈"이 "가로 왈(曰)"과 연합되어 "수다를 늘어 놓다"의 의미를 지니게 된 것으로 볼 수 있다. 그리고 이 "미주알"은 방언에서 "미주바리"

라고 하는데 이 말이 "미주바리> 미주와리> 미주왈"을 거쳐 "미주알"이 된 것으로 볼 수 있다. "미주"는 "미자(尾子)"일 가능성이 있다.

"바늘방석"의 실체와 의미

그대로 있기에는 몹시 거북하고 불안한 자리를 "바늘방석"이라 한다. 이문열의 "변경"에는 "바늘방석"의 이런 용례가 보인다.

> "나(나이)가 열둘에 어째 저래 눈치코치가 없을로? 내사 너땜에 바늘방석
> 에 앉은 기분이라. 차라리 교회 바닥에 담요를 쓰고 앉아 있는 게 났제… 철
> 이 니 알겠나?"

사람들은 "바늘방석"이라 할 때 무엇을 떠올릴까? 우선 "방석(方席)"이라 하니까, 깔개를 떠올릴 것이다. 그리고 그것에 많은 바늘이 꽂혀 있다. 그것도 거꾸로 꽂혀 있어 앉으면 찌른다. 그러니 앉기에는 불안하다. 그래서 "거북하고 불안한 자리"를 "바늘방석"이라 한다. 이렇게 흔히 추리하지 않을까 한다. 그러나 이는 번지수를 잘못 짚은 것이다.

"바늘방석(方席)"의 실체를 사전은 쉽게 생각할 수 있는 깔개 방석이 아니라, "바늘겨레"라 풀이하고 있다. "바늘겨레"란 예전에 부녀자들이 바늘을 꽂아 둘 목적으로 만든 수공예품이다. "바늘꽂이"에 속할 작으마한 공예품이다. 이는 여러 형태가 있다. 원형, 거북형, 안경집형, 장방형, 호리병형 따위가 그것이다. 이들 가운데 "안경집형, 호리병형"은 바늘을 속에 넣게 되어 있는 것이고, "거북형, 장방형"은 양쪽에 바늘을 꽂게 되어 있는 것이다. 바늘이 쏟아지면 불안하기 마찬가지겠지만 좀 더 불안을 안겨주는 것은 바늘을 꽂게 되어 있는 "거북형"과 "장방형"의 것이라 하겠다. 더구나 바늘이 거꾸로 꽂혀 있는 방석을 생각하면 거기에는 도저히 앉을 엄두

도 내지 못할 것이다. 이러한 "바늘방석"이기에 이는 비유적으로 "거북하고 불안한 자리"를 이르게 되었다.

그리고 "방석"은 앉을 때 밑에 까는 작은 깔개를 의미하는 말인데, 이 말은 "方席"이라 한자를 쓰고 있으나, 중국의 한자어가 아니라, 한국 한자어이다. 중국이나 일본에는 이런 한자어가 없다.

방석에 앉으려면 "바늘방석"에 앉을 일이 아니다. 이왕이면 "비단방석"에 앉을 일이요, 그것보다 좀 더 낫게는 돈을 많이 벌 수 있는 "돈방석"에 앉을 일이다.

"부스럼"의 어원과 문화

사노라면 더러는 "부스럼"도 난다. "부스럼"이란 피부의 털구멍으로 화농성 균이 들어가 생기는 염증을 말한다.

고어에서 "부스럼"은 "브스름"이라 했다. 이는 부풀어 오르다를 뜻하는 "붓다(腫)"의 옛말 "붓다"의 어간 "붓"에 매개모음 "으"와, 접사 "름"이 결합된 말이다. 그래서 고어에서는 "*브스름> 브스름"이라 하였고, 이것이 변해 "브으름> 부으럼> 부럼"이 되는가 하면, "붓-으럼> 부스럼"이 되기도 하였다. 방언에서는 "부스럼> 부시럼"으로까지 변한 것을 볼 수 있다. "브스름"의 예는 원각경언해의 "모밋 브스르믈 보아"와 훈몽자회의 "브스름 절(癤)"이 보인다. 그리고 "브스럼"의 예도 일찍이 속삼강행실도에 "브스럼 내엿거늘"이 보인다.

"부스럼"의 한 치료방법으로 재미있는 민속(民俗)이 있었다. 떡을 해서 염증에 붙이는 것이다. 이를 "부스럼떡"이라 하였다. 이는 3·7집, 곧 스물한 집의 쌀을 얻어다 떡을 만들어 부스럼에 붙이는 것이다. 그러면 "부스럼"이 낫는다고 했다.

"부스럼"과 관련된 대표적 민속으로는 "부럼"을 깨무는 것이 있다. 음력 정월 대보름날 새벽에 견과류(堅果類)를 깨물어 먹는 것인데, 이 견과를 "부럼"이라 한다. 견과를 깨물어 먹으면 한 해 동안 부스럼이 생기지 않는다고 하여 이렇게 하였다. 그래서 이날 땅콩, 호두, 잣, 밤, 은행과 같은 견과를 깨물어 먹는다. 이 "부럼"을 한자어로는 "종과(腫果)"라 한다. 종기를 낫게 하는 과일이란 말이겠다.

그러면 왜 정월 대보름에 "부럼"을 깨물어 먹는가? 그 이유는 "보름"과 "부럼"의 유음(類音) 관계에 놓였다. "부럼"은 견과류의 의미를 지니는 말인가 하면, "부스럼"의 이형태(異形態)이기도 하다. 그리고 "보름(望)"과는 유음 관계를 지닌다. 따라서 "보름"에 견과류 "부럼"을 먹으면 달이 삭으러들 듯, "부스럼"이 삭으러드는 것을 동일시(同一視)한 것이다. 그래서 정월 대보름에 "부럼"을 먹으면 "부스럼"이 생기지 않는다고 하는 것이다. 정월 대보름에 "부럼"을 깨무는 것은 이러한 연유에서 비롯된 우리의 민속이다.

"씻다"의 어원과 의미

영어의 "wash"라는 동사는 우리말로 번역을 할 때 "씻다" 하나로는 안 된다. 영어에서는 "손·수건·창"을 세척할 때 "wash" 하나를 두루 쓴다. 그러나 우리는 "손을 씻다", "수건을 빨다", "창을 닦다"와 같이 각각 다른 단어를 사용한다. 말의 뜻은 언어에 따라 차이를 보인다. 아니 언어만이 아니라, 시대에 따라서도 차이를 보인다.

"씻다"에 대응되는 말은 지난날 적어도 "싯다"와 "슷다"의 둘이 있었다.

> 싯다: * 므슨 믈로 뼈 시스시는가 <월인천강지곡>/ 시슬 세(洗) <훈몽자
> 회>
> 슷다: * 7술히 니르거늘 믈곤 방하롤 슷놋다(秋至拭淸砧)
> * 스슬 말(抹) <훈몽자회>/ 스슬 식(拭) <신증유합>

"싯다"와 "슷다"는 여러 이형태(異形態)들이 있다 "싯다"계의 말로는 "싣다, 씻다, 뻿다" 등이 있고, "슷다"계의 말로는 "슷다, 쏫다, 뿟다, 숫다" 등이 있다.

오늘날 한자 "洗·拭" 등은 "씻을 세, 씻을 식"이라고 다 같이 "씻다"로 풀이한다. 그러나 17세기의 가례언해를 보면 "싯다"와 "쏫다"가 구별되었음을 보여 준다. "交倚며 卓ᄌ롤 <u>시서 쓰서</u>"가 그것이다. "싯다"는 "洗", "쏫다"는 "拭"으로 구분한 것이다. 한자만이 아니라, 우리말도 사실은 의미가 구별되었던 것이다. "싯다"와 달리 "슷다"는 "닦다"의 의미를 지녔다. 그런데 우리말에서 "슷다"계의 말이 사라지며, "슷다"의 의미는 대체로 "씻다"에 통합되었다. 사라진 "슷다"계의 용례를 몇 개 보면 다음과 같다.

* 눉므를 스주니 옷기제 젓는 피오(拭淚霑襟血) <두시언해>
* 쏫다(搇了) <동문유해>
* 흙 뿟다(抹墁) <역어유해보>
* 눈을 슷고 ᄌ 니러나더라 <太平> (싯다)

이들은 오늘날 "눈물을 씻다", "문지르다", "흙을 닦다", "눈을 비비다"와 같이 쓰일 말이다. "拭·抹·搇"와 같은 한자는 사전에서 우선 "씻을 식, 씻을 말, 씻을 개"라 풀이하고 있다. 그리고 그 뒤에 좀 더 구체적인 의미 "닦다, 문지르다, 비비다"를 제시하고 있다. "눈물을 씻다"라 하는 경우 그 것이 물로 눈을 씻는 것이 아님은 분명하다. 눈물을 "닦는" 것이다. "밑을 씻다"도 마찬가지다. 말은 이렇게 음미하며 바로 써야 한다.

그런데 여기 하나 덧붙일 말이 있다. "슷다·숯다", 혹은 "뿟다"라는 말의 문제다. 이는 "비비다", 곧 "마(摩)"와 "찰(擦)"을 의미하는 말로, 이는 앞에서 본 "슷다·쏫다·뿟다"와 동계의 동의어라 할 수 있다. 15세기 능엄경언해의 "虛空올 자바 뿟ᄃᆞᆺᄒᆞ야(撮磨虛空)"와, 17세기 태산집요의 "소금을 엄의 비의 뿌추면"이 그 예다. 이는 16세기의 훈몽자회의 "숫돌"에 그 의미가 구체화하고 있는 것을 볼 수 있다. "숫돌"은 15세기 월인석보의 "뱟돓 므를 ㅂ 른니라"<월인석보>와 16세기 훈몽자회의 "뱟돌 지(砥)"가 보이는가 하면, "숫돌 단(碫)<훈몽자회>과, 숫돌(磨刀石)<동문유해>"의 이형태가 보인다. 이들 "숫다"계의 말은 "세(洗)"가 아닌, 분명히 "마(摩)"와 "찰(擦)"의 의미를 나타내는 말이다.

"싱겁다"의 형태와 의미

미각에는 감산신고(甘酸辛苦)가 있다. 달고 시고 맵고 쓴 것이 그것이다. 그러나 이밖에 맛을 결정하는 가장 중요한 것이 또 하나 있다. 간을 맞추는 것이다. 함(鹹), 짜다의 담농(淡濃)이다. 그래서 소금을 흰 금이라 하여 "소금(素金)"이라 쓰기도 한다.

염도(鹽度)의 다소를 우리는 "싱겁다"거나 "짜다"고 한다. 그러면 "싱겁다"의 어원은 무엇인가? 이를 고어에서는 "슴겁다"라 하였다. 노걸대언해의 "탕이 슴거오니(湯淡)"나, 훈몽자회의 "슴거울 담(淡)"이 그것이다. 이 "슴겁다"가 "싱겁다"로 변한 것이다. 이렇게 변한 것은 발음을 편하게 하기 위해 치음(ㅅ, ㅈ, ㅊ) 아래의 "ㅡ" 음이 "ㅣ"으로 바뀌고, "ㅁ" 받침이 "ㅇ"으로 바뀐 것이다. 이와 비슷한 음운변화현상으로 음식 맛이 조금 싱겁다를 나타내는 "심심하다"도 고어에서 "슴슴ㅎ다"였음을 볼 수 있다. 구급간이방의 "슴슴혼(淡)"이나, 두창집언해의 "슴슴혼 청쥐나(淸酒)"가 이러한 예다.

그리고 "짜다"는 고어에서는 "뽀다"라 하였다. 능엄경언해의 "뿜과 淡과 드룜과 미오미"나, 훈몽자회와 신증유합의 "뽈 함(鹹)"이 그 예다.

그리고 여기 덧붙일 것은 지루하고 재미가 없다는 "심심하다"는 말의 어원이다. 이는 "슴슴ㅎ다"에서 변한 말이 아니다. 이는 "힘힘ㅎ다"가 변한 말이다. 박통사언해의 "힘힘혼 사룸들히 닐오디(閑人們說)"가 그 예다. 또한

"한가히"를 뜻하는 부사는 "힘히미, 힘힘이"라 하였다. "ㅎ"이 "ㅅ"으로 구개음화한 것이다.

"품앗이"의 어원과 문화

농번기에 농사일을 공동으로 하는 조직을 "두레"라 한다. 농사일은 이와 달리 서로가 품을 주고받는 상조(相助)도 한다. 이러한 상조의 한 형태가 "품앗이"이다.

"품앗이"란 "힘드는 일을 서로 거들어 주면서 품을 지고 갚고 하는 일"을 뜻한다. 이는 "품"과 "앗이"의 복합어이다. "품"은 어떤 일에 드는 힘이나 수고를 뜻한다. "앗이"는 "앗('앗다'의 어간)-이(접사)"로 구성되어 "앗는(奪) 것"을 의미한다. "앗다"는 "빼앗다(奪)"를 의미하는 말로, 용비어천가의 "東寧을 ᄒᆞ마 아ᅀᆞ샤(東寧旣取)"나, 신증유합의 "아올 탈(奪)"이 그 예다. 따라서 "품앗이"란 "품을 빼앗는 것, 품을 취하는 것"을 의미한다. 이는 이미 준 품을 도로 빼앗는 것, 품의 탈환(奪還), 탈회(奪回), 탈취(奪取)를 의미한다. 이는 "진 품을 돌려주기 위해 상대에게 품을 제공하다"라는 의미의 관용어 "품을 갚다"와 본질적으로 의미를 같이 한다. "품앗이"란 결과적으로 품을 갚는 것이다. 품앗이하는 일꾼은 "품앗이꾼"이라 한다.

"품"과 어울려 관용어를 이루는 말에는 "품을 팔다"도 있다. 이는 품삯을 받고 일하다를 뜻하는 말이다. 이에 상대되는 말은 "품을 사다"이다. 품삯은 "품값"이라고도 하는데, 이의 예는 농가월령가에 "품값도 가프리라"가 보인다.

(2021.1.19.)

3. 일상생활과 관련이 많은 어휘들 (2)
– 한자어의 경우

"기별(奇別)"의 문화와 의미

　　"올해는 할아버님 미수의 해다. 기별할 테니 너희 내외 같이 오너라."

　　할아버님이 88세 되는 해이니 아마도 축하연이라도 벌일 모양이다. 그래서 아들이 당사자의 손자에게 모꼬지에 내외가 참석하라 당부하는 말이다. 당부의 말 가운데 "기별"이란 말이 쓰이고 있다. 이는 소식(消息)을 전한다는 의미의 "奇別"로 한자어이다. 그러나 이 한자어는 한자어권에서 두루 쓰는 한자어가 아니다. 우리 고유의 한자어이다.

　　조선시대에 왕명의 출납을 맡은 기관으로 승정원(承政院)이 있었다. 요샛말로 대통령 비서실 같은 곳이다. 여기서는 매일 처리한 일을 아침마다 적어서 삼사(三司: 사헌부·사간원·홍문관)에 반포했다. 이렇게 반포하는 일을 "기별(奇別)"이라 하였고, 또한 그 내용을 적은 종이도 "기별(奇別)", 또는 "기별지(奇別紙)"라 하였다. 따라서 "기별"이란 관보로, 조보(朝報), 조지(朝紙)의 다른 이름이며, 일종의 공문(公文)이요, 통신문이라 할 수 있다. "기별"의 용례는 홍문관지(弘文館志)에 조보(朝報)를 매일 필사하는(謄示) 사람을 "기별서리(奇別書吏)"라 한다는 것이 보인다(奇別書吏 卽每日謄示朝報者). 반포하는 종이는 앞에서 말한 바와 같이 "기별", 또는 "기별지"라 하였고, 이를 전하는 군사는 "기별군사(奇別軍士)"라 하였다.

기별은 이렇게 본래 공문서를 의미하는 말이었으나, 그 통신 기능으로 말미암아 조보(朝報)만이 아니라, 경저리(京邸吏)들이 자기네 지역 관청에 보내는 통지문인 "저보(邸報), 서원·향청(鄕廳)·문중(門中)에서 공동 관심사를 알리는 통문(通文)" 등도 아울러 이르게 되었다. "기별(奇別)"은 이렇게 공문서를 의미하던 본래의 의미에서 "소식(消息), 또는 소식을 전함"의 뜻으로 의미가 확장되었다. 그리하여 오늘의 의미로 쓰이게 되었다.

"소식(消息)"은 "기별(奇別)"과는 달리 한자문화권에 공통으로 쓰이는 말이다. 이는 본래 시운(時運)이 순환하고, 증감불식(增減不息)하는 것을 이르는 말로, 양기가 나는(生) 것을 식(息), 음기가 죽는(死) 것을 소(消)라 하는 데서 비롯된 말이다. 이 말이 "방문(訪問)·음신(音信)"을 뜻하게 된 것은 "소식"이 인사(人事)의 순역(順逆) 길흉(吉凶)을 전하기 때문이다.

"만세(萬歲)"의 어원과 그 문화

"만세, 만세, 만만세!"

이렇게 외치며, 사람들은 어떤 생각을 할까? 경축·환호의 감탄 이상의 의미를 부여하고 있을까? 결론부터 말해 "만세!"의 본래의 뜻이 "만년(萬年)"이고, "오래 오래 살라!" 하는 의미라고 생각하며 이를 외치는 사람은 거의 없지 않은가 한다.

"만세"가 한자어이니 그 어원은 중국어에 있다. 모로바시(諸橋)의 대한화사전(大漢和辭典, 大修館書店, 1968)은 해여총고(陔餘叢考)를 바탕으로 "옛날 술을 마시면 반드시 수(壽)와 경(慶)을 칭송하여 만세(萬歲)라고 하였다"고 하고 있다. 그리고 뒷날에는 술을 마시지 않고서도 경사스러운 때 이를 외치게 되었다. 또한 처음에는 사인(私人)에게도 썼으나, 당대(唐代)부터는 주로 천자(天子)에 한해 쓰였다고 하고 있다. "만세(萬歲)"는 주로 술자리에서, 그리고 뒤에는 일상에서 축하하는 말로 쓰였으며, 전에는 개인에게도 쓰였으나 당대(唐代) 이후엔 천자(天子)에 한해서만 쓰게 되었다는 말이다.

"만세(萬歲)"라는 말은 우리나라와 일본에서도 쓰인다. 주로 제왕의 만수무강을 비는 뜻으로 쓰이고 있다. 그리고 국가의 무궁한 발전을 기원하는 의미로 만세삼창을 한다. "대한민국 만세!"하며 세 번 외치는 것이 그것이다. 영어권에서는 감격과 상찬의 표현으로 "Wow!, Yey, Hurrah!" 등이 쓰인다. 따라서 우리처럼 "만세", 곧 "만년(萬年) 행운"을 기원하는 것은 아니다. "Bravo!"라 외치기도 하는데 이는 "잘한다!, 좋다"는 의미이다.

"밀월·밀월여행"의 어원과 의미

결혼 직후의 즐겁고 달콤한 시기를 비유적으로 "밀월(蜜月)"이라 한다. 신혼여행은 밀월여행(蜜月旅行)이라 한다. 꿀과 같이 달콤한 시기의 여행이란 말이다. 영어로는 밀월을 Honeymoon이라 하고, 밀월여행도 Honeymoon이라거나, "The" 관사를 붙여 나타낸다. "밀월"이나, "밀월여행"이란 말은 서구어를 일본서 번역한 말이다. 이는 중국에서도 수용하여 쓰고 있다.

그러면 "밀월(蜜月)", 혹은 "Honeymoon"이란 말의 어원은 무엇인가? 꿀과 같이 달콤한 달이라 하여 "꿀 밀(蜜)"자 "달 월(月)"자를 쓴 것인가? 이의 어원은 의외로 그리 간단치가 않다. 여러 설이 있다. 여기서는 그 대표적인 어원설을 두세 개 소개하기로 한다.

그 하나는 스칸디나비아에서는 신혼의 남녀가 1개월간 꿀로 빚은 술을 마시는 습관이 있는데, 여기서 "밀월(蜜月)"이란 말이 나왔다는 것이다. 신

혼에 두 남녀 사이가 달콤하다(sweet)는 의미가 아니고, 오히려 실제 "꿀
(honey)"과 관계를 짓는 것이다. 다른 하나는 독일의 한 지방의 풍습과 관계
가 있는데, 이도 "꿀"과 직접적으로 관련된다. 독일의 이 지방에서는 젊은
부부가 결혼한 뒤에 30일간 반드시 꿀을 핥는 습관이 있는데, 여기서 "밀
월(蜜月)"이란 말이 나왔다는 것이다. 또 하나는 앞의 어원설과는 차이가 있
다. 이는 부부의 애정이 사그라지는 것이 마치 달이 이지러지는 것과 같다
고 하여 신혼 직후를 "밀월"이라 하였다는 것이다.

이들 어원설을 보면 신혼은 반드시 "달콤한 달"이라고 하여 "밀월(蜜月)"
이라고 한 것은 아닌 것 같다. 어쩌면 우리의 "씨암탉" 잡아주는 장모처럼
보양에 힘을 쏟아야 하는 달이며, 사그라지는 애정을 걱정해야 하는 달이
라고 하여 신혼 한 달을 "밀월(蜜月)"이라 한 것인지도 모르겠다.

"야합(野合)·외도(外道)"의 어원과 문화

야합이나 외도는 불륜(不倫)의 냄새가 많이 나는 말이다. 그런데 "야합(野
合)"은 유교와 관련이 있는 말이고, "외도(外道)"는 불교와 관련이 있는 말이다.
"야합(野合)"의 기본적 의미를 우리 사전은 "부부가 아닌 남녀가 정을 통
함"이라 하고 있다. 이에 대해 한어(漢語)를 풀이한 아베(阿部)의 "한화사전(漢
和辭典)"은 "야합(野合)"의 기본적 의미를 "①정식 결혼을 하지 않고 부부가
되는 것, ②남녀의 연령이 매우 다른 결혼"이라 풀이하고 있다. 야합(野合)
에 대한 한중(韓中)의 인식에 차이가 있다.
"야합(野合)"이란 말은 야릇하게도 공자(孔子)의 탄생 관련 문헌에 처음 보
인다. 사마천(司馬遷)의 사기(史記) "공자세가(孔子世家)"에 "흘(紇)과 안씨녀(顔氏
女)는 야합(野合)을 해서 공자(孔子)를 낳았다(紇與顔氏女 野合而生孔子)"라 한 것
이 그것이다. 우리의 사전풀이에 따르면 이는 해괴한 말이 된다. 공자가 사
생아가 되기 때문이다. 그러나 사마천이 이러한 사실을 드러내기 위해 "야

합"이란 말을 쓴 것은 아닐 것이다. 그는 위의 아베(阿部)의 둘째 풀이로 쓴
것이다. 사기(史記)의 기록에 대한 주(注)에도 색은(索隱)의 말을 인용하여 "야
합이란 공자의 아버지 양흘(梁紇)이 늙었고, 어머니 징재(徵在)는 젊어 초계
지례(初笄之禮)를 하기에는 합당치 않아 야합(野合)을 한 것이다. 예의에 합당
하지 않음을 말한 것이다"라 하고 있다.

공자의 아버지 숙량흘(叔梁紇)과 어머니 안징재(顔徵在)는 결혼 당시 나이
가 각각 64세와 16세였다고 한다. 그러니 예식을 치르기에는 예의에 합당
하지 않다고 보았을 것이다. 그래서 정식 절차를 거치지 않고 "야합(野合)"
을 한 것이다. 그리고 둘은 이구산(尼丘山)에 들어가 기도를 하고 공자를 낳
았다. 그래서 공자의 이름이 "구(丘)"이고, 자가 "중니(仲尼)"다.

외도(外道)는 외입(外入) 혹은 오입(誤入)을 의미한다. 따라서 성(性)의 일탈
행위를 말한다. 그러나 이 말이 처음 쓰인 것은 오히려 불교 용어로 썼다.
이는 불도(佛道) 외의 다른 교(敎)를 말한다. 불교를 "내도(內道)"라 하는데 대
한 상대적인 개념이다. 달리는 외교(外敎), 외법(外法), 외학(外學)이라 하기도
한다. 범어 tirtaka를 번역한 말이다.

야합(野合)과 외도(外道)는 이렇게 반드시 불륜의 냄새만을 풍기는 것은 아
니다.

"좌익(左翼)"의 어원과 문화

우리는 좌우익(左右翼)이라면 우선 이념 전쟁부터 떠올린다. 6·25전쟁을
겪었기 때문이다. 그리고 야구나 축구의 좌우 날개의 위치나, 수비수와 공
격수를 이르는 "좌·우익"이 이와 같은 "좌우익"이라 생각하지 못하는 사
람도 있을는지 모른다. "좌우익(左右翼)"이란 "좌익(左翼)"과 "우익(右翼)", 곧
왼쪽 날개와 오른 쪽 날개를 이르는 말이다. "익"은 "날개 익(翼)"자다. 달리
말하면 오른쪽 날개와 왼쪽 날개를 이르는 "right wing"과 "left wing"을 일

본에서 번역한 말이다. 그리고 이는 우리와 중국에 수용되었다.

"좌우익"은 우선 새의 양 날개를 비롯하여 비행기의 양 날개, 중군(中軍)에 대한 좌우의 군부대나 대오(隊伍)를 의미하고, 좌우에 포진한 야구나 축구의 선수를 의미한다. 그리고 우리가 제일 먼저 머리에 떠올리는 이념적 성향을 의미한다.

이념적으로 "좌익(左翼)"이라면 급진적이거나 사회주의적 경향을 말하고, 우익(右翼)이라면 보수적이거나 국수적인 경향을 말한다. 이러한 의미를 지니게 된 것은 1792년 프랑스의 국민회의의 의석 배치에 연유한다. 프랑스 대혁명 뒤의 의회 국민회의는 의장석 오른쪽에 정부 여당인 보수·온건파 지롱드당의 의석이 배치되고, 왼쪽에는 야당인 급진·과격파 자코뱅당의 의석이 배치되었다. 이러한 의석 배치로 말미암아 보수온건파는 "우익(right wing)"이라 하고, 급진과격파는 "좌익(left wing)"이라 하게 되었다. "좌익"과 "우익"이란 말에 급진과 보수의 의미가 있는 것이 아니다. 좌석 배치가 이런 의미를 갖게 한 것이다. "좌경(左傾)"과 "우경(右傾)"이란 말도 이 좌우 자리 배치에 연유한 것임은 말할 것도 없다. 언어는 이렇게 사회를 반영한다.

"화류계(花柳界)"의 문화와 의미

"화류(花柳)"에 대한 오늘날의 우리 사전 풀이는 "①꽃과 버들을 아울러 이르는 말, ②=화가유항"으로 되어 있다. 지난날의 의미는 봄철에 꽃과 버들을 구경하며 즐기는 놀이를 의미하였다. "벗님네야 화류 가자"하는 가사의 "화류"가 그것이다.

중국에서는 "화류(花柳)"가 첫째, 붉은 꽃과 푸른 버들, 나아가 화려하게 아름다움을 의미한다. 화류번화(花柳繁華)를 나타낸다. 그리고 둘째 뜻은 호화로운 유상(遊賞)의 장소와 색향, 유곽을 의미한다. 우리의 사전의 풀이 ②의 "화가유항(花街柳巷)"이 바로 이런 의미다. "화가유항(花街柳巷)"이란 출입구에 꽃과 버들을 심었기 때문이며, 유녀(遊女)가 있는 화려한 구역이란 말이다. "화류(花柳)"란 이의 준말로 본다. 당 나라 시인 이백(李白)의 시 "옛날 장안에서 화류에 취해(昔在長安 醉花柳)"라 한 "화류(花柳)"가 바로 이것이다.

기생이나 창녀들의 세계를 우리는 "화류계(花柳界)"라 한다. 이는 중국에서는 쓰이지 않는 말이다. 그래서 그랬는지 한국한자어사전(1975)은 이 말을 한국한자어로 보고 있다. 그러나 이는 잘못된 것으로 보인다. 이는 일본어에도 있다. 이 말은 명치시대(明治時代)에 일본에서 널리 쓰인 것으로 본다. 그래서 이전에 동경의 유지마(湯島)는 "천신(天神) 아래의 화류계"라 하였다 한다. 따라서 이는 한국 한자어라기보다 일본에서 유입된 말이라 보는 것이 옳을 것이다. 오늘날은 일본이나 우리 모두 이 말을 잘 쓰고 있지 않다.

"화투(花鬪)"의 문화와 의미

놀이 기구가 없어서 그랬던지 한때 사람들이 모이기만 하면 화투(花鬪)를 쳤다. 그래서 "화투놀이"를 망국병(亡國病)이라고까지 하였다. 그러나 그것도 지나가는 유행병이었던지 요즘은 화투 놀이를 하는 사람을 거의 볼 수 없다.

화투는 꽃과 나무 등이 그려진 48장의 표찰(標札)을 가지고 노는 놀이다. 이는 일본에서 들어온 것으로, 일본에서 "하나부다(花札)"라 하는 것이다. 이것이 우리나라에 들어와서는 "화투(花鬪)"가 되었다. 화투는 흔히 "화토"라 한다. "파투(破鬪)"도 "파토"라 한다. "패(花札)"를 가지고 "싸움(鬪)"을 하는 것도 아니어 유연성(有緣性)을 상실해 "화토"요, "파토"라 하게 된 것이 아닌가 한다.

화투는 우리나라에 들어와 단순한 놀이가 아닌, "노름" 곧 도박의 수단이 된 것 같다. 화투와 비슷한 노름에 투전(鬪牋)이 있어 "화찰(花札)"이 "화투(花鬪)"가 되고, 놀이가 노름으로 변한 것으로 보인다. 우리 민요에는 "화투"에 대한 노래가 여럿 있는데, 이들은 대부분 "노름"으로 인해 망신(亡身)하는 것을 노래하고 있다. 충남 당진(唐津) 지방의 민요도 이러한 것이다.

일요일날 일하고/ 월요일날 월급을 타/
화요일날 화토를 쳐서/ 수요일날 순경에 붙들이어/
목요일날 목을 묶여/ 금요일날 금시를 하여/
토요일날 피를 토하고 죽었다네.

이렇게 죽지는 않는다 해도 지난날 노름을 하고 빚을 져 야반도주(夜半逃走)하였다는 말은 종종 듣는 이야기였다. 우리말에는 "세투(歲鬪)"라는 색다른 말도 있다. 이는 정초에 하는 노름을 말한다. 그뿐 아니라 "정초세투(正初歲鬪)"라는 말도 있었다. 이는 정월 15일 경 공공연히 묵인된 정초의 노름을 말한다. 세투(歲鬪)는 관청 안에서도 성행하였다고 한다(山之井麟治, 朝鮮熟語解譯, 4版, 1916). 정초는 농번기도 아니어서 머슴이나 일꾼들이 많이 노름을 하였다. "세투"의 용례로는 오유권의 "대지의 학대"에 "장 첨지는 아침부터 잔뜩 이맛살을 찌푸리고 있었다. 맏아들이 세투를 해서 볏섬을 없앤 때문만이 아니었다."란 구절의 "세투"가 그것이다.

(2021.1.27.)

4. 몇 개 일상어의 어원과 의미

"중생"과 "뭇(衆)"의 어원

"대중(大衆)"이란 말은 흔히 "많은 사람"을 뜻하나, 옛날에는 오히려 불교 세계에서 불교의 가르침을 받은 신자 전반을 가리켰다. 특히 천태종(天台宗)에서는 학승(學僧) 가운데 역직(役職)을 맡지 않은 중을 "대중"이라 하였다.

대중과 관련이 있는 말로 불교 용어 가운데 또 "중생(衆生)"이 있다. 이는 감각을 지닌, 뭇 생명체란 말로, 인류를 비롯하여 모든 동물을 가리킨다. 그런데 이 "중생"은 우리말에서 "즘승"으로 변하고, 다시 "짐승"으로 변하여, "세상의 모든 인간"을 제외한 생명체를 이르게 되었다. 한자 "무리 중(衆)"자는 사람 셋을 상형하여 "무리(群)"를 나타낸 말이며, 오늘날 간체자는 사람 인(人) 자 셋으로 "중(众)"자를 나타내고 있다. "衆生"의 수(隋)나라와 당(唐)나라 때의 중고음(中古音)은 [중승]쯤 된다. 이것이 우리의 "즘승"으로 수용된 것이다. 특히 "生"은 우리말에서 "이승(此生), 저승(彼生)"과 같이 "승"으로 나타나는 것을 볼 수 있다. 불교 용어로서의 "중생"의 원 뜻은 "①중인(衆人)은 함께 산다. ②중다(衆多)의 법의 화합으로 산다. ③중다(衆多)의 생사를 경험한다."는 것이라 본다.

그런데 여기서 놀라운 어휘변화 하나를 확인해야 한다. 그것은 "무리 중(衆)"의 "무리"라는 말이다. 이 말은 본래 "물"이란 말이었고, 여기에 접사 "-이"가 붙은 말이 "무리(群)"다. 그리고 "수효가 매우 많은"을 뜻하는 관형사 "뭇"은 이 "물(群)"에서 파생된 말이다. 이는 신증유합의 "뭇 셔(庶)"가 그 구체적 예이다. 이는 "물"에 사이시옷이 붙으며, "ㄹ"이 탈락된 것이다. 곧, "믌되, 믌사람, 믌어미"가 "뭇되(群胡), 뭇사람(衆人), 뭇어미(衆母)"와 같이 되었다. 이 밖에 "뭇눈(衆目), 뭇시선, 뭇웃음, 뭇입(衆口), 뭇짐승"이 다 이러한 변화를 겪은 말이다. 우리말에서는 어말음 "ㄹ"에 사이시옷이 붙는 경우 "ㄹ"이 탈락하는 현상이 있다. 이러한 예는 무수하다. 그 가운데 몇 개를 들어 보면 "믌ㄱ>뭇ㄱ(水邊), 믌결>뭇결(水波), 밠등>밧등(跗), 밠톱>밧톱(脚指甲), 붌빗>붓빗(煌), 픐뎌>픗뎌(草笛)" 따위가 그것이다. 이렇게 관형사 "뭇"은 무리(群)를 뜻하는 "물"에 사이시옷이 붙으며 "물"의 "ㄹ"이 탈락된 희한한 말이다. 언어 세계는 이렇게 희한한 면도 보여 준다.

"물고기"의 설움

사물이 있으면 거기에 해당한 이름이 있게 마련이다. 앞에서 "짐승"에 관한 어원을 살펴보았거니와 이 가운데 특히 비금주수(飛禽走獸)를 우리는 각각 새, 짐승이라 한다. 그리고 곤충은 벌레, 물속의 어류는 물고기라 한다. "벌레"가 짐승인가 아닌가 헷갈리기도 하는데, 우리 조상들은 분명히 짐승으로 보았다. 15세기의 문헌인 월인석보(月印釋譜)에 "벌에중싱"이란 말이 구체적으로 보인다. "벌레 짐승"이란 말이다.

그런데 문제는 어류(魚類)다. 흔히 사물의 이름은 형태나 기능에 따라 붙여지는데 이는 그렇지 않다. "물고기"란 말은 "물에 있는 고기(肉)"라는 말이다. 요사이 "육고기", 곧 조수의 고기가 아닌 물 속에 있는 고기라는 말이다. 식물(食物)로서 명명하였다. 일본어 "우오(魚)"나 중국어 "위(魚)", 영어

"fish"와 같은 이름이 없다. "물고기"로 보아서는 "새, 벌레, 짐승"과 달리, 중생의 하나로 인정받지 못한다는 서러움이 있을 것이다. 물론 집합명사로 "고기"를 인정할 수 있다.(p.173, "고기" 참조) 그런데 묘한 것은 일본어에서도 물고기를 "우오(魚)"라고 하는 외에 "사카나(魚)"라고도 한다. 이는 "酒菜"라는 뜻으로 술안주라는 말이다. "우리의 물고기"와 조어상 상통한다.

"명태"와 "대구"의 어원

명태(明太)는 조기와 함께 각각 우리의 동해안과 서해안에서 잡히는 대표적인 어종으로 제수(祭需)로까지 쓰이는 귀한 생선이다. "명태"라는 물고기의 명명 과정에 대해서는 많은 사람이 알고 있다. 고종 때의 문신 이유원(李裕元)의 "임하필기(林下筆記)"에 명태의 이름에 관해 전하는 이야기가 실려 있고, 이것이 많이 알려졌기 때문이다. 곧 명천(明川)의 태(太)씨가 잡아 도백(道伯)에게 받쳤고, 아무도 그 이름을 몰라 명천의 명(明)과 태(太)씨의 태(太)를 따 "명태(明太)"라 하게 하였다는 것이다.

"명태"라는 역사적 기록은 "度支準折, 魚物"에 "明太一介"라는 기록이 보이며, 동국여지승람 권50 길성현(吉城縣)의 토산조(土産條)에도 "명태"라는 이름이 보인다. 경성(鏡城) 도호부와 명천현(明川縣)의 토산조에는 명태로 보이는 "무태어(無泰魚)"라는 이름이 보인다. 승정원일기 효종 3년의 기록에는 진상품 가운데 대구 어란에 명태 어란이 들어 있어 이를 문제 삼았다는 기록도 보인다. 서유구(徐有榘)의 "난호어목지(蘭湖漁牧志)"에는 명태를 명태어(明胎魚)라 하고, 생것은 명태, 말린 것은 북어(北魚)라 한다고 하고 있다. 일본에서는 명태를 "明太魚(みんたい> めんたい)"로 통용하고 있다. 西尾 實 등의 "岩波 國語辭典"에서는 "めんたい(明太)"에 대해 "スケソウダラ(助宗鱈)의 조선명"이라 풀이하고 있다. "助宗 대구"의 한국어 이름이란 것이다. 일본에서는 명태는 잘 먹지 않고, 명란(明卵)만을 즐겨 먹는다. 명란은 "다라코(たらこ)"

라 한다. 대구알도 같은 이름으로 부른다. 중국에서는 명태를 "明太魚"라 하는 것으로 보고 있으나, 모로바시(諸橋)의 "大漢和辭典"에는 표제어로 올라 있지 않다. "명태(明太)"라는 말은 반드시 명천의 태씨가 잡은 것은 아니라도, 한국에서 명명한 것이 중국이나 일본에 전해진 것으로 보인다. 더구나 러시아에서 mintai라 하고, 일본에서도 みんたい라고 한 것을 보면 한국명 "명태"가 중국의 mintai(明太)를 거쳐 퍼졌음을 알 수 있다.

명태는 대구(大口)과에 딸린 바닷물고기다. 대구는 입이 커서 이러한 이름이 붙었다. 사물의 형태적인 유연성으로 말미암아 이런 이름이 붙은 것이다. 중국에서는 대구(大口)를 주로 "鱈魚(xueyu)"라 한다. 이러한 명명의 근거는 "鱈"에 대한 사원(辭源)의 풀이가 잘 설명해 준다. "길이가 석 자 남짓 된다. 입이 크고 비늘이 잘다. 고기는 눈과 같이 결백하다(肉潔白如雪). 또한 이름을 대구어(大口魚)라 한다." 중국에서 대구를 "鱈魚"라 하는 것은 그 살이 눈과 같이 희기 때문임을 알 수 있다. "xue(鱈)"는 대구어(大口魚), 대두어(大頭魚)라고도 하나, 사원(辭源)에는 표제어로 실려 있지 않다. 이는 그만큼 일반적이지 않다는 의미이겠다. 일본어로는 중국의 대구 이름 "鱈(xue)"를 쓰고 "다라(たら)"라 읽는다. 대구알이나 명란은 다 같이 鱈魚子(xueyuzi)라 하여 우리의 경우와 같이 구별하지 않는다.

그러면 다음에는 서해의 대표적인 바닷물고기 "조기"에 대해 보기로 한다. 조기는 한자어로는 "석수어(石首魚)"라 한다. 정약전의 자산어보(玆山魚譜)에 의하면 조기를 추수어(蝤水魚)라 하고, 이의 큰 것을 보구치(甫九峙), 조금 작은 것을 반애(盤厓), 제일 작은 것을 황석어(黃石魚)라 한다고 하였다. 조기는 고어에서 "조괴", 또는 "죠긔"라 한 것이 보인다. 방언에서는 "조구"라 하기도 한다. "조기"의 어원은 분명치 않다. 조기의 한자어 "석수어(石首魚)"는 머리에 돌 모양의 작은 덩이가 있어 이런 이름이 붙었다. 조기는 중국에서는 석수어 외에 황화어(黃花魚), 혹은 이의 속칭인 "황어(黃魚)"라 한다. 빛깔이 금과 같이 노랗다 하여 붙여진 이름이다. 일본에서는 "石持(いしもち),

석수어, 구치(ぐち)"라 한다 "石持"나 "석수어"는 다 같이 머리에 돌과 같은 작은 덩어리가 있다고 하여 붙여진 이름이다. 조기를 염간하여 말린 것은 "굴비"라 하는데, 이는 "충주 결은 고비"라고 재미있는 일화와 함께 속담으로 전한다. 흔히 "황새기젓"이라 하는 것은 "황석어젓", 곧 "참조기 젓"이란 말이다.

"처녀막·처녀"와 "처사"의 어원과 의미

이번에는 일본의 근대화 과정과 신한어의 조어에 관해 보기로 한다. 일본의 근대화의 단초는 서양 상선의 일본 표착(漂着)으로 비롯되었다. 최초의 표착은 1543년 포르투갈 상선이 표류하다가 규슈(九州) 남쪽의 종자도(種子島)에 이른 것이다. 이 때 일본은 총(火繩銃)의 기술을 전수 받았고, 이를 계기로 일·포의 무역이 시작되었다. 두 번째는 1600년 홀란드의 상선이 분고(豊後)에 표착한 것이다. 이때 도쿠가와 이에야스(德川家康)는 이들 승무원을 초치, 외교와 무역의 고문을 삼고 통상을 알선케 하였다. 그리하여 홀란드는 대표적 통상국이 되고, 제8대 쇼군(將軍) 이에마로(家宗) 이후 홀란드에 관한 학문, 곧 난학(蘭學)이 꽃을 피웠다. 그 뒤 막부는 종식을 고하고 왕정이 복고되었으며, 명치 20년을 전후하여 난학(蘭學)은 영학(英學)으로 전환되었다.

일본은 서양의 신문명의 동점(東漸)으로, 실용을 위한 실학(實學)을 추구하였다. 그리하여 난학은 홀란드어의 학습에 그치지 아니하고, 의학과 과학을 추구하게 하였고, 이들 서적의 번역에 열을 올리게 하였다. 이들은 원음차용을 피하고, 가능한 한 의역하려 노력하였다. 이러한 신한어(新漢語)의 대부분은 우리말에 유입되었다.

이때 최초로 번역된 책이 다헬 아나토미아의 의학서인 "해체신서(解體新書)"이다. 이는 1774년 杉田玄白과 前野良澤 등이 번역한 것이다. 이 책이 간행됨으로 의학, 본초학, 천문학, 지리학, 병학(兵學) 등 각 분야가 발전되었다. 여기에서 지금까지 없었던 문제의 "처녀막(處女膜)"이란 말이 처음으로 쓰이게 되었다. "처녀막"의 사전풀이는 "처녀의 음문 속 앞 끝에 있는 질의 얇은 막= 음막"이라 되어 있다. 일본에서는 남성과의 경험이 없는 여성을 "오토메(おとめ)"라 하고, 이를 한자어로 "處女"라 하기에 이 "처녀"에 "막(膜)"을 붙여 "처녀막"이라 한 것이다. 이는 물론 기혼녀는 막이 찢어져 이것이 없기에 이러한 명명을 한 것이겠다. 그러나 이는 우리 사전 풀이에도 보이듯, "음막(陰膜)"이라 하거나, 아니면 "질막(膣膜)"이란 말을 새로 만들 수도 있었다. 그러나 그렇게 하지 않았다. 그리고 "막(膜)"이란 말도 그렇다. "膜"이란 한자의 자원(字源)은 "살·장기"를 뜻하는 "月"에, 음(音)과 덮는다는 뜻을 나타내는 "莫"으로 이루어져, 덮어 싼다는 뜻을 나타낸다. 이 경우는 반드시 싸는 것이 아니다. 가림 막과 같다고 할 것이다. 그렇다면 "막(幕)"이라 할 수도 있겠고, 싼다고 하면 "포(包)"라고도 할 수 있다. 그런데 "膜"이라 하였다. 이는 화란어로는 어떻게 쓰였는지 모르나, 처녀막을 영어로 "the maidenhead, the maidenhood, the hymen, the virginal membrane"이라 하니, 조어 상으로는 "the virginal membrane"과 같은 말에서 번역된 것이 아닌가 한다. 이렇게 "처녀막"은 처녀성을 의미한다. 그리하여 "처녀"란 말은 "처녀림, 처녀봉, 처녀비행, 처녀수(水), 처녀작, 처녀지, 처녀출판, 처녀항해"와 같이 "전인미답(前人未踏)의, 처음"이란 의미의 말을 많이 만들어 냈다.

그러면 여기 "처녀(處女)"란 말의 어원을 덧붙이기로 한다. 이에 대해서는 다른 곳에서 이미 다루었기에 간단히 언급하기로 한다. 이는 물론 한자말로, "처녀(處女)"의 "처(處)"자는 "머무르다"의 뜻을 나타내어, 處女란 시집가지 아니하고 집에 머무르고 있다는 뜻을 나타낸다. "처녀"란 아직 출가하지 아니하고 집에 있는 여인이란 말이다. 조어상(造語上) 비슷한 용례로 "처사(處士)"란 말이 있다. "처사"의 본래의 뜻은 신령스러운 도사가 아니라, "아직 벼슬길에 나아가지 아니하고 집에 머물고 있는 선비”를 뜻하는 말이다.

“양반(兩班)”의 의미와 문화

우리는 귀족 계급을 양반(兩班)이라 한다. 이는 고려와 조선조에서 지배층을 이루던 신분을 이렇게 지칭했기 때문이다. 그래서 우리에게는 “양반은 가는 데마다 상(床)이요, 상놈은 가는 데마다 일이라”라는 속담까지 낳았다. 양반은 가는 곳마다 대접을 받는다는 말이다.

그러면 “양반”의 어원은 어디 있는가? 일본 사람들이 우리나라에 처음 들어와 상류계층을 양반이라 하니까 “좋을 량(良)”자를 써서 “양반(良班)”이라 했다는 일화가 있다. 그러나 그게 어원은 아니다. 이는 “양반(兩班)”에서 온 말이다. 그러면 왜 “양반(兩班)”은 지배층을 이르는가?

고금석림(古今釋林)의 “동한역어(東韓譯語)”에는 이 양반(兩班)의 어원이 밝혀져 있다. “양반(兩班) 본조문무반 위지양반(本朝文武班 謂之兩班) 동속 사족통칭양반(東俗 士族通稱兩班)”이 그것이다. 조선조에서 문무반(文武班)을 양반(兩班)이라 하였으며, 시속에 선비를 통칭하여 양반이라 하였다는 것이다. 곧 “동반(東班)”과 서반(西班)이 양반이며, 나아가 시속에는 선비를 양반이라 하였다는 말이다.

그러면 “동반”은 무엇이고, “서반”은 무엇인가? “동반(東班)”은 문반(文班)을 달리 이르던 말이고, 서반(西班)은 무반(武班)을 달리 이르던 말이다. 이렇게 문무반(文武班)을 동서반(東西班)이라 이르게 된 것은 궁중에서 조회를 할 때 문관은 동쪽에 서고, 무관은 서쪽에 섰기 때문에 각각 동반(東班), 서반(西班)이라 하게 된 것이다. 이들은 또 학반(鶴班)과 호반(虎班)이라고도 하는데, 이는 각각 관복의 가슴과 등에 각각 학(鶴)과 범(虎)을 수놓아 붙이던 사각형의 표장(表章), 곧 흉배(胸背)에 연유한다.

이렇게 문관의 신분에 해당한 사람은 문반(文班), 무관의 신분에 해당한 사람은 무반(武班)이니, 자연 양반(兩班)은 관료, 귀족 계급을 의미하게 되었고, 이 말이 장차 관료가 될 "선비"에까지 확대되었다. 그리고 오늘날은 점잖고 예의바른 사람을 이르는가 하면, 남자를 홀하게 이르는 말로 사용하기도 하고, 자기 남편을 남에게 이를 때 쓰기도 한다.

"양반"이 좀 더 나은 삶을 지향하는 경우를 표현한 대표적인 예는 박지원의 "양반전"에서 볼 수 있다. 이는 당시의 사류(士類)들이 그들의 본분을 망각하고 작폐만 일삼고 있는 것과, 상인들이 자기네 위치를 망각하고 보다 나은 양반 신분을 열망하는 망상을 풍자한 소설이다.

(한글+漢字 문화, 2019. 11월호)

5. 몇 개 시사용어의 개념과 명명

8월 들어 두 지사(知事)의 사건이 신문을 장식하고 있다. 이에 이번에는 이들 "지사(知事)"라는 말과, 시사성(時事性)이 있는 몇 개 말의 어원을 살펴보기로 한다.

"지사(知事)"는 본래 불교 용어

"지사(知事)"라는 말은 일을 아는 사람, 담당 계(係)의 장(長)쯤을 이를 것 같은 말이다. 그런데 오늘날 "지사"라면 누구나 도(道)의 행정 수장을 떠 올린다. 그러나 이는 근대의 일이요, 역사적으로는 다양한 지사가 있었다. 이에 "지사(知事)"의 어원을 살펴보기로 한다.

고려 시대에 "지사(知事)"는 각 도(道)의 도통사(都統使) 밑에 딸린 5품에서 6품까지의 벼슬이었다. 같은 고려 시대에 또 중앙 관아의 우두머리 다음 가는 벼슬로, 2품에서 5품까지의 지돈령부사(知敦零府事) 등의 부사(府事)들도 있었다. 조선시대에는 중추원, 사간원 등에 종2품에서 3품에 걸친 부사(府事)들도 "지사"라 하였다. 갑오경장 이후에는 지돈령원사, 지평리원사(知平理院事)와, 지사서(知事署)의 주임(奏任)을 지사라 하였다.

도지사(道知事)는 왜정시대 이래의 관직명이다. 일본에서는 오늘날 도도부현(都道府縣)의 장을 "지사(知事)"라 한다. 동경도(都), 북해도(道), 대판부(府)와, 각 현(縣)의 지사가 그것이다.

"지사"란 사실은 불교 용어였다. 이는 옛날 절에서 잡일과 서무를 관장하던 직책이다. 이것이 송(宋)나라 때 주현(州縣)을 관장하는 지방 장관의 관명으로 쓰이게 되었고, 금(金) 나라 이후 본속(本屬)의 장관에 예속된 관리를 이르게 되었다. 일본의 경우는 송의 제도에 따라 "지사"가 도도부현(都道府縣)의 수장을 이르게 되었고, 우리도 일본의 영향으로 현(縣)에 해당한 도(道)의 수장을 이르게 된 것이다.

"비서(秘書)"의 의미변화

전 충남지사와 그의 여비서와의 사건이 문제가 되고, 근자에는 그 사건의 일심 선고가 화제가 되고 있다.

비서(秘書)라는 말은 본래 이런 "쎄크러트리"라는 뜻의 말이 아니었다. 이는 일본의 명치(明治) 시대 중반 이후 일본에서 새로 만든 일제(日製) 한자어이다. 이때 기업이 많이 생겨나고, 영어의 "Secretary"를 번역하게 되었는데 적당한 말이 떠오르지 않았다. 그리하여 처음에는 "서기(書記)"라고 하였다. 그런데 별로 탐탁하지 않았다. 그리하여 마침내 바꾼 것이 "비서"다. 이 말은 우선 은행 등에서 쓰기 시작하였고, 마침내 널리 쓰여 정착되었다.

"비서"란 말은 오늘날 직업, 일을 의미하나, 옛날에는 문자 그대로 "비장된 책"을 의미하였다. 고대 중국에서는 이 말이 궁중의 장서를 의미하였다. 일본의 평안시대(平安時代)에도 이러한 뜻으로 쓰여 쉽게 사람들이 볼 수 없는 책을 의미하였다. 우리나라에는 따로 "비서"라는 벼슬은 없었고, 고려 때 비서성·비서감의 종3품을 비서감(秘書監)이라 하였다.

출장(出張)은 전장(戰場)에 나가는 것

공무를 보기 위해 임시 다른 지방에 가는 것을 "출장(出張)"이라 한다. 샐러리맨에게 출장은 즐거운 일의 하나였다. 제 돈 안 들이고 여행의 즐거움을 맛볼 수 있기 때문이다. 더구나 해외여행이 자유롭지 못하던 때 해외출장은 부러움의 대상이기도 하였다. 그런데 근자에는 이 출장도 많이 줄어들어 낭만을 즐길 기회가 많이 줄어든 것 같다.

"출장(出張)"이란 본래 이런 낭만적인 의미의 말이 아니었다. "출장(出張)"의 어원은 일본어이다. 이는 오늘날처럼 "슛죠(しゅっちょ)"라 음독하는 말이 아니고, "데바리(出張り)"라고 하는 훈독어(訓讀語)이었다. 이는 전진용어(戰陣用語)로, 전장에 나가는 것을 의미하였다. 싸우기 위해 상대방의 영지(領地)에 가는 것이다. 14세기말의 "太平記"에는 "500여기(餘騎)"로 "出張한다"는 말이 보이고, 1603년의 "일포사서(日葡辭書)"에도 "전쟁에 나가는 것"이란 풀이가 보인다. "출장"은 전국시대의 무장(武將)이나 전사들에게 이렇게 목숨을 건 위험한 전장에 나가는 것이었다. 그러니 오늘날의 "출장"에서처럼 즐거움을 생각할 수는 없었다. 이러한 출장, 곧 "데바리(出張り)"가 명치시대 이후 직무를 위해 다른 곳에 가는 것을 폭넓게 이르게 되었다. 이의 용례는 일본의 유명한 소설가 나쓰메 소세키(夏目漱石)의 "三四郞"에도 보인다.

이렇게 "출장(出張)"이란 일본에서 "데바리(出張り)"라 하던 말이 "슛죠(しゅっちょ)"라 음독하게 된 말이다. 그리고 이 말을 우리는 수용한 것이다. 그렇기 때문에 우리는 "출장(出張)"에서 전장에 나간다는 의미는 전혀 느끼지 않는다. 그러나 교통이 불편하던 지난날에는 전장에 나가는 것이 아니라, 긴 여행 자체도 고난의 길이라 생각하였다. 그래서 일본 통신사(通信使)의 사행길만 보더라고 다시 못 만날 듯, 울고불고 야단을 떠는 모습을 볼 수 있다.

"개념(槪念)"의 어원과 명명

비서에게 성폭력을 행사한 죄로 기소된 안 지사가 1심에서 무죄선고를 받았다. 이를 두고 여성계가 시끄럽다. 보도된 바에 의하면 무죄가 선고된 근거는 크게 세 가지라 한다.

첫째는 위력에 의한 간음·추행 혐의를 입증할 증거가 부족하다는 것이고, 둘째는 김씨의 진술에 신빙성이 부족하다는 것이다. 셋째는 성폭력 처벌법에 대한 현 체계에 문제가 있다는 것이다. 특히 이 셋째의 근거에 대해 말이 많다. 현행법상 강간죄는 폭행·협박 또는 위력이 있을 때 성립된다. 부장 판사는 판결문에서 "노 민스 노 룰(No means no rule.)"과, "예스 민스 예스 룰(Yes means yes rule.)"에 대해 언급하였다.

"노 민스 노 룰"은 상대방이 동의하지 않는다고 하였는데도 성관계를 할 경우에는 강간으로 간주하고, 처벌하는 것을 말한다. 이에 대해 "예스 민스 예스 룰"은 상대방이 명시적이고 적극적으로 동의하지 않았는데도 관계를 한 경우에는 강간죄로 처벌한다는 것이다. 상대방이 분명히 "예스"라고 말한 경우에만 합의된 성관계로 인정한다는 말이다. 이에 판사는 "두 가지 룰이 입법화되지 않은 현행 성폭력범죄 처벌법의 체제하에서는 피고인의 행위를 처벌하기 어렵다."고 판시하였다. 이는 현행법상 성폭력범죄 처벌법으로 처벌할 수 없는 근거를 밝히고, 그러한 개념(槪念)을 설명한 것이다. 실용주의 세상이다. 이렇게 되면 여인의 은근과 겸양의 미덕은 어떻게 되는 것인지?

"개념(槪念)"이란 말은 "어떤 사물 현상에 대한 보편적인 관념"을 말한다. 이러한 "개념"은 일반사회는 물론이고, 학문이나 법률의 세계에서는 그것이 분명해야 한다. 법에 근거하여 재판해야 하는 경우에는 그것이 이렇게도 저렇게도 해석이 되어서는 안 된다. 분명한 근거와 기준이 있어야 한다.

"개념"이란 말은 근대에 일본에서 만들어진 말이다. 이는 앞에서 살펴본

"비서(秘書)"라는 말과 같이 일본의 명치(明治)시대에 만들어진 것으로, 영어 "Concept"를 번역한 말이다. 이는 철학자 서주(西周)가 번역한 것으로, 처음에 "념(念)"이라 번역하였으나, 문자 그대로 개념이 제대로 떠오르지 않았다. 그리하여 "포함이회(包含理會)"라고도 하여 보다가 마침내 "개념(槪念)"이라 하게 되었다. 현대인은 이러한 어휘를 당연한 것으로 받아들이나 이는 참담한 고심 끝에 만들어진 말이다. 철학자 서주(西周)는 일본의 근대화 과정에 많은 번역을 하여 일본어 발전에 많은 기여를 한 사람이다.

이 "개념", 곧 "컨셉트"란 말은 철학 용어로 번역되었으나, 오늘날은 광고업계에서 오히려 사랑을 받는다. 그것도 역어 "개념"이 아니라, "콘셉트"라는 외래어로서 애용되고 있다. 클라이언트(client), 프레젠테이션(presentation)과 함께 말이다.

"복심(腹心)"의 어원과 의미

사람은 사람을 잘 만나야 한다. 무엇보다 믿을 수 있는 사람을 만나야 한다. 특히 정치가가 그러하다. 안 지사는 비서를 믿었겠지만, 김씨는 1심 판결 후 "권력자의 권력형 성폭력이 법에 의해 정당히 심판을 받을 수 있도록 끝까지 싸울 것"이라 하였다 한다. 여기서 대두되는 말이 "복심(腹心)"이요, 말을 바꾸면 "심복(心腹)"이란 말이다.

"복심(腹心)"이란 "마음 속 깊은 곳, 또는 그곳에 품고 있는 심정"을 의미한다. 그래서 그 사람의 속마음을 알 수 없을 때 "그의 복심을 알 수 없다"고 한다. 그리고 이는 나아가 속마음이 통하는 사람을 의미하기도 한다. 곧 "심복(心腹)"과 동의어로 쓰인다. 동상이몽(同床異夢)이란 말이 있지만, 소위 "몸을 섞으면서"도 "복심"이 얼마든지 다를 수 있다는 것을 사건 현장은 잘 말해 준다. 특히 남녀의 동상(同床)의 경우에도 다른 꿈을 꾸게 되는데, 그렇지 않은 경우에는 "복심"을 자못 의심해 보지 않을 수 없을 것이다.

관포지교(管鮑之交)란 말이 현실적으로 존재할 수 있는지 의심이 되기까지 한다. 이는 피의자가 거짓말을 밥 먹듯 하는 것을 보게 될 때 여실히 느끼게 된다.

어원의 문제로 "복심"은 "배 복(腹), 마음 심(心)"자를 쓰는 말이다. 그런데 이는 배와 가슴을 의미한다. 그것은 마음, 곧 심장이 가슴에 있기 때문이다. 그래서 "복심"은 신체의 중심이 되는 중요 부분을 의미하고, 이는 속마음을 의미한다. 그리고 "복심을 털어 놓는다"고 하여 속마음을 털어놓을 수 있는 존재를 "복심", 곧 "심복(心腹)"이라고도 하게 된다.

구기(球技)의 용어의 어원

현대의 특징을 3S라 하기도 한다. Sports, Sex, Speed가 그것이다. 한국에서는 젊은이들이 무엇보다 선호하는 직업이 연예인과 운동선수가 아닌가 한다. 이들은 황제, 여왕과 같은 영웅 칭호를 받는가 하면 막대한 부도 누릴 수 있기 때문이다.

한자문화권이라면 당연히 어휘도 같을 것이라 생각한다. 우리는 일본의 영향을 받아 많은 근대 한자어가 일본어와 같지만, 중국어는 우리말이나 일본어와 다른 어휘도 많다. 그 중 대표적인 것이 요일명(曜日名)이다. 우리와 일본에서는 "월요일, 화요일, 수요일…"이라 한다. 이에 대해 중국에서는 "성기일(星期一), 성기이(星期二), 성기삼(星期三)…"이라 한다. "일요일"을 중국에서는 "성기일(星期日)"이라 한다.(p.499 참조)

이렇게 다른 말 가운데 대표적인 것의 또 하나가 스포츠의 종류를 이르는 명칭이다. 우리의 용어는 대부분 일본어를 받아들여 일본어와 같다. 그런데 중국의 경우는 구기(球技) 종류만 하더라도 우리와 사뭇 다르다. 축구를 "족구(足球)", 야구를 "봉구(棒球)", 농구를 "광구(籃球)", 정구를 "망구(網球)", 탁구를 핑퐁(乒乓)이라 하는 따위가 그것이다. 배구는 "배구(排球)"라 하여 우리와 같다. 이들 명칭은 대부분 의역이 되었다. 이들은 그 나름으로 어울린다고 생각된다.

일본에서 Baseball을 "야구(野球)"라 하게 된 어원에 대해서는 일화가 있다. 명치시대에 Baseball이 일본에 들어왔다. 이때 Baseball은 "누구(壘球)", 또는 "기구(基球)" 등 여러 가지로 일렀다. 이런 때 한 사람이 "야구(野球)"라는 번역어를 생각해 냈다. 그는 명치시대의 유명한 하이쿠(俳句)의 시인 시큐(正岡子規)였다. 그는 청년시대에 야구에 열중해 "야구"라는 말을 만들고, 이를 여기저기 소개 정착시켰다고 알려진다. 그런데 이 야구라는 말의 시큐(子規) 창작설엔 이론도 있다. 그것은 시큐(子規)의 친구였던, 일고(一高)의 야구부의 매니저였던 인물이 이 말을 만들었다는 것이다. 그러나 저러나 "야구"라는 말이 시큐(子規)에 의해 확산된 것만은 분명한 것으로 본다.

(한글+漢字 문화, 2019. 9월호)

6. 장기와 윷, 그리고 놀이문화

"장기"와 상희(象戲)의 문화

우리의 전통적인 놀이 가운데 하나에 "장기(將棋)"가 있다. 이와 비슷한 놀이로 바둑과 고누가 있어 이들은 흔히 비교·대조된다. 바둑은 고상한 놀이로, 장기는 대중적 놀이로, 고누는 상민의 놀이로 평가한다.

장기는 본래 "상희(象戲)"라 하였다. 이는 인도에서 비롯된 것으로 중국을 거쳐 우리나라에 들어왔고, 우리는 이를 일본에 전해 준 것으로 알려진다.

장기를 "상희(象戲)"라고 하는 것은 이 놀이가 인도에서 비롯되었고, 인도에서는 코끼리를 숭상하기 때문에 코끼리를 내 세워 놀이 이름을 붙인 것으로 본다. 이를 중국에서는 "상기(象棋)"라 하고, 우리와 일본에서는 "장기(將棋)"라 한다. "상희(象戲)" 또는 "상기"란 장기 알을 상아(象牙)로 만들어 이런 이름이 붙었다고도 한다. 이에 대해 "장기"란 장수들의 싸움이란 뜻에서 붙인 이름이라 하겠다.

장기는 우리나라에서는 초(楚)·한(漢)의 싸움, 곧 초패왕(楚覇王) 항우(項羽)와 한고조(漢高祖) 유방(劉邦)의 싸움으로 되어 있으나, 중국에서는 비특정(非特定)의 장수(將帥), 곧 '장(將)'과 '수(帥)'가 대결하는 것으로 되어 있다. "장기"의 '기(棋)'자는 '장기 기(棋)'자이다. 우리나라의 장기에 대한 명칭은 세조실록(世祖實錄), 필원잡기(筆苑雜記) 등에 '상희(象戱)'라 한 것을 볼 수 있다. 이것이 중종 때 심수경(沈守慶)의 '유한잡록(遺閑雜錄)' 등에서부터 '장기(將棋)'라 일러지게 되었다.

장기는 일찍이 인도에서 중국에 들어왔고, 중국에서는 춘추전국시대에 성행했던 것으로 알려진다. 일본의 기록에 의하면 우리나라에는 장기가 신라 때 들어와 성행한 것으로 알려진다. 장기는 소장기, 중장기, 대장기의 세 종류가 있었는데, 이 가운데 소장기만이 한·중·일에 남아 전하는 것으로 본다. 우리의 장기는 후주(後周) 무제(武帝) 때 만들어진 것으로, 송나라 사마광(司馬光)의 "상희도법(象戱圖法)"과 비슷한 것이다.

"장기"는 싸움, 전쟁놀이다. 싸움은 병력의 수와 질에 의해 승부가 좌우된다. 그런데 장기는 같은 수(數), 같은 질(質)의 병력을 가지고 겨루는 놀이다. 따라서 이는 지능과 사색을 걸고 대결하는 놀이라 할 수 있다.

말의 이름과 어원문화

장기는 피아(彼我)가 다 같이 16개의 말로 대결하게 되어 있다. 그런데 이 말의 이름이 중국과 우리가 같지 않다. 우리는 앞에서 언급한 바와 같이 장수들의 싸움, 곧 '장(將)'과 '수(帥)'의 대결이 아니라, 초패왕과 한고조란 두 임금의 대결로 되어 있다. 초(楚)와 한(漢)은 진(秦)나라가 멸망한 후 군웅이 할거하던 때의 두 나라로, 이들 두 나라는 5년에 걸친 싸움을 하여 마침내 한의 승리로 끝이 났다. 우리의 장기는 이 전쟁을 상정한 대결이다. 우리는 삼국지(三國志)를 많이 보거니와 장기는 '초한지(楚漢志)'의 영향을 받은 것이라 하겠다. 그래서 궁(宮)에는 궁사(宮士)가 있고, 병기와 병력으로 차(車)·포(包)·마(馬)·상(象)에 병졸(兵卒)이 있다. 이에 대해 중국의 장기는 "장·수(將帥)" 아래 "사(士)·사(仕)"가 있고, "차(車)·차(俥), 포(砲)·포(炮), 마(馬)·마

(傷), 상(象)·상(相)"과 병·졸(兵·卒)이 있다.

우리의 차(車)·포(包)의 경우에는 이의 정체가 분명치 않다. 장기는 싸움, 전쟁놀이다. 따라서 차(車)는 전차(戰車)이어야 하고, 포(包)는 화포(火砲)이어야 한다. 그런데 이러한 사실을 얼마나 의식하고 장기를 두는지 모르겠다. 더구나 포(包)자가 화포(火砲)를 나타내는 것 같지 않아 더욱 그러하다. 여기서의 말 '포(包)'는 '포(炮)'를 의미한다. '설문통훈정성(說文通訓定聲)'에 보이는 "포가차위포(包假借爲炮)"가 그것으로, '포(包)'는 '포(炮)'에 가차된 것으로, 화포를 나타낸다. 이는 중국 장기의 포가 '포(砲)·포(炮)'인 점으로 보아 분명히 확인된다. 또한 기능으로 볼 때도 이러한 것을 알 수 있다. 포(包)의 행법(行法)은 다른 말을 넘어가고, 넘어가 다른 말을 잡아먹는 것이 대포(大砲)의 기능과 같다. '마(馬)·상(象)'의 경우는 마(馬)는 병마(兵馬)이고, 상(象)의 경우는 수송 수단으로서의 코끼리라 할 것이다. 중국의 상(象)은 주로 방어용으로 쓰이며, 중국 장기판에서 상(象)은 중간의 강(江)을 건널 수 없다. 이로 볼 때 상은 공격의 병기가 아니다. 그런데 우리의 상은 이와 달리 공격 기능도 지닌다.

다음에는 중국의 말을 중심으로 차이점을 몇 가지 살펴보기로 한다. 우선 사(士)가 차이를 보인다. 중국에서는 '사(士)·사(仕)'로 구별된다. 여기 '사(士)'는 '궁사(宮士)'와 구별된다 하겠다. 장수 밑의 사관(士官)이라 하겠다. '사(仕)'는 벼슬아치다. '차'는 '차(車)·차(俥)'의 대립으로 보아 반드시 전차(戰車)가 아닐 수도 있다. 상(象)은 '상(象)·상(相)'의 상대적 관계로 보아 '현상(賢相)'을 연상하게 하기도 한다. 중국의 장기는 반드시 무장의 싸움이 아닌, 문무의 대결일 수도 있다.

같은 문화에서 비롯되었으면서 지정학적(地政學的) 환경이 달라지면서 한·중(韓中)의 장기는 많은 문화적 차이를 드러내고 있다. 여기서 장기를 노래한 엮음수심가의 일절을 보며, 장기를 좀 더 이해할 수 있도록 하기로 한다.

쌍륙(雙六) 바둑은 저리 하고/ 장기 한 켸 벌일 적에

한나라 한(漢)자로 한 패공(覇公) 삼고/ 초나라 초(楚)자로 초패왕(楚覇王) 삼고

수레 차(車)자로 관운장(關雲長) 삼고/ 코끼리 상(象)자로 조자룡(趙子龍) 삼고

말 마(馬)자로 마초(馬超) 삼고/ 선비 사(士)자로 모사를 삼고

꾸릴 포(包)자로 여포(呂布)를 삼고/ 좌우 병졸로 다리를 놓고

이 포 저 포 넘나들 제/ 십만 대병이 춘설이로구나…

"윷"과 관련된 말과 문화

우리 민속놀이 가운데 윷놀이가 있다. 설이 머지 않았는데, 윷놀이는 주로 설과 보름에 노는 놀이다.

'윷'은 한자로 '윷 사(柶)'자를 쓴다. 그러나 이는 우리가 이 한자를 가차(假借), 곧 빌려 쓰고 있는 것이다. 중국에서는 이를 '윷 사(柶)'가 아닌, '숟가락 사(柶)'자라 한다. 이로써 알 수 있듯 '윷'은 우리의 고유한 놀이다. 따라서 윷놀이를 가리키는 '사희(柶戲)'나, '척사(擲柶)'라는 말도 외형상 한자어로 되어 있으나, 중국이나 일본에는 없는 우리의 고유한 한자말이다.

'윷'이란 말은 세 가지 의미를 지닌다. 그 하나는 놀이 기구로서의 윷이요, 다른 하나는 윷놀이이고, 또 다른 하나는 윷을 놀 때 윷짝 모두가 잦혀진 것을 말한다.

놀이 기구로서의 '윷'은 조선조 정조(正祖) 때의 실학자 유득공(柳得恭)의 경도잡지(京都雜誌)에 다음과 같이 풀이되어 있다.

붉은 싸리나무 두 토막을 쪼개어 네 쪽으로 만든다. 길이는 세 치 가량. 혹 작게는 반쪽의 콩알만 하게 만들기도 한다. 이것을 던지는 것을 사희(柶戲)라 한다.

이는 '가락윷'과 '콩윷'에 관해 설명한 것이다. 유득공은 '가락윷'을 싸리나무로 10cm쯤 되게 만든다고 하였는데, 오늘날은 흔히 박달나무나 밤나무를 사용하여, 길이가 약 15cm, 지름이 약 3cm 되게 만든다. '콩윷'이나 '밤윷'은 작은 윷을 가리키는 말로, 콩·팥·상수리·은행·살구씨 등으로 만든다. 이밖에 '장작윷'이란 것이 있는데 이는 참나무로 장작처럼 길고 굵게 만든 윷을 말한다.

'윷'은 엎어지고 잦혀진 윷가락에 따라 도·개·걸·윷·모로 구별하며, 이들의 끝수를 하나에서 다섯까지로 구별한다. 그리고 이 끝수에 따라 말판에 말을 써 넉 동을 먼저 나는 사람이 이기게 된다. 그런데 이 윷의 다섯 단계를 나타내는 말의 의미가 분명치 않다. 쉽게 알 수 있는 것은 '개(犬)' 하나뿐이다. 나머지는 그 실체가 무엇인지 알 수 없다. 이들은 오랜 동안 세월과 같이 흐르면서 그 형태가 바뀌어 알 수 없이 된 것이다. 일반적으로 도는 '돼지(猪)', 개는 '개(犬)', 걸은 '양(羊)', 윷은 '소(牛)', 모는 '말(馬)'이라 본다. 이들은 광의의 가축이라 하겠는데, 고대의 부여(夫餘)에서는 이들이 관직명에 쓰인 것을 볼 수 있다. 우가(牛加)·마가(馬加)·구가(狗加)·저가(猪加)가 그것이다. 이들은 각각 지방 관할 구획인 사출도(四出道)의 하나를 주관하였다. 이들 사가(四加)는 농정(農政)을 중심으로, 도내의 읍락(邑落)을 거느렸을 것으로 본다. '사가'의 '가(加)'는 족장·지배자의 의미를 지닌다.

그러면 끝으로 "도·개·걸·윷·모"와 같은 윷놀이에서 다섯 단계를 이르는 말의 어원을 불충분한대로 추정해 보기로 한다. '도'는 한자어 '돼지 저(猪)'자에서 비롯된 것으로 본다. 이는 상고 및 중고음이 [tIag-tIo]였으나, 같은 형성자(形聲字) '都·屠·睹·賭' 등의 음이 [도]인 점으로 미루어 볼 때 한 때 그 음이 [도]였을 것으로 추정된다. 오늘날 속담에서 "멧돝 잡으려다가 집돝 잃는다"고 하는 돼지를 이르는 '돝'은 이 '도'에서 변한 말로 보인다. '개'는 고어 '가히'의 'ㅎ'음이 약화 탈락되어 '가히> 가이> 개'가 된 말이다. '걸'은 '수 양 결(羯)', 또는 '큰 양 갈(羯)'의 한자음에서 연유하는 것으로 보인다. '갈(羯)'자는 상고 및 중고음이 [klat-Kıt]이어 '걸'과 유사한 음임을 알 수 있다. 어느 국어사전은 '걸'을 '코끼리'라 보고 있다. '윷'은 '소 우(牛)'자의 음이 변한 것으로 본다, 이의 발음은 상고·중고·중세·현대음이 각각 [ŋɪog> ŋɪəu> nɪəu> nɪəu(niü)]여서 중고음과 가까운 것을 알게 한다. 혹 '윷'을 뜻하는 말이 고어에서 "슛 뎌(樗), 슛 포(蒲), 슛놀 탄(攤)"과 같이 '슛'이어서 이는 'ㅅ> △> ㅇ'의 변화를 겪은 것으로 의심해 볼 수도 있다. '모'는 '말 마(馬)'의 음이 변한 것으로 보인다. 이는 [măg > mă > ma > ma]의 변화를 거쳐 오늘의 "마(馬)"에 이르렀다. 한편 '모'는 이와는 달리 몽고어 'morin'에서 변화한 것이라 볼 수도 있다. 그러나 형태적으로 볼 때 '말 마(馬)'의 음 [ma]에서 [mo]로 변화된 것이라 보는 것이 좀 더 설득력을 지닐 것이다.

이들 언어현상을 보면 말이란 변하지 않는 것 같으면서 참으로 많이도 변하는 것임을 실감하게 한다.

"놀이", "노래", "노릇바치"의 어원

노세, 노세 젊어서 노세
늙어지면 못 노나니.

우리 민족은 참으로 놀기를 좋아하였다. 위지(魏志) 동이전(東夷傳)을 보면 마한(馬韓)에서는 매양 5월에 씨뿌리기를 끝내고 귀신에 제사를 지내었다. 이때 "많은 사람들이 떼를 지어 노래하고 춤추고 술을 마시되, 밤낮을 쉬지 않았다(群聚歌舞飲酒 晝夜無休)"고 한 것이 이런 역사적 기록이다.

"놀이(遊玩)"는 '놀다(遊)'란 동사의 어간에 접사 '-이'가 붙어 명사가 된 말이다. 이는 생산적 노동의 대가 되는 말이다. '놀다'는 다의성을 지니나, 이 말의 주가 되는 뜻은 "놀이나 재미있는 일을 하며 즐겁게 지내다"라 할 것이다. 그러나 '놀다'의 본래의 의미는 이런 것이 아니었다. '놀다'란 추상적인 말이요, 휴식이나 열락(悅樂)을 추구한다는 것은 인간이 지적으로 상당히 진화한 뒤의 욕망이라 하겠기 때문이다. 따라서 '놀다'는 그 의미가 변한 말로 보아야 한다.

> "바다 위에서 해가 일렁일렁 노닌다."
> "뱃속의 아이가 논다."
> "다리가 제대로 놀지 않는다."
> "불뚝불뚝 노는 관자놀이."

이들의 예에 보이는 것처럼 '놀다'는 그 의미가 '움직이다, 동작을 하다'가 본래의 의미이고, 여기서 나아가 '놀음놀이'의 의미가 생겨났다. 그리고 한 걸음 더 나아가 노래하고, 거문고 따위를 '노는(彈琴)' 단계로까지 발전했다. 이렇게 보면 우리의 '놀이'는 일본의 '놀이'를 뜻하는 '아소비(遊)'와도 대응된다. '아소비'는 본래 '동작(動作), 소작(所作)'을 의미하던 말로 보이기 때문이다. 한자어 '놀 유(遊)'자도 "한가롭게 길을 걷다"라는 의미에서 '놀다(遊)'의 의미로 바뀐 말이다. '遊'자의 자원은 정착하지 않고 흔들려 움직임을 나타낸다.

'놀다'에서 파생된 말은 여럿이 있다. '노래'라는 말도 '놀다'란 동사에서 파생된 것이다. 이 말은 '놀다(遊)'의 어간 '놀'에 접사 '-애'가 결합된 말이다. 앞에서 위지 동이전에서 "군취가무음주(群聚歌舞飮酒)"란 말을 인용하였거니와 놀이에는 '가무(歌舞)'가 필연적으로 따라오게 마련이니 '놀다'에서 '노래'라는 말이 파생되었다 함은 너무나도 당연한 사실이라 하겠다.

우리의 옛말 '노릇바치'라는 말도 '놀다'에서 파생된 말이다. 이는 재인(才人), 창우(倡優)를 뜻하는 말인데, 동작을 의미하는 '놀다'의 어간 '놀-'에 접사 '-옷'이 붙어 명사를 이루고, 여기에 다시 사람을 의미하는 접사 '-바

치'가 붙은 것이다. '노롯바치'는 고어에서 '노롯바치'라고도 하였는데, '노
롯' 혹은 '노릇'이란 오늘날의 '노릇'에 해당하는 말로, '역할·신분'을 의
미하는 말이다. 따라서 '노롯바치'는 어떤 역할, 곧 배역(配役)을 하는 사람
이라 하겠다. '-바치'는 '-아치'로 변해 '장사아치', '벼슬아치'란 용례를
보여 준다.

그리고 여기에 하나를 덧붙이면 도박을 의미하는 '노름'이란 말이다. 이
말은 '놀다'의 어간 '놀'에 '-음'이 붙은 '노름'이 변한 말이다. 이는 고어에
서 '노름노리', 혹은 '노름노리'라는 복합어도 보여 주는데, 그 의미는 물론
'놀음놀이'이다. 이런 '놀음'을 의미하는 말에서 도박(賭博)을 의미하는 '노
름'은 그 의미가 축소된 것이다. '놀이', 또는 '놀음'을 하다 보면 심심해지
고, 그래서 거기에 무엇을 걸게 되고, 이것이 마침내 도박으로 발전하게 된
다는 것은 세상이 다 아는 사실이다.

(한글+漢字 문화, 2019. 10월호)

7. 전통 놀이의 이름과 어원문화

"씨름"의 어원과 문화

씨름은 삼국시대부터 있던 우리의 고유한 민속 기예의 하나다. 이는 "씨름"이라 하는 외에 "각력(角力), 각저(角抵), 각희(角戱), 상박(相搏), 요교(撓跤)" 등으로 일러진다.

씨름은 만주 집안현(集安縣)에서 발굴된 4세기 무렵의 고구려 각저총(角抵塚) 등에 씨름을 하는 벽화가 있어 고구려 사람들이 이를 즐겼으며, 씨름이 삼국시대부터 있었던 것으로 보게 한다. 고려 이후 조선조에 이르러서는 단오, 추석 때에 행해지는 남자들의 놀이가 되었다. 이는 백중에도 널리 행해졌다. 이긴 "장사(壯士)"나 "역사(力士)"에게는 상으로 소를 주기도 하였다. 중국에서는 이를 "고려기(高麗技)"라고 하였다.

"씨름"의 어원은 "힐훔"으로 보인다. 이는 힐난(詰難)하다를 뜻하는 "힐후다"의 전성명사로 박통사언해의 "므슴호려 입 힐훔하료"나, 역어유해의 "입 힐훔(슴口)" 등에 쓰인 "힐훔"이 그것이다. 이들 "입 힐훔"이나, "입 힐훔"은 모두 "입-씨름"을 나타내는 말이다. 이 "힐훔"이 구개음화하여 "실훔"이 되고, 다시 된소리로 바뀌고, 둘째 음절의 "ㅎ" 소리가 약화 탈락하여 오늘의 "씨름"이 되었다. "실훔"의 용례는 법화경언해에 보이고, "시름"의 용례는 박통사언해에 보인다. 이들은 이미 "힐난"의 의미가 아니고 각저(角抵)를 의미하는 말이 된 것이다. 그리고 물보(物譜)에 "삐름(角抵)"이, 무예(武藝)에 "씨름"의 예가 보인다. 이렇게 "씨름"이란 말은 "힐훔> 실훔> 씨름(삐름)"으로 변화해 온 말이다.

"그네"의 어원과 문화

그네 또한 대표적인 민속놀이 가운데 하나다. 이는 동양에서 뿐만 아니라, 고대 그리스나 로마에서도 봄날 즐겼다고 한다.

그네는 본래 북방 오랑캐들이 날쌘 몸놀림을 익히던 유희로, 이것이 중국에 들어가 한대(漢代)에 궁중의 후정에서 성행하였다. 당나라 때에는 한식날에 여자들의 놀이로 민간에서 크게 유행하였는데, 이를 반선희(半仙戲)라 하였다. 우리나라에는 고려 때에 들어왔는데, 고려사(高麗史)의 최충헌전(崔忠獻傳)에는 "단오에 백정동궁(栢井洞宮)에서 단오놀이를 베풀고, 문무관 4품 이상의 관원들이 모여 잔치를 하며 3일 동안 즐겼다"는 기록이 보인다. 이렇게 고려 때에는 단오절에 그네뛰기가 상하를 통해 사치스럽고 호화롭게 베풀어졌다. 조선조에 와서는 차차 궁정이나 상류사회의 공적인 사치성은 없어지고, 민속행사로 전국 방방곡곡에서 베풀어지게 되었다.

"그네"는 재물보(才物譜)에서 "근의", 훈몽자회에서 "글위 츄(鞦), 글위 천(韆)"이라 하고, 한림별곡에서 "紅 글위"라 하고 있는 것을 볼 수 있다. 이밖에 추천(鞦韆)을 이르는 방언은 무수하다. 이에 양주동(梁柱東)은 그네의 "구르는" 특성에 주목하여 "글위", 혹은 "굴위"를 어근으로 보고, "발을 구르다"의 "구르"에 "그네"의 어원이 있는 것으로 추정하였다.

"글위"는 一方 "그네·군듸·굴위" 等 無慮 數十種의 方言이 現存하나 "글

위" 或은 "굴위"가 亦是 原型이다. 大蓋 그 語原이 "발을 구르다"의 "구르(그
우르)"에 있는 까닭이다.(麗謠箋注, 1947)

이에 대해 최남선은 그네의 어원을 "근(繩)-희(戲)"라 보았다.

이렇게 "그네"의 어원은 분명치 않다. 그러나 "그네"의 어원이 "구르다"
와 관계가 있을 것임은 분명하다. 충청도 방언에서는 이를 "군디"라 한다.
여기 쓰인 "군"은 "구르다"의 관형형이며, "디"는 띠를 의미하는 "대(帶)"라
하겠다. 옛날 벼슬아치들의 공복을 "관디"라고도 하였는데, 이는 "관디(冠帶)"
가 변한 말이기 때문이다. 오늘날은 이를 전통혼례 때 신랑이 입는다. "관디
를 갖추다, 관디를 입다"와 같이 쓰인다(표준국어대사전). 이 "디"가 경음화한
것이 "띄(>띠)"임은 말할 것도 없다. "띄"의 용례는 훈몽자회 등에 보인다.
따라서 "그네"의 한 어원은 "구르는 띠(帶)", 곧 "굴-대(帶)"에 있다 하겠다. 이
는 "굴-디> 군(관형형)-디> 군-듸> 군-디"로 변해 왔다고 할 수 있다.

"썰매"의 어원과 문화

썰매는 얼음판이나 눈 위에서 미끄럼을 타고 노는 기구를 말한다. 요사
이는 스케이트에 밀려 거의 볼 수 없게 되었으나 왕년에는 겨울철의 대표
적인 놀이 기구였다.

"썰매"의 어원은 "설마(雪馬)"이다. 이는 놀이기구만이 아닌 겨울철의 중
요한 운송 수단이기도 하였다. "설마(雪馬)"의 용례는 세종실록(世宗實錄) 등
에 보인다. 연산군일기(燕山君日記)에는 성종(成宗)이 화차(火車)를 진에 설치(置
鎭)하기 위해 이를 보낼 때의 기사가 실려 있다. 겨울에 눈이 많이 내려 화
차를 운송할 수 없었다. 이에 연산군은 "마을의 설마(雪馬)를 구해 그 위에
화차를 실어 운반하게 했다(臣取村家雪馬 傳火車其上)"는 기록이 보인다. 또 화
성성역의궤(華城城役儀軌)에는 16세기에 성곽 공사를 할 때 이 설마를 사용하

였으며, 17세가 창덕궁 및 창경궁 재건공사 때에도 "설마"를 이용해 물품을 날랐다는 것이 "의궤서(儀軌書)"에 전한다.

"설마(雪馬)"의 구조와 규모는 서유구의 "임원경제(林園經濟)"에 전하는 것이 보인다. 이에 의하면 "설마의 바닥은 앞뒤 부분이 위로 향하고, 둥글게 휘이도록 깎아서 잘 미끄러지게 만들고, 두툼한 판자 2개를 2자 정도의 사이를 두고 좌우에 세우며, 6~7개 가량의 가로대를 좌우 판자 사이에 적당한 간격을 두고 잇는다."고 하였다.

"설마(雪馬)"는 이와 다른 것도 있는데, 성호사설(星湖僿說) 등에 보인다. 이는 겨울에 북쪽 변방의 사냥꾼들이 이용한 기구다. 성호 이익(李瀷)은 이 설마에 대해 "나무로 말을 만들어 두 머리는 위로 치켜들게 한다. 바닥에는 기름을 바른다. 사람이 타고 비탈에서 내리달리면 그 속도가 날아가는 것 같다. 곰과 호랑이 따위를 만나기만 하면 모조리 찔러 잡게 되니 이는 기계 중에 빠르고 날카로운 것이다."라 하고 있다.

어린이의 놀이 기구인 썰매는 이러한 운반수단인 설마(雪馬)와 사냥꾼들의 이동수단인 "설마(雪馬)"를 바탕으로 만들어진 것이라 하겠다. 그 명칭은 "설마(雪馬)> 설매> 썰매"로 변해 왔다. 평안도와 함경도 등 북쪽 지방에서는 이를 한자어로 "빙거(氷車)", 또는 "빙차(氷車)"라 하기도 한다.

"바둑"의 어원과 문화

바둑은 한자어로 위기(圍碁), 또는 혁기(奕棋)라 한다. 이는 바둑판에 바둑돌을 놓아 집의 수로 승부를 겨루는 놀이다. 이의 기원은 요순(堯舜)시대에 중국에서, 또는 고대 인도와 바빌론에서 비롯되었다는 등 여러 설이 있는데 확실치 않다. 우리나라에는 삼국시대에 전래된 것으로 보이며, 조선시대에 크게 성하여 장기와 더불어 실내 오락의 으뜸이 되었다.

중국의 구당서(舊唐書), 수서(隋書), 북사(北史) 등에 의하면 고구려 사람들은 여러 놀이 가운데 특히 바둑을 좋아하였으며, 백제에서도 바둑을 좋아한다고 하였다.

또한 삼국사기에는 고구려의 장수왕(長壽王)이 남진(南進) 정책의 일환으로 승려 도림(道琳)을 백제에 보내었다는 기록이 보인다. 도림은 바둑을 좋아하는 개로왕(蓋鹵王)과 바둑을 두며, 백제의 기밀을 알아내는가 하면 국고를 탕진케 하여 고구려의 공격에 견딜 수 없게 하였다. 이에 개로왕은 마침내 고구려 군에 의해 피살되었고, 백제는 수도를 웅진(熊津)으로 옮겼다 한다. 고려사(高麗史)에 의하면 고려에서는 원나라에 바둑 원정까지 보내었고, 오늘날 우리가 쓰고 있는 "국수(國手)"라는 말도 이때 생겨났다고 한다.

바둑의 어원은 "배돌"이라 본다. 돌을 이리저리 배열(排列)한다는 데서 명명된 것이다. 구체적으로 바둑은 한때 "배자(排子)"라고도 하였다. 따라서 "배돌"은 "배(排)-돌(乭)"의 복합어가 된다. "배돌"은 일단 "바돌"로 변화하였다. "바돌"은 오늘날 방언에도 남아 있다. "바둑"의 "둑"은 방언에서 "돌"을 "독, 독짝"이라 하는데, 이 "독"이 "둑"으로 음운변화를 한 것이다. 따라서 위기(圍碁)를 이르는 말은 "배돌> 바돌> 바독> 바둑"으로 변화해 왔다고 하겠다. "바독"의 용례는 박통사언해의 "바독 두미 됴토다(好下碁)", 훈몽자회 및 신증유합의 "바독 긔(碁)" 등이 보인다. "장기 기(棋)"자와 "바둑 기(碁)"자가 다른 것은 놀이 기구의 자료에 말미암은 것임은 물론이다. "바둑"의 어원을 말밭에 따라 돌을 놓는다고 "밭(田)-독(石)"이라 보기도 한다.

"제기"의 어원과 문화

"제기"는 오늘날 거의 볼 수 없게 되었다. 대사전에서는 이를 "엽전이나 그와 비슷한 것을 종이나 헝겊에 싼 다음 나머지 부분을 먼지떨이처럼 여러 갈래로 늘여 발로 차고 노는 장난감"이라 풀이하고 있다. 제기의 근원은 고대 중국에서 무술을 익히기 위한 훈련으로 행해진 축국(蹴鞠)에서 비롯된 것으로 본다. 이의 종류는 다양하여 셈제기, 사방제기, 종로제기, 두발 제기, 외발제기 등등 무수하다.

"제기"는 고어에서 "뎌기"라 하였는데, 박통사언해의 "겨슬내 뎌기 츠며(一 冬裏踢建子)"와 훈몽자회의 "뎌기 건(毽)", 역어유해의 "댱방올 뎌기 츠다(蹴踘)" 등의 예를 볼 수 있다. 이 "뎌기"는 구개음화하여 "져기"가 되는데 왜어유해의 "져기 건(毽)"이 그 예다. 이렇게 제기는 "뎌기> 져기> 제기"로 변한 말이다.

그러면 "제기"란 말의 어원은 무엇인가? 18세기의 왜어유해에는 "바랄 기 (企)"자를 "져기드될 기(企)"자라 하고 있다. "져기드되다"란 "높이 디디다"를 의미하는 말로 본다. 오늘날의 옥편에서는 "企"를 "跂通"이라 하고 있고, "기 (跂)"에 대해서는 "擧足望 발져겨디딜 기"라 하고 있다. 이렇게 "져기", 또는 "져겨"는 "거족(擧足)", 곧 발을 드는 것으로 풀이된다. 이는 오늘날의 표준어 "제겨디디다"나, 방언 "제겨서다"의 "제겨"가 발끝이나 발꿈치를 드는 것을 의미하는 것과는 구별됐던 것으로 보인다. "제기차기"는 발을 들고 높이 차는 놀이다. 따라서 놀이 기구 "제기"는 "져기드될"의 "져기", "져겨디디다"의 "져겨", "제겨디디다"의 "제겨"와 같은 의미를 지니는 말이라 하겠다.

제기의 원형인 "축국(蹴鞠)"은 예전에 장정들이 공을 땅에 떨어뜨리지 않고 차고 놀던 놀이를 의미하는 동시에, 아울러 이 노리에 사용하던 공을 가리킨다. 이 공은 가죽 주머니로 속에 겨를 넣거나, 또는 공기를 불어넣고 그 위에 꿩의 깃을 꽂았다. "국(鞠)"은 "공 국(鞠)"자이다.

"고싸움"의 어원과 문화

"고싸움"은 전남 광산(光山) 지역에서 정월 대보름을 전후하여 행하는 민속놀이다. 양편으로 패를 갈라 여러 사람이 줄 머리에 타원형의 고가 달린 굵은 줄을 멘다. 전열이 갖추어지면 고에 올라탄 줄 패장이 "밀어라"라 외침으로 상대편의 고를 향해 돌진한다. 이 놀이는 상대편의 고를 먼저 땅에 닿

게 하는 편이 승리를 하게 된다. "고싸움놀이"는 중요무형문화재 제33호로
지정되어 있으며, 이는 "고싸움", 또는 "고쌈"이라고 줄여 말하기도 한다.

"고싸움"은 "고"와 "싸움"이 합성된 복합어이다. "고"는 "코(鼻)"를 의미
한다. 이는 굵은 동아줄을 둥글려 만든 고리가 코와 같은 모양이어 코(鼻)를
의미하는 "고"라 한 것이다. 옷고름이나 노끈을 고리처럼 맨 것, 상투를 틀
때 머리털을 고리처럼 감아 넘긴 것 따위를 "고"라 하는 것도 이러한 것이
다. 형상이 코와 같거나, 버선, 신 따위의 오똑하게 나온 부분을 "코"라 하
는데 이러한 "코"의 고어가 "고/곻"였다. "고싸움"은 "고를 땅에 먼저 닿게
하기"를 겨루는 것이니, 바로 "코-싸움"을 하는 것이다. "코"를 "고"라 한
예를 고어에서 몇 개 보면 다음과 같다.

> * 고훌 싀히 ᄒ노라(酸鼻) <두시언해>
> * 고 비(鼻) <훈몽자회>
> * 신 쑤리예 고 ᄃ라 긴 뮈여 미ᄂ 거시라. <소학언해>

현대어에서 감기를 "고뿔"이라 하는 것도 "고(鼻)-ㅅ-불(火)"이 합성된
말이다.

"널 뛰다"의 어원과 의미

우리의 민속놀이에 "널뛰기"가 있다. 이는 널빤지의 중간을 괴고, 널의 양
쪽 끝에 올라서서 번갈아 굴음으로 상대방이 높이 솟아오르게 하는 놀이다.

"널판"은 판때기를 의미하는 동시에 "널 판(板)"이란 동의반복의 말이기
도 하다. "널빤지"는 "널"에 "널"을 의미하는 한어(漢語) "판자(板子)"가 "빤
지"로 음이 변한 말이다. "자(子)"가 "지"로 변한 예는 "가자(茄子)"를 "가지"
라 하고, "종자(鐘子)"를 "종지"라 하는 데서 볼 수 있다.

그런데 "널을 뛰다"라는 "뛰다"가 과연 바로 쓰인 것이냐 하는 것이 문제다. 물보(物譜)에는 "蹴鞠 一作 躍踘 널뛰기"라는 것이 보이는데 이는 제기차기와 널뛰기를 혼동한 것이다. "축국(제기차기)은 달리 약국이라고 하는데 널뛰기다"라 한 것이 되어 전후 모순이 된다. 이는 "축국"과 널뛰기를 혼동한 것이다. 한자어 뒤의 "널뛰기"는 "뎌기츠기"라 하여야 할 말이다. 다만 이는 "널뒤기"란 말은 "널뛰기"의 시비를 가릴 중요한 단서가 된다.

우리의 국어사전은 "널뛰기"를 풀이하여 "긴 널빤지의 중간을 괴어 놓고 양쪽 끝에 한 사람씩 올라서서 번갈아 뛰어오르는 놀이"라 하고 있다. "널뛰기"는 본인이 의도적으로 뛰어오르는 것이 아니다. 상대방이 굴음으로 그 반동으로 뛰어올라가는 것이다. 그리고 이것이 반복된다. 따라서 "널뛰기"는 "널-뛰기(躍)"가 아니다. 반동(反動)으로 상대방을 높이 솟아오르게 하는 것이다. 한 사람이 내려와 구르는 바람에 반동으로 상대방이 솟아오르는, 반전(反轉), 곧 "뒤치는" 놀이다.

"뒤치다"의 사전 풀이는 "엎어진 것을 젖혀 놓거나 자빠진 것을 엎어 놓다"라 되어 있다. 이는 쉽게 말해 "반(反)", 또는 "번(飜)"을 의미하는 말이다. "번(飜)"은 "뒤칠 번, 번드칠 번(飜)"을 의미한다. 그리고 이 "뒤치다"는 "뒤다"의 강세어이다. 또한 "뒤다"는 "드위다"가 변한 말이고, "뒤치다"는 "드위티다", 또는 "드위혀다"가 변한 말이다. "드위다"의 용례는 두시언해에 "모몰 드위며(翻身)"가 있고, "드위혀다"의 용례로는 금강경삼가해에 "이에 드위혈시"가 보인다.

이상 살펴본 바와 같이 "널을 뛰다"라는 말은 사실은 "널을 뛰다"가 아니라, "널을 뒤다"로 상대방으로 하여금 반대의 행동을 하게 함을 의미하는 말이다. 물보(物譜)의 "널뒤기"는 바로 이 "뒤다"의 용례이다. 우리말에 "뒤다"가 사어(死語)가 되며, 그 의미도 변해 "널을 뛰다"가 되었다 하겠다.

(2020. 11. 16.)

8. "맛"의 의미와 "이밥"의 정체

"맛"의 의미와 정체

"요사이는 통 밥맛이 없어 밥을 못 먹겠어."
"밥맛이 없으면 입맛으로 먹게."

이는 밥맛이 없어 밥이 먹히지 않는다는 친구에게 농담으로 하는 말이다. 이 대화에서 상대방은 "밥맛"을 "입맛"으로 바꾸어 말하고 있으나, 이때의 "밥맛"이나 "입맛"은 결과적으로 같은 뜻의 말로, "식욕"을 나타내는 경우이다. 두 말은 형태적 차이만을 보일 뿐이다.

그렇다면 음식을 "맛맛으로 먹는다"고 하는 경우는 어떠할까? "맛맛"이란 말 자체가 생소한 사람이 많지 않을까 한다. 사전에는 "맛맛"이 따로 표제어로 올라 있지 않고, "맛맛으로"라는 부사로 등재되어 있다. 그리고 그 풀이를 다음과 같이 하고 있다.

①입맛을 새롭게 하기 위하여 여러 가지 음식을 조금씩 바꾸어 가며 색다른 맛으로 q 좋은 음식은 맛맛으로 먹어야지 계속 먹으면 금방 물린다./ 맛맛

으로 몇 개 따가는 것이 아니라, 이것은 숫제 훑어가 버리는 것이다.《이무영, 농민》②맛 있는대로 q 맛맛으로 연방 먹어댄다.

"맛맛으로"의 의미를 색다른 맛으로 먹기 위하여 음식을 바꾸어 가며 먹는 것이라 풀이하고 있다. 이는 "맛맛"이란 말을 제대로 몰라 이런 구차한 풀이를 한 것이다. 결론부터 말하면 "맛"은 고어에서 "음식물(飲食物)"을 가리키는 말이었다. 그리고 이것이 뒤에 "혀에 댈 때 느끼는 감각" 미각을 의미하는 말로 바뀌었다. "맛맛"은 이들 두 의미를 함께 나타내는 복합어로, "음식물의 맛(味)"을 나타낸다. 그러면 먼저 "맛"이 "음식물"을 의미하는 용례를 몇 개 보기로 한다.

* 처서믜 사르미 짯 마슬 먹다가 <석보상절>
* 이베 마술 머구디 病에 藥 먹듯ᄒᆞ야 <영가집언해>
* 그 ᄢᅢ예 짯 마시 ᄭᅮᆯᄀᆞ티 달오 비치 히더니 <월인석보>

첫째 용례 "짯 마슬 먹다가"는 "땅의 음식을 먹다가", 둘째 용례 "이베 마술 머구디"는 "입에 음식을 먹되", 셋째 용례 "짯 마시 ᄭᅮᆯᄀᆞ티 달오"는 "땅의 음식이 꿀같이 달고"를 뜻한다. 이렇게 "맛"은 본래 음식을 나타내는 말이었다. 이것이 "貴혼 차반 우 업슨 됴혼 마슬 만히 노쏩고(廣設珍羞 無上妙味)"<능엄경>의 경우와 같이 의미가 아리송해지고, 마침내 "맛 미(味)" <훈몽자회>와 같이 의미가 바뀌게 된 것이다. 이렇게 "맛"은 본래 "음식 (물)"을 의미하는 말이었다. 따라서 "맛맛"은 "음식물의 맛"을 의미하고, "맛맛으로"는 "음식물의 맛으로", 나아가 "여러 가지 맛의 음식물을 바꾸어 먹음으로"를 의미하게 된다.

오미(五味)의 정체와 비유적 표현

우리는 식물(食物)로서의 중생을 다 먹는 편이다. 가축을 비롯하여 야생의 비금주수(飛禽走獸)를, 종교적 금기도 없어, 거의 다 먹는다. 길짐승과 곤충은 비교적 먹지 않는 편이다. 조개류는 일찍부터 먹어 곳곳에 원시시대의 조개묻이(貝塚)가 있을 정도다.

음식물은 그 나름의 맛을 지닌다. 맛은 흔히 "달다, 시다, 짜다, 쓰다"의 네 가지를 든다. 이밖에 "맵다"가 있는데, 이는 미뢰(味蕾)를 통해 느끼는 맛이라기보다 혀를 자극하는 감각이기에 흔히 여기에 포함시키지 않는다. 아리스토텔레스도 그의 영혼론에서 "단맛, 신맛, 짠맛, 쓴맛"의 네 가지로 구분하고 있다. 그러나 중국에서는 이와 다르다. 위의 네 가지 맛에 "매운맛"을 더하여 "오미(五味)"라 한다. "감산함신고(甘酸鹹辛苦)"가 그것이다.

오미를 나타내는 우리말은 "단맛, 신맛, 짠맛, 매운맛, 쓴맛"이다. 이들 감각은 오랜 옛날부터 "달다, 시다, 짜다, 맵다, 쓰다"라 하였다. 이들은 약간의 표기(말소리)가 다를 뿐 옛말과 별 차이가 없다. 표기가 다른 것은 "둘다, 쓰다ㆍ뜨다, 쓰다" 등이다. 일본어에서는 "가라이(辛い)"로서 "맵다"와 "짜다"를 같이 나타낸다. 그리하여 "매운맛"은 "가라이", 혹은 "唐辛子 辛い(고추 맵다)"라 하고, 짠맛은 "鹽 辛い(소금 짜다)"라 구분한다. 영어의 경우는 "맵다"를 흔히 "hot"이라 하여 "뜨겁다"와 같은 말을 쓴다. 매운 것을 먹으면 열이 나기 때문에 이러한 단어를 쓰게 된 것이라 하겠다.

그런데 어휘는 의미 사이의 유사성(類似性)으로 말미암아 다른 상황에 쓰이기도 한다. 이는 실제적(實際的) 유사, 공감각적(共感覺的) 유사, 정의적(情意的) 유사에 따라 다른 맥락에 쓰이게 되는 것이다. "머리(頭)"와 "산머리"는 실제적 유사, "맑은 소리"는 공감각적 유사, "뜨거운 우정" 같은 것은 정의적 유사에 의해 비유적으로 쓰인 것이다. 그런데 우리의 미각어(味覺語)도 공감각, 내지 정의적 유사에 의해 많이 전용되어 쓰인다.

감미(甘味): 달콤한 말, 단잠, 달콤한 분위기

산미(酸味): 뼈마디가 시다, 눈꼴이 시다, 시어 터진 수작

함미(鹹味): 짠 사람, 점수가 짜다, 싱거운 사람

신미(辛味): 매운 추위, 맵짠 눈, 매콤한 연기

고미(苦味): 쓴 소리, 쓰디쓴 경험, 떫은 표정

이들은 미각적 표현이 미각어가 적용될 대상이 아닌 사물을 꾸미거나, 서술하는 말로 쓰인 것이다. 따라서 이는 넓은 의미의 은유(隱喩)를 통해 그 대상에 미각적 표현을 한 것이다. 말을 바꾸면 은유에 의해 미각어가 미각적 대상이 아닌 다른 대상에 쓰인 것이다. 예를 들어 "달콤한 말, 매운 추위, 쓴 소리"는 공감각적 표현을 한 것이고, "눈꼴이 시다, 싱거운 사람, 맵짠 눈"과 같은 표현은 정의적(情義的)으로 유사하여 미각의 대상이 아닌 "눈꼴, 사람, 눈"에 각각 미각어를 적용하여 표현한 것이다. 이런 표현들은 외국인들에게는 생소할, 어쩌면 어리둥절할 우리만의 독특한 표현이다. 이들은 미각어의 특수한 비유적 표현을 통해 표현 효과를 드러내는 우리의 표현 기법이다.

"이밥·끼니"의 "이/니"의 의미

우리의 대표적인 음식은 "밥"과 "국"이다. 이들 말은 일찍부터 쓰였을 것이다. 따라서 그 어원을 분명히 알 수 없다. 그런데 이를 달리 이르는 말에 "메"와 "갱"이란 말이 있다. 이는 제상(祭床)에 오를 때의 밥과 국이다. 이들은 뒤에 생긴 말로, 한자어에 기원하는 말로 보인다. "메"는 밥의 자료인 "미(米)"의 중국 중고음 "mei"가 변한 것으로 보이고, "갱"은 "국 갱(羹)"에 연유하는 것이 분명하다.

여기서 논의하려는 것은 밥의 한 가지인 "흰쌀밥"을 이르는 "이밥"과,

"입쌀"의 "이"가 무엇을 의미하느냐 하는 것이다. 사전에서는 "이밥"을 "입쌀로 지은 밥"이라 하고 있고, "입쌀"은 "멥쌀을 보리쌀 따위의 잡곡이나, 찹쌀에 상대하여 이르는 말 = 稻米"라 하고 있다. 한성우(2016)는 "입쌀"을 백미(白米)로 보고 "잏다(白)"라는 형용사를 상정하고 있기도 하다. 이들은 변화 과정으로 볼 때 고어 "니"에서 변화한 것으로 보이는데, "니밥"은 구체적 용례가 보이지 않고, "입쌀"의 경우는 "니쌀(稻米)"<두시언해, 역어유해>, "니쌀(粳米)"<한청문감> 등의 용례가 보인다. 그리고 이 밖의 "니"의 용례로 "닛딥, 닛딮, 닛뷔, 닛븨" 등도 보인다. 이들은 "볏짚(稻藁)", 혹은 볏짚으로 만든 비(帚)인 "화추(禾帚)"를 나타내는 말이다. 따라서 이들 용례로 볼 때 "니"는 "벼"를 나타내는 말이라 할 수 있다. 말을 바꾸면 "니"는 "화(禾)·도(稻)"를 나타내는 말이라 하겠다.

그런데 여기에 문제가 되는 것이 하나 있다. 그것은 "끼니"의 "니"란 말이 있기 때문이다. "끼니"는 사전에 "아침 점심 저녁과 같이 날마다 일정한 시간에 먹는 밥"이라 풀이하고 있다. 이 말은 우리의 고어 "쁴-니"에서 변한 말이다. 이는 구조적으로 "쁴(때·時)-의(관형격)-니(밥·飯)"라 분석된다. "끼니"는 이렇게 아침 점심 저녁 때에 먹는 밥이다. "끼니는 꼭 찾아 먹어라", "삼시 세 끼니를 끓여 먹는다."와 같이 쓰이는 것이 그것이다. "끼니"는 사전의 풀이에도 보이듯, 아침, 점심, 저녁과 같이 일정한 때(時)에 상식(常食)하는 것이다. 노동 시간 중간에 먹는 "새참"이나, "곁두리", 또는 "주전부리"와는 구분된다. 그리하여 부모는 객지에 나간 아들딸을 걱정해 "끼니는 꼭 찾아 먹어라."라고 당부한다. 이렇게 "끼니"의 "니"는 "밥"을 의미한다.

이렇게 되면 앞에서 "니"를 "벼(禾·稻)"라고 본 것과 차이가 난다. 그러면 이는 어떻게 된 것인가? 그것은 의미가 변화한 것으로 설명된다. "이" 혹은 "니"가 "볍쌀"로 "밥"을 짓기 때문에 의미의 연쇄변화(連鎖變化)를 한 것이다. 이러한 연쇄변화는 영어 "rice"에서 쉽게 그 용례를 살펴볼 수 있

다. "rice"는 "벼"에서 "쌀"로, 그리고 다시 "밥"으로 연쇄적 의미변화를 하여 의미의 확장이 일어나고 있기 때문이다. 그래서 "rice"는 오늘날 이 세 가지 의미로 쓰이고 있다. 그리고 "이밥"의 경우 "밥-밥"의 구조를 이루어 이상하게 생각할 수 있다. 이는 "입쌀-밥"이 준말이기 때문이다. "입쌀"은 일본의 "모치-고메(餅米)"와 같은 "떡-쌀"의 상대적인 말로 볼 수 있다. 그리고 일본어의 고어에서도 밥(飯)을 "이이(いい)"라 한다는 것을 부언해 둔다.

"쌀"과 "米"의 정체

다음에는 "쌀"과 "米"의 의미에 대해 살펴보기로 한다. 그것은 흔히 알고 있듯, "쌀"이나 "米"가 "껍질을 벗긴 벼의 낟알"을 가리키는 말이 아니기 때문이다. 먼저 "쌀"을 보기로 한다. "쌀"에는 "볍쌀·멥쌀·찹쌀"만 있는 것이 아니다. "기장쌀·보리쌀·수수쌀·율무쌀·핍쌀·생동쌀(靑梁)"도 있다. 심지어는 고어에 곡물이 아닌 "상수리쌀"이란 용례까지 보인다. 이로 볼 때 "쌀"은 적어도 화서류(禾黍類)의 열매의 껍질을 벗긴 낟알을 총칭하는 말이라 보아야 한다. 오늘날 "볍쌀"만을 흔히 "쌀"이라 하는 것은 "볍쌀"이 "쌀"의 대표적 존재이기 때문에 의미의 축소가 일어난 것이다.

이러한 의미의 변화는 "쌀"에만 나타나는 현상이 아니다. "쌀 미(米)"자의 "米"에도 나타난다. 중국의 허신(許愼)이 지은 설문해자(說文解字)에는 "米 粟實也(미 속실야)"라 하고 있고, 粟은 가곡(嘉穀)의 열매이며, 가곡은 화서(禾黍)라 하였다. 湯可敬은 그의 "설문해자금석(說文解字今釋)"에서 "속(粟)은 좋은 백곡의 열매(美好的 百穀籽實)"라 하고 있다. 그리고 또 설문해자는 "비(秠·黑黍)"를 거피(去皮)한 알맹이(人)를 米라 하는데, 이로 인해 뭇 곡식의 알맹이가 米가 되었다. 이에 "화서(禾黍)를 米라 하고, 벼·조·보리·줄 또한 米라 한다(其去秠存人曰米, 因以爲凡穀人之名 是故禾黍曰米 稻稷麥苽亦曰米)."고 하고 있다. 이것이 소위 육미(六米)다. 이렇게 米에는 도미(稻米)만 있는 것이 아니고, 육미(六米)나 있다. 그런데 "六米" 가운데는 "禾"와 "稻"가 함께 거론되고 있어 "禾"에 대한 설명이 필요할 것 같다. 설문해자는 "禾"에 대해 가곡(嘉穀)으로 그 열매는 속(粟)이라 하고, 粟의 인(人)을 米라 한다고 하고 있다. 또한 모든 곡식은 다 禾라 하며 禾는 嘉穀을 말한다고도 하고 있다. 그리고 구체적으로 이를 속(粟)이라 한다고 하였다. "화(禾)"는 가곡으로, 백곡을 뜻하는 "속(粟)"이며, 이는 껍질을 벗기지 않은 것이고, 이의 껍질을 벗긴 것이 米란 것이다. 말을 바꾸면 껍질을 벗기지 않은 백곡은 속(粟)이라 하고, 껍질을 벗긴 것은 미(米)라 한다는 말이다.

이렇게 우리의 "쌀"이나 한자어 "米"는 화서류(禾黍類)의 열매 전부를 뜻하는 말이었다. 그리고 오늘날의 "쌀"이나 "米"는 이의 대표적 존재인 "볍쌀", 또는 "도미(稻米)"라는 의미로 그 의미가 축소된 말이다.

(한글+漢字 문화, 2019. 12월호)

9. 육식(肉食) 재료의 고유어 이름들

　더운 여름이다. 잘 알려진 말로 재물을 잃는 것은 조금 잃는 것이고, 명예를 잃는 것은 많이 잃는 것이며, 건강을 잃는 것은 모든 것을 잃는 것이다. 약보(藥補)보다 식보(食補)라는 말도 있다. 식보라면 우선 육보(肉補)가 생각난다. 지난날 백중(百中)에 일꾼들에게 개를 잡아 주고 놀게 한 것은 이런 마음에서 우러난 우리의 미풍이었다. 이에 이번에는 식재료(食材料)로서의 육류(肉類)를, 그것도 고유어를 중심으로 살펴보기로 한다.

"양"의 어원과 의미

　　"차린 것은 없지만 양껏 드세요"
　　"저는 양이 작아서 많이 못 먹어요."

　이때의 "양"이란 과연 무엇을 의미할까? 그 어원은 무엇인가? 흔히 수량·분량의 "양(量)"을 머리에 떠올린다. 과연 그럴까?
　그렇지 않다. "양"은 위장(胃腸), 곧 "밥통을 이르는 우리말이다. 오늘날 이 말은 흔히 "소의 밥통 고기"를 뜻하는 것으로 안다. 사전에도 "소의 밥

통을 고기로 이르는 말"(표준국어대사전)이라 풀이하고 있으니 당연하다. 탕
을 끓이는 재료로, 음식점에서 곱창, 천엽과 같이 술안주로 내놓는 것이 그
것이다. 그러나 이는 의미가 축소된 것이다. 본래는 위장, 곧 밥통을 의미
하는 말이었다. 훈몽자회(訓蒙字會) 및 유합(類合) 등의 "양 위(胃)"나, "양(肚)"
<東醫湯液> 등의 예가 그것이다. 한청문감(漢淸文鑑)에는 "위구(胃口)"를 "양
부리"라 하고 있는 것까지 보여 준다. "양"은 식재료만이 아닌, 위(胃) 곧
밥통 자체를 의미하는 말이다. 그리고 이는 한자어가 아닌, 고유어다. 정약
용(丁若鏞)은 그의 "아언각비(雅言覺非)"에서 "동속우위왈양(東俗牛胃曰胖) 오동
지조자야(吾東之造字也)"라고 "양 양(胖)"자는 우리나라에서 만든 국자(國字)로,
"양"은 우리말(東俗牛胃曰胖) 이라 하고 있다. 이렇게 "양(胖)"이란 위장, 곧 밥
통을 나타내는 우리말이다. 따라서 위의 "양껏 드세요"라는 말은 "양(胖)"에
차게 많이 먹으라는 말이요, "양이 작아서" 많이 못 먹는다는 말은 "위(胃)"
가 작아서 많이 먹지 못한다는 말이다.

　이 "양"을 수량(數量)의 "양(量)"으로 보게 되면 당장 "저는 양이 작아서
많이 못 먹습니다."라는 말을 해석하기가 곤란하다. "저는 양이 커서 많이
먹는 편입니다."의 경우도 마찬가지다. 수량의 양(量)은 "크고 작은(大小)" 것
이 아니라, "많고 적은(多少)" 것을 나타내는 데 어울리는 말이다.

　"양"에 대한 이야기를 하던 끝이니 위(胃)에 대한 이야기를 덧붙이기로
한다. 동물은 사람처럼 반드시 위를 하나만 가지지 않았다는 사실이다. 반
추동물은 네 개의 위를 가졌고, 새는 두 개의 소화기관을 가졌다. 소의 경
우 첫 번째 위는 혹위, 두 번째 위는 벌집위(蜂巢胃), 세 번째 위는 겹주름위
(重皺胃·重瓣胃), 네 번째 위는 주름위(皺胃)라고 한다. 앞에서 논의한 소의
"양"은 첫 번째 위에 속한다. 새의 경우는 소화기관이 모이주머니(멀떠구니)
와 모래주머니(똥집)의 두 개로 되어 있다.

"오장(五臟)"의 고유어 이름

동물들은 다섯 가지 장기(臟器)를 지니고 있다. 간장, 심장, 비장, 폐장, 신장이 그것이다. 이들 오장 가운데 분명한 고유어를 가지지 아니한 장기는 간장(肝臟)뿐이다. 이는 주로 장(腸)을 의미하던 "애"로 나타내던 말이 보일 뿐이다. 칠장사판 신증유합(新增類合)의 "애 간(肝)"이 그것이다. 이밖에 우리 말에는 "애간장"이란 복합어가 보인다. 이는 원칙적으로 "애(腸)-간장(肝臟)"의 합성어라 하겠으나, 강조를 하기 위해 "간"을 나타내는 동의어인 고유어 "애"와 한자어 "간장"의 합성어라 볼 수도 있을 것이다. "애간장을 녹이다, 애간장을 말리다, 애간장을 저미다, 애간장이 타다, 애간장을 태우다" 따위가 그 예다. 이렇게 보면 "간(肝)"의 고유어는 "애"가 된다.

"심장(心臟)"은 한자어로 "심장"이라 하는 외에 "염통"이라고도 한다. "염통"은 "념통"이 변한 말로, "념통(念桶)"과 같이 한자를 적용해, 한자어로 보기도 하나, 고유어이다. "念桶"은 생각하는 기관이라 하여 한자를 차자(借字)한 것이라 하겠다. 국립국어연구원의 "표준국어대사전"도 고유어로 보고 있다. "염통"은 고어의 예로 볼 때 "념-동 > 념-통"으로 변한 말이다.

* 념통 심(心) <훈몽자회>
  성인ㅅ념통애 닐굽 굼기 잇다 ᄒᆞ니 <소학언해>
* 몸쏭만 ᄯᅡ히셔고(腔子立地) <박통사언해>
  羊龍丹 몸동이에 담버거지 뒤앗고서 <청구영언>

심장은 또 "마음(心)"의 고어 "ᄆᆞᅀᆞᆷ"이라고도 하였다. "ᄆᆞᅀᆞᆷ"은 본래 심장을 나타내던 말에서 심정(心情)이나 심경(心境)과 같은 "마음", 곧 추상적 의미의 말로 변화된 말이다. "ᄆᆞᅀᆞᆷ"이 "심장"을 나타내는 구체적인 예로는 다음과 같은 것이 있다.

　　비롤 ᄲᅳ고 ᄆᅀᆞᆷ물 ᄲᅡ혀ᄂᆡᅌᅣ 鬼神을 이바드며 <월인석보>

　　ᄆᅀᆞᆷ ᄲᅩ기 덥달오(心頭熱) <구급간이방>

　　이들 예는 "배를 가르고 심장을 빼내어 귀신을 공양하며"와, "심장 쪽이 뜨겁고"를 뜻하는 표현이다. "마음"은 이렇게 형태적으로 "ᄆᅀᆞᆷ > 마ᅀᆞᆷ > 마음"으로 변하였고, 의미상으로는 심장(心臟)이란 구상체에서 추상적인 마음으로 변한 말이다.

　　척추동물의 림프계 기관인 비장(脾臟)은 고유어로 "지라"라 한다. 폐장(肺臟)은 "허파", 또는 "부아"라 한다. "부아"는 "부화"의 "ㅎ" 음이 약화탈락된 것이다. "부화"의 용례로서는 "부화 폐(肺)"<훈몽자회><유합>, "부화(肺子)"<동문유해>가 보인다.

　　"신장(腎臟)"은 고유어로 "콩팥"이라 한다. "콩팥"은 고어에서 "콩ᄑᆞᆾ"이라 하였다. "콩ᄑᆞᆾ"의 예로는 "콩ᄑᆞ치라(腎)<구급간이방>, 腎 콩ᄑᆞᆾ<사성통해>, 콩ᄑᆞᆾ 신(腎)<훈몽자회>"과 같은 예가 보인다. 여기서의 "콩팥"은 완두콩을 의미한다. 그것이 신장과 닮았기 때문이다.

"창자(腸子)"를 지칭하는 고유어 "배알"

　　"창자"는 한자어로 "장(腸)"이라 한다. 소장(小腸), 대장(大腸)의 "장(腸)"이 그 예다. "창자"는 고유어로 생각하기 쉽다. 그러나 이 말이야말로 한자어라기보다 중국어가 변한 말이다. "창자"는 "腸子"라 쓰는 말로, 오늘날도 [changzi]로 발음하는 말이다. 장(腸)을 이르는 "창자 장(腸)"은 중국에서 상고 및 중고에는 [diang], 중세의 宋·元·明 때에는 유기음 [chiang]으로 발음되던 말이다. 그리고 "子"는 중세 이래 [zi-zi]라 발음되는 말이다. 따라서 "창자"라는 말은 이 중세의 유기음을 지닌 중국어를 우리가 차용, 사용했다는 것이 된다. 이 "腸"자는 "창자"의 경우와 같이 "창"으로 발음되는 경우를 더러 볼 수 있다. "곱창, 막창"이 이런 예이고, "소장(小腸), 대장(大腸)"을 "소장, 대장"이라 하는 외에 "소창, 대창"이라 하는 것이 그것이다.

"창자"의 고유어는 "배알", 또는 "애"라 한다. "배알"은 사전에 의하면 "①'창자'를 비속하게 이르는 말, ②'속마음'을 낮잡아 이르는 말, ③'배짱'을 낮잡아 이르는 말"이라 되어 있다. 여기서 "낮잡아 이르는 말"이라 한 것은 오늘날의 어감(語感)을 나타낸 것이요, 본래는 중립적인 말이었다 하겠다. 이 말은 그 어원(語源)을 따지면 "비술> 비술> 비올"을 거쳐 "배알"이 된 말이다. 따라서 이는 본래 "배 안에 있는 살"이란 말로, 창자만이 아닌 내장을 의미하던 말이 창자의 의미로 그 의미가 축소된 것이다. 이는 다음 예에서도 확인된다.

關隔附藏은 비술둘홀 니르니라. <법화경언해>
긴 모드로 모매 박고 비술홀 지지더라. <월인석보>

"배알"이 줄면 "밸"이 된다. 사전에는 "배알"이나 "밸"에 "꼴리다"가 결합된 관용어가 수록되어 있다. 그리고 그 뜻을 "비위에 거슬려 아니꼽다"라 풀이하고 있다. 그러나 이는 잘못 본 것이다. 아마도 "꼴리다"의 의미를 "①음경이 흥분하여 일어나다, ②(속되게) 어떤 일이 마음에 차지 아니하여 불끈 화가 나다"로 보고, ②의 뜻으로 보아 이런 관용어를 인정한 것으로 보인다. 이는 유음어인 "꼬이다, 꾀다"를 잘못 대입한 것이다. "배알이 꼬이다", 혹은 "밸이 꾀다"라 해야 할 말이다. 그래야 "창자가 꾀다"가 되고, 비위에 거슬리고, 마음에 들지 않아 아니꼽다는 의미의 관용어가 된다. "밸이 꼴리다"가 되면 "어떤 일이 마음에 차지 아니하여 창자가 불끈 화가 나다"란 의미가 되니, 아무리 관용어라도 어울리지 않는다. 더구나 사전에서 "밸이 꼴리다"를 "밸이 뒤틀리다"와 동의어로 보고 있음에랴?

"애"와 "배알"의 비교

"애"는 "배알"과 비교할 때 고어에서는 "배알"보다 좀 더 "장(腸)"을 구체적으로 의미하던 말이라 할 수 있다. 그런데 현대어에서는 "①초조한 마음속, ②몹시 수고로움"<표준국어대사전>을 뜻하고 있어 "창자"와의 관계를 거의 드러내고 있지 않다. 그러나 관용어에서는 "애"가 "창자"라는 흔적을 많이 보여 준다. "애가 마르다, 애가 썪다, 애가 타다, 애를 태우다, 애가 터지다" 따위는 위의 추상적인 뜻보다 "창자"라는 구체적 대상을 전제할 때 그 의미가 분명해진다.

그러면 구체적으로 고어에서 "애"의 의미를 보자. 이의 대표적인 예는 충무공 이순신(李舜臣)의 "한산섬(閑山島)" 시조에서 볼 수 있다.

> 한산섬 달 밝은 밤에 수루에 홀로 앉아
> 긴 칼 옆에 차고 깊은 시름 하는 차에
> 어디서 일성호가는 남의 애를 끊나니.

이 시조의 "애"가 구체적으로 창자를 의미한다. 따라서 "남의 애를 끊나니"는 "단장(斷腸)을 하느냐?"는 말이다. 이 밖의 예를 보면 다음과 같다.

> 애 믈어(爛腸) <영가집언해>
> 뉘지븨셔 애 긋는 소리롤 工巧히 짓ᄂ니오(誰家巧作斷腸聲). <두시언해>
> 애 댱(腸) <훈몽자회>

"애"도 사실은 고어에서 "창자"만을 의미하는 말은 아니었고, 앞에서 보았듯 간(肝)을 의미하는가 하면, 쓸개를 의미하기도 하였다. "금강경삼가해"의 "이 혼 ᄌ롯 吹毛ᄂ… 눈 브틴 사ᄅ미 애롤 일코 넉시 업스며"에서 "애"

는 "쓸개"를 의미하고 있다.

"곱창"의 어원과 의미

창자의 일부분을 나타내는 말에 "곱창"이 있다. 이는 소의 작은 창자 소장(小腸)을 가리키는 말이다. "곱창"의 "창"은 "장(腸)"으로 이는 중국의 중세 음이란 사실은 앞에서 밝힌 바 있다. 그렇다면 "곱창"의 "곱"은 무엇인가? 이는 두 가지로 해석될 가능성을 지닌다. 그 하나는 "굽다(曲)"의 작은 말 "곱다"의 어간이라 보는 것이고, 다른 하나는 기름을 뜻하는 "곱(脂)"이란 명사로 보는 것이다. 이 가운데 정답은 명사 "곱(脂)"으로 보는 것이다. "곱은 창자(曲腸)"라 보게 되면 다 같이 구불구불한 "대창(大腸)"과의 변별성에서 문제가 되어 명명(命名)의 명분이 서지 않는다. 따라서 "곱창"의 "곱"은 "기름(脂)", 곧 지방(脂肪)으로 본다. "곱창"이란 "곱", 곧 "지방이 많이 끼여 있는 창자"라는 말이다. "지방"을 뜻하는 "곱"의 용례는 다음과 같은 것이 보인다.

> 거믄 곱 ᄀᆞᆮᄒᆞ야(如黑脂) <구급간이방>
> 머리옛 곱과 바랫 ᄠᅵᄅᆞᆯ(頭脂足垢) <두시언해>
> 곱 고(膏) <훈몽자회>

"거믄 곱"은 "검은 곱"으로 "흑지(黑脂)"를, "머리옛 곱"은 "머릿기름(頭脂)"을 뜻한다. "곱 고(膏)"는 오늘의 "기름 고(膏)"자란 말이다. 이는 춘향전에서 이 도령이 변 사또의 생일잔치에 참석해 지은 시에도 보인다. "금준미주(金樽美酒)는 천인혈(千人血)이요, 옥반가효(玉盤佳肴)는 만성고(萬姓膏)라"라고 관원의 가렴주구(苛斂誅求)를 준엄하게 나무란 것이다. "좋은 술독의 아름다운 술은 천 백성의 피요, 옥 소반의 아름다운 안주는 만 백성의 기름이라"라 한 것이다.

"갈매깃살"의 정체와 어원

전에는 고기 한 점 얻어먹기가 힘들었다. 그런데 요사이는 고기를 즐기는 데서 더 나아가 부위별로 골라 먹는다. 그리하여 전에는 들어보지도 못한 고기나, 살이란 말을 곧잘 접하게 된다. 그런 것 가운데 하나가 "갈매깃살"이다.

"갈매깃살"은 물론 백구(白鷗), 곧 흰 갈매기의 살을 가리키는 말이 아니다. 돼지고기의 한 부위를 가리키는 말이다. 곧 "돼지의 가로막 부위에 붙어 있는 살"을 가리킨다. "가로막"이란 포유류의 배와 가슴 사이에 있는 막, 곧 횡격막(橫膈膜)을 의미하고, 이 막의 안에 붙어 있는 살을 "갈매깃살"이라 하는 것이다. 그리하여 이를 "안창살"이라고도 한다. 이 "간막이"는 수축·이완작용을 하여 허파의 호흡작용을 돕는 구실을 한다.

그러면 "갈매깃살"이란 어떻게 된 말인가? 이는 횡경막을 이르는 "간막이"에 "살"이 붙은 것으로, "간막이의 살"이란 의미로 사이시옷이 붙은 "간막잇살"이 변한 말이다. "간막이"는 격막(膈膜)을 의미하듯 "간(間)을 막은 막", 곧 "칸막이의 막"이란 뜻의 말이다. 이는 배와 가슴 사이에 옆으로 놓인 막이다. 따라서 장기(臟器)와 장기(腸器)를 구분해 준다 할 수 있다. "간막잇살"은 이 횡격막에 붙은 살이다. 이 "간막잇살"이 "격막(膈膜)"이란 유연성을 상실해 활음조(滑音調)를 지닌 말로 바뀐 것이 바로 "갈매깃살"이다.

(한글+漢字 문화, 2019, 8월호)

10. 별의 고유어 이름과 어원

별 이름은 대부분 한자어로 되어 있다. 이런 가운데 몇 안 되는 고유어로 된 별 이름이 있다. 이는 그만큼 우리가 천체에 대해 무심했음을 말해 주는 것이라 하겠다. 고유어로 된 대표적인 별 이름은 "샛별"이고, "개밥바라지, 닻별, 떠돌이별, 별똥별, 붙박이별, 살별, 여우별, 잔별…" 같은 것들이 그 것이다. 이들 고유어로 된 별 이름과 그 어원문화를 살펴보기로 한다.

"샛별"과 "개밥바라지"의 어원과 문화

"샛별"은 태양계의 제2의 유성으로, 224일 7로 태양을 일주한다. 이 별 은 지구와 비교적 가까이 있는 행성으로 해 진 뒤나 새벽에 서쪽 하늘에서 유난히 빛나 눈에 잘 띈다. 그래서 이는 "샛별이 등대란다 길을 찾아라"란 동요도 있듯 어둠 속에서나, 항해할 때 방향을 제시해 주는 별이기도 하다.
"샛별"은 이름이 참으로 많다. "개밥바라기, 계명(啓明), 계명성(啓明星), 금성(金星), 명성(明星), 새별, 시별, 싈별, 싓별, 십별, 서성(曙星), 신성(辰星), 어둠별, 장경(長庚), 장경성(長庚星), 저녁샛별, 태백(太白), 태백성(太白星), 효성(曉星)" 등이 그것이다. 한자어로 된 이름 "계명, 계명성, 명성"은 별빛이 밝은 데서, "서성, 신성, 효성"은 새벽에 별빛이 빛난다는 데서, "금성, 태백, 태백성"은 서쪽에 있는 별이라는 데서, "장경, 장경성"은 저녁에 서쪽에서 빛나는 데서 붙여진 이름이라 하겠다. 이들은 오행(五行)과 방위·색채·천간(天干) 등과 관련지어져 있다.

오행(五行)	목(木)	화(火)	토(土)	금(金)	수(水)
오방(五方)	동(東)	남(南)	중(中)	서(西)	북(北)
오색(五色)	청(靑)	적(赤)	황(黃)	백(白)	흑(黑)
천간(天干)	甲·乙	丙·丁	戊·己	庚·申	壬·癸

고유어의 이름 "샛별"은 동방의 별, 또는 새벽별이란 뜻이며, "샐별"은 날이 샐 때까지 빛나는 별이란 말이다. "개밥바라기·어둠별·저녁샛별"은 저녁, 또는 밤과 관련지어 명명한 것이라 하겠다.

그러면 "샛별"의 어원을 살펴보기로 한다. "샛별"은 "새(曙)-ㅅ(사이시옷)-별(星)"로 분석된다. 여기에서의 "새"는 "날이 새다(曙)"의 "새-"로 "새벽"을 의미한다. 따라서 "샛별"이란 "새벽별", 곧 "서성(曙星), 신성(辰星), 효성(曉星)"과 같은 뜻의 말이라 하겠다. "별"의 어원은 "불, 벌, 빛"과 같이 "불(火)"과 관계가 있는 말로 보인다. 알타이어에는 우리의 "별"과 대응될 것으로 보이는 많은 예가 보인다. 곧 일본어 hoshi를 비롯하여, 퉁그스어 posikta, 몽고어 hodun, 에벤키어 hosin, 나나이어 posin, 오로코어 posekta 등이 이러한 것이다.

"개밥바라기"는 "개(狗)-밥(食)-바라기(希求)"가 합성된 말이다. 이는 개가 저녁 늦게 배가 고파 저녁을 먹고 싶어 할 때 별이 뜨기 때문에 이러한 이름이 붙은 것이다. 곧 "개밥바라기"는 개가 저녁밥을 바랄 때 떠오른다는 "개-밥-바라기-별"의 준말이다. 발상 쳐 놓고는 묘한 발상이다. 그러나 이러한 발상은 다른 데서도 볼 수 있다. 분꽃(粉花)이 피는 때를 "저녁 보리밥

안칠 때" 핀다고 하는 것이 그것이다. "어둠별"은 어느 별이나 어둠 속에 비치지만, 이 별은 해가 진 뒤에 어두워질 때 서쪽 하늘에서 유난히 반짝이어 이런 이름이 붙여진 것이다. "저녁샛별"은 "샛별"이라 하게 되면 새벽별 "효성(曉星), 신성(辰星)"을 의미하게 되니까, 저녁에 빛나는 "샛별"이라 하여 특화(特化)한 것이다. 그래서 저녁의 샛별, "저녁샛별", 장경성(長庚星)을 이른 것이다.

"닻별" 등의 어원문화

북극성(北極星)을 중심하여 북두칠성의 맞은편에 있는 W자형의 별자리를 카시오페이아(cassiopeia)좌, 이를 순화하여 카시오페이아자리라 한다. 이는 그리스 신화에 나오는 에티오피아의 왕 케페우스의 아내의 이름에 기원한다. 그녀는 자기의 미모(美貌)를 자랑하다가 바다의 신 포세이돈의 노여움을 샀다. 그래서 딸 안드레메타를 포세이돈에게 바쳤다. 그리고 하늘에 옮아서 이 별자리가 되었다고 한다. 이 별자리(星座)는 다섯 개의 별로 되어 있으며, 그녀가 의자에 앉아 양손을 쳐 든 모습을 하고 있다. 이 카시오페이아 성좌를 우리 선조들도 일찍이 눈여겨 본 모양이다. 그리고 그 모양을 배의 닻과 같은 형상이라 생각하였다. 그래서 이 카시오페이아자리를 "닻별"이라 하였다. 서양에서 신화와 관련지은 데 대해, 우리 선조들은 구체적인 배의 닻에 비유해 별자리를 나타낸 것이다.

"떠돌이별"은 행성(行星)을 달리 부르는 말이다. 행성이란 중심이 되는 별의 인력(引力)으로 말미암아 타원형의 궤도를 그리며 중심별 주위를 도는 별을 말한다. 이를 우리는 붙박이별(恒星)에 대해 가만히 있지 않고 떠돈다고 하여 "떠돌이별"이라 하였다. 태양계에는 목(木)·화(火)·토(土)·금(金)·수(水)의 다섯 행성(行星) 외에 지구와 천왕성·해왕성·명왕성의 9개의 떠돌이별(行星)이 있다. "별똥별"은 유성(流星)을 달리 이르는 말이다. 이는 대기권 안으로 들어와 빛의 선을 그으며 떨어지는 작은 물체를 이른다. 유성 외에 한자말로는 "분성(奔星)·비성(飛星)·성화(星火)"라 한다. "붙박이별"은 항성(恒星)을 달리 이르는 말로, 천구(天球) 위에서 위치를 바꾸지 않는 정성(定星)을 말한다. 북극성·북두칠성·삼태성·견우성·직녀성 등이 이러한 별들이다.

"살별"과 혜성(彗星)의 어원과 문화

"살별"은 우리 조상들이 "혜성(彗星)"을 달리 이르던 말이다. "혜성"은 가스 상태의 빛나는 긴 꼬리를 끌고 태양을 초점으로 하여 긴 타원형이나, 포물선에 가까운 궤도를 그리며 운행하는 별이다. 이는 핵과 코마, 꼬리 부분으로 이루어져 있다. 이를 "살별"이라 하는 것은 그것이 마치 화살과 같다하여 붙여진 이름이다. 이는 달리 별에 꼬리가 달렸다 하여 "꼬리별", 또는 "꽁지별"이라고도 한다. 이는 "미성(尾星)·미수(尾宿)"를 우리의 고유어로 이르는 다른 이름이라 하겠다. 이 살별은 또 한자어로 긴 별이라 하여 "장성(長星)"이라고도 하고, 비 같다하여 "추성(箒星)"이라고도 한다. 일본에서는 "빗자루별(ほうきぼし)"이라 하여 "추성(箒星)"과 발상을 같이 한다.

그런데 이 살별은 불길한 징조로 보았다. 일연(一然)의 삼국유사에는 융천사(融天師)의 "혜성가(彗星歌)"의 제작 배경과 함께 이 노래를 소개하고 있는 것을 볼 수 있다. 제작 배경을 보면 다음과 같다.

제5 거열랑(居烈郎) 제6 실처랑(實處郎, 혹은 돌처랑(突處郎)) 제7 보동랑(寶同郎) 등 세 화랑도가 풍악산(楓嶽山)에 놀러 가고자 하였는데, 이때 혜성(彗星)이 심대성(心大星)을 범하였다. 낭도(郎徒)들은 의아하게 여겨 가기를 중단하려 하였다. 이때 융천사가 노래를 지어 불렀다. 그러자 별의 이상한 것이 즉시 사라지고, 일본(日本) 병사들도 제 나라로 돌아갔다. 오히려 복스럽고 경사스럽게 되었다. 대왕이 기뻐하여 낭도들을 풍악에 놀러 가게 하였다.

이렇게 제작 배경을 언급하고 혜성가를 소개하고 있는데, 여기서는 이 노래에서 구체적으로 혜성(彗星)을 노래한 부분만 보기로 한다.

> 길 쓸 별 바라보고
> 혜성이여 말한 사람이 있다.

"길을 쓰는(掃) 별을 바라보고, 재앙의 징조라는 혜성이 나타났다고 말한 사람이 있다"고 노래하였다. 이렇게 노래함으로 불길한 징조가 있다고 하는 혜성의 출현이 별것이 아니라고 하며 혜성이 사라지게 하는, "동천자감귀신(動天地感鬼神)"을 노래한 것이다. 곧 향가(鄉歌)를 불러 천지와 귀신을 감동시킨 것이다. 옛날에는 혜성이 나타나면 우리나 일본에서는 불길한 일이 일어난다고 하는 재앙의 징조로 보아 두려워하였다.

"잔별"은 "작은 별"을 가리킨다. 유주현(柳周鉉)의 "대한제국"에 "청천 하늘엔 잔별도 많고, 우리네 산림엔 사연도 많다"고 한 것이 그 예다. 이런 사설은 우리의 민요에도 보이는 것이다.

"미리내"의 어원과 문화

"미리내"는 은하수(銀河水)를 이르는 우리의 고유한 말이다. "은하수"는 "은하(銀河)"를 강에 비유하여 일상적으로 이르는 말이다. 그리고 "은하(銀河)"는 천구(天球) 위에 구름띠 모양으로 길게 분포되어 있는 수많은 천체의 무리를 말한다. 따라서 "은하수"가 "은하(銀河)"를 강에 비유하여 이르는 말이라고 하였지만, "은하" 자체도 비유적인 말이다. 이는 "물(河)"이 아니고 천체, 곧 별들이 은빛으로 빛나는 별무리이기 때문이다.

"미리내"는 "미르내"가 변한 말로, 이는 "용(龍)"을 의미하는 "미르"와 "내"가 합성된 말이다. "미르"는 용(龍)을 뜻하는 우리의 고어이고, "내"는 개울을 의미하는 "내(川)"이다. "미르"의 용례는 훈몽자회(訓蒙字會)나 왜어유해(倭語類解), 유합(類合) 등에 보이는 "미르 룡(龍)"이 그것이다. "미리"의 예는 "미르"가 음운의 변화를 한 "미리내"의 용례를 현대 시 작품에서 여럿 볼 수 있다.

　　* 갓 트인 蓮봉오리에 낮 미린내도 실었던/ 우리들의 어린날같이 다시 만나세 <서정주, 편지>
　　* 島國에 가서 살리라,/ 찰랑거리는 하늘을 건너 미린내를 넘어서/ 푸르게 부서지는 光芒의 波濤/ 島國에 가서 살리라. <오세영, 바닷가에서>
　　* 이 실낱 같은 사연 九天에 서리 오면/ 미릿내(銀河)의 봇물을 트옵소서. <이동주, 祈雨祭>

우리말 "미리내"는 이렇게 天球에 있는 별들의 무리를 용에 비유해 나타낸 것이다. 이에 대해 "은하수(銀河水)"는 별들의 무리가 은빛 하수(河水)를 이루었다고 보아 "은하(銀河)"라 한 것이다. 이에 대해 영어로는 "the Milky Way", 또는 "Galaxy"라 하니, 한어(漢語)와 같은 비유적 표현이나, 이를 "우유빛 길"이라 함으로 "은하(銀河)"와는 다른 차원의 비유적 명명을 한 것이라 하겠다.

"별똥별"과 "뒷칠성" 등의 어원과 의미

우리는 일상으로 유성(流星)을 "별똥", 또는 "별똥별"이라 한다. 운석이 떨어지는 것이 마치 별이 똥을 싸는 것같이 느껴져 이런 이름을 붙인 것이겠다. 그런데 별똥, 곧 유성을 "쏘아가는별"이라고도 한다. "별똥"과는 달리 무엇을 맞히려는 듯 "쏘아가는" 별이라 느껴져 이런 이름이 붙은 것이라 하겠다.

이와는 달리 고유어는 아니나, 고유어와 한자어가 복합된 혼종어인 말도 몇 개 보인다. "뒷칠셩"과 "앏픳륙셩"이 그것이다. "뒷칠셩"은 북두칠성을 가리키는 말이다. 박통사언해에 보이는 "뒷칠셩(北斗七星)"이 그것이다. 이는 "뒤(北)-ㅅ(사이시옷)-칠셩(七星)"의 구조로 된 말이다. 우리는 지난날 남과 북을 각각 "앞"과 "뒤"라 하였다. 신증유합의 "앏 남(南)", 훈몽자회의 "뒤 북(北)"이 그것이다. "뒷칠셩"은 북쪽에 있는 칠성(七星)이란 말이다. 이에 대해 남두육성(南斗六星)은 "앏픳륙셩"이라 하였다. "전(前)", 또는 "남(南)"을 뜻하는 "앞"의 고어는 "앏", 또는 "앒"이었다. 따라서 "앏픳륙셩"은 남두육성(南斗六星)을 가리킨다. 이의 용례는 역시 같은 박통사언해에 "알픳륙셩(南斗六星)"이 보인다. 북두칠성과는 달리 이 별은 남쪽 하늘에서 빛나는 별이어 이렇게 명명한 것이다.

"거문고자리" 기타의 명명과 문화

별자리는 카시오페이아자리 외에도 더 있다. 큰곰자리, 작은곰자리, 거문고자리, 사자자리, 처녀자리 등등이 이러한 것이다. 이들은 모두 대웅성좌, 소웅성좌, 금좌(琴座), 사자좌, 처녀성좌를 순화한 말이다. "큰곰자리"는 북두칠성을 중심으로 북극에 가까이 있는 별자리다. 이는 약 20개의 별의 무리로서 이들을 연결하면 큰 곰의 형상을 이루기 때문에 이러한 이름이 붙은 것이다. 대웅좌(大熊座)라고도 한다. "작은곰자리"는 천구(天球)의 북극을 포함하는 별자리로, 7개의 별이 작은곰의 형상을 이루기 때문에 이러한 이름을 붙인 것이다. 달리는 소웅좌(小熊座)라 한다. "거문고자리"는 북쪽 하늘에 거문고 모양을 이루는 11개 별에 붙여진 이름이다. 이는 그리스 신화에서 아폴로가 음악의 명수 오르페우스에게 선사한 거문고라 한다. "큰곰별, 작은곰별"이 대웅성, 소웅성임은 물론이다. 그리고 별자리 가운데 가장 밝은 별을 수성(首星), 혹은 알파성(星)이라고 한다. 거문고자리의 직녀성, 작은곰자리의 북극성이 그것이다.

끝으로 광의의 별이라 할 달의 고유어 명칭의 어원을 살펴보기로 한다. 그것은 "보름달"과 "그믐달, 눈썹달", 그리고 "어스름달"과 "으스름달"이라 하는 것이다. "보름달"은 망월(望月)이다. "보름"의 어원은 분명치 않다. "ᄇᆞ라다(望)"의 명사형 "ᄇᆞ람"의 변이형, "펴다(張)"란 뜻의 "불다(膨脹)"의 명사형 "부름"의 변이형 등을 그 어원으로 추정해 볼 뿐이다. 특히 추석(秋夕)을 "한가위"라 하는데, 이는 "한(大)-갑(中ㆍ半)-애(接辭)"의 복합어라 본다. "갑-"은 "갑다"의 어간으로 "갑-ᄋᆞ-ᄃᆡ> 가운데", "갑-ᄋᆞ-ㅅ> 가웃(半)" 등에 옛 형태를 볼 수 있다. "큰 보름달"이란 말이다. "그믐달"은 "그믈(幽)-음-달"에서 연유한 말이다. 섣달 그믐을 "대회일(大晦日)"이라 하는 것도 그것이다. "눈썹달"은 눈썹 모양으로 보이는 초승달이나 그믐달과 같은 달을 말한다. "초승달"은 "초생(初生)-달"이란 한자어와 고유어가 결합한 혼종어(混種語)이다. "생(生)"을 "승"으로 발음하는 것은 중국어의 중세음 [성: səŋ]이 [승]으로 변음된 것이다. "이승(此生), 저승(< 뎌승: 彼生), 짐승(< 즘승< 衆生)"의 "승"의 경우도 마찬가지다. "초승달"을 일본에서는 "미카쓰키(三日月)"라 한다. "으스름달"은 침침하고 흐릿한 빛을 내는 달로, 농월(朧月), 또는 암월(暗月)과 비슷한 뜻의 말이다. "어스름달"은 전에는 저녁 어스름의 달로, "으스름달"과 구별되는 말로 보았으나, "표준국어대사전"에서는 "어스름달"을 "으스름달"의 잘못된 말로 보고 있다.

(2020.5.9.)

11. 유아어(幼兒語)의 어원과 언어문화

어린이들이 주로 쓰는 말을 아동어(兒童語)라 한다. 그리고 그 가운데 영유아(嬰幼兒)들이 사용하는 말을 따로 유아어(幼兒語)라 한다. 사전에서는 유아어를 "처음 말을 배우기 시작하는 유아가 쓰는 말. 또는 어른이 유아를 대할 때 쓰는 말"이라 풀이하고 있다.

유아어는 이렇게 유아기(幼兒期)에 쓰는 말이다. 그러나 이는 유아의 말만이 아니고, 유아를 상대로 하여 어른이 사용하는 말도 여기에 포함한다. 이러한 말들 가운데는 놀이와 행동에 관련된 말이 여러 가지 있다. 이러한 말들은 어린이의 언어발달을 자극하고, 음률(音律)을 지녀 감각적으로 관심을 갖게 한다. 그런데 이들 가운데는 그 어원을 알 수 없는 말이 많다. 여기에서는 이들 유아어, 특히 놀이 이름과, 생활 동작과 관련된 유아어의 어원(語源)과 언어문화를 살펴보기로 한다. 먼저 놀이 이름부터 보기로 한다.

"도리도리"와 "둥개둥개"의 어원

말귀를 겨우 알아듣는 어린이가 어른이 시키는 대로 머리를 좌우로 흔드는 재롱을 "도리질"이라 한다. 그리고 어린이에게 도리질을 하라는 뜻으로 하는 말을 "도리도리"라 한다. "도리도리"란 말은 "도리질"과 관련된 말로, 고개를 좌우로 연거푸 돌리라는 의미의 말이다. 이는 "돌다(廻)"의 어간 "돌"에 부사를 만드는 접사 "-이"가 결합된 것이다.

"둥개둥개"는 아이를 안거나 쳐들고 어를 때 내는 소리다. 이는 "둥둥"에 가락을 넣어서 재미있게 내는 소리다. 따라서 "둥개둥개"란 "둥(의성어)-개(접사)"가 두 번 반복된 소리라 하겠다. 이러한 놀이를 "둥기둥기"라고도 하는데, 이는 "둥개둥개"의 방언으로 본다. 물론 이 때의 방언이란 지역에 따라 달리 일러진다는 의미의 지역방언(地域方言)이라 하겠다. 따라서 이는 어느 하나가 잘못되었다기보다 달리 일러지는 말이다.

"잼잼", "짝짜꿍"과 "곤지곤지"의 어원

"우리 아기 잼잼 해 보자."

젖먹이에게 손을 쥐었다 폈다 하는 동작을 하라는 뜻으로 흔히 "잼잼"이란 말을 쓴다. 그러나 이는 표준어가 아니다. "손을 쥐었다 폈다 하는 동작"은 "죄암질"이고, 이런 동작을 하라고 하는 소리는 "죄암죄암"이라 한다. "죄암죄암"은 젖먹이에게 "죄암질"을 하라는 뜻의 말이다. "죄암죄암"의 "죄암"이란 "쥐다"의 작은 소리 "죄다"의 어간 "죄"에 명사를 만들어주는 접사 "암"이 붙은 것이다. "죄암죄암"은 이 말이 겹쳐 쓰인 것이다. "죄암질"이란 이 "죄암"에 행동을 나타내는 접사 "질"이 붙은 것이다. 따라서 아기에게 죄암질을 하게 하기 위해서는 "잼잼"이 아니라, "죄암죄암 해 보자!"라고 해야 한다.

"엄마 앞에서 짝짜꿍, 아빠 앞에서 짝짜꿍"이란 노래에서 "짝짜꿍"이란 젖먹이가 두 손의 손바닥을 마주 치는 놀이를 말한다. 그리고 이러한 재롱을 피우라고 하는 소리는 "짝짜꿍짝짜꿍"이라 한다. 그래서 "우리 아기 짝짜꿍짝짜꿍, 잘도 하네"와 같이 말한다. "짝짜꿍"이란 손뼉을 칠 때 나는 소리 "짝짝"에서 파생된 말임은 말할 것도 없다. "짝짜꿍"을 북한에서는 "짝자꿍"이라 쓴다.

"곤지곤지"란 젖먹이에게 왼손 손바닥에 오른손 집게손가락을 댔다 뗐다 하라는 뜻으로 하는 소리다. 이러한 동작은 "곤지곤지하다"라 한다. "돌이 지나자 제법 곤지곤지하며 재롱을 부린다."라 하는 것이 그 예다. "곤직곤지"의 어원은 분명치 않다. 그러나 이의 어원은 "연지곤지 찍다"란 말과 관련이 있을 것이다. "연지"는 "연지(臙脂)"로, 화장할 때 입술이나 볼에 찍는 염료(染料)이다. 그리 "곤지"는 전통혼례(傳統婚禮) 때 이마 한 가운데 연지로 찍는 붉은 점이다. "곤지곤지"는 오른 손의 검지만 펴서 왼손 손바닥을 찌르는 동작을 하는 것인데, 이것이 "연지곤지 찍는" 동작과 유사한 데서 이러한 말이 나온 것으로 보인다. 또 하나는 "곤지"와 "검지"가 발음이 비슷해 "검지> 곤지"의 변화 가능성도 생각해 볼 수 있다.

"달강달강"과 "부라부라"의 어원

어린이의 두 손을 잡고 앞뒤로 밀었다 당겼다 하는 놀이가 있다. 이때 어른이 "달강달강"하며 노래를 부른다. 노래는 지방에 따라 다른 것이 보이는데, 그 중 짤막한 예 하나를 보면 다음과 같다.

세상 달강 세상 달강/ 장에 간 애비는
나무 한 짐 팔다가/ 밤 한 톨을 샀거들랑
물 길러 간 에미는/ 물을 석 동이나 붓고
장작을 석 짐이나 때고/ 가마솥에 삶았지렁
껍질을랑 애비 주고/ 보밀랑 에미 주고
알맹이는 니캉 내캉 먹자아

이렇게 가사가 재미있다. 그런데 이 노래, 혹은 놀이의 이름 "달강달강"은 그 어원이 분명치 않다. 달리는 "달공달공"이라고도 하는데 이도 마찬가지다. 국어사전은 "달강달강"에 대해 "(감) 어린이를 세워 두 손을 잡고 앞뒤로 밀었다 당겼다 하며 부르는 노래의 후렴 소리."라 풀이하고 있다. 이 말을 감탄사라 하고, 후렴이라 하였으니 여음(餘音)으로 본 것이라 하겠다. 하기는 어원을 모른다는 것은 당연한지도 모른다. 그것은 놀이의 성격 자체부터 분명치 않기 때문이다. "달강달강"은 사전의 풀이처럼 "어린이를 세워 놓고" 두 손을 잡고 앞뒤로 밀었다 당겼다 하는 것이 아니라, "마주 앉아" 하는 놀이를 의미하기도 한다.

"부라부라"는 어린 아이가 어른들의 '부라질'에 따라 두 다리를 번갈아 오르내리는 동작을 말한다. "부라질"이란 젖먹이를 일으켜 세워 양쪽 겨드랑이를 껴서 붙들거나 두 손을 잡고 좌우로 흔들며 두 다리를 번갈아 오르내리게 하는 동작을 가리킨다. "부라질"을 하라고 할 때는 "부라부라"라 한다. 이 "부라부라"나, "부라질"의 "부라"라는 말의 어원도 알 수 없다. 그런데 "부라부라"의 다른 이름인, 충북(忠北) 방언이라 보는 "불무불무"는 그 어원이 분명한 것으로 보인다. 어린이가 몸을 좌우로 움직이며 두 다리를 번갈아 오르내리는 것은 풀무질하는 것과 비슷하다. "불무질"은 "풀무질"을 비유한 것이겠다. "풀무"의 옛말은 "불무"이고, 충북방언에서는 지금도 대장간의 "풀무"를 "불무"라 한다. 따라서 "불무불무"의 "불무"는 "풀무질"을 비유적으로 나타낸 것이라 하겠다. 이밖에 "세장질"과 "시장질"이라 하는 놀이가 있는데, 이들에 대해 표준국어대사전은 "부라질"과 비슷한 풀이를 하고 있다. 따라서 "부라질"과 비슷한 놀이로 보이나, "세장질"은 "달강달강" 하고, "시장질"은 "시장시장" 하며 아이를 앞뒤로 밀었다 댕겼다 하는 놀이라 하고 있어 비슷하면서도 차이를 보인다.

"따로따로"와 "곤두곤두"의 어원

"따로따로"는 아기가 혼자서 설 수 있도록 준비하는 단계의 놀이다. 이는 "따로따로" 외에 "섬마섬마", 또는 "따로따로-따로따로"라고도 한다. 이들은 어린아이가 따로 서는 법을 익힐 때, 어른이 붙들었던 손을 떼면서 내는 소리다. "따로따로"는 남이나 사물, 특히 벽에 의지하지 말고 독립하여 서 있으라는 것이고, "따로따로-따로따로"는 이 말을 첩어로 사용하여 강조한 것이다. 이에 대해 "섬마섬마"는 "서라서라" 하는 의미의 말로, "서다"의 명사형 "섬"에 운율성(韻律性)을 드러내기 위해 "마" 소리를 첨가한 것이라 하겠다. 이는 아래에서 논의할 "거름마"와 같은 구조로 조어(造語)된 말이다.

"곤두곤두"도 어린이가 서기 전에 다리 힘을 길러 설 수 있게 하기 위한 놀이다. "곤두곤두"는 어린이를 한 손바닥 위에 세우며 하는 소리다. 이는 어린 아이를 왼 손바닥에 올려놓고, 오른 손으로 아기의 겨드랑이를 받쳐 주어서 아이가 다리를 뻗고 손바닥 위에서 제대로 설 때 겨드랑이에 받쳤던 손을 뗌으로 어린이가 1, 2분 쯤 서 있게 하는 놀이다. "곤두곤두"는 "고네고네"라고도 일러지나 그 어원은 분명치 않다. 그런데 "곤두곤두"는 "곤두박질", 또는 "곤두박이"를 의미하는 "곤두(<근두)"가 혹시 그 어원이 아닌가, 추정해 볼 수 있다. 그것은 아기에게 똑바로 서 있지 않으면 "곤두박질"을 하게 된다는 심리적 부담을 주어 주의를 환기하느라 "곤두곤두"라 하게 한 것으로 볼 수 있기 때문이다.

"걸음마"와 "단지팔기"의 어원과 의미

어린이가 걸음을 익힐 때 발을 떼어 놓는 걸음걸이를 "걸음마"라 한다. 그리고 그 걸음을 떼어 놓으라고 재촉할 때는 "걸음마찍찍"이라 한다. "걸음마"란 앞에서 언급한 "섬마"와 같이 "걷다"의 명사형 "걸음"에 음율(音律)을 고르게 하기 위해 "마"를 붙인 것이다. "걸음마 찍찍"은 걸음을 제대로 떼어 놓을 수도 없으니 발을 "찍찍" 끌면서 걸음을 떼어 놓으라는, 의태적 표현의 말이다. 이는 걸음마의 상대역으로서의 어른의 말이나 재미있는 구조의 말이다.

"단지팔기"는 일명 "똥단지 팔기"라고도 하는 것으로 어른이 어린이를 자기 허리 뒤로 가로 업는 놀이다. 곧 유아(幼兒)의 머리는 어른의 오른쪽 옆구리 쪽으로 가게하고, 발은 왼쪽으로 가게 느슨하게 업고, 이리저리 다니면서 "단지 사소. 우리 못생긴 단지 사소."하거나, "똥단지 사이소, 똥단지…"라고 하며 노는 놀이다. 그러면 다른 가족이 단지를 사자고 하다가, "아이구 똥냄새야"하고 냄새가 고약해서 안 산다고 한다. 이는 변을 가리게 하는 훈련을 하게 하기 위한 교육적(敎育的) 놀이이다.

다음에는 어린이의 생활과 관련된 유아어를 보기로 한다. 이러한 것에는 "자장자장, 어부바, 쉬, 응아, 맘마"와, 이 밖에 "지지, 에비, 맴매" 같은 말이 있다.

"자장자장, 어부바"와 "쉬, 응아, 맘마"의 의미

자장자장 워리 자장/ 우리 아기 잘도 잔다.
멍멍개야 짖지 마라. 꼬꼬 닭아 우지 마라
우리 대감 잘도 잔다./ 우리 강아지 잘도 잔다.

이렇게 어린이를 재울 때 부르는 노래를 "자장가"라 한다, "자장가"라는 말도 사실은 유아어라 할 말이다. "자장자장"이란 말은 "자자, 자자!"하는 말로 운율성(韻律性)을 더하기 위해 "자자"에 이응 받침을 더한 유아어이기 때문이다.

이에 대해 "어부바"란 말은 업거나 업히는 것을 이르는 어린이 말이다. "엄마, 어부바", "이리 온나, 어부바 해라"와 같이 쓰인다. 이는 줄여 "부바"라고도 한다. "어부바"는 "업어", 또는 "업혀"라는 말을 운율적으로 표현한 것이다. "부바"는 "어부바"의 "어"를 생략한 것이다.

"쉬, 응아, 맘마"는 대표적 유아어로, "쉬"는 소변을 볼 때 나는 소리, "응아"는 대변을 볼 때 힘 주라는 소리 "응"에 접사 "아"를 붙여 변이나, 변을 보라는 의미를 나타내는 소리다. "맘마"는 "아가야, 맘마 먹을까?"와 같이 "밥"을 이르는 말이다. 그리고 밥을 먹자고 할 때에도 이렇게 말한다. 어린이가 가장 쉽게 낼 수 있는 소리는 모음(母音)이고, 자음(子音)은 "ㅁ, ㅂ"과 같은 입술소리(脣音)이다. 그러기에 세계적으로 부모나, 음식물을 나타내는 많은 말이 "m, p"와 같은 입술소리로 시작하는 것을 볼 수 있다.

"지지, 에비, 맴매"와 "어흥, 야옹…"의 의미

"지지, 만지지 마!"

"지지"는 사전에 어린 아이 말로 더러운 것을 이르는 말이라 풀이하고 있다. 그렇다면 왜 이 말이 더러운 것을 뜻하는 것일까? 사전에 의하면 "지"가 "궁중에서 요강을 이르는 말"이라 되어 있다. 혹 이 말이 "지지"와 관련이 있는 말일까? 관련이 있다. 그러나 그것이 전부가 아니다. "지"는 우리말에서 "똥"이란 말이다. "물찌"라는 말은 "물똥"이란 말이고, "별찌"라는 말은 "별똥"이란 말이다. 또 "아끼던 것이 찌로 간다"는 속담의 "찌"도 바로 이 "똥"을 의미하는 말이다. 이 "찌"란 바로 "지"가 된소리로 변한 말이다. "지지"란 이 "지"를 겹쳐 쓴 말이다. 따라서 "지지!"는 더러운 것이니 만지지 말라는 금지하는 말이 된다.

"에비"는 어린 아이들에게 무서운 것이라는 뜻으로, 어떤 행동을 하지 못하게 할 때 쓰는 말이다. 이는 "어비"라고도 한다. 사전에서는 이 말을

"아이들에게 무서운 가상적 존재나 물건"이라 풀이하고 있다. 이 말의 어원은 "업"에 있는 것으로 보인다. "업-이> 어비> 에비>(이비)"로 변화된 것이다. "업"이란 "한 집안의 살림을 보호하거나 보살펴 준다는 동물이나 사람"이라고 하는데 흔히는 구렁이를 말한다. 따라서 유아어로 쓰이는 "에비"란 무서운 구렁이거나, 또는 무서운 존재를 가상해 어떤 일을 못하게 하는 말이라 하겠다.

"맴매"는 "매(鞭)"를 이르는 말이다. 그래서 무서운 얼굴로 매를 치는 시늉을 하며 어떤 행동을 못하게 할 때 "맴매한다"고 한다. "맴매"는 단음절어 "매"의 불안정성을 피하기 위해 첩어를 만들고, 여기에 운율성을 더하기 위해 중간에 "ㅁ"을 첨가한 것이다.

"어흥, 야옹, 음매, 멍멍, 꿀꿀, 꼬꼬" 등은 호랑이, 고양이, 소, 개, 돼지, 닭을 이르는 유아어이다. 이들은 모두 이들 짐승이 내는 소리, 곧 의성어(擬聲語)를 사용하여 어린이들로 하여금 이들 짐승을 인식하기 쉽게 한 말이다.

이상 유아어(幼兒語)에 대해 살펴보았다. 이들은 성장 및 성숙의 정도에 어울리게 발음하기 쉽고, 기억하기 좋게 첩어 형식을 취하고 있는가 하면, 단순하게 명명하고 있다. 그리고 무엇보다 운율적 감각을 살려 기억하기 좋게 하고 있다. 한마디로 유아어의 문화적(文化的) 특징은 사랑과 배려에 의한 명명(命名)을 하고 있다고 하겠다.

(한글+漢字 문화, 2019. 4월호)

12. 유의어(類義語)의 어원과 의미

낱말은 형식과 개념으로 이루어져 있다. 그런데 이 낱말의 개념, 곧 의미를 오해함으로 의사소통에 혼란이 빚어지는 경우가 있다. "동창(同窓)"은 같은 학교 출신임을 의미한다. 이 때 연령의 고하는 문제가 되지 않는다. 그런데 "내가 자네 춘부장과 동창일세."라고 하면 벌컥 화를 내는 친구가 있다. 이 친구는 "동창"이란 말의 의미와 어원을 잘못 이해하여 화를 낸 것이다. 이렇게 낱말의 뜻과 어원을 잘 모르면 의사소통에 혼란이 빚어진다. 잘알고 대처해야 한다.

"동문"과 "동창"의 의미와 어원

지방 자치단체의 장(長) 선거에서 동문(同門), 또는 동창(同窓)이 때때로 화제가 된다. 서울 시장 후보는 경기 동문이, 부산 시장 후보는 경남고 동문이 경합을 벌이고 있다는 등의 이야기다. 동문의 문제로 정부 인사 때는 어느 대학 출신이 몇 명이냐가 화제가 되곤 한다. 이명박(李明博) 정부 때 "고소영"이란 말이 유행하였는데 여기에도 동창이 관련되어 있다. 임명된 각료(閣僚)들 가운데 고려대학(高麗大學), 소망교회, 영남(嶺南) 출신이 많다는 것을 풍자한 말이었다.

그런데 대화를 하다 보면 이 "동문(同門)"이라거나, "동창(同窓)"이란 말이 문제가 되기도 한다. 우선 "동문"이나 "동창"이 같은 뜻의 말이냐부터 문제가 된다.

동문(同門)이란 "같은 문하생(門下生)"이란 말로, 같은 스승에게서 배운 사람을 말한다. "한서(漢書)"는 그 주석에서 "동문"을 이렇게 풀이하고 있다. "사고(師古)가 말하기를 동문(同門)이란 같은 스승에게서 배운 사람이다." "동문"은 동학(同學)이라고도 한다. 이렇게 동문이란 동문수학(同門修學)한 사람, 곧 "같은 스승에게서 배운 사람"을 말한다. 오늘날은 교육제도가 바뀌어 학교에서 여러 스승에게 가르침을 받는다. 그리하여 이 "동문"이란 말은 "같은 학교에서 수학하였거나, 같은 스승에게서 배운 사람"이란 말로 그 의미가 확대되었다. "문하(門下)"는 "집 안. 또는 그곳에 사는 사람"을 뜻한다. 하인, 식객(食客), 제자 등도 아울러 이른다. 문하생은 제자, 문인(門人)을 이르는 말이고, 문인은 문하(門下)와 같이 제자, 문번(門番), 식객 등을 의미하는 말이다.

"동창(同窓)"은 같은 학교에서 공부한 사람을 말한다. "동창"은 "동문"과는 달리 같은 스승에게서 가르침을 받았다는 의미는 갖지 않는다. 이는 일본에서 만든 신 한자어로 동문(同門)과 유의어라 할 수 있는 말이다. 주의할 것은 "동창"은 "동문"과 달리 "동기동창(同期同窓)"을 의미하기도 한다는 것이다. 그래서 "내가 자네 춘부장과 동창일세."라고 하는 말은 주의 깊게 들어야 한다. 그것은 같은 학교 출신이란 의미와 함께, "동기동창"이란 의미를 아울러 나타낼 수 있기 때문이다. 따라서 앞의 예화(例話)에서 발끈 화를 낸 사람의 경우는 "동창"을 "동기동창"의 뜻으로 받아들여 화를 낸 것이다. 이에 대해 "에끼, 이 사람…"이라고 하는 사람은 이 말을 "같은 학교 출신"이란 주의성(重義性)을 살려 받아넘긴 것이다. "동창"은 이렇게 중의성을 지녀 농담으로 쓰이기도 한다. 친구의 아버지와는 동기동창이 아닐 뿐, 많은 사람이 "같은 학교 출신"이란 "동창"이 있을 수 있다. 다만 거기에는 선후 배란 차이가 있게 된다. 이렇게 말은 그 뜻을 알고, 어원을 알아 잘 수용해야 한다. 그렇지 않으면 소통(疏通)에 장애가 빚어진다.

"또래"라는 말의 의미와 용법

요사이 우리 것, 또는 전통(傳統)을 많이 찾고 있다. 국산, 한국제를 찾는 것은 그 대표적인 예이다. 그만큼 우리가 자신을 갖게 되었다는 말이다. 우리말, 우리의 고유어를 찾아 쓰고자 하는 것도 이러한 것이다. "또래"라는 말을 즐겨 쓰는 것도 이러한 맥락에서 이해된다.

> "툭터 놓고 마주한 또래들 고민"
> "서울대 '또래 상담제' 도입/ 속마음 고백 우정도 돈독"

이렇게 매스컴에도 "또래"라는 말이 자주 쓰이고 있다. 이 말은 "나이나 수준이 서로 비슷한 무리", 또는 "생김새, 모양, 크기 따위가 같거나 비슷한 것"을 뜻한다. 그런데 이 말은 따로 독립하여 쓰이기보다는 나이나 상태를 밝히는 말이 앞에 와야 그 의미가 분명해진다. 표제의 "또래"는 감은 오나 그 정체가 분명치 않다. 실체가 제대로 파악되지 않는다.

> "요즘, 우리나이 또래들도/ 휴대폰 제법들 쓰더구나…"

이 광고 카피는 "우리 나이"와 같은 관형어를 "또래" 위에 얹어 그 의미를 규정함으로 그 뜻이 분명하다. 그래서 "또래"의 실체가 분명히 드러난다. 광고의 주인공은 "화자(話者)의 나이 또래의, 나이 지긋한 또래"의 사람일 것이다.

"또래"는 이렇게 나이가 "같거나 비슷한" 사람이거나, "생김새, 모양, 크기가 비슷한" 사물이라고 명시적(明示的)으로 나타내야 그 의미가 분명해진다. "우리 나이 또래", "전후세대 또래"라든가, "어리고 귀여운 또래의 아이들", "키가 비슷한 또래"와 같이 표현하는 것이 그것이다. "또래"는 말하자면 형식명사(形式名詞)처럼 그 의미를 규정해 주어야 비로소 제 의미기능을 발휘하는 말이다. 이들은 꾸밈말 없이 독립적으로 쓰여서는 안 된다. 흔히 듣게 되는 "또래 집단"의 "또래"도 나상(裸像)을 드러낸 표현으로 그 실체를 제대로 파악할 수 없다. "같은 나이 또래"라거나, "사회적으로 신분이 같은 또래"라고 그 의미를 규정해 주어야 한다. "유유상종"도 "또래들은 또래들 끼리 어울린다"라고만 풀이해서는 안 된다. 적어도 "같은 또래는 같은 또래들끼리 어울린다."고 해야 의미가 분명해진다. 우리 것을 찾는 것도 좋지만 바로 찾아야 한다.

"4인방"과 "4인무리"

중국의 문화혁명 때 지도적 지위에 올랐다가 毛澤東이 죽은 뒤 정권 탈취를 기도했다 하여 실각한 네 사람이 있다. 강청(江青), 왕홍문(王洪文), 장춘교(張春橋), 요문원(姚文元)이란 이른바 문혁파(文革派) 네 사람이다. 이들 네 사람을 흔히 "4인방(四人幇)"이라 한다.

위의 중공의 "4인방" 이후 우리도 곧잘 이 "방(幇)"자를 써 몇 사람의 집단을 "무슨 무슨 방(幇)"이라 하고 있다. 정치 경제계나, 예능계 등의 사람을 "3인방", "4인방", "5인방"이라 하는 것이 그것이다. 몇 개의 예를 신문 표제에서 보면 다음과 같다.

"삼풍 건축허가 관여 서초구청 주택과 9인방"
"정부 고속도로 뚫은 '40대 5인방'"

　　"용병 2인방 '보물단지'"
　　"안방극장 세 귀염둥이 '착한 남자 3인방'"

　이러한 것들이 그것이다. 과연 "방(幇)"의 의미는 무엇이며, 이렇게 써도
괜찮은가? "방"이란 여러 가지 뜻이 있으나 이때의 뜻은 "무리(群)"다. 중국
의 사전인 사원(辭源)의 풀이, "같은 당(黨)을 방이라 한다. 일당(一黨)을 일방(一
幇), 모당(某黨)을 모방(某幇)이라 하는 것과 같다(同黨曰幇, 如一黨曰一幇, 某黨曰某幇)."
가 그것이다. 예를 들어 "활빈당 일당, 한 무리"와 같이 쓰는 말이다. 중국의
우리 동포들이 "4인방"을 "4인무리"라 쓰고 있는 것도 같은 차원의 표현이
다. 그런데 우리는 그 뜻도 잘 모르고, 이 말을 들여와 마구 쓰고 있다.
　위에 든 보기 가운데 앞의 "9인방", "5인방"은 그런대로 용혹무괴(容或無
怪)하나, "2인방", "3인방"의 경우는 어울리는 것이 못 된다. "용병 2인방"
은 다른 팀의 선수이고, 뒤의 "3인방"도 TV 프로의 서로 관련이 없는 세
사람일 뿐이다. 따라서 이들은 "무리(群)"라 할 수 없다. 이들은 무리를 지
은 것이 아니기 때문이다. 이들 "2인방"과 "3인방"은 "두 사람", "세 사람",
또는 "2인", "3인"과 같이, "방" 아닌 "사람"이나 "인(人)"을 써야 할 말이다.
한자로 되어 있고, 멋있는 것 같아 무작정 빌어 쓴 것이라 하겠다. "방"이
"무리(群)"라는 뜻의 말임을 바로 알고 쓰도록 할 일이다.

"꾸러기"들의 의미와 용법

　　"꾸러기 치과"
　　"꾸러기들의 합창"

　위의 "치과"는 서울 강남의 어느 치과의원의 옥호(屋號)이고, 뒤의 "합창"
은 합창단의 이름이다. 앞에서 "또래"라는 말의 용법을 살펴보았거니와 이

"꾸러기"의 용례야 말로 엉뚱한 용례라 하겠다. 과연 여기 쓰인 "꾸러기"란 어떤 의미를 나타내고자 한 것일까?

"꾸러기"라는 말은 독립해서 쓰일 수 있는 말이 아니다. 이는 접미사로 일부 명사 뒤에 붙어야 비로소 자립(自立)할 수 있는 말이다. 사전에 의하면 "꾸러기"는 접미사로, "(일부 명사 뒤에 붙어) 그것이 심하거나 많은 사람의 뜻을 더하는 접미사"(국립국어연구원, 1999)라 풀이되어 있다. 그리고 그 예로 "장난꾸러기, 욕심꾸러기, 잠꾸러기, 말썽꾸러기, 걱정꾸러기"를 들고 있다. 이로 볼 때 위의 두 보기는 어린이들의 이를 치료하는 치과요, 어린이들의 합창단으로, 이들이 "장난꾸러기"라 하여 "장난"은 빼고 "꾸러기"만을 독립시켜 이렇게 명명한 것으로 보인다. 그러나 그 명명(命名)이 어법에 어긋나는 것임은 말할 것도 없다.

"꾸러기"라는 말이 붙어 파생어(派生語)를 이루는 말은 두어 가지로 나누어 볼 수 있을 것이다. 그것은 "선행하는 명사를 많이 가지고 있는 사람"과 "선행하는 명사의 성질이나 버릇이 심한 동물, 특히 사람"을 나타내는 말이란 것이다. 이들 어휘는 그 수가 많은데, 이를 구체적으로 제시해 보면 다음과 같다.

① 선행하는 명사를 많이 가지고 있는 사람, 혹은 동물
   겁꾸부러기, 나꾸러기, 떼꾸러기, 말꾸러기, 말썽꾸러기, 매꾸러기, 빚꾸러기, 용심꾸러기, 잔병꾸러기, 잠꾸러기, 장난꾸러기, 지청구꾸러기
② 선행어의 성질이나 버릇이 심한 사람, 혹은 동물
   걱정꾸러기, 방정꾸러기, 뱐덕꾸러기, 변덕꾸러기, 심술꾸러기, 악착꾸러기, 암상꾸러기, 얌심꾸러기, 억척꾸러기, 엄살꾸러기, 욕심꾸러기, 천덕꾸러기, 청승꾸러기

"꾸러기"의 어원은 분명치 않다. 이는 "게도 구럭도 잃었다"는 "구럭"이

변한 말이 아닌가 한다. "구럭"이 무엇을 담는 그릇이듯, "꾸러기(< 구럭-이)"는 선행하는 명사를 많이 가지고 있는 사람을 의미하기 때문이다. 그리고 "구럭"은 "그릇"을 의미하는 방언 "그럭"과도 상관성을 가질 것으로 보인다.

(한글+漢字 문화, 2019. 7월호)

13. 생활 주변 어휘의 어원과 문화 (1)

"도떼기시장"과 그 어원

많은 사람이 모여 시끌벅적한 광경을 "도떼기시장 같다"고 한다. 이는 많은 인파가 몰려들어 사려는 사람과 팔려는 장사꾼이 혼잡하게 뒤얽혀 시끌벅적한 데서 이러한 비유적 표현이 나왔으리라. 그러나 "도떼기시장"이 구체적으로 지시하는 것은 분명치 않다. 도대체 "도떼기시장"이 상징(象徵)하는 개념은 무엇인가? 부산의 자갈치 시장을 생각하고, 막 돛을 내려 물건을 푸는데 사려는 사람들이 극단의 혼잡을 이루는 광경을 떠올리는 것이 고작이다.

사전에서는 "도떼기시장"을 "상품, 중고품, 고물 따위 여러 종류의 물건을 도산매·방매·비밀 거래하는, 질서가 없고 시끌벅적한 비정상적인 시장"이라 풀이하고 있다. 이는 "도떼기시장"이란 말의 형태소(形態素)에 바탕을 둔 설명이 못 된다. 그저 그런 상황이나, 분위기의 시장이라는 것을 말해 주고 있을 뿐이다. 이는 "도떼기시장"의 "도떼기"의 의미를 제대로 모르기 때문이다. 다시 말하면 "도떼기"의 어원(語源)을 제대로 몰라 이런 풀이가 된 것이다. 하기는 이 말의 어원은 제대로 밝혀져 있지 않다. 이런 저런 설이 제기되고 있을 뿐이다. 그래서 사전도 애매하게 풀이하고 있는 것이라 하겠다.

이 말의 어원은 그리 먼 데 있지 않은 것으로 보인다. 우선 "도떼기시장"이란 말은 "도-떼기-시장"이란 세 개의 형태소(形態素)로 분석된다. "시장(市場)"이란 "여러 가지 상품을 사고파는 일정한 장소"를 뜻하는 한자말이니 따로 설명이 필요가 없을 것이다. 문제가 되는 것은 "도떼기"이다. "도-떼기"의 뒷부분 "떼기"는 "떼다"의 명사형으로, 이는 "분리(分離)"를 기본적 의미로 하는 말로, 다의화(多義化)하여 여기서는 "장사를 하려고 한꺼번에 많은 물건을 사다"라는 뜻으로 쓰인 것이다.

"도매상에서 물건을 떼다 판다."
"속초에서 해산물을 떼어다 도·소매(都小賣)한다."

"떼다"는 이렇게 쓰이는 말이다. "떼기"는 이러한 동사의 어간 "떼-"에 명사형 어미 "-기"가 붙은 것이다. 따라서 "떼기"란 "떼는 것"을 뜻한다.

그러면 "떼기" 앞의 형태소 "도"란 무엇인가? 이는 중국어나 한문에서 다 같이 "모두, 다, 전부"를 뜻하는 부사어 "도(都)"다. "그들은 모두 다 왔다(他們都來齊了)"나, "그것은 모두 다르다(那都不一樣)"와 같이 쓰이는 말이다. 우리말의 "도매(都買)"나 "도매(都賣)"도 이런 의미의 말이다. 따라서 "도떼기"란 도매로 사고 파는 것을 의미하는 말이며, "도떼기시장"이란 그런 시장을 가리킨다. "도(都)"의 이러한 용례는 구체적으로 우리의 말에도 보인다. "돗내기하다"가 그것이다. 이는 "도급하다"를 의미하는 말로, "도-내기하다"가 합성된 것이다. "도-내기", 곧 "도(都)-내기(給)"가 발음의 편의상 "돗내기"가 된 것이다. "돗내기하다"의 용례는 이문구의 "관촌수필"에 다음과 같이 쓰인 것이 보인다.

번역료는 원고지 1장에 고작 30원이었는데 대개 50원 정도로 돗내기한 사람에게 30원으로 깎아 하청하지 않으면 그나마도 얻어걸리기 수월찮게 경쟁이 심했다.

"도떼기"란 이렇게 "한꺼번에 많은 것을 사는 것", 곧 "도매(都買)"를 의미한다. "도떼기"를 이렇게 "도(都)-떼기(買入)"로 분석하게 되면, 이는 사전의 추상적인 풀이와는 달리 실체가 분명해진다. "도떼기시장"의 용례를 문학작품에서 두어 개 보면 다음과 같다.

* 도떼기시장에서 넥타이 장수로 내디딘 그의 직업 경력은 다채로운 바 있었다. <최인훈, 구운몽>
* 고양이 뿔만 없지 이 세상에 있는 물건치고 없는 것이 없다는 도떼기시장이다. <이무영, 삼년>

여기서 덤으로 덧붙일 것은 "떼다"나, "도떼기"까지도 반드시 도매(都買)를 의미하는 것만은 아니라는 것이다. 장사를 하기 위해 "물건을 구입하다"의 의미로도 사용된다.

"장껜"과 "가위바위보"

순서나 승부를 결정하는 방법의 하나에 "가위바위보"가 있다. 가장 대표적인 예로서 어린이들이 술래를 결정하는 과정에서 "가위바위보"를 하는 것을 볼 수 있다. 이는 두 손가락을 펴 가위, 주먹을 쥐어 바위, 손바닥을 펴 보라 하고, 이에 의해 승부나, 일의 차례를 정하는 놀이다.

"가위바위보"는 동양 3국에서 다 같이 행해진다. 그런데 이 놀이의 이름이 한결같지 않다. 우리는 다 아는 바와 같이 "가위바위보"라 한다. 이는

승부를 결정하는 세 기구 이름으로 그 이름을 대신한 것이다. 가위(剪), 바위(岩), 보(褓)가 그것이다. 일본에서는 "장켄(じゃんけん)"이라한다. 우리도 지난날에는 "장껜"이라 하였다. 중국에서는 "차이추안(猜拳)", 또는 "후아추안(劃拳)"이라 한다.

그러면 일본에서 지금도 쓰고 있는, 우리가 "가위바위보"라 순화하기 전, "장껜쇼", "장껜뽕" 하고 외치던 "장껜"이란 말은 어떻게 된 말인가? 그 어원은 무엇인가? 우리는 분명히 이 말을 일본어라 하여 순화한 것으로 보이는데, 정말 그러한가?

일본에서는 이 말의 어원을 대체로 중국어에서 찾는다. 新村出의 "廣辭苑"(岩波書院, 1979)은 "장켄(じゃんけん)"에 대해 다음과 같이 풀이하고 있다.

> (石拳에서. 일설로는 兩拳의 중국 음에서) 拳의 일종. 손바닥을 검어 쥔 것을 돌(石), 손바닥을 벌린 것을 종이(紙), 식지와 중지의 두 손가락을 내민 것을 가위(鋏)라 하여, 가위는 종이를, 종이는 돌을, 돌은 가위를 이기는 것으로 하여, 승부를 다투는 유희. 또는 이로써 일을 행하는 순번을 정한다. 이시켄(いしけん)

"장켄"은 이렇게 그 어원을 중국어 "석권(石拳)", 또는 "양권(兩拳)"이라 본다. 이 설은 대체로 일본 학계에서 수용되고 있다. 이렇게 되면 "장켄"의 어원을 밝히기 전에 "石拳"과 "兩拳"에 대해 먼저 알아보는 것이 순서겠다. 중국의 권법(拳法)에는 충권(虫拳), 호권(狐拳), 석권(石拳)이 있다. 충권은 뱀, 개구리, 활유(蛞蝓)가 대결하는 것이며, 호권은 장옥(庄屋)이 총을 쏘는 것보다 강하고, 여우가 장옥보다 강하나, 총을 쏘는 데는 진다는 놀이다. 오늘날의 "장켄"의 근원이 되는 것은 마지막의 석권이라 본다. 이는 앞에서 언급한 바와 같이 바위, 종이, 가위가 대결하는 것이다. 양권(兩拳)이란 가위를 "리앙(兩)"이라 하여 붙여진 이름이다, 따라서 "石拳"과 "兩拳"은 같은 놀이로, 어디에 초점을 맞추었느냐에 따라 이름이 달라진 것이다. 그러면 이제 본론, 어원론으로 돌아가기로 한다. 우선 "石拳"의 어원에 대해서는 藤堂明保(1980)에 의해 좀 더 구체화할 수 있다. 藤堂明保(1980)에 의하면 "石拳"의 "石"과 "拳"은 다음과 같은 음운변화를 거친 것으로 보인다.

石: 고대 dhiak - 중세 ʒiɛk - 근세 ʃIə - 현대 ʂï(shí)
拳: 고대 gIuan - 중세 gIuɛn - 근세 kʻiuen - 현대 tʂ'üan(quán)

이로 보면 "장켄"이란 중세, 곧 송(宋)·원(元)·명(明) 시대의 중국 발음이 일본에 전해진 것으로 보게 한다. 그리고 구체적으로 "장켄"이 일본에 들어온 것은 에도막부(江戶幕府) 시대로 알려진다. "兩拳"은 "石拳"을 달리 이르는 말이나, 음운변화현상으로 볼 때에는 "장켄"과는 거리가 먼 것으로 보게 한다. 藤堂明保(1980)에 의하면 "兩"의 발음은 고대 이래 현대에 이르기까지 [liang]으로 변함이 없는 것으로 보이기 때문이다.

"장켄"의 어원은 "石拳"에 있고, 이것이 변한 말이다. 우리가 "가위바위보"라 순화하기 이전에 쓰던 이 말은 일본을 통해 들어온 중국어라 하겠다. 따라서 이를 일본어라 하여 반드시 순화할 필요는 없었다. 더구나 "가위바위보"는 우리의 전통적 어휘구조와 달리, 형태분석을 할 때 양분(兩分)이 될 수 없고, 삼분(三分)되어야 하는 말이어 더욱 그러하다.

그리고 여기 덧붙일 것은 "장켄" 놀이는 동양에서만 행해지는 것이 아니고 구미(歐美)에서도 행해진다는 것이다. "장켄"을 영어로는 "Toss", 또는 "Toss up"이라 하는데, "Rock(바위), Scissors(가위), Paper(종이)"의 삼자가 대결하는 것으로 되어 있다. 중국이나, 일본과 같다.

측간(廁間)과 배설문화

동물은 먹으면 배설하게 되어 있다. 사람도 마찬가지다. 그런데 사람들은 음식문화에 대해서는 많은 관심을 가지면서 배설문화(排泄文化)에 대해서는 그렇지 않은 것 같다. 이에 배설문화와 관련된 어휘에 대해 살펴보기로 한다.

사람들은 배설물에 대해 말하기를 꺼린다. 그렇기 때문에 이를 말할 때는 완곡한 표현을 한다. 우리는 변(便)을 보는 곳을 "화장실(化粧室)"이라 한다. 이는 "toilet"라는 영어 표현을 완곡하게 표현한 것이다. 지난날에는 흔히 "변소(便所)"라 하였다. 이는 "소변(小便)·대변(大便)과 같은 변(便)을 보는 곳"이란 말이고, 그곳이 신체적 긴장을 풀어주는 "편한 곳"이란 의미를 아울러 나타내는 말이다. 이는 "소변(小便)·대변(大便)"이란 말 자체가 "조금 편안하고", "크게 편안한" 데서 연유하는 것으로 보인다. "변(便)"자는 본래 "편할 편(便)"자로 일본이나 중국에서는 "변"과 "편"을 구별하지 않고, 다 같이 "ben(べん)"과 "bien"이라 한다. 이로 미루어 볼 때 우리도 본래는 "변(便)"과 "편(便)"이 구분되지 않았을 것이다. "便"의 발음은 "bian-biεn-Pien-bián"으로 바뀌었으며, 중세음과 현대음에 유기음 [Pʻ]로 실현되기도 하였다. 중국에서는 "便利", 또한 "변(便)"을 의미하는 말이기도 하다.

우리는 "변소"를 또 "뒷간", 혹은 "측간(廁間)"이라고도 한다. "뒷간"은 변(便)을 이르는 완곡한 말 "뒤"를 보는 공간(장소)이란 말이다. "측간"은 "측(廁)", 곧 "뒷간"이 있는 곳이란 말이다. 화장실을 절에서 "해우소(解憂所)"라 하는 것도 완곡적 표현이다. 한자 "측(廁)"은 변소란 말이고, 이는 또한 "한쪽 구석"을 뜻하는 말이기도 하다. 변(便)이란 오예(汚穢)의 대상이어 측간(廁間)은 한쪽 구석에 마련하였기 때문에 이렇게 명명된 것이다. 그런데 이 "측(廁)"자에는 색다른 뜻도 있다. 그것은 "돼지우리"란 것이다. 한서(漢書)에 보이는 "측양시혼(廁養豕溷)"이 그 구체적 예이다. 이는 "측(廁)"에서 돼지를 키웠다는 말이다. 이러한 사례는 구체적으로 우리에게도 있으니, "제주도 똥돼지"가 그것이다. 중국에서는 이 "측(廁)"자, 한 자로도 변소를 의미하나, 이 말(글자)과 합성된 말도 많다. "측소(廁所), 측혼(廁溷), 측청(廁圊), 측상(廁牀)" 등이 그것이다. 이 밖에 오늘날은 "웨이성지엔(衛生間)"이란 말을 많이 사용한다. 현대적 수세식 변소가 들어오면서 이런 이름이 등장한 것이다. 변소(便所)라는 말은 잘 쓰이지 않는다. 이 말은 일본에서 만든 말로, 우리와 일본이 주로 사용한다. 일본에서는 "측(廁)"자를 "가와야(川屋)"라 훈독한다. "가와야"란 "변소"를 가리키는 일본 고유어인데, 이는 변소를 내 위에 걸 쳐 지어 인분(人糞)이 떨어져 물에 흘러가게 하였기 때문이라 한다. 그리고 일본에서는 우리와 같이 "화장실"이란 말과 "오데아라이(お手洗い), W.C."와 "토이렛(toilet)"의 준말인 "토이레"라는 말을 많이 사용한다.

다음에는 배설문화의 특징적인 사실을 몇 가지 보기로 한다. 일본은 앞 에서 언급한 바와 같이 지난날 배설물을 물에 흘러가게 변소를 마련하였다 는 것이 특이하다. 중국에서는 인분을 돼지 사료로 쓰기 위해 변소와 돈사 (豚舍)를 겸하게 하였다는 것이 특징적이다. 이는 개에게 인분을 먹이던 우 리의 배설문화를 떠올린다. 그리고 무엇보다 중국은 음식문화가 세계적으 로 발달하였는데 배설문화는 상대적으로 열악하다. 중국의 화장실 문화는 말이 아니었던 것으로 알려진다. 화장실이 따로 없고 자연에 배설했다는 것이다. 이러한 상황은 오늘날에도 "니하오 토이레"라고 불리는 칸막이가 없는, "공중변소" 아닌, "공동변소"가 많다는 사실에서 확인된다. 이러한 현상은 유럽의 문명사회도 마찬가지였다. 로마 제국이 멸망한 뒤 인프라가 나빠진 중세의 유럽 도시는 변기에 배설한 오물을 "물 조심!"이라 소리치 며 창을 통해 길에 버렸다. 따라서 길거리는 오물 투성이어 사람들은 오버 슈즈나 하이힐을 신어야 했다고 한다. 그래서 사실은 하이힐이 발명되었다 고 하니 실소를 금할 수 없는 이야기다. 더 웃기는 이야기는 베르사유 궁전 에는 변소가 없다 한다. 그래서 귀족들은 장미 정원을 이용했다. 이 때 귀족 여성들은 용변을 보러 가는 것을 "잠시 꽃을 꺾으러"라는 은어(隱語)를 사용하였다고 한다. 유럽의 각 가정에 화장실이 마련된 것은 겨우 100년 정도밖에 되지 않는 것으로 보인다.

"말"과 매화틀의 문화

앞에서 변소(便所)와 관련된 배설문화를 살펴보았다. 이번에는 구체적으로 "변(便)"을 이르는 말과 변기를 이르는 말을 보기로 한다.

변(便)을 이르는 한자말 "소변"과 "대변"에 관해서는 이미 앞에서 잠시 언급하였거니와, 이는 일찍이 "한서(漢書)"에 보인다. 이 밖의 한자말로는 "분(糞)"과 "요(尿)"가 있다. "분(糞)"은 쌀이 몸에 들어가 달라진 것(異)이요, "요(尿)"란 몸(尸)에서 나오는 물이라 보았으니, 기발한 발상의 명명이다. 이에 대해 우리의 고유어는 "물"(월인석보)이라 하였고, 이를 "큰말"과 "작은 말"로 구별하였다. 이들은 사어(死語)가 되었다. 그런데 이 말은 변의(便意)를 나타내는 "똥이 마렵다", "오줌이 마렵다"란 "마렵다"란 말에 화석으로 남아 쓰이고 있다. 이는 "말"에 형용사를 만들어 주는 접사 "-업"이 붙어 "마렵다"가 된 말이겠기 때문이다. 이 "말(便)"은 일본어의 고어에 "마루(摩慮)"로, "변을 보다"는 "마루·마리루(まる·まりる)"의 형태로 쓰인 것을 볼 수 있다. 그리고 이는 오늘날 변기를 이르는 "おまる(御丸)"의 형태로 남아 있다.

휴대용 변기를 이르는 말로는 "매화틀"이 있다. 이는 궁중에서 가지고 다닐 수 있게 만든 변기를 말한다. "매화틀"이란 이름은 그 기구에 매화를 아로새긴 데 연유하는 것으로 보인다. 또한 변소를 "매화간"이라고도 하는데 이도 여기서 연유하는 것이겠다. 한자어로는 "마유(馬瘉), 측유(厠瘉)"라 한다. 그러나 무엇보다 우리의 대표적인 변기는 "요강(溺—)"이라 하겠다. 이는 방에 두고 오줌을 누는 그릇으로, 한자를 빌려 "요강(溺釭)·요강(溺缸)·요강(溺江)" 등으로 적기도 한다. 한자어로는 설기(蔡器)·수병(溲甁)·야호(夜

壺)라 한다. 일본에서는 앞에서 언급한 바와 같이 "오마루(御丸)"라 한다. 중국에서는 "호자(虎子)"라 한다. 이는 본래 전한(前漢)시대에 황제가 행행할 때 가지고 다니던 변기가 호랑이의 새끼 모양(虎子型)이어 이러한 이름이 붙었다. 일본에서는 이 말을 받아들여 병자나 어린이용 변기를 "오마루(御丸)"라 하는 외에 "おとらこ(御虎子)"라 하기도 한다.

(한글+漢字 문화, 2019. 7월호)

14. 생활 주변 어휘의 어원과 문화 (2)

"부채"의 연원과 그 문화

우리말에 "여름 부채 겨울 책력"이란 말이 있다. 이는 대표적인 선물을 일컫던 말이다. 여름에는 더위를 식히기 위해 "부채"만한 선물이 없고, 겨울에는 봄부터 농사를 짓게 되니 책력(冊曆) 이상의 선물이 없었던 것이다. 그러나 지금은 세월이 많이 변해 이들이 많이 관심 밖으로 밀려났다.

부채는 여름을 시원히 나기 위한 세계적인 여름철 문화 산품(産品)이었다. 우리는 일찍이 이 산품의 중심에 섰었던 것으로 보인다. 부채에는 둥근 부채 단선(團扇)과 쥘부채 접선(摺扇)이 있는데, 우리는 이 쥘부채를 일찍이 개발하였던 것 같다. 그리하여 송(宋)나라의 문신 서긍(徐兢)은 "선화봉사고려도경(宣和奉使高麗圖經)"에서 "고려인은 한겨울에도 부채를 들고 다니는데, 접었다 폈다 하는 신기한 부채다."라 하고 있다. 그뿐이 아니다. 뒤에 고려에 온 중국 사신은 이 고려의 쥘부채를 얻어 가면 귀한 보물로 여겼다 한다, 중국에서는 나중에 이를 모방하여 쥘부채를 만들어 "고려선(高麗扇)"이라 하였다. 그런데 사실은 일본이 우리보다 먼저 쥘부채를 발명한 것 같다. 송남집지(松南雜識)에 의하면 접선(摺扇)을 "왜선(倭扇)"이라 하며 일본서 들어온 것으로 기록해 놓고 있다.

동국세시기(東國歲時記) 등 세시기를 보면 우리는 단오(端午)에 부채를 만들어 선물하는 특별한 풍습이 있었다. 이는 일본이나 중국에서는 볼 수 없는 풍습이다. 우선 공조(工曹)에서 단오선(端午扇)을 만들어 진상하면 임금은 이 부채를 각 궁가(宮家)와 재상, 시신들에게 나누어 주었다. 공조만이 아니고 전라도와 경상도의 감사와 통제사도 단오절 부채 절선(節扇)을 진상하고, 선물하였다. 이러한 선물의 풍습은 자연 민가에도 퍼져 부채를 주고받는 풍습이 유행하게 되었으며, 이는 나아가 부채 문화를 발달하게 하였다.

부채는 그 종류가 다양하다. 단선은 그 모양에 따라 오엽선(梧葉扇), 연엽선(蓮葉扇), 연화선(蓮花扇), 초엽선(蕉葉扇) 등이 있으며, 접선도 그 모양에 따라 승두선(僧頭扇), 어두선(魚頭扇), 사두선(蛇頭扇) 등 동국세시기에 들려진 것만 해도 17가지나 된다. 그리고 이는 용도에 따라서도 신부의 얼굴을 가리는 혼선(婚扇), 남자가 얼굴을 가리던 차면선(遮面扇), 춤출 때 사용하는 무선(舞扇), 무당이 굿할 때 쓰는 무선(巫扇), 상제가 쓰는 포선(布扇) 등 다양하다. 이밖에 조선에서는 당쟁이 심할 때 원수를 만날까 보아 사선(紗扇)을 들고 다녔고, 또 접선(摺扇)은 예장(禮裝)의 하나였으며, 소리를 하는 광대가 합죽선(合竹扇)을 들고 창을 하였다. 부채는 또 고유어로 된 "둥글부채(團扇), 봄부채, 부들부채(蒲扇), 쥘부채, 불부채, 세살부채" 등도 있다. 이렇고 보니 서긍(徐兢)이 "고려인은 한겨울에도 부채를 들고 다닌다"고 한 것이다.

"부채"의 어원문화

"부채"의 옛말은 "부채, 부치, 부체" 등으로 나타난다. 고려 때 서장관(書狀官)으로 왔던 송(宋)나라 손목(孫穆)의 계림유사(鷄林類事)에는 "扇曰 孛采"라 되어 있다. 이들 자료로 볼 때 "부채"는 "봋-애"가 그 어원이라 추정된다. 그것은 오늘날의 "부치다(扇)"의 옛말은 "부치다"나 "부츠다"가 아닌, "봋

다"로 재구(再構)된다. 그것은 삼강행실도의 "부채를 부치고"라 할 말을 "ㅎ
오사 아비롤 孝道ㅎ야 녀르미면 벼개와 돗과롤 <u>부체 붓고</u>(獨養其父 躬執勤苦
夏則扇枕席)"와 같이 "부체 붓고"라 적고 있기 때문이다. "부치고" 아닌, "붓
고"라 하고 있다. 이는 "붗고"의 "ㅊ" 받침이 자음 앞에서 칠종성(七終聲)의
"ㅅ"으로 표기된 것이다. 그리고 "부채"를 "붗-애"로 보느냐, "부(붗)-채"
로 보느냐 하는 것이 문제인데, 이는 접사 "-애"가 붙는 것으로 보는 것이
순리다. 그것은 "채(鞭)"가 붙는 합성어로 볼 경우에는 "붓-채"라 표기하는
것이 원칙이다. 그것은 풍석(風席), 부뚜를 고어에서 "붓돗"이라 기록하고
있는 것이 그 구체적 증거이다. "숯돌"을 "숫돌"이라 한 것은 방증이 된다.
그리고 의미상으로 보아도 "부치는 채(鞭)"라기보다 "부치는 것", 부치는 기
구라 하는 것이 바람직하다. "부채"는 "부치는 채(鞭)가 아니거니와, 손잡
이를 나타낼 때에는 "붓-채" 아닌, "부채-자루"라 하는 것이 통상적 용법
이다. 따라서 선자(扇子)를 이르는 "부채"는 "붗-애"란 파생어로, "부치는 기
구"를 의미하는 말이라 할 것이다. 이는 후대에 "부체"로 변하였다가, 표준
어 사정에서 다시 옛 형태 "부채"로 되돌아갔다.

"무궁화"와 "목근화(木槿花)"의 어원

무궁화는 우리나라의 도처에 피고 있다. 산해경(山海經)이나, 원중기(元中
記)에 의하면 우리나라에는 무궁화, 곧 목근화(木槿花)가 많이 피는 것으로
기록되어 있다. 그래서 우리나라를 "근역지향(槿域之鄕)", 또는 "근역(槿域)"
이라 한다. 우리는 오늘날도 "무궁화, 무궁화 우리나라꽃, 삼천리강산의 우
리나라 꽃"이라 노래하고 있다.

그런데 우리에게 자연스러운 국화, "무궁화"란 이름은 중(中)·일(日)의
명칭과 다르며, 이미지의 면에서도 큰 차이를 보인다.

우선 그 이름은 앞에 보이듯 중국에서는 "목근화(木槿花)"라 한다. 달리는

"단(椴), 츤(櫬), 순(蕣), 일급(日及)"이라 한다. "무궁화(無窮花)"라고는 하지 않는다. "무궁화"와 발음이 제일 가깝다 할 "木槿花"는 "mùjinhuo"라 한다. 일본에서는 주로 "ㅿクゲ, モクゲ"라 한다. 이의 어원은 "목화(木華)"에 있는 것이 아닌가 한다. 일본에서도 "무궁화(無窮花)"라고는 하지 않는다. 우리만이 "무궁화(無窮花)"라 한다. 이는 노래 가사 "무궁 무궁 피고지고"에 보이듯 꽃이 무궁 무궁 피고 지기 때문에 우리만이 "목근화(木槿花)"를 "무궁화(無窮花)"라 따로 명명한 것이라 하겠다.

다음 이미지 면이다. 앞에서 보듯, 우리는 무궁화를 "무궁구궁 계속하여 피는 꽃"으로 받아들였다. 무궁화의 이미지는 "무궁(無窮)"이다. 그런데 중국이나 일본에서는 오히려 꽃의 이미지가 "조개모락(朝開暮落)"이나, "조개주위(朝開晝萎)"라고 하여 "아침에 피고 저녁에 떨어진다", "아침에 피고 낮에 시든다"고 하여 그 생명이 짧다는 것을 나타낸다. 정반대라 할 성질을 나타낸다. 이러한 이미지는 중국의 본초강목(本草綱目)의 저자인 이시진(李時珍)이 "이 꽃은 아침에 피고, 저녁에 떨어진다. 그래서 이름을 일급(日及)이라 하며, 근(槿) 순(蕣)이라 한다. 마치 영화가 한 순간이란 뜻을 나타내는 것과 같다(此花朝開 暮落 故名日及 曰槿 曰蕣 猶僅榮一瞬之義也)"고 한 데서 구체적으로 엿볼 수 있다. 그리고 목근(木槿)의 다른 이름 순(蕣)은 순(瞬)과 같은 글자로, 이는 "순간, 눈 깜짝할 사이, 짧은 시간"에 시드는 꽃이라는 의미를 나타낸다. 이와 같이 "목근화(木槿花)"는 "무궁"이 아닌, "눈 깜짝할 사이"라는 순간의 이미지를 나타낸다.

그리고 여기 덧붙일 것은 "순(蕣)"을 일본에서는 "아사가오(朝顔)"라 한다는 것이다. 이 때의 "아사가오(朝顔)"는 우리가 나팔꽃, 중국에서 견우화(牽牛花), 영어로 Morning glory라 하는 "아사가오(朝顔)"와는 동음이의어로 목근화(木槿花)를 가리킨다. 여기서 목근화(木槿花)를 "아사가오(朝顔)"라 함은 "아침에 피는 아름다운 꽃"이란 말이다. 아름다운 꽃을 "용화(容華·容花)"라 하거니와 "朝顔"란 "아사가오무스메(朝顔娘)"란 별명이 붙은 무쿠게, 순(蕣)을 나타낸다. 그리고 "朝顔"도 아침에 피고 저녁에 시드는 무상(無常)을 나타내고 있음은 말할 것도 없다.

"자전거(自轉車)·자양구"의 어원과 문화

자전거가 처음 생긴 때에는 두 바퀴가 전부로, 발로 땅을 차며 나아갔다. 뒤에 여기에 안장을 올려 놓게 되었고, 1839년 뒷바퀴에 브레이크와 체인 굴림 장치가 부착되었다. 1860년대에 앞 바퀴에 페달을 달았고, 앞바퀴를 크게 만들었다. 그리고 1885년 마침내 상업적으로 성공을 거둔 자전거가 등장하였다. 이는 앞뒤 바퀴의 크기가 같고, 체인 구동식의 것이었다. 이 자전거는 시장에 나오자마자 금방 붐을 이루었다.

"자전거(自轉車)"는 그 이름처럼 스스로 구르는 것은 아니다. 요사이도 보면 "자동문"이라면서 일단 스위치를 누르라고 되어 있는 문이 많다. 이렇게 "자전거"는 그 이름과는 달리 사람이 페달을 밟아야 바퀴가 구는 운송 가구이다. 이를 기성세대는 어렸을 때 "자정거, 자중구"라 하며 자랐다. 이의 정확한 이름을 몰라 그저 들은 대로, 들리는 대로 발음한 때문이다. "자정거"는 "자전"의 "ㄴ" 받침이 뒤의 "ㄱ" 소리에 동화된 것이고, "자중구"는 아예 잘못 안 것이다. "자양구"는 "자행거(自行車)"의 "ㅎ" 음이 야화 탈락한 것이다. "자행거"라는 말은 오늘날 우리나라에서는 사어가 되었으나, 중국에서는 "自行車(zixingche)"라고 지금도 쓰고 있다.

문제는 "自轉車"나 "自行車"의 "수레 거(車)"자를 우리는 "거"라고 발음하는데 중국에서는 [che], 일본에서는 [sha]라고 "차"에 해당한 발음을 한다는 것이다. 이는 물론 앞에서 "수레 거(車)"라고 하였듯, 수레바퀴와 도르래와 운송 수단인 차(車)를 구별한 것이라 하겠다. 그러나 "자전거, 자행거, 인력거(人力車), 운거(雲車), 거마비(車馬費), 거기장군(車騎將軍)" 외에 "마차(馬車), 우차(牛車), 방차(紡車·물레), 활차(滑車·도르래), 봉차(鳳車·御駕), 난차(鸞車·輦)"

따위도 "거", 아닌 "차"로 발음한다는 것이다. 따라서 이들의 구별은 역사적 사실에 바탕을 둔다고 하겠다. 또 하나 "車"의 한음(漢音)은 "k'iag(上古), tʃ'ia(中古), tʃ'Ie(中世), tṣ'ə(chē)(現代)"로 변화하였다. "거" 음은 고대음에 가깝고, "차" 음은 중고음 이후의 음에 가깝다.

"수저"의 어원과 "수저(壽箸)" 문화

민족마다 음식이 다르기도 하지만 그것을 먹는 문화도 다르다. 음식은 수저, 혹은 시저(匙箸)로 먹게 되는데, 우리는 숟가락과 젓가락을 다 같이 사용하는 문화다. 이에 대해 중국과 일본은 주로 젓가락을 사용하는 문화다.

중국에서는 은허(殷墟)에서 숟가락이 발견되어 늦추 잡아 7,500년 전부터 사용한 것으로 보인다. 이에 대해 젓가락은 춘추시대(春秋時代)에 사용하기 시작해 한대(漢代)에 일반화한 것으로 추정된다. 그리고 중국에서는 지난날 채(茱)가 있는 갱(羹)만 저로 먹었다. 이에 대해 한국에서는 낙랑(樂浪)의 유적에서 숟가락이 출토된 바 있고, 무령왕릉(武寧王陵)에서 역시 청동의 시저가 출토된 바 있다. 따라서 우리나라에서는 일찍부터 시저를 사용했을 것으로 본다.

시저(匙箸)에 해당한 고유어는 "수저", 또는 "술져"로 나타난다.

* 그어긔 수졔 섯드러 잇고 <월인석보>
* 제홀 시예 술졔 믄득 깅연히 소릭 이시니 <동국신속삼강행실도>
* 술져(匙筯) <박통사언해>

이들 수저를 나타내는 용례는 시대적 변화와 역순으로 변화 경향이 나타나고 있다. 아무러나 결론적으로 말하면 "수저"는 "술져> 수져> 수저"의 변화를 겪은 말이라 하겠다.

"술"은 "시저(匙箸)"의 "시(匙)"로 "숟가락"을 의미한다. "술"이란 말은 오늘날 독립어로 잘 쓰이지 않는다. 그래서 사전에서도 이는 "밥 따위의 음식물을 숟가락으로 떠서 그 분량을 세는 단위. 밥 두어 술"이라고 의존명사로 다루고 있다. 이는 "숟가락"의 본디말로 보고 실질 명사로 다루어야 할 것이다. "그는 밥술이나 먹는 사람이다"의 경우는 "밥술"이 생계를 의미하는 말로 쓰여 당당히 실사로 합성어를 이루고 있는 것을 볼 수 있다. 또한 "밥술"은 "밥숟가락"을 의미하는 합성어이기도 하다.

"숟-가락"은 "술"에 가늘고 긴 토막을 의미하는 "가락"이 합성된 말이다. 이 말은 "술"과 "가락" 사이에 사이시옷이 붙을 "술-ㅅ-가락"으로, 이는 사이시옷이 연결됨으로 "술"의 "ㄹ" 받침이 탈락되어 "숫-가락"이 된 말이다. "밝등"이 "밧등"이 되고, "뭀결"이 "뭇결"이 되는 것과 같은 경우이다. 그런데 과거의 학자들이 이를 소위 "ㄷ~ㄹ 호전현상(互轉現象)"이라 하여 오늘날 표기를 "숟가락"으로 하도록 규정하였다. 이는 원칙적으로 어법에 어긋나는, 잘못된 표기를 하고 있는 것이다. "숟갈"은 "숟가락"의 준말이다.

"저"를 의미하는 한자 저(箸·筯)자는 중세국어의 훈몽자회(訓蒙字會)의 "져뎌(筯)"자로 나온다. 따라서 "수저"라는 말을 "술"과 "뎌(箸)"의 합성어로 본다면 적어도 "술뎌> 수뎌"라고 보아야 한다. 그렇게 되면 "ㄹ"이 "ㄷ" 앞에서 탈락되는 것이 된다. 그런데 앞에서 보듯 월인석보에는 분명히 "수져"가 보인다. 따라서 "뎌" 음인 한자어 "저(箸)"와의 합성어라기보다 고유어 "져>저(箸)"로 보는 것이 낫다. "져 뎌(箸)"자의 앞의 훈을 고유어로 보는 것이다. 실제로 방언에서는 "젓가락"이 "절"로 실현되기도 하고, "저범"으로 나타나는 것도 볼 수 있다. 이렇게 "수저"란 "술저"의 형태에서 "저"의 "ㅈ" 앞에서 "ㄹ"이 탈락하는 것임에 틀림없다. 우리말에는 치음(齒音) 앞에서 "ㄹ"이 탈락하는 현상이 있다. 그리고 "수저"를 "壽箸"라 한자로 쓰는 것은 바른 용례가 못 된다. 이는 오래 살라고 기원하는 마음을 담아 "목숨 수(壽)"자를 가차(假借)한 일종의 미화어(美化語)라 할 수는 있다. 그러나 이는 어디까지 "젓가락"의 의미밖에 나타내지 못한다는 것도 기억해야 할 것이다.

"수저" 문화, 달리 말해 "시저(匙箸)" 문화는 먹고 마시는 음식문화를 구분한다. 숟가락과 젓가락을 사용하는 수저문화는 그릇을 놓고 먹고, 떠먹는 문화인데 대해, 젓가락만 사용하는 젓가락문화는 들고 먹고 마시는 문화다. 이는 "거지냐 들고 먹게"와, "개냐 구부리고 먹게"라는 농담까지 낳을 정도로 다른 문화다.

(한글+漢字 문화, 2019. 8월호)

15. "설" 관련 어휘의 어원과 문화 (1)

한 해가 저물어 가고 있다. 머지않아 새해가 찾아 올 것이다. 이에 "설"과 관련된 어휘를 중심으로, 그 어원과 문화를 살펴보기로 한다.

"설"과 "춘절"의 어원과 의미

우리는 새해의 첫날을 "설"이라 한다. "설"의 어원은 분명치 않다. 그 중 대표적인 어원설은 ①설(愼)-날(日), 곧 "신일(愼日)"설과, ②한자 "세(歲)의 상고 음설이라 할 수 있다. 이 가운데도 상고음 [siwat]설에 무게가 실리고 있다.

설은 세수(歲首)라 하고, 수세(收歲)·과세(過歲)를 하며 신년(新年), 새해를 맞는다. 따라서 "설"을 "해 세(歲)"라는 말, 또는 "새해"의 "해"와 관련짓고자 함은 당연한 사실이다. 그리고 우선은 "설"과 "해"는 발음상 거리가 있으니, "歲"와 관련이 있는 것으로 본다. "歲"의 고음은 오늘날과 달리 입성(入聲)이었다. 이의 상고음(周·秦·漢音)은 [siwat], 또는 [hiuad]이었던 것으로 추정한다. 그리고 중국 상고의 입성음 [t/d]는 우리말에서 일반적으로 유음 [l]로 바뀌었다. "質"의 [tiet]이 "질"로, "物"의 [mIuət]이 "물"로, "月"의 [ŋIuăt]이 "월"로 바뀐 것이 이런 예다. 이런 점에서 "세(歲)"의 상고음이

"셜> 설"로 바뀌었을 가능성은 충분히 있다. 다만 "歲=설"이라는 음운 대응만이 아니라, 의미 대응의 구체적인 용례가 있으면 좋을 텐데 이들이 없다는 것이 흠이다.

"신일(愼日)"설은 최남선(崔南善)의 설이다. 이는 문화적(文化的)인 면에서 긍정적인 면을 지닌다. "설날"은 본래 한자어로 "신일(愼日)"이라고도 하는 우리의 명절이다. 따라서 "설(愼)-날(日)"이란 어원설은 그리 새로운 것도 아닌, "신일(愼日)"에 "설날"을 대입한 것이라 할 수 있다. 사전에는 이 "신일"을 "근신하여 경거망동을 삼가는 날이란 뜻으로 설날을 이르는 말"(국립국어연구원, 1988)이라 풀이하고 있다. 그리고 최남선은 그의 "조선상식문답" (상)에서 이렇게 쓰고 있다.

　　설이라 함은 보통으로는 슬프다는 뜻이지만 옛날에는 조심하여 가만히 있다는 의미로도 쓰는 말이니, "설"이라 "설날"이라 함은 곧 기우하기 위하여 가만히 들어 앉았는 날이라는 뜻입니다.

이렇게 풀이한 그는 구체적으로 "신일"의 사례를 들고 있다. 최남선의 "설(愼)-날(日)"설은 "설-없다> 서럽다"의 어근 "설-"에 근거한다고 할 수 있다. 그리고 "설다"를 옛날에는 "조심하여 가만히 앉아 있다"라는 뜻으로도 쓰는 말이라 하고 있다. "설다"라는 말이 "삼가다(愼)"란 뜻으로도 쓰이는 말이란 것이다. 그런데 이러한 "설다"의 용례는 아직 문헌에서 발견되지 않는다. 그러나 가능성은 있다고 하겠다. "설다"는 동사와 형용사가 있는데, 형용사로 쓰일 때는 "익숙하지 못하고 서투르다"를 나타낸다. 따라서 인과적 관계로 볼 때 "근신(謹愼)"의 뜻과는 인접된 말이다. "근신하다"라는 뜻에서 "설-없다"란 형용사가 파생할 수 있기 때문이다. 그리고 고어에 "설다", 혹은 "설엇다"는 용례가 보이는데, 이들은 "설거지하다"란 의미의 말로, "수습하다, 거두어 치우다"란 뜻을 나타낸다. 여기에는 적극적 진출이라기보다 정리 · 철수라는 근신의 의미가 담겨 있다. 거기에다 우리 문화는 새해 첫날을 삼가고 조심하는 마음으로 맞는 문화다. 제야(除夜)에는 집안을 깨끗이 청소하고, 근신하는 마음으로 불을 환히 밝히고 새해를 맞는다. 따라서 "설날"을 충분히 "설(愼)-날(日)"이라 볼 수 있을 것이다.

음력으로 1월, 2월, 3월을 봄이라 한다. 중국에서 설을 "춘절(春節)"이라 하는 것은 이 봄의 절일(節日)이란 말이다. 봄의 단초를 절일로 삼은 것이다. "일년지계는 재어춘(一年之計 在於春)"이란 "춘(春)"이다. 일본의 "쇼가쓰(正月)", 혹은 "오쇼가쓰(お正月)"도 중국과 같이 정월 초하루를 춘절의 단초, 일년의 단초로 보아 명절로 삼은 것이라 하겠다.

"설"과 "살", 그리고 "섣달"의 상호 관계

우리는 떡국을 먹으면 한 살 먹는다고 한다. 설을 쇠면 한 살을 더 먹는다는 말이다. 이는 "설"의 모음 "ㅓ"를 "ㅏ"로 바꾸어 "살"이라 함으로 의미의 분화를 꾀한 것이다. 그런데 우리의 옛말에서는 "설" 원단(元旦)을 뜻하는 "설"이나, 나이(年歲)를 뜻하는 "살"이 다 같은 "설"이었다.

* 梅花ㅅ 부리 설 아래 뻐디니(梅蘂臘前破) <두시언해>
  설 時節이며 朔望에 禮를 조심ᄒᆞ야 ᄒᆞ며 <삼강행실도>
* 그 아기 닐굽 설 머거 아비 보라 니거지라 ᄒᆞ대 <월인석보>
  드듸여 안앗던 두 설 머근 아ᄒᆡ눌 ᄇᆞ리고 강에 ᄲᅡ뎌 죽다 <삼강행실도>

이렇게 원단(元旦)이나 나이를 이르는 말이 고어에서는 다 같은 "설"로, 음상(音相)을 달리하여 의미를 분화하였다. 같은 말 "설"에서 분화한 것이다. "원단"을 의미하는 말에서 나이를 의미하는 "살"이 파생된 것이다. 따라서 모르는 사람은 "설"과 "살"이 다른 말로 인식되겠지만 같은 뿌리에서

나온 형제지간의 말이다. "설을 쇠면 한 살 더 먹는다"고 "살"은 "설"의
"ㅓ" 모음을 "ㅏ" 모음으로 바꾸어 의미의 분화를 가져오게 한 것뿐이다.

음력 12월을 의미하는 "섣달"은 "설"과 불가분의 말이다. 이는 "설의
달"이란 "섨달"이 변한 말이다. "섨달"은 "설(元旦)-ㅅ(사이시옷)-달(月)"이란
구조의 말로, "설의 달"이란 말이다. 이는 사이시옷이 쓰임으로 "설"의
"ㄹ" 받침이 탈락되어 "섯둘"이 된 것이다. 그런데 지난날 이 말의 어원을
잘못 추정해 "섣달"로 표기하게 되었다. "설~섣"의 "ㄷ~ㄹ"이 서로 바뀌
어 쓰일 수 있는 말이라고 잘못 생각한 것이다. 이러한 잘못은 "삼월 삼질
날(三日날)"의 표기도 마찬가지다. 이 말을 "삼짇날"로 표기하도록 되어 있
으나, 이는 "삼짓날"이라 표기해야 할 말이다(삼짌날>삼짓날).

그리고 여기 덧붙일 것은 "섣달"의 의미 문제다. "섣달", 곧 음력 12월은
"섨달"이 변한 말이니, 당연히 "설의 달"이 되어야 한다. 그런데 동지섣달
의, 12월을 가리키고 있다. 따라서 오늘의 현실에서 보면 다음 달에 설이
들어 있으니, 굳이 설명을 한다면 "설이 오는 달"이라 구차한 설명을 해야
한다. 이는 이렇게 해석할 일이 아니다. "섨달"이란 조어(造語) 형태 그대로
"설의 달", "설이 들어 있는 달"이라 해석하는 것이 좋다. 그렇게 하자면
논리적 모순을 극복해야 한다. 이는 문화적 배경이 분명히 해명해 준다.

고대 중국에서는 왕조가 바뀌면 역(曆)을 바꾸었다. "섣달"이 "섨달"이
된 배경은 고대 중국의 하·은·주(夏殷周) 가운데 은(殷)나라의 역법과 관련
이 있다. 은나라는 지금의 우리와는 달리 12월, 곧 섣달을 정월이라 했다.
지금의 섣달 초하루에 해당한 날을 정월 초하루로 하였다. 이것이 우리에
게 영향을 미쳐 "섨달"이 된 것이다. 말을 바꾸면 "섨달"이란 은나라의 역
법에 따른 "설"이 들어 있는 달이란 말이다. 세수(歲首)를 달리한 중국 고대
의 역법을 도시하면 다음과 같다(諸橋轍次, 大漢和事典, 1963).

정삭(正朔)	세수(歲首)	음력(陰曆)
진·한초(秦漢初)	건해(建亥)	十月(初冬)
주정(周正)(天統)	건자(建子)	十一月(仲冬)
은정(殷正)(地統)	건축(建丑)	十二月(季冬)
하정(夏正)(人統)	건인(建寅)	正月(孟冬)

위의 도표에서 세수(歲首) "건해(建亥)" 이하는 북두칠성의 자루가 가리키는 방향을 말한다. 건해는 북북서, 건자는 북, 건축은 북북동, 건인은 동북동으로 세수의 별자리를 보여 주는 것이다.

"해"와 "달", 그리고 "날"의 의미

다음에는 "설"과 관련되는 "해"와 "달"과 "날"에 대해 살펴보기로 한다. "해"에는 한자 세(歲), 연(年)이, "달"에는 월(月)이, "날"에는 "일(日)"이 대응된다. "해 세(歲)", "해 년(年)"은 본래 해, 태양과 관련이 있는 말이라 하겠다. 그런데 이 말들이 "한 해"라는 의미로 바뀌었다. 그래서 여기에는 영어 "year"가 대응된다. "year"의 어근(語根)은 "가다"를 뜻하며 "태양의 진행"과 관련이 있는 것이 아닌가 본다. 한자 "歲"는 형성자로, 걸음 보(步)와 개 술(戌)자로 이루어져 한 해의 처음을 나타내던 글자이나, 뒤에 나이를 의미하게 되었다. 이에 대해 한자 "年"도 형성자로 화(禾)와 천(千), 또는 인(人)자로 이루어져 곡물이 익는 기간을 의미하게 되어 "한 해"의 뜻을 나타내게 되었다. 고유어 "해"도 태양을 의미하는 말이나 "일년"을 의미하기도 한다. "歲·年·해"는 태양이란 실체에서부터 해(日)를 중심으로 지구가 한 바퀴 도는 공전(公轉) 주기를 의미하는 말로 그 의미가 확장되었다. 이는 인과적(因果的) 의미변화를 한 것이라 하겠다. "월(月)"과 "달"도 "歲·年·해"의 경우와 마찬가지로 천체 달을 의미하는 말이나, 달의 공전 주기도 의미하게 되었다. 영어의 경우는 한자어나 우리 고유어와 달리 moon과 month로 구별된다. 이는 month가 moon에서 파생되어 형태와 의미에 차이를 보인다. "일(日)"과 "날"은 태양과 관련된 말이다. "일광(日光)"을 "햇빛"이라고만 하지 않고 "날빛"이라 하는데서 이를 확인할 수 있다. 그런데 이들도 지구가 자전(自轉)하는 하루를 의미하는 말로 바뀌어 의미가 확장된 것을 보여 준다. 영어 "day"도 "해, 낮"을 의미해, "해(日)"와 관련을 갖는다.

이렇게 "歲·年·해"는 본래 태양을 의미하던 말이 "한 해"의 의미로, "月·달"은 천체 달(月)을 의미하던 것이 달의 공전 기간 "한 달"을, "日·날"도 본래 태양을 의미하던 말이 "하루", 곧 지구의 자전(自轉) 기간의 의미로 그 의미가 변하였다. 천체의 운행 기간을 바로 천체 자체를 의미하는 말로 대신하고 있다. 이는 영어와는 다른 점이다. 여기서 덤으로 말할 것이 있다. "일진(日辰)"이란 말이다. 우리는 대표적인 천체(天體)로 해와 달과 별을 꼽는다. 그런데 연월일을 구별하는 데, 해와 달만이 동원되고, 별이 빠져 있다. 무엇하면 해는 태양, 달은 월량(月亮), 날은 별, 성진(星辰)으로 표현할 법한데, 날도 태양을 동원하고 있다. 그런데 그런 것만이 아닌 사실이 있다. "일진(日辰)"이란 것이 그것이다. "일진"은 날의 간지(干支), 곧 간지로 나타낸 날짜다. 해를 간지로 나타내는 것을 태세(太歲)라 하고, 달을 간지로 나타내는 것을 월건(月建)이라 하여 해와 달과 관련짓듯, 날짜를 간지(干支)로 나타내는 것이 "일진(日辰)"이다. 일진(日辰), 곧 날짜에 "날 일(日)"자와 함께 "별 진(辰)"자를 쓰고 있다. 이는 조어(造語)의 세계에 자그마하나 놀라운 배려를 한 것이라 하겠다. "별"을 배려한 말인 것이다.

"덕담(德談)"은 한국의 한자어

우리는 누구나 "덕담(德談)"이란 말을 들어 알고 있다. 더구나 정초에는 흔히 듣게 된다. 그런데 이 말은 중국이나 일본에서는 쓰이지 않는 말이다.

우리의 한자말이다. 그래서 한중사전은 "덕담"이란 말을 "축원(祝願), 축복, 축사(祝詞), 길리화(吉利話)"라 하고, 한일사전은 "시아와세오 이노루 고도바(幸福を祈る言葉)", 곧 행복을 비는 말이라 하고 있다.

"덕담"은 이미 한중, 한일사전의 풀이에서 드러났듯 "행복을 비는 말"이다. 우리의 표준국어대사전은 "남이 잘되기를 비는 말"이라 풀이하고, "주로 새해에 많이 쓰는 말이다."라 덧붙이고 있다.

세시기(歲時記)에는 덕담에 대한 이런 저런 기록이 보인다. 홍석모(洪錫謨)의 "동국세시기(東國歲時記)"에는 이렇게 쓰여 있다. "새해에 친구나 젊은 사람을 만나면 등과(登科)·진관(進官)·생남(生男)·획재(獲財) 등의 말로 덕담을 하고, 축하하였다."라 한 것이 그것이다. 과거에 급제하고, 벼슬을 하고, 아들을 낳고, 재물을 많이 모으라고 덕담을 하며 새해를 축하한다는 말이다. 유득공(柳得恭)의 "경도잡기(京都雜記)"는 여인네들도 문안비(問安婢)를 통해 덕담을 하였다는 사실을 보여 준다. "부인들끼리는 잘 차린 어린 계집종을 서로 각 집에 보내어 덕담으로 새해 문안을 드린다. 이들을 문안비(問安婢)라 한다."고 한 것이 그것이다. 이렇게 위로는 사대부에서 민간의 남녀에 이르기까지 덕담(德談)을 하며 새해를 축하하였다. 오늘날 새해에 접어들면 누구나 "새해 복 많이 받으시라."고 하는 것은 이런 덕담의 유풍(遺風)이 남아 전하는 것이라 하겠다.

덕담은 그 사람의 처지와 환경에 따라 알맞은 말로 복을 빌고 축하하면 된다. 이러한 덕담은 직접 만나 말로써 전하기도 하고, 앞에서 본 문안비의 경우처럼 간접적으로 전갈을 하기도 한다. 그뿐 아니라, 멀리 떨어져 있는 경우는 편지로 전하기도 한다. 그리고 덕담의 표현 내용은 오늘날 대부분 현재, 또는 미래형으로 나타내고 있다. "건강하시기 빕니다."나, "복 많이 받으십시오.", "좋은 대학에 진학하시기 바랍니다"와 같이 표현하는 것이 그것이다. 그러나 육당(六堂) 최남선이 지적하듯이 지난날의 덕담은 과거형으로 표현하였다. 육당은 덕담의 특색을 "이제 그렇게 되라"고 축원하는 것이 아니라, "벌써 그렇게 되셨다니 고맙습니다"라 경하하는 것이라 하였다. 그래서 생남하라는 뜻으로 "금년에는 아들을 낳았다지.", 혹은 부자가 되라는 뜻으로 "부자가 되셨더니 고맙네."라 하는 것이 그것이다. 이는 바라는 미래의 사실을 기정사실화한 것이다. 그렇게 말함으로 일이 이루어지고 축하받게되길 바란 것이다. 말이 씨 된다고 하듯, "덕담"을 함으로 언어 주술성(呪術性)의 실현을 바란 것이라 하겠다.

(한글+漢字 문화, 2019. 1월호)

16. "설" 관련 어휘의 어원과 문화 (2)

"나이 · 수이(歲) · 도시(年)"의 상호 관계

앞에서 우리는 떡국을 먹으면 한 살 더 먹는다는 이야기를 하였다. 이는 해가 바뀌면 나이를 먹게 된다는 말이다. 중국에는 나이(혹은 해)를 뜻하는 말이 여럿 있다. 이아(爾雅)에는 "夏曰歲, 商曰祀, 周曰年, 唐虞曰載"라 하고 있다. 시대에 따라 다른 말을 사용하고 있다. 이 가운데 대표적인 말 "수이(歲)"는 자원(字源)에 의하면 한 해의 처음을 뜻하나, 이것이 반복되어 연륜이 쌓이고, 나이를 먹는 것으로 본다. "니엔(年)"은 벼가 익는 것을 뜻해, 곡물이 익는 "한 해"를 의미하게 되고, 이것이 나아가 연륜 내지 나이를 의미하게 되었다.

그러면 우리의 "나이"라는 말은 어떻게 된 것일까? 이는 "해 세(歲)"나, "해 년(年)"과는 직접적 관계를 갖지 않는다. "나이"는 오히려 "생산(生産)"과 관련이 있는 말이다. 이는 "낳다(生)"에서 파생된 말로, "낳다"의 어간 "낳"로 "나이"를 의미했던 것으로 보인다.

나히 하마 아홉빌쎄(석보상절)

너희 무른 어루 나흘 닛고 사괴욜디로다(爾輩可忘年)(두시언해)

계모의 나히 여돈이러니(동국신속삼강행실도)

"나이"는 "낳"의 "ㅎ"이 떨어져 나간 "나"라는 말이 오늘날 방언에 쓰이는 것을 쉽게 들을 수 있다. "나는 몇 살이나 먹었느냐?", "나가 많아요."와 같은 예가 그것이다.

"낳(歲)"는 위의 "나히 하마"나, "계모의 나히"의 경우처럼 주격조사 "이"가 연결된 형태가 굳어지거나, 접사 "이"가 결합하여 "나히"의 형태로 어형이 바뀌었다. 그리고 이것이 다시 "ㅎ"이 약화·탈락한 것이 오늘의 "나이"이다.

"나이"는 이렇게 "언제 태어났느냐?"와 관련이 있는 말이다. 출생 연도를 따져 물어야 하는 말이다. "나이"를 일본어로는 "도시(とし)"라 한다. 이는 "年, 歲, 載, 齡"을 다 같이 이르는 말이다. 그러나 그 어원은 우리와 달리 아직 분명하지 않다.

그리고 여기에 덧붙일 것은 "낳다"의 유의어라 할 "태어나다"란 말의 어원이다. "태어나다"는 "태다"와 "나다"의 합성된 말임에 틀림없다. 그렇다면 "태다"의 어원은 어디 있는 것일까? 이는 "태(胎)"에서 파생된 말로 보인다. "胎"는 "아이밸 태"자로, "수태(受胎)했다"는 말이다. 이는 "배(腹)"에서 "배다(姙)"가 파생되듯, "태(胎)"에서 "태다(受胎)"가 파생된 말이겠다. "태어나다"의 "나다"는 자동사로, 타동사 "낳다"와는 달리, "ㅎ" 받침이 없는 형태로 "생(生)"과 "출(出)"의 의미를 나타낸다. 따라서 "태어나다"는 이 "태다"와 "나다"가 합성된 말로, 이는 "수태하여 출생하다"를 의미하는 말이 된다.

"제야(除夜) · 제석(除夕) · 세제(歲除)"의 의미

섣달그믐을 제야(除夜)라 한다. 사람들은 흔히 명칭을 들으면 다 알았다고 생각하고 더 알려하지 않는다. 왜 섣달그믐을 "제야(除夜)"라 하는지, 명명의 근거가 어디 있는지 알려 하지 않는다. 그렇게 되면 적어도 문화인이될 수 없다. "제야"는 지난 해(舊歲)가 제거(除去)되는 밤이란 뜻의 말로, "제석(除夕)"과 같은 말이다. "세제(歲除)"도 같은 말이다.

제야나 제석은 독특한 문화적 배경을 지닌 말이다. 여기서의 "제(除)는역려(疫癘)의 귀신을 쫓는 것, 곧 구축하는 것을 의미한다. 역려란 역질(疫疾), 곧 전염성 열병을 통칭하는 말이다. 역려의 귀신을 구축하는 대표적인 의식은 나례(儺禮), 수세(守歲), 액막이굿 등이다.

"나례(儺禮)"란 구나(驅儺)의 의식으로 악귀와 역신(疫神)을 쫓아내는 것이다. 이는 고려 때 중국에서 들어와 조선조에 성행하던 의식이다. 그리고 수세(守歲)는 역귀(疫鬼)의 침입을 막는 것으로, 섣달그믐날 밤 다락 · 마루 · 방 · 부엌, 심지어 외양간 · 변소에 이르기까지 불을 환히 밝히고, 자지 않고밤을 새우는 것을 말한다. 이러한 수세의 풍습은 중국에서 들어온 것으로일본에도 보인다. 액막이굿은 집안에 머물고 있는 액을 몰아내기 위한 풍물굿으로, 이는 동제(洞祭)로 행해졌다.

섣달그믐날 밤에는 이렇게 역질(疫疾)을 앓게 하는 귀신을 몰아내는 풍습이 있었다. 달리 말하면 "제야(除夜)"란 역신(疫神)을 제거하는 밤이다. 그래서 섣달그믐의 밤과 저녁을 제야(除夜)라, 제석(除夕)이라 한다. "세제(歲除)"라는 말도 여기에 쓰인 "제할 제(除)"자가 구역려지귀(驅疫癘之鬼), 곧 역려의 귀신을 쫓아냄을 의미함은 물론이다. 물론 이 대상이 생략되었다.

"수세(守歲)"와 "과세(過歲)"의 어원과 의미

수세(守歲)란 앞에서 설명한 바와 같이 섣달그믐날 밤에 집안 구석구석에 등불을 밝히고 밤을 새우는 일이나, 풍속을 가리킨다. 이는 역귀로부터 지난 해를 지키는 의식이다.

중국에서는 새해맞이를 흔히 "과년수세(過年守歲)"라 한다. "수세(守歲)"란 지난해를 지킨다는 뜻만 나타내는 것이 아니다. "연(年)"이란 괴수(怪獸)와 얽힌 전설적 배경도 지닌다. 전설에 의하면 연(年)이란 사자의 머리에 황소 모양을 한 흉악한 짐승이다. 이 괴수는 제야에 마을로 내려와 인축(人畜)을 해치고, 집과 동산을 파괴하고 훼손하였다. 그리하여 사람들은 이를 매우 두려워하였다. 이에 사람들은 연수(年獸)의 동정을 살펴, 이 짐승이 제야에 산에서 내려온다는 것, 폭죽 소리를 두려워하고, 붉은 색과 밝은 빛을 두려워한다는 것을 알게 되었다. 그리하여 사람들은 창을 붉게 칠하고, 그믐날 밤에 불을 밝히고 온 가족이 만찬을 같이 한 뒤, 모여 앉아 이야기를 나누며 밤을 새우게 되었다. 연수(年獸)의 피해로부터 한 해를 지키는 "수세방연해(守歲防年害)"를 한 것이다. 이것이 오늘날의 수세(守歲)의 연원이라 한다.

전설상의 괴수는 "연(年)"만 있었던 것이 아니다. "석(夕)"도 있었다. 석(夕)은 뿔이 네 개 달렸고, 몸이 매우 크며, 성질이 흉포했다. 이 괴수도 연말에 나타나 그 피해와 두려움이 컸다. 사람들은 대나무를 태워 그 터지는 소리로 석(夕)을 쫓았다. 문자 그대로 폭죽 소리로 석수(夕獸)를 쫓은 것이다. 그러나 석은 죽지 않기 때문에 매년 제석(除夕)에 나타났다. 사람들은 방석(防夕), 문자 그대로 제석(除夕)을 하기 위해 폭죽을 터뜨려야 했다. 그래서 제석(除夕)의 의식은 벽사(辟邪)의 연속(年俗)이 되고, 오늘날 야단스러운 중국의 폭죽놀이 문화를 낳게 하였다.

"과년(過年)"은 "과년수세(過年守歲)"의 "과년"으로, 이는 "새해를 맞다, 설을 쇠다"라는 말이다. 이는 나아가 "내년·명년"을 가리킨다. 과년수세(過年

守歲는 벽사의 풍속으로, 뒤에 송구영신이란 진경(進慶)의 의미를 지니게 되었다. 과세(過歲)는 한국 한자어이다.

"차례(茶禮)"와 "기제(忌祭)"의 상호 관계

한·중·일은 농업국가요, 유교문화의 국가이다. 따라서 설에는 풍년을 예축(豫祝)하고, 제전조선(祭奠祖先)한다. 그런데 이들 세 나라는 특색을 보인다. 한국에서는 조상에 차례(茶禮)를 지내고, 성묘를 한다. 이에 대해 중국에서는 신불(神佛)에 제사하고, 제전조선(祭奠祖先)한다. 그리고 일본에서는 도시가미(歲神)를 영접하는 의식을 행한다.

우리는 설날 차례(茶禮)를 지낸다. "차례"란 음력 초하루와 보름, 곧 삭망(朔望)과, 명절 그리고 조상의 생신 등의 날 낮에 지내는 제례(祭禮)다. 이는 사람이 죽은 날 밤에 지내는 기제사(忌祭祀)와 구별된다. 설날 "행제(行祭)"를 한다고 하나 이는 슬퍼서 추모하는 제례가 아니다. "세알가묘행제(歲謁家廟行祭)"라 하듯 해가 바뀌었음을 사당에 고하고, 세배를 드리며 새해를 축하하는 제를 올리는 것이다. 따라서 일본의 "마쓰리(祭)"나 서양의 Festival과 같은 축제의 성격을 띠는 의례라 할 수 있다. 그리고 "차례(茶禮)"라는 말도 주의를 요한다. 이는 차를 진설하고 의례를 행하던 의식이어 이런 이름이 붙은 것으로 해석된다. 한자어 "茶禮"는 "다례"와 "차례"로 일러지는데, "다례"는 주로 국가적 차원의 의례를 가리키고, "차례"는 민간 차원의 의례를 가리켜 구별하였다. 그리고 특히 유의할 것은 "차례"라는 말이 비록 한자어의 형태를 취하고 있으나, 이는 중국의 한자어가 아닌, 우리 고유한 한자어란 사실이다. 삭망과 명절, 그리고 조상의 생신날 등에 올리는 제례를 의미하는 "차례(茶禮)"는 중국이나 일본에는 없는 말이다. 중국에도 "茶禮"란 말이 있기는 하지만, 이는 혼약(婚約)을 하고, 신랑 집에서 신부 집에 보내는 예물, 곧 약혼의 빙례(聘禮)를 뜻하는 말일 뿐이다. 우리도 지난날 제례(祭禮)

외에 관례(冠禮)나, 혼례 때 차례를 행하였다.

설의 절식 "떡"과 "병(餠)"의 차이

설날 절식으로는 흔히 흰떡(白餠)과 떡국(餠湯)을 든다. 설날 떡국을 먹으면 나이를 먹는다고 하여 이를 "첨세병(添歲餠)"이라 하기도 한다. 그러나 이날 흰떡만 해 먹은 것은 아니다. 동국세시기에 의하면, 시루떡(甑餠)도 하여 차례에 쓰기도 하고 먹기도 하였다. 동국세시기에 인용된 남송(南宋)의 시인 육방옹(陸放翁)의 시(詩)의 주(註)에 의하면 중국에서도 반드시 떡국(湯餠)을 해 먹었는데, 이를 동혼돈(冬餛飩), 또는 연박탁(年餺飥)이라 하였다고 한다. 오늘날은 남북이 차이를 보이는데, 남방에서는 연고(年糕)와 춘권(春卷)을 먹고, 북방에서는 교자(餃子), 혼돈(餛飩), 단자(團子)를 먹는다. 연고(年糕)는 전통적 음식으로 찹쌀을 쪄서 만든 떡이다. 교자(餃子)는 우리가 흔히 만두라 하는 것이고, 혼돈(餛飩)은 교자(餃子)와 비슷한 것이며, 단자(團子)는 찹쌀이나 찰수수 따위의 가루를 반죽하여 밤톨만한 크기로 빚어 삶은 뒤 고물을 묻히거나, 꿀물 또는 조청을 묻힌 떡인 경단(瓊團)이다. 이를 우리는 단자(團子) 아닌 단자(團餈)라 하고 있다. 일본에서는 가가미모치(鏡餠), 조니(雜煮), 오세치요리(お節料理)를 먹는다. 가가미모치는 신에게 바치는 대표적 세찬으로 둥근 떡이다. 조니(雜煮)는 떡국의 일종이고, 오세치요리(お節料理)는 도시락 요리다. 그러고 보면 3국의 설의 절식이 다르기는 하지만, 떡국을 끓여 먹는다는 공통점을 볼 수 있다.

그런데 여기서 논의해야 할 중요한 것이 하나 있다. 그것은 떡과 병(餠)의 관계다. 우리는 병(餠)자를 "떡 병(餠)"자라 한다. 그러나 "병(餠)"은 우리가 생각하는 "떡"이 아니다. 우리는 떡을 멥쌀이나 찹쌀과 같은 쌀로 만든다. 그런데 중국의 "병(餠)"은 밀가루로 만든 식품 전체를 가리키는 말이다. 따라서 "떡"과 "병(餠)"은 같은 음식이 아니다. 중국에서 떡은 본래 "이(餌)",

또는 "자(餈)"라 하였다. 떡을 병(餠)이라 하게 된 것은 한대(漢代) 이후 밀가
루가 보급된 뒤부터이다. "병(餠)"은 밀가루를 반죽하여 만든 평편한 식품
을 의미한다. "병(餠)"을 "떡"이라 하는 것은 일본도 우리와 같다. 일본의 떡
"모치(餠)"는 찹쌀이나 멥쌀 등 곡물 가루를 쪄서 만든다.

그렇다면 중국의 떡 이자류(餌餈類)는 어떤 식품인가? 사실은 이들은 밀가
루 이외의 곡물로 만든, 떡만이 아닌, 음식물을 총칭하는 말이다. "이(餌)"는
"먹을 이, 흰떡 이"자로, 이는 쌀가루를 반죽하여 찐 음식으로, 설문(說文)에
의하면 분병(粉餠)이라 하고 있다. "이(餌)"는 쌀로 만든 단자(團子)로 경단 같
은 것이다. 그러나 이는 식물(食物)을 총칭하는 말이기도 하다. "자(餈)"는
"일절미 자, 떡 자"자로 이는 곡물의 낟알을 찐 다음 쳐서 둥글게 만든 것
이다. 이는 또한 자고(餈糕), 또는 자통(餈筒)과 같은 떡을 의미하기도 한다.
이 이자류(餌餈類)의 식품으로 뒤에 중국에서 이(餌)계의 식품은 발달하였으
나, 자(餈)계의 식품, 특히 쳐서 만드는 식품은 사라졌다. 중국의 경우와 달
리 한국과 일본에는 낟알을 찌고 쳐서 빚는 떡도 남아 있다. 따라서 한·
중·일은 다 같이 "떡"이라 하더라도 문화적으로 차이를 보인다. 문화(文化)
가 절대적(絶對的)인 것이 아니라, 상대적(相對的)인 것이라는 것을 우리는 여
기서도 확인할 수 있다. 그러니 문화는 절대적 평가를 하여서는 안 된다.
배타적 태도를 가져서도 안 된다. 이해하고, 배려하고, 품어 안아야 한다.

(한글+漢字 문화, 2019. 2월호)

17. 시시비비의 대상이 되는 말들

말에도 법이 있다. 그것을 우리는 어법(語法)이라 한다. 우리말에는 맞춤법, 표준어규정, 외래어 표기법, 로마자 표기법 등 4대 규범이 있다. 이밖에 문법이란 것도 있다. 이들 어법들은 실용(實用)의 규범으로써 언어를 제대로 구사하고, 통일을 꾀하기 위해 마련된 것이다. 말을 하거나 글을 쓸 때에는 이러한 법을 따라야 한다. 그렇게 하지 않을 때에는 소통에 장애가 생기고, 시비(是非)의 대상이 된다. 이번에는 이러한 시시비비(是是非非)의 대상이 되는 몇 개의 어휘를 살펴보기로 한다.

"엄마소도 얼룩소"의 반점(斑點) 시비

소는 "농가의 조상"이라 한다. 이는 농가(農家)의 중요한 존재다. 소에는 암소, 수소가 있다. 수소를 흔히 "황소", 또는 "황우(黃牛)"라 한다. 이는 고어의 "한쇼"가 변한 말이다. "한(大)-쇼(牛)"라고 큰 소를 가리키는 말이었는데, 이 말이 "황소"로 바뀌어 수소를 의미하게 되었다.

"얼룩소"라는 말도 있다. "얼룩소"는 털빛이 얼룩얼룩한 소를 말한다. "송아지, 송아지, 얼룩송아지/ 엄마소도 얼룩소 엄마 닮았네"란 동요의 "얼

룩소”가 그것이다. 그런데 이 “얼룩소”는 곧잘 시비의 대상이 된다. “얼룩
소”의 “얼룩”을 “젖소”의 “얼룩”으로 보아, 이 동요가 지어지던 때엔 우리
나라에 젖소가 들어오지 않았다는 것이다.

　그러나 이는 시빗거리가 되지 않는다. “얼룩소”와 같은 뜻의 말을 우리
는 일찍부터 “얼녁쇼”라 하였다. 조선조 순조 때 유희(柳僖)가 지은 물명고
(物名攷)의 “犁 얼녁쇼”가 그것이다. “얼녁쇼”는 “얼럭소”가 되었는데, 이도
“얼룩소”와 같이 털빛이 얼룩얼룩한 소를 가리키는 말이다. 한자어로는 이
우(犁牛)라 한다. “얼럭”은 본바탕에 다른 빛깔의 점이나 줄이 섞인 모양, 또
는 그런 자국을 이르는 말이다. “얼럭지다”는 “얼럭이 생기다”를 뜻하는
동사이다. 그런데 흔히 사람들은 “얼룩소”나 “얼럭소”를 “얼룩 점(斑點)이
있는 소”라고만 생각하는 경향이 있다. 그러나 그렇지 않다. 이미 “얼럭”의
풀이에서 드러나듯, “얼럭”이나 “얼룩”은 “점이나 줄 따위가 섞인 모양”을
뜻하는 말이다. 반점(斑點)만이 아니라, 줄이 섞인 것도 “얼럭”, 또는 “얼룩”
이라 한다. 이러한 소가 “얼룩소”, 또는 “얼럭소”이다. 그리고 전통적인 우
리의 “얼럭소”, 또는 “얼룩소”란 반점이 아니라, 검은 줄(線)이 있는 소이다.
다만 백두산 호랑이처럼 줄무늬가 선명한 것이 아니라, 고르지 않게 희미
한 줄무늬가 있는 소다. 정지용의 잘 알려진 “향수(鄕愁)”에 나오는 “얼룩배
기 황소”도 이런 소다. “향수”에 “얼룩백이 황소”가 나오는 서두 부분을 보
면 다음과 같다.

　　넓은 벌 동쪽 끝으로/ 옛니야기 지즐대는 실개천이 휘돌아 나가고/ 얼룩백
　이 황소가/ 해설피 금빛 게으른 울음을 우는 곳//

　“얼룩소”는 또 고어로 “어렁쇼”, 또는 “어룽쇼”라고도 하였다. “어룽쇼
(花牛)<物譜>”, “어룽쇼(花牛)<훈몽자회>”가 그것이다. “얼룩얼룩”은 단층적
(斷層的) 이미지를 드러내고, “어룽어룽”은 둥근 이미지를 드러내므로, 이는

"화우(花牛)"라는 말처럼 꽃 같은 반점과 더욱 어울리는 말이라 하겠다.

"물맴이"와 "소금쟁이"의 실체

비단 물결 남실남실 어깨춤 추고
머리 감은 수양버들 거문고 타면
달밤의 소금쟁이 맴을 돈단다.

이는 잘 알려진 동요 "달맞이"로, 소학교의 음악 교과서에 실려 있기까지 한 노래다. 그런데 이 노래의 가사 가운데 "소금쟁이"가 시비의 대상이 된다.

소금쟁이는 몸의 길이가 수컷은 1.1~1.4cm이고, 암컷은 1.3~1.6cm이며, 몸의 빛깔이 검은 수충(水蟲)이다. 개천이나 소금기가 많은 물에 무리 지어 산다. "소금쟁이"란 이름은 여기서 붙여진 이름이라 하겠다. 이 곤충은 발이 길고, 발끝에 털이 있어 미끄러지듯 물 위를 달린다. 방언으로는 "소금장이, 소금장사, 엿장사"라고도 한다. "엿장사"란 이 곤충은 취선(臭腺)에서 탄 엿(飴) 냄새가 나기 때문에 붙여진 이름이라 하겠다. 그런데 이 동요의 "소금쟁이"는 일본 동요에서 "물맴이"인 "みずまし(水澄)"를 "あめんぼ(水龜)"인 "소금쟁이"로 잘못 번역한 것으로 보인다.

"물맴이"는 물방개와 비슷하게 생긴 수충으로, 몸의 길이가 6~7.5mm이며, 몸의 빛깔은 검은 색으로 광택이 난다. 등과 배에 두 쌍의 겹눈이 있어 공중과 물속을 따로따로 볼 수 있다. 이는 물 위를 뱅뱅 도는 습성이 있어, 물 위를 매암 돈다고 하여 "물맴이"란 이름이 붙었다. 달리 "무당선두리, 물무당"이라고도 한다.

수충 "소금쟁이"와 "물맴이"의 실체를 살펴보았다. 이미 현명한 독자들은 그 정오(正誤)를 파악했을 것이다. 동요에서는 "달밤의 소금쟁이 맴을 돈단다."라 하고 있다. 맴을 도는 것은 "물맴이"로, "소금쟁이"가 아니다. 소금쟁이는 쭉쭉 직진(直進)을 한다. 따라서 이는 "물맴이"를 "소금쟁이"로 잘못 바꾸어 쓴 것이 분명하다. 큰 실수다. 어른들의 책이 아닌 소학교의 어린이 교재이기 때문에 더욱 그러하다.

그리고 여기 덧붙일 것은 "물맴이"란 말의 표준어 시비다. 수충 "물맴이"는 1988년의 표준어 사정 이전에는 혼란이 일던 말이다. 사전에 따라 "무당선두리"를 인정하고, "물맴돌이"를 버리는가 하면, "물매암이"를 "물매미"의 방언으로 보기도 하였다. 그리고 당시 문교부는 "물매암이"를 표준어로 보고, 이를 교과서에 사용하였다. 그런데 오늘날은 "물맴이"를 표준어로 보고, 이를 국립국어연구원의 표준국어대사전에 표제어로 올려놓고 있다.

"물맴이"는 "물(水)-맴(廻·어근)-이(접사)"로 분석되는 말이다. "맴-"은 "맴-돌-다"의 어근이며, 명사 "매암"의 준말이다. 표준국어대사전은 "매암"을 "제자리에서 뱅뱅 도는 장난. (준)맴"이라 풀이하고 있다. "매암"을 원말로 보고, "맴"을 이의 준말이라 보았다. 그리고 "제자리에서 뱅뱅 돌다"란 동사는 "매암돌다"를 인정하지 않고, "맴돌다"를 표준어로 보고 있다. 물론 이렇게 볼 수도 있다. 그러나 "매암"을 일단 원말로 본다면 "매암돌다"를 인정하고, "맴돌다"는 이의 준말로 처리하는 것이 일관성이 있고, 바람직하다 할 것이다. 그렇지 않으면 또 "매암돌다"가 왜 비표준어가 돼야 하느냐는 시비에서 자유로울 수 없다.

다시 "물맴이"로 돌아가 이 말도 "물매암이"를 인정해 복수 표준어로 하는 것이 바람직하다. 그래야 종전에 "물매암이"를 표준어로 인정하던 정책과도 맥이 이어진다.

"발자국 소리"의 허와 실

전에 중학교 국어 교과서에 "어머니의 기도"라는 시가 실려 있었다. 이 시의 일부를 보면 다음과 같다.

> 놀이 잔물지는 나뭇가지에
> 어떤 새가 엄마 찾아 날아들면,
> 어머니는 매무시를 단정히 하고
> 산 위 조그만 성당 안에 촛불을 켠다.
> 바람이 성서를 날릴 때
> 그리로 들리는 병사의 <u>발자국 소리</u>들!
> 아들은 지금 어느 산맥을 넘나 보다.

이 시는 전장에 나간 아들을 위해 어머니가 기도를 드리는 내용의 시다. 그런데 여기에 시비의 대상이 되는 시구(詩句)가 있다. "그리로 들리는 병사의 발자국 소리들!"이 그것이다. 문제가 되는 것은 "병사의 발자국 소리들!"이다. 시인은 "병사들의 발걸음 소리"를 노래한 것이다. 그런데 이 시에서는 그것을 "발소리"나 "발걸음 소리"라 하지 않고, "발자국 소리들"이라 하고 있다. "발자국 소리들!"이라 하게 되면 의미호응(意味呼應)이 되지 않는다.

"발자국"은 "발로 밟은 자리에 남은 모양", 달리 말하면 "발로 밟은 흔적의 형상"을 말한다. 이는 한자말로 족적(足跡)이라 한다. 좀 물렁물렁한 진흙을 밟으면 이 발자국이 진흙 위에 선명히 각인된다.

"발자국"은 이렇게 "족적(足跡)"으로 소리가 나는 것이 아니다. 이미 땅에 찍혀 있는 자국에서 무슨 소리가 나겠는가? 눈 오는 날 눈 위를 걸으면 뽀도독 뽀도독 하고 소리가 난다. 그리고 눈 위에 발자국이 생긴다. 이는 걸을 때 밟는 소리요, "발자국"이 내는 소리가 아니다. 나는 것은 밟는 "발걸음" 소리다. 시의 "발자국 소리들"은 잘못 표현된 것이다. 의미호응이 되지 않는다. 따라서 이는 "저벅저벅 걷는 '병사들의 발걸음 소리'"와 같이 "발걸음 소리"라 하거나, "발소리"라 해야 한다. 시에는 이 시밖에도 "발자국 소리"라는 표현이 더러 보인다. 기본적인 어휘라, 그 의미를 잘못 알고 무심히 쓰고 있는 것이 아닌가 한다.

"발자국"의 유의어에 "발자취"가 있다. "족적(足跡)"과 함께 "발을 옮겨 간 종적(蹤迹)"을 의미한다. 이는 발을 옮겨 간 구체적인 종적과 함께 "인생의 발자취"와 같이 "지나온 과거의 역정"도 아울러 의미한다. 이 말도 "발자취소리들!"이라고 쓸 수는 없는 말이다.

"노란 동백꽃"의 정체와 문화

김유정의 "동백꽃"이나, 김동인의 "감자"는 지역방언(地域方言)이란 언어문화를 전제하지 않고는 감상할 수 없는 작품이다. 사람들은 "동백꽃"이라면 "붉은 동백꽃"을 머리에 떠올린다. 그런데 김유정의 "동백꽃"에는 "노란 동백꽃"이 그려져 있다.

> 그리고 뭣에 떠밀렸는지 나의 어깨를 짚은 채 그대로 퍽 쓰러졌다. 그 바람에 나의 몸뚱이도 겹쳐서 쓰러지며 한창 피여 퍼드러진 노란 동백꽃 속으로 푹 파묻혀버렸다.

사람들은 흔히 고정관념(固定觀念)을 가지고 있다. 여기에서 벗어나면 당황하게 된다. "노란" 동백의 경우도 예외가 아니다. 그러나 현실은 그렇지 않다. "동백꽃"은 붉은 꽃만 있는 것이 아니고 흰색, 연분홍, 진홍색의 꽃도 있다. 노란 꽃이 피는 동백은 흔히 "생강나무"라 하는 동백나무의 일종으로, 이를 고어에서는 "기동빅"이라 하였다. 유희(柳僖)의 "물명고(物名攷)"에 보이는 "구골(狗骨) 기동백"이 그것이다. 이는 방언에서 "개동백, 산동백, 생앙나무" 등이라 일러지고, 한자명에서 유래하는 아귀나무라고도 하는 것이다. 이렇게 "노란 동백꽃"은 동백꽃이 아니라고 시비할 대상이 아니고, 동백꽃의 이종(異種)이다. "노란 동백꽃"은 꽃 모양도 아주 달라 산수유(山茱萸) 꽃과 같이 생겼다.

김동인의 "감자"는 당연히 덩이 식물인 마령서(馬鈴薯), 또는 번서(蕃薯)라고 생각한다. 감자는 성장기간이 짧은 식물로, 봄에 파종하여 여름에 수확한다. 그런데 김동인의 "감자"에는 이와 다른 장면이 그려져 있다.

　　칠성문 밖 빈민굴의 여인들은 가을이 되면 칠성문 밖에 있는 중국인의 채마밭에 감자며 배추를 도둑질하려, 밤에 바구니를 가지고 간다. 복녀도 감잣개나 잘 도둑질하여 왔다.

이렇게 여름이 아닌, 가을에 감자를 도둑질하고 있다. 수확의 계절이 다르다. 따라서 복녀가 도둑질하고 있는 것은 감자가 아니고, 고구마라 본다. 고구마는 첫서리가 내릴 때쯤 수확하기 때문이다. 그리고 우리의 "감자"의 원말은 "감저(甘藷)"이고, 이는 고구마도 의미하는 말이다. 그리고 방언에서는 "감자"와 "고구마"가 곧잘 넘나든다. 그뿐 아니라, 김동인 전집 제7권(1964)에는 위에 인용한 예문 "중국인의 채마밭에 감자며"가 "감자(고구마)며"라 되어 있다. 이러한 여러 정황으로 보아 김동인의 "감자"는 마령서(馬鈴薯)가 아니라, "고구마"를 가리키는 것으로 보아야 한다. "고구마"라는 말은 일본어 "고코-이모(孝行薯)"에서 온 말이다. "고코(孝行)"는 소리를 빌어 "고구"가 되고, "이모"는 "마"를 의미하는 일본말이어 이를 "마"로 바꾼 것이다. 그래서 "고코이모"가 우리말에서는 "고구마"가 되었다.

"입이 꽃처럼 고아라"라는 명령형 시비

우리말의 형용사에는 명령형과 청유형이 없다. 그럼에도 곧잘 형용사에 명령형이 쓰이는 것을 보게 된다. 교훈(校訓), 급훈(級訓) 같은 규범적인 것에 많이 쓰인다. "성실하라", "아름다워라", "착하거라" 따위가 이런 것이다. 이들은 "성실해져라, 아름다워져라, 착해져라"가 돼야 한다. 때로 "정숙하자!", "조용하자"라는 자숙(自肅)의 분위기도 볼 수 있다. 그러나 이들도 "예쁘자!, 아름답자!"가 말이 안 되는 것처럼, 바른 말이 아니다. 방송에서 "건강하세요!"라 인사하는 것이나, "다음 주 이 시간까지 건강하십시오"라는 사회자의 멘트도 마찬가지다.

그런데 이러한 어법이 표현의 정수라는 시에도 쓰인 것을 볼 수 있다.

> 사람아/ 입이 꽃처럼 고아라./
> 그래야 말도 꽃같이 하리라./ 사람아.

이는 "꽃의 말"이란 시로, "사람아/ 입이 꽃처럼 고아라."가 명령형으로 쓰인 것이다. "입이 꽃처럼 곱구나!"라 감탄을 한 표현이 아니다. "입이 꽃처럼 곱게 말을 하라"고 명령한 것이다. "고아라"는 형용사 "곱다"의 방언형의 명령형이다. 이 시구를 바로 쓴다면 "사람아/ 입이 꽃처럼 고와져라."가 돼야 한다. 비문(非文)이 교과서와 같은 규범서(規範書)에 쓰이는 것은 되도록 피해야 한다. 부득이 그런 글을 실어야 한다면 주(注)를 달아 그것이 규범에 맞는 표현이 아니라는 사실을 밝혀 비교육적 상황에 대처하도록 해야 한다. 그렇게 해야 오용의 확산을 막게 된다.

(2020.8.23.)

18. 어원으로 본 오용과 정용(正用)

"너무"의 어원과 정용(正用)

우리 속담에 "너무 고르다가 눈먼 사위 얻는다"는 말이 있다. 무엇을 지나치게 고르면 뒤골라 나쁜 것을 가지게 된다는 말이다. 홍명희의 "林巨正"에는 이러한 상황이 그려져 있다.

> "소전거리 백 이방이 사위를 너무 유난스럽게 고르다가 뱀 봤느니."
> "너무 유난떠는 걸 부엉바위 용왕님이 밉살스럽게 여겨서 도둑놈 사위를 지시한 거야."

위의 두 사람의 대화에는 모두 "너무"라는 부사가 쓰이고 있다. "너무"는 "넘다(踰)"에서 파생된 부사로 "너무/너모"라 하던 말이다. "넘다(踰)"의 어간 "넘"에 부사화 접미사 "우/오"가 붙은 전성부사다. 따라서 이는 "일정한 한계나 정도에 지나치게"를 뜻한다. 위의 "林巨正"의 용례들은 "사위를 지나치게 골랐다", "지나치게 유난을 떨었다"를 나타내어 고르거나, 유난이 지나침을 나타내고 있다. "너무"는 부정적인 의미를 나타낸다. 이는 긍정 아닌, 부정적 의미로 쓰일 때만 바로 쓰이는(正用) 것이 된다.

"개는 하는 짓이 너무 미워."나, "전쟁의 상처가 너무 비참하다"와 같은 경우는 부정적 의미로 쓰인 경우다. 신문 표제 "온라인 예약 너무 복잡, 전화는 불통…"(조선, 21. 1. 13.)의 "너무 복잡"도 "지나치게 복잡하다"는 부정적 의미를 지녀 바로 쓰인 경우다.

"너무"가 긍정적 의미로 쓰이면 그것은 오용(誤用)이 된다. 그런데 오늘날 "너무"는 긍정적 의미로 너무도 많이 쓰인다. "이 꽃은 너무 예쁘다"거나, "그 사람은 너무 잘 생겼다", "그 옷 너무 좋다."와 같이 쓰는 것이 그것이다. 이들은 각각 "꽃이, 사람이, 옷이" 지나치게 "예쁘거나", "잘 생겼거나", "좋다"는 말로, 이는 "일정한 한계나 정도"를 넘어(踰) 바람직하지 않다는 말이다. 오용이다. 일 것 좋은 뜻으로 썼는데 말이다. 이런 경우에는 "너무" 대신 "매우, 참으로" 등을 써야 한다. "너무"는 긍정이 아닌, "정도에 지나치다"는 부정적 의미로 쓰일 때에만 정용(正用)이 된다. "너무"는 "과유불급(過猶不及)", "과공비례(過恭非禮)"의 진리를 말해 주는 말이다.

"넘보다"와 "넘겨다보다"의 의미와 정용

앞에서 "너무"가 "정도에 지나침"을 나타내는 말이라 하였다. "넘다"의 기본적인 의미는 "넘다(越), 지나다(過), 넘치다(溢), 초월하다(邁)" 등이다. 이들 예를 보면 다음과 같다.

* 도즈기 담 너머 드러(越牆) <월인석보>
* 너머갈 과(過) <신증유합>
* 너믈 일(溢) <훈몽자회>
* 듯논 지조논 屈原 宋玉이게 넘도다 <두시언해>

"넘보다"는 "넘다"의 어간과 "보다(見)"가 직접 합성된 말이다. 사전풀이
는 "①남의 능력 따위를 업신여겨 얕보다. ②넘겨다보다②"라 하고 있다.
여기 "넘겨다보다②"는 다음에 보듯 "어떤 것을 욕심내어 마음에 두다"를
뜻한다.

"넘겨다보다"는 "넘게 하다"를 뜻하는 "넘기다"와 "보다"가 합성된 말이
다. "시선을 넘겨 보다"를 뜻한다. 그래서 이 말은 "①고개를 들어 가리어
진 물건 위로 건너 쪽을 보다 =넘어다보다. ②어떤 것을 욕심내어 마음에
두다. =넘보다"를 의미한다. 고개를 들어 사물을 직접 넘어다보는 것은
"넘겨다보다"가 나타내고, "업신여겨 얕보는 것"은 "넘보다"가 나타내어
차별화된다.

그런데 우리 언어현실에서는 "넘겨다보다"의 뜻으로 "넘보다"가 많이
쓰이는 것을 볼 수 있다. "배구의 왕좌 넘본다"나, "노력도 하지 않으면서
1등을 넘본다."라고 하는 따위가 그것이다. 이러한 표현은 소설 문장에도
나타난다. "지주한테 알랑거려 다른 사람 소작을 넘보는 사람이 생기고, 지
주는 조금만 자기 비위에 맞지 않으면 소작을 떼어 옮겼다."<송기숙, 岩泰
島>. 이들은 정용(正用), 아닌 오용을 한 것이다.

"다르다"와 "틀리다"의 의미와 정용

"다르다"와 "틀리다"는 다른 말이다. 그런데 요사이는 "다르다"와 "틀리
다"를 구별하지 않고, "틀리다(違)"를 "다르다(異)"는 의미로 많이 잘못 쓰고
있다.

　　"너하고 나하고는 틀려."
　　"이 사과와 저 사과는 맛이 틀리네요."

이렇게 말하는 것이 그것이다. 이들은 "너하고 나하고는 달라.", "이 사과와 저 사과는 맛이 다르네요."라고 해야 할 말이다.

"다르다"는 "비교가 되는 두 대상이 같지 아니하다"를 뜻하는 말로, "다를 이(異)"자의 뜻을 지니는 말이다. 이에 대해 "틀리다"는 "셈이나 사실 따위가 잘못 되거나 어긋나다"를 의미하는 말로, "어길 위(違), 틀릴 위(違)"자에 해당한 말이다.

"다르다"는 고어에서 "다ᄅᆞ다"라 하였다. 훈민정음 서문에 "나랏 말ᄊᆞ미 中國에 달아"라 하고, "異는 다롤 씨라"라 한 것이 그것이다. 이 "다ᄅᆞ다"의 아래 아(·)가 소실되며 "다르다"가 되었다. "틀리다"는 "틀다(비틀다)"의 피동형 "틀이다 · 틀리다", 곧 "틀어지다, 비틀리다"가 "어긋나다, 잘못되다"의 뜻을 나타내며, 위(違)의 뜻을 지니게 된 것이다. "일이 틀어졌다"나, "약속이 틀어졌어"라 하는 것이 그 예다. 옛 문헌의 예는 한청문감의 "틀리다(扭彆)"나, 월인석보의 "일 틀유미 업게 ᄒᆞ라"가 그것이다.

이렇게 "다르다"와 "틀리다"는 다른 말이다. 틀림이 없게 바로 써야 한다. "다르다"와 "틀리다"는 같은 말이 아닌, 다른 말이다.

"역대(歷代)"의 의미와 정용

"내로남불"이란 말이 근자에 회자되고 있다. "내게는 로맨스, 남에게는 불륜"이란 아전인수적(我田引水的)인, 이상한 의미의 이 표현은 이러한 비일비재한 현실을 반영하며 이 말의 사용을 부추기고 있다.

요사이, 구체적으로는 작년부터 하나의 단어가 매스컴에서 유행처럼 번지고 있다. "역대(歷代)", 또는 "역대급(歷代級)"이란 말이다. "역대(歷代)"란 "대대로 이어 내려 온 여러 대. 또는 그 동안"을 이르는 말이다. 이를 한자어로 바꾸면 "대대(代代), 역세(歷世), 역업(歷業), 누세(累世), 누대(累代)" 등과 동의어가 된다. 이렇게 "역대"란 "대(代)를 이어 내려 온 여러 대"를 의미하

는 말이다. 그런데 유행처럼 쓰이고 있는 "역대", 또는 "역대급"의 용례는
그 의미를 달리한다. 세(世)나 대(代)와 관계없이 쓰인다. 그래서 문제다. 먼
저 방송의 예를 보자.

① 어제 확진자는 <u>역대</u> 가장 많은 1241명이었습니다. (20.12.25. K1TV)
② <u>역대</u> 가장 오래 걸린 저녁식사 (21.1.2. MTV)
③ <u>역대급</u> 퍼포먼스를 보여 주셨습니다. (20.12.31. MTV)
④ <u>역대급</u> 트로트 무대들의 행렬 (21.1.2. K2TV)

①은 코로나19가 초유의 질병이니 "역대"와 관계가 없다. ②는 자연인
체험에서 9시간만에 저녁을 먹는다는 것으로 역시 "역대"와는 아무런 관
련이 없다. ③④의 "역대급"이란 말 자체가 없다. 이들은 모두 "사상 초유"
의 사건임을 이렇게 표현한 것이다. 신문기사의 예도 마찬가지다. ①②는
"사상", ③④는 "사상초유", 혹은 "사상 최대"라 할 말로, "정용"이 못 된다.

① 도쿄에서 1337명 <u>역대</u> 최대 확진 (동아, 21.1.1)
② 2021시즌 한국여자프로골프(KLPGA)투어가 <u>역대</u> 최고규모로 치러진다.
   (동아, 21.13)
③ <u>역대급</u> 신인 투수 KT소형준(20)의 등장에 한국 야구계 전체가 들썩였
   다. (동아, 21.1.12)
④ <u>역대급</u> 속도와 협력으로… 지구촌 과학자들 백신개발에 '영끌' 했다.
   (동아, 21.1.15)

"지새다"와 "지새우다"의 의미와 정용

우리말에는 형태가 비슷해 혼란이 일어나는 말이 더러 있다. 그 가운데

하나가 "지새다"와 "지새우다"이다. "지새다"는 "달이 지고 밤이 새다"를 의미하는 말이다. 이는 "지다(落)"와 "새다(曙)"가 합성된 말이다. 이의 옛말은 "지시다"이다. 용례는 청구영언에 "새벽 셔리 지신 달의 외기러기 우러 옌다"가 보인다. 현대어의 용례는 박종화의 "임진왜란"에 보이는 "어느덧 날은 지새고 깊은 겨울 찬 새벽바람 속에 울산성의 모습이 눈앞에 나타난다."가 그것이다.

이에 대해 "지새우다"는 "지새다"의 사동사이다. "지고 새게 하다", 곧 "달이 지고 밤이 새게 하다"를 뜻한다. 다시 말하면 "고스란히 밤을 새우다"를 의미한다. "젊어서는 긴 밤을 하얗게 지새우며 사랑 때문에 몸부림치기도 하였다."와 같이 쓰는 것이 그것이다.

그런데 이 "지새다"와 "지새우다"가 혼동되어 혼란을 빚는다. 흔히 "지새우다"가 "지새다"로 잘못 쓰인다. "어제는 시험공부를 하느라고 밤을 꼬박 지샜다.", "지난 월말에는 장부 정리하느라고 밤을 지샜다."와 같이 쓰는 것이 그것이다. "지새다"는 자동사이다. 달이 지고 날이 새는 것이다. "시험공부"나 "장부 정리"를 하기 위해서 "달이 지고 날이 새게 한" 것이다. 따라서 이는 "지새우다"라 해야한다. "지새다"는 오용이고, "지새우다"라 해야 정용(正用)이 된다.

"하룻강아지"의 의미와 정용

우리 속담에 "하룻강아지 범 무서운 줄 모른다."는 말이 있다. 이는 철모르고 함부로 날뛰는 것을 말한다.

그런데 여기 쓰인 "하룻 강아지"라는 말이 문제다. 이담속찬에는 이를 "일일지구 부지외호(一日之狗 不知畏虎)"라 하고 있다. 고금석림(古今釋林)의 동한역어(東韓譯語)는 이를 "일일구불파호(一日狗不怕虎) 본조(本朝) 흐로기 범 무셔온 줄 모르다"라 하고 있다. 이들은 "하룻 강아지"의 "하루"를 "일일(一

日)"이라 해석하였다. 그러나 이는 잘못된 해석이다.

"하룻강아지"는 "하릅강아지"가 변화한 말로, "하릅"은 1년을 가리키는 말이다. 지난날 동물의 나이를 셀 때 우리는 독특한 수량명사를 사용하였다. 한 살을 하릅·한습, 두 살을 두릅·두습, 세 살을 세습·사릅, 네 살을 나릅, 다섯 살을 다습, 여섯 살을 여습, 일곱 살을 니릅, 여덟 살을 여듭·여드릅, 아홉 살을 아습·구릅, 열 살을 담불·나여릅이라 하였다. "하룻강아지"라는 말은 낳은 지 하루 되었다는 말이 아니고, 한 살 먹은 어린 강아지라는 말이다. 아직 물정을 몰라 범이 무서운 줄을 모르는 어린 강아지다. 그래서 이담속찬은 이 속담의 뜻을 "몽애자불외대인(蒙騃者 不畏大人)"이라고 어리석은 사람은 어른을 두려워하지 않는 것을 말한다고 한 것이다. "하룻강아지"는 "하릅강아지"를 잘못 쓰는 것으로, 이는 낳은 지 하루 된 강아지가 아니라, 한 살 된 강아지를 말한다.

"한 살"을 뜻하는 고어는 "ᄒ릅"이라 하였다. 이의 용례는 "시물"에 "猰 ᄒ릅 돝"이 보인다. "ᄒ릅"은 뒤에 "ᄒ릅"으로 바뀌었는데, 한영자전(1897)의 "ᄒ릅·ᄒ릅강아지"가 그것이다. 그리고 "하릅강아지"가 "하룻강아지"로 바뀌어 쓰인 것도 일찍부터 나타난다. 18세기(1789)에 이의봉이 편찬한 고금석림(古今釋林)의 동한역어(東韓譯語)에는 "ᄒ로기"가 쓰였다 함은 이미 앞에서 본 바와 같다.

"하룻강아지 범 무서운 줄 모른다"란 용례를 하나 보면 홍명희의 "林巨正"에 "'이놈 봐라. 하룻강아지 범 무서운 줄 모르구. 이놈아.' 하고 얼른 고대 잡았던 손으로 도적의 팔목을 잡아 뼈가 으스러지라고 쥐니 도적의 입에서 '아이구, 아이구' 소리가 줄달아 나왔다"가 그것이다. "하룻강아지" 외에 "하룻비둘기 재를 못 넘는다"의 "하룻비둘기"도 그것이 "하릅비둘기"가 잘못 변화한 것임은 말할 것도 없다.

(2021.1.16.)

제2부

———

문화적 배경과 어원

1. 의(衣)생활 어휘의 어원문화

인간생활의 기본인 의식주(衣食住)와 관련된 말을 보기로 한다. 이들에 관해서는 곳곳에서 살펴보았으나, 다른 곳에서 다루지 않은 것을 중심으로 집중적 고찰을 하기로 한다. 차례는 의·식·주의 순이 될 것이다.

우리 의상의 기원은 호복(胡服)

우리의 의식주(衣食住)는 많이도 변하였다. 이들 가운데 가장 많이 변한 것이 의생활(衣生活)이 아닌가 한다. 우리는 생활의 대부분을 전통적 한복(韓服)이 아닌, 서양 복식인 양복을 입은 가운데 하고 있다. 그래서 한복에 대해 잘 모르는가 하면, 이들의 복식 용어는 더구나 잘 모른다. 이에 의생활과 관련된 몇 개의 어휘와 문화를 살펴보기로 한다.

그러나 놀랍게도 의·식·주를 대표하는 우리 고유어 "옷, 맛(飮食物), 집"의 근원적 어원은 알 수 없다. 따라서 의생활에 관한 어휘를 논의하며, "옷"의 어원을 논의하지 않는다는 것은 하나의 아이러니라 하겠다.

사람들은 우선 자연으로부터 자신을 보호하기 위해 옷을 걸치기 시작하였다. 추위와 더위를 막기 위해 옷을 입기 시작하였고, 나아가 의례(儀禮) 등

사회생활의 필요에 의해 복식을 갖추게 되었다.

한민족(韓民族)의 고대 의생활은 한마디로 "의고(衣袴)"의 생활이라 할 수 있다. "옷"은 흔히 "의상(衣裳)"이라 한다. 그러나 이는 "의복(衣服)"과 같이 "옷"을 총칭하는 말만이 아니다. 허신(許愼)의 "설문(說文)"에 의하면 "의 의야(衣依也), 상왈의 하왈상(上曰衣 下曰常)"이라 한다. 옷이란 사람이 의지하는 것으로, 윗옷을 의(衣)라 하고, 아래 옷을 상(常)이라 한다는 것이다. 이는 위에 "저고리"를, 아래에 "치마"(常은 裳通)를 입는다는 말이다. 이는 중국 복식문화를 언급한 것이다.

우리의 복식문화는 이와 달리 "의고(衣袴)" 문화라 하겠다. "상의하고(上衣下袴)"의 문화다. 윗도리는 "저고리"를 입고, 아랫도리는 "바지"를 입는 문화다. 달리 말하면 "치마저고리"의 문화가 아닌, "바지저고리"의 문화라는 말이다. 이는 중국의 복식문화와 달리 우리 문화는 "북방계 호복(胡服)" 문화임을 의미한다.

북방계 "호복(胡服)"이란 좁은 소매의 저고리와 홀태바지를 입는 복식문화로, 이는 중국 북쪽의 변방민족의 복식을 의미하였다. 그러나 후한대(後漢代) 이후에는 서역(西域)의 복식을 의미하는 말로 바뀌었다. "의고(衣袴)"의 북방계 호복 문화는 중국 북방의 이민족의 문화에 국한되지 아니하고, 소위 기마민족(騎馬民族)의 복식문화의 특징이라 할 수 있는 것이다. 따라서 이 "호복(胡服)문화"는 북유라시아의 초원지대와 남러시아에서부터 중앙아시아, 동북아시아에 퍼져 있다. 우리의 복식문화의 기본양식은 이러한 호복(胡服)문화에 기원한다.

삼국시대에는 남녀 모두 저고리와 바지를 입었다. 그리고 중국의 영향을 받아 치마를 입게 되었는데, 여자들은 방한(防寒)과 의례용으로 이를 즐겨 입게 되었다. 고구려(高句麗)의 고분벽화(古墳壁畵)를 보면 여인들이 치마를 입고 있는 것을 보게 되는데, 이미 이때에 치마가 여성복으로 정착하였음을 보여 주는 것이라 할 수 있다.

"고의"의 옛말은 "ᄀᆞ외"

"바지저고리"라면 잘 알지만, "ᄀᆞ외"는 고사하고 "고의"라는 말을 듣고도 그것이 무엇을 의미하는지 모르는 사람이 많을는지도 모른다. "고의"는 한마디로 "바지"를 뜻하는 말이다. "고의"의 사전 풀이는 다음과 같이 되어 있다.

> ① 남자의 여름 홑바지. 한자를 빌려 '袴衣'로 적기도 한다. = 중의(中衣)
> ② 속곳 (비) 단고(單袴) [<고외< ᄀᆞ외(석상)]

"고의"란 이렇게 남자들이 입는 "바지", 그 가운데도 "홑바지"를 가리킨다. 그렇다면 이 말은 역사적으로 어떤 변천 과정을 거쳐 "고의"가 되었는가?

중국 문헌에는 신라에서 이를 "가반(柯半)"이라 한다는 기록이 보이고, 송나라 손목(孫穆)의 계림유사(鷄林類事)에는 "고왈가배(袴曰柯背)"라 하고 있다. 이들은 모두 "한가위"의 "가배"나 "가ᄇᆞᆫ디(中)"의 "가ᄇᆞᆫ"과 같이 "중간(中間)·가운데"를 의미하는 동사 "갑다"에서 파생된 말이라 하겠다. 계림유사의 "柯背"는 "고의"의 전차어(前次語)로서 이는 "갑(半·中間)-익(접사)"의 구조로 이루어진 말이다. "고의"는 허리에 걸치는 옷으로, 몸의 중간까지 올라오게 입는 옷이다. 따라서 "가비"라 한 것이다. 이는 고의를 "중의(中衣)"라 하는 것과 발상을 같이 한다. 그리고 이는 "가비> 가ᄫᅵ >ᄀᆞ외 > 고외"라는 변천과정을 거쳐 오늘날의 "고의"가 되었다.

그리고 여기 분명히 할 것은 사전에서 "한자를 빌려 '袴衣'로 적기도 한다."고 한 것은 그것이 한자말이란 말이 아니고, 한자를 차용해 적기도 한다고 한 것뿐이다. "고의(袴衣)"라는 한어(漢語)는 없다. 오히려 있다면 "의고(衣袴)"라는 말이 있는데, 이는 "저고리와 바지"를 의미하는 말이다. "袴衣"는 우리만의 고유한 한자어이다.

"고(袴)"를 이르는 우리의 고유어 "바지"라는 말은 신증유합에 "바디 고
(袴)", 가례언해에 "袴는 바디오"라는 용례가 보이듯, 본래 "바디"라 하던
말이다. 이 말이 "바지"로 변하였다. "바지"의 다른 용례로는 조선조 세종
때의 문신 정인지(鄭麟趾)가 한자로 "파지(把持)"라 기록한 것이 보이는데, 이
것이 "바지"를 표기한 최초의 용례로 보인다. 그리고 여기 덧붙일 것은 이
미 앞에서 언급하였듯, "바지"는 남녀 공용의 것이나, 중의로서의 "고의"는
남자용이라는 것이다. 여자용의 "고의"는 "속곳", 단고(單袴)를 의미한다.
"고의"의 대표적인 예로는 "고의적삼"이 있다.

"치마"의 어원과 문화

"치마"는 오늘날 여자의 아랫도리에 입는 겉옷을 말한다. 그러나 앞에서
언급한 바와 같이 중국에서는 남녀 모두 "의상(衣裳)", 곧 "상의(上衣) 하상(下
裳)"을 입었다. 우리는 이러한 중국 문화의 영향을 받아 들여 여인들의 복
식문화가 삼국시대에 바지 위에 치마를 덧입는 치마 문화로 바뀌어 정착된
것으로 본다. 이때의 치마의 길이는 길고, 폭은 넓었으며, 허리에서 아랫단
끝까지 잔주름을 잡았다. 이는 고구려의 고분 벽화에서 확인된다.

삼국시대에는 "치마"를 "상(裳)", 또는 "군(裙)"이라 하였고, 조선조의 세
종 때의 월인석보에 "치마"라 한 것을 볼 수 있다. 중종 때의 최세진(崔世珍)
의 훈몽자회에는 "쵸마, 츄마"의 예를 보여 준다.

> 치마옛 아기롤 쌔디오 <월인석보>
> 츄마 상(裳) <훈몽자회>
> 힝즈쵸마 호(扈) <훈몽자회>

이로 보아 "치마"라는 말은 "쵸마/츄마> 치마"의 변화과정을 겪은 것으

로 볼 수 있다. "치마"는 "치마저고리"의 "치마"와 다른 또 하나의 "치마"
와 "행주치마"가 있다. 의미가 다른 "치마"는 조복(朝服)이나 제복(祭服) 따위
의 아래에 덧두르는 옷을 말한다. "행주치마"는 "힝ᄌ쵸마"가 변한 말로
이에 대해서는 이미 살펴본 바 있으므로 논의를 생략한다.(p.236 참조)

"저고리"의 어원과 문화

"저고리"는 남녀가 다 같이 입는 한복 윗옷의 한 가지이다. 이는 "바지
저고리", 또는 "치마저고리"라 관용적으로 일러져 복합어를 이룰 정도로
상의의 대표적인 것이다. 이는 상고시대의 쌍영총(雙楹塚) 등의 벽화에 그
길이가 길어 엉덩이까지 내려와 허리띠를 띠고 있는 것을 볼 수 있다. 이러
한 길이는 고려 때 몽고의 영향으로 짧아져 띠 대신 고름을 달게 되었다.
벽화의 깃은 좌우임(左右袵)을 한 것을 보여 주나, 본래 호복(胡服)은 좌임(左
袵)을 하였고, 뒤에 중국의 복식과 같이 우임(右袵)으로 바뀌었다.

"저고리"는 삼국시대에 한자어로 "유(襦)", 또는 "삼(衫)"이라 하였다, "유
(襦)"는 "저고리 유"자이며, "삼(衫)"은 "적삼 삼"자이다. 따라서 상의는 "저
고리", 또는 "적삼"을 입었다는 것을 알 수 있다. 이밖에 통일신라 시대에
상의를 "위해(尉解)"라고도 하였음을 볼 수 있다. "져고리"의 용례는 조선조
세종 때의 천전의(遷奠儀)에 한자로 기록한 "赤古里"와 "短赤古里"가 처음 보
인다, 영조(英祖) 때의 역어유해에는 "져구리옷(小襖子)"이, 역어유해보에는
"긴 져고리(掛子)"의 예가 보인다. 이는 또한 삼국사기 등에 한자어로 "내의
(內衣), 단의(短衣)"라 한 것도 볼 수 있다.

"저고리"의 어원은 분명치 않다. "적삼(赤衫)"의 예로 보아 맨살에 입는
옷이란 의미를 지니는 것으로 볼 수 있다. "적(赤)"은 "적라(赤裸)"와 관계가
있을 것이다. 게다가 "赤"의 음이 중국의 원음 [chi]의 차용도 아니란 것이
이러한 추단을 하게 한다. 따라서 여기서는 잠정적으로 "젹고리> 저고리"

의 어원설을 제기해 둔다.

"고깔"과 "끈"의 어원과 문화

의생활에는 옷만 있는 것이 아니다. "의관(衣冠)"이라 하듯 옷에는 관이 따라붙게 되어 있다. 옷을 입고는 관을 써야 한다. 관모(冠帽)는 고구려 벽화에 입자형(笠子型)의 머리 장식도 보이지만, 변상관모(弁狀冠帽), 즉 고깔 모양의 것이 기본적 형태였다.

"고깔"이란 위의 끝이 뾰족하게 생긴 모자를 가리킨다. 이는 중이나 무당, 농악대 등이 주로 쓰는 것으로 아나, 고대의 우리 민족은 주로 이런 모자를 썼다. 고어에서 이 "고깔"은 "곳갈"이라 하였다. 그 용례를 두어 개 보면 다음과 같다.

> 調達인 곳갈올 밧고 五逆 무숨올 계와 <월인천강지곡>
> 管寧의 紗 곳가리 조코 江令의 錦 오시 빗나도다 <두시언해>

이렇게 "곳갈"이었던 말이 "갈"의 "ㄱ" 소리를 된소리로 내게 되어 오늘날의 "고깔"이 되었다. 이는 형태적으로 볼 때 "고(鼻)-ㅅ(사이시옷)-갈(冠)"이거나, "곳(錐·串)-갈(冠)"로 분석된다. "비(鼻)-관(冠)"이란 코처럼 비쭉 나온 관이란 말이고, "곳·곶(錐·串)-갈(冠)"이란 송곳이나 꼬챙이처럼 뾰족한 관이란 말이 된다. 그리고 "갈"이 관을 의미한다고 보는 것은 훈민정음 해례본의 "갇위爲笠"이나, 훈몽자회의 "갇 립(笠)"과 같은 "갇"이 "갈"로 음운 변화를 했다고 보는 것이다.

> 곳갈 긴 영(纓) <신증유합>
> 치마 씬호로 <태평광기>

"갓"에는 "갓끈"이 달려 있다. 이에 "끈"의 어원에 대해 살펴보기로 한다. 이는 형태적으로 많은 변화를 거쳐 오늘의 "끈"의 형태로 정착된 말이다. 우선 "끈"의 고어의 용례는 앞의 "곳갈 긴 영(纓)"<신증유합>과 같이 "긴"의 형태로 나타나는 것을 볼 수 있다. 이러한 "긴"의 형태는 이밖에 "긴 계(系)", "긴 슈(綏)"<훈몽자회>가 보인다. 그리고 이 "긴"에 "ㅎ" 말음이 첨가된 "긿"의 형태도 보인다. 유명한 고려가요 서경별곡(西京別曲)의 "긴힛단 그츠리잇가" 외에 두시언해의 "붉근 긴헤 비취엿도다"도 이러한 예이다. 또 다른 예로는 경음화한 "씬·쎵"이 보인다. 앞에 예로 든 <태평광기>의 "치맛긴흐로"와 <신증유합>의 "인 씬 슈(綏)"가 그 예이다. 이는 "긴> 씬> 끈"으로 음운변화를 하였다.

"장수선무(長袖善舞)"의 문화

소매의 넓이와 길이는 시대와 계급에 따라 차이를 보인다. 일반적으로 상류층의 소매가 넓고 길었다. 그래서 장수(長袖)는 긴 소매만이 아니라, 긴 소매 옷을 입은 사람, 특히 공경대부나 승려를 이른다. 무희(舞姬)들도 긴 소매 옷을 입어 장수(長袖)라 한다. 우리의 경우 실제로 고려시대에 국사(國師)나 율사(律師)는 가사(kasaya)를 걸치고, 그 밑에 장수 편삼(長袖偏衫)과 자주색 치마 자상(紫裳)을 입었다.

한비자(韓非子)에는 "장수선무(長袖善舞)"라는 말이 보인다. 긴 소매의 옷을 입은 사람이 춤을 잘 춘다는 말이다. 이는 "장수선무(長袖善舞) 다전선고(多錢善賈)"라는 문맥에 쓰인 말이다. 긴 소매 옷을 입은 사람은 춤을 잘 추고, 돈이 많은 사람은 무엇이나 살 수 있다는 말이다. 이는 유리한 지위에 있는 자는 성공하기 쉽다는 의미를 나타낸다. 이로 볼 때 "긴 소매(長袖)"는 단순히 의상의 특성을 나타내는 것만이 아니라 하겠다. 조지훈의 "승무(僧舞)"에는 이와 달리 문자 그대로 "장수선무(長袖善舞)"의 춤이 묘사된 것을 보여 준다. 그 대목을 보면 다음과 같다.

> 빈 대(臺)에 황촉불이 말없이 녹는 밤에/
> 오동잎 잎새마다 달이 지는데//
> 소매는 길어서 하늘은 넓고/
> 돌아설 듯 날아가며 사뿐히 접어 올린 외씨버선이여.

같은 지훈의 "완화금(玩花衿)"에도 "긴 소매"가 노래 불리고 있는 것이 보인다. "나그네 긴 소매/ 꽃잎에 젖어 술익은 강마을의/ 저녁 노을이여"가 그것이다. 여기 "긴 소매"의 나그네의 신원(身元)은 어떤 사람일까? 그의 신분을 생각할 때 시상(詩想)이 좀 더 분명히 드러날 것 같다.

(한글+漢字 문화, 2021. 1월호)

2. 식(食)생활 어휘의 어원문화 (1)

식생활과 문화적 특징

인류의 조상은 구석기 시대에 탄생하여 원인(猿人), 원인(原人), 구인(舊人), 신인(新人)으로 발달해 왔다. 그리고 초목의 열매와 조개류를 채취하여 이를 먹으며 살았다. 원시적인 수렵을 하거나 물고기를 잡아 이를 식용하기도 하였다.

사람들은 이런 과정에서 인지(認知)가 발달하며 농사일을 개발하고, 동물들을 사육하게도 되었다. 그리하여 소위 오곡(五穀)·육곡(六穀)을 먹고, 가축을 식용으로 하게 되었다.

우리 식생활 문화의 특징은 "반갱(飯羹)"이란 말이 따로 있듯, "밥"과 "국"으로 대표된다. 그래서 전통적으로 "이밥에 고깃국" 먹기가 소원이었다. 주식(主食)인 밥의 재료는 "오곡(五穀)"이었다. 중국에서는 오곡으로 "직(稷·조), 서(黍·기장), 맥(麥·보리), 숙(菽·콩), 마(麻·삼)"를 드나, 우리는 이와 달리 "마(麻)" 대신 "도(稻·벼)"를 든다. 그것은 중국에서는 중원(中原)에 벼가 늦게 전래되어 "육곡(六穀)"에 드나, 우리의 경우는 일찍부터 벼농사를 지어 이를 식용으로 하였기 때문이다. 부식(副食)은 장, 김치 등 발효식품이 발달하였다.

그리고 식습관의 특징은 전통적으로 일일 이식(一日二食)을 하였고, 시저(匙箸)를 사용하였다. 일일 삼식(一日三食)이 보편화된 것은 그리 오래지 않은 것으로 보인다. 이에 대해서는 뒤에 논의될 것이다. 시저문화(匙箸文化)는 중국과 일본에서 숟갈을 일상적으로 사용하지 않게 되며 우리 문화가 특화되었다.

식생활과 관련해서는 본 칼럼에서 이미 두어 번 다룬바 있다. 따라서 이미 다룬 것은 가급적 중복을 피하고, 다른 문제를 다루기로 한다.

"쌀"과 "쌀밥"의 실상과 문화

국어사전을 보면 오곡(五穀)이 "쌀·보리·콩·조·기장"으로 되어 있다. 이는 한자로 대치할 때 "도(稻)·맥(麥)·두(豆)·속(粟)·직(稷)", 혹은 "서(黍)"라 할 수 있다. 앞에서 언급한 바와 같이 중국에서는 "육곡(六穀)"에 들어갈 "도(稻)"가 오곡(五穀)에 포함되고, "기장"을 "직(稷)", 또는 "서(黍)"라 한다는 것이 논의의 대상이 된다.

한반도의 남쪽 지방에서는 일찍부터 벼농사를 지었다. 마한(馬韓)의 "시월농공필(十月農功畢)" 운운은 벼농사를 마치고라는 뜻으로 해석되고, 백제의 다루왕(多婁王) 및 고이왕(古爾王) 때 도전(稻田)을 만들었다는 기록은 벼농사를 지었다는 사실을 언급한 것이라 하겠다. 따라서 우리의 경우는 "벼"가 육곡(六穀) 아닌, 오곡(五穀)에 포함되는 것으로 본다.

"쌀"은 흔히 생각하듯, "도미(稻米)", 곧 "볍쌀"이나, "입쌀"만을 의미하는 것이 아니다. "미(米)", 또는 "쌀"이란 말은 거피(去皮)를 한 곡물의 알맹이(仁)를 뜻한다. 이는 설문(說文)의 "기거비존인왈미(其去秕存人曰米) 도직맥고역왈미(稻稷麥苽亦曰米)"라고 한 것이 그 단적인 증거다. 곧 기장(秠)과 벼·조·보리·줄(稻稷麥苽)을 거피한 알맹이(仁)를 모두 "미(米)"라 한다는 것이다. 우리의 경우도 "입쌀"을 위시하여 도정한 알맹이를 "찹쌀, 보리쌀, 좁쌀, 기장쌀, 수수쌀, 율무쌀, 핍쌀, 생동쌀(靑粱)"이라 한다. 우리는 심지어 화서류(禾黍類)가 아닌 상수리까지 "상수리쌀"이라 쓰고 있다. 이렇게 "쌀"은 원칙적으로 화곡류(禾穀類)의 도정한 알맹이를 이르는 말이다. 따라서 "쌀밥"이란 "도미반(稻米飯)", 곧 흰쌀밥만을 의미하지 않는다. "보리쌀 밥"도 "쌀밥"이고, "좁쌀밥"도 "쌀밥"이다. "쌀밥"이 "도미반(稻米飯)"을 이르게 된 것은 그것이 "입쌀밥(<니-쌀-밥)"의 "입(<이<니)"이 생략된 것이거나, "흰쌀밥(白米飯)"의 "흰"이 생략된 것이고, "도미(稻米)"가 쌀의 대표라 할 수 있어 그리된 것이라 하겠다.

"기장"과 "조"로 비정되는 "직(稷)"의 실체

한자 "직(稷)"자는 흔히 "기장 직, 피 직"자라 한다. 그리고 이는 농관(農官) 후직(后稷)과 토신(土神) 사직(社稷)을 의미하기도 한다. "직(稷)"은 과연 "기장"이나, "피"를 지칭하는 말인가?

중국 명(明)나라 이시진(李時珍)의 "본초강목(本草綱目)"에서는 서직(黍稷)을 같은 유로서 종이 다른 것으로 보고 있다(稷與黍一類二種也). 또 "속(粟)"이 옛날에는 "서·직·양·출(黍稷粱秫)"을 총칭하는 말이었다(古者以粟爲黍稷粱秫之總稱). 따라서 이시진(李時珍)에 의하면 "속(粟)"은 옛날에는 "서·직·양·출(黍稷粱秫)"을 총칭하는 말이며, 명나라 때 이 서직(黍稷)은 같은 부류에 속하는 것으로 종(種)을 달리할 뿐이다. 이아익(爾雅翼)은 "속(粟)"의 대상을 좀 더 분명히 제시하고 있다. "옛날에는 米(쌀)에 껍질이 있는 것은 모두 粟(조)이라 하였다(粟 古以米之有殼者 皆稱粟)"고 한 것이 그것이다. 껍질을 벗기지 않은 낟알은 모두 "粟(조)"라 한다는 말이다.

허신(許愼)의 설문해자(說文解字)는 "속(粟)"을 "가곡야(嘉穀也)"라 하고, 이의 단주(段注)는 "가곡지실왈속(嘉穀之實曰粟)"이라 하고 있다. 탕가경(湯可敬)은 그의 "설문해자금석(說文解字今釋)"(2004)에서 "粟"을 "좋은 백곡의 열매(美好的百穀的仔實)"라 하고 있다.

이상에서 알 수 있는 바와 같이 옛날에는 서·직·양·출(黍稷粱秫)을 총칭하여 "속(粟)"이라 하였다. 이 "속(粟)"은 화서류(禾黍類)의 껍질을 벗기지 않은 모든 낟알을 의미한다. 이는 거피한 모든 낟알을 미(米)라 하는 것과 대조된다. "속(粟)"은 "좋은 곡식의 열매(嘉穀之實)"의 총칭이고, 좋은 "백곡의 열매(百穀的仔實)"를 의미한다. "粟(조)"은 이렇게 옛날에는 "가곡의 열매"를 총칭하는 말이었기 때문에 오곡(五穀)에 들지 않았다. 그래서 그 자리를 차지한 것이 "직(稷)·조"이다.

한(漢) 나라 허신(許愼)은 그의 "설문(說文)"에서 "직(稷)"을 "치 오곡지장(齋五穀之長)"이라 하고 있고, 탕가경(湯可敬: 1997)은 이를 번역하여 "직 속미 오곡지수령(稷 粟米 五穀之首領)"이라 하고 있다. "직(稷)"은 좁쌀(粟米)로 오곡 가운데 으뜸이란 것이다. 중국 사회과학원의 "現代漢語詞典"(2010)은 이 "직(稷)"에 대해 "①고대 양식(糧食) 작물의 하나로, 서(黍)와 같은 작물이라 보는 책과, 곡물(粟)이라 보는 책이 있다. ②고대에 직(稷)을 백곡의 으뜸으로 보아 제왕이 제사를 지낼 때 곡신(穀神)으로 하였다."고 풀이하고 있다. 이는 앞에서 논의한 이시진(李時珍)과 탕가경(湯可敬)의 주장을 수용한 풀이라 하겠다. 따라서 "직(稷)"은 광의로는 "서직(黍稷)"과, 또는 "서·직·양·출(黍稷粱秫)"과 동류의 곡물이요, 협의로는 "조(粟)"에 비정되는 곡물이라 하겠다. 또한 설문(說文)의 단주(段注)에는 "직(稷)"을 "북방에서 곡자(穀子)라고도 하고, 그 쌀은 소미(小米)라 한다"고 하였다. 이 "소미(小米)"는 "좁쌀"을 의미하는 말이다. 입쌀은 대미(大米)라 한다. 따라서 우리의 전통적인 새김 "기장 직, 피 직"은 보다 "조 직(稷)"이라 해야 할 것 같다. 기장은 오곡에 "서(黍)"가 따로 있고, "피"는 하등 곡물로 피를 나타내는 한자로는 "稗(피 패), 稊(돌피 제), 䅹(피 비)" 등이 따로 있다.

"고기"는 "어 · 육(魚肉)"의 동의어(同義語)

우리말에는 이상한 언어현상이 하나 있다. "고기"가 "어(魚)"와 "육(肉)"을 함께 이른다. 한어(漢語)는 이들을 각각 "어(魚) · 육(肉)"이라 하고, 일본어는 "우오(うお) · 사카나(さかな)"에 대해 "니쿠(にく)"라 한다. 영어는 "fish"와 "meat" 라 구분한다. 그런데 우리는 다같이 "고기"라 한다. 어떻게 된 것인가?

결론부터 말해 이는 "어(魚)"를 이르는 "고기"를 식물(食物)로서의 "육(肉)" 에까지 전용한 것이다. 달리 말해 이는 "골육(骨肉)"의 "살(肉)"에 "고기(魚)"를 대입한 것이다. 그것도 그냥 "살(肌膚)"이 아니고 "식용의 대상으로서 대입한 것이다. "고기"는 "어류(魚類)"를 지칭하는 집합명사라 하겠다. "(물)고기를 먹는다"와 같이 "어류"는 식용의 대상이다. 그리고 식용의 대상으로서의 "살(肉)"에 "고기"에 전용되었다. 그래서 "물고기"와 "뭍고기"라는 말이 새로 생겨나기도 하였다.

역사적으로 보면 동음이의어(同音異義語)로서의 "고기"는 이미 15세기 문헌에서부터 나타난다. 그 예를 보면 다음과 같다.

* 龍온 고기 中애 위두혼 거시니 <월인석보>/ 고기 자볼 사르미 <두시언해>
* 수울 고기 먹디 마롬과 <석보상절>/ 고기의 누니(魚眼) <두시언해>

따라서 어류(魚類) "고기"가 육류(肉類)까지 의미하게 된 것은 아주 오래 되었다고 하겠다. 그렇다면 어류 "고기"의 의미가 이렇게 확장된 것으로 보는 근거는 무엇인가? 이는 어류와 육류를 의미하는 "고기", 및 "살(肌膚)" 과 "고기(肉)"와의 상호관계를 통해 추정된다.

첫째, 훈몽자회와 신증유합은 어육(魚肉)을 다같이 "고기"라 새기고 있다.

고어를 보면 "어(魚)"에 대해 일반적으로 "고기"라 하고 있다. 무슨 고기라 특정(特定)하지 아니하고, "물고기"에 일반화하고 있다. 이는 "쇠고기, 돗

고기, 가히 고기"가 고어에 쓰이는 것과 대조된다. 이는 "고기"가 육류 이전에 어류였음을 의미한다. "고기 쎄 경(鯁)"<유합>, 고기의 눈(魚眼)<두시>, 고기알<물보>, 고기 자불 어(漁)<유합>, 고깃비<금강경>, 고기롤 困희오면 고기 神異호미 잇ᄂᆞ니라(困魚魚有神)<두시>" 등이 그것이다.

조선광문회의 "新字典"(1915)은 "물고기"에 "고기"라 풀이한 글자는 하나도 없다. "물고기" 아니면 "생선"이라 하고 있다. 의도적 주석이라 하겠다. 이에 대해 오늘날의 대중적 옥편(玉篇)에는 특화하지 않은 "고기(魚)"라는 말이 무수히 쓰이고 있다. "皈: 竹貫魚 말린 고기 겁, 鉻: 魚名 고기 이름 낙, 鮘: 魚子 고기 새끼 비, 鱻: 生肉 날고기 선, 鮭: 大魚 큰 고기 왕, 鱷: 不鹽乾魚 말린 고기 첩, 鰥: 大魚 큰 고기 환"이 그것이다. 이들은 어류의 "육화(肉化)"를 기술한 것이라 하겠다.

둘째, "살(肌)"에서 "고기(肉)"의 의미가 분화했다.

훈몽지회와 신증유합은 "膚" 자를 "술 부(膚)"라 새기고 있다. 동문유해는 "肌膚"를 "술"이라 하고 있다. 이에 대해 앞에 본 바와 같이 "肉"은 "고기 육(肉)"이라 새기고 있다. "육(肉)"이나 "고기"를 식용의 대상으로 본 것이다. 의미의 축소다.

"살"의 용례도 15세기 문헌에 나타난다. 고어에서는 "숧"이라 하였다. "술 잇ᄂᆞ니와 대가리 잇ᄂᆞ니와"<능엄경>나, "몸과 술콰 손과 발와"<석보상절>가 그 예다. "살"이란 "사람이나 동물의 뼈를 싸서 몸을 이루는 부드러운 부분"을 말한다. 이는 본래 식용 여부와 관계가 없는 말이다. 그런데 "숧"을 식용으로 이를 때는 "고기"라 한다. "기름기나 힘줄, 뼈 따위를 발라 낸 살로만 된 고기"를 "살코기"라 하는 것은 이러한 과정을 단적으로 보여 준다. "가슴살, 뱃살, 볼깃살, 생살, 속살, 힘살(筋肉)"은 이러한 "살"의 용례로, 식용 여부와는 관계가 없는 말이다. "고기 육(肉)"이 아니라, "肌也 살 육(肉)"의 육(肉)이다. "新字典"도 "肉[육] 肌也 살·고기"라 새기고 있다.

셋째, 한자나 고유어의 "살(肌膚)"이 "고기(肉)"의 의미로 변화하는 경향을 보인다.

이러한 경향은 "살"이라 풀이해야 할 것을 "고기"라 풀이한 사전(표준국어대사전)과 옥편(玉篇: 김혁제) 등의 해석에서 확인할 수 있다. 이들 예를 몇 개씩 들어보면 다음과 같다.

> * 빰살: 소의 뭉치의 거죽에 붙은 고기/ 목젖살: 쇠고기 부위의 하나/ 대접
> 살: 사타구니에 붙은 고기/ 토시살: 소의 지라와 이자에 붙은 고기/ 쥐살: 소의
> 앞다리에 붙은 고기/ 방아살: 쇠고기 등심 복판에 있는 고기/ 초맛살: 소의 대
> 접살에 붙은 살코기의 하나
> * 胜: 生肉 날고기 성/ 肕: 堅肉 질긴 고기 인/ 烔: 肉赤 고기 붉을 동(고기
> 이름 동)/ 臛: 肉羹 고깃국 확/ 膞: 切肉 고깃 점 전/ 膮: 豕羹 돝의 고기국 효
> / 膷: 牛肉羹 소고기국 향/ 臠: 切肉 저민 고기 연/ 肰: 犬肉 개고기 연/ 腥: 精肉
> 정한 고기 정

"일일 삼식"과 "점심(點心)"의 문화

"일일 삼식(一日三食)"은 당연한 것으로 생각한다. 그러나 "일출이작(日出而作) 일입이식(日入而息)"하던 옛 사람들은 이식(二食)으로 족하였다. "삼식"을 하게 된 것은 역사적으로 그리 오래되지 않았다.

동서양을 가릴 것 없이 옛날에는 이식(二食)을 하였다. 이슬람 국가나, 북아프리카 및 서남아, 인도 등에서는 점심과 저녁을, 우리나라나 중국 등은 아침과 저녁을 주로 먹었다. 그래서 이들은 각각 아침과 점심을 먹게 되며 삼식(三食)을 하게 되었다.

우리의 경우 점심에 대한 기록은 삼국유사(三國遺事)에 보이는데, 성덕여왕 때의 강릉태수 순정공(純貞公)의 부인 수로부인(水路夫人)의 기사에서다. 이들은 바닷가에서 점심을 먹었다. 이는 왕이나 귀족 등 지배층이 점심을

먹었다는 기록이다. 고려시대에는 일부 지배 계층과, 전쟁 등 특수한 상황에서 일반인이 점심을 먹었다는 기록이 "고려사(高麗史)"에 보인다. 조선시대에도 지배계층은 점심을 먹었다. 그러나 일반 서민들은 그렇지 않았다. 순조 때의 실학자 이규경(李圭景)은 2월부터 8월까지는 점심을 먹고, 9월부터 이듬해 정월까지는 점심을 걸렀다고 하고 있다. 해가 긴 때만 점심을 먹었다는 말이다. 조선조의 왕은 5식을 하였다. 이렇게 지배계층은 예외이고, 서민들이 점심을 상식하게 된 것은 근자에 들어서라고 할 수 있다. "조반석죽(朝飯夕粥)"은 고난을 의미하는 말이나, 이는 일일 이식(一日二食)의 식습관도 아울러 반영하는 말이라 하겠다.

우리는 조식과 석식을 "아침, 저녁"이라 한다. "낮"이 주식(晝食)을 의미하지는 않는다. 이것도 바로 우리의 잇고 이어온 "일일이식"의 식습관을 반영하는 것이라 하겠다. 우리는 주식(晝食), 또는 중식(中食)을 "점심(點心)"이라 한다. 이는 흔히 말하듯 "마음에 점을 찍"듯 가볍게 먹는다는 말이다. "점심(點心)"의 어원에 대해서는 불교의 "칠경독(七經讀)"에 연유하는 것으로 보기도 하나, 이 말이 중국에서 이미 당대(唐代)에 쓰인 것으로 보아 한어(漢語)에서 연유하는 것으로 봄이 옳을 것이다. 중국에서는 "점심(點心)"이 간식을 의미한다. "철경록(輟耕錄)"은 조반석식의 전후 소식(小食)으로 점심(點心)한다고 하며 심흉(心胸)을 점개(点改)한다는 의미로 보았다. "조반주식 전후의 소식을 점심이라 한다(今以朝飯前及飯後 午前午後晡前小食爲點心)"가 그것이다. 그리고 여기서는 당사(唐史)를 인용하여 "점심(點心)"의 예를 들며, "이 말은 당나라 때 이미 있었다(此語唐時有已然)"고 하고 있다. 능개재만록(能改齋漫錄)에도 "점심(點心)"이란 말이 "이미 당시(唐時)에 있었다(唐時已有此語)"고 하고 있다. 따라서 우리의 "점심(點心)"은 이 간식(間食)을 의미하는 말이 주식(晝食) "점심"의 뜻으로 전의되어 수용된 것이라 하겠다.

(한글+漢字 문화, 2021. 2월호)

3. 식(食)생활 어휘의 어원문화 (2)

"김치"의 어원과 그 배경문화

우리의 식생활에서 부식의 특징은 발효(醱酵)식품이 발달되었다는 것이다. 발효식품 가운데 대표적인 것은 "김치"와 "장"과 "젓갈"이다.

"김치"란 배추나 무 따위를 양념에 버무려 발효시킨 음식이다. 이는 "침채(沈菜)"가 변한 말이다. 곧 "김치"의 어원은 "沈菜"이다. "김치"는 "채소를 소금물에 담근 것", 곧 "절인 나물"이란 말이다. 그러나 이 "沈菜"는 한어(漢語)에는 없는 말이다. 우리 고유의 한자어다. 중국에서는 이를 "저(菹)"라 한다. 이의 자원(字源)은 "초(艸)"와 시다의 뜻을 나타내는 "저(沮)"가 결합된 형성자로, "담가 시게 만든 채소"를 의미한다. 우리는 이를 "채소 절임 저(菹)"자라 새긴다. 일본에서는 "채소 절임"을 "쓰케모노(漬物)"라 한다. "지(漬)"자는 "浸潤也 담글 지" 자다. 우리 "김치"도 초기에는 오늘날과 같이 양념이 잘 된 것이 아니라, 이렇게 그저 "소금물에 담근 것", "절인 채소" 정도였을 것이다.

"침채(沈菜)"의 용례는 인수대비의 내훈(內訓)에 보인다. 이런 "沈菜"가 16세기 초반의 훈몽자회(訓蒙字會)에 "딤치"로 나타난다. 고추가 16세기말에 일본을 통해 들어왔다 하니 아직 "딤치"도 오늘날의 형태는 아니었을 것이다. "딤치"는 "짐치"를 거쳐 "짐칙"로 변하였다. 그리고 이 말을 잘못된 것이라 보아 역구개음화현상이 작용하여 "김치"가 되었다. 이렇게 하여 오늘의 "김치"라는 말이 생겨났다.

"김치"를 나타내는 말로는 "딤치" 외에 16세기 후반에 간행된 소학언해(小學諺解), 및 연대 미상의 왜어유해(倭語類解)에 "팀치"가 보인다. 이는 "침치> 침채> 김치"로 변한 말이다. 그런데 이 "팀치" 계의 말은 "딤치" 계의 말과는 달리 제수(祭需)의 하나인 "절인 무"를 의미하였다. 특수한 상황에 쓰인 위상어(位相語)이다. "딤치"와 "팀치"의 선후 관계는 "팀치"가 후기에 발달한 것이라 하겠다.

그리고 여기 덧붙일 것은 "김장"이란 말의 어원이다. "김장"은 김치, 깍두기를 담그는 일을 가리킨다. 이도 한자어 "침장(沈藏)"이 변한 말이나, 중국 한자어는 아니다. "침장"도 역시 역구개음화 현상에 의해 "김장"으로 변하였다. "김치"를 나타내는 말에는 또 하나 "지"라는 말이 있는데, 이는 경상·전라 지방의 방언으로 본다. "지"는 본래 "김치"를 나타내던 말로, 고어에서 "디히"라 하던 말이다. 이는 "딯다(落)"에서 파생된 말로, "딯-이(접사)> 디히> 디이> 디> 지"로 변하였다. 두시언해에는 "長安앳 겨슬 디히는 싀오(長安冬葅酸)"와 같이 "디히"가 쓰인 것을 볼 수 있다.

"장아찌"와 "짠지"의 어원과 문화

김치와 같이 발효 식품인 우리의 장(醬)은 콩으로 만든 두장(豆醬)이다. 이에 대해 중국의 장인 해(醢)·혜(醯)는 육장(肉醬)이다. 조선조의 해동역사(海東繹史)에는 신당서를 인용하여 장류인 발해의 명산물 "시(豉)"를 들고 있다. 이로 볼 때 우리 민족은 장류를 일찍 개발하여 식용하였음을 알 수 있다.

우리는 오이 무 따위 야채를 간장이나 된장 고추장 등에 박았다가 반찬으로 꺼내 먹는다. 이를 "장아찌", 한자어로 "장지(醬漬)"라 한다. 옛말에는 "쟝앳디히, 쟝앗디이, 쟝앗지이" 등으로 나타난다.

> * 됴훈 쟝앳디히 밥ᄒᆞ야 먹다가(好醬瓜兒就飯喫)" <박통사언해>
> * 쟝앗디이(醬瓜子) <한청문감>
> * 쟝앗**ᄶ**이이(醬瓜子) <몽어유해>
> * 쟝앗지이(醬瓜) <한청문감>

이들은 두 가지로 분석된다. 하나는 "쟝과(醬瓜)-ㅅ(사이시옷)-디히(菹)"로 분석되는 것이고, 다른 하나는 "쟝(醬)-애(격조사)-ㅅ(사이시옷)-디히(菹)"로 분석되는 것이다.

첫째 설은 "장아"로 표기한 것에 모두 한자어 "醬瓜"가 쓰여 있어 "장과(醬瓜)"로 해석된다는 것이다. "장에 담근 오이"라는 말이다. 우선 "ㄱ"이 탈락한 것은 유성음 사이에서 "ㄱ"이 약화·탈락된 것이라 볼 수 있다. 이러한 예는 "동과(冬瓜)> 동아", "생강> 생앙> 새앙" 등에서 볼 수 있다. 그리고 "과"가 "아"로 바뀌는 것은 단모음화한 것으로 본다.

둘째 설은 박통사언해의 경우는 무난하나, 나머지 경우기 문제가 된다. "아"를 처소격 조사라 보기에는 무리가 따른다는 것이다. 물론 여기서도 "아"를 처소격 "애"의 단모음화로 볼 수 있겠으나, 그러한 예는 쉽게 발견되지 않는다. 따라서 여기서는 이들 두 가지 가설 중에서 "쟝과(醬瓜)> 쟝아" 설에 좀 더 무게를 두기로 한다.

그리고 여기서 하나 밝혀 둘 것은 "짠지"와 "김치"와의 관계다. "짠지"를 국어사전은 "무를 통째로 짜게 절여서 묵혀 두고 먹는 김치. 김장 때 담가서 이듬해 봄부터 여름까지 먹는다."고 되어 있다. 그러나 방언에서는 "김치"와 "깍두기", 특히 "배추김치"를 "짠지"라 한다는 것이다. "김치"의 대가 된다. "동침이, 나박김치" 같은 것이 "짠지" 아닌 "김치"다. 이로 볼

때 "김치"와 "짠지"는 "담근 채소"로 같은 것이나, 염도(鹽度)가 다르고, 국
물 유무에 따라 구별되는 것이라 하겠다. 이러한 해석은 "장아찌"가 결정
적 역할을 한다. "장아찌"는 한자어로 "장지(醬漬)"라 한다. 장에 담근 것이
다. "장아찌"가 "장에 둔 지"이듯, "짠지"는 물에 담그는 것이 아니라, 소금
에 담그는 것이라 하겠다.

"동동주"와 "고주목술"의 어원과 문화

우리 민족은 옛날부터 음주가무를 즐겨하였다. 삼국지 위지 동이전에는
부여(夫餘)에서는 정월에 제천(祭天) 대회를 열고 "연일 음식 가무(連日飮食歌
舞)"를 한다고 하고 있다. 마한(馬韓)에서는 오월에 하종(下種)한 뒤 귀신에 제
를 지내고 "군취가무음주 주야무휴(群聚歌舞飮酒 晝夜無休)"라고 무리 지어 가
무를 하고 술 마시기를 밤낮을 그치지 아니하였다고 한 것이 그것이다.

우리의 대중가요에 "동동주 술타령이 오동동이냐?"라는 것이 있다. 술에
밥알이 동동 뜬다고 하여 "동동주"라 노래하고 있다. 사전에도 "동동주"를
"맑은 술을 떠내거나 걸러 내지 아니하여 밥알이 동동 뜨는 막걸리= 특
주"라 풀이하고 있다. 그러나 이의 어원은 이런 것이 아니다. 영조 때에 나
온 역어유해에 "고조목술(銅頭酒)"이라는 기록이 보이는데 여기의 "동두주
(銅頭酒)"가 그 어원이다. "동두주(銅頭酒)"는 한어(漢語)로, 우리말로는 "고조목
술"이라 한다는 것이다. 술주자에서 갓 뜬 술을 의미한다. "술주자(酒榨)"란
"술을 거르거나 짜는 틀"로, 한자어로는 주자(酒醡), 또는 주조(酒槽)라 한다.

"고조목술"은 "고조-목-술"이라 분석된다. "고조"는 고어에서 "고조·
고조·고주"라 이르던 말로, 이는 "술·기름 따위를 짜서 받는 틀"을 말한
다. "고조"의 용례는 사성통해의 "酒醡 亦釀笮 고조"와, 훈몽자회의 "고조
조(槽), 고조 자(榨)"가 그것이다. "목"은 "목 항(項)"의 "목"이고, "술"은 물론
"술 주(酒)"의 술이다. "술"은 속언에 이르듯 "술술 넘어 간다"고 하여 "술"

이 아니고 "수발(酥孛)> (수발)> 수울(두시언해)> 술"로 발전한 말이다. 따라서 "고조목술"이란 주자인 고조목에서 밭은 술이란 의미가 된다. 사전의 "특주"란 이러한 의미를 나타내는 것이라 하겠다.

다음에는 "고조·고주"와 관련이 있는 "고주망태"의 어원에 대해 살펴보기로 한다. 이는 사전에 "술에 몹시 취하여 정신을 가누지 못하는 상태. 또는 그런 사람"이라 풀이하고, 고주망태를 의미하는 "고주"와 동의어로 보고 있다. 그러나 이는 뒤에 생긴 비유적인 의미이고, 본래는 구체적으로 고주에 사용하는 망태를 의미했을 것이라 판단된다. 술을 짜기 위해서는 발효물을 주머니에 넣어 압착을 해야 한다. 이 주머니가 사성통해의 "고조주머니"라 하겠다. "고주망태"는 이 주머니, 곧 "주염(酒帘)"이거나, 이 "고조주머니"가 터지지 않도록 다시 싼 망태기일 것으로 추정된다. 이러한 "고조주머니" 내지 "고조망태"이기에 그것은 술에 절어 있을 것임에 틀림없다. 이에 "고주망태"의 비유적인 의미가 형성된 것이다. "망태"는 "망대(網俗)"가 변음된 것이거나, "망탁(網橐)"이 "망태기> 망태"로 음운첨가 내지, 탈락된 것이라 하겠다. 이들의 변화 가능성은 "망탁(網橐)"에 좀 더 비중이 놓인다.

"빈대떡"의 어원과 문화

녹두를 갈아 나물이나, 쇠고기, 돼지고기 따위를 넣고 번철에 부친 서민음식을 "빈대떡"이라 한다. 표준국어대사전에서는 이를 "＝녹두부침개, 녹두전, 녹두전병, 녹두지짐"이라고 하여 이들과 같은 뜻의 말로 보고 있다. 그러나 표준어규정 제24조에는 "표준어이던 단어가 안 쓰이게 된 것은, 방언이던 단어를 표준어로 삼는다."고 하여 "빈자-떡"을 버리고 "빈대-떡"을 표준어로 한다고 되어 있다. 그리고 복수표준어에는 위의 "녹두-" 계통의 말을 "빈대떡"의 복수표준어로 보고 있지 않다. 따라서 이들은 복수표준어라기보다 같은 뜻의 말로 문체론적(文體論的) 표현 가치를 달리 하는 말이라 하겠다.

"빈대떡"의 어원은 "빙쟈(餠䬪)"이다. 이 말이 "빙쟈> 빈자> 빈대-떡"으로 변한 것이다. "빙쟈"의 예는 17세기말 숙종 때 나온 역어유해에 "빙쟈(餠䬪)"가 보인다. "餠䬪"를 중국에서 "빙쟈"라 한 것이다. 따라서 이는 우리말 아닌 한어(漢語)다. 이는 그 어원이 분명치 않아 그대로 수용되지 않고, "빙쟈"를 거쳐 비슷한 발음의 "빈자(貧者)"에 "떡"을 붙인 "빈자-떡"이 되었다. 음식이 매우 서민적이어 가난한 사람, "빈자(貧者)가 먹는 음식"이라 보아 어원속해(語源俗解)를 한 것이다. 1988년의 표준어 개정 이전에는 이 말이 표준어로 수용되었다. 이는 "빈자의 음식"이란 것이 사회적 수용에 거부감을 주었던지, 그 납작한 모양에 따라 "빈대-코", "빈대-밤"과 같은 "빈대-떡"으로 바뀌었다. 그러나 이는 음식의 이름으로는 별로 바람직한 것이 못된다. 사전에 제시되고 있는 동의어 "녹두" 계의 말을 즐겨 쓰는 것이 바람직할 것 같다.

끝으로 "녹두" 계통의 말과 "적(炙)"에 관해 일언을 덧붙이기로 한다. 그것은 첫째 "녹두부침개"와 "녹두지짐"의 관계다. "부침"과 "지짐"은 각각 "부치다"와 "지지다"의 명사형이다 그래서 "부침"의 경우는 접사 "-개"가 붙어 "빈대떡"을 나타내고 있다. 그런데 "지짐"의 경우는 접사 "-이"가 붙는 것도 아닌 "녹두지짐" 그 자체로 "빈대떡"을 나타낸다. 이는 사정의 원칙에 벗어난다. 오히려 명사형으로 "빈대떡"을 나타낸다면 "녹두지짐"보다 "녹두부침"이 현실적으로 수용 가능성이 크다. 둘째, "적(炙)"이 방언에서 "전(煎)"의 의미를 지닌다는 것이다. 사전에서 "적(炙)"은 생선이나 고기 따위를 양념하여 굽거나 지진 것을 의미하고 있으나, 방언에서는 "전(煎)"의 의미로 쓰인다. "파전, 녹두전"을 "파적 녹두적"이라 한다. 사전의 의미가 본래의 의미에 충실한 것이라면, 방안에서는 그 의미가 확대된 것이라 하겠다. "빈대-떡"은 "녹두전"이나, "녹두전병" 쯤으로 순화하는 것이 좋을 것이다.

"개숫물"과 한어(漢語)의 차용

우리는 근처 조그마한 소줏집으로 갔다. 내부는 길쭉한 송판때기 탁자 두
개로 꽉 들어찰 지경으로 좁고 후덥지근했다. 개숫물 썩는 냄새가 시큼하게
풍겨 나왔다. 우리가 차마 들어갈 생각을 못하고 문턱에 주춤거리는데, 먼저
들어간 양일이가 곧장 개수대로 달려가 수도꼭지를 입에 물고 물을 한껏 틀
었다. 수도꼭지 밑에 동동 매달린 양일의 몸은 쥐어짠 걸레처럼 모로 잔뜩 꼬
였다. <현기영, 동냥꾼>

설거지할 때 그릇을 씻는 물을 "개숫물"이라 하고, 설거지하는 작업대를
"개수대"라 한다. 위의 현기영의 소설 "동냥꾼"에는 이 두 단어가 같이 쓰
이고 있다. 이들 두 단어, 특히 "개수대"는 우물물이 아닌, 수도가 어울릴
근대적 시설이라 하겠다. 그래서 오늘날 아파트 생활을 하고 있는 현대인
들에게 이들 어휘는 익숙한 말이다.

"개수대"나 "개숫물"의 "개수"는 우리에게 익숙한 말이기는 하나, 고유
어도 단순한 한자어도 아니다. 이는 한어의 차용어(借用語)이다. 이는 "기구
류(器具物)", 또는 "세간", "식기류(食器類)"를 뜻하는 말로, 한어(漢語) "家事"
에서 온 말이라 본다. 우리의 경우는 이미 중세국어에 이를 "갸亽"라 하고
있는 것이 보인다. 월인천강지곡에 "目連經애 香닉 섯버므려 잇고 갸亽롤
몯 다 설어 잇는 드시 ᄒᆞ엿더니(目連經애 香烟雜亂椀楪收拾猶未得了)"의 "갸亽"가
그것이다. 여기에서는 "갸亽"가 한문에 "완접(椀楪)"으로 되어 "주발과 접
시" 등 식기류를 가리키고 있다. 근대문헌인 이수신편(理藪新編:1774)에는 "家
事갸샤 一云家伙"라 하여 "갸亽"가 "갸샤"로 음이 바뀌고, 그 의미도 "세간,
기구류"를 의미하는 "지아亽(家事)·지아화(家伙)"로 되어 있다.

이상에서 알 수 있는 바와 같이 오늘날 "개숫물·개수대"에 쓰이고 있는 "개수"는 한어 "家事"가 변한 말이다. 이의 근세음은 [kiashi]이고, 현대음은 [jiashi]이다. 따라서 "갸스"의 어원은 이수신편(理藪新編)에 보이는 "家事갸 샤"의, 송·원·명시대인 근세음이 차용된 것이라 하겠다. "가화(家伙)"의 현대음은 [jiahuo]이다.

그리고 여기에 덧붙일 것은 "개수"의 "수"를 "설거지 물"로 생각하기 쉬운데 지금까지 살펴본 바와 같이 "갸스(家事)"가 변한 말이니 그런 실수를 하지 않도록 해야 한다. 이는 기우가 아니다. 종래의 국어사전 및 고어사전에는 실제로 "개수"를 "개수(-水)"라 한자를 첨기한 것까지 구체적으로 볼 수 있기 때문이다.

(한글+漢字 문화, 2021. 3월호)

4. 주(住)생활 어휘의 어원문화

주생활과 온돌 문화

원시시대에는 혈거생활(穴居生活)을 하였다. 그리고 농경생활(農耕生活)을 시작하면서 일정한 지역에 터전을 마련하여 집을 짓고 살게 되었다.

우리의 주거생활의 특징은 한마디로 "온돌생활"이라 할 수 있다. 흔히 "온돌생활"이라면 우리 민족만의 고유한 생활양식인 것처럼 생각한다. 그러나 그렇지는 않다. 이는 북방의 한대(寒帶)에 살고 있던 민족의 생활 문화였다.

"온돌(溫突)"이란 우리나라를 비롯하여 중국의 황하(黃河) 이북 몽골 지역에서 집을 지을 때 설치하는 난방시설을 말한다. 중국에서는 이를 "캉(炕)"이라 한다. 온돌은 방고래를 흙이나 돌 등으로 쌓은 다음 그 위에 돌(구들)을 얹고, 방바닥을 흙으로 고르게 한 뒤 종이나 멍석을 까는 시설이다.

온돌의 기원은 분명치 않다. 만주(滿洲) 지역에서 비롯하여 중국 북부와 한반도(韓半島)에까지 퍼진 것으로 보인다. 구당서(舊唐書) 동이전(東夷傳) 고구려조(高句麗條)에는 "겨울에 다 긴 구들을 놓고, 아래로 불을 지펴 따뜻하게 하였다(冬月皆作長炕 炕下燃熅火以取暖)"는 기록은 이런 사정을 알려 준다. 동이

(東夷) 이외에 중국에서 이 난방 시설을 하였음은 "계구잡초(薊丘雜抄)"에 "연
(燕) 나라 땅은 매우 추워서 구들(炕)이 없으면 잠들지 못한다"는 기록이 보
인다. 그리고 청(淸) 나라 적호(翟灝)의 "통속편(通俗編)"에 6세기 초의 기록을
인용 1,000여명이 들어갈 수 있는 관음사(觀音寺) 강당에 구들을 놓아 강당
에 난방을 하였다는 기록도 볼 수 있다.

우리의 경우는 고구려의 기록을 비롯하여 발해(渤海)의 유적에서 온돌의
흔적이 확인되며, 고려가 후삼국을 통일한 10세기 무렵 온돌이 보편화되었
고, 16세기 이전에 제주도에까지 보급된 것으로 보인다.

그리고 여기 부기할 것은 우리의 주거문화는 온돌로 말미암아 방바닥에
앉는 좌식문화(坐式文化)가 발달되었는데, 본래는 평상(平牀) 생활을 하였던
것으로 보인다. 이는 안악2호분, 쌍영총, 약수리벽화분, 수렵총 벽화 등에
서 확인된다. 이에 대해 안악3호분, 태성리1호분, 감신벽화 등에는 좌상(坐
牀) 생활의 그림을 볼 수 있다.

"온돌"과 "구들"의 어원문화

우리의 난방시설은 한마디로 "온돌(溫突·溫堗)"이란 말로 대변된다. "온
돌"은 화기(火氣)가 방고래를 통과하여 방을 덥게 하는 시설이다. 이는 "방
구들", 혹은 "온갱(溫坑)"과 동의어로본다. 이런 난방시설을 중국에서는 앞
에서 말한 바와 같이 "캉(炕)"이라 한다. "온돌"이란 우리의 한자말이다. 그
래서 일본 사전에서는 "溫突"의 표음을 "オンドル"라 적고, "朝鮮音"이라 풀
이하고 있다. 그렇다면 "온돌(溫突·堗)"이나 "구들"이란 말의 어원은 무엇
인가?

먼저 "구들"의 어원부터 보기로 한다. 국내의 한 어원사전은 그 어원을
"불명"이라 보고 있다. 중국에서 나온 안옥규의 어원사전은 "구-들"로 분
석하고, "구"는 "굽다(구우며)"의 "구"이고, "들"은 굴뚝을 뜻하는 한자어

"돌(堗)"이 변한 것이라 본다. 이러한 해석은 중국의 "캉(炕)"에 이끌린 풀이라 하겠다. "炕"의 자원은 形聲字로 "화(火)"와 "불을 쬐다"라는 "항(亢)"으로 이루어진 글자로 보기 때문이다. 저자는 이들과 달리 본다.

"구들"의 어원은 "굴(窟)-돌(石)"이며, 이는 조선시대에 이미 "구들"과 "구돌"이란 두 형태의 말이 있다. 오늘날에는 "구들"이 표준어로 작정되어 있다. "구들"을 "굽-돌(堗)"로 보는 것은 형태의 면에서나 의미의 면에서 수긍이 안 된다. 특히 "구들"을 지칭하는 말을 "연돌(煙突)"이 아닌, "굴뚝"을 뜻하는 "돌(堗)"을 쓴다는 것은 상식적으로 조어상(造語上) 있을 수 없는 일이다. 문헌 기록으로 "구들"은 "구들/구듫"과 "구돌"의 양형이 보인다.

* 구들 강(炕) <훈몽자회>
  구들헤 오르고도(上炕) <박통사언해>
  믠 흙 구들에(精土炕上) <노걸대언해>
* 구돌 아릿목 <역어유해>
  구돌(炕) <동문유해>
  구돌 고리에 그으름(炕洞煤) <한청문감>

문헌상으로는 훈몽자회 등이 중종조에, 역어유해 등이 영조조에 간행된 것이어 "구들"계의 말이 "구돌"계의 말보다 앞서는 것으로 보인다. 그러나 이는 반드시 그렇지만은 않을 것이다. 오히려 양계열의 말이 같이 쓰였고, "구-돌(< 굴-돓)"의 유연성이 소실되면서 "구-돌"이 "구-들"이 되었다고 볼 수 있기 때문이다. 특히 "구듫"에 "ㅎ말음"이 쓰이고 있다는 것이 이러한 추단을 하게 한다. 따라서 "구들"의 어원은 "굴(窟·洞)-돓(石)"에 있으며, 이 말이 유연성을 상실해 "구들"이 된 것으로 추단된다. 방아래 화기가 통하는 것은 "고래(洞)"라 하며, 여기에 "구들장"을 덮으면 "굴"이 된다. 따라서 "구들"의 어원은 의미나 형태상 "굴-돌"에서 변화하였다고 보는 것이

자연스럽다.

"개초(蓋草)"를 하는 초가 문화

지난날 우리네 집은 대부분이 "초가집"이었다. 고관대작이나 수백 석 하는 부잣집이나 기와집, 와가(瓦家)였다. 이렇게 "초가"는 우리네 집을 대표하는 존재이다.

"초가(草家)", 또는 "초가집"이란 물론 짚이나 갈대 따위로 지붕을 인 집을 말한다. 고어에서는 "초개집"이라고도 하였다.

> 일향 사룸이 어엿비 너겨 혼가지로 초개집을 지어주니라. <동국신속삼강
> 행실도>
> 草房 초개집 <역어유해>

"초개집"은 "草蓋집"이라고 하여 문자 그대로 풀로 이은 집이란 말이기도 하다. 흔히 "초가", 또는 "초가집"이라 할 때는 볏짚으로 인 집을 말한다. 우리네 가옥의 대표격이라 할 "초가 삼간(草家三間)"은 이러한 볏짚으로 인 집으로, 매년 가을에 이엉을 엮어 지난해의 것을 걷어내고, 새로 인다. 이를 "개초(蓋草)한다"고 한다.

집을 이는 "이엉"을 이르는 재료, "볏짚"은 오늘날과 달리 고어에서 "닛딥"이라 하였다. 그 용례를 두어 개 보면 다음과 같다.

> 닛딥(稻草) <역어유해>
> 흐다가 닛딥 피면(若是稻草時) <노걸대언해>

이는 벼(稻)를 "니"라 한 데 말미암은 것이다. 도미(稻米)를 "니뿔", 벼짚으

로 만든 비를 "닛뷔(笤箒)"라 하는 데서 확인된다. 그리고 "이다(蓋)"의 고어 "니다(蓋)"나 "이엉"의 고어 "니영"도 다 이 "니(稻)"와 관계가 있는 말이다. 개초(蓋草)를 의미하는 "니다(>이다·蓋)"는 "도(稻)"를 나타내는 명사 "니"에 서술격조사 "-(이)다"가 붙어 용언화하여 "니다> 이다(蓋)"를 나타내게 된 말이다. 우리말에는 이와 같이 "명사"에 접사(서술격조사) "-(이)다"가 붙어 용언이 되는 조어법(造語法)이 있다. 이런 조어의 예를 몇 개 보면 다음과 같다.

> 긋(劃)-다, 나리(川)-다, 니(稻)-다, 동(東)-이다, 되(升)-다, 띠(帶)-다, 매
> (束)-다, 배(腹)-다(娠), 빗(梳)-다, 삼(麻)-다, 시(東)-새다(曙), 신(靴)-다, 안
> (內)-다(抱), 입(口)-다(詠), 품(懷)-다, 희(日)-다(白)

"니다"의 용례를 한두 개 보면 "혼 플 니윤 亭子ㅣ로다(一草亭)"<두시언해>와, "지블 쒸로 니시고"<내훈>가 그것이다. 그리고 개초를 하기 위해 엮은 "이엉"의 고어 "니영"은 이 "니다(蓋)"란 용언의 어간 "니(蓋)"에 접사 "-엉"이 붙어 명사가 된 말이다.

"기와집"의 어원과 문화

초가(草家)를 살펴보았으니 이번에는 와가(瓦家) "기와집"의 어원을 살펴 보기로 한다. "기와"의 고어는 "디새"다. 따라서 "기와집"의 어원은 "디새-집"이 된다. 그러면 "다새"의 어원은 무엇이며, "디새집"은 어떻게 "기와집"이 되었는가?

진흙으로 구워 만든 그릇을 "질-그릇"이라 한다. 질그릇을 만드는 흙, 또는 그 흙으로 만든 질그릇의 흙바탕도 아울러 "질"이라 한다. 이는 전차어(前次語) "딜"이 변한 말이다. "딜"의 용례는 "딜 흙"<구급간이방>을 위시

하여, 훈몽자회의 "딜 부(缶)"와 "딜 구울 도(陶)"가 보인다. 이로 보면 "딜"
이란 "질그릇을 만드는 흙"이 "질로 만든 그릇", 나아가 이를 구운 것(陶)의
의미로 연쇄적 의미변화를 하였다는 것을 알 수 있다. 이러한 "딜"은 많은
합성어를 이루는데, "딜가마(瓦釜), 딜 것, 딜그릇, 딜동희(瓦盆), 딜드레(瓦罐),
딜병(甁), 딜소라(瓦盆), 딜시르(瓦甑), 딜長鼓, 딜탕관(湯罐), 딜항(缸), 딜장(匠)"
따위가 그것이다.

"기와"의 전차어인 "디새"는 바로 이 "딜-새"가 합성된 복합어이다. "딜
새"는 "딜흙(陶土)"과 "새(茅草)"가 합성된 말로, "딜"의 "ㄹ"이 "새" 앞에서
음운탈락을 한 것이다. 그래서 "딜새"가 "디새"가 되었다. 그리고 이는 "디
새> 디쇄> 디애"로 음운변화를 하였다. 이와는 달리 "디새"의 "디" 음이
"지"로 구개음화하여 "지새"가 되기도 하였다. 이는 "지새> 지쇄> 지애>
재(방언)"로 변하였다. 그리고 "지새" 계통의 말은 역구개음화(逆口蓋音化)를
하고, 또한 "개와"의 "와(瓦)" 음에 이끌려 "기애> 기와"로 변하여 오늘의
"기와"가 되었다. "기와"는 이렇게 많은 변화과정을 겪었다. 그리고 여기에
"집"이 다시 합성된 것이 "기와집"이다. 방언에 "기와집"을 "재집"이라 하
는 것은 "지애집"이 축약된 것이다.

"마루"의 어원과 문화

사전에서 "마루"를 찾아보면 "마루" 1, 2, 3으로 세 개의 단어가 표제어
로 나와 있다. 이들의 대표적인 의미만 보면 다음과 같다.

> 마루1: 등성이를 이루는 지붕이나 산 따위의 꼭대기
> 마루2: 어떤 사물의 첫째. 또는 어떤 일의 기준
> 마루3: 집채 안에 바닥과 사이를 띄우고 깐 널빤지. 또는 그 널빤지를 깔아
> 놓은 곳. 말루(抹樓). 청사(廳事)

이 가운데 주생활과 직접 관련이 있는 것은 "마루3"이고, "마루1"은 "지붕마루·용마루"와 같이 가옥 구조와 관계가 있는 말이다. 이들 "마루"는 결론적으로 말해 서로 관련이 있는 말이다. mVrV형(ㅁ母音ㄹ母音型) 어휘라 하여 알타이어에 보이는 어형인데, 이는 "높은 곳(高處)"을 의미한다. "머리"도 이 형(型)에 속하는 말임은 말할 것도 없다.

"마루"의 조선시대 표기는 "ᄆᆞᄅᆞ"로 이것이 뒤에 "마로·마루"로 음운 변화를 한다.

* 등ᄆᆞᄅᆞ 척(脊), ᄆᆞᄅᆞ 종(宗) <훈몽자회>, ᄆᆞᄅᆞ 동(棟) <신증유합>
* 하 두려 마로 아리 숨으며 <계축일기>
* 마루(池塘板) <역어유해> <동문유해>, <한청문감>

"마루"는 한자로 "말루(抹樓)"라 표기하였는데, 이는 "마루"의 차지 표기로, 우리 고유의 한자어라 하겠다. 그리고 여기 덧붙일 것은 "말루하(抹樓下)"라는 말이다. 이는 "상전(上典)·마님"을 이르는 말인데, 여기 쓰인 "抹樓"도 "존귀하다, 높다"의 의미를 지니는 말이다. "마님"이나, "마누라(<마노라)"라는 말은 이 "抹樓下"에 소급하는 것으로 보인다. "마누라"는 "말루하> 마노라> 마누라"로 변화하였고, 그 의미가 하락하여 비칭으로 쓰이게 되었다.

"광"과 "부엌"의 어원문화

"광에서 인심 난다"는 속담이 있다. 세간이나 그 밖의 여러 가지 물건을 넣어두는 곳을 "광"이라 한다. 그런데 이는 본래의 말이 아니다. "고방(庫房)"이 변한 말이다. "창고인 방"이란 말이다. 이 말의 "방(房)"이 유성음인 모음 사이에서 "방> 방> 왕"으로 음운변화를 하고, "고-왕"이 축약을 하여 "광"이 된 것이다. 따라서 이는 본래는 "고방(庫房)"이란 한자어이던 말이다. 방언에서는 지금도 "고방"이란 말이 쓰이고 있다.

그리고 주방(廚房)을 이르는 "부엌"은 본래 "브섭"으로 "블(火)-섭(側‧傍)"이 변한 말이다. "블"의 "ㅡ" 모음이 원순모음화하고, "ㅅ" 소리 앞에서 "ㄹ"이 탈락하여 "부섭> 부섭"이 되었다. 그리고 다시 "부섭"이 "부업> 부엌"이 되었다. "부업"에는 처음과 끝에 "ㅂ" 소리가 와 이를 피하고자 하는 심리가 작용해 이화현상(異化現象)이 일어나 "부업"이 "부억"이 되고, 다시 "부엌"이 된 것이다.

"부엌"의 예를 두어 개 보이면 다음과 같다.

* 부억 쥬(廚) <왜어유해> <동문우해>
* 籠 부억 아궁이 <유씨물보>

5. 제왕(帝王)의 호칭과 명명

김대중 정부 때 일본 천황(天皇)의 호칭(呼稱)을 뭐라 해야 하느냐 하는 것이 문제가 된 적이 있다. 이는 단순한 호칭의 문제만이 아니고, 역사적인 문제이기도 하다. 이에 천황과 왕(王), 황제(皇帝), 임금 등 제왕(帝王)의 호칭과 관련된 문제를 살펴보기로 한다.

"왕"과 "천황"이란 호칭

박정수(朴定洙) 외교통상부 장관이 외신기자 간담회에서 "일왕(日王)"을 "천황(天皇)"이라 하여야 한다는 발언을 하여 일본의 임금 호칭이 사회적인 문제가 된 일이 있다.

박 장관은 "김대중 대통령은 천황(天皇)의 방한(訪韓)까지도 실현돼야 한다고 강조하고 있다."고 말했다. 이에 대해 일본 특파원이 "천황이라는 표현이 한국 정부의 공식 입장이냐?"고 물었다. 그러자 외교통상부 대변인은 "천황이라는 표현에 대한 정부의 공식 입장은 있을 수 없다."며, 미국의 국가 원수를 프레지던트라고 부르는 연장선상에서 자연스럽게 호칭하자는 의미일 뿐이라 했다 한다.

이러한 호칭은 사실 별로 문제될 것이 없다. 그간 우리 정부는 줄곧 "천황"이라 해 왔으며, 1989년 재일동포(在日同胞) 지문(指紋) 날인 파문 때는 "일황(日皇)"이란 용어를 쓰기도 하였다. 이에 대해 국내 언론은 "일왕(日王)"이란 표현을 써 왔다.

그러면 다른 나라들은 어떻게 호칭을 하고 있는가?

중국(中國)과 대만(臺灣)은 줄곧 일본에서 하는 대로 "天皇"이란 표현을 써 왔다. 영어가 공용어인 필리핀과 싱가포르도 "엠페러(emperor: 황제)"라 한다. 이에 대해 베트남은 모국어로 "무어낫"이라 한다. "무어"는 "왕(王)"을, "낫"은 "일본(日本)"을 뜻해 직역하면 "일본의 왕"이란 말이 된다. 말레이시아도 "마하라자 제판"이라고 "일본의 왕"이라 한다. "마하라자"가 "王"을, "제판"이 日本을 가리킨다. 미국·영국 등 영어권의 국가들은 "킹(king)"보다 경칭이라 할 "엠페러(empror)"란 호칭을 즐겨 사용한다. 프랑스는 "엥페러(empereur)"라 하고, 독일에서는 "카이저(kaiser)"라 하여 역시 황제라는 뜻의 말로 호칭한다.

그렇다면 과연 우리는 일본의 제왕(帝王)을 어떻게 부르는 것이 바람직할까? 베트남이나 말레이시아처럼 고유어를 활용하여 "일본의 임금"이라 호칭할 수 있다. "일왕(日王)"이란 호칭은 우리에게 "천황(天皇)"이나, "황제(皇帝)"라는 말이 없다면 몰라도 상대국에 대한 예의가 아니라 할 수 있다. 그것은 공식적 이름이 "天皇"이기 때문이다. 우리 정부의 수반인 "대통령(大統領)"을 외국에서 "수상(首相)"이나, "총통(總統)", 혹은 "통령(統領)"이라 부른다면 우리가 아무래도 어색하게 느끼고, 거부감을 갖게 되는 것과 같다. 같은 이유로 일본에서도 "왕(王)"이라 하면 거부감을 가질 것이 분명하다. 한·중·일(韓中日)은 다 같은 한자문화권(漢字文化圈)에 속한다. 따라서 한자어로 된 호칭을 당사국과 달리 부른다면 그것 자체가 문제가 될 것이다. "천황"은 중국의 "천자(天子)"와 같이 제후(諸侯), 곧 왕(王)을 봉하는 상위 계급이란 생각에 민족 감정이 내키지 않을는지 모른다. 그러나 공식적 호칭으로는 "일본 천황", 또는 "일황(日皇)"이라 하는 것이 바람직하다.

일본의 "왕"과 "황제"의 구별

일본 황제의 호칭은 그간 몇 가지로 바뀌었다. 처음에는 중국의 책봉(冊封)을 받아 왕(王), 곧 "왜왕(倭王)"이라 하였다. 구주(九州)의 지하도(志賀島)에서 발견된 "漢委奴國王(한위노국왕)"이란 금인(金印)의 "王"이 그것이다. 이 도장은 "漢의 委(倭)의 奴國의 王"이라 해독하고 있다. 그리고 송사(宋書)의 왜국전(倭國傳)에는 다섯 명의 왜왕(倭王)에 대한 기록이 보인다. 이들 왕은 뒤에 천황(天皇)의 계도(系圖)와 관련을 짓고 있다. 일본 사학계에서는 군주를 이르는 "천황(天皇)"이란 호칭이 7세기 천무천황(天武天皇) 때부터 쓰이기 시작한 것으로 본다. 도교(道敎)에 깊은 관심을 가진 당(唐) 고종(高宗)이 "천황(天皇)" 칭호를 사용한다는 것을 안 천무천황이 자신을 "천황"이라 자칭하기 시작하였다는 것이다. 그 증거로는 아스카지(飛鳥池) 유적에서 천무천황 6년(677)이란 연기(年紀)를 밝힌 목간(木簡)과 함께 "天皇"이라 쓰인 목간이 출토되었기 때문이다. 현재로는, 이것이 가장 오래된 기록이다. 그러면 왜 종전에 "대왕(大王)"이라 하던 군주(君主)의 호칭을 "천황"이라 하였는가? 그것은 일본이 중국 황제에 대치(對置)하여, 중국의 책봉을 받은 신라(新羅)의 국왕(國王)보다 우위에 서고, "동이(東夷)의 소제국(小帝國)"의 군주로서 자신을 자리매김하려는 것이었다고 보고 있다(佐藤信 外, 2017).

"왕"이란 호칭과 "천황"의 호칭 사이에는 위에서 비쳤듯이 "대왕(大王)"이란 호칭이 쓰였다. 이는 5세기 웅략천황(雄略天皇, 뒤에 추존) 때부터 쓰인 것으로 본다.

여기서 또 하나 짚고 넘어가야 할 것이 있다. 그것은 "왕"과 "천황"의 관계다. 우리 속담에 "예 황제 팔자", 또는 "예 황제 부럽지 않다"는 속담이 있다. 이 속담에 대해 조선조 성종 때의 문신(文臣)·학자인 성현(成俔)은 그의 용재총화(慵齋叢話)에서 다음과 같이 쓰고 있다.

> 일본에는 황제가 있고, 국왕이 있다. 황제는 궁중 깊숙이 파묻혀 있고, 하
> 는 일은 아침 저녁 하늘에 절하고, 해에 절하는 것뿐이다. 그래서 권력은 없
> 으나 존귀한 사람을 왜 황제(倭皇帝)라 한다. 국왕이 나라의 정치를 주관하고,
> 쟁송(爭訟)을 처리한다.

여기서 황제는 명실 공히 황제이고, 국왕이란 막부의 장군(將軍)을 가리
킨다. 평안시대(平安時代)에는 섭정(攝政)과 관백(關伯)에 의한 섭관정치(攝關政
治)를 하며, 그 뒤의 막부(幕府) 시대에는 무가정치(武家政治)를 하며, 천황은
조상의 제례(祭禮) 등 의례(儀禮)나 행하고, 시문(詩文)만을 즐기며 소일하게
되어, 자연히 정치에서 배제되었다. 이의 대표적인 예는 도쿠가와막부(德川
幕府)에서 볼 수 있다. 도쿠가와막부에서는 "금중병 공가제법도(禁中垃 公家諸
法度)"라는 법을 제정하였다. 이 법은 17조로 되어 있는데, 그 제1조에서 천
황의 의무를 규정하고 있다. 천황은 국가의 정치(政治)에는 관여하지 않고,
궁중 업무가 없으면 면학(勉學)과 와카(和歌) 단련을 한다는 것이다. 이렇게
천황은 정치에서 소외되었다. 명치(明治) · 대정(大正) · 소화(昭和) 천황 때는
실권을 회복하였으나, 종전(終戰) 후에 다시 정치에서 손을 떼게 되었다. 일
본국 헌법(憲法)에서 천황의 역할은 통치자가 아니고, "국가와 국민의 통합
적 상징"이라 자리매김하였다. 곧 정치적 실권은 갖지 않는 존재다. 정치는
다 아는 바와 같이 총리(總理)가 한다.

이에 대해 국왕(國王)이란 막부의 장군(將軍)을 가리켰다. 아시카가막부(足
利幕府)의 장군(將軍) 아시카가요시미쓰(足利義滿)는 "일본국대장군(日本國 大將
軍)", 또는 "일본국왕(日本國王)"의 이름으로 조선에 국서(國書)를 보내고, 사절
을 보내었다. 이렇게 일본의 무가정치에서는 대장군(大將軍)이 정치 수반이
요, 왕(王)이었다. 이를 흔히 "대군(大君)"이라 하였다. 우리나라에서는 일본

에서 "관백(關伯)" 및 대군(大君)이 정사를 돌보았기 때문에 이 정치 수반을 일반적으로 "관백(關伯)"이라 하였고, 그를 왕(王)으로 생각하였다.

중국의 왕 책봉과 호칭

동양(東洋)의 고대문화의 중심지는 중국(中國)이었고, 주변국은 사대교린(事大交隣)을 하였다. 사대(事大)는 중국을 섬기는 것이고, 교린은 신라-고구려, 백제-일본, 조선-일본과 같이 교류하는 것이었다. 이런 사대(事大)의 대표적인 것이 왕이 중국의 책봉을 받고, 중국에 조공을 바치는 것이었다.

5세기 중국에서는 100 수십 년간 북쪽의 북위(北魏)와 남쪽의 송(宋)이 대립하여 남북조(南北朝) 시대를 이루었다. 남조(南朝)의 송 태조 무제(武帝)는 420년 제위(帝位)에 올랐다. 송 태조는 고구려의 장수왕(長壽王)을 정동대장군(征東大將軍)에, 백제의 전지왕(腆支王)을 진동대장군(鎭東大將軍)에 봉하였다. 이는 고구려와 백제가 이때 중국의 세력권에 들어 있음을 의미한다. 일본의 왜국 왕 진(珍)은 438년 안동장군(安東將軍)에, 478년 왜국 왕 무(武)는 안동대장군(安東大將軍)에 임명되었다. 이들 호칭이 다른 것은 커다란 의미를 지닌다. "장군"과 "대장군"은 급이 다르며, 장군의 칭호는 "安東 > 鎭東 > 征東 > 車騎" 대장군의 순으로 급이 높아진다(佐藤 外, 2017). 이로써 중국이 당시에 외교적으로 고구려, 백제, 일본을 어떻게 보고, 대했는가를 알 수 있다. 5세기에 일본은 우리에 비해 한참 아래였다.

여기서 재미있는 이야기 하나. 그것은 중국의 삼국시대, 관우(關羽)와 함께 촉한(蜀漢)의 유비(劉備)를 섬긴 장비(張飛)가 거기장군(車騎將軍), 서향후(西鄕侯)에 봉해졌다는 사실이다. 이는 유비에 있어 장비가 얼마나 큰 비중을 차지하는 인물이었던가를 잘 알게 한다.

군주(君主)를 가리키는 우리말은 고유어 "임금" 외에, "왕(王)·군(君)·주(主), 황(皇)·제(帝)" 같은 말이 있는데 이들은 다 "임금"으로 새겨지는 말이다. 그럼에도 우리는 근세의 대한제국(大韓帝國)을 제외하고, 반역(反逆)의 역사적 인물 이외에는 감히 "칭황(稱皇)", "칭제(稱帝)"를 해 보지 못했다. 이는 우리의 지정학적(地政學的) 조건에 말미암은 슬픈 과거사라 할 것이다. 일본은 우리와 달리 그 조건이 좋았던 셈이라 하겠다. [註, 佐藤信 外(2017), 詳說 日本史研究, 山川出版社]

제왕(帝王)을 뜻하는 우리말의 어원

우리말에서 제왕(帝王)을 지칭하는 고유어는 여러 가지가 쓰였다. 신라의 22대 지증왕(智證王) 때 중국식 시법(諡法)이 실시되어 "왕(王)"이라 하기 전에는 제왕을 고유어로 호칭 내지 지칭하였던 것으로 보인다. 이들 호칭 내지 지칭은 삼국사기 및 삼국유사 등에 보이는데, "거서간(居西干), 차차웅(次次雄), 니사금(尼師今), 마립간(麻立干)" 등이 그것이다.

"거서간(居西干)"은 신라 시조 박혁거세의 왕호로, 거슬한(居瑟邯)이라고도 하였다. 이는 "겨슬한", 또는 "겨슬간"으로 읽혀질 것으로 보이며, "살아계시는 왕, 또는 지배자"를 의미하는 말로 추단된다. "간(干), 한(邯)"은 "징기스칸(成吉思汗)"의 "칸(汗)"과 같이 제왕을 의미하는 말이었다. 지증왕은 "왕(王)"이라 하기 전에는 "마립간(麻立干)"이라 하였는데, "마립(麻立)"은 "마리(頭)"이고, "간(干)"은 왕, 또는 지배자를 가리킨다. 따라서 "마립간"은 "우두머리 간(干)", 곧 우두머리가 되는 지배자라는 말이다. "차차웅(次次雄)"은 남해 차차웅(南解次次雄)의 경우에 쓰였는데, 이는 존장자(尊長者)를 의미하는 말로, 오늘날의 "스승"에 이어지는 말이다. "니사금(尼師今)"은 "니질금(尼叱今)", 또는 "치질금(齒叱今)"이라고도 하는데, 이들은 "닛금"으로 읽혀질 말로, "계승되는 왕, 또는 신(神)"을 의미하는 것으로 풀이된다. "니사금(尼師今)" 등의 "금(今)"은 신(神), 또는 신성시하는 대상을 의미하였던 것으로 보인다. 이는 단군왕검(檀君王儉)의 "검(儉)"과도 같은 의미의 말이고, "곰" 토템

사상의 "곰"과 같은 말일 것으로 추단한다. 고대에는 이렇게 왕 내지 지배자를 지칭하여 "거서간, 자충, 마립간, 니사금"이라 하였고, 핵심적인 말은 "간(干), 금(今)"이라 하였다 할 수 있다.

그런데 이러한 말이 조선조에 와서는 "님, 님금, 님군, 님굼" 등으로 일러졌다. "님"의 용례는 용비어천가의 "數萬里△ 니미어시니(數萬里主)"가 그것으로, 여기서의 "님"은 이 태조(李太祖)를 가리킨다. "님금"은 "님(主)-금(今)"의 복합어로 "님"은 훈몽자회와 신증유합에 보이듯, "님 쥬(主)", 곧 주인을 의미한다. "금(今)"은 앞에서 살펴본 "검(儉)"과 같은 것으로, 신(神), 또는 신성시하는 대상을 의미한다. 따라서 "님금"은 "주상(主上)", 곧 주인이되는 지배자를 의미하는 말이라 하겠다. 이의 용례는 다음과 같이 용비어천가 등에 보인다.

* 님그미 피커시눌(君王出避) <용비어천가>
* 님금이 ᄀᆞ장 깃그시니 <월인석보>
* 님금 ᄠᅳ디 長常 眷顧ᄒᆞ샤미 겨시건마른(聖情常有眷) <두시언해>

"님굼"은 "님금"이 변한 형태이며, "님군"은 "임금 군"에 이끌려 "님금"의 "금"이 "군"으로 변화한 것이겠다. 이들의 예를 두어 개씩 보면 다음과같다.

* 님굼 셥교미(삼강행실도)/ 님굼 군(君) <훈몽자회 · 신증유합>
* 님군 우(禹) (석봉천자문)/ 하나라 님군 <오륜행실도>

그러면 위에서 언급한 "니사금(尼師今)" 계통의 말과 "님금"은 어떤 관계에 놓이는가? 이들 관계는 단정하기 힘들다. 별개의 말이라 할 수도 있고, "니사금(尼師今)" 계통의 "닛금"에서 "님금"이 변화된 것이라 볼 수도 있기 때문이다. 만일 같은 어원으로 본다면 "니사금> 닛금> 님금> 임금"의 변화 과정을 상정할 수 있을 것이다.

칭제(稱帝)의 짧은 역사

로마제국은 1세기가 넘는 긴 역사를 지녔는데, 우리는 역사적으로 겨우 14년의 제국을 가져 보았을 뿐이다. 개화기의 대한제국(大韓帝國)이 그것이다.

우리나라는 병자수호조약을 계기로 쇄국정책을 풀고 문호를 개방하게 되었고, 이후 열강의 각축장이 되었다. 동학란은 청·일이 군대를 파견하게 하는 구실을 주었고, 마침내 청일전쟁을 발발하게 하였다. 그리고 뒤를 이어 러시아 세력의 침투를 보게 되었고, 마침내 친러정부가 수립되었다. 이것이 1987년 수립된 대한제국(大韓帝國)이다. 새로운 제국을 수립하여서는 왕을 "황제(皇帝)"라 하고 연호를 광무(光武)라 하였다. 그러나 이 나라의 운명은 너무나 짧았다. 1910년에 한일합방(韓日合邦) 조약(條約)이 체결되어 일본에 국권을 강탈당해 대한제국은 멸망하고 말았다. 따라서 임금이 "황제(皇帝)"라고 칭제를 한 것은 겨우 14년 동안이었다.

(한글+漢字 문화, 2018. 6월호)

6. "아리랑"과 "노들강변"의 언어문화

"아리랑"의 연원과 그 어원

"아리랑"은 한국을 대표하는 민요로, 세계적인 노래다. 이는 2012년에 세계 무형문화재로 등재된 바 있다. 필자는 일찍이 50여년 전에 이 "아리랑"의 연원을 중심으로 "아리랑 考"(박갑수, 1963)를 발표한 바 있다. 그런데 "우리말 散策"을 하며 "아리랑"에 대해 한 마디 하지 않을 수 없다. 이에 "아리랑 고"를 중심으로 다시 한 번 "아리랑"에 대해 생각해 보기로 한다.

"아리랑"은 대체로 사랑을 날로 하여 농사나 자기 소원, 혹은 불만을 임기응변으로 씨를 삼아 노래한 것이다. 그리하여 이 노래에는 근대 서민 계층의 애환과 생활상이 여실이 반영되어 있다. 일본과 노령(露領) 등으로 품팔이 가는 농민, 도회로 팔려 나가는 처녀, 왜란(倭亂)·호란(胡亂)·동학란·기차 개통 등등이 소재가 되어 있다. 그러나 이는 무엇보다 꾸밈없이 솔직하고 절실한 순정이 표현되어 있고, 눈물이 날이만치 무사기(無邪氣)한 어린이를 대하는 듯한 느낌을 준다는 것이 그 특징이다(金志淵, 1935).

"아리랑"은 우리나라 전역에서 애창되고 있으며, 지방에 따라 별조(別調)가 많이 생겨났다. 정선아리랑, 진도아리랑, 밀양아리랑의 3대 아리랑은 자

생적 전통적 아리랑이며, 서울아리랑, 경기아리랑은 전통 아리랑의 변형으로, 인위적으로 변이된 "신민요아리랑"이다. 현재 수집된 아리랑의 노랫말은 3,000여 가지에 이른다(신기철, 한국문화대사전, 2008). 金志淵의 "朝鮮民謠ありらん"(1935)에는 26종의 "아리랑"이 소개되고 있다. "아리랑"의 유래, 곧 그 어원에 대해서는 여러 가지 설이 있다. "새백과사전"에도 5, 6종의 설이 소개되고 있다. 여기에서는 이들의 기조가 되는 것으로 보이는 金志淵의 "朝鮮民謠ありらん"을 중심으로 논의한 저자의 "아리랑 고(考)"(1963)를 중심으로 이 말의 연원, 곧 어원에 대해 살펴보기로 한다.

1. 아이롱설(我耳聾說) (歌謠大方家 南道山 氏 說)– 榮州郡豊基面殷豊洞)

대원군이 경복궁을 중건할 때 백성들은 "원납전(願納錢: 自願而納金의 뜻)"을 강제로 징수하는 성화에 시달렸다. 이때 한 유식자가 "但願我耳聾하야 不聞願納聲"이란 시가를 지었는데, 이를 부역군들이 창을 하게 되었고, 시 가운데 "我耳聾"이란 한자음이 전변하여 "아리랑"이 되었다는 설이다.

2. 아리랑설(我離娘說) (八能堂 金德長 氏 說)

경복궁 부흥공사 때 팔도에서 인부가 소집되어 한 달 이상 4, 5개월씩 부역에 종사하였다. 이에 실익주의(實益主義)로 14, 5세의 미동인 무동(舞童)을 장정의 어깨 위에 세워 노란 명주 수건을 양 손에 들고, 춤을 추면 부역군들은 노래를 불렀다. 이때 각 지방의 장끼인 노래와 소회를 펴면 탄성이 터져 나오는 노래도 있었다. 이 가운데 여러 달 객지 봉루방에서 새우잠을 자며 집을 떠난 소회를 노래한 "我離娘" 노래가 있었는데, "아리랑"은 이 "我離娘"에서 나왔다는 설이다.

3. 아난리설(我難離說) (尙州 姜大鎬씨 說)

진시황이 만리장성을 쌓을 때 부역군이 노로역역(勞勞役役)함을 자탄하여 노래하기를 "어유하 아다고(魚遊河 我多苦)"라 하였는데, 경복궁 공사도 이와 비등한지라 이를 모방하여 "魚遊河 我亂離"라 하였다. 고기는 물에서 자유롭게 노는데, 나는 이 고된 부역에서 벗어날 수 없다고(我難離此役) 읊은 것이다. "我難離"가 음전하여 "아라리"가 되었다는 설이다.

4. 아랑설(阿娘說) (密陽 金載璹 씨 說)

조선조의 밀양 군수 이 모(李某)의 딸이 방년 이팔로 용모가 매우 아름답고, 침선(針線)과 독서에 힘써 일군(一郡)의 남녀가 모두 사모하여 보기를 소원하였다. 이 때 통인(通引) 하나가 한번 보고 심취하여 그 정숙함과 설부화용에 욕망이 난망(慾望而難忘)이요, 불사이자사(不思而自思)되어 여광여취하였다. 이에 통인은 비단 옷감과 금옥산호의 패물로 유모의 환심을 샀다. 유모는 백화만발한 늦봄 삼오야에 영남루(嶺南樓)에 달구경을 가자고 아랑을 꾀었다. 완월(玩月)을 하고 누하에 내려오자 통인이 불의에 애랑의 손을 잡고 인근의 대숲으로 유인하여 야욕을 채우려 하였다. 애랑이 오히려 통매(痛罵)하고, 불응하자, 통인은 단도로 아랑을 죽전고혼(竹田孤魂)이 되게 하였다. 원은 갈리고, 원귀가 된 아랑은 신원(新員)에게 복수를 호소하였는데, 그 때마다 새 원은 겁에 질려 기절하니 아무도 밀양(密陽) 원이 되고자 하지 않았다. 이때 총명 담대한 李上舍라는 사람이 원을 자원하여 아랑의 애소(哀訴)를 듣고 통인과 유모를 문초하여 적년지한을 풀었다. 그 뒤 밀양 사람들은 아랑의 정렬(貞烈)을 사모해 "阿娘" 노래를 부르게 되었다. "아리랑"은 이 "아랑(阿娘)"에서 연유한다는 설이다.

5. 아랑위설(兒郞偉說) (尙玄 李先生說)

집을 지을 때 상량문을 짓게 되는데, 곧 "포량상(抛樑上) 포량하(抛樑下) 포량동(抛樑東) 포량서(抛樑西) 포량남(抛樑南) 포량북(抛樑北)"의 육구(六句)로 시를 짓는데 이는 상량을 축하하는 것이다. 그리고 아랑위(兒郞偉)라고 쓰는데

"아랑위"는 터주가 이 집을 잘 지키어 세세 번창하도록 해 달라는 주문(呪文)이다. 이 "아랑위"가 아리랑이 되었다는 설이다.

6. 알영설(閼英說) (慶州 傳說)

신라 시조 박혁거세의 비 알영(閼英)은 알영정(閼英井)에서 용의 오른편 옆구리에서 태어나 우물 이름을 따 알영이라 하였다 한다(삼국사기). 비는 덕용(德容)과 현행(賢行)이 있어 당시 사람들이 왕과 더불어 이성(二聖)이라 일렀다. 왕비는 왕이 육부를 순무할 때 배종(陪從)하여 친히 농잠을 권장하였으므로 그 혜택을 노래하노라 "알영 알영" 하였다. 이것이 "아리랑"의 시작이라 보는 설이다. 발음상 "알영> 아령> 아리령"이 되었다고 보고, 방증으로는 석굴암 부근에 알영정이 있고, 불국사 부근에 알영천이 있으며, 그 중간 곧 석굴암에서 불국사로 가는 도중의 험준한 고개를 "아리랑 고개"라 한다는 것이다.

7. 의음설(擬音說) (새 百科辭典說)

"아리랑"이 우리나라 피리 따위 악기의 의음에서 온 것이라 보는 설이다. "새 백과사전"에서는 ① 아랑설(阿娘說), ② 알영설(閼英說), ③ 아이롱설(我耳聾說), ④ 아난리설(我難離說), ⑤ 아리랑설(我離娘說) 등을 소개하고, 다음과 같이 언급하고 있다. "그러나 모두 신빙하기 어려움. 결국 아리랑은 한국의 피리 따위의 의음에서 온 것이라 하겠음." <아리랑 項>

8. 알라고개 說 (李丙燾 氏 說)

사학자 이병도는 아리랑 노래를 유민(流民) 사실과 관련지어 고찰하면서 "아리랑"을 그 내용으로 보아 지명이라 단정하였다. 그리고 이 "아리랑 고개"는 저명한 정치적 경계선, 고대 북에서 남으로 내려오는 교통로의 중요한 경계선을 의미해야 하므로, 관서(關西), 관내(關內)의 관(關), 곧 자비령(慈悲嶺), 특히 동선령(洞仙嶺) 고개가 그것이라 하였다. 그리하여 널리 낙랑(樂浪)의 남계(南界)를 이루고 있던 자비령에 상도하여 "樂浪"이 "아라", 혹은 "알라"의 음역(音譯)이라 보고, "아리랑"과 "아라"는 "알라(樂浪)" 그것이며, "아리랑 고개"는 낙랑의 남계인 자비령(동선령)에 불과하다고 보았다.

그리고 아리랑 곡의 유래는 낙랑은 정치적 변동이 심하여 그 때마다 토착민이 정든 고국을 버리고 남하하게 되어, 이 이민들이 고국의 국경선인 관문, 즉 "알라고개"를 넘을 때 비참하여 오늘날 "아리랑 아리랑 아라리요, 아리랑 고개를 넘어간다."는 비창한 곡조가 유민들의 입을 통하여 흘러나온 것이라 보았다.

9. 불명설(不明說) (대백과사전설)

기원은 알 수 없고, 1870년 대원군이 경복궁 부흥 때문에 인부를 모집할 때 북한(함경도)의 토공들이 이 노래를 부른 데서 널리 퍼졌다고 보는 설이다.

高晶玉씨도 대동소이한 설을 펴고 있는데, 그는 "집단노동의 리듬과 감정이 낳은 새로운 노래"라는 것에는 수긍하길 꺼리고, 다만 경복궁 중수공사 이후 각 지방으로의 전파만을 시인하고 있다.

"아리랑"과 "쓰리랑", 그리고 쓰라린 삶

"아리랑"의 의미는 실사(實辭)일 가능성과 의음일 가능성의 두 가지가 있다. 앞에서 살펴본 "의음설(擬音說)" 외에는 모두 실사의 가능성을 생각하고, 그 의미를 구체적으로 살피고자 한 것이다.

그런데 이와는 다른 의미 규정을 한 것으로 볼 수 있는 것도 있다. 그것은 어희(語戲)로서의 의미다. 달리 말하면 곁말로서 의미 규정을 하는 것이다. 이는 "아리다"의 "아리"로 보는 것이다. 먼저 진도아리랑과 밀양아리랑의 노랫말부터 보기로 한다.

  * 아리 아리 쓰리 쓰리랑/ 아라리가 낫네/ 아리랑 응응응 아라리가 낫네
    <진도아리랑>
  * 아리 아리랑 쓰리 쓰리랑/ 아라리가 났네/ 아리랑 어절시구 날 넘겨 주소
    <밀양아리랑>

  위의 가사에 보이는 "아리, 아리랑"의 "아리"를 맵거나, 다쳐서 알알하다
는 "아리다"의 어간 "아리"로 보는 것이다. "아리다"의 의미를 구체적으로
사전에서 찾아보면 "①혀끝을 찌를 듯이 알알한 느낌이 있다, ②상처나 살
갗 따위가 찌르는 듯이 아프다, ③마음이 몹시 고통스럽다."로 되어 있다.
  "아리랑"은 그 내용으로 보아 첫째 뜻 고추나 마늘을 먹어 찌를 듯한 고
통을 느끼는 것은 아니다. 둘째 뜻 상처에 자극을 주는, 찌를 듯한 아픔도
아니다. 이는 마음의 고통이다. 정든 고향 땅을 등지고 목에 풀칠하기 위해
타관을 전전하거나, 도시로 팔려 나가는 설움, 가지가지 전란에 떠돌아야
했던 서러움이다. 마침내는 나라를 잃은 망국(亡國)의 슬픔도 더해진다. 이
렇게 "아리랑 아리랑 아라리오"의 "아린 것"은 마음의 상처다. 말을 바꾸
면 "한(恨)"이다. 이는 "아리 아리 쓰리 쓰리랑", "아리 아리랑 쓰리 쓰리랑"
의 자통(刺痛)을 뜻하는 "쓰리다"의 "쓰리"를 대조시킴으로 아린 강도가 배
가된다. 여기서 "쓰리다"의 의미도 사전에서 확인해 보면, "①쑤시는 것같
이 아프다, ②몹시 시장하거나 과음하거나 하여 배 속이 가북하다, ③마음
이 쑤시는 것처럼 아프고 괴롭다."라 되어 있다.
  "아리랑"에 쓰인 노햇말 "쓰리다"는 주로 셋째의 뜻, 마음의 고통임은
말할 것도 없다. "아리다"와 "쓰리다"는 "쓰리다"가 쓴맛이 더한 고통임을
나타내는 것 외에는 비슷한 뜻의 말이다. 그래서 "아리랑, 쓰리랑"은 유의
어를 대조시켜, 그 의미를 강조한 것이다. 말하자면 이들의 복합어라 할
"쓰라린(쓰리고-아린)" 한을 노래하였다. "아리랑"에는 애환(哀歡)이 담겨 있
다고 하나 주조(主調)는 역시 한과 슬픔이다. 그러나 이런 "아리고 쓰린" 한

을 간직하고도 우리 겨레는 유음어의 어희(語戱)를 즐길 정도로 여유가 있다. "아리랑, 쓰리랑"은 멋진 곁말의 수사(修辭)다.

"노들강변"과 "노돌강변"

민요 아리랑을 보았으니 다음에는 이에 버금간다고 할 신민요 "노들강변"을 보기로 한다. 이 노래는 만담가 신불출(申不出)이 작사하고, 문호월(文湖月)이 작곡하고, 박부용(朴芙蓉)이 노래한 것으로, 1930년 이래 민요화한 것으로 알려진다. 이 노래는 3절로 되어 있는데, 그 1절을 보면 다음과 같다.

> 노들강변 봄버들 휘휘 늘어진 가지에다
> 무정세월 한 허리를 친친 동여 매어 볼까
> 에헤요 봄버들도 못 믿으리로다
> 푸르른 저기 저 물만 흘러 흘러서 가노라.

이 노래는 서울 노량진(鷺梁津)에 있는 한강변의 봄 버들을 노래한 것이다. 노량진은 강북의 용산을 마주한 강남의 나루이다. 이 나루는 노량진(鷺梁津)이라 하는 외에 "노량도(露梁渡), 노도진(露渡津), 노도(露渡)", 그리고 "노들나루"라 하였다. "노량"을 "鷺梁", 혹은 "露梁"이라 적는 것으로 보아 이는 한자 지명이 아니었음을 알 수 있다. 이곳의 지명은 "노돌"이었던 것이다. 따라서 민요 "노들강변"도 "노돌강변"이 변음된 것이라 하겠다. 민요 "노들강변"의 어휘 "노들"은 검토 대상이요, 시비의 대상이 된다.

"노량진(鷺梁津)"의 "梁"자는 "돌 량(梁)"자다. 여기서 "돌"이란 "돌 치고 가재 잡는다"는 "돌"이요, "도랑"을 가리키는 말이다. 이는 "손돌이추위"로 잘 알려진 "손돌"의 경우도 마찬가지다. 이는 용비어천가(龍飛御天歌)에 보이는 "좁을 착(窄)"자와 "돌 량(梁)"을 쓰는 지명으로, 경기도 김포군 대곶면 신안리와 강화군 불은면 사이에 있는 문자 그대로 좁은 해협이다. "돌 양 (梁)"자가 해협을 의미하는 경우는 또 "노량(露梁)"과 "명량(鳴梁)"이 있다. "노량"은 임진왜란 때의 세 대첩지(大捷地) 가운데 하나다. "노량"은 "노돌", 또는 "노돌목"이라고도 하는데 경상남도 하동(河東)과 남해도(南海島) 사이에 있는 해협이다. 국사대사전에는 "노돌목=鳴梁"이라고 "노돌목"을 "명량(울 돌목)"이라 보기도 한다.

이렇게 "梁"자의 새김은 "돌"이다. 따라서 "노량진(鷺梁津)"은 당연히 "노 돌나루"가 돼야 하는 말이다. 이 "노돌나루"가 언젠가 변한 것이 "노들나 루"요, "노들강변 봄버들 휘휘 늘어진 가지에다"라 노래 불리는 "노들강 변"도 "노돌 강변"이다. "鷺梁"은 "노돌"의 한자 표기다. 따라서 "노들"은 당연히 "노돌"이 돼야 하는 말이다. "노돌", 혹은 "노들"은 "노도진(露渡津), 노도(露渡)"라 한자로 표기한 것으로 보아 "노"만이 지명이었을 수도 있다. 그렇게 보면 "노돌"은 "노라는 돌", "노들"은 "노라는 들"이 된다. 그러나 가의(歌意)로 볼 때 이는 역시 "노라는 들"이기보다는 "노돌"이라야 문맥에 어울린다.

"돌 량(梁)"자는 의미의 면에서도 검토의 대상이 된다. "梁"자는 훈이 "돌"이요, "거(渠)"자 역시 "돌 거(渠)"자다. 그리고 이 "돌"은 "도랑"을 의미 한다고 본다. 국어사전에서는 "돌"을 "도랑"의 옛말이라 보고, "도랑"은 "매우 좁고 작은 개울"이라 풀이하고 있다. 그런데 "鷺梁津"의 "노돌"은 한 강을 가리키고, "손돌(窄梁)"의 경우는 강화도 앞바다인 해협(海峽)을 가리킨 다. 역사적으로 유명한 "노량(露梁)", "노돌", "노돌목"은 하동(河東)과 남해도 (南海島) 사이의 해협이고, "명량(鳴梁)"은 "울돌", "울돌목"이라 하는 곳으로, 해남군 문내면 학동리 끝과 진도군 군내면 녹진리 사이의 좁은 해협이다. 이곳은 제일 좁은 곳이 29m밖에 되지 않으며, 유속(流速)이 매우 빠르다. 그 래서 충무공은 이곳의 유속과 쇠사슬을 이용해 명량해전을 승리로 이끌었 다. "돌"은 이렇게 "좁고 작은 개울"의 의미만 있는 것이 아니다. 강이나 바다의 "물골", "물목"을 의미한다. 이런 점에서 "노돌목, 손돌목, 울돌목" 과 같은 지명은 매우 의미가 있다. 여기의 "목"이란 "목 항(項)"을 뜻하며, 우리가 "병목현상"이라 하듯 좁은 곳을 의미하는가 하면, 흐름을 전제한다. 이는 물론 "물목"을 의미하고, 물길 "물골"을 가리킨다. 그래서 "목"은 "울 돌목"과 같은 급류를 이루기도 한다. 이중환(李重煥)의 택리지(擇里志)에 보이 는 명량해전의 묘사는 이런 면에서 "돌"의 의미를 다시 새기게 한다.

> 왜(倭)의 수군이 남해에서 북쪽으로 올라오매, 이순신이 쇠사슬로 여울 위
> 를 가로막고 왜군을 기다렸다. 왜선이 여울 위에 다다르자 쇠사슬에 걸려 거
> 꾸로 뒤집히고, 여울 위의 배는 낮은 곳이 보이지 않아 곤두박질치는 것을 알
> 지 못하고 그 여울물을 타고 곧장 내려가는 줄만 알았다. 돌다리에 가까울수
> 록 수세가 급해, 배는 빠른 물살에 말려 들어갔다가 돌아나올 틈이 없어 500
> 척이 한꺼번에 모두 빠져 한 척도 남아서 돌아가지 못하였다.

참고 문헌

高晶玉(1949), 朝鮮民謠研究
金志淵(1935), 朝鮮民謠ありらん
신기철(2008), 한국문화대사전, 한국문화대사전 간행위원회
李丙燾(1958), 書齋餘滴, 耕文社
朴甲洙(1963), 國文學의 傳統論考, 국어교육, 국어교육연구회

(한글+漢字 문화, 2019. 9월호)

7. 달 탐사선 창어(嫦娥)와 금기(禁忌)

"상아(嫦娥)"는 "항아(姮娥)"의 다른 이름

새 해 벽두에 중국발(中國發) 역사적 쾌거의 소식이 전해졌다. 1월 3일, 달의 뒷면에 인류 최초로 달 탐사선을 착륙시켰다는 것이다. 그리고 통신위성을 통해 지구와의 교신(交信)이 가능해졌다 한다.

달은 자전(自轉)과 공전(公轉)의 주기가 같기 때문에 우리는 언제나 달의 앞면만 보고 뒷면을 보지 못하였다. 그리고 달의 뒷면에서는 지구와 교신(交信)이 안 돼 어떤 나라도 그간 탐사에 손을 대지 못하였다. 그런데 중국에서 달 착륙선과 함께 통신위성을 띄워 교신을 하게 함으로 달의 뒷면 탐사를 할 수 있게 되었다. 아폴로가 달에 착륙한 지 50주년이 되는 해에 듣게 된 반가운 소식이다.

달 탐사선의 이름은 "창어(嫦娥) 4호"라 한다. "창어"는 물론 중국어이며, 우리말로 하면 "상아"로 달의 여신(女神)을 가리키는 말이다. 따라서 탐사선 이름이 "창어"라고 할 때는 물고기 이름 같기만 하던 것이, 달의 여신 "상아"라 하게 되니 금방 명명의 배경이 이해된다. "창어", 곧 "상아"는 "항아(姮娥)"의 다른 이름이다. 우리에게는 달의 여신이 "상아"가 아닌, "항아"로 더 잘 알려져 있다. 본래의 이름도 "항아"였다. 그러면 왜 본래의 이름 "항아"가 "상아"로 바뀐 것일까? 그리고 "항아"의 이칭(異稱)인 "상아"를 달 착륙선의 이름으로 한 것일까? 여기에는 그만한 문화적 배경이 있다. 기휘(忌諱) 문화다. "휘(諱)"자는 "꺼릴 휘, 죽은 사람 이름 휘"자로, "입 밖에 내어 말하기를 꺼리는 것"이고, 특히 "죽은 사람의 이름을 밝히지 않고 숨기는 것"을 의미한다. 이를 동사로 쓸 때는 "휘하다"라 한다. 따라서 이는 바꾸어 말하면 이름에 대한 금기(禁忌)이고, 터부(taboo)이며, 그러한 문화로 말미암아 "항아"를 "상아"라 하게 된 것이다.

그러면 구체적으로 "항아"를 "상아"라 하게 된 데에는 어떤 금기가 작용한 것인가? 그것은 단도직입적으로 말해 한(漢) 나라 문제(文帝)의 이름이 "항(恒)"이었기 때문이다. 그래서 달의 여신 이름 "항아(姮娥)"의 "항(姮)"이 동음어이어 입에 내는 것을 꺼려 "상아(嫦娥)"라 바꾼 것이다.

이러한 휘명(諱名)의 예는 많이 있다. 한(漢) 고조의 부인인 여후(呂后)의 이름은 "꿩 치(雉)"자 "치(雉)"였기 때문에 꿩을 "야계(野鷄)"라 하였으며, 당 고조의 이름은 "못 연(淵)"자였기 때문에 유명한 시인 도연명(陶淵明)은 "도천명(陶泉明)"이, 고구려의 장군 연개소문(淵蓋蘇文)은 "천개소문(泉蓋蘇文)"이 되어야 했다. 송(宋) 나라 무공(武公)의 이름은 "사공(司空)"이어 벼슬 이름 "사공(司空)"이 "사성(司城)"으로 바뀌었으며, 진(晉) 나라 무제(武帝) 때의 대장군 양호(羊祜)는 그의 사후에 "실호(室戶)"의 "지게 호(戶)"자를 "문 문(門)"자로 바꾸어 "실문(室門)"이라 하게 하였다. 예의 문제(文帝)의 이름 "항상 항(恒)"자와 달의 신인 "항아(姮娥)"의 "계집이름 항(姮)"자와, 양호(羊祜)의 이름 "복 호(祜)"자와 "지게 호(戶)"자는 물론 서로 같은 한자도 아니다. 이들은 동음어라는 이유로 휘명(諱名)을 한 것이다. 이렇게 같은 글자는 말할 것 없고, 동음어까지 기휘하였다. 그래서 중국의 한 나라 때에는 더구나 달의 여신의 이름은 "항아" 아닌, "상아"라 해야 하였다. 그리고 이 "상아(嫦娥)"란 이름이 달 탐사선의 이름으로까지 채택된 것이다.

그러면 여기서 달의 여신인 "항아"가 달의 여신이 되기까지의 신화(神話), 내지 전설적 이야기를 간단히 덧붙여 "항아"에 대한 이해를 돕기로 한다. 그녀는 본래 달의 신이 아니었다. 그녀는 유궁(有窮)이라는 나라의 군주인 후예(后羿)의 아내였다. 예(羿)는 서왕모(西王母)로부터 불사약(不死藥)을 얻어 항아와 나누어 먹으려 하였다. 그런데 항아가 이를 훔쳐 먹고 신선이 되어 월궁(月宮)으로 도망을 갔다. 그래서 거기서 달의 신이 되었다. 달 탐사선 "창어"란 이런 문화적인 배경을 지닌 여인이다. 다음에는 통신위성의 이름에 대해 살펴보기로 한다.

통신위성 "췌차오(鵲橋)"와 "오작교(烏鵲橋)"

지구에서 보이지 않는 달의 뒷면에서는 통신이 끊겨 그 동안 달의 뒷면 탐사가 이루어지지 못하였다. 중국에서는 이 달의 뒷면과 교신할 수 있게 달의 주위를 도는 통신위성을 달 착륙선과 함께 쏘아 올려 이를 극복하였다. 이로 인해 달 착륙선이 보내오는 전파를 이 통신위성이 받아 지구와 교신할 수 있게 되었다. 이 위성의 이름이 "췌차오(鵲橋)"이다. 쉽게 우리 식으로 말하면 오작교(烏鵲橋)가 된다.

"췌차오"란 "작교(鵲橋)", 곧 "까치다리"란 말로, 이는 칠월 칠석, 견우(牽牛)와 직녀(織女)가 만난다는 낭만적 전설에 등장하는 다리에 유래하는 말이다. 초현대적 우주과학(宇宙科學)에 낭만적 전설을 결합한 이름이다. 그런데 견우·직녀의 설화는 본래 중국의 전설로 중국과 우리가 공유하는 것인데 그 이름이 "오작교(烏鵲橋)"가 아니어 우리에게는 낯이 설다. 이는 중국과 우리의 설화가 달라 차이를 보이게 된 것이라 하겠다. 견우와 직녀는 은하수(銀河水)를 사이에 두고 그리워하며 지나다가 1년에 한번 음력 7월 7일 밤에 만난다. 둘 사이에는 은하수가 가운데 있으니 물을 건너거나 다리를 건너야 만날 수 있다. 전설은 다리를 건너게 하는 것으로 되어 있다. 중국과 한국의 언어문화(言語文化)가 이때 차이를 보인다. 중국에서는 이들 정인(情人)을 위해 까치가 다리를 놓아 준다. 그래서 그 다리를 "까치 작(鵲)"자를 써서 "작교(鵲橋)"라 한다. 중국에도 오작교(烏鵲橋)란 말이 있다. 이때도 "오작"이 까치를 의미한다. "오작"은 까치란 뜻도 지닌다. 우리는 "오작교(烏鵲橋)"가 까막까치의 다리를 의미 한다. 문화가 달라 말이 달라진 것이다. 여하간 달 착륙선과 지구를 이어 주는 통신위성의 이름을 "췌차오(鵲橋)", "작교(鵲橋)"라고 한 것은 안성맞춤의 명명이다. 그것은 작교, 혹은 오작교가 견우와 직녀를 만나게 하듯, 통신위성은 달과 지구를 이어 주는 다리 역할을 하기 때문이다.

견우와 직녀의 설화는 중국에서만도 변종이 많다고 한다. 우리 설화는 칠월칠석에 견우와 직녀가 만나는 것이 전부라 할 정도로 간단한 것인데, 중국의 설화는 여기에 복잡한 내용을 곁들인 사랑의 설화이다. 견우는 조실부모(早失父母)하고 형수에게 학대를 받으며 자랐다. 그는 분가할 때 겨우 늙은 소 한 마리를 받았다. 직녀는 천상의 선녀였다. 견우는 늙은 소(본래 金牛星이 하계한 것이다)의 권유로 지상에 목욕하러 내려온 직녀의 옷을 훔쳐 부부가 되어 일남일녀를 낳고 단란하게 살았다. 이때 서왕모(西王母)가 직녀를 천상으로 데려가려 하자, 견우는 직녀를 놓치지 않으려고 그녀를 좇아갔다. 그러자 서왕모는 은하수를 만들어 견우가 좇아오지 못하게 해 그들은 은하수를 경계로 나뉘게 되었다. 그러자 상제(上帝)는 이들을 가엾이 여겨 1년에 한번 칠월칠석에 만나게 하였다. 까막까치가 아닌, 까치들은 이를 알고 다리를 놓아 둘이 만나게 한다는 것이 큰 줄거리이다. 이는 우리의 "나무꾼과 선녀"라는 전설과 많이 닮은 이야기다.

그리고 여기서 하나 확인해 둘 것은 견우와 직녀가 칠월칠석에 어디서 만나느냐 하는 것이다. 직녀성이 있는 은하수 북쪽일까, 아니면 견우성이 있는 은하수 남쪽일까? 중국의 전설은 이도 저도 아닌 작교(오작교) 위에서 만나는 것으로 되어 있다. 일 년에 한번 만나는 정인의 만남치고는 너무도 아쉬운 만남이라 하겠다.

"젓가락"의 어원과 "저(箸)"

달 탐사선 "창어"에 이어 "췌차오(鵲橋)" 이야기를 하느라고, 금기 이야기에서 좀 벗어났다. 그러면 다시 본론으로 돌아가 금기어(禁忌語) 이야기를 하기로 한다.

우리는 식사할 때 숟가락과 젓가락을 사용한다. 소위 시저(匙箸) 문화다. 중국이나 일본의 문화는 이 두 가지를 사용한다고 하나 젓가락을 주로 사용하는 젓가락문화라 할 수 있다.

중국에서는 일찍부터 숟가락을 사용하였다. 이를 비(匕)라 하였다. 이는 취반(取飯), 곧 밥을 먹는데 사용한 것으로 보인다. 그래서 이를 오늘날의 반시(飯匙)로 본다. 그러나 오늘날 우리가 숟가락이라 하는 중국의 "시(匙)", 또는 "시자(匙子)"는 일반적으로 우리가 티 스푼이라고 하는 다시(茶匙)로, 손잡이가 짧은 숟가락, 또는 작은 숟가락을 가리킨다.

문제는 젓가락인데, 중국에서는 젓가락을 "저(箸), 협(梜), 쾌(筷)"라 한다. "저(箸)"에 대해 설문해자(說文解字)는 "반기(飯敧)"라 하고 있고, 湯可敬(1997)은 밥 먹을 때의 공구인 젓가락 "쾌자(筷子)"라 하고 있다(박갑수, 2017). "협(梜)"은 "저(箸)"와 같은 젓가락으로, 이들은 재질이 하나는 나무이고, 하나는 대나무라는 것이 다를 뿐이라 본다. 이에 대해 "쾌(筷)"나 "쾌자(筷子)"는 "저(箸)"와 같은 젓가락으로, 이들은 금기(taboo)에 의해 새로 만들어진 글자인 동시에 신어라 본다. 물론 새로 만들어진 글자라고 하나 이는 요새 만들어진 것이 아니고, 그 용례가 이미 명(明)나라 때의 수필에 보이는 수백 년이나 된 것이다.

젓가락을 뜻하는 "저(箸)"는 그 발음이 [zh'u]다. [zh'u]는 "주(住)"자와 동음으로, "주(住)"자는 "살다, 정주하다"라는 뜻 외에 "머물다, 정지하다, 그치다" 등의 의미를 지닌 말이다. 그런데 중국의 남방, 특히 양자강 하류에는 종횡무진의 수로(水路)가 있고, 이것이 중요한 교통수단이 되었다. 남북을 이어 주는 대운하(大運河) 등은 옛날부터 교통 및 수송의 대간선으로, 여기서는 배가 사람들의 이동과 물산(物産)의 수송에 없어서는 안 될 수단이다. 그런데 지난날의 배란 오늘날과 달리 범선(帆船)이라 바람에 의지해야 했다. 그래서 바람이 없는 경우에는 운항을 하지 못하고 서 있어야 한다. 이는 운송업자나 여행객의 입장에서 큰 문제였다. 이러한 상황에서는 며칠씩 여행을 해야 하는 경우 배에서 식사도 하여야 한다. 배에서 식사를 할때 젓가락을 "zh'u(箸)"라 하게 되면, 그것은 "머물다, 정지하다, 그치다"란 의미의 "zh'u(住)"를 떠올리게 하여 조짐이 좋지 않다. 바람이 불지 않을까 보아 걱정한 것이다. 그리하여 이 말을 피하게 되었다. 금기하였다. "저(箸)"라는 이름 대신, 배가 서 있지 말고, 빨리 달리라는 의미의 말로 바꾸게 되었다. "箸"자와 같은 "대 죽(竹)"자 아래 "빠를 쾌(快)"자를 써 젓가락을 뜻하는 말을 새로 만든 것이다. 이것이 "쾌(筷)"라는 글자요, 말을 만든 배경이다. "쾌자(筷子)"란 이 "筷"자에 접미사 "子"자를 더한 말이다. 중국어의 젓가락을 뜻하는 말 "쾌(筷)"는 이렇게 배라는 특수한 상황에서 "저(箸)"가 "머물다, 서다, 그치다"란 뜻을 나타내는 동음어 "주(住)"를 연상케 해, 이 말을 피하기 위해 "빨리 달리라"는 의미의 글자를 새로 만든 것이다. 금기(禁忌)를 위해 신어(新語)를 조어한 것이다.

수저를 이르는 중국어는 사기(史記)에 "비저(匕箸)"라는 말이 쓰이고 있다. 이 말은 한대(漢代)부터 쓰인 것으로 보인다. 그러나 우리의 한자말 "시저(匙箸)"라는 말은 중국어에는 보이지 않는다. 그리고 젓가락을 뜻하는 우리의 "저(젓가락)"란 말은 한자어 "저(箸)"와 같은 말로 보이나 그렇게 보지는 않는다. "箸"의 발음은 "뎌"이고, 조선 초기의 문헌에 젓가락은 "金盤과 玉져왜"(두시언해)와 같이 "져"로 쓰이고 있기 때문이다. "젓가락"은 물론 "저-ㅅ-가락(가늘고 긴 막대)"의 복합어이다.

"원래"의 한자는 "원래(元來)"

"본디·최초"를 뜻하는 "원래"라는 말을 우리 사전은 "元來/ 原來"와 같이 두 가지로 적고 있다. 그렇다면 이는 본래 두 가지로 적게 된 말인가? 아니면 어떤 하나가 본디 말이고, 다른 하나가 새로 생긴 말인가? 결론부터 말하면 이는 본디의 한자가 있었는데, 중국에서 금기, 곧 터부에 의해 한자를 바꿔 쓰게 된 말이다. 그런데, 우리는 이 가운데 하나를 취하지 않고, 둘을 아울러 수용하고 있는 경우이다.

"원래"의 한자 표기는 "원래(元來)"였다. 그런데 이것이 "원래(原來)"로 바꿨다. 이는 중국의 왕조(王朝)와 관련이 있다. 칭기즈칸(成吉思汗)의 손자인 쿠빌라이(忽必烈)가 1271년 지금의 북경(北京)을 수도로 하여 몽고족의 원(元) 나라를 세웠다. 원 나라는 한민족(漢民族)을 다스리기 위해 일종의 인종 차별 정책을 폈다. 몽고인·색목인(色目人: 이란인 등 서방인)·한인(漢人)·남인(南人: 남송의 지배하에 있던 사람들)의 네 계급으로 나누어 정치 경제 등 모든 면에서 한족을 차별 대우하였다. 한인과 남인들은 이러한 체제하에서 문화민족의 긍지를 짓밟혀 참을 수 없어 했다. 한민족의 자부심은 땅에 떨어졌고, 그들은 굴욕의 생활을 해야 했다. 이러한 생활이 약 100년 지속되었고, 1368년 마침내 주원장(朱元璋)이 남경(南京)을 수도로 하여 명(明) 나라를 세움으로 한족은 이민족인 원(元)의 압제에서 벗어나게 되었다.

이때 한족은 본래 사용하던 "본디"를 뜻하는 "원래(元來)"라는 말의 사용을 꺼리게 되었다. 그것은 "원래(元來)"라는 말이 "원(元)이 온다(來)"는 뜻이 되어 "원나라가 다시 온다"는 악몽에 사로잡히게 되어 이 말을 피하게 되었다. 그리하여 그들은 "元來"라는 말의 "으뜸 원(元)"자를 같은 발음의 "근본 원(原[yu'an])"자로 바꾸어 "원래(原來)"라 하였다. 이렇게 "원래"라는 말은 본래 "元來"라 하던 말의 "으뜸 원(元)"자를 "元나라"를 가리키는 말로 받아들여 이 말을 금기함으로 동음의 "原來"라는 말로 바꿔 쓰게 된 것이다. 그래서 중국의 "現代漢語詞典"(상무인서관, 2006)에는 "元來"라는 말이 표제어로 실려 있지 않다. 일본에서는 본래대로 "元來"라 쓴다. 이에 대해 우리는 이들 두 한자 표기를 아울러 수용하고 있다. 다만 우리 언어 현실은 "근본 원(原)"자를 좀 더 많이 쓰는 것 같다. 인생도 묘하지만 언어세계도 참으로 묘한 세상이다.

(한글+漢字 문화, 2019. 3월호)

8. 달과 요일(曜日)의 이름

해가 바뀌면 새 달력을 건다. 우리의 달력은 "일, 월, 화…"순으로 한 달의 날짜를 배열해 놓았다. 왜 "월·화·수…"가 아닌가? 일주일의 이름은 어떻게 붙여진 것인가? 이런 것을 아는 사람은 별로 없다. 그럼에도 무심하다. 이번에는 이런 무심한 문제를 살펴보기로 한다.

"해(日)·해(年)·해(歲)"의 상호관계

우리의 "해"는 "태양(太陽)"을 의미한다. 그런데 "새해"의 "해"는 분명히 "태양"은 아니다. 그러면 다른 말일까? 아니, 같은 말이다.

고어에서 "해"는 "히"라 하였다. 그리고 이는 태양만이 아니라 "연월(年月)"의 "연(年)"도 함께 의미하였다.

* 히 디여가디 그 지븐 光明이 비칠씨 <월인석보>

* 여슷 히롤 고행(苦行)호샤 <석보상절>

* 해 셰(歲), 해 년(年) <신증유합>

"히 디여가디"는 "해가 져 가되"란 "태양"을, "여슷 히롤"은 "육년"을 의미한다. 이렇게 "히"는 의미변화를 보인다. "신증유합"의 예에 보이듯, "연월(年月)"의 의미도 가지게 되었다. 복잡한 세상을 살아가자니 다의화(多義化)한 것이다. 따라서 "히"에는 천체인 태양만이 아니고, "연(年)"이나 "세(歲)"와 같은 추상적인 의미도 있다. "달(月)"의 경우도 마찬가지다. "달"은 천체로서의 "달"과 함께 "연월(年月)"의 "월(月)"도 의미한다. "코로나19로 말미암아 때 아닌 방학으로 한두 달을 쉬게 되었다"가 그 예다.

"히"는 의미의 확장도 보이지만, 이음동의어(異音同義語)도 있다. "날"이 그것이다. "날와 달와"<능엄경>, "구틱야 날비츨(日光) 덮어 무삼하리오."<관동별곡>의 "날"이 그것이다. 이 "날"도 일용직의 "날품, 날일꾼"과 같이 지구가 자전하는 24시간이란 동안을 의미하기도 한다. 고어에도 "나롤 허비(虛費)ᄒ리로소니(費日)"<두시언해>와 같이 일찍부터 쓰였다. 이렇게 말은 생명체와 같아 변화하고, 생성·소멸하는 묘한 존재다.

"섣달"의 의미와 달 이름

우리의 달 이름은 서양의 경우와는 달리 일반적으로 서수(序數)에 "달", 또는 "월(月)"을 붙여 나타낸다. 따라서 이들의 어원(語源)은 별로 문제될 것이 없다. 다만 문제가 되는 것이 있다면 그것은 서수와 결합되지 않은 "동짓달"과 "섣달" 정도이다.

"동짓달"은 11월을 가리키는 말이다. 이는 동지 팥죽을 먹는 "동지(冬至)"와 "달"이 합성된 혼종어(混種語)이다. 동지(冬至)가 들어 있는 달이라 하여 이런 이름이 붙은 것이다. "지월(至月)"이라 하는 것도 여기에 쓰인 "이르지(至)"자가 "동지"를 의미하는 말이다. 조선시대에는 "하동지사(賀冬至使)"라 하여 동짓달에 신년 하례 사신을 중국에 보내었다. "동짓달"을 "상월(霜月)"이라 하는 것은 서리가 내리는 계절임을 나타낸다.

"섣달"은 음력 12월을 이른다. 이는 "설이 들어 있는 달"이란 의미의 말로, "설-ㅅ-달"이란 구조로 된 말이다. 역사적으로는 설이 이 달에 들어 있기도 하였다. 중국에서는 왕조(王朝)가 바뀌면 종종 역(曆)을 바꾸었다. 예를 들면 은(殷) 나라 정월은 12월, 곧 섣달이었다(p.132 참조). 우리의 "섣달"이란 이 은 나라의 역법(曆法)에 따른 "섣달"에 연유하는 것으로 보인다. "설-ㅅ-달"의 "시옷"은 사이시옷으로 "설의 달"이란 의미를 나타낸다. 우리말에서 사이시옷이 쓰일 경우에는 앞의 말소리 [ㄹ]이 탈락하는 현상을 볼 수 있다. "밠등"이 "밧등", "뭀결"이 "뭇결", "삼긼날"이 "삼짓날"이 되는 것이 그것이다. 그런데 오늘날 "섯달"을 "섣달", "삼짓날"을 "삼짇날"이라 하는 것은 소위 "ㄷ~ㄹ의 호전현상(互轉現象)"이란 음운변화 현상을 잘못 적용하여 그리 된 것이다. 그러나 악법도 법은 법이니 그런 줄이나 알고 써야 하겠다.

"섣달"을 한자말로 "납월(臘月)"이라고도 한다. 이는 이 달에 납제(臘祭), 혹은 납향제(臘享祭)를 지내기에 이런 이름이 붙은 것이다. "납향제"란 민속에 납일(臘日)에 한 해 동안 지은 농사 형편과 그 밖의 일들을 여러 신에게 고하는 제사이다.

영어의 달의 이름은 우리의 서수(序數)와 "달"이 결합한 열두 달 이름과는 사뭇 다르다. 이에 영어의 열두 달 이름의 어원을 간략히 살펴보기로 한다. 1월 January는 문신(門神) Janus(야누스)의 달, 2월 February는 속제(贖祭)를 가리키는 ferua, 3월 March는 로마의 軍神 Mars의 달에 연유한다. 로마 역법에 따르면 March가 첫째 달이었다. 4월 April은 3월부터 세어 둘째 달(*apero-: '뒤의, 다음의'의 뜻), 5월 May는 고대 이탈리아의 여신 Maia의 달, 6월 June은 주피터의 아내인 여신 Juno의 달을 어원으로 한다. 7월 July는 7월에 태어난 Gaius Julius Caeser의 이름 Julius, 8월 August는 초대 로마 황제 Augustus Caesar의 Augustus, 9월 September는 로마 역법의 7월(septem: 라틴어 7의 뜻)이 9월로 밀렸다. 이 뒤는 라틴어와 달리 뒤로 두 달이 밀려 명칭과 차이를 보인다. 10월 October는 고대 로마 역법의 8월(희랍어 okto는 8의 뜻), 11월 November는 로마 역법의 9월(라틴어 novem은 9의 뜻), 12월 December 는 로마 역법으로 10월(라틴어 decem은 10의 뜻)에 연유하는 이름이다.

홀란드어 "week"의 역어와 그 주변 문화

성경의 창세기에는 하나님이 6일 동안 천지 창조를 하고, 이레째 되는 날 쉬신 것으로 되어 있다. 그래서 기독교에서는 제7일을 안식일(安息日)로 지킨다.

그런데 사실은 일주일, 곧 7요일(曜日) 개념은 본래 동양에서 나온 것이라 한다. 이것이 유태인을 통해 희랍, 로마에 전해지고, 기독교의 전파에 의해 유럽에 확산되었다는 것이다. 이때 요일 명칭은 게르만어 본래의 말을 적용해 영어의 요일명으로 하였다. 우리의 요일 이름은 이러한 영어의 요일명이 개화기(開化期)에 일본을 통해 들어와 정착한 것이다.

일본의 요일명은 근대화 과정에 홀란드어를 통해 들어왔다. 일본은 포르투갈에 이어 1600년 리프데(de Liefde)가 우스키만(臼杵灣)에 표착함으로 홀란드인과 처음 접하게 되었다. 이후 이들과 교역을 하며, 소위 난학(蘭學)시대라는 홀란드 학문의 시대를 열어 개화(開化)를 시작하였다. 이 때 홀란드어 "우에키(week)"라는 말이 들어왔고, 이를 "일주간"이라 번역하였다. 그러나 당시 일본 사회는 6일 동안 일을 하고, 7일째에 쉰다는 생각은 꿈에도 할 수 없는 시대였다. 그래서 이 번역어가 정착되기까지는 반세기가 걸렸다 한다. 우리는 이 말을 개화기에 수용하였고, 따라서 이 7요일의 시대를 열게 되었다.

"week"를 "1주간"이라 번역한 것은 "월·화·수·목·금·토·일"의 7일이 주기로 반복된다 하여 이렇게 번역한 것이다. "주(周)"와 "주(週)"는 다같이 "주기(週期)"를 의미한다. 그러나 주기는 "주간(週間)"만이 아닌, 연월일

(年月日)에 다 해당되는 것이고 보면 "주간(週間)"이란 보통명사보다는, "요일 (曜日)", 혹은 중국의 경우처럼 "성기(星期)"라 하였으면 좀 더 좋았을 것이라 는 생각을 하게 된다. 특히 "성기(星期)"로 하였더라면 관용어 "일월(日月) 성 신(星辰)"과 같이 "해, 달, 별"과 조화도 보이고, 다음에 밝혀지는 주일명과 같이 별과 관계를 지을 수 있어 좀 더 좋았을 것이다.

영어와 우리의 주일(週日) 이름

영어의 요일명을 수용하며 일본에서는 해(日)와 달(月)에 금·목·수· 화·토(金木水火土)란 오성(五星)을 적용해 요일명으로 하는 체계를 수용하였 다. 우리는 이를 받아들였다. 이에 대해 중국에서는 일주일을 "성기(星期)" 라 하고, 각 요일의 이름을 일요일은 "성기일(星期日)"이라 하고, 월요일 이 하는 "성기일(星期一), 성기이(星期二), 성기삼(星期三)…"으로 "성기육(星期六)" 에 이르기까지 숫자로 나타낸다. 이와 달리 일요일을 "예배일(禮拜日)"이라 하고 월요일 이하를 "예배일(禮拜一), 예배이(二), 예배삼…"이라 나타내기도 한다.

그렇다면 우리의 요일명, 곧 일본의 요일 이름은 영어의 "Sunday, Monday, Tuesday…"와 어떤 관계를 갖는가? 이들은 부분적으로 대응되기도 하나, 명명(命名)의 발상을 근본적으로 달리 한다고 할 수 있다.

일본에서는 1869~1870(명치 2, 3)년까지만 하여도 일주일의 이름을 중국 식으로 "星期一, 星期二…", 혹은 "禮拜一, 禮拜二…"라 하였다. 명치 정부는 1872(명치 5)년부터 태음력(太陰曆)을 폐지하고 태양력(太陽曆)을 채용하였다. 이때에 "월·화·수·목·금·토·일"이라는 7요(曜)도 정착되었다. 이는 앞에서 언급한 바와 같이 해와 달에 태양계의 9개 행성 가운데 오성(五星: 수성, 금성, 화성, 목성, 토성)을 요일명에 적용한 것이다.

그렇다면 영어의 요일명은 어떻게 된 것인가? 게르만어의 요일명은 한

마디로 라틴어를 번역한 것이 많다. 일요일 Sunday는 라틴어 dies soli(태양의 날)를 번역한 말이다. 로망스 제어(諸語)에서는 "주의 날(dies dominicus)"이라 한다. 월요일 Monday는 라틴어 dies Lunae(달의 날)를 수용한 것이다. 포르투갈어는 segunda-feira, 곧 일요일부터 세어 "둘째 날"이라 한다. 포르투갈어의 요일명은 이렇게 "(일요일부터 세어) 몇째 날"이란 식으로 명명하고 있다. 이런 점에서 이는 중국어의 명명 방식과 발상을 같이 한다. 일요일과 월요일은 대표적인 천체 해와 달로 명명한 것이다.

이에 대해 화요일 이후는 신화와 관련지어 명명하였다. 화요일은 Tuesday라 하여 게르만 민족의 군신(軍神) Tiw의 날이라 한 것으로, 라틴어의 dies Martis(로마의 군신 Mars의 날)을 본딴 것이다. Tiw는 게르만 조어(祖語) *Tiwaz에 소급되고, 라틴어 deus, 희랍어 Zeus 등과 더불어 인구조어 dieus에 소급되는 말이다. 이는 쉽게 말해 희랍 신화의 주신 "제우스의 날"이라 한 것이다. 독일어 Dienstag(둘째 날: 월요일부터 세어)는 포르투갈어 *terca-feira(셋째 날: 일요일부터 세어)와 같이 차례로 명명한 것이다. 수요일 Wednesday는 게르만 신화의 주신(主神) Wodne(Odin)의 날이라 한 것이다. 독일어로는 Mittwoch(週의 한 가운데)라 한다. 목요일 Thursday는 게르만 신화의 뇌신(雷神) Thor의 날이다. 독일어 Donnerstag도 같은 발상의 말이다. 금요일 Friday는 게르만 신화의 주신인 Odin의 아내 Frigg의 날이다. 이는 라틴어 Veneris dies(비너스의 날)을 번안한 것이다. 토요일 Saturday는 농업의 신 Saturnus의 날을 의미한다. 라틴어로는 Dies Saturni(토성의 날)이라 한다.

이렇게 영어의 요일명은 일요일과 월요일은 천체명(天體名)을 직접 활용하고 있고, 나머지는 모두 신화와 관련을 짓고 있다. 그렇다면 우리의 "화수목금토"는 어떻게 된 것인가? 이는 "불, 물…" 등 자연의 이름이 아니다. 별의 이름이다. 중국어로 요일을 "성기(星期)"라 한 것은 공연한 명명이 아니다. 이는 신화와 관련이 있는 별 이름에서 따 온 명명이다. 라틴어로 토요일을 Dies Saturni(토성의 날)라 하듯 요일 이름은 신화 외에 별과도 관련을 갖는다. 화요일의 군신 Mars는 별 이름으로서는 화성(火星)이며, 수요일은 Dies Mercurii라고 하는데, 이 별 이름은 수성이다. 목요일은 라틴어로 Dies Iovis(Jupiter)라 하는 Jupiter의 별 이름은 목성이고, 금요일은 라틴어로 Dies Venedis(Venus)라 하는데, Venus의 별 이름이 금성이다. 토요일은 앞에서 언급했듯 별 이름이 토성이다. 따라서 우리의 주일 이름은 엉뚱한 것이 아니고, 신화 이면의 별 이름으로 명명한 것이다. 하늘의 오성(五星)으로 명명한 것이다. 오성(五星)은 오행(五行)에 따라 배치되었다. 사실 고대에는 천체를 천체만으로 수용하지 않고 신화와 결부시켰다. 동양에서 달을 항아(姮娥)와 관련짓는 것도 바로 이런 것이다. 오성(五星)과 영어 요일명과의 관계를 알기 쉽게 도시하면 다음과 같다.

요일	방위	별이름	별칭	신화	비고
화요일	남방	화성	형성(熒星)	Mars	희랍 신화 Ares에 해당
수요일	북방	수성	진성(辰星)	Mercury	희랍신화 Hermes에 해당
목요일	동방	목성	세성(歲星)	Jupiter	희랍 신화 Zeus
금요일	서방	금성	태백(太白)	Venus	hesperus(태백성) lucifer(샛별)
토요일	중앙	토성	진성(鎭星)	Saturn	희랍 신화 Cronos에 해당

요일 이름의 차례

우리의 요일 이름은 항성(恒星)인 해와, 행성(行星)인 수·금·화·목·토란 오성(五星)과, 지구의 위성인 달로 구성되어 있다. 그렇다면 이들은 어떤 순서로 배치된 것인가?

이는 지구와의 거리가 작용한 것으로 본다. 고대인은 7개의 천체가 시간과 공간을 지배하는 순서를 지구에서 먼 순서로 크게 작용한다고 생각하였다. 토성, 목성, 화성, 태양, 금성, 수성, 달의 순서로 작용한다고 본 것이다.

그래서 일주일의 첫날을 지배하는 것은 지구에서 가장 먼 토성(土星)이며, 이는 또한 첫째 날의 1시도 지배하는 것으로 보았다. 2시는 목성이, 3시는 화성이 지배한다. 이런 순서로 하루 24시간에 적용하면 첫째 날의 24시는 화성(火星)이 지배하게 되므로, 제2일의 1시는 태양(太陽)이 지배하게 된다. 그리고 셋째 날의 1시는 달이 관장하게 된다. 이렇게 계산하게 되면 일주일은 "토·일·월·화·수·목·금"의 순서로 하루 하루를 지배하게 된다. 고대인은 일주일의 시작을 이렇게 "토요일"이라 생각했다. 이것이 앞에서 언급한 것처럼 기독교의 전파와 더불어 "일·월·화…"의 순서로 오늘날과 같이 바뀌었다.

여기서 요일(曜日)의 순서를 오늘날과 같이 바뀌었다 하였으나 여기에는 약간의 설명이 필요하다. 그것은 영어에서는 "Sunday, Monday, Tuesday…"라 하나 우리는 "월·화·수·목·금·토·일"이라 하여 순서가 다르기 때문이다. (그리고 사실은 앞에서 본 주일명에서 포르투갈어는 일요일부터, 독일어는 월요일부터 시작되는 것으로 되어 있었다.) 주말(週末)은 "토요일"이요, 주초(週初)는 "월요일"이다. "주일(主日)"이라고도 하는 "일요일"을 어디에 놓느냐가 문제다. 기독교에서 하나님도 6일간 천지창조를 하고 7일 째 되는 날 쉬셨다 하고, "주초(週初)"가 월요일이고 보면 우리처럼 "일요일"을 뒤에 놓는 것이 조리에 맞는다. 그런데 또 유대교에서는 토요일을 제7일로 보고 이 날을 안식일(安息日)이라 한다. 이에 의하면 "Sunday, Monday…"라 해야 한다. 주일의 순서는 문제성을 안고 있다. 관습에 따르는 수밖에 없을 것 같다.

(한글+漢字 문화, 2020. 6월호)

9. 혼종어(混種語)의 어원과 그의 문화 (1)

우리말의 어휘는 흔히 크게 세 가지로 나눈다. 고유어(固有語)와 한자어(漢字語) 및 외래어(外來語)가 그것이다. 그런데 사실은 이밖에 한 가지가 더 있다. 그것은 혼종어(混種語)란 것이다. 이는 서로 다른 언어에서 유래한 요소의 결합으로 이루어진 단어를 말한다. 이의 대표적인 것으로 한자어와 고유어가 결합된 것과, 서구 외래어와 고유어가 결합된 것이 있다. 이번에는 한자어와 고유어가 결합된 혼종어와, 고유어와 서구어가 결합된 어휘의 어원과 이의 문화를 살펴보기로 한다.

"옷깃차례"의 의미와 문화

옷에는 옷깃이 있다. 이는 저고리나 두루마기 등의 목에 둘러대어 앞에서 여밀 수 있도록 된 부분을 말한다. 우리는 옷깃의 왼 자락이 바른 자락 위에 덮이도록 옷을 입는다. 이를 한자말로는 "오를 우(右), 옷깃 임(衽)"자를 써서 "우임(右衽)"이라 한다. 그런데 이러한 "우임"과는 달리 "좌임(左衽)", 곧 왼 자락이 바른 자락을 덮도록 입기도 한다. 그런데 이 말은 옷을 입는 풍습과는 달리, "미개한 상태를 이르는 말"이란 의미를 갖기도 한다.

"좌임(左衽)"이란 말이 이렇게 "미개한 상태"를 이르게 된 데에는 그 만한 사연이 있다. 중화사상(中華思想)에 젖은 중국 사람이 보니까 동이(東夷), 서융(西戎), 남만(南蠻), 북적(北狄)의 오랑캐가 머리를 헤치고 깃을 왼쪽으로 여민다. 그래서 "피발좌임(被髮左衽)"을 야만의 풍속이라 보았다. 공자(孔子)도 이런 풍습을 논어(論語)에서 야만시하고 있는 것이 보인다. 이러한 연유로 "좌임(左衽)"이 "미개한 상태"를 이르게 되었다. 이에 대해 "우임(右衽)"은 정상적 복식의 양태로, 문화민족의 복식 풍습임을 의미한다.

"옷깃차례"란 고유어 "옷깃"과 한자어 "차례(次第·次例)"가 결합된 말이다. 이는 "옷깃을 여미는 차례"를 뜻하는 말로, 특히 왼쪽 깃을 오른쪽으로 돌린다는 데 의미의 초점이 맞추어져 있다. 이는 "우임(右衽)"을 의미하고, 나아가 "일의 순서가 오른쪽으로 돌아가는 차례"를 의미한다. 이는 달리 말하면 왼쪽에서 오른쪽으로 도는 "시계방향"을 의미한다. "시계방향"이란 말은 흔히 쓰이는 말이나, 아직 "표준국어대사전"에 표제어(標題語)로 올라 있지 않다. 시계의 문자판이 왼쪽에서 오른쪽으로 돌게 숫자가 배열되어 있고, 시계 바늘이 왼쪽에서 오른 쪽으로 도는 것이 사실이니, "시계방향"은 "우임(右衽)"과 같은 뜻을 나타낸다 하겠다. 다만 여기에서 유의할 것은 여자의 옷은 좌임(左衽)이라는 것이다. 여인이 옷깃을 여미는 풍습은 "시계방향"과는 반대로 한다.

"장기튀김"의 의미와 문화

우리말에 "장기튀김"이란 말이 있다. 사전에서는 이를 "장기짝을 한 줄로 늘어놓고, 그 한 쪽 끝을 밀면, 차차 밀리어 다 쓰러지게 된다는 뜻으로, 한 군데에서 생긴 일이 차차 다른 데로 옮겨 미침을 이르는 말."이라 풀이하고 있다. 그리고 용례의 하나로 "죄는 도깨비가 짓고 벼락은 고목이 맞더라고, 그 불똥 또한 장기튀김으로 자꾸 엉뚱한 데로 튕겨가고 있었다."

<송기숙, 녹두장군>를 들고 있다.

이 "장기튀김"이란 말의 어원은 일본어에 있고, 그것을 우리가 차용해 쓰는 것으로 보인다. 일본어로는 "장기 넘어뜨리기(將棋倒し)"라 하는데 한 사람이 넘어지면 차례차례로 계속하여 넘어지는 것을 의미한다. 이는 본래 장기의 말을 짧은 간격으로 줄을 세우고, 한 끝의 말을 가볍게 넘어뜨리면 계속하여 넘어지는 것을 즐기는 놀이를 가리키는 말이었다. 이 "장기 넘어뜨리기" 놀이가 언제부터 일본에 있었던가는 분명하지 않다. 적어도 가마쿠라(鎌倉: 1192~1333) 말기에는 널리 퍼져 있었던 것으로 보인다. 그리고 무로마치시대(室町時代: 1336~1573)에 이루어진 "태평기(太平記)"에는 낭떠러지에서 떨어뜨린 큰 나무(大木)에 맞아 많은 병사가 쓰러지는 모습을 "장기 넘어뜨리기를 하는 듯"이라 묘사한 예도 보여 준다.

우리의 "장기튀김"은 이 "장기 넘어뜨리기(將棋倒し)"를 어원으로 하며, 조금 그 형태가 바뀐 것이라 하겠다. 용례도 먼 과거로 거슬러 올라가기보다 근대의 소설 작품에 산견된다. 그리고 "장기튀김"이란 말은 "장기 넘어뜨리기(將棋倒し)"의 차용어로 이해는 되나, 우리의 장기 알은 일본 장기의 알과는 그 크기가 달라 "장기튀김"의 현상이 자연스럽게 일어날 수 있을는지도 의심스럽다. 따라서 우리의 "장기튀김"이란 말은 바람직한 말이 못 되는 것 같다. "튀김"이란 말도 어울리지 않는다.

이 "장기튀김"을 달리 표현한다면 "도미노현상"이라 하겠다. "도미노(domino)"는 이탈리아에서 고안된 골패와 같은 놀이 기구로, "도미노현상"은 도미노 팻말이 연이어 넘어지듯, 어떤 현상이 인접 지역으로 파급되는 것을 의미한다. 이는 "장기튀김"이나, "將棋倒し"에 비하면 좀 더 "조건반사(條件反射)", "연쇄 파급"이란 의미가 강하다고 하겠다.

"양치질"의 어원과 의미

"요우지 좀 주세요."라면 이쑤시개라고 잘 아는 사람도 "양지"라고 하면 무슨 소린가 몰라 의아해 하는 사람이 없지 않을 것이다. 이들은 다 "버들 양(楊), 가지 지(枝)"자를 쓰는 한자말로, "요우지"는 일본 한자음으로 읽는 것이요, "양지"는 우리 한자음으로 읽는 것으로, 본래 "버드나무 가지"를 의미하는 말이다. 일본에서는 버드나무로 "이쑤시개"를 만들어 사용하는 가 하면 에도시대(江戸時代)에는 끝이 뾰족한 "요우지(楊枝)"가 상품화되어 팔리기까지 하였다. 이러한 "요우지"가 우리에게 전래된 것이 외래어로서의 "요지"요, "양지(楊枝)"인 것이다.

그런데 이 "양지(楊枝)"는 본래 "이쑤시개"를 의미하는 말이 아니고, 이에 낀 때를 제거하는 도구, 곧 양치질의 도구를 가리키는 말이었다. 이는 산스크리트어 dannta-kastha의 한역어로, "문지르다(摩·擦)"의 의미를 지닌 말이다. 지난날의 불교도(佛教徒)들은 버드나무 가지를 씹어 으깨어 그 즙으로 이의 때를 제거하고, 혀를 문질러 악취를 제거하는가 하면, 입을 깨끗이 하였다. "불국기(佛國記)"에 보이는 사기국(沙祇國)에서 양지(楊枝)를 만들어 씹었으며, 그 크기는 7자(尺)였다고 한 것이 그것이다(山口佳紀, 語源辭典, 講談社, 1998). 오늘날 우리가 "양치질"을 하는데, 이 말의 어원은 바로 이 "양지(楊枝)"라는 한자말에, "일", 또는 "행위"를 나타내는 고유어 접사 "질"이 결합된 말이 변한 것이다.

"수당(隋唐), 진납전(眞臘傳)"은 이 "양지(楊枝)"의 활용에 대한 설명을 보여준다. "매일 아침 씻고(澡洗), 이를 깨끗이 닦고(淨齒), 경전을 독송(讀誦)한다. 또한 밥을 먹을 때 씻고 밥을 먹은 뒤에 다시 양지(楊枝)를 사용하여 이를 깨끗이 하고, 또한 독경한다."라 한 것이 그것이다. 또한 "법원주림(法苑珠林)"에는 일곱 가지 병을 제거하기 위한 일곱 가지 물건(七物)을 들고 있는데 그 가운데도 "양지(楊枝)"가 들어 있다. 병고를 제거하는 중요한 물품, 칠물

(七物)이란 "연화(燃火), 정수(淨水), 조두(澡豆), 소고(蘇膏), 순회(淳灰), 양지(楊枝), 내의(內衣)" 등이다. 우리말에는 일찍이 이 "양지(楊枝)"라는 말이 유입되어 사용되었다. 박통사언해의 "내 양지질ᄒᆞ자(我嗽口)"와 역어유해의 "양지를 ᄒᆞ다(嗽口)"가 그것이다. 양치질하는 것은 한자어로 "양치질 할 수(嗽)"자에 "기를 양(養)"자를 더해 "양수(養漱)"라 한다.

"양지(楊枝)"가 "이쑤시개"를 나타내는 것은 일본 한자말로, 한어(漢語) "양지(楊枝)"에는 이러한 뜻이 없다. 한어로는 "수구(嗽口)", 또는 "쇄아(刷牙)"라 한다.

"인두겁"의 어원과 문화

세상에는 선한 사람도 있고, 악한 사람도 있다. 근자에는 잔인무도하게 살인을 한 여인이 화제에 오르기도 하였다. 이런 경우 "어떻게 사람의 탈을 쓰고 그런 짓을 할 수 있느냐?"고 한다. 달리 말해서는 "인두겁을 쓰고 어떻게 그런 짓을 하느냐?"고 한다. "인두겁"의 사전의 풀이는 "사람의 형상이나 탈"이라 되어 있다. "인두겁"의 용례를 현대소설에서 두어 개 보면 다음과 같다.

> * "개 같은 인사! 제 버릇 개 못 준다던가? 이년 <u>인두겁</u>을 써도 분수가 있지!" <박경리, 토지>
> * "이렇게 멀쩡해지고 나서도 이 구더기 밑살만도 못한 문간방을 못 떠나고 뭉기적대는 까탈이 도대체 뭐냐? 사람이 <u>인두겁</u>을 썼으면 첫째 의리라는 게 있어야지." <박완서, 미망(未忘)>
> * "<u>인두겁</u>을 쓴 놈이 백주 대로에서 개 같은 짓을 한단 말이냐" <홍명희, 林巨正>

보기의 "인두겁"은 모두 사전의 풀이와 같이 "사람의 외형"이나, "탈"이란 의미로 쓰이고 있다. 그렇다면 "인두겁"의 어원은 무엇이기에 "사람의 형상이나 탈"을 의미하는가?

이 말은 "인(人)-두겁(蓋)"이라 분석되는 말로, "사람의 껍데기", 말을 바꾸면 "사람의 탈"을 의미하는 말이라 하겠다. 이러한 해석이 가능한 것은 "두겁"이 다시 "둔-(蓋)- 겁(皮)"이라 분석되는 말이기 때문이다. "두겁"이란 "덮다(蓋)"를 뜻하는 "둔다(蓋)"의 어간 "둔-"에 "껍질(皮)", 내지 "껍데기(殼)"를 의미하는 "겁"이 결합된 말이다. "둔다"가 "덮다"를 의미한다는 것은 "눈두덩"에서 확인된다. 이는 "눈(眼)-둔-(蓋)-엉(접사)"으로 분석되는 말이기 때문이다. 그러나 무엇보다 결정적인 증거는 "붓두겁"이다. 이는 역어유해(譯語類解)에 "붓두겁(筆帽)"이란 용례가 보이는데, "붓두겁"은 붓털을 보호하기 위해 덮어씌우는 "붓뚜껑"을 의미하는 말이다. 이는 "붓(筆)-둔-(蓋)-겁(殼)"이 결합된 복합어이다. "인두겁"은 사람 아닌 짐승에 사람의 껍질, 곧 탈을 씌운 것을 의미한다. 따라서 이는 사람의 탈을 썼으니 외형은 사람이라 하겠으나, 사람 같지 않은 사람을 가리킨다.

"호주머니"와 "갯주머니"의 문화

우리는 전통적으로 자질구레한 물품을 "주머니"에 넣어 허리에 차거나 들고 다녔다. "주머니"는 한자말로 "낭탁(囊橐)"이라 한다. 이런 "주머니"를 개량한 것이 "호주머니", 곧 포켓(pocket)이다. "호주머니"란 옷의 일정한 곳에 헝겊을 달거나, 옷의 한 부분에 헝겊을 덧대어 돈이나 소지품을 넣도록 만든 것이다. 이는 달리 의낭(衣囊)이라고도 한다. 방언으로 "갯주머니"라고도 한다.

"호주머니"는 "호(胡)-주머니"란 한자어와 고유어가 결합한 혼종어이다. 여기서 "호(胡)"란 물론 중국 북방 야만민족을 가리킨다. 역사적으로 우리는 여진족(女眞族)을 일컬었고, 중국에서는 진(秦) · 한(漢)시대에 흉노를, 당나라 때에는 서역(西域)의 여러 민족을 일컫던 말이다. "호주머니"의 "호(胡)"는 북쪽 오랑캐의 복식임을 의미한다. 방언에서의 "호낭(胡囊)"이 그것이다. 우리말에는 "호(胡)"가 붙는 말로 "호궁(胡弓), 호마(胡馬), 호복(胡服)"과 같은 한자말이 있고, 이밖에 "호말, 호밀, 호박"과 같은 혼종어도 있다. 이에 대해 방언 "갯주머니"는 "개화주머니"가 변한 말로, 따로 들고 다닐 필요 없이 옷에 붙어 편리한, "개화(開化)된 주머니"란 말이다. 이는 우리의 근대화 과정에서 양산된 "개화경(開化鏡), 개화모(開化帽), 개화복(開化服), 개화장(開化杖)"과 같은, "개화(開化)"라는 말이 "주머니"와 합성된 것이다.

　"주머니"는 "주-ㅁ-어니"라 분석되는 말로, 이는 "주다(> 쥐다. 握)"의 어간에 명사를 만드는 접사 "-ㅁ"이 붙고, 여기에 다시 접사 "-어니"가 붙어 파생된 말이다. 이 말은 일찍부터 쓰였다. 1462년 간행된 능엄경언해(楞嚴經諺解)의 "주머니 드외며(爲袋)"나, 1567년의 훈몽자회(訓蒙字會)의 "주머니 렴(帘)" 등이 그 예이다. 이와는 달리 "줌치"라고도 계축일기(癸丑日記) 등에 쓰인 것을 볼 수 있다. 이는 "줌-(握)-치(접사)"로 분석될 말이다.

"데이트하다"와 이의 언어문화

　서양 외래어는 우리가 수용하여 "외래어-하다"라는 형태의 혼종어(混種語)로 많이 쓴다는 것이 하나의 특징이다. "아르바이트-하다, 스터디-하다, 아베크-하다, 핸섬-하다" 따위가 그것이다.

　영어 "데이트(date)"에는 여러 가지 뜻이 있다. 우선 명사 "데이트"는 "①날짜, ②(美口)데이트(특히 이성과의 만날 약속), ③연대(年代), ④(만나기로 약속한) 상대편, ⑤(pl) 신문, ⑥(口) 당일"이란 뜻을 지닌다. 동사로는 "①날짜를 적다, ②(이성과 만날)약속을 하다, ③(연대가… 으로) 거슬러 올라가다, ④(口)이성과 만나기로 약속하다"란 뜻을 지닌다(시사영어사, The World English Dictionary).

이렇게 영어 "데이트(date)"란 "날짜, 약속"이란 것이 기본적 의미이고, 우리처럼 "이성끼리 교제를 위하여 만나는 일"이란 의미로는 사용되지 않는다. 이는 일본(日本)을 통해 이 말이 들어오면서 의미가 확장된 것이라 하겠다. 따라서 원어민과의 대화에서는 주의를 요한다. 이는 독일어 "아르바이트(Arbeit)"의 경우도 마찬가지다. "아르바이트"는 "노동, 작업, 일"이란 뜻을 나타내는 말로, "부업(副業)"이란 의미는 역시 일본에서 추가된 것이다. 일본에서는 주로 "바이토-하다(バイトする)"란 형태로 쓰인다. 우리는 "아르바이트-하다"라 하더니 근자에는 "알바-하다"라는 말로 그 형태가 바뀌어 쓰이고 있다. 불어 "아베크(avec)"도 마찬가지다. 이는 "데이트-하다"와 마찬가지로 쓰이나, 이는 영어의 "with"에 해당한 말로 그렇게 쓰일 말이 아니다.

(한글+漢字 문화, 2021. 5월호)

10. 혼종어(混種語)의 어원과 그의 문화 (2)

"밑천"의 어원과 문화

우리 속담에는 "여수(與受)가 밑천이라", "첫딸은 세간 밑천이다"라는 속담이 있다. 이들은 다 같이 "밑천"이란 말이 들어 있는 속담이다.

첫째 속담의 "밑천"은 제때에 빚을 갚아야 신용을 얻어 주고 받는, 여수(與受)가 "자산(資産)"이 된다는 의미를 나타낸다. 둘째 속담의 "밑천"은 딸이 집안에 도움을 줄 뿐 아니라, 재산 증식의 원천이 된다는 말로 딸이 "재산(財産)"이란 말이다. 이렇게 "밑천"은 "자산(資産)", 또는 "재산(財産)"의 의미를 지닌다. 그러나 "밑천"의 본래의 뜻은 이런 것이 아니고, 이는 전의된 뜻이다. "밑천"의 본래의 뜻은 딴 데 있다.

"밑천"은 "밑"과 "천"이 합성된 말이다. "밑"은 고유어요, "천"은 한자어인 혼종어(混種語)다. "밑"은 "아래 하(下)", "근본 본(本)"의 의미를 지닌다. 국어사전에서는 "밑천"을 "어떤 일을 하는 데 바탕이 되는 돈이나, 물건, 기술, 재주 따위를 이르는 말."이라 풀이하고 있다. 이렇게 "밑천"의 "밑"은 "근본 본(本)"의 의미를 지닌다. "밑"이 "근본 본(本)"의 의미로 쓰이는 경우는 고어에서 본처(本妻)를 "믿겨집", 본 고장을 "믿곧", 본 집(本家)을 "믿집",

본국을 "믿나랗"라 한 데서 볼 수 있다. 현대어에서는 원형(原形)을 "밑꼴", 원어(原語)를 "밑말", 기점(基点)을 "밑점"이라 한다. "밑천"의 "밑"은 "믿"이 변한 말이다.

"천"은 "돈 전(錢)" 자의 중국음이다. 그것도 중세(中世) 송·원·명(宋元明) 때의 음이다. "돈 전(錢)"의 상고음은 dzian, 중고음은 dziɛn으로 [전]에 가까운 음이었고, 중세에 와서 ts'en과 같이 유기음을 지니게 되었다. 따라서 "밑천"의 "천"은 중세 송·원·명(宋元明)의 발음을 우리가 차용된 것이라 하겠다. "돈 전(錢)" 자의 발음을 "천"으로 내는 것은 돈과 양식, 곧 "살림살이에 필요한 재물"을 의미하는 "천량(錢糧)"에서도 볼 수 있다. 이는 월인석보(月印釋譜), 석보상절(釋譜詳節) 등 15세기 문헌에 많이 보인다. "布施는 쳔량을 펴아 내야 늠 줄씨라"<월인석보>나, "쳔량을 만히 시러 王舍城으로 가며"<석보상절>가 그 예이다. "錢糧"은 오늘날 "천량" 아닌, "전량"이라 발음한다.

이상 "밑천"이란 말의 분석에서 드러난 바와 같이 이의 본래의 뜻은 "본전(本錢)", "원금(元金)"으로, "자본금(資本金)"을 의미하는 말이었다. 장사할 때 "밑천이 든든해야 한다"거나, 노름판에서 "동전 한 푼 안 남기고, 밑천을 다 날렸다"고 할 때의 "밑천"이 "밑천" 본래의 뜻이다.

"행주치마"의 어원과 문화

"그릇 밥상 따위를 닦거나 씻는 데 쓰는 헝겊"을 "행주"라 한다. 행주로 그릇이나 상 같은 것의 더러운 것을 훔치는 일은 "행주질"이라 한다. 그리고 이 "행주"와 관련이 있는 것에 "행주치마"가 있다.

"행주치마"란 부엌일을 할 때 옷을 더럽히지 않으려고 덧입는 작은 치마를 말한다. 그런데 이 "행주치마"를 곧잘 임란(壬亂) 때의 행주산성(幸州山城) 대첩(1593)과 관련짓는다. 권율(權慄) 장군이 1만 명의 군사로 왜군 3만여 명을 무찌를 때 아낙네들이 이 앞치마에 돌을 싸 날랐다는 일화와 연결지어, "행주치마"라는 말이 "행주산성의 치마"에 연유한다고 하는 것이 그것이다. 그러나 이는 민간어원설(民間語源說)로 사실이 아니다. "행주치마"라는 말은 임란(壬亂: 1592~1598) 이전부터 있었다.

"행주치마"는 고어에서 "힝즈쵸마"라 하였다. 이 말은 중종 12년(1517) 간행된 최세진(崔世珍)의 사성통해(四聲通解)의 "帬巾 힝즈쵸마"와, 1527년 간행된, 같은 저자의 훈몽자회(訓蒙字會)의 "힝즈쵸마 호(帬)"가 그 예이다. 사성통해의 예는 행주산성 대첩의 76년 전, 훈몽자회의 예는 86년 전의 용례다. 따라서 "행주산성의 치마"라는 말은 어불성설(語不成說)임이 분명하다.

"행주치마"의 어원인 "힝즈쵸마"는 "힝즈"와 "쵸마"로 분석된다. "힝즈"는 앞에서 말한 그릇 따위를 닦거나 씻는 데 쓰는 헝겊을 뜻하는 "행주"를 말한다. "행주"를 "힝즈"라 한 예는 1690년 간행된 역어유해(譯語類解)에 구체적으로 "힝즈(抹布)"라 한 것이 보인다. "쵸마"는 "치마 상(裳)"의 치마로, "쵸마"의 용례는 17세기 가례언해(家禮諺解)에 "婦人은 긴 쵸마롤 버혀 히여곰 싸희 쓰이디 아니케 ᄒ라"와, "中門 안희 니르러 爲ᄒ야 쵸마며 당衫을 整케 ᄒ고" 등이 보인다. "쵸마"는 전설자음(前舌子音)에 동화되어 "쵸"가 "치"로 바뀌어 "치마"가 되었다. "힝즈치마"가 이의 용례인데, 이는 청구영언에 "힝즈치마 멜 씬도"가 그것이다. 따라서 행주치마는 "힝즈쵸마> 힝즈치마> 힝주치마"의 과정을 겪어서 오늘의 "행주치마"에 이르렀다고 하겠다.

"책씻이"의 어원과 문화

책 한 권을 다 배우고 뗀다는 것은 장한 일이다. 그래서 지난날 서당에서 책 한 권을 다 배우고 떼거나, 다 필사하고 난 뒤에는 훈장과 동료들에게 한턱을 내었다. 이를 "책씻이"라 한다. 이는 그 구조로 볼 때 "책(冊)"이란 한자어에 "씻(洗)-이(접사)"가 결합된 혼종어이다. 그 의미는 "책을 씻는 것"이라 하겠으나, 책을 잘 정리해 놓는다는 의미의 말이라 하겠다. 달리는 "세책례(洗冊禮)"라고 한다. "책거리", "책례(冊禮)"라고도 한다. "책거리"는 "책(冊)-걸(掛)-이(접사)"라 분석되는 말로, 이제 책을 떼었으니 책을 걸어 놓는다는 의미의 말이다. "책례(冊禮)"는 "세책례(洗冊禮)"의 준말이다.

우리말에는 "책씻이"와 그 구조가 같은 말이 하나 더 있다. 그것은 "호미씻이"라는 말이다. "호미"는 만주어 homin과 관련이 있는 말로 보아 혼종어라 하겠다. "호미씻이"는 농사일, 특히 논매기의 만물(마지막으로 벼농사의 김을 매는 일)을 끝낸 뒤 음력 7월쯤에 날을 받아 하루를 즐겨 노는 일을 말한다. 이는 "호미-씻(洗)-이"라 분석되며 글자 그대로 "호미를 씻는 것"을 의미한다. 한자어로 "세서연(洗鋤宴)"이라 한다. 이는 "머슴장원놀이 · 초연(草宴) · 호미씻기"라고도 한다.

우리말에는 "책씻이" 외에 "씻이"가 들어가는 말이 두어 개 더 있다. "입씻이, 손씻이"가 그것이다. 이들은 물론 혼종어는 아니다. "입씻이"는 입씻김으로 돈이나 물건을 주거나, 또는 그 주는 돈이나 물건을 의미한다. "입씻김"이란 비밀이나 자기에게 불리한 말을 하지 못하도록 남 몰래 돈이나 물건을 주는 일을 말한다. 큰 사건 뒤에는 종종 이런 일이 있다. "입막음"은 이의 유의어이다. "손씻이"는 남의 수고에 보답하는 마음으로 적은 물건을 주는 일, 또는 그 물건을 뜻한다. "입씻이"는 사양할 일이나, "손씻이"는 권장할 일이라 하겠다.

"여리꾼"의 어원과 의미

세상에는 이상한 직업도 많이 있다. "여리꾼"도 이런 이상한 직업의 하나라 하겠다. "여리꾼"이란 "상점 앞에 서서 손님을 끌어들여 물건을 사게 하고, 주인에게 삯을 받는 사람"을 가리킨다.

"여리꾼"은 "열립꾼"이 변한 말로, 이는 "열립(列立)-꾼"이란 혼종어가 그 어원일 것으로 보인다. 표준국어대사전에서는 "열립군(列立軍)"을 표제어로 내걸고, "'여리꾼'의 잘못. '여리꾼'을 한자를 빌려서 쓴 말이다"라 풀이하고 있다. 그러나 여러 가지 정황으로 보아 "여리꾼"의 어원은 "열립(列立)-꾼(접사)"으로 봄이 바람직할 것으로 보인다. "열립(列立)"이란 사전의 풀이 "여럿이 죽 벌여 섬"이나, "늘어서 있는 것, 여기저기 흩어져 서 있는 것"을 뜻하는 말이라 하겠다. 그리고 늘어서 있다가는 감언이설(甘言利說)로 유객 행위를 하는 것이다.

"여리꾼"은 문화적 배경을 지닌다. 조선조(朝鮮朝)의 육주비전 상인들은 자제들에게 문서를 다룰 수 있을 정도의 문식력(文識力)과 상인의 변말(隱語)을 익힌 다음 15살 쯤 하여 남의 가게에 심부름꾼으로 내보냈다. 그래서 장사꾼 수업을 시켰다. 그리고 스무살 남짓 되어 장래성이 있는 경우에 가게를 차려 주었다. 그렇지 않은 경우는 열립(列立)으로 내세웠다. 상가 앞에 갓을 쓰고 두루마기를 입고 늘어서 있다가 행인을 가게로 들이는 일을 하게 하였다(박일환, 1995). 오늘날의 샌드위치맨의 구실을 하게 한 것이다. 여리꾼이 손님을 가게 안으로 들이는 것은 "여립켜다"라 하였다.

"여리꾼"과 사촌간인 말에 "사쿠라"라는 말이 있다. "사쿠라"는 벚꽃(櫻花)을 뜻하는 일본말이나, 이밖에 "다른 속셈을 가지고 어떤 집단에 속한 사람"을 의미하기도 한다. 사전은 "특히 여당과 야합하는 야당 정치인"을 "사쿠라"라 한다고 풀이하고 있다. "여리꾼"도 손님을 가장하여 유객행위(誘客行爲)를 하기도 할 것이다. 이들은 충분히 이웃사촌이라 해도 좋을 사이다. 그리고 여기 덧붙일 것은 "사쿠라"의 "사기꾼", 또는 "야바위꾼"이라 할 의미는 우리에게서 비롯된 것이 아니고, 일본의 사전에도 올라 있는 일본 속어(俗語)라는 것이다. 이런 말이 우리말에 들어와 쓰이고 있는 것이다.

"보리동지"의 어원과 문화

사람들에게는 오욕(五慾)이 있다고 한다. 오욕까지는 아니래도 적어도 출세를 하고, 부자가 되는 것은 누구나 다 원하는 것 같다. 더구나 부자가 되어 재산이 있으면 출세를 하고, 명예를 갖고 싶어 한다. "보리동지"는 이러한 인성(人性)을 단적으로 보여 주는 구시대의 말이다.

"보리동지"란 곡식을 받치고 벼슬을 얻어 하는 사람을 놀림조로 이르는 말이다. 요샛말로 하면 매직(買職)하여 출세한 사람이다. 조선시대 말기에는 봉건체제가 무너지기 시작하면서 국가 기강이 흔들려, 매관매직(賣官賣職)을 하는 경우가 많았다. 그래서 돈이 있는 사람은 벼슬을 사 양반행세를 하였다. 박지원의 "양반전(兩班傳)"에는 벼슬 아닌, "양반(兩班)"을 팔고 사는 것까지 그려지고 있다.

"보리동지"란 곡식, 이의 대표로서 보리를 들어, 보리를 주고 동지(同知) 벼슬을 샀다 하여 조롱한 것이다. 여기서 "보리"는 곡식의 대표로서 제유(提喩)로 쓰인 것이다. "동지(同知)"는 동지중추부사(同知中樞府事)를 가리키는 말로, 이는 중추부(中樞府)의 종2품 벼슬이다. 중추부는 현직이 없는 당상관(堂上官)들을 여기에 속하게 하여 대우하던 관아이다. 따라서 "동지(同知)"란 현직이 없는 벼슬아치요, "보리동지"란 사서 명목상의 당상관을 하는 것이라 하겠다. "보리동지"는 "보리(麥)-동지(同知)"로 분석되는 혼종어이다. 이는 한자말로 "맥동지(麥同知)"라 한다. 또 "납속동지(納粟同知)"라고도 하는데, 이는 보리 아닌, 조(粟)를 바치고 동지 벼슬을 하였다 하여 붙인 이름이나, 꼭 조를 지목한 것이 아님은 물론이다. 여기서의 속(粟)은 곡물을 말한다.

"복달임"의 어원과 문화

여름에는 날씨가 덥다. 그것도 삼복(三伏) 더위가 되면 말할 것도 없다.

그래서 "삼복(三伏)"에는 "복달임"이란 음식을 해서 먹는다.

"복달임"이란 말은 둘이 있다. 하나는 "복이 들어 기후가 지나치게 달아서 더운 철"을 의미한다. 이는 "복(伏)-달이(煎)-ㅁ(명사형 접사)"이라 분석되는 말로, 날씨가 지나치게 더워 액체 따위가 끓어 진하게 되는 것 같이 더운 철이란 말이다. 여기 쓰인 "달이다"는 물론 자동사 "달다"에 대한 타동사요, 사동사(使動詞)이다. 이에 대해 다른 하나는 "복달임으로 개를 잡아먹는다."와 같이 음식으로서의 "복달임"이다. 이는 사전에 의하면 "복날에 그 해의 더위를 물리치는 뜻으로 고기로 국을 끓여 먹음"이라 풀이되어 있다. 이 말의 구조도 "복(伏)-달이-ㅁ"으로 분석된다. 다만 의미구조는 조금 다르다. 이는 "복날에 음식물을 끓여 달게 함"이 본래의 뜻으로, 복날 먹는 개장과 같은 고깃국을 의미한다. 따라서 이는 더위를 이기기 위해 먹는 보양식(保養食), 혹은 보양식(補陽食)을 의미한다.

"달임"은 이밖에 또 하나의 말에 쓰이고 있는 것을 볼 수 있다. "꽃달임"이다. 이는 "진달래꽃이 필 때에, 그 꽃을 따서 전을 부치거나, 떡에 넣어 여럿이 모여 먹는 놀이"를 말한다. 음력 3월 3일에 행해진다. 따라서 "꽃달임"의 의미는 우선 "화전(花煎)"을 뜻하며, 나아가 "화전 등을 먹으며 노는 놀이"를 의미한다 하겠다. 그러니 "꽃달임"은 "화전놀이"와 동의어라 할 수 있다. 앞에서 다룬 "복달임"도 사전의 풀이가 "복날에 그 해의 더위를 물리치는 뜻으로 고기로 국을 끓여 먹음"이라 되어 있으나, "복달임의 음식을 먹고 노는 놀이"를 의미하는 말이라고 해야 그 뜻이 바로 풀이되는 것이라 하겠다. "복달임" 둘째 뜻이나 "꽃달임"의 "달임"은 "달인 음식이나, 붙인 전을 먹고 노는 일"이란 의미를 지니는 말이다.

"승부(勝負)하다"의 의미와 문화

말은 생명체다. 새로 생겨나기도 하고, 사라지기도 한다. 그런가 하면 형태나 의미가 변하기도 한다.

"승부(勝負)"라는 말은 표준국어대사전에 의하면 명사로, "이김과 짐"의 의미를 지니는 것으로 풀이하고 있다. 그리고 "승부가 나다, 승부를 가리다, 승부를 내다…"와 같이 많은 용례를 들고 있다. 우리의 "승부(勝負)"는 이렇게 "이기고 지는 것"을 나타내는 말이다.

그런데 일본어 "쇼부(勝負)"에는 우리와 같이 "①이김과 짐"을 의미하는 외에, "②승부를 겨룸, 시합"의 의미도 아울러 지닌다. 그래서 오늘날 우리는 이 일본어의 영향으로 "승부(勝負)"라는 말을 이 일본어의 둘째 뜻으로도 많이 쓰고 있다. "목숨을 건 승부, 승부의 세계, 승부 근성" 따위는 "결전, 결판, 겨룸"의, "한판 승부, 목검(木劍) 승부" 따위는 "시합, 경기"의 의미로 쓰는 것이라 하겠다. 그리고 "진검승부(眞劍勝負)"라는 말도 쓰고 있는데, 이는 "①진짜 칼을 쓰는 시합, ②목숨을 건 시합, 진지한 시합"을 의미하는 "しんけんしょうぶ(眞劍勝負)"란 일본말의 우리식 발음이다. 따라서 함부로 쓸 말이 못된다. 그리고 여기 덧붙일 것은 일본어는 "승부(勝負)"가 동사로도 쓰이나 우리말은 동사로는 쓰이지 않는다는 것이다. "쇼부(勝負)-하다"는 이런 일본어가 들어와 혼종어를 이룬 것이다. "쇼부치다"라고도 한다. "쇼부하다" 외에 "승부(勝負)-하다"라는 동사도 쓰이는데, 이는 우리말에는 쓰이지 않는 것이니 정용(正用)을 위해 유의해야겠다. "숯 열정으로 골 승부한다"는 표제도 이런 오용의 예이다.

(한글+漢字 문화, 2021. 6월호)

11. 고유어 같은 혼종어들 (1)

우리말에는 고유어, 한자어, 및 이들이 합성된 복합어들이 있다. 그런데 이 혼종어가 의외로 많다. 이 가운데는 한자어가 한자어라 느껴지지 않는 혼종어(混種語)도 많다. 이에 이번에는 고유어 같은 혼종어들을 살펴보기로 한다.

"무녀리"의 어원과 그 주변

> * 정익수는 자기 형에 비하면 체구부터가 크다 만 <u>무녀리</u> 꼴이었다. <송기숙, 녹두장군>
> * 순평이 같은 그런 <u>무녀리</u>는 이따금 그렇게 혼이 나야만 사람이 돼 갈 것 같기도 했다. <이문구, 장한몽>

위의 두 예문은 "무녀리"의 용례를 보인 것이다. 이들 "무녀리"는 다 바람직하지 못한 존재로 묘사되었다. 그렇다면 "무녀리"란 어떤 사람이기에 이렇게 표현되는 것일까? 우선 사전의 풀이부터 보면 다음과 같다.

① 한 태에 낳은 여러 마리 새끼 가운데 가장 먼저 나온 새끼
② 말이나 행동이 좀 모자란 듯이 보이는 사람의 비유

이를 보면 한 배의 새끼들 가운데 첫 번째 태어난 놈이거나, 좀 모자란 놈을 지칭하는 것임을 알겠다. 그렇다면 왜 첫 번째 태어난 놈이 이렇게 "무녀리" 취급을 당하는 것인가? 이 말의 어원은 무엇인가?

"무녀리"란 "문(門)-열-(開)-이(접사)"로 분석될 말이다. "처음 문을 열고 나온 것"이란 말이다. 그것도 흔히 생각할 수 있는 그런 문이 아니라, 여인 (女人)의 음문(陰門)을 처음 열고 나온 존재라는 말이다. 위의 사전 풀이 가운데 "①한 태에 낳은 여러 마리 새끼 가운데 가장 먼저 나온 새끼"란 풀이가 바로 그것이다. 이 첫 번째 새끼, 곧 한 배의 다른 새끼에 비해 맏이 새끼는 흔히 작고 허약하게 생겼다고 한다. 그래서 이 "문-열-이"는 작고 부실한 존재를 의미하게 되었다. 그리고 이것이 마침내 사람에게도 적용되어 부실한 존재, 나아가 사전의 풀이 가운데 "②말이나 행동이 좀 모자란 듯이 보이는 사람"에 비유적으로 쓰이게까지 된 것이다.

"무녀리"의 용례는 1897년에 나온 James S. Gale의 "한영즈뎐"에 "문열이"가 보이는데, "首産, The first of a litter"라고 "짐승의 첫 번째 새끼"라 풀이되어 있다. 20세기 초에 나온 문세영의 "조선어사전"에도 같은 어형과 의미가 보인다. "무녀리"라는 연철형의 표기는 한글학회의 "큰사전"에서부터 나타난다.

"경을 치다"의 어원과 문화

"경을 칠 녀석!"
"못 된 짓을 하다 경치고 죽을 뻔했다."

이렇게 몹시 혼이 나거나, 혹독한 벌을 받는 것을 "경을 치다", 또는 "경치다"라 한다. "경치다"는 "경을 치다"가 단축되어 동사가 된 것이다. "경을 치다"는 "경(黥)을 치다(畵)"로 분석되는 말로 "경(黥)"이란 묵형(墨刑)을 의미하던 말이다. 이는 얼굴에 죄명을 자자(刺字)하던 옛 형벌이다. 얼굴을 바늘로 찔러 거기에 먹물을 집어넣음으로 그가 어떤 죄인임을 드러나게 한 것이다. 입묵(入墨)을 하는 형벌이다. 이러한 형벌은 서양의 소설 "주홍 글씨(Scarlet letter)"에서도 볼 수 있다. 주인공을 창녀라는 의미로 "A"자를 입묵(入墨) 아닌, 주홍글씨로 자자(刺字)하였다.

"치다"는 "난을 치다", "환을 치다"와 같이 쓰이는 "그리다"를 의미하는 말이다. 따라서 "경을 치다"라는 말은 얼굴에 입묵을 한다는 말이다. 아마도 죄인은 묵형(墨刑)을 당하기 전에 갖은 형벌에 문자 그대로 혼비백산(魂飛魄散), 혼이 났을 것이다. 그래서 "경을 치다"는 "묵형(墨刑)"이란 의미와 함께 혹독한 고생을 하거나 벌을 벋는 것을 의미하게 되었다. 홍명희의 "林巨正"의 "네가 아까 와서 행패한 것이 벌써 관가에 입문됐다. 경칠 테니 두고 봐라."가 그것이다. 그리고 이는 경치게의 꼴로 쓰여 "아주 심한 상태를 못마땅하게 여겨 이르는 말"로 쓰이기도 한다. 김유정의 "아내"에 나오는, "망할년. 창가는 경치게도 좋아하지. 방아타령 좀 공부해 두라니까 그건 안 하고…"의 "경치게도"가 그것이다.

"고삐"의 어원과 주변 문화

소의 코뚜레나, 말의 재갈에 매어 이들을 부릴 때 손에 잡고 끄는 줄을 "고삐"라 한다. 이의 용례는 "고삐 풀린(놓은) 망아지"란 속담에서 쉽게 볼 수 있다. 이는 지금까지 매었던 데서 풀려 매우 자유스럽고 거침이 없음을 나타낸다. 용례를 소설에서 한 장면 보면 이효석의 "수탉"에 다음과 같은 것이 보인다.

변변치 못하다. 초라하다. 잗단 보수를 바라 이 굴욕을 받는 것보다는 차라
리 좁고 거북한 굴레를 벗어나 아무데로나 넓은 세상으로 뛰고 싶다. 을손의
생각은 <u>고삐</u>를 놓은 말같이 그칠 바를 몰랐다.

그런데 이 "고삐"가 의외로 한자말과 관련이 있는 고유어다. 이는 "고
(鼻)-ㅅ(사이시옷)- 비(轡)"가 합성된 말이다. "고"는 "코"의 고어이고, "비"는
"고삐 비(轡)"자이다. "코"의 고어가 "고"라고 하는 것은 감기를 이르는 "고
뿔"에서 쉽게 확인할 수 있다. 이는 "고(鼻)-ㅅ-불(火)"이 복합된 말이다.
"고삐"는 소의 경우 코를 뚫어 고삐를 잡아매게 되어 있어, "고삐"란 말에
"코"의 고어인 "고"가 쓰인 것이다. 이는 고어에서 "곳비"로 쓰였다. 역어
유해보의 "곳비 글러지다(溜韁)", 동문유해의 "곳비(韁繩)", 한청문감의 "개
곳비"가 그 예이다. 이들은 "코의 고삐"라는 구조로 된 말이다.

"동냥아치"와 "거지"의 어원

"동냥은 아니 주고 쪽박만 깬다"는 속담이 있다. 요구하는 것은 아니 주
고 오히려 방해만 한다는 말이다. 이의 용례는 흥부전(興夫傳)에 보인다. 흥
부의 아내가 흥부에게 자식들 굶겨 죽이겠으니 형님 댁에 가서 쌀이 되건
벼가 되건 좀 얻어오라고 한다. 그러자 흥부는 매 맞을 것을 걱정한다. 그러
자 이 장면에서 흥부 아내가 곁말을 섞어 가며 익살스럽게 이렇게 말한다.

> "애고, <u>동냥</u>은 못 준들 족박조차 씨칠손가. 맞으나 아니 맞으나 쏘아나 본
> 다고 건너가 봅소." (경판 25장본 흥부전)

"동냥"은 거지나 동냥아치가 돌아다니며 돈이나 물건 따위를 구걸하는
일을 뜻한다. 이와 달리 "동냥"은 불교 용어로 중이 시주(施主)를 얻으려고

돌아다니는 일을 뜻하기도 하는 말이다. 이는 한자말로, "동령(動鈴)"이 변한 것이다. "동령"은 탁발승(托鉢僧)이 시주를 하라며 "방울을 흔드는 것"을 말한다. 따라서 이 말은 "동령(動鈴)"이 "동냥"으로 형태가 변하고, 나아가 그 의미까지 변한 말이라 하겠다.

"동냥아치"는 동냥하러 다니는 사람을 이르는 말이다. 이는 "동냥-아치"로 분석되는 말이며, "아치"는 접미사이다. "아치"는 몇몇 명사 뒤에 붙어 그 일에 종사하는 사람이란 뜻을 나타낸다. "벼슬-아치"는 벼슬 하는 사람을, "장사아치"는 장사 하는 사람을 지칭하는 것이 그것이다. "동냥아치"도 동냥을 하는 사람을 가리킨다. 그런데 이 말은 우리 고유의 실사(實辭)가 접미사로 변한 말이다. 이는 고어에서 "바지·바치"라 하던 말로 "장색(匠色)·장인(匠人)"을 뜻하는 말이다. "바지 공(工)"<신증유합>, "바치 공(工)"<석봉천자문>, "玉 바치 혼 빈혀롤 푸니<소학언해>"가 그것이다. 그리고 이 "바지·바치"가 유성음 사이에서 "봐치> 와치> 아치"로 변한 것이다.

"동냥아치"의 유의어(類義語)에 "거지"가 있다. 이는 고어에서 "거ᅌᅵ지"<동문유해>, 혹은 "거어지"<역어유해>라 하던 말이다. 이들은 "걸(乞)-ᅌᅵ지", 혹은 "걸(乞)-어지"라 하던 말이 변한 것이다. 여기에 쓰인 "ᅌᅵ지·어지"가 "그 일에 종사하는 사람"을 뜻하는 "바지"가 "ᅌᅵ지·어지"로 변한 말임은 말할 것도 없다. "거러지"라는 말은 오늘날에도 방언에 남아 쓰인다.

"번갈다"의 어원과 "들번·날번"

"이번에는 고유어 같은 혼종어들"을 살펴본다고 하였다. "저번에 만난 사람"이란 말도 한다. 이때 "차례 번(番)"자를 의식하는 사람은 거의 없을 것이다. 이렇듯 "번갈아", 또는 "번갈아서"의 꼴로 쓰여 "차례로 갈마들거나 바꾸다"를 나타내는 말이 있다. 한자말로 "교대(交代)"를 뜻하는 말이다. "부부가 번갈아 운전을 하였다."와 같이 쓰는 것이 그것이다. 선우휘의 "깃발 없는 기수"에 쓰인 "여인은 잠시 두 사람을 <u>번갈아</u> 보고는 말없이 앞장서서 안으로 들어섰다."의 "번갈아"도 이러한 용례이다.

"번갈다"는 "번(番)-골다(交替)"에서 온 말이다. "교번(交番)·체번(替番)"을 의미한다. "번(番)"은 "차례", 또는 "숙직(宿直)·당직(當直)"을 의미하는 한자말이고, "골다"는 "바꾸다, 교체하다"를 의미한다. 이 말은 너무도 일상화하여 차례를 바꾸거나, 수직(守直)을 교대한다는 "갈마들 번(番)"이란 한자가 쓰였을 것 같지 않다. 그러나 이는 분명히 한자어와 고유어가 합성된 혼종어이다. 연병지남의 "츙통들을 졔졔ᄒ야 번ᄀ라 노홀 양으로(整器更番)<연병지남>의 "번ᄀ라"가 그 예다. 이는 "번골다> 번갈다"로 변화하였다.

특별히 단순한 차례 아닌 수직(守直)을 나타낼 때는 "번서다", 또는 "번들다"라는 말을 따로 썼다. 입직(入直)이란 말이다. 번을 갈 때 이렇게 번서는 것은 "들번", 상번(上番)이라 하고, 수직을 마치고 나는 것은 "난번", 하번(下番)이라 하였다. 이의 용례로는 청구영언에 "난番 소경 다섯, 든番 소경 다섯"이 보인다.

"솔진"의 어원과 형태 변화

소나무나 잣나무에서 분비되는 끈적끈적한 액체를 송진이라 한다. "송진"은 "松津"이라 쓰는 한자말이다. "송진"과 같은 뜻의 말에는 이밖에 "송고(松膏), 송방(松肪), 송지(松脂)" 등이 있다. "송진(松津)"의 "진(津)"은 풀이나 나무의 껍질 따위에서 분비되는 끈끈한 물질을 의미한다. 이에 대해 "송고(松膏), 송방(松肪), 송지(松脂)"에 쓰인 "고(膏), 방(肪), 지(脂)"는 "기름"을 뜻하는 말이다. 동의어라고는 하나 그 의미에는 차이가 있다.

"송진"은 고어에서 "솔진"이라 했다. "소나무 송(松)"의 "송(松)"은 우리의 고유어로는 "솔", 또는 "소나무"라 한다. "소나무"의 경우는 "ㄴ" 음 앞에서 "ㄹ"이 탈락된 것이다. 이러한 예는 "버드나무"에서도 볼 수 있다. "버들-나무"의 "ㄹ"이 탈락되었다, 따라서 "솔-진(津)"은 고유어와 한자어의 혼종어이다. 이 "솔진"은 "소진"으로 "ㄹ"이 탈락하였다. "ㅈ" 앞에서 "ㄹ"이 탈락한 것이다. 고어에는 "솔진"의 용례는 거의 보이지 않고, 대부분이 "소진"으로 되어 있다. "소진(松膏)<구급간이방>, 소진이 싸해 드러<남명집언해>"가 그 예다. 이렇게 혼종어인 "솔진"은 "소진"이 되었다.

"솔진"은 "소진"이 되므로 유연성(有緣性)을 상실하게 되었다. 그래서 유연성을 확보하기 위해 "소" 대신 "소나무 송(松)"자를 쓰게 되어 "송진(松津)"이란 한자어가 되었다. "송진"은 "솔진> 소진> 송진"의 변화 과정을 겪은 말이라 하겠다.

"수수께끼"의 어원과 문화

우리의 민속놀이 가운데 수수께끼가 있다. 이는 어떤 사물을 바로 말하지 아니하고 빗대어 말해 알아맞히는 놀이다. 한자어로는 미어(謎語)라 한다. 이는 자연발생적 의문을 제기하는 것이 아니다. 문제를 내는 사람은 이미 그 답을 알고 있는, 준비된 설문이다. 수수께끼의 예를 파자(破字) 수수께끼에서 두어 개 보면 다음과 같다.

* 서쪽에 있는 나무는? : "밤 율(栗)"자. 서(西) · 목(木)으로 되어 있으니까.
* 동서남북으로 "왕(王)"자가 되는 글자가 무슨 자냐? : 밭 전(田)자.
* 서라 서라, 가로되 가로되, 비켜라 비켜라, 잦혀라 잦혀라 하는 글자가 무슨 자냐? : 다툴 경(競)자.

수수께끼는 고어에서 "슈지겻기(謳謎)"<物譜>, 또는 "슈지옛말(謎)"<박통사언해>이라 하였다. 수수께끼(謎)란 의미로 "슈지"가 따로 쓰였다. "슈지겻기"는 "슈지(謎)-겻(競)-기(접사)"로 분석된다. "슈지"는 더 이상 어원을 알 수 없다. "겻-"은 "겻다(競)"의 어간으로, 이는 본래 "겨루다"의 의미를 나타내는 "겯다"가 7종성으로 표기된 것이다.

"수수께끼"는 이와 달리 한불자전에 "슈슈겻기(才談)"라는 용례를 보여준다. 이는 "슈지"가 형태상 투명성(透明性)이 없기 때문에 유연성(有緣性)을 찾아 변음된 것이라 하겠다. 여기 쓰인 "슈슈"란 "슐슈"의 "ㄹ"이 탈락된 것으로, 이는 "술수(術數)"를 의미하는 말이라 하겠다. 수수께끼란 놀이를 "술수 겨루기"라 본 것이다. 따라서 이는 "겨루기"란 고유어에 "슐슈(術數)"란 한자어가 결합된 혼종어라 하겠다.

(2020.8.22.)

12. 고유어 같은 혼종어들 (2)

"우두머리"의 어원과 문화

"물건의 꼭대기"나, "어떤 일이나 단체의 으뜸인 사람"을 "우두머리"라 한다. 한자어로는 "괴공(魁公)·대괴(大魁)·두인(頭人)·두취(頭取)·두령(頭領)·우이(牛耳)"라 한다. 물건의 꼭대기를 이르는 말로는, "나무의 우두머리", 으뜸인 사람은 "활빈당의 우두머리 통령(統領)"과 같이 쓴다.

그런데 국어사전에는 "우두머리"가 한자어와 관련이 있는 것으로 표시되어 있지 않다. 그러나 이는 분명히 한자어와 관련이 있는 말이다. 아니 "위두(爲頭)"라는 말이 "우두머리"란 말이고, 고어에서는 "위두ᄒᆞ다"가 "으뜸가다"를 의미하는 말이었다.

> * 爲頭 도ᄌᆞ기 環刀 ᄲᅢ혀 손바ᄅᆞᆯ 베티고 <월인천강지고>
> * 大自在天子는 他化天에 爲頭ᄒᆞ니라 <석보상절>

이렇게 "위두(爲頭)"는 명사, "위두(爲頭)ᄒᆞ다"는 동사로 쓰이는 한자말이었다. 그런데 이 "위두(爲頭)"가 "우두"로 바뀌고, 여기에 다시 "머리"라는 고유어가 붙은 것이 "우두머리"다. 그러니 "우두머리"는 고유어처럼 보이나, 실상은 한자어와 고유어가 반반인 말이다.

"우두머리"와 비슷한 뜻의 말에 "정수리"가 있다. 이 말도 한자어와 관련이 있는 말이다. 이 말은 "정(頂)-수리"의 복합어이다. 이는 정상(頂上)을 이르는 "이마 정(頂)"자에 높은 곳(高處)"을 뜻하는 고유어 "수리"가 합성된 말이다. 고어에서는 "수리", 또는 "술"이 봉우리(峰)를 의미하는 말이었다.

"안성맞춤"의 문화

경기도 안성(安城)은 예로부터 유기(鍮器)의 명산지로 유명하였다. 거기에다 주문에 의하여 만든 것은 마음에 쏙 들었다. "안성맞춤", 또는 "안성맞춤유기"라는 말은 그래서 생겨났다. "안성맞춤"은 요구하거나 생각한 대로 잘 된 물건을 비유적으로 이르는데, 이는 안성에 유기를 주문하여 만든 것처럼 잘 들어맞는다는 데 연유한다. 그리고 이는 또 조건이나 상황이 어떤 경우나 계제에 잘 어울림을 의미하기도 한다. 이의 용례를 보면 염상섭의 "만세전(萬歲前)"에 다음과 같은 것이 보인다.

"그래 조선 농군들이 가서 그런 공사 일을 잘들 하나요?"
"잘 하고 못하는 것은 내가 아랑곳 있겠소만은 하여간 요보는 말을 잘 듣고 쿠리만은 못 해도 힘드는 일을 잘 하는데다가 삯전이 헐하니까 안성맞춤이지."

북에서는 이 "안성맞춤"과 관계가 있는 말로, "안성맞다"란 형용사와 "안성맞춤하다"란 동사를 인정하고 있다. 그런데 우리는 이들을 인정하지 않는다. 위의 "안성맞춤이지"처럼 "이다"를 붙여 용언의 구실을 하게 한다. 그리고 여기 부언할 것은 전에는 "안성마춤"이라 표기하였는데, 1988년

"한글맞춤법"에서 "주문하다"를 뜻하는 "마추다"와 "적정(適正)하다"를 뜻하는 "맞추다"를 통일하여 "맞추다" 한가지로 적기로 하였다는 것이다. 따라서 "안성마춤"이라 쓰게 되면 잘못 표기한 것이 된다. "안성맞춤"의 용례는 김주영의 소설 "활빈도(活貧徒)"에 "향군들을 동쪽 길목에다 포진을 시킨 것은 우선 화공(火攻)을 하기에는 안성맞춤인 것 같습니다. 그러나 승산을 노려볼 만한 비계(秘計)는 아닌 것 같습니다."라 한 것이 보인다.

"장가들다"외 "시집가다"의 문화

남녀가 정식으로 부부관계를 맺는 것을 뜻하는 한자어 결혼(結婚), 및 "혼인(婚姻)"이란 말부터 보기로 한다. "결혼"을 일본말이라 하는 사람이 있으나, 이는 잘못 안 것이다. 이 말은 후한(後漢) 반고(班固)의 한서(漢書)에 보일 뿐 아니라, 우리의 동국이상국집(東國李相國集)에도 보인다. 동명왕(東明王) 탄생설화의 기록에서다. 해모수(解慕漱)가 하백(河伯)에게 "나는 천제의 아들인 바 하백과 결혼하고 싶다(我是天帝之子 今欲與河伯結婚)"고 한 것이 그것이다.

그런데 "결혼"이란 말의 의미가 오늘날과 다르다. 해모수는 결혼 당사자인 하백의 딸 유화(柳花)와 결혼하고 싶다고 하지 않고, 그녀의 아버지 하백과 결혼하고 싶다고 하고 있다. 결혼을 남녀의 결합이 아니라, 혼가(婚家)와 인가(姻家), 양가(兩家)의 결합으로 보고 있다. 쉽게 말해 사돈 관계를 맺는 것을 "결혼"이라 하고 있는 것이다. 이것이 "결혼" 본래의 의미다.

이러한 결혼관은 "혼인(婚姻)"이란 말의 어원에도 나타난다. "혼인"이란 황혼(昏)에 여자가 남자네 집으로 들어가는 것을 말한다. "혼인"의 "혼(婚)"은 여자네 집을, 인(姻)은 여자가 의지하는 곳이란 뜻으로 남자네 집을 가리킨다. 말을 바꾸면 혼가(婚家)는 신부 집을, 인가(姻家)는 신랑 집을 가리킨다. "혼인"은 결혼한 남녀의 부모가 서로 호칭하는 말이기도 하다. 며느리의 아버지는 "혼(婚)"이라 하고, 사위의 아버지는 "인(姻)"이라 한다(漢書). 이렇게 "결혼"이나 "혼인"이란 남녀의 결합이 아닌, 사돈 관계를 맺는다는 말이었다.

"장가들다", "시집가다"라는 말은 이와 의미를 달리한다. "장가들다"는 "입장가(入丈家)"를 의미하는 말로, 이는 "장인 집에 들어간다"는 말이다. 다시 말하면 이는 데릴사위가 되는 초서혼(招婿婚), 또는 예서혼(豫婿婚) 제도를 반영하는 말로, 남자가 여자네 집에 살러 들어가는 것이다. 이러한 제도는 우리의 고구려-고려-조선조에 이어졌다. 이 초서혼 제도는 고려 때에 들어와서는 장인 집에서 노력 봉사를 하는 일종의 봉사혼(奉仕婚)이기도 하였다. 이는 모계중심사회의 결혼제도를 반영하는 것이다. "장가"는 고어에서 "댱가"라 하였다. 이의 용례는 15세기의 문헌 석보상절에 "댱가들며 셔방 마조몰 婚姻ᄒ다 ᄒᆞᄂᆞ니라"가 보인다.

이에 대해 "시집가다"는 여자가 "시가(媤家)에 가는 것"을 의미한다. "시가(媤家)"는 중국의 한자어가 아니다. 우리 고유의 한자어다. 중국에서는 이 "시집 시(媤)"자가 "여자의 자(字)"를 뜻하는 말이다. 우리는 이 한자를 "시집 시(媤)"로 가차(假借)해 쓰고 있는 것이다. "시집"은 본래 "새집(新家)"을 의미하는 말로 "싀집> 새집> 싀집> 시집"으로 변화한 말이다. "시집"가는 것은 부계중심사회의 결혼제도를 반영하는 것이다.

"장돌뱅이"의 어원과 문화

이효석의 대표작인 "메밀꽃 필 무렵"의 주인공은 "장돌뱅이"다. 지금도 지방에 따라서는 장이 서지만 지난날의 소도시에는 흔히 5일장이 섰다. 그래서 "장돌뱅이"는 오늘은 이 장, 내일은 저 장과 같이 떠돌아 다녔다.

"장돌뱅이"를 사전에서는 "장돌림"을 낮잡아 이르는 말이라 하고 있다. 그러나 "장돌림"은 오히려 생소한 말이다. "장돌림"이나 "장돌뱅이"의 "장"은 "시장(市場)"을 이르는 "장(場)"이다. "장(場)"은 첫째, "사람들이 모여 여러 가지 물건을 사고파는 곳"으로 앞에서 예를 든 "5일장"이 여기 해당한다. 둘째, 시장(市場)의 의미를 나타낸다. "장(場)"은 이렇게 한자말이다. "장돌뱅이"는 이 "장(場)"에 "돌뱅이"가 붙은 말이다. "돌뱅이"는 "돌(廻)-뱅이(접사-사람)"가 합성된 말로, 도는 사람을 뜻한다. 따라서 "장-돌뱅이"는 이장, 저 장을 떠돌아다니는 장사아치를 의미하는, 고유어 같은 혼종어이다. "장(場)"은 "마당 장(場)"자라 한다. 그리고 시장은 흔히 "장-마당"이라 한다. 그것이 난전(亂廛)임을 나타낸다.

시장에 가서 물건을 팔거나 사는 일을 "장보기"라 한다. 그런데 사전에는 "장보기"는 있으면서 "장보다"란 말은 표제어로 올라 있지 않다. 이는 모순된다. 그래서 관용어에 "볼 장 다 보다"라는 말이 있는데 이 말을 사전에서 찾을 수 없다. "볼 장 다 봤다"라 하게 되면 "①일이 뜻대로 되지 않고 실패함. ②다 끝남"을 의미한다. "그 친구 잘 나간다 했더니 볼 장 다 봤군!" 하는 것이 그 예다. 이는 물론 장에서 살 것은 다 샀고, 팔 것은 다 팔았다, 이제 장에서 더 이상 볼 일이 없다는 상황을 비유적으로 나타내는, 의미가 확장된 말이다. "볼 장 다 보다"의 예를 문학 작품에서 하나 보면 이기영의 "두만강"에 "인제는 서울집도 볼 장 다 봤으니까 김진해 집과 친하자는 거지 뭐야?"가 보인다.

"자린고비"의 어원과 문화

매우 인색한 사람을 "자린고비"라 한다. 이는 배경 설화를 지닌 말이나, 오늘날은 복합어로 취급되고 있다.

"자린고비"는 "충주 결은 고비"라는 속담에서 연유한다. 충청도 충주(忠州)에 사는 이(李)씨 성을 가진 한 부자가 제사를 지내고 소지(燒紙)를 하는 지방(紙榜)의 종이가 아까워 이를 매년 두고 쓰기 위해 기름에 절여 썼다고 한다. 그리하여 이 인색한 사람으로 말미암아 "충주 결은 고비"라는 속담이 생겨났다. 그리고 이는 마침내 축약이 되어 "자린고비"라는 복합어를 형성하게까지 되었다.

"자린고비"라는 말은 "자린-고비"로 분석될 말이다. "자린"은 "충주 결은 고비"라는 속담의 "결은"이 변한 말이다. "결은"은 "겯다"의 관형사형이다. "겯다"는 "기름 따위가 홈씬 배다, 또는 그렇게 하다"를 뜻한다. 이의 동의어에 "절다"가 있다. "땀에 전 수건", "기름에 전 작업복"과 같이 쓰이는 것이 그것이다. 이 "절다"의 사동사가 "절이다"이다. "배추를 소금에 절이다"나, "겉절이김치"와 같은 것이 그 예다. "자린-고비"의 "자린"은 이 "절인"이 변한 말이다.

그리고 여기에서 한 걸음 더 나아가 추단을 하게 되면 "겯다"에서 "절다"란 말이 새로 생성된 것으로 볼 수 있다. "겯다"는 "ㄷ" 불규칙용언으로 "겯고, 겯거나"가 있어 "절다"와 구분하나, "결어, 결으면"과 같은 형태에서 구개음화한 "절어, 절으면"과 같은 형태에서 "절다"가 생성되고, 이것이 "겯다"와 동의어로 쓰이게 된 것이다. 거기에다 "겯다"가 잘 쓰이지 않아 사어화(死語化)하고, 그 자리를 "절다", 또는 "절이다"가 대치되고 있다 하겠다.

그리고 "고비"는 한자말로 돌아가신 부모를 뜻하는 "고비(考妣)"이다. 특히 "자린고비"의 "고비"는 지방에 쓰인 "고비(考妣)"를 말한다. 지방에 벼슬하지 않은 아버지는 "현고학생부군 신위(顯考學生府君 神位)"라 쓰고, 어머니는 "현비유인 xxx(관향 성)씨 신위(顯妣孺人 xxx(貫鄕 姓)氏 神位)"라 쓰기 때문이다.

"혼나다"의 어원과 문화

호되게 꾸지람을 받거나 야단치는 것을 "혼나다", 또는 "혼내다"라 한다. "나는 숙제를 해 오지 않았다고 선생님한테 혼이 났다"거나, "실수를 해서 과장님이 크게 혼내실 줄 알았다."와 같이 쓰는 것이 그것이다.

그렇다면 왜 호되게 꾸지람을 하거나, 야단치는 것을 "혼내다"라 하고,

당하는 사람의 입장에서 "혼났다"고 하는 것일까? "혼나다"나 "혼내다"의 "혼"은 "넋 혼(魂)"의 "혼(魂)"이다. 이는 사람의 몸 안에서 몸과 정신을 다스린다는 비물질적(非物質的) 존재를 이르는 말이다. "혼-나다"는 "혼(魂)-출(出)"의 구조로, "혼-내다"는 "혼(魂)-사출(使出)"의 구조로 된 말이다. 격노해서 야단을 치는 경우 야단을 맞는 사람은 혼비백산(魂飛魄散)하게 된다. 어찌하여야 좋을지 정신을 차리지 못한다. 이것이 "혼나다"의 어원이다. "혼(魂)이 나갔다(出)"는 말이다. 그래서 정신이 없다는 말이다. "혼내다"는 "혼(魂)이 나게 하다(使出)"를 의미한다. 따라서 이들 말은 구체적 사실로 추상적 사실을 나타내는 말로, 그 의미가 변한 것이다.

이들은 달리 "혼쭐나다", 또는 "혼쭐내다"라 하기도 한다. "혼쭐"은 "혼"을 강조하여 이르는 말이다. 그러나 이는 근원적으로 "혼의 줄(線)", 곧 혼의 연결선(連結線)을 의미하는 말이라 하겠다. "혼 줄 나갔다"는 속담이 그 방증이다. "혼쭐"의 좋은 예는 북의 속담 "혼쭐난 령감 딸집 다니듯"이 있다. 이는 어디를 주책없이 허둥지둥 다니는 것을 비유적으로 이르는 말이다.

"혼나다·혼내다"가 이러한 의미를 지닌다는 것은 관용어 "혼을 뽑다"가 몹시 혼나게 하다를 뜻하고, "혼이 나가다(빠지다)"가 정신이 정상상태에서 벗어나, 어리벙벙하여 무엇을 잘 알아차리지 못하는 것을 의미한다는 것이 그 증거가 된다.

"자볼기"의 어원과 의미

"자볼기"는 좀 생소한 말이나, 재미있는 말이요, 언어면에서도 검토할 여지가 충분히 있는 말이다. 이 말의 풀이를 표준국어대사전에서 보면 "자막대기로 때리는 볼기"라 하고 있다. 그리고 예로 박종화의 "전야"에서 "'누가 대감을 자볼기 때린다고 그랬어요.' 계섬월은 고개를 돌려 가볍게 홍선을 흘겨본다."를 들고 있다. "자볼기"란 "자(尺)로 볼기를 때리는 것"을 의미한다.

  그러나 "자볼기"의 어원은 자로 아무나 때리는 것을 의미하는 것이 아니다. 어머니가 어린 아들을 자로 때리기도 하겠지만 이런 것에서 비롯된 말이 아니다. 아내가 남편을 때리는 것을 의미한다. 이는 관용어 "자볼기 맞겠다"가 이러한 상황을 잘 설명해 준다. 이 말은 "남편이 잘못한 일이 있어 자기 아내에게 꾸지람을 듣게 되는 경우를 이르는 말"인 것이다. 남편이 아내에게 꾸지람을 듣는 것을 조롱하여 "자볼기"라 한 것이다. 자볼기를 맞는 사람은 아마도 엄처시하(嚴妻侍下)거나, 공처가인 남편이라 하겠다. 홍기문의 "林巨正"에 보이는 "한 달 기한에 못 대어 와서 자볼기는 맞을 작정을 했어"라 하는 것이 바로 이런 용례에 해당한다.

  그러면 본론으로 들어가 "자볼기"가 왜 혼종어인가? 우리의 한자음은 중국 북방의 방언이 들어온 것으로, 이는 중국의 입성(入聲) 운미(韻尾) [kʼ]가 [g>γ]로 약화하고 있었다. 그래서 우리말에는 후음 운미 [kʼ]가 원칙적으로 [kʼ]음으로 실현되나, 이것이 [ㅎ] 소리로 나타나기도 한다. "뎧(笛), 쟣(尺), 욯(褥), 숗(俗)" 따위가 그것으로, 이는 그 뒤 [ㅎ]음이 약화 탈락하여 "뎌, 자, 요, 쇼"가 된다. "자볼기"의 "자"는 바로 이 "척(尺)"이 "쟣>자"로 변한 것이다. 따라서 "자-볼기"란 본래 "척-볼기"였던 말로, 혼종어이다. "아내"가 "자볼기"를 때리는 것은 자(尺)는 여인들이 늘 가까이 하는 침선의 도구이며, 규중칠우쟁론기(閨中七友爭論記)에서 규중의 하나의 벗으로, 그것이 회초리 같이 생겼기 때문이다.

(2020.8.28.)

13. 어원을 알면 의미가 분명해지는 어휘들 (1)
- 한자어의 경우

"장사진(長蛇陣)"의 어원과 의미

많은 사람이 줄을 길게 늘어선 모양을 흔히 "장사진(長蛇陣)"이라 한다. 이는 손자(孫子) 병법(兵法)에서 나온 말이다. 그래서 사전에는 "예전의 병법에서 한 줄로 길게 벌인 군진(軍陣)의 하나"라 풀이하고 있다.

그러나 이 풀이만 가지고는 병법(兵法), 또는 그 비유적인 의미 "장사진(長蛇陣)"의 의미를 제대로 알 수 없다. 이 말의 어원을 알아야 비로소 그 의미가 분명해진다.

일본 모로바시(諸橋轍也)의 "한화대사전(漢和大辭典)"에는 "장사진(長蛇陣)"의 의미를 이렇게 풀이해 놓고 있다.

> 손자의 병법 이름. 한 예로 길게 늘어서 수미가 상응하고, 전후좌우 서로 구원(救援)해 주는 진세(陣勢)를 이른다. 상산지사(常山之蛇)

이 풀이는 그 의미를 다소 분명히 해 준다. 그러나 이것으로도 그 의미는 아직 아리송하다. 좀 더 구체적으로 이 말의 어원을 살펴보아야 그 의미가 분명해지겠다.

산해경(山海經)에 의하면 대함산(大咸山)에는 초목이 없고, 옥이 많다. 그런데 사방에는 큰 뱀(長蛇)이 있어 오를 수가 없다. 곽박(郭璞)의 "장사찬(長蛇贊)"에 의하면 그 뱀은 백 발이나 되고, 그 털이 돼지털(彘豪) 같으며, 극악하고 독이 많다. 위의 모로바시(諸橋)의 풀이 가운데 "상산지사(常山之蛇)"란 이 뱀을 가리킨다. 손자(孫子)는 그의 "손자(孫子), 구지(九地)"에서 이 뱀을 들어 "장사진(長蛇陣)"의 진법을 설명하고 있다. "용병(用兵)"을 잘하는 사람은 비유해 말하면 솔연(率然)이다. 솔연(率然)은 상산(常山)의 뱀이다. 이 뱀은 머리를 치면(擊) 꼬리로 응수하고, 꼬리를 치면 머리로 응수하고, 가운데를 치면 머리와 꼬리로 반격한다."고 한다. "장사진(長蛇陣)"은 이렇게 한 곳을 치면 그 곳에서만 대처하는 것이 아니라, 다른 곳에서 반격을 가해 구원(救援)하는 진법(陳法)을 말한다. 단순히 길게 늘어서 있기만 하는 진법이 아니라, 머리 쪽에서 공격해 오면 꼬리 쪽에서 반격을 가하고, 꼬리 쪽에서 공격해 오면 머리 쪽에서 반격하고, 가운데로 공격해 오면 머리와 꼬리의 양 쪽에서 반격을 가하는 진법이란 말이다. 그러니 일방적인 공격을 가해 오면 상대방을 제압할 수 없을 것이고, 싸움에서는 지게 마련일 것이다.

이렇게 어원은 사세(事勢), 그 의미를 분명히 해 준다.

"과녁"의 어원과 그 의미

중국에서는 우리 민족을 동이족(東夷族)이라 하였다. "동이(東夷)"란 동쪽에 큰 활을 기진 민족"이란 말이다. 우리 민족은 활을 잘 쏘는 민족이었다.

활을 쏘면 "과녁"을 잘 맞혀야 한다. "과녁"이란 활이나 총 따위를 쏠 때 표적으로 만들어 놓은 물건을 말한다. 이는 흔히 여러 개의 동심원(同心圓)으로 이루어져 있고, 사수(射手)들은 이 동심원의 한 가운데를 겨냥해 맞히려고 애를 쓴다. 명중시키려 한다.

그런데 이 "과녁"이란 말은 외형은 고유어로 보이나 고유어가 아닌, "꿸 관, 가죽 혁"자를 쓰는 "관혁(貫革)"이란 한자어가 변한 말이다. 이는 "관혁" 의 "ㅎ" 소리가 약화 탈락하고, "관"의 "ㄴ" 소리가 연음(連音)이 되어 "과 녁"이 된 말이다. 그런데 이 말은 한자말이라 하였으나 중국의 한자어가 아닌, 우리의 고유한 한자어다. 한어(漢語)로는 이 과녁을 "파(靶), 파자(靶子), 사적(射的)"이라 한다. 일본어로는 "まど(的)"라 한다. 중국어에도 "관혁(貫革)" 이란 말이 없는 것은 아니다. 있으나 우리의 "관혁(貫革)"과는 다른 말이다. 한어 "관혁(貫革)"은 "활로 쏘아서 갑옷(鎧)을 관통하는 것"을 의미한다. "관 혁지사(貫革之射)"란 4자숙어는 과녁을 맞힌다는 뜻이 아니라, "예용(禮容)을 무시하고 다만 활 솜씨(射力)만을 경쟁하는 사법(射法)"을 말한다(諸橋轍也, 1965). 이렇게 "과녁"이란 우리의 한자어 "관혁(貫革)"이 변한 말이다.

활이나 총 따위의 표적을 의미하는 "과녁(貫革)"은 두 가지가 있다. 하나 는 가죽으로 된 것이고, 다른 하나는 무명으로 된 것이다. "관혁(貫革)"은 이 말에 "가죽 혁"자가 들어 있듯 가죽으로 된 과녁을 의미한다. "과녁"은 표 적 전체를 가리킬 때에는 과녁 "적(的)"이라 하고, 정사각형의 과녁 바탕을 가리킬 때에는 과녁 "후(侯)"라 한다. 그래서 가죽으로 된 과녁은 "피후(皮 侯)", 무명으로 된 것은 "포후(布侯)"라 구별한다. "포후"는 사포(射布), 솔이라 고도 한다. 무명으로 만든 가장 작은 넓이의 과녁은 소포(小布)라 한다. 이는 사방 열 자쯤 된다. 한마디로 "과녁"이라 하지만, 내용면에서 보면 이는 꽤 나 세분되었음을 알겠다.

"정곡(正鵠)"의 어원과 의미

"정곡(正鵠)"은 "과녁의 한가운데가 되는 점"을 가리키는 말이다. 이는 또 "가장 중요한 점. 또는 핵심"을 비유적으로 나타내는가 하면, "조금도 틀림없이 바로"를 의미하기도 한다.

그렇다면 "정곡(正鵠)"이란 말의 본래의 뜻은 무엇이며, 어떻게 명명된 것인가?

"과녁"에는 여러 개의 동심원(同心圓)이 그려져 있다고 하였다. 이 동심원의 한 가운데 그려진 검은 점(黑点)을 정곡(正鵠)이라 한다. 무명 과녁(布侯)에 그려진 것은 "정(正)", 가죽 과녁(皮侯)에 그려진 것은 "곡(鵠)"이라 한다. "정(正)"은 빈사(賓射)에 사용하고, "곡(鵠)"은 대사(大射)에 사용한다. 빈사(賓射)란 제후(諸侯)가 조회(朝會)를 하고 이웃의 군주(君主)와 함께 과녁을 쏘는 것을 말하고, 대사(大射)는 제사 때 제후가 뭇 신하와 더불어 행하는 사냥을 말한다. 이는 뒤에 천자가 베푸는 사술(射術) 대회를 의미하게 되었다. 대사(大射) 때 잡은 것을 제물로 썼고, 그렇지 않은 것은 제물로 올리지 않았다. "정곡(正鵠)"은 이러한 "정(正)"과 "곡(鵠)"을 아울러 이르는 말이다.

그렇다면 "정(正)"과 "곡(鵠)"은 어떻게 과녁 가운데 중심을 의미하게 되었는가? 이들은 다 새를 의미한다. 그것도 작고 빨리 나는 새와, 높이 날아 쏘아 맞히기 힘든 새를 과녁의 중심이 되는 말로 삼은 것이다. "정(正)"은 솔개(鴟), 곡(鵠)은 고니, 백조(白鳥)를 말한다. 과녁은 이렇게 쏘아 맞히기 어려운 솔개와 백조로 과녁의 "정곡(正鵠)"이라 그 이름을 삼은 것이다. "정곡(正鵠)"을 과녁의 중심이란 추상적 의미로 파악하기보다 그 어원을 밝혀 "솔개"와 "고니"라고 하게 되면 그 의미가 실감으로 와 닿을 것이다. "정곡(正鵠)"을 "솔개"와 "고니"와는 달리 보는 일설도 있다. 그것은 "정(正)"이 "바르다", "곡(鵠)"이 "똑바르다"의 뜻이어 정직(正直)한 덕(德)을 본받는다는 뜻으로 그 이름을 붙였다고 하는 것이다.

"경위(涇渭)"의 어원과 그 의미

우리 속담에 "경우가 삼칠장이라"라는 말이 있다. 한 속담 사전은 이를

"경우가 없다, 사물의 옳고 그름과 좋고 나쁨을 가리지 못한다는 말"이라 풀이하고 있다. 이는 서로 다른 두 단어 "경위"와 "경우"를 혼동하여 쓰고 있는 것이라 하겠다.

"경우가 없다"의 경우는 "사리나 도리"를 의미하는 "경우(境遇)"이고, "사물의 옳고 그름과, 좋고 나쁨을 가리는 것(分別)"은 "경위(涇渭)"의 풀이라 할 수 있기 때문이다. "경우(境遇)"와 "경위(涇渭)"는 분명히 구별되는 말이다. 그런데 우리말에서는 이들이 유의어(類義語)로 쓰이는 것으로 보고 있다. "경우(境遇)"를 한어(漢語)에서는 "경우(境遇), 경황(景況), 정황(情況)"이라 한다. 일본어에서는 "ばあい(場合)"라 한다. 이는 놓인 조건이나, 놓이게 된 형편이나 사정을 뜻하는 말이다. "경위(涇渭)"는 "사물의 옳고 그름이나 이러하고 저러함에 대한 분별"을 의미하는 말로, 한·일(漢日) 모두가 "경위(涇渭)"라 한다. 이렇게 이들은 다른 말이다. 그런데 우리는 이 두 단어가 유음어(類音語)이기 때문에 "경위(涇渭)"의 뜻이 "경우(境遇)"에 전염되어 유의어로 쓰게 되었다. 그러나 이들은 다른 뜻을 지니는 어휘이므로 구별해 쓰는 것이 좀 더 바람직하겠다.

"경위(涇渭)"라는 말의 어원은 중국의 징수이(涇水)의 물이 흐리고, 웨이수이(渭水)의 물이 맑아 뚜렷이 구별이 된다는 데서 사리 분별(事理分別)을 의미하는 말이다. 그리하여 "경위가 밝다", "경위에 맞는다"라 한다. 앞에서 인용한 "경우가 삼칠장이다"란 속담은 "경위가 삼칠장이다"라 해야 할 말이다. 경위(涇渭)가 없다는 말이다.

그러면 어원으로서의 경수(涇水)와 위수(渭水)에 대해 좀 더 살펴보기로 한다. 경수(涇水)는 남북의 두 근원이 있는데, 북원(北源)은 감숙성(甘肅省) 고원현(固源縣) 남쪽 우영(牛營)에서, 남원(南源)은 화평현(化平縣) 서남쪽 대관산(大關山)에서 발원, 합류하여 위수(渭水)로 들어간다. 위수(渭水)는 감숙성 난주부(蘭州府) 위원현(渭源縣)의 서쪽 조서산(鳥鼠山)에서 발원하여 여러 강물과 합류하여 동관(潼關)에서 황하(黃河)로 들어간다.

그런데 일반적으로 위수는 맑고 경수는 흐리다(渭淸涇濁)고 한다. 이러한 일반론과는 다른, 반대되는 설도 있다. 경수는 북쪽에 있고 위수는 남쪽에 있으니 경청위탁(涇淸渭濁)이 분명하다는 것이다. 그래서 경위미필동원(涇渭未必同源)이란 말도 있다. 청탁(淸濁), 선악, 사정(邪正)은 반드시 구별할 필요가 있다는 말이다. "경위(涇渭)"는 사물의 시비곡직의 분별을 의미하는 말이나, 이 말 자체가 분별을 아리송하게 하고 있다 하겠다.

"파경(破鏡)"의 어원과 문화

"파경(破鏡)"이란 말은 사전에서 "①깨어진 거울, ②사이가 나빠서 부부가 헤어지는 것을 비유적으로 이르는 말"이라 풀이하고 있다. 특히 "파경"의 둘째 뜻은 오늘날 대부분의 사람이 이렇게 수용하고 있는 것이다. 그러나 본래의 뜻은 "사이가 나빠서 헤어지는 것"이 아니라, "부부의 이별" 정도의 뜻의 말이었다.

"파경(破鏡)"은 고사를 지닌다. 이는 이런 저런 고사가 여럿 있는데 그 중 대표적인 것은 중국의 태평광기(太平廣記)에 전하는 것이고, 다른 하나는 우리의 삼국사기(三國史記)에 전하는 것이다. 태평광기에는 진(陳) 나라의 서덕언(徐德言)이 그의 아내 낙창공주(樂昌公主)와 헤어질 때를 대비한 파경(破鏡) 이야기가 실려 있다.

진(陳) 태자의 사인(舍人) 서덕언(徐德言)이 그의 아내 낙창공주에게 말하였다. "그대의 재용이 나라가 망하면 권호지가(權豪之家)에 들어가게 될 것이오. 우리 인연이 다하지 않았다면 만나게 될 것이니, 이로써 신표(信標)로 합시다." 이에 거울을 깨어 각각 반씩 갖고, 다음에 반드시 정월 보름에 서울의 시장에서 팔게 하였다. 진(陳) 나라가 망하고 과연 그의 아내는 월공(越公) 양소(楊素)의 집으로 들어갔다. 덕언(德言)이 서울에 올라와 정월 보름에 시장에

가 보니 마침 거울 반쪽을 파는 창두(蒼頭)가 있었다. 이에 덕언이 파경을 맞추어 보고 시를 지어 그에게 주었다. "거울과 함께 사람이 갔으나, 거울은 돌아오고, 사람은 돌아오지 않네. 항아(姮娥)의 모습은 다시 볼 수 없고, 텅 빈 하늘에 밝은 달만 비치고 있네." 진씨(陳氏)는 시를 받아 보고 흐느끼며 밥도 먹지 않았다. 월공 소(素)가 이를 알고 즉시 덕언을 불러 그의 아내를 돌려주었다.

이렇게 "파경(破鏡)"은 본래 헤어지는 것이 아니라, 부부가 재회하게 하는 것, 헤어졌다가 다시 만나는 것을 의미하는 말이다. "파경(破鏡)"은 부부라는 사실의 신표(信標), 부절(符節)의 역할을 하는 것이었다. "파경(破鏡)"은 그 자체로 독립된 말이 아니라, 이는 "파경중원(破鏡重圓)"의 준말인 것이다. 둘로 나눈 거울을 합쳐 다시 둥근 거울이 되게 한다는 것으로, 부부가 헤어졌다가 다시 만나 결혼생활을 잇게 되는 것을 말한다. 오늘날의 "파경(破鏡)"의 의미 이별(離別), 이연(離緣)은 그 의미가 변한 것이다.

삼국사기의 열전(列傳)에 실려 있는 "설씨녀(薛氏女)"이야기는 파경중원(破鏡重圓)의 의미는 물론, 부절(符節)의 구실까지 하고 있는 것이라 하겠다. 이 이야기는 다음과 같다.

설씨녀(薛氏女)는 비록 한미하나 용모가 단정하고 지행(志行)이 있어 모두 부러워 하나 범접할 수 없었다. 신라 진평왕(眞平王) 때 늙은 아버지가 방역(防役)의 번(番)을 서게 되어 그녀는 근심이 태산 같았다. 이때 설녀(薛女)를 좋아하던, 교양과 뜻이 남다른 가실(嘉實)이 이 군역(軍役)을 대신하겠다고 나섰다. 이에 설녀의 아버지는 고맙게 생각하고, 그 보답으로 딸을 주겠다고 하였다. 이에 가실과 설녀는 가실이 번을 서고 돌아온 뒤 성례를 하기로 약조하고, 그 신표(信標)로 거울을 깨어 나누어 가졌다.

나라에 연유가 있어 가실은 약속한 3년이 지나도 돌아오지 않았다. 가실이 떠난 지 6년이 되었다, 이에 설녀의 아버지는 다른 혼처를 찾았다. 설녀는 신의를 버리고, 아버지의 말씀을 따를 수 없다고 완강히 반대하였다. 그러나 아버지는 강제로 혼인을 시키려 택일까지 하였다. 이에 설녀는 도망하려 했으나 못하고 눈물만 흘리고 있었다. 이때 가실이 번을 마치고 돌아왔다. 깡마른 모습에 남루한 옷을 입어 사람들은 그를 알아보지 못하였다. 가실은 이에 파경(破鏡)을 앞으로 내밀었다. 설녀는 이를 받아들고 소리내어 울었다. 설녀의 부모는 기뻐하며 다른 날을 잡아 성혼하고, 둘은 더불어 해로하였다.

설씨녀의 이야기는 하나의 단편소설 같은 설화다. 이는 앞에서 언급한 바와 같이 "파경(破鏡)"이 이연(離緣)이 아닌, "파경중원(破鏡重圓)", 깨진 거울이 다시 둥근 거울이 됨을 증언한 것이며, 파경(破鏡)이 하나의 신분의 증표가 되는 부절(符節)임을 보여 주는 이야기라 하겠다.

(한글+漢字 문화, 2020. 11월호)

14. 어원을 알면 의미가 분명해지는 어휘들 (2)
- 고유어의 경우

"두루마기"의 어원과 문화적 배경

"두루마기"는 예복이나 외출복으로 입던 우리의 전통적 옷이다. 이는 한자어로는 "주의(周衣), 주막의(周莫衣), 주차의(周遮衣)"라 일러지듯, 터지지 않고 "두루 막은 옷"이란 말이다. 따라서 이는 어원을 고려하면 "두루(周)-막(遮)-이"라 써야 한다. 그러나 "두루 막은 것"이라기보다 한복의 한 이름으로 쓰는 것이어 구태여 어원을 밝히지 않고 발음되는 대로 "두루마기"라 쓴다.

"두루마기(周衣)"란 이름은 "창옷, 중치막, 도포(道袍)" 따위와 구별하여 명명한 것이라 하겠다. 이는 삼국 시대 이래의 포(袍)가 변한 것이다. 조선시대 남자의 겉옷은 넓은 소매에 옆이 터진 옷이었다. "창옷"은 세 자락으로, "중치막"과 "도포"는 네 자락으로 터진 옷이다. 따라서 이들은 사방이 터져 속옷을 제대로 가릴 수 없었다. 그리고 겨울에는 방한(防寒)도 제대로 안되었다. 이에 사방을 둘러막은 옷이 필요했다. 이것이 "두루마기"다. 사대부(士大夫)들은 집에 있을 때 소창옷과 함께 이를 입는 것을 예의로 삼았으며, 나들이 할 때에는 이 위에 도포를 입었다. 상민(常民)은 중치막이나 도포를 입지 못하게 되어 있어 "두루마기"가 웃옷(外衣)의 구실을 하였다. 상민이 도포를 입지 못한다는 것은 고전소설 "운현전"에 한량(閑良)들이 이를 항의하는 대목이 실랄하고 익살스럽게 그려져 있는 데서도 알 수 있다.

그 뒤 고종 21년 갑신년(1884)에 복제개혁(服制改革)이 단행되었다. 이때 개화(開化)의 한 가지로 넓은 소매와 너덜거리는 자락이 있는 "창옷, 중치막, 도포" 등을 폐지하고, 간편한 두루마기를 겉옷으로 입게 하였다. 이렇게 되어 이후 "두루마기"는 누구나가 이용하는 웃옷(外衣)이 되었고, 예복이나, 나들이옷으로 입게 되었다.

"두루마기"는 이렇게 본래 사방이 터진 옷에 대해, 두루 막은 옷을 가리킨다. 이는 겉옷이 아닌 속옷의 일종이었으나, 갑신년의 제도 개혁 이후 겉옷의 나들이옷이 된 옷이다.

"삿갓"의 어원과 의미

"죽장(竹杖)에 삿갓 쓰고 방랑 삼천리", 이렇게 시작되는 대중가요가 있다. "삿갓" 하면 떠올리는 김삿갓, 김 립(金笠)을 노래한 것이다.

"삿갓"은 비나 햇볕을 가리기 위하여 대오리나 갈대로 거칠게 엮어서 만든 갓, 개립(蓋笠), 또는 사립(簑笠)을 가리킨다. 이는 조어(造語) 형태로 볼 때 "삿-갓"으로 분석된다. "삿"은 고어에서 "삳, 삳ㄱ, 삿ㄱ, 샅"의 형태를 보이는 말로, 대자리, 곧 죽석(竹席), "점(簟)"을 의미하는 말이다. 이는 "샅> 삳> 삳ㄱ/삿ㄱ"의 변화과정을 겪고, 여기에 "갓(笠)"이 붙어 오늘의 "삿갓"이 된 말이다. 이들의 용례를 하나씩 들어 보면 다음과 같다.

  * 손 머물우는 녀름 사툰(留客夏簟) <두시언해>
  * 벼개와 샨 가지고(枕簟) <杜詩諺解>

* 삿근 업거니와(席子沒) <노걸대언해>

"갓"은 "갓 곳갈 삐워"<송강가사>나, "갓(凉帽子)<동문유해>과 같이 "갓(笠)"을 의미하는 말이다. "삿갓"이란 "삿(簟)", 곧 "대자리로 만든 모자", "갓(冠·笠)"을 의미한다. 그런데 "삿"의 의미가 "대나무 자리", 곧 죽석(竹席)이라 하니 다소 이상히 들릴는지 모른다. 그러나 이상할 것이 없다. "삿갓"은 "대오리를 엮어서 만든 자리", 이것을 자료로 하여 갓(笠)을 만든 것이기 때문이다. "삳(簟)"에 사용하는 대오리는 오늘날 우리가 흔히 보는, 살처럼 가늘게 쪼갠 것이 아니라, 좀 넓적한 것이다. "삿갓"과 같이 "삿(簟)"이 사용되는 것에는 또 고어에 "삿광조리(席籠子)"<역어유해보>가 보인다. "삿갓"의 용례로는 고어에 "삳갓"<사성통해>, 외에 "삿갓"<역어유해>도 보인다. "삿갓"은 이렇게 "대자리를 의미하는 "삿(簟)"과 "갓(笠)"이 합성된 말이다.

"구실"의 어원과 의미

"구실"은 몇 가지 다른 뜻을 지닌다. 표준국어대사전에서는 "①자기가 마땅히 해야 할 맡은 바 책임, ②예전에 온갖 세납을 통틀어 이르던 말, ③관아의 임무, ④(북) 여자나 아이들이 당연히 겪어야 한다는 데에서 나온 말로, 월경이나 홍역을 이르는 말. (비)소임(所任)"이라 풀이하고 있다. 이들은 역사적 의미변화를 반영한 풀이다.

"구실"은 본래 관직(官職), 또는 관리(官吏)를 의미하던 말로 형태적 변화와 의미변화를 겪어 오늘의 "구실"이란 말이 되었다. 이는 형태적으로 "그위실> 구위실> 구우실> 구실"로 변화하였다.

* 그위실 ᄒᆞ리(仕宦者) <내훈>
* 구우실 ᄒᆞ논 쁘데(吏情) <두시언해(중간본)>

* 구실에 참여티 아니ᄒᆞ미라 <소학언해>

"그위실"은 형태적으로 "그위"와 "실"로 분석된다. "그위"는 "관청(官廳)"을 의미하는 말이다. 이는 뒤에 "구위> 귀"로 변한 것을 볼 수 있다. "실"은 "직책"을 의미하는 접사로 보인다. 따라서 "그위실"이란 말은 "관직" 내지 "관리"를 의미하던 말이다. 이 말이 원인과 결과에 따라 "관직> 공무> 세금 · 부역(賦役)> 역할"과 같이 의미변화를 하여 오늘에 이르렀다.

* 나 구실ᄒᆞ며 隱處호미(出處) <두시언해>
* 그 구실 더답ᄒᆞ더니(以供租賦) <속삼강행실도>
* 사내 구실 <현대어>

그리고 여기서 하나 분명히 할 것은 "구실"이 공공 또는 관청의 직무를 의미하나, 이는 "벼슬"과 구별된다는 것이다. "구실아치"는 옛날에 관아(官衙)의 "벼슬아치" 밑에서 일을 보던 사람이다. 아전(衙前), 이속(吏屬)과 같은 지방관원을 말한다. 이에 대해 "벼슬아치"는 "구실아치"보다 높은 중앙에서 파견된 관원(官員)을 가리킨다.

"무지개"의 어원과 배경

꿈이나 동심을 상징하는 무지개, 육사(陸史)는 "절정(絶頂)"에서 "겨울은 강철로 된 무지갠가 보다"라 읊었다.

"무지개"는 어떻게 된 말인가? 고어로는 "므지게"라 하였는데, 이는 "믈-지게"가 변한 말이다. "믈"은 물론 물(水)을 가리킨다. "무지개"란 공중의 물방울이 햇빛을 받아 반원 모양의 일곱가지 채색의 줄무늬를 이루는 것이니, 물(水)과 관련됨은 당연하다. "지게"는 "지게 호(戶)"자의 "지게"로, 이는 방에 들어가는 외짝 문을 말한다. 집에 들어가는 두 짝으로 된 문은 문(門)이라 한다. 따라서 "무지개"란 "물로 빚어진 둥근 문"이라 하겠다. 이는 무지개의 외형에 따른 명명이나, 하늘나라에 들어가는 오색 찬란한 문이라는 의미도 아울러 지닌다. "무지게"는 "무지개"로 말소리가 변하였다.

한어로는 "쟝(虹)", 또는 "차이홍(彩虹)"이라 한다. "홍(虹)"자의 자원은 뱀이나 용을 뜻하는 "虫"과, 음과 하늘을 뜻하는 "工"으로 이루어진 형성자이다. 고대의 중국인들은 무지개를 용의 일종이라 생각하였다. 그리고 무지개는 하늘에 용이 걸쳐 있는 것이라 보았다. 무지개는 한자어로 또 홍예(紅蜺), 천궁(天弓), 채교(彩橋)라고도 한다. "홍예"는 무지개를 용이라 생각하고 수무지개를 "홍(虹)", 암무지개를 "예(蜺)"라 하였다. "예(蜺)"는 "예(霓)"라고도 쓴다. "예(霓)"의 용례는 무지개 모양의 다리를 이르는 "홍예문(虹霓門)"에서 쉽게 볼 수 있다. 이는 무지개 모양의 아치형 다리를 말한다. "홍예"라는 말은 암·수 무지개란 뜻의 말이다. 쌍무지개가 섰을 때 빛이 곱고 맑게 보이는 것이 수무지개이고, 그렇지 않은 것을 암무지개라 한다. "천궁(天弓)"은 물론 하늘에 걸린 활이란 뜻으로 명명한 것이고, "채교(彩橋)"는 아름다운 다리란 말이다. 일본에서는 "니지(虹)"라 한다. "니지(虹)"는 대체로 "장사(長蛇)"라 본다. 영어로는 Rainbow라고 하여 "비의 활"이라 하는데, "천궁(天弓)"과 발상이 비슷한 명명이라 하겠다. 무지개의 여신을 Iris라 하는데, 이의 본래의 뜻은 "굽은 물건, 활 모양의 물건"이라 본다. 이렇게 여러 나라의 무지개란 말의 어원을 보면 우리의 "무지개"라는 이름이 가장 객관성이 있는 명명(命名)인 것 같다.

"메아리"의 어원과 문화

울려 퍼지던 소리가 산이나 절벽 같은 데 부딪쳐 되돌아오는 소리를 "메아리"라 한다. 달리는 "산울림", "산명(山鳴)"이라고도 한다. "메아리"는 본래 "뫼ᅀᅡ리"라 하던 말이 변한 것이다. 그리고 "뫼ᅀᅡ리"는 "뫼사리"가 변한 말이라 본다. "뫼사리"는 "뫼(山)-살(生)-이(형식명사)"라 분석되어, 이는 "산에 사는 것", 혹은 "산에 사는 사람", "정령(精靈)" 쯤으로 풀이된다.

우리 선조들은 반향(反響)으로서 들려오는 소리, "메아리"를 단순한 반향이라 생각하지 않고, 이를 신비롭게 여겨 산의 정령(精靈)이 반응을 일으키는 것이라 생각하였다. 그래서 "뫼살이", 곧 산에 사는 것 "정령"이 우리의 말소리에 반응을 일으키는 것이라 보았다. "메아리"는 그러니까 "산정(山精)의 소리"다.

"메아리"는 "뫼사리> 뫼ᅀᅡ리> 뫼아리> 메아리"로 변한 말이다. "뫼사리"의 용례는 보이지 않는다. 후대의 어형으로 미루어 그렇게 재구(再構)하는 것이다. "뫼ᅀᅡ리", "뫼아리"의 형태가 고어에 보인다. "뫼아리"의 형태도 일찍부터 보인다. 한두 개 예를 보면 다음과 같다.

* 듣는 소리 뫼ᅀᅡ리 ᄀᆞᆮᄒᆞ야 <월인석보>
* 十方에 對ᄒᆞ야 現ᄒᆞ샤미 뫼ᅀᅡ리의 소리 應툿 ᄒᆞ야 <법화경언해>
* 뫼아리는 나지 갈맷도다(山情白日莊) <두시언해 중간본>

일본에서는 "뫼아리"를 "야마비코(山彦)", 또는 "고다마(木魂)"라 한다. "야미비코"란 본래 산신령이라는 뜻으로, 메아리를 산신령의 대답으로 여긴 것이다. 우리의 발상과 같다. "고다마"는 한자의 표기대로 나무의 혼이라 본 것이다. 한어(漢語)는 "회향(回響), 회음(回音), 회성(回聲)"이라 하여 객관적 명명을 하고 있다. 이에 대해 영어로는 "Echo"라 하는데, 이는 희랍어로 "소음(騷音)"이란 의미를 지닌다. Echo는 희랍신화에 등장하는 요정으로 매우 수다스러운 존재였다. 그래서 여신 Hera(Juno)는 Zeus(Jupiter)와 대화하는데 그녀가 방해가 된다고 성을 내고는(일설에는 제우스와 놀아난 요정을 피신시키기 위해 에코가 헤라를 막아) 그녀가 말을 할 수 없게 하였다. 다만 사람이 말한 최후의 말만을 하도록 하였다. 또 일설에는 Echo가 Narcissus를 사랑하였는데 고백할 수 없어 실연하여 마침내 빼빼 마르고 목소리만이 남아 숲의 요정(wood-nymph)이 되었다고도 한다. 숲의 요정은 "산의 요정(mountain-nymph)"이라도 한다. "메아리" 자체가 애조를 띠는 데, 여기에 희랍 신화까지 겹쳐 Echo, 메아리는 더욱 애처러움을 느끼게 한다.

"점잔"의 어원과 의미

언행이 묵중(默重)하고 야하지 아니한 것을 "점잖다" 하고, "점잖은 태도"를 "점잔"이라 한다. "점잔"은 "점잖다"에서 파생된 명사다. "점잖다"는 "젊지 않다"가 변한 말이다. "젊지 않다, 나이가 들었다" 그래서 철이 들고, 활동도 경망지 않고, 언행이 듬직하다는 말이다.

"점잔"은 "점잖다"에서 파생된 말이나, 그 형태가 예사롭지 않다. 용언(用言)에서 파생된 명사는 대체로 "-음, -기, -이" 등이 붙어서 명사를 이루는데, 이는 "-(으)ㄴ"이 붙어서 명사를 이루고 있기 때문이다. 알타이어의 공통 특질 가운데는 동명사 어미에 "-ㄴ(-n), -ㄹ(-r)"형이 있는데, "점잔"은 이 가운데 "-ㄴ" 명사형에 해당한다고 볼 수 있는 것이다. 이러한 예로는 또 "어른"이 있다. 이는 "얼(交配·交合)-우(매개모음)-ㄴ"에서 "얼-으-ㄴ> 어른"으로 그 형태가 바뀐 말이다. "아히 어룬 업시"<벽온신방>가 그 예다. "어루신"도 같은 예이다. 이의 용례도 계축일기(癸丑日記) 등에 보인다. "어른"이 성인(成人)을 의미함은 "나이가 들었다고 다 어른이냐, 장가를 가야 어른이지."라는 상언(常言)이 그 의미를 분명히 해 준다. "-ㄹ" 명사형은 "流落ᄒᆞ야 돈뇨매 ᄠᅳ디 다엇업소라(流落意無窮)<두시언해> 등에서 볼 수 있다.

앞에서 "점잖다"가 "젊지않다"에서 왔다고 하였는데, 일본어도 같은 발상에서 조어(造語)된 "얌전하다"는 뜻의 말이 있다. "오도나시이(大人しい)"라는 말이 그것이다. 이는 "오도나(大人·어른)-しい(接辭·답다)"로 분석된다. 우

리의 표현이 "어른"이라고 구체적 표현을 하지 않고 "젊지 않음"으로 돌려서 표현하였을 뿐 기본적으로 어른(大人)을 의미하고 있으므로 발상이 같다 하겠다. 한어도 "온중(穩重), 온순(溫順)" 외에 "노실(老實)"이라고도 하여 역시 발상을 같이 하는 것을 볼 수 있다. 나라나 민족이 달라도 사람의 발상(發想)은 비슷한 모양이다.

(한글+漢字 문화, 2020. 12월호)

15. 일본어와 관련이 있는 한자어

"대합실(待合室)"의 어원과 문화

"대합실"에 대한 우리의 사전풀이는 "공공시설에서 손님이 기다리며 머물 수 있도록 마련한 곳"이라 되어 있다. 이는 일본에서 새로 조어한 한자어도 아니고, "마치아이시쓰(待合室)"라는 혼종의 일본어이다. 우리는 이를 한자로 표기되어 있어 한자어로 수용하고 있다. 이의 용례를 문학 작품에서 보면 송하춘의 "청량리역"에 다음과 같은 것이 보인다.

> 대합실 안이고 밖이고 할 것 없이, 그러나 경찰은 어디고 쫙 깔려 있었다. 하긴 역파가 따로 필요 없는 것인지도 모른다. 어디선가 무더기로 대기하고 있다가 시간이 되면 와서 교대 근무를 하는 것일 테니까.

우리는 이렇게 "대합실"을 역이나 공항에서 "손님을 기다리며 머무는 곳"의 개념으로 사용하고 있다. 일본의 사전풀이는 우리와 좀 다르다. "(역·병원 등에서) 시간·순번을 기다리는 방"(岩波 國語辭典, 1977)으로 되어 있다. 우리는 기다리는 "대상"을 분명히 밝히고 있지 않은데, 일본 사전은 "시간·순번"을 기다리는 것으로 명시하고 있다. 일본어 "마치아이(待合)"는 "소용의 사람이나 사물(物事)(의 순번 등을)을 기다리는 것"을 의미한다. 우리는 "대합(待合)"이란 명사가 따로 없다. "표준국어대사전"에는 "대합실"만이 있고, 이를 일본어의 차용어라 보아 "기다림 방"으로 순화하도록 하고 있다.

"대합실"과 같은 훈독어로 우리말에 들어와 있는 것에 "타합(打合)"이란 말이 있다. 일본어로는 "우치아이"라 한다. 이는 "어떤 일에 대하여 서로 좋게 합의함"을 의미한다. "교통사고를 낸 당사자와 피해자가 타합을 보았다." 이렇게 쓰이는 말이다. 문학작품에도 "아주머니는 무슨 일인 줄 모른다면서 어떻게 원만한 타합을 볼 것이라고 장담합니까?"<이병주, 행복어 사전>가 보인다.

"타합(打合)"이란 말은 "타협(妥協)"과 형식과 의미가 비슷한 말이다. 그래서 그런지 "타협"이란 말은 건재한데, "타합"이란 말은 오늘날 거의 사어가 되어 버렸다. 그러나 사건 사고가 많은 작금에 "타협하고 합의" 볼 일도 많으니 이 말은 살려 썼으면 좋겠다. 더구나 우리말에는 이에 대치할 말도 보이지 않는다. 그러니 "타합"이란 말을 굳이 배격할 필요는 없다.

"적선(赤線)"의 유래와 문화적 침투

"적선(赤線)"은 붉은 선이란 말이나, 이는 위험지역을 비유적으로 이르는 말이다. 그리고 "적선지대(赤線地帶)", 또는 "적선구역"이라면 홍등가(紅燈街)를 이른다. "홍등가"란 붉은 등불이 켜져 있는 거리란 뜻으로, 유곽(遊廓)이나 창가(娼家) 따위가 늘어선 거리를 말한다. 중국에서는 "청루(青樓)"가 유녀(遊女)가 있는 곳이다. 이백(李白), 두목(杜牧) 등의 용례가 보이는데, 이백의 시에는 청루 기생의 춤이 읊어져 있다(對舞青樓妓 雙襲白玉童). 그리고 이 청루에는 "청기(青旗)"를 꽂아 그곳이 기루(妓樓)임을 나타내었다. 원진(元稹)의 시에 "매허고괘소청기(賣墟高挂小青旗)"라고, 높이 조그마한 푸른 깃발을 걸었다고 한 것이 그것이다. "청기"는 "청패(靑旆)"(기 패(旆)), "청렴(靑帘)"(술집 기 렴(帘))이라고도 한다. 중국에서는 이렇게 청색(靑色)이 유녀가 있는 집이나 술집을 나타낸다.

그런데 앞에서 본 바와 같이 우리는 "홍등가(紅燈街)"나 "적선지대"라는 말이 쓰이는가 하면 "청루(靑樓)·청상(靑裳)"이라는 말 또한 쓰이고 있다. "홍등가"나 "적선지대"라는 말은 일본의 영향을 받은 말이다. "홍등(紅燈)" 은 근대화 이후의 산물이라 하겠고, "적선지대"는 일본의 매춘금지법(賣春禁 止法)과 관련이 있는 말이기 때문이다.

일본에서는 매춘금지법(賣春禁止法)이 1959년(소화33년) 시행되었다. 전후 경찰은 풍속영업의 허가를 받은 공인의 매춘지대에는 지도상에 빨간 선을 둘러 표시하였다. 여기에서 "적선지대(赤線地帶)"라는 말이 생겨났다. 이 말이 우리에게도 들어와 사용하게 되었다. 그리고 식품위생법의 허가밖에 받지 않은 사창가(私娼街)에는 파란 선을 둘렀다. 그래서 "청선(靑線)"이란 말도 생 겨났다. 이 말은 우리말에 들어온 것 같지 않다. 그래서 오히려 우리는 사창 (私娼)·공창(公娼)을 구분하지 않고 적선지대라 하는 것으로 보인다.

"박사(薄謝)·촌지(寸志)"의 의미와 문화

세상이 각박해졌다. "김영란법"이라나 하여 스승에게 커피 한 잔도 사서 는 안 된다고 한다. 공자(孔子)도 속수(束脩)는 받고 가르쳤는데 말이다. 그러 나 이것이 다 자작지얼(自作之孼)임을 어찌하랴?

사례금을 전할 때 봉투에 흔히 "박사(薄謝)"라거나, "촌지(寸志)"라 쓴다. "박사(薄謝)"란 문자 그대로 "얄팍한 사례", 몇 푼 안 되는 사례금을 드린다 는 말로 마음만의 사례를 의미한다. "촌지(寸志)", 또한 "조그만 뜻", 곧 마 음만의 예를 뜻하는 말로, 적은 액수의 금액으로 사례한다는 말이다. 모로 바시(諸橋)에는 이들 두 단어 모두에 그 용례를 들고 있지 않다. 이로 보아

이들은 모두 일본에서 사용하던, 그리고 지금도 사용하고 있는 일본의 한자어로 보인다. "박사(薄謝)"는 중국에서 "박수(薄酬)"라 한다. 조그만 사례를 한다는 뜻으로, "봉상박수(奉上薄酬)"라 쓰는 것이 그것이다. 그리고 "촌지(寸志)"는 자기 의지의 겸칭(謙稱)으로는 양(梁)나라 간문제(簡文帝)의 글에 보이나, "마음만의 사례"라는 뜻으로는 중국의 용례가 보이지 않는다. "촌지(寸志)"의 뜻으로는 "촌심(寸心)"이란 말이 쓰인다.

우리는 이들 어휘를 일상용어로 다 쓰고 있다. 일본어(日本語)의 영향을 받은 것이다. 그렇다면 이들 어휘의 용법도 일본의 용법을 참고하는 것이 어떨는지? 일본에서는 이 두 어휘의 용법이 구별된다. 손윗사람의 경우에는 "박사(薄謝)"를 쓰고, 손아랫사람의 경우는 "촌지(寸志)"를 쓰는 것이 관례로 정해져 있다. 정중함에 차이가 있는 것이다. 그리고 "박사(薄謝)"는 공식적인 경우에 많이 쓰고, "촌지(寸志)"는 개인적인 경우에 많이 쓴다는 차이도 있다. 우리말에는 이런 차이가 없다. 손위, 손아래의 구별 없이 쓰려면 "사례(謝禮)"라는 말을 쓸 수 있다.

"은행(銀行)"의 어원과 문화

은행이란 예금을 받아 그 자금으로 영업을 하는 금융기관이다. 이는 일본에서 영어 Bank를 번역한 말이다. 우선 이를 "은행(銀行)"이라 번역한 과정부터 보기로 한다. 일본에서는 에도막부(江戶幕府) 말기에 이 말이 "양체옥(兩替屋)", "양체문옥(兩替問屋)" 등으로 번역되어 사용되었다. 그러다가 "은행(銀行)"으로 되었다. 일본의 당시 통화제도는 금본위제(金本位制)가 아닌, 은본위제(銀本位制)였다. 금보다 은을 기본으로 하는 통화 제도이다. 그래서 은(銀)을 취급하는 곳이므로, "금행(金行)"이 아닌, "은행(銀行)"이라 하였다. "행(行)"자가 쓰이게 된 것은 중국에서 외국인의 점포를 "양행(洋行)"이라 하는 데서 힌트를 얻어 "은행(銀行)"이라 한 것이다. "행(行)"은 중국에서 "점포,

도매상, 시렁" 등을 의미하기도 하는 말이다. 동경몽화록(東京夢華錄)의 "대소화행(大小貨行)"이 이 용례이다.

"은행(銀行)"이란 말의 기원에 관해서는 몇 가지 설이 있다. 첫째는 1871년(명치4) 시부사와(澁澤榮一)가 미국의 은행조례를 번역하며 최초로 번역하였다는 설이고, 둘째는 1866년 시오다(塩田三郎)가 요코하마(橫濱)의 오리엔탈뱅크의 지배인이 막부(幕府)의 감정봉행(勘定奉行)에게 보낸 편지를 번역하는 과정에서 처음 썼다는 것이다. 셋째는 1971년 후쿠치(福地源一郞)가 "회사변(會社弁)"에서 처음 썼다는 것이다. 이렇게 "은행(銀行)"이란 말의 기원은 여러 설이 있어 분명치 않다. 그러나 분명한 것은 1872년(명치5)에 일본에는 "제일국립은행"이 창립되었고, 이때부터 "은행"이란 말이 쓰였다는 것이다.

"은행(銀行)"은 이렇게 은본위제(銀本位制)를 바탕으로 만들어진 말이다. 따라서 금본위제(金本位制)에는 어울리는 말이 아니다. 이런 말을 우리는 일본어에서 수용하여, 오늘도 아무런 생각 없이 쓰고 있다.

"사회(社會)"의 어원과 그 배경

공동생활을 영위하는 모든 형태의 인간 집단을 "사회(社會)"라 한다. 그러나 이는 현대적 해석이고 본래는 이런 뜻의 말이 아니었다. 오늘날 우리가 쓰고 있는 "사회(社會)"라는 말은 영어 Society를 일본에서 번역한 말이다.

"사회(社會)"라는 말은 옛날 중국의 주(周)나라 때에 "사(社)"의 회합을 의미하는 말이었다. 주대(周代)에는 사일(社日), 또는 절일(節日)에 향촌 주민들이 회합을 가졌는데, 이를 "사회(社會)"라 하였다. 그리고 스물다섯 집(家)을 한 조(組)로 하여 사(社)가 결성되었는데, 향촌의 백성들은 상호간의 향상을 위하여 단체, 또는 조직을 만들어, 이 또한 사회(社會)라 하였다. 나아가 이는 공동생활을 하는 인류의 단체, 또는 조직을 의미하게 되었고, 뒤에 "세상", 또는 "세간(世間)"의 의미도 나타내게 되었다.

"사회(社會)"라는 말은 이렇게 본래 중국에 있었던 말이다. 일본에서는 개화기에 번역을 할 때 신어를 새로 만들기도 하였으나, 중국 고전에 있는 말에 새로운 의미를 부여하기도 하였다. "사회(社會)"는 이렇게 중국 고전에 나오는 말로, 영어 Society를 번역한 말이다. "경제(經濟)"나, "혁명(革命)", "교육(敎育)"과 같은 말도 마찬가지다. "漢語外來詞詞典"(1985)에는 이러한 단어가 60여 개 있는 것으로 알려진다. 사회관계의 제 현상을 연구하는 학문인 Sociology는 인간학(人間學), 세태학(世態學) 등으로도 번역되었으나, 소도야마(外山正一)가 "사회학(社會學)"으로 번역해 이렇게 정착되었다.

"요령(要領)"의 의미와 문화

"요령(要領)"은 가장 긴요하고 으뜸이 되는 골자나 줄거리, 또는 일을 하는 데 꼭 필요한 묘한 이치를 의미한다. 그리고 이는 나아가 적당히 해 넘기는 잔꾀를 의미하기도 한다. 그러면 "요령"은 어떻게 하여 이러한 의미를 지니게 되었는가?

"요령(要領)"은 본래 허리(腰)와 목을 의미하는 말이다. "요령지죄(要領之罪)"나, "요령지사(要領之死)"가 허리와 목을 베는 형벌을 의미함이 그것이다. 이는 또한 옷의 허리띠와 옷깃을 의미하고, 나아가 사물의 간요(肝要)한 곳을 의미한다. 옷을 입을 때에는 허리와 깃에 신경을 쓰므로 "요령(要領)"이 중요한 곳을 의미하게 된 것이다. 이 말의 어원(語源)은 중국의 "한서장건전(漢書張騫傳)"에 보인다. "건(騫)이 월씨(月氏)를 따라 대하(大夏)에 이르렀다. 마침내 월씨(月氏) 요령을 얻지 못했다(竟不能得 月氏要領)"가 그것이다. 이의 주(注)에서 이기(李奇)는 "요령"을 "요계(要契)"라 보고 있다. 증서(證書), 또는 신표(信標)를 말한다. 이에 대해 안사고(顔師古)는 이를 장건(張騫)이 월(月)의 의취(意趣)를 얻지 못하고 한(漢)나라에 돌아와, 이를 "요령(要領)"으로 비유한 것이라 하고 있다.

"요령"이란 이렇게 "중요한 것"을 말한다. 오늘날 흔히 쓰는 것처럼 수단 방법을 의미하는 말이 아니다. 말이나 글 따위의 요령을 잡을 수 없다는 "요령부득(要領不得)"의 "요령"은 "으뜸이 되는 골자나 줄거리"란 뜻으로, "요령" 본래의 뜻에 가까운 말이라 하겠다.

"화장(化粧)"의 어원과 문화

분과 연지를 발라 얼굴을 곱게 꾸미는 것을 "화장(化粧)"이라 한다. "화장"이란 말은 일본어에서 들어온 말이다. 일본의 "けしょう(化粧)"를 우리 한자음으로 수용한 것이다. 그것도 20세기에 들어와서다. 구체적인 실례를 보면 다음과 같다.

> * 第四類 香料, 燻料及 他類에 屬치 아니훈 化粧品 <관보 부록 법률 제38호 (1908년 9월 19일)>
> * 弊履도 難穿ᄒ던 존슨 氏의 名은 世界文明史를 化粧ᄒ였고 釋迦ᄂᆞᆫ 無上의 觀樂을 自棄ᄒ고 <태극학보 제21호, 1908년 5월 24일>

그러면 "화장"이란 말이 들어오기 전에는 "화장"을 무어라 하였는가? "단장(丹粧), 성적(成赤), 연장(姸粧), 홍분(紅粉)" 등이라 하였다. 이들 가운데 "단장, 성적"은 한자 문화권에 공통으로 쓰이는 말이 아닌, 한국 한자어로 보인다. 그러면 "화장(化粧)"이란 말의 어원은 어떻게 되는가? 모로바시(諸橋)는 그의 "한화대사전"에서 "化粧"을 "化妝, 假粧과 같음"이라 하고 어원에 대한 언급이 없다. 아베(阿部, 1970)는 표제어 아래 "(國)"이라 표시하고 뜻풀이를 하고 있다. 加藤道理(1986)는 한어(漢語)가 아니라 하고 있다. 중국의 고전에는 이 "화장(化粧)"이란 말이 보이지 않는다. 겨우 "종합영어사전"에 "Make up (伶人之) 裝扮, 化粧"이 보인다. 그리고 辭源에서 이를 일본어의 차용이라 하고 있다. "화장(化粧)"이란 이렇게 일제 한자어라 하겠다. 岩波 日中辭典과 두산 동아의 韓中辭典에 보이는 "化粧"은 일어 차용어로서의 "化粧"이라 하겠다.

화장은 본래 여인의 전유물이 아니었다. 이는 오히려 무속신앙과 관련이 있다. "화장"을 "가장(假粧), 가상(假相)"이라고도 하듯, 이는 변장하는 것이다. "화장"의 "될 화(化)"자는 "변신하다, 둔갑하다"의 뜻을 지니는 말이다. 아름답게 꾸미는 것만이 아니고, 신앙적 변신의 의미를 지니기도 한다. 제전(祭典)에서의 동남 동녀의 화장이 이런 것이다. 이러한 화장이 뒤에 여성들의 치장 수단이 된 것이다.

우리는 "미인"이라 하면 "단순호치(丹脣皓齒)"를 떠올릴 정도로 이 성어(成語)에 익숙하다. 그런데 중국에서는 이 말이 성어가 아니다. 그뿐 아니라 일본의 유부녀는 "오하구로(黑齒)"라 하여, 이를 검게 칠을 했다. 처녀일 때는 이가 희고(白齒), 결혼한 뒤는 검게 칠을 한 것이다. 이로써 결혼여부가 구분되었다. 이러한 풍습은 평안시대(平安時代)에는 상류사회 여성들의 일반적 화장 경향이었다. 또한 에도(江戶)시대 이전에는 남자(公卿·武士)들도 화장을 하였다. "하구로(黑齒)"의 구체적인 용례는 일본의 예만이 아니고, 김인겸(金仁謙)의 "일동장유가(日東壯遊歌)"에도 보인다.

> 남진 잇는 겨집들은/ <u>감아흐게 니를 칠흐고</u>/ 뒤흐로 쯰룰 미고/ 과부 쳐녀 간나히는/ 압흐로 쯰룰 미고/ <u>니룰 칠티 아냣구나</u>

이러한 풍습은 명치시대(明治時代)에 우선 황실(皇室)에서 금하였다. 그래서 마침내 일반인들도 안 하게 되었다. 문화란 이렇게 민족에 따라 차이를 보이는가 하면, 시대에 따라서도 차이를 보인다. 그러기에 중국에는 "입경문속(入境問俗)"이란 말까지 있다.

(2020.9.13.)

16. 문화적 배경을 지닌 성어(成語)들 (1)

"건곤일척(乾坤一擲)"의 어원과 문화적 배경

진퇴양란의 어려운 경우에 처하게 되면 사람들은 자신을 잃고 운명에 의지하려 한다. 이때 흔히 점술(占術)에 기댄다. "건곤일척(乾坤一擲)"이란 말은 외형은 대단한 말 같으나, 바로 이 운명에 기대려 한다는 말이다. 곧 이는 주사위를 던져 승패를 건다는 뜻으로, 한 판에 건곤(乾坤)을 걸고 운명을 결정한다는 뜻의 말이다. 천하를 건 대승부(大勝負)이다.

"건곤(乾坤)"은 다 아는 바와 같이 천지, 음양을 뜻하는 말이다. 이는 또 주역(周易)의 괘(卦)의 이름이기도 하다. 건은 순양(純陽)이고, 곤은 순음(純陰)이다. 일척(一擲)의 "척(擲)"은 "던지다"를 뜻한다. 따라서 이는 주사위를 한 번 던져 천지를 거는 것이기도 하고, 단번에 양(陽)이 나오느냐 음(陰)이 나오느냐로 운명, 또는 승부를 결정짓는 것이기도 하다.

"건곤일척(乾坤一擲)"의 어원은 한유(韓愈)의 "과홍구시(過鴻溝詩)"에서 비롯되는 것으로 본다. 항우(項羽)와 유방(劉邦)은 오랜 동안 패권(覇權)을 다투어 싸움을 한 끝에 지쳐 있었다. 그리하여 마침내 강화(講和)를 하여 천하를 양분하게 되었다. 그 경계선이 바로 홍구(鴻溝)란 강이다. 한유(韓愈)는 이 강을

지나며 시를 지었다. "용호(龍虎)가 지쳐 강을 두고 땅을 나누어 억만 창생
은 생명을 보존하게 되었다. 누가 군왕(劉邦)에게 말을 돌리라고 권했는가,
진실로 주사위를 한번 던져 천하를 건 것이로다(眞成一擲賭乾坤)"라 한 것이
그것이다. 이 시에서의 "일척도건곤(一擲賭乾坤)"이 바로 "건곤일척(乾坤一擲)"
의 어원이란 것이다. 여기서 "건곤일척"의 "일척(一擲)"에 대해 조금 부연하
면 한번 던져 운명을 결정하는 것은 주사위의 숫자가 기수(乾 · 天)가 나오느
냐, 우수(坤 · 地)가 나오느냐로 결판을 내는 것이다. 유방(劉邦)은 모르긴 하
되 "건(乾)"을 두고 천하를 걸었을 것이다. 건(乾)은 "양(陽) · 남(男) · 천(天) ·
천자(天子)"를, 곤(坤)은 "음(陰) · 여(女) · 지(地) · 황후(皇后) · 신하(臣下)"를 상징
하기 때문이다. 그리고 "시건전곤(施乾轉坤)"이란 성어를 덤으로 보기로 하
면 이는 "천지를 뒤집다", "천하의 난을 평화로 바꾸다"를 뜻하는 말이다.
이 땅에 하로 빨리 "시건전곤(施乾轉坤)"의 날이 왔으면 좋겠다.

"계명구도(鷄鳴狗盜)"의 어원과 문화적 배경

세상에는 별의별 재주가 다 있다. 그리고 하찮은 재주라도 경우에 따라
서는 쓸 데가 있는 법이다. "계명구도(鷄鳴狗盜)"란 이런 것에 속한다. 이는
고사를 바탕으로 한 사자성어(四字成語)다.

중국의 전국시대(戰國時代) 제(齊)나라에 맹상군(孟嘗君) 전문(田文)이란 재상
이 있었다. 그는 전국시대 사군(四君) 가운데 하나로, 천하의 현사(賢士)를 초
치하여 식객(食客)이 수천명에 이르렀다. 그 가운데는 도적의 명인, 성대 모
사의 달인도 있었다. 이때 진(秦)나라의 소양왕(昭襄王)은 천하통일의 대망을
품고 맹상군(孟嘗君)을 수상(首相)으로 모셔 부국강병의 정책을 펴려 하였다.
이에 맹상군은 식객을 거느리고 진나라에 들어갔다. 여우 겨드랑이의 흰털
이 붙은 가죽으로 만든 갖옷, 호백구(狐白裘)를 소양왕에게 바쳐 환심을 샀
다. 그러자 진나라의 공기는 확 바뀌었다. 외국 출신을 수상으로 삼아서는

안 된다는 것이었다. 그뿐 아니라, 그를 본국으로 되돌려 보내면 원수가 되므로 없애야 한다고 하였다. 그리하여 소양왕은 그를 죽이기로 하였다.

이에 맹상군은 소양왕이 총애하는 여인에게 탈출을 도와달라고 청하였다. 그녀는 호백구(狐白裘)를 가져 오면 청을 들어 주겠다 하였다. 가지고 있던 호백구는 이미 소양왕에게 헌상(獻上)하였다. 더는 가진 것이 없다. 갑자기 구할 수 있는 것도 아니다. 이에 맹상군은 크게 걱정을 하였다. 이때 남의 집에 들어가 음식물을 살며시 훔쳐 먹는 개처럼 물건을 잘 훔치는 도둑(狗盜)이 소양왕에게 바친 호백구(狐白裘)를 훔쳐 내와, 이를 총희(寵姬)에게 바쳤다. 총희는 소양왕에게 청을 하였고 마침내 맹상군 일행은 석방되었다. 맹상군 일행은 변장을 하고 야음(夜陰)을 타 국경인 함곡관(函谷關)에 다다랐다. 닭이 울 때까지는 관문을 열어서는 안 된다는 것이 관법(關法)이었다. 이에 성대 모사를 잘하는 식객을 시켜 닭의 울음소리를 내게 하였다. 그러자 뭇닭이 따라서 울었다. 이에 관문은 열렸고, 맹상군 일행은 무사히 관문을 탈출하였다.

"계명구도(鷄鳴狗盜)"란 이런 고사를 지닌 말이다. 우리의 국어사전은 이의 뜻을 "비굴하게 남을 속이는 하찮은 재주, 또는 그런 재주를 가진 사람을 이르는 말"이라 풀이하고 있다. 그러나 이러한 의미만 지니는 것은 아니다. 앞에서 "하찮은 재주"라도 경우에 따라서는 쓸 곳이 있다고 하였다. 계명구도(鷄鳴狗盜)란 이런 것에 속한다. "계명구도"에는 이렇듯 "보잘 것 없는 재주나 쓸모가 있다"는 비유적 의미도 있는 것이다.

그리고 궁금한 것은 맹상군의 "계명구도" 이후의 행적이다. 그는 위(魏)나라의 재상이 되었고, 진(秦)나라의 조연(趙燕)과 힘을 합쳐 제(齊)나라를 쳐부수었다. 그리고 제(齊)의 양왕(襄王)이 왕위를 승계한 뒤 제후(諸侯)가 되었다.

"문전작라(門前雀羅)"와 "문전성시(門前成市)"의 문화

"문전성시(門前成市)"라는 말은 비교적 잘 알려진 말이다. 그런데 이와 짝을 이루는 "문전작라(門前雀羅)"라는 말은 그렇지 않은 것 같다.

"문전성시"란 문자 그대로 "문 앞이 장마당을 이룬다"는 말이다. 곧 이는 찾아오는 사람이 많아 집의 문 앞이 시장을 이루다시피 북적북적함을 이른다. 이는 문전이 저자 같다는 문전약시(門前若市)와 같은 말이다.

문전성시나, 문전약시라는 말은 단순히 사람이 많이 오고 모이는 것을 의미하는 말이 아니다. 이는 일반적으로 부귀영달한 이의 집에 사람이 모인다는 것을 의미한다. 태평기(太平記)의 "당금 봉공(奉公)하는 사람들은 모두 일시에 소망을 이루어 문전성시(門前成市)를 이루고 당상화(堂上花)와 같다"고 한 것이 그것이다.

이에 대해 "문전작라(門前雀羅)"는 "문 앞에 참새 그물을 치다"라는 말로, 찾아오는 사람도 없고, 문 앞이 매우 적적한 모양을 이르는 말이다. "방문객이 드물어 문 앞이 쓸쓸하고, 뭇 새가 몰려오니 가히 새그물을 쳐 참새를 잡을 수 있겠다"는 "문외가설작라(門外可設雀羅)"와 같은 말이다. 빈천한 집에 오가는 사람이 없어 새들만이 와서 놀므로 참새 그물을 치고 새나 잡으면 좋을 정도로 한적한 정경을 나타내는 말이다. 사기(史記)의 "정당시전찬(鄭當時傳贊)"에는 이러한 각박한 인심이 그대로 드러나 있다. "적공(翟公)이 정위(廷尉)가 되니 빈객이 문을 메우더니, 벼슬을 그만두자 문 밖에 가히 참새 그물을 치겠다(門外可設雀羅)"고 한 것이 그것이다. 우리의 속언에 "정승 집에 말이 죽었다면 문상을 가나, 정승이 죽었다면 문상을 가지 않는다."고 하는 것도 이런 세태를 풍자하는 말이다.

"무고지민(無告之民)"의 의미와 문화

컴퓨터에서 "무고지민"을 한자로 변환하려 하면 "無故之民"이 뜬다. "연고 없는 백성", 곧 "무연고의 백성"이라고 이런 말이 없으란 법도 없다. 그러나 표준국어대사전에는 이 말이 보이지 않는다. 이는 "무고지민(無告之民)"이 잘못 대입된 것이 아닌가 한다. 대사전은 "무고지민(無告之民)"에 대해 "①어디다 호소할 데가 없는 어려운 백성, ②의지할 데 없는 늙은이나 어린이"라고 풀이하고 있다.

"무고(無故)"에 대해 국어사전은 "①아무런 까닭이 없음, ②사고 없이 편안함"이라 풀이하고 있다. 이에 대해 "무고(無告)"는 "괴로운 처지를 하소연할 곳이 없음. 또는 그런 사람"이라 뜻풀이를 하고 있다. "무고(無告)"는 아무에게도 고하고 호소하여 구제를 받을 수 없는 사람"을 뜻한다. 의지할 데가 없는 빈궁한 사람을 의미한다.

"무고(無告)"의 전거를 보면 예기(禮記)의 "왕제(王制)"에 이렇게 되어 있다. "어려서 아비 없는 자를 고(孤)라 하고, 늙어 자식 없는 자를 독(獨)이라 하며, 늙어 아내 없는 자를 긍(矜)이라 하고, 늙어 지아비 없는 자를 과(寡)라 한다. 이 사자(四者)는 천민(天民) 가운데 궁(窮)하며, 고할 데 없는(無告) 자이다." 이렇게 소위 사궁(四窮)이라 이르는 환과고독(鰥寡孤獨)을 "고해 구제 받을 수 없는 무고(無告)"라 한다. 맹자(孟子)의 "양혜왕하(梁惠王下)"에도 환과고독(鰥寡孤獨)을 들고 "차사자(此四者) 천하지궁민 이무고자야(天下之窮民而無告者也)"라 한 것을 볼 수 있다.

예(禮)를 중시한 유가(儒家), 수신제가 치국평천하(修身齊家治國平天下)를 인생의 이상으로 생각한 유가에서, 의지가지없는 가정의 결격 사유에 주목하고 대처한 것은 문자 그대로 "인(仁)"을 실천하려 한 것이라 하겠다.

"사면초가(四面楚歌)"의 어원과 그 의미

고립무원(孤立無援)의 경지에 떨어진 것을 "사면초가(四面楚歌)"라 한다. 이는 한(漢) 고조 유방(劉邦)과 초패왕(楚覇王) 항우(項羽)가 해하(垓下)에서 벌인 전투에서 비롯된 말이다. 이의 출전은 사기(史記)의 "항우본기(項羽本紀)"이다.

항우는 유방과의 싸움에서 승리를 꾀한 적도 있으나, 그의 포학(暴虐)함으로 말미암아 민심은 이반하고, 장군들은 반기를 들었다. 이에 대해 한신(韓信)과 팽월(彭越)을 우군으로 한 유방은 항우의 군사를 추격하였다. 그리하여 항우의 군사는 해하(垓下)에 들어박히게 되었고, 유방의 연합군은 몇 겹으로 포위하였다. 한밤에는 한(漢)나라 군사들로 하여금 초나라 노래(楚歌)를 부르게 하였다. 장량(張良)의 가성(歌聲) 작전이었다. 그러지 않아도 처량한데 사방에서 초나라 노래가 들려오니 초나라 군사들은 전의를 잃고 슬픔에 잠겼다. 항우는 이를 듣고 초나라 백성이 부르는 것으로 알고 크게 놀라 "한나라가 이미 초(楚)를 다 점령한 것인가? 이 어찌 초나라 사람이 이렇게 많으냐?"라 하며 달아났다고 한다.

그리고 항우(項羽)는 주연을 베풀고 총애하는 우미인(虞美人)과의 이별을 애석해 하는 유명한 "역발산기개세(力拔山氣蓋世)"의 시를 반복해 읊었다. 그는 이 시에서 "시운(時運)은 따르지 않고 애마(愛馬)는 나아가지 않는다, 가지 않는 것을 어이하랴? 사랑하는 우비(虞妃)여, 우비(虞妃)여, 그대를 어찌하면 좋을는지?"라 노래하였다. 우미인은 이별의 슬픔에 화답하는 노래와 함께 춤을 추고, 항우의 보검을 빌려 자결하였다.

"사면초가(四面楚歌)"란 이렇게 시운이 따라주지 않은 항우에게 슬픈 종말을 안겨 준 고사에 연유한다. 이로 말미암아 이 성어는 적(敵), 또는 반대자에게 포위되고, 한 사람의 우군도 없이 고군분투하는 상태를 나타낸다. 그리고 비유적으로 아무도 찬성, 또는 협력해 주지 않는 가운데 혼자서 분투하는 것을 나타내기도 한다. 곧 사방이 모두 적임을 의미한다.

"수서양단(首鼠兩端)"의 형태와 의미

"수서양단(首鼠兩端)"이란 말은 이들 글자의 의미를 안다고 하여 그 뜻을 알 수 있는 말이 아니다. "머리 수(首), 쥐 서(鼠), 두 양(兩), 끝 단(端)". 해석이 안 된다. "수서(首鼠)"와 "양단(兩端)"으로 나누어 보아도 마찬가지다. "수서(首鼠)"라는 말은 글자 뜻으로 본다면 "우두머리 쥐", 또는 "맨 앞의 쥐" 쯤으로 풀이할 수 있다. "양단(兩端)"은 "두 끝", 또는 "혼인할 때 쓰는 붉은 채단과 푸른 채단의 끝"이라 풀이된다. 이렇게 해도 이 성어(成語)는 해석이 안 된다. 이는 관용어(慣用語)이기 때문이다. 관용어란 개별 조어(造語)의 화(和)가 아닌, 제3의 의미를 나타내는 말이다. "수서양단(首鼠兩端)"이나, "수서(首鼠)"와 "양단(兩端)"은 다 같이 관용어라 할 수 있는 말이다. 그래서 "수서양단"은 어느 쪽으로도 결정하지 않고, 두 마음을 먹는 것, 기회를 엿보는 것을 의미한다.

"수서(首鼠)"는 한어(漢語)에서 형세를 관망하며 쉽게 진퇴거취를 결정하지 않는 것을 의미한다. 이는 달리 "수시(首施)"라고도 한다. "수시"는 무서워 주저하는 것을 의미한다. 쥐는 의심이 많은 동물이다. 그래서 구멍에서 나올 때는 머리를 내놓고 주위를 살피고, 앞으로 나아갔다가는 다시 물러서기를 반복한다. 여기에서 태도가 분명치 않은 것을 "수시", 또는 "수서"라 하게 되었다. "양단(兩端)"은 한어(漢語)에서 양극단(兩極端)을 의미하는 외에 "①처음과 끝. 수미(首尾), ②두 개의 사실, ③이심(二心). 양쪽의 상태를 보고 이익이 있는 쪽을 엿보는 것"을 의미한다. "수서양단"의 "양단"은 물론 ③의 뜻으로 쓰인 것이다. 그래서 "수서양단"은 어느 쪽으로도 결정하지 못하고 주저하는, "두 마음"을 의미한다.

이 말의 어원은 중국의 사기(史記) "관부전(灌夫傳)"의 고사에 연유한다. 전한(前漢)의 경제(景帝)와 무제(武帝) 때에 제후 두영(竇嬰)과 전분(田蚡)이 세력을 떨쳤다. 두영의 친구인 장군 관부(灌夫)가 술을 마시고 실수를 저질렀다. 무안후(武安侯) 전분은 엄벌해야 한다 했고, 위기후(魏其侯) 도영은 이에 반대하였다. 무제가 신하들에게 누가 옳으냐고 물었다. 그러자 어사대부(御史大夫)인 한안국(韓安國)이 양자가 다 일리가 있으니 폐하가 결단하시라고 하였다. 이에 무안후가 "무어냐, 수서양단(首鼠兩端)을 하는 것이 아니냐?"라 했다. 분명한 의사를 표명하지 않았다는 말이다. 양 다리를 걸친다는 의미의 "수서양단"이란 말은 이 고사에서 연유한다고 한다. "수서양단"은 요샛말로 무제(武帝)에게 공을 떠넘긴 것이다.

　세상을 살아가려면 이렇게 넘어가는 방법도 있다. 난처한 경우 보신(保身)하는 수법이다. 소신을 분명히 밝히는 것이 좋은지, 아니면 아리송하게 처신함이 좋은지는 현재보다, 미래의 역사가 증명할 것이다.

(2020.9.29.)

17. 문화적 배경을 지닌 성어(成語)들 (2)

"언어도단(言語道斷)"의 의미와 문화

　서기원의 소설 "마록열전"에는 "아전 나부랭이가 백 칸에서 반 칸이 모자란 집을 짓고 산다는 것은 언어도단이었다."란 구절이 보인다. 백성은 백 칸 집을 짓지 못한다하여 아전이 백 칸에서 반 칸이 모자란 집을 짓고 사는 것이 말이 안 된다는 표현이다. 이렇게 우리는 "언어도단(言語道斷)"이란 말을 "말이 안 된다"거나, "어이가 없어 말을 하려 해도 말을 할 수 없다"는 뜻으로 사용한다. 그러나 이 말은 본래 이렇게 쓰는 말이 아니었다.

　언어도단(言語道斷)은 불교 용어로, "말로는 표현할 방법이 없다"는 뜻의 말로, 나아가 말로는 설명할 수 없는 깊은 진리를 이른다. 영락경(瓔珞經)의 "말로는 표현할 길이 없고, 쉬지 않는 마음의 흐름이 다 한 것(言語道斷 心行所滅)"이 그것이다. 법화경(法華經)에 부처가 심행(心行)을 알아 대승(大乘)의 설법을 행하는 것이 이런 경지라 하겠다. "언어도단"의 "도(道)"는 "설(說)"을 의미하며, "언어도단"은 또 "언어동단(言語同斷)"이라고도 한다.

　불교의 이러한 용어가 세상에 퍼져 "언어도단"이란 말은 서술할 수 없을 정도의 심한 것을 이르게 되고, 나아가 그 의미가 변화되어 쓰이게 되었다.

이는 한편으로 너무 훌륭해 이에 해당한 표현이 없다는 뉘앙스를 나타낸다. 다른 한 편으로는 너무 심해 무어라 말할 수 없다는, 사악(邪惡)한 행위를 의미하기도 한다. 위에 인용한 소설의 "언어도단"은 후자의 의미로 쓰인 것이라 하겠다. 그리고 현실적으로 "언어도단"은 본래의 의미와는 달리 "심히 사악한 행위"라는 의미로 많이 쓰이고 있다.

"와신상담"의 의미와 배경

중국 사람은 원수를 갚아도 대를 걸쳐 갚는다는 말이 있다. 이와 같이 대를 이어 원수를 갚은 대표적인 예 가운데 하나가 "와신상담(臥薪嘗膽)"이란 성어의 주인공이 아닌가 한다. "와신상담"은 섶에 눕고 쓸개를 맛본다는 말이나, 원수를 갚기 위해 온갖 어려움과 괴로움을 참고 견딘다는 말이다. 오왕(吳王) 부차(夫差)는 대를 이어 원수를 갚은 사람이다. "와신상담"이란 성어는 사기(史記), 및 오월춘추(吳越春秋) 등에 전하는 고사에서 비롯되었다.

중국의 춘추시대에 오(吳)와 월(越)이라는 두 나라가 있었다. 이들 두 나라는 오랫동안 서로 싸움을 그치지 아니하였다. 오왕 합려(闔廬)는 월왕 구천(句踐)과의 싸움에서 패하고 죽을 때, 태자 부차(夫差)에게 반드시 원수를 갚으라고 유언을 하고 숨을 거두었다. 부차는 섶 위에서 잠을 자며 아버지의 원수를 갚겠다는 마음을 잊지 않으려 마음을 다졌다. 그는 사람들이 출입할 때 월인(越人)이 아비를 죽인 것을 잊었느냐고 소리치게까지 하였다(十八史略). 그리하여 그는 마침내 회계산(會稽山) 전투에서 월나라 군사를 대파하고 월왕 구천의 항복을 받았다. 구천은 절세의 미인인 왕비(王妃) 서시(西施)를 오왕에게 바치고 목숨을 구해 자국으로 도망쳤다. 그 뒤 12년간 회계산에서의 패전을 잊지 않기 위해 방에 쓸개를 매달아 놓고 이를 핥으며 때를 기다렸다. 그리고 마침내 충신 범려(范蠡)와 함께 오나라를 쳐 이를 패망시켰다(史記).

"와신상담"은 이렇게 "와신(臥薪)"과 "상담(嘗膽)"을 각각 부차와 구천의 각고의 신고로 본다. 그러나 이렇게 보지 않기도 한다. 일설에는 이들 둘을 다 구천(句踐)이 행한 것으로 본다. 사기(史記)의 기록이 그러한 것이다.

고사를 중심으로 "와신상담"을 살펴보았다. 복수를 하기 위해 "와신(臥薪)"과 "상담(嘗膽)"을 한 것이다. 그러나 오늘날은 이 말이 그 의미가 확대되어 복수만이 아니고, 목적을 달성하기 위해 가지가지 고통을 참으며 곤란을 헤쳐 나가는 것을 의미하기도 한다. 그리고 꼭 그렇게 복수하는 것만이 능사이겠는가? 유구한 역사로 보면 그것들은 다 지난날의 사사로운 일에 지나지 않는다. 지금 오월(吳越)의 자취는 어디에 남아있는가?

"주지육림(酒池肉林)"의 어원과 문화

호사스러운 잔치를 이르는 대표적인 말에 "주지육림(酒池肉林)"이란 말이 있다. 이는 술이 못과 같이 많고, 고기가 수풀과 같이 많은 연회를 이르는 말로, 은(殷)나라 주왕(紂王)의 일화에서 비롯된 말이다.

사기(史記)의 "은본기(殷本紀)"에 의하면 주왕은 술과 음락(淫樂)을 좋아하는 임금이었다. 그는 애첩(愛妾) 달기(妲己)를 위해 재물을 물 쓰듯 하여 큰 궁전을 짓고, 정원을 만들었다. 그는 120일을 하루 밤으로 한 대연회를 베풀기도 하였다. 못에는 술을 채우고 나뭇가지에는 고기를 매어달아 이른바 주지육림(酒池肉林)을 이루었다. 그 사이를 3천 나신(裸身)의 남녀가 거닐게 하였다. 그리고 북을 치면 술을 마시고, 그 다음 신호를 하면 야합(野合)을 하였다. 주왕과 애첩 달기는 높은 누각에서 이를 보고 즐겼다. 주왕은 하(夏)나라의 걸왕(桀王)과 더불어 음학(淫虐)의 대표적인 왕으로 유명하다. 주지육림(酒池肉林)이란 이러한 배경에서 탄생된 말이다. 그래서 이는 "술의 못과 고기의 수풀"이란 문자 그대로의 의미 외에 "호사스런 잔치"를 의미하고, 나아가 "더할 수 없는 호탕한 놀이"를 의미한다.

반악(潘岳)의 "서정부(西征賦)"의 주(注)에는 태공(太公)의 말로, 걸주왕(桀紂王) 때 술 재강이 쌓여 언덕을 이루고, 술이 못을 이루고, 포육(脯肉)이 산림(山林) 을 이루었다 한다. 이로 보면 주(紂)임금 때만이 아니고, 걸(桀) 임금 때에도 "주지육림"이 있었음을 알 수 있다. 그러나 이는 "호사스러운 잔치"의 형 용이란 확대된 의미로도 볼 수 있을 것이다.

"주지육림"의 우리의 용례를 하나 보면 박종화의 "임진왜란"에 "원통제 가 부임이 된 뒤에 수군 교련은 아니하고 날마다 운주루에는 주지육림에 풍악과 잔치에 세월 가는 줄 모르오."라 한 것이 보인다.

"침어낙안(沈魚落雁)"의 어원과 의미

미인을 형용하는 말에 "침어낙안(沈魚落雁)"이란 말이 있다. 미인을 보고 물 위에서 놀던 물고기가 부끄러워 물속 깊이 숨어들고, 하늘을 날던 기러 기가 또한 부끄러워서 땅에 내려앉는다는 말로, 여인이 매우 아름답다는 말이다. 그러나 이 말의 어원은 이런 것이 아니었다. 이는 장자(莊子)의 "제 물론(齊物論)"에 나오는 말이다.

"모장(毛嬙) 여희(麗姬)는 사람의 미(美)이다. 물고기는 이를 보고 물속으로 깊이 들어가고, 새는 이를 보고 높이 날고, 미록(麋鹿)은 이를 보고 달리기를 한다. 이들 넷(四者) 가운데 누가 천하의 아름다움(正色)을 알까보냐?"라 한 것이 그것이다. 장자는 물고기와 새가 미인을 알아보지 못하고, 오히려 놀 라 도망치는 것이라 보았다. 그리고 이로써 세상의 미(美)란 정해진 것이 아 니라 하였다. "통속편(通俗編)"에서는 송지문(宋之問)의 "완사편(浣紗篇)"을 인 용하여 "새가 놀라 송라(松蘿)로 들어가고, 물고기는 두려워 연꽃에 숨는다" 고 새와 물고기가 미인을 보고 두렵고 놀라와 숨는다고 하였다. 이렇게 "침어낙안(沈魚落雁)"이란 본래 미인을 칭송하는 말이 아니었다. 그런데 장 자의 "새(鳥)"를 "기러기(雁)"로 바꾸어 후세의 전기소설류(傳記小說類)에서 미인을 형용하는 말로 쓰게 되며 일반화한 것이다. 이는 "폐월수화(蔽月羞花)"
라고도 한다. 달이 숨고, 꽃이 부끄러워한다는 말이다. 이의 용례는 "여정
집(麗情集)"에 "폐월수화지모(蔽月羞花之貌)"가 보인다.

중국에서는 미인을 형용하는 "침어낙안(沈魚落雁)"의 沈魚에 서시(西施), 落
雁에 왕소군(王昭君)을, 그리고 폐월수화(蔽月羞花)의 蔽月에 초선(貂蟬), 羞花에
양귀비(楊貴妃)라는 4대 미인을 일반적으로 대입하여 표현한다.

"반면교사(反面敎師)"와 "타산지석(他山之石)"의 문화

우리는 세 사람이 갈 때 거기에는 반드시 나의 스승이 있다는, 논어 술이
편(述而篇)에 나오는 "삼인행(三人行)에 필유아사(必有我師)"라는 구절을 잘 안
다. 선한 자를 보고는 본을 받고, 악한 자를 보고는 그러지 않아야겠다는
교훈으로 삼는 것이다. 이런 정신을 반영한 말에 "반면교사(反面敎師)"라는
말이 있다.

그런데 이 말은 두어 가지 면에서 우리의 주의를 끈다. 그 하나는 이 말
이 중국에서 비롯된 한자성어가 아니고 일본에서 만들어진 성어라는 것이
다. 한어(漢語)에서의 "반면(反面)"은 이러한 뜻으로 쓰이지 않는다. 이는 오
히려 "밖에서 돌아와 임금이나 부모 등을 뵙고 예를 갖추는 것"을 의미한
다. 따라서 예의 "상반・반대"의 의미를 나타내는 말은 한어(漢語)로 "상반
(相反)・반지(反之)・단시(但是)・반이(反而)"라 한다. 그래서 한어에는 아예 "반
면교사(反面敎師)"라는 말이 쓰이지 않는다. 다른 하나는 우리의 경우 이 말
이 논어의 "삼인행(三人行)"의 어느 쪽으로나 쓰인다는 것이다. 이는 그렇게
쓰일 말이 아니다. 선인 아닌, 악인, 선행 아닌 악행이라 할 것을 스승으로
삼아 고치는 것을 의미한다. 활용에 주의하여야 한다.

한어에는 반면교사(反面敎師)와 비슷한 뜻의 말이라 할 것에 "타산지석(他
山之石)"이 있다. 이는 다른 산에서 나는 나쁜 돌이라도 자신의 옥돌을 갈아

아름답게 할 수 있다는 말이다. 이는 나아가 본이 되지 않는 말이나 행동도 자신의 지식과 인격을 수양하는 데에 도움이 될 수 있음을 비유적으로 나타낸다. 착하지 않은 사람도 선인의 덕을 더하는 도구가 될 수 있음을 나타낸다. 자기와 직접 관계가 없는 것이라도 자신의 반성의 자료로 삼을 수 있다는 비유의 말이다. 이런 점에서 "타산지석(他山之石)"은 "반면교사(反面教師)"와 유의어가 된다. "타산지석"도 조악한 돌이 아닌, 옥석으로 착각하여 이 말을 사용하는 경우가 있는 데 이는 잘못 쓰는 것이다.

"타산지석"은 시경 소아편(小雅篇)의 "학명(鶴鳴)"에 "타산지석 가이공옥(他山之石 可以攻玉)"이라고 타산의 돌이 옥을 다스릴 수 있다고 한 용례가 보인다.

"합종연형(合從連衡)"의 어원과 문화

"합종연형(合從連衡)"은 한 마디로 "국가 간의 연합"이라 풀이할 수 있다. 이는 본래 중국의 전국시대(戰國時代)에 소진(蘇秦)과 장의(張儀)가 각각 제창한 외교 전략이다.

소진과 장의는 기원전 4세기 후반 중국의 유명한 책사(策士)였다. 이들은 다 같이 귀곡(鬼哭)선생이란 수수께끼 같은 인물의 제자이다. 소진은 연왕(燕王)에게 "합종(合從)"을 건의하였다. 당시 제후들은 부국강병을 서로 다투었고, 초(楚)·연(燕)·제(齊)·한(韓)·위(魏)·조(趙)의 6국은 강국인 진(秦)과 항쟁하고 있었다. 이러한 정세를 이용해 소진은 합종설(合從說)을 제창하였다. "합종(合從)"이란 "종으로 합친다"는 뜻으로, 위에 제시한 6국이 남북으로 손을 잡고 강국 진(秦)에 대처해야 한다는 것이었다. 이는 진(秦)에 대한 6국의 공포심을 잘 이용하여, 공동 방위책을 강구하도록 한 것이다. 소진의 주장은 잘 먹혀 6국의 왕들을 설득하였고, 마침내 그는 6국의 재상이 되었다.

이에 대해 "연형(連衡)"은 장의(張儀)가 제창한 것이다. 소진은 장의를 진 나라로 가게 하였다. 그리고 거기서 벼슬을 함으로 합종책의 방해가 되는

진 나라의 수족을 묶을 생각이었다. 그러나 그의 계획은 빗나갔다. 장의는
재완(才腕)으로 인정받아 진 나라의 재상이 되었으며, 그는 "연형설(連衡說)"
을 제창하였다. 6국이 통합하는 것이 아니라, 이들을 고립시켜 진(秦)의 신
하의 예를 갖추게 하고, 마침내는 병탄(倂呑)한다는 정략이다. "연형(連衡)"의
"형(衡)"은 "횡(橫)"을 말한다. 그리하여 표준국어대사전은 "합종연형(合從連
衡)" 아닌, "합종연횡(合從連橫)"을 표제어로 내걸고 있다. 여기서의 "연형(連
衡)"은 서쪽의 진(秦)과 동쪽의 6국이 "옆(橫)으로 연결하는 것", 나아가 "동
서로 연결하는 것"을 의미한다. 이렇게 하여 장의의 "연형(連衡)"에 의해 소
진이 성취한 "합종(合從)"은 완전히 붕괴되고 말았다(史記, 蘇秦張儀列傳).

동문수학(同門修學)의 두 제자가 서로 전혀 다른 외교정책을 주창해 중국
의 역사를 바꾸어 놓았다. 여기에는 개인의 영달에 대한 욕심도 크게 작용
하였을 것이다.

"항산항심(恒産恒心)"의 어원과 의미

청년들의 실업 문제가 심각하다. 직업이 없으면 살아갈 수 없고, 마음도
늘 불편하게 마련이다. "항산항심(恒産恒心)"이란 맹자(孟子)에 나오는 말로,
일정한 직업이 없으면 일정한 마음, 곧 도덕심을 유지할 수 없다는 말이다.

맹자는 양혜왕 상편(梁惠王上編)에서 이렇게 말한다. "항산(恒産)이 없이 항
심(恒心)을 가진 사람은 선비뿐이다. 백성은 항산이 없으면 따라서 항심도
없다(無恒産者無恒心). 거기에다 항심이 없으면 방벽사치(放辟邪侈)하지 않을 수
없다."고.

"항(恒)"이란 일정불변하다는 뜻으로, "항산(恒産)"은 살아가는 데 필요한
일정한 재산이나 생업을 말한다. 이에 대해 "항심(恒心)"은 항상 지니고 있
는 떳떳한 마음을 의미한다. 따라서 "항산항심"은 매월, 또는 매년 일정한
수입이 보장되어 있지 않은 사람은 항상 바른 것을 지킬 수 있는 불변의

도덕심을 지닐 수 없다는 말이다. 맹자는 거기에다가 "항심"이 없으면 "방벽사치"해 진다고 한다. "방벽(放辟)"이란 아무 거리낌 없이 제 마음대로 행동한다는 말이고, "사치(邪侈)"란 사특한 사치(奢侈)를 의미한다. 따라서 "방벽사치"란 사특한 사치를 제 마음대로 자행한다는 말이다. 그래서 맹자는 항심(恒心)이 없는 사람은 어떤 나쁜 짓도 거침없이 행하므로 백성의 경제생활 안정, 항산(恒産)의 확보가 정치의 요체(要諦)라 보았다.

우리는 옳은 말, 당연한 사실을 속칭 "공자 말씀"이라 한다. 인생의 안정은 무엇보다 경제에 있다. 이런 면에서는 일찍이 맹자가 이를 설파하였다고 하겠다. 따라서 "항산이 정치의 요체"란 옳은 말이니, 이는 "공자 말씀" 아닌, "맹자 말씀"이라고 하여야 하겠다.

(2020.10.3.)

18. 세 글자로 된 한자 성어

　성어라면 사지성어(四字成語)를 떠올린다. 그런데 딱 그렇지는 않다. 석자 (三字)로 된 성어 내지 어휘도 많다. 이번에는 이러한 성어를 보기로 한다.

"금자탑(金字塔)"의 어원과 의미

　후세에 길이 남을 뛰어난 업적을 "금자탑(金字塔)"이라 한다. 업적이 뛰어 나 금으로 탑을 만들었다는 말인가, 아니면 도금이라도 했다는 말인가?

　"금자탑"이란 이런 의미의 말이 아니다. 이는 놀랍게도 "쇠 금(金)"자 모 양의 탑이란 말이다. "금(金)"자는 황금을 나타내는 것이 아니고, 탑의 모양 이 "쇠 금(金)"자 모양이라는 말이다. 위가 뾰족한 좌우 대칭의 탑 모양을 상형한 글자로서의 "金"자인 것이다. 그래서 사실 이는 [금자탑]이 아닌, [금짜탑]이라 발음해야 할 말이다.

　그런데 여기 덧붙일 것이 있다. 그것은 "금자탑"이란 피라미드(pyramid)의 번역어이고, 그 형태를 "쇠 금(金)"자로 상형해 "금자(金字)", 곧 "쇠 금"자 모양의 탑이라 한 것이다. 이는 중국의 사원(辭源) 및 "현대한어사전(現代漢語 (詞典)"이 이러한 사실을 잘 설명해 준다. 사원의 "금자탑"의 풀이는 다음과 같이 되어 있다.

　　돌로 첨탑(尖塔)을 축성한 것이다. 그 형태는 한문의 금자(金字)와 같다. 그
래서 금자탑이라 번역한 것이다. 또한 첨방탑(尖方塔)이라고도 번역한다. 밑
바닥(底)은 네모이고(四方形), 면(面)은 삼각형이며, 비스듬히 위로 올라가(斜向
而上) 첨탑에 이르러 끝난다.

　　이는 피라미드(pyramid)의 번역어로서의 "금자탑"을 풀이한 것이다. 피라
미드를 "금자탑"이라 번역한 것은 중국에서 한 것으로 보인다. 이 말은
한·중·일 삼국이 다 사용한다. 특히 아베(阿部吉雄)의 "漢和辭典"은 특히
"후세까지 남을 뛰어난 사업 및 업적"을 일본에서 사용하는 의미라고 풀이
하고 있다. 우리도 이러한 의미로 쓰고 있다. 이는 일본어에서 우리가 차용
한 의미라 하겠다. 이렇게 어휘는 국제적으로 교류된다.

"배수진(背水陣)"의 어원과 문화

　　더 이상 퇴각할 수 없는 절체절명(絶體絶命)의 경우이거나, 실패가 있을 수
없는 가운데 전력을 다해 일에 대처하는 경우를 "배수진(背水陣)을 친다"고
한다. 이는 물론 비유적 의미로 쓰는 경우다. "배수진"의 문자 그대로의 의
미는 물을 뒤로 한, 곧 강이나 호수를 뒤로 하고 진을 치는 진법(陣法)을 의
미한다. 이는 출구가 없는 진법이다. 따라서 사생결단을 해야 한다. 그만치
이는 최후에 사용해야 할 전술로, 성공을 하면 좋고, 그렇지 않으면 모두가
전사하게 되는 진법이다. 이 말의 어원은 한(漢)나라의 명장 한신(韓信)의 고
사에서 유래한다.

　　명장 한신(韓信)은 위(魏)를 격파하고, 조(趙)와 싸움을 하게 되었다. 조 나라를
공격하기 위해서는 정형(井陘)의 협로를 지키는 조 나라의 수비를 돌파해야 한

다. 한신은 군사를 둘로 나누어 일군(一軍)은 조나라 성 뒤에 매복시켰다. 그리고 주력 부대는 배수진을 쳤다. 한신의 전략은 다음날의 싸움에서 주력부대가 거짓으로 패주하게 되면 적군은 성을 비우고 총공격해 올 것이고, 이틈을 타 매복한 군사들이 적의 성을 점령한다는 전략이었다. 이튿날 조 나라 군사들이 보니까 이게 어찌된 일인가? 한 나라 군사가 "배수진"을 치고 있는 것이 아닌가? 당시의 진법(陳法)이란 일반적으로 배산임수(背山臨水, 곧 산을 등 뒤로 하고 강을 앞으로 하여 치는 것이었다. 조나라 군사들은 진법도 모른다고 비웃으며 총공격을 해 왔다. 그것도 그럴 것이 "배수진"은 한신이 처음 치는 것이었다. 한 나라 군사들은 의외로 강했다. 이때 매복했던 한 나라 군사가 성을 점령하였다. 한신은 대승리를 거두었다. 뒤에 배수진을 반대한 한나라의 여러 장수들이 한신에게 어떻게 해서 배수진을 치게 되었는가 물었다. 사기(史記)의 "회음후전(淮陰候傳)"은 그의 답을 이렇게 전하고 있다.

"무엇보다 시민을 끌어 모은 병사였으므로 사지(死地)에 놓여야 스스로 싸우리라 생각한 것이오(其勢非置之死地 使人人自爲戰)."

정병이 아닌, 시민(市人)을 끌어 모은 군사였기 때문에 제대로 싸울 리가 없다고 생각한 것이다. 어려운 지경에 빠지면 도망할 것이라 본 것이다. 그래서 배수진을 침으로, 뒤로 도망칠 수도 없으니 죽기 살기로 싸우게 한 것이다. "헝그리 정신"이란 말이 있다. 극한 상황에 처하게 되면 사람들은 극렬해지고, 초능력을 발휘하게 된다. 그래서 최초의 "배수진"은 죽기 살기로 싸워 한신에게 승리를 안겨 주었다. 우리도 필요한 경우 인생에 "배수진"을 치고 노력해 볼 일이다.

"백안시(白眼視)"의 어원과 문화

"고향에 돌아와 사람들로부터 받은 백안시, 그리고 수모가 그녀의 가슴에 적개심으로 남아 있었다."

최일남의 "거룩한 응답"이란 소설의 일절이다. 여기에 쓰인 "백안시(白眼視)"란 말은 남을 업신여기거나 무시하는 태도로 흘겨보는 것을 말한다. 이는 우리말과 일본말에서 일상용어로 쓰이는 말이다. 그러나 한어(漢語)에서는 그렇지 않다. 그냥 "백안(白眼)"이란 말을 쓰거나, "경시·멸시"와 같은 말로 대체해 쓴다. "백안(白眼)"이란 말은 우리도 쓰기는 쓰나 잘 쓰는 말이 아니다. 사전의 풀이는 "업신여기거나 냉대하여 흘겨보는 눈", 또는 "흰자위를 전문적으로 이르는 말"이라 되어 있다. "백안(白眼)"의 어원은 죽림칠현(竹林七賢)의 한 사람인 완적(阮籍)의 전기에서 유래한다.

진서(晉書) "완적전(阮籍傳)"에는 다음과 같은 일화가 전한다. 혜희(嵇喜)라는 사람이 위(魏)나라의 문인인 완적(阮籍)을 방문했을 때 완적은 그를 백안(白眼)으로 대하였다. 그래서 혜희는 냉대를 받았다고 생각하여 바로 집으로 돌아왔다. 뒤에 이 말을 들은 아우 혜강(嵇康)은 술을 준비하여 거문고를 메고 완적을 찾아갔다, 완적은 형의 경우와 달리 그를 청안(靑眼)으로 맞았다.

이것이 "백안(白眼)"의 어원이다. 이렇게 하여 "백안"은 싸늘한 눈으로 보는 것, 냉대하는 것을 뜻하게 되고, 이와 달리 "청안(靑眼)"은 따뜻한 눈으로 보는 것, 기쁘게 맞는 것을 의미하게 되었다.

그런데 "백안·청안"과 달리 "백안시"라는 말은 한어(漢語)에서는 쓰이지 않는다. 앞에서 언급한 바와 같이 "백안(白眼)"만으로 "백안시"를 나타낸다. 예를 들어 "남을 백안시하다"는 "백안간인(白眼看人)", "남에게 백안시당하다"는 "조인백안(遭人白眼)"이라 하는 것이 그것이다. 그렇지 않으면 "경시별인(輕視別人)"이라 한다. "백안시(白眼視)"란 일본의 표현법이라 하겠다. 우리는 이를 받아들이고, 중국에서는 이를 수용하지 않은 것이다.

"백병전(白兵戰)"의 의미와 어원

적과 직접 몸으로 맞붙어 싸우는 것을 "백병전(白兵戰)"이라 한다. 홍성원의 소설 "육이오"의 "적들은 이제 호 속에까지 뛰어들어 아군과 뒤죽박죽 쏘고 찌르고 백병전을 시작했다."고 한 것이 이런 경우다. 이는 "육박전(肉薄戰)"과 동의어이다. 그래서 그런지 "백병전"이라면 무기도 없이 몸으로 부딪쳐 싸우는 것으로 안다. 그러나 "육박전"도 적과 맞붙어 총검으로 치고받는 싸움을 하는 것이지, 맨몸으로 싸우는 것은 아니다.

"백병전"의 "백병"이란 군사에 초점이 있는 말이 아니라, 무기에 초점이 놓인 말이다. 이는 도검(刀劍)을 의미하는 말이다. 백인(白刃)과 동의어이다. 우리가 흔히 말하는 "날이 시퍼렇게 선" 창검(槍劍)을 이르는 말이다. 모로바시(諸橋) 등의 한화사전(漢和辭典)에는 "백병(白兵)", 또는 "백병전(白兵戰)"이 표제어로 올라 있으나, 중국의 사전에는 대체로 올러 있지 않다. 오히려 "백인(白刃)", 또는 "백인전(白刃戰)"이 표제어로 실려 있다. "백병", 또는 "백병전"이란 말은 한어(漢語)의 "백인", 또는 "백인전"을 일본에서 달리 이르는 말이라 하겠다. 그리고 중국에서 "백병", 또는 "백병전"이란 말이 쓰이는 것은 일본어에서 역수입한 것이라 하겠다. "백인(白刃)"은 사기(史記) "왈자전(日者傳)"의 흰날을 지닌 무기(白刃)를 휘둘러 사람을 위협한다는 "조백인겁인(操白刃劫人)" 등의 용례가 보인다. 중국의 현대한어사전에는 백병이나 백병전은 보이지 않고, "백인", "백인전"만 보인다. "백인전"에 대해서는 "적대쌍방근거리(敵對雙方近距離) 용창자창탁등(用槍刺槍托等) 진행적격투(進行的格鬪)"라고 우리가 "백병전"의 의미로 쓰는 풀이를 하고 있다. 그리고 이 말의 동의어로 "육박전(肉薄戰)"까지 들고 있다.

"상아탑(象牙塔)"의 어원과 문화

속세를 떠나 오로지 학문이나 예술의 경지에 잠기는 것을 상아탑(象牙塔)이라 한다. 이는 "Tower of Ivory"를 번역한 말이다. "Tower of Ivory"의 예는 구약의 아가(雅歌) 7장 4절에 보인다. "목은 상아 망대(望臺) 같구나. 눈은 헤

스본 바드랍빔 문 곁의 못 같고 코는 다메섹을 향한 레바논 망대 같구나."
라 한 "상아 망대"가 그것이다. 이는 솔로몬의 신부를 묘사한 일부이다. 목
의 아름다움을 묘사한 것이다. 이 말은 또한 성모 마리아에 비유되어 그의
별명으로 쓰인다.

"상아탑"이란 말이 유명하게 된 것은 이와 달리 19세기의 프랑스의 비평
가 상트 뵈브가 이 말을 쓴 뒤부터이다. 그는 고독한 우수의 시인 알프레드
드 비니(Vigny)를 평할 때 "la tour d'ivoire(象牙塔)"란 말을 썼는데, 이로써 예술
지상주의자(藝術至上主義者)들의 속세를 벗어나 예술을 조용히 즐기는 경지를
나타내었다. 이는 나아가 학자들의 현실을 벗어난 연구생활 및 태도를 이
르게 되고, 그들의 연구실을 이르게 되었다. "상아탑"은 이렇게 주로 학자·
예술가·시인들이 조용히 즐기는 삶의 세계를 이른다. 오늘날은 그 의미가
좀 더 확대되어 대학의 별칭으로까지 쓰인다. "상아탑"은 또한 현실생활과
동떨어진, 알 수 없는 세계라는 비판의 대상이 되는 말이기도 하다.

상아탑은 동양 삼국이 다 쓰는 말이다. 일본에서는 1920년 구리야카와
하쿠손(廚川白村)의 "상아의 탑을 나와(象牙の塔を出で)"가 나온 뒤에 일반화하
였다. 우리는 1920년대 초 일본어에서 수용하였다. 중국에서도 일반적으로
"상아탑(象牙塔)"이라 하였다. 그런데 "現代漢語詞典"에는 웬일인지 "상아
탑"이란 표제어는 보이지 않고, "象牙之塔"만이 표제어로 올라 있다.

"연리지(連理枝)"의 의미와 문화

화목한 부부나 남녀 사이를 "연리지(連理枝)"라 한다. 이는 뿌리가 다른
두 나무의 가지가 서로 맞닿아서 결이 서로 통하게 된 데 연유하는 말이다.
그러니 이는 "연리(連理)의 가지"라는 말로, "결이 이어진 가지", 또는 "결이
서로 통하는 나무"라는 말이다. 그것은 "연리지"와 동의어에 "연리목(連理
木)"이 따로 있는 데서 쉽게 확인된다.

"연리지"는 흔히 "비익조(比翼鳥)"와 더불어 나란히 일컬어지는 경우가 많다. 당나라 백거이(白居易)는 장한가(長恨歌)에서 당 현종(玄宗)과 양귀비(楊貴妃)의 영원한 사랑의 언약으로 이들 둘을 노래하였다. "하늘에는 바라건대 비익조(比翼鳥)가 되고, 땅에는 바라건대 연리지가 되기를(在天願作比翼鳥 在地願爲連理枝)"이라 한 것이 그것이다. 이에 의해 "연리지"와 "비익조"는 부부의 사랑을 언약하는 말이 되었다.

"연리지"는 앞에서 말한 바와 같이 두 나무의 가지가 서로 접해 한 나무와 같이 된 것이다. "비익조"란 눈과 날개가 하나밖에 없는, 그래서 암수가 짝을 짓지 않으면 여느 새와 같이 날 수 없는 전설상의 새다. 따라서 이는 둘이 함께 해야 한다. 이런 연유로 연리의 가지와 비익의 새는 사이가 좋은 부부를 비유한다.

"연리지"에는 후한(後漢)의 유명한 문인인 채옹(蔡邕)의 고사가 얽혀 있는데, 이것이 후한서(後漢書) "채옹전(蔡邕傳)"에 전한다. 채옹은 독실한 효자였다. 어머니가 3년 동안 병들어 있을 때 한서(寒暑)에도 금대(襟帶)를 풀지 않았으며, 잠을 자지 않았다. 어머니가 돌아가시자 묘 옆에 여막을 짓고 거동을 예로써 하였다. 여막 앞에 두 그루의 나무가 자라나 마침내 두 그루가 서로 이어졌다(連理). 원근에서 와 많은 사람이 보고 갔다. 이는 "연리(連理)"를 효행과 결부시킨 것이다. 뒤에 이는 오히려 부부애를 나타내게 되었다. 송나라의 강왕(康王)은 포학한 정치를 하였는데 이에 굴하지 않은 한빙(韓憑)과 그의 아내 하씨(何氏) 이야기가 화제가 되어 부부애를 나타내는 대표적인 표현이 되었다. 백거이의 장한가도 이에 따른 것이다.

"연리지"는 원앙부부를 이르는 말이다. 그런데 우리는 금실이 좋은 원앙에 익숙한 나머지 "연리지"라는 말은 거의 쓰지 않는 것 같다. "비익조"는 더욱 그러하다. 관용적 표현도 좋으나 다양한 표현을 하는 것이 더 바람직하다 할 것이다.

"홍일점(紅一點)"의 어원과 문화

흔히 "홍일점(紅一點)"이라 하게 되면 많은 남자 속에 끼어 있는 한 여인을 떠올린다. 이는 비유적인 의미로 쓰는 것이다. 본래의 뜻은 "많은 푸른 잎 가운데 피어 있는 한 송이 붉은 꽃"을 말한다. 이는 왕안석(王安石)의 "영석류시(咏石榴詩)"에 연유하는 말이다.

왕안석은 당송팔대가(唐宋八大家)의 한 사람이다. 그는 "영석류시(咏石榴詩)"에서 이렇게 노래하였다. "많은 잎새들 속에 붉은 꽃 한 송이, 사람의 마음을 움직이는 춘색(春色)이 짙구나(萬綠叢中紅一點 動人春色不須多)." 많은 푸른 잎들 가운데 피어 있는 붉은 꽃 한 송이가 춘심(春心)을 자극한다는 것이다. "홍일점"이란 이렇게 푸른 잎 속의 한 송이 붉은 꽃을 가리킨다. 이러한 "홍일점"이 연쇄적(連鎖的) 의미변화를 하여, 많은 남자 가운데 한 사람의 여자가 섞여 있는 것을 의미하게 되었다. 여자는 꽃, 그것도 해어화(解語花)라 하지 않는가? 그래서 "홍일점"이라면 흔히 많은 남자 가운데 섞여 있는 유일한 여자를 가리키게 되었다. 그러나 우리가 이러한 뜻으로 쓰는 것은 일본어에서 받아들인 것으로 한어(漢語)에는 이러한 뜻이 없다.

그리고 여기 덧붙일 것은 왕안석(王安石)의 시제가 된 "석류(石榴)"라는 말인데, 이는 안석(安石), 곧 페르시아의 과실이란 의미의 말이다. "석류"라는 말은 페르시아가 석류의 특산지여서 페르시아를 이르는 안석(安石)의 "석(石)"자에 과실을 의미하는 "석류 류(榴)"자를 붙여 조어한 말이다. 본래부터 이 과실을 "석류"라 한 것이 아니다.

(2020.10.7.)

제3부

———

어휘의 인식과 명명

1. 일상의 기초가 되는 어휘들 (1)

"나누다"와 "노느다"의 상생(相生)

우리의 속언에 "콩 한 쪽도 나누어 먹는다."는 말이 있다. 다정한 사이를 이르는 말이다. 그런데 이때 "나누어 먹는다"가 구체적으로 의미하는 것은 무엇인가?

"나누다"의 기본적 의미는 하나를 둘 이상으로 가르다, 곧 "나눌 분(分)", "분할(分割)"을 의미한다. 따라서 "나누어 먹는다"는 콩 한 쪽을 "몇 조각으로 분할하여 먹는다"는 의미가 된다. 그러나 이는 물론 그런 뜻의 말은 아니다. 몇 몫으로 "분배(分配)하여" 먹는다는 말이다. 따라서 형식과 개념이 좀 더 어울리게 표현하려면 "나누다" 아닌, "노느다"로 바꾸어 써야 한다. "콩 한 쪽도 노나 먹는다."라 하는 것이다.

"노느다"는 "(물건 따위를) 여러 몫으로 가르다"를 나타낸다. "유산을 똑같이 노나 갖는다", "밥을 십시일반(十匙一飯)으로 노나 먹는다." 이렇게 쓰인다. "노느다"는 1936년의 "표준말 모음"에서 "나누다"의 동의어로 보아 버리기로 한 말이었다. 그래서 그간 사전에 표제어로 오르지도 못하고, 표준어권 화자들에게 잊힌바 되었다. 그런데 이 말이 근자에 "나누다"와의 차별

성을 인정받아 표준어가 되었다. 기사회생(起死回生)하였다. 다행한 일이다.

"노느다"와 "나누다"는 의미가 다르다. "노느다"는 몫을 나누어 가지는 것으로, 베거나 자르는 "나누는" 것이 아니다. "나누다"는 분할(分割) · 절단 (切斷)이 기본적 의미이나, "노느다"는 분배(分配)가 주된 뜻이다.

"나누다"와 "노느다"는 고어의 형태도 달랐다. "나누다"는 "ᄂᆞ호다", "노느다"는 "논호다", 또는 "논ᄒᆞ다"라 하였다. 그러나 이들의 의미가 분명히 구별된 것은 아니었다.

> * 雜고존 이플 논화 비취옛고(雜花分戶映) <두시언해>
>   ᄂᆞ홀 분(分) <신증유합>
> * 밥 논ᄒᆞ 주고 믈 도로다(賦食行水) <어록 초>
>   히미 ᄀᆞ툴신 社稷을 논햇더니(力侔分社稷) <두시 중간>

"ᄂᆞ호다"는 비교적 오늘날의 "나누다"에 대응되나, "논호다 · 논ᄒᆞ다"는 분배(分配)라는 의미 외에 일찍부터 다양하게 확대되었다. 분류 · 구분 등의 의미를 나타내기도 하였다. 그러나 고어에도 이 형태로 존재하는 것이고 보면 효과적인 표현을 위해 "나누다"와 "노느다"는 구별해 쓰는 것이 바람직하겠다.

"나박김치"의 어원과 문화

우리는 김치의 종주국이라 한다. "깍두기"는 무를 깍둑뚝깍둑 썰어서 만든 것이라 하여 "깍두기"라 한다. 그렇다면 "나박김치"는 무를 "나박나박" 납작하게 썰어서 만든 것이라 하여 "나박김치"라 한 것일까? 아니다. 이는 "나복(蘿葍)"이란 한자말에서 온 말이다.

배추김치의 배추는 "바이차이(白寀)"라는 한어(漢語)에서 온 말이다. "나박"은 무를 이르는 말로, 한어에까지 소급해 올라가는 한자말이다. 무는 한어로 "luobo(蘿蔔)"라 한다. 이의 한자 발음이 "나복"이다. "나박김치"의 "나박"은 이 "나복"이 변한 말이다. 따라서 "나박김치"란 "무 김치"라는 말이다. 그리고 이의 어원은 한자어에, 나아가 한어에까지 소급된다 하겠다. "나박 김치"의 옛 용례는 간이벽온방언해의 "또 쉰 무수 나박팀츳 구글"과, 물보(物譜)의 "나박 김치(閉甕菜)" 등을 볼 수 있다.

나박김치의 고형 "나복"에 대해 약간의 설명을 덧붙이기로 한다. 그것은 오늘날 중국에서는 "라복(蘿卜)"이라 쓰고 있는데, 이는 간체자이고, 원래의 한자는 "라복(蘿蔔)"이다. 그리고 "라(蘿)"는 무와 만성(蔓性) 식물을 의미하는 말이며, "복(蔔)"은 무를 의미하는 말이다. 그런데 우리의 한자 사전에는 "복(蔔)"에 대해 "치자꽃 복"자라고만 풀이하고 있다. "치자꽃 복. 담복치자화(薝蔔梔子花)"라 한 것이 그것이다. 이는 바로 잡혀야 한다. 더구나 "복(蔔)"자에 대한 보충설명을 하면서 "복(菔)"과 같다 하고 여기서는 "蘿菔 무 복"이라 하여 모순된 풀이를 하고 있다. "복(蔔)"과의 복합어로 무를 나타내는 용례로는 "복포(蔔匏)"가 있다. 무와 박을 이른다.

"년, 놈"의 어원과 문화

우리말에 남녀를 낮잡아 이르는 말에 "놈"과 "년"이 있다. 그리고 이 "놈"과 "년"을 합하여 "놈년"이라거나, "연놈"이라 하기도 한다. "연놈"은 표준어로 인정받아 사전에 표제어로 올라 있기도 하다. 그리고 "계집과 사내를 함께 낮잡아 이르는 말"이라고 풀이하고 있다.

그러면 이 "년"과 "놈"은 어떻게 된 말인가? 그 어원은 무엇인가? 결론부터 말하면 이들은 모두 "남, 타(他), 타인(他人)"을 뜻하는 말이 변한 말이다.

"놈"은 타인을 이르는 "놈"이 변한 말이다. "놈"의 용례는 용비어천가의 "노민 뜯 다락거늘(他則意異)"이나, 석보상절의 "노미그에 브터 사로디"와

같이 "남(他人)"을 뜻한다. 그런데 이 말이 낮춤말로도 쓰인다. 월인석보의 "게으른 혼 느미 서르 フ르쳐"의 경우 "게으른 혼 느미"는 "게으른 한 놈이"를 뜻하는 말로, 이는 남자에 대한 비칭으로 쓰인 것이라 하겠다. 이렇게 "늠"이 남자의 비칭으로 쓰이는가 하면, "늠"이 "놈"으로 변하였다. "놈"은 본래 사람을 평칭(平稱)으로 이르는 말이나, 비어로 쓰이게 되었다. 비칭의 용례로는 용비어천기의 "叛ᄒᆞᆫ 노몰"이나, 노걸대언해의 "그놈들이 므엇ᄒᆞ리오" 따위를 들 수 있다.

"년"은 여자의 비칭으로 쓰이는 말이다. 이는 "타(他)·타인(他人)"을 뜻하는 "녀느"가 변한 말이다. "녀느"는 "녇"으로 곡용(曲用)한다. "녀느"의 용례는 월인천강지곡의 "녀느 사르미 供養 모차눌"이나, 용비어천가의 "四海를 년글 주리여" 등이 있다. 이 "녀느"가 축약되어 "년"이 되어 여성에 대한 비칭이 된 것이다. "년"이 비칭으로 쓰인 예는 계축일기의 "그년들이 와셔 침실에 올나 안즈며 닐오디"나, 박통사언해의 "이 년이 フ장 用意티 아니 ᄒᆞ엿다(道婆娘好不用意)" 따위를 들 수 있다.

"딴전 보다"와 "볼 장 다 보다"의 어원

염상섭의 "표본실의 청개구리"에는 이런 표현이 있다. "'글세 모처럼 오셨는데 술도 한 잔 없어서 미안하외다.' 그는 딴전을 부렸다." 이렇게 앞의 일과는 전혀 관계가 없는 일이나 행동을 "딴전"이라 한다.

"딴전"은 "딴전을 보다·딴전을 부리다·딴전을 펴다·딴전을 벌이다·딴전을 치다"와 같이 "딴전"이란 목적어를 앞세우고 "보다·부리다·펴다·벌이다·치다"와 같은 타동사와 함께 쓰인다. 이는 동의어 "딴청"과 다른 점이다. "딴청"은 주로 "하다"와 같이 쓰인다. "딴전"도 "딴전을 하다"와 같이 쓰이기도 하나, 주로 "딴전을 보다"나, "딴전을 치다"라 한다. "딴전"은 행동을 나타내는 행위 명사(行爲名詞)가 아니다.

그러면 "딴전"이란 말의 어원은 무엇인가? 이는 "딴-전"으로 분석된다. "딴"은 "다르다"에서 파생한 관형사라 하겠다. "딴마음, 딴사람, 딴생각, 딴판"의 "딴"이 이것이다. "딴전"의 "전"은 가게를 뜻하는 한자어 "전(廛)"이다. "딴전"이란 원래는 "딴 가게"를 뜻하는 말이다. 따라서 "딴전 보다"라는 말은 본 점포 외에 다른 점포를 운영한다는 말이다. 이에 "딴전"이 어떤 일을 하는데 그 일과는 전혀 관계가 없는 일이나, 행동을 비유적으로 의미하게 되었다. "딴전을 보다"는 위와 같은 "행동을 하다"를 의미한다.

"볼 장 다 보다"는 "다 끝났다"거나, "실패했다"는 뜻을 나타내는 속담이다. "볼 장 다 보다"의 "볼 장"은 "장을 보다"라는 말이 거꾸로 배열된 말이다. "장을 보다"는 "구매행위를 하다"를 뜻하는 말로, "장"은 "시장(市場)"을 의미하며, "보다"는 "상행위(商行爲)를 하다"를 의미한다. 따라서 "볼 장 다 보았다"는 말은 살 것을 다 사서, 더 장 볼 것이 없다는 말이다. 이에 "볼 장 다 보다"는 일이 "다 끝나다", 완료(完了)를 의미하게 된다. "실패하다"라는 의미는 이미 상거래가 끝났으니 그 뒤에 무슨 일이 더 이루어지겠는가? 그래서 "실패했다"는 의미를 지니게 된 것이다. 이렇게 언어는 사회 현상을 반영한다.

"뙤약볕"의 어원과 의미

"뙤약볕"이란 여름날 강하게 내려쬐는 볕을 말한다. "뙤약볕"의 예를 시에서 하나 보면 김성춘의 "어떤 여름"에 "무슨 일이 지나갔을까/ 개들이 머물렀던 그 자리에/ 혀를 빼문 뙤약볕들만 멀뚱멀뚱"이란 것이 있다.

그러면 "뙤약볕"은 어떻게 된 말인가. 이는 물론 "뙤약-볕"으로 분석될 말이다. "뙤약"은 중세국어에서 두드러기, 홍역(紅疫)을 의미하는 "되야기(疹)"를 어원으로 한다. "되야기"의 용례는 노걸대언해의 "되야기 낫더니(出疹子來)"나, 동문유해의 "되야기(疹子)" 등이 보인다. "뙤약"은 이 "되야기"의 어말음이 탈락되고, 어두음이 경음화한 것이다. "볕"은 물론 양광(陽光)을 의미한다. 따라서 "뙤약볕"은 홍역과 같은 두두러기의 볕, 또는 두드러기가 날만한 강렬한 햇볕을 의미하는 말이다.

여름날의 더위와 관련이 있는 말에 "땀띠"가 있다. 이 "땀띠"도 "뙤약볕"과 관련이 있는 말이다. 이는 "쏨되야기"가 변한 말이다. 땀띠를 이르는 말은 다양한 형태로 나타난다. 중세국어에서는 "쏨되야기, 쏨도야기"로 나타나며 근대국어에는 "쏨도야기, 쏨도약이, 쏨도여기" 등으로 나타난다. 그리고 이의 축약형 "쏨도역, 쏨되, 쏨쐬, 듬쐭" 등이 보인다. 여기에서 대표적 용례로 "쏨되야기"와 이의 축약형인 "쏨되 · 쏨쐬"를 보면 다음과 같다.

> 쏨되야기 불(痱) <훈몽자회>
> 쏨되 돗다(起痱子) <동문유해> / 쏨쐬(痱子) <한청문감>

"땀띠"는 "쏨(汗)-되야기(疹)"를 어원으로 하는 말로, "땀띠"의 "띠"는 "되야기"가 줄어 "되"가 되고, 나아가 "듸> 디"가 된 것이다. "쏨쐬"나 "쏨쐭"의 "되 · 듸"에 "ㅅ"이 붙어 자음군(子音群)을 이룬 것은 사이시옷이 붙은 것이다. "땀띠"란 땀으로 인해 발진(發疹)한 것을 뜻하는 말이다.

"막내"의 어원과 변화

여러 형제가 있을 때 첫째를 "맏이"라 하고, 마지막을 "막내"라 한다. "막내"는 "막둥이"라고도 한다. "막내"는 부모가 나이 들어 낳은 자식이라 흔히 사랑을 받는다. "막내둥이 응석 받듯"이나, "막내딸 시집보내려면 내가 가지"라는 속담은 이러한 정황을 반영한다.

"막내"라는 말은 "망내"라 쓰이기도 한다. 이는 그만큼 유연성(有緣性)을 지니지 못하기 때문이다. 이는 흔히 "막-나-이"라 분석되고 있다. "막"은

1. 일상의 기초가 되는 어휘들 (1) 315

접두사로, 사전에서는 "(일부 명사 앞에 붙어) '마지막'의 뜻을 더하는 접두사"라 풀이한다. "나"는 "출(出)"을 의미하는 말이고, "이"는 명사를 만들어 주는 접사라 본다. 그래서 "마지막으로 낳은 것", 말자(末子), 계자(季子)를 의미한다. 표준국어대사전도 어원을 이렇게 보고 있다. 옛말에 "막나이(晚生子)" <역어유해보>라는 낱말도 구체적으로 보인다.

우선은 이렇게도 볼 수 있다. "막내"를 "마지막으로 세상에 나온 것"이라 보는 것이다. 그러나 "막내"가 분명히 "생산·출산"과 관련이 있는 것이고 보면 "막-나(出)-이"로 보는 "나-이"는 필요충분조건이 되지 못한다. "막-낳(産)-이"로 보아야 한다. "막내"의 "내"를 "낳-이", "낳은 것"으로 보는 것이다. "낳이"가 "나이>내"로 변하는 것은 "ㅎ" 음이 약화 탈락한 것이다. 이는 피륙을 짜는 것을 "낳이"라 하고, "봄낳이·한산낳이"를 "봄나이·한산나이"라 하는 데서 확인된다.

계자 말자를 뜻하는 "막내"는 "막-낳-이"에서 "막나이"를 거쳐 "막내"가 된 말이다. "막내"의 우리말 용례는 "막내아들·막내딸" 외에 "막내아우·막내며느리"가 있고, 이밖에 사이시옷이 쓰이는 "막냇누이·막냇사위·막냇삼촌·막냇손자·막냇자식" 등도 있다.

"매무시"와 "매무새"의 어원과 문화

* 다홍 무명적삼에 갈매 무명치마를 입었는데 매무새까지도 얌전하다. <홍명희, 林巨正>
* 부엌녀는 매무시를 다 고치고서 분이를 돌아보며 말했다. <박태원, 갑오농민전쟁>

우리말에는 이렇게 옷을 입을 때의 태(態)나, 단속을 나타내는 말에 "매무새"와 "매무시"라는 유의어가 있다. 전자는 옷을 입은 맵시를, 후자는 매고 여미는 따위의 뒷단속을 나타내는 말이다. 따라서 동사로 쓰일 때는 "매무시하다"라 한다.

우리는 치마저고리를 입을 때 옷깃을 여미고, 고름이나 끈을 맨다. 그렇게 하여 태를 내고 멋을 부린다. "매무새"나 "매무시"는 이러한 "매다(結)"와 "묶다(束)"란 동사가 합성된 말이다. "매('매다'의 어간)-뭇('묶다'의 어간)-애/이(접사)"로 구성되었다. "매뭇다"의 고어는 "믹뭇다· 믹묶다· 믹뭇다· 믹묻다" 등의 형태로 나타난다. 용례 두어 개 보면 다음과 같다.

　　* 믹무슨 사름미 홍분이 하니(結束多紅粉) <두시언해>
　　* 假寢: 믹뭇근 재 잠이라 <어제소학언해>

"매무새· 매무시"와 관련이 있는 말에 "맵시"가 있다. 이는 "아름답고 보기 좋은 모양새. =태(態)"를 나타내는 말이다. 이는 "매-쓰-이"로 분석된다. 여기 쓰인 "매"는 사물을 묶을 때 사용하는 새끼나 끈, 곧 "매끼"를 뜻하는 말이다. 매고 만지는, "매만지는" 단속을 하게 되면 "맵시"가 나게 되어 있다. 그래서 "매"는 "눈매, 몸매, 입매, 옷매"와 같이 접사로 쓰이며 생김새나, 맵시의 뜻을 나타낸다. "맵시"의 "쓰-"는 "쓰다(用)"의 어간이다. 이는 "솜씨"나 "마음씨"가 손과 마음을 "쓰는(使用)" 것처럼 "맵시"는 "매· 매끼"를 사용한다는 의미를 지니는 말이다. "맵시"란 말이 "매" 아닌 "맵"으로 쓰이는 것은 바로 이 "쓰다(用)"에 연유한다. "맵시"는 지난날 우리가 "매· 매끼(束)"를 사용하였다는 것을 언어화석으로 드러내고 있는 말이다. "매끼"로 단속함으로 "맵시"가 나는 것이다.

(2021.1.9.)

2. 일상의 기초가 되는 어휘들 (2)

"바라지"의 어원과 문화

현기영의 소설 "변방에 우는 새"에는 "이런 것이 개화라면 참으로 죽 쒀서 개 바라지하는 꼴이지요."라는 문장이 보인다. 여기에 "개 바라지"라는 말이 쓰이고 있는데, "바라지"라는 말은 일부 명사와 함께 쓰이며, 음식이나 옷을 공급해 주거나 온갖 일을 돌보아 주는 것을 뜻하는 말이다.

이 "바라지"라는 말은 일반용어가 아니다. 불교 용어다. 이는 절에서 영혼을 위하여 시식(施食)할 때 시식 법사(法師) 옆에 앉아 경문의 송구(頌句)를 이어받아 읽거나, 시식하는 것을 거드는 사람을 의미한다. "바라지"는 이러한 불교 용어가 일반화하여 일용어가 된 것이다. 그리하여 옷이나 음식을 공급하거나 온갖 일을 돕는 것을 이른다. "뒷바라지 · 들바라지 · 옥바라지 · 해산바라지"와 같은 말은 "바라지"의 구실을 단적으로 알게 한다. 고어에서 "바라지"의 용례를 하나 보면 농가월령가의 "들 바라지 點心 하소"를 들 수 있다.

그러면 "바라지"의 어원은 무엇인가? 이는 "바라다 · 바라ᄒ다"에서 기원하는 말이라 하겠다. "바라"는 "곁 방(傍)"의 방(傍)을 뜻하는 말로, 여기에 접사 "다/ㅎ다"가 붙어 용언화(用言化)하였다. 그리하여 "바라다·바라ㅎ다"는 "결하다·의지하다"의 의미를 지니게 되었다. 이의 용례는 두시언해의 "몰애 우흿 올히 삿기는 어미룰 바라셔 ㅈ오ㄴ다(砂上鳧雛傍母眠)"가 그것이다. "바라지"는 "바라디·바라ㅎ디"가 변한 말로, "-디"는 원시 명사 "ㄷ"의 변형이라 하겠다.

"사로잡다"의 어원과 문화

"동물의 왕국"이란 프로를 보면 "포식자(捕食者)"라는 말이 많이 나온다. "포식자"는 "다른 동물을 먹이로 하는 동물"을 의미하여, 다른 동물을 "잡아먹는 자"라는 의미를 지닌다. "포(捕)"가 붙잡다에서 "죽이다"의 의미로 의미가 확장된다. 이는 우리말 "잡다"의 경우도 마찬가지다. 이는 단순히 "붙잡다"가 아닌 "동물을 죽이다"의 의미도 나타낸다.

"잡다"는 "포착(捕捉)"을 의미하는 말이다. 그렇다면 "사로잡다"는 어떻게 된 말인가? 이는 "사람이나 짐승 따위를 산 채로 잡다(捕)"를 의미한다. 이는 "사로-잡다"로 분석된다. 그리고 "사로"는 다시 "살-오"로 나뉜다. "살"은 "살다(生)"의 어간이고, "오"는 부사를 만드는 접사이다. 이는 "살게"의 의미를 나타낸다. "잡다"는 이미 앞에서 본 바와 같이 "붙잡다(捉)"를 의미한다. 따라서 "사로잡다"는 "살게 잡다", 살아 있는 채로 붙잡는다는 말이다. 이는 "전장에서 사람을 사로잡다"라 할 때 그 실상을 잘 설명해 준다. "사로잡다"는 이 경우 "생포(生捕)"한다는 말이고, 포로(捕虜)로 하는 것이다. 한자 포(捕)와 로(虜)는 다 같은 "사로잡는다"는 의미를 지니는 말이다. "살오"가 부사로 쓰인 예는 역어유해가 보여 준다. "살오 매다(活絟)"가 그것이다. "살려 매다"의 뜻이다.

"살오잡다"나 "살오미다"의 경우 이들은 각각 "살려 잡다", "살려 매다"로 풀이된다. 따라서 "살오"는 부사로 보지 않고, "살오다"의 어간으로 볼 수도 있다. "살오다"는 "살-오(사동접사)-다(어미)"로 분석되는 말로, "살리다"를 의미한다. 이의 예는 신속삼강행실도의 "오면 살오리라", 법화경언해의 "제 命을 살오몰 가줄비고" 등이 있다. 두시언해에 "살림살이"를 "사룸사리"라고 한 예도 볼 수 있는데, 여기 쓰인 "오"도 사동접사이다.

"설거지"의 어원과 문화

수습(收拾)을 의미하는 "설거지"는 1988년 표준어규정에서 그 형태를 바꾼 말이다. 이는 전에는 "설겆이"라고 하였는데, "설겆다"가 제대로 활용되지 않아 "설거지하다"를 표준어로 잡으며, 그 명사를 "설거지"로 바꾼 것이다. 따라서 처음부터 "설거지·설거지하다"를 표준어로 알고 있는 사람은 문제가 안 되나, 그렇지 않은 사람은 그 사연이 궁금할 것이다. 이에 그 어원을 살펴보기로 한다.

"설겆이"는 고어 "설겆다"의 어간 "설겆"에 명사를 만드는 접사 "이"가 붙은 말이다. 그런데 "설겆다"는 옛 문헌에 모습을 제대로 보여 주지 않고 "설엊다"의 형태로 나타난다.

* 가수롤 몯다 설어젯더이다. <월인석보>
* 그룻들 설어져 오라(收拾家事來) <노걸대언해>

"설엊다"는 "설겆다"의 "ㄱ"이 탈락한 것이다. "설겆다"는 "설거지하다, 수습하다"를 의미하는 "설다"와 "거두다(收)"를 의미하는 "겆다"의 복합동사이다.

"설겆이"는 이 "설겆다"의 어간에 명사화 접사 "이"가 결합된 것이다. "설거지"는 "설겆이"가 연철(連綴)된 것이다.

그런데 이 "설겆다"는 "설겆더니, 설겆으니, 설겆어라"와 같은 활용이 제대로 되지 않는다. 그래서 "설겆다"라는 고어형을 사어(死語)로 보고, "설거지하다"를 기본형으로 삼고, 그 명사를 "설거지"로 하여 표준어를 삼은 것이다.

"엄지·검지" 등 손가락 이름과 사회적 인식

우리말에 손가락의 이름은 한자 계통의 말과 고유어 계통의 말 두 가지가 있다. 한자 계통의 말은 "무지(拇指)·거지(巨指), 식지(食指)·인지(人指), 중지(中指)·장지(長指·將指), 약지(藥指)·무명지(無名指), 계지(季指)·소지(小指)"라 한다. 고유어 계통의 말은 "엄지(엄지손가락·엄지가락)·검지(집게손가락)·가운뎃손가락(장짓가락)·약손가락(넷째손가락)·새끼손가락"이라 한다. 다음에 고유어 계통의 말을 중심으로 그 어원을 살펴보기로 한다.

"엄지"는 고어에서 "엄지·엄지ㄱ락·엄지가락"이라 하였다. "엄지"의 "엄"은 "어미(母)"의 생략형이고, "지"는 손가락을 이르는 한자어 "지(指)"이다. 따라서 이는 혼종어라 하겠다. "무지"의 "무(拇)"는 "엄지손가락 무(拇)"자이다. "엄지ㄱ락"의 "ㄱ락"은 갈라진(分岐) 것, 나아가 가늘고 긴 토막을 의미한다. "검지"는 "검-지(指)"로 분석된다. "검-"은 "검다"의 어간으로, "거머쥔다"는 말이다. "검다"는 사어(死語)가 되었으나, 오늘날 경상방언에 "껌다"로 남아 쓰인다. "집게손가락"은 "집게-손-가락"으로 분석된다. "집게"는 물건을 집는 데 쓰는 도구 "집게 겸(鉗)"<훈몽자회>을 의미한다. 이는 "집-게"로 분석되는 말로 "집"은 "집다"의 어간이며, "게"는 접사이다. 한자어 "식지(食指)"는 수식(手食)을 하는 경우 엄지와 검지로 하기 때문에 이러한 이름이 붙은 것이다. "인지(人指)"는 일본어 "人差ㄴ指"가 그 기능을 잘 알려 준다. 사람을 가리킬 때 검지로 하기 때문에 붙은 이름이다. 그러나 이러한 행동은 조심해야 한다. 서양에서는 손가락으로 사람을 가리키는 것을 결례라 본다. 손바닥을 위로 하여 상대방을 가리킨다.

"가운뎃손가락"은 손가락 가운데 한 가운데 있는 것이어 붙은 이름이다. "장짓가락"은 "장지(長指)-ㅅ-가락", 또는 "將指-ㅅ-가락"으로 분석된다. "약손가락"은 이 손가락으로 탕약을 저었기 때문에 붙은 이름이다. "약손가락"이나 "약지"는 비유적 명명이어 이름없는 손가락이라 하여 "무명지(無名指)"라고도 한다. "새끼손가락"은 제일 작은 손가락이어 이러한 이름이 붙었다. "새끼"는 "샅(股)-기(접미사)"라 분석되는 말로, 특히 동물의 새끼가 사타구니에서 나온 것이라는 의미를 나타낸다. "계지(季指)"는 "계(季)"자가 끝 계(季)자로, 맨 끝에 있는 손가락이라 이렇게 명명한 것이다.

"예쁘다"의 어원과 의미

우리말에 미추(美醜)의 미(美)를 나타내는 대표적인 말에 두 가지가 있다. 하나는 "아름답다"요, 다른 하나는 "예쁘다"이다. "아름답다"라는 말에 대해서는 앞에서 살펴본 바 있다.(p.430 참조)

"예쁘다"의 대표적인 사전적 의미는 "모양이 작거나 섬세하여 눈으로 보기에 좋다"는 것이다. 이에 대해 표준국어대사전은 그 어원이 [에엿브다<어엿브다(憐)<석보상절>]라 설명하고 있다. 과연 이렇게 보아도 좋은가? 그렇지 않은 것 같다. 결론부터 말하면 "잇브다"로 보는 것이 바람직하다.

우리의 옛말에 "읻다"가 있었다. 이는 "좋다(好)·선하다(善)" 등의 의미를 지니는 말이다. 이의 용례를 보면 다음과 같다.

① 이든 벋드려 힜ᄀ장 불어 닐어든 <석보상절>
② 이든 工巧롤 貪ᄒ야(善巧) <능엄경언해>
③ 이드며 골업소몰(姸醜) <남명집언해>
④ 낫나치 붉고 이드며(明妙) <금강경삼가해>

첫째 예 "이든 버든"은 "착한" 벗을, 둘째 예 "이든 工巧"는 "좋은" 재주를 의미한다. 셋째 예 "이드며"는 "고우며"를, 넷째 예 "이드며"는 "묘하며"를 나타낸다. 이렇게 "일다"는 선(善) · 호(好) · 미(美) · 묘(妙) 등의 의미를 나타낸다.

"일다"는 형용사다. 따라서 이는 형용사화 접미사를 필요로 하는 말이 아니라 할 수 있다. 그러나 "슳다"는 동사로도 형용사로도 쓰이는 말인데 여기에도 형용사화 접사 "브"가 쓰이고 있다. 두시언해의 "다봇 옮둧 호몰 슬노니(傷蓬轉)"는 동사로 쓰인 예요, 월인석보의 "쯫 두미 ᄀ장 슬ᄒ니라"나, 석보상절의 "울며 슬히 부텻긔 술ᄫᅡ샤ᄃᆡ"는 형용사로 쓰인 예다. 그런데 이 "슳다"에 "브" 접사가 붙어 "슳-브-다"란 변형된 형용사가 쓰이고 있다. 이렇듯 "일다"도 형용사이면서 접사 "브"가 붙어 "일-브-다"를 이룬다. 이 "일브다"가 변한 것이 "예쁘다"이다. 오늘날 이 "일브다", 곧 "이쁘다"는 일상어로 많이 쓰이고 있는 것을 들을 수 있다. 이는 사전에서 풀이하고 있는 어원 [에엿브다< 어엿브다(憐)<석보상절>]와는 다른 것이다. 이는 "가련(可憐)"의 "어엿브다"가 아니다. 이는 "선(善) · 호(好) · 미(美) · 묘(妙)"를 뜻하는 "일다"를 어원으로 하는 말이다. 그런데 "일다"가 사어(死語)가 되고, "어엿브다(憐)"가 "선미(善美)"의 뜻을 지니게 되며, "예쁘다"가 많이 쓰임으로 "이쁘다"는 방언으로 밀려났다. "이쁘다"를 복수표준어로 함이 바람직하다.

"하염없다"의 어원과 의미

소월(素月)의 시 "옛 이야기"에는 이런 구절이 보인다.

고요하고 어둡은 밤이 오면은/ 아스러한 등불에 밤이 오면은/
외롭음에 압픔에 다만 혼자서/ 하염없는 눈물에 저는 웁니다.

여기에는 "하염없다"라는 형용사가 쓰이고 있다. 우리말에는 "체언(體言)+없다"형의 형용사가 많다고 하였다. 이런 말 가운데는 "엉터리없다. 주책없다"와 같이 전염(傳染)에 의해 크게 의미가 바뀌는 경우도 있다. "하염없다"는 그 정도는 아니나, 그 형태만으로는 의미를 추리할 수 없는 말이다.

"하염없다"의 사전적 의미는 두 가지로 되어 있다. "①시름에 싸여 멍하니 이렇다 할 만한 아무 생각이 없다. ②어떤 행동이나 심리상태 따위가 자신의 의지와는 상관없이 계속되다."가 그것이다.

그러면 이 말은 어떻게 돼서 이런 의미를 지니게 된 것인가? 이는 "하염없다"의 형태가 변하고, 그로 말미암아 의미가 변해 그 의미를 추리할 수 없게 된 것이다. 고어에서 "ᄒᆞ욤없다"의 예를 보면 다음과 같다.

* 비홈 그쳐 ᄒᆞ욤업슨 겨르ᄅᆞ윈 道人온(絶學無爲閑道人) <남명집언해>
* ᄒᆞ욤 업슨 法은 (無爲法者) <금강경언해>

위에 용례에 나타나는 바와 같이 "하욤없다"는 "무위(無爲)"를 나타내는 말이다. 곧 "행하지 않음"을 뜻한다. 남명집언해의 예는 배우는 것을 그만두어 무위(無爲) 상태에 들어간 것이고, 금강경언해는 행함이 없는 법을 말하고 있는 것이다. 이런 무위(無爲)의 상태는 자연 한가로워지게 마련이고, 나아가 잡념과 시름에 빠지게 할 것이다. 이런 사회적 배경이 어형을 "하염없다"로 바꾸고 의미를 변하게 하였다.

"하릴없다"의 경우도 "하염없다"와 비슷한 경우이다. 이는 "할-일(事)-없다"가 변한 말로, 나아가 "달리 어떻게 할 도리가 없다"와 "조금도 틀림이 없다"란 의미를 지니게 된 말이다.

그리고 여기 덧붙일 것은 "ᄒᆞ욤"은 "ᄒᆞ다"의 명사형으로, 여기에 사동의 접사 "이"가 삽입된 것으로 보아서는 안 된다는 것이다. "ᄒᆞ다"는 우리가 "여" 불규칙 용언으로 보듯 어미 "아/어"가 "야/여"가 되고, 동명사형 "옴"

이 "욤"으로 실현되는 말이다.

(2021.1.11.)

〈참고〉 한·중·일의 손가락 이름

한국	중국	일본
엄지손가락, 엄지, 무지(拇指), 거지(巨指) 대무지(大拇指), 대지(大指)	拇指, 大拇指, 大指	おやゆび(親指)
집게손가락, 검지, 식지(食指), 인지(人指)	食指	食指, 人差し指
가운뎃손가락, 중지(中指), 장지(長·將 指)	中指	なかゆび(中指), たかたかゆび
약손가락, 넷째손가락, 약지(藥指), 무명지(無名指)	無名指	無名指, くすり指 (藥指), 紅差し指
새끼손가락, 계지(季指), 소지(小指)	小手指	こゆび(小指)

3. 고유어로 잘못 아는 한자어들 (1)
-원음 차용의 한어(漢語)

"노틀(老頭兒)"의 어원과 의미

　전에는 그러지 않았는데 요사이는 늙은 남자를 "노틀", 또는 "노털"이라고 부르는 경향이 짙다. "노틀"은 한어(漢語)의 원음을 차용한 말이다. 국어사전은 "← (중) laotour(老頭兒) (명) 늙은 남자를 속되게 이르는 말"이라고 풀이하고 있다.

　모로바시(諸橋)나 아베(阿部)의 漢和辭典을 보면 "老頭兒"가 표제어로 나와 있지 않다. 商務印書館의 辭源에도 보이지 않는다. 이들은 구어 아닌, 문어를 주로 다룬 사전이기 때문에 이들 사서에 북경 지역의 구어인 "老頭兒"가 실려 있지 않은 것으로 보인다. 우리의 중국어사전에는 "老頭兒"에 대해 "①노인. 늙은이, ②영감. 할아범(좀 나이 많은 남편을 일컬음), ③아버지. 아버님(남의 아버지 또는 자기 아버지에 대한 속칭)"이라 풀이하고 있다. 중국의 現代漢語詞典은 "年老的男子(多含親熱意)"라 되어 있다. 나이가 많은 남자로, 친숙한 의미를 지니는 말이라는 것이다. 따라서 이 말은 본래 우리 국어사전의 풀이처럼 "늙은 남자의 속칭"이 아닌데, 우리말에 들어와 속칭이 되었음을 알 수 있다.

"노틀"은 한어의 원음차용이라 하였다. 그러나 사실은 "로털[l̆aot'our]"이 진짜 원음차용이고, "노틀"은 이의 변음이라 하겠다. 그것은 우리말에서 [r] 두음이 오지 않는 두음법칙이 작용하기 때문에 "로" 음이 "노" 음으로 바뀌었기 때문이다.

"쪼다(措大)"의 어원과 문화

> "쟤는 쪼다야."
>
> "에이, 쪼다새끼!"

전에는 듣지 못하던, 남을 비하하거나, 욕하는 말로 "쪼다"라는 말이 곧잘 쓰인다. 표준국어대사전에는 이 말을 "조금 어리석고 모자라 제구실을 못하는 사람을 속되게 이르는 말"이라고 풀이하고 있다. 그렇다면 이 말의 어원은 어디 있는가?

이는 한자어 "조대(措大)"가 변한 말이라 하겠다. 우리의 사전은 "조대(措大)"에 대해 "예전에 청렴결백한 선비를 이르던 말"이라 풀이하고 있다. 이에 대해 모로바시(諸橋)는 이렇게 풀이하고 있다. "가난한 선비의 칭. 또한 초대(醋大)라고도 함. 고래로 정설이 없고 사류(士流)의 통칭. 사류는 흔히 큰일을 거조(擧措)한다고 하여 이렇게 이른다고도 한다. 뒤에 오로지 가난한 유생(貧儒), 가난한 서생(貧書生) 등의 뜻으로 쓰임." 이에 대해 아베(阿部)의 "漢和辭典"은 "서생(書生). 큰 일(大事)을 처리한다는 뜻. 많은 경우 경멸의 뜻을 품고 사용함."이라 풀이하고 있다. 따라서 이는 "措大"가 우리 국어사전의 "쪼다"와 근사한 의미가 되고 있음을 볼 수 있다.

그러면 우리의 고전에는 어떻게 쓰고 있는가? "청구야담(靑邱野談)"에는 너댓 용례가 보인다.

① 남촌(南村)에 한 조대(措大) 있으니

② 하향(遐鄕)에 궁한 조대(措大) 있으니…

③ 한 시골 궁조대(窮措大) 있으니

④ 저러한 조대(措大)의 글은 가위 식자우환이다.

　　①은 "선비"라는 뜻으로 쓰인 것이고, ②,③은 가난한 유생, 또는 가난한 서생이란 의미로 쓰인 것이라 하겠다. ④는 좀 모자란 서생을 가리키는 말로 쓰인 것이다. 이 "조대(措大)"는 단문(短文)의 서생으로, 기우제(祈雨祭)를 지내는 원(員)을 두고 "태수친기우(太守親祈雨)하니, 만민(萬民)이 희열(喜悅)이라. 반야(半夜)에 퇴창견(推窓見)하니 명월(明月)이라"란 글을 지었다. 이에 태수가 자기를 조롱하였다고 대로하여 곤장 열다섯 대를 쳤다. 그러자 이 조대(措大)는 또 글을 지어 17자 글을 짓고, 15대 볼기를 맞았다. 만일 만언소(萬言疏)를 지었다면 박살날 뻔하였다고 하였다. 그리하여 마침내 이 조대는 관장 능욕한 죄로 북도(北道)로 귀양을 갔다. 모자란 서생이다.

　　이렇게 "措大"는 "조대(措大)"로 차용되어 선비의 뜻으로 쓰였다. 그러던 것이 "빈사(貧士)"의 의미로 의미의 하락을 보이더니, 마침내 어리석은 서생의 의미가 되었다. 이 한어 "措大"의 원음이 [cuo'da']이다. 우리가 오늘날 "쪼다"라 하는 것은 바로 이 "措大"를 원음 차용한 말로 이것이 다소 변음되고, 의미가 하락(下落)한 것이라 하겠다.

"수수(蜀黍) · 옥수수(玉蜀黍)" 등 곡물의 어원

　　중세 및 근세국어에는 한어의 원음을 차용한 말이 많다. 이 가운데는 복식, 음식물 관계 용어들이 많은데, 먼저 음식물과 관련이 있는 용어, 곡물명 두어 가지를 보기로 한다.

　　"수수"는 볏과의 한해살이풀로, 곡식의 한 종이다. 이는 가을에 열매가 익는데, 엿, 술, 떡, 과자 따위의 원료로 사용한다. 잘 알려진 음식물로는 "수수경단, 수수떡, 수수엿, 수수전병, 수수팥떡"과 같은 것이 있다. 중국의 대표적인 술 "고량주(高粱酒)"는 수수로 만든 술이며, "고량(高粱)"도 수수라 는 말이다. 그런데 이 고유어 같은 "수수"가 한어(漢語)의 원음을 차용한 말 이다.

"수수"는 16세기 초에 간행된 훈몽자회(訓蒙字會)에 "슈슈曰 蜀黍"라 하고, 18세기 후반의 역어유해(譯語類解)에 "蜀蜀 슈슈"라 한 것을 볼 수 있다. "촉 서(蜀黍)"가 수수이고 "촉촉(蜀蜀)"이 수수라는 것이다. 이들은 "촉서(蜀黍)"나 "촉촉(蜀蜀)"을 한어로 보고, 우리말로는 "슈슈"라 한다고 한 것이다. 그러 나 사실은 이와 달리 "蜀黍"나 "蜀蜀"의 한음(漢音)도 "슈슈"로 읽혀지는 말 이다. "촉나라 촉(蜀)·기장 서(黍)·수수 촉(蜀)"자는 중세(宋·元·明)의 중국 한자음이 다 [shu]였다. 따라서 "蜀黍"나 "蜀蜀"은 다 중국 발음으로는 "촉 서"나 "촉촉"으로 읽힐 말이 아니고, "슈슈"라 읽히는 말이다. 말하자면 같 은음(同音)으로 풀이한 것이다. 이렇게 "슈슈"라는 말은 한어를 원음차용한 말이다. 이 "슈슈"가 단모음화한 것이 "수수"이다.

"옥수수"는 이 "수수"에 "구슬 옥(玉)"자를 더한 것이다. 낱알이 구슬 같 아서 "구슬 옥(玉)"자를 덧붙인 것이다. 역어유해의 "옥슈슈(玉蜀蜀)"나, 유희 의 물명고(物名攷)의 "玉蜀黍 옥슈슈"가 그 예다. "옥(玉)"은 우리 한자음이다. 중세 한음은 "iu"이고, 현대음은 "yù"이다.

"시금치(赤根菜), 배추(白菜)" 등의 어원

한어의 원음을 차용한 외래어에는 식물, 채소와 관련된 말도 많다. "가지 (茄子), 시금치(赤根菜), 배추(白菜), 상추(生菜)" 등이 그것이다.

"시금치"는 잎에 비타민 E와 철분이 많아 즐겨 데쳐 먹거나 국을 끓여 먹는 야채다. 이는 중세국어에서 "시근치", 혹은 "시근취"로 나타난다. 훈

몽자회의 "시근치 파(菠)", 박통사언해의 "시근치(赤根菜), 노걸대언해의 "시
근치(赤根)"와, 물보(物譜)의 "시근취(赤根菜)"가 그것이다. "시금치"는 한자어
로 "적근채(赤根菜), 마아초(馬牙草), 파릉채(菠薐菜)"라 한다. "시금치"는 "赤根
菜"를 원음 차용한 것으로 이 말이 변음된 것이다.

"赤根菜"의 중국의 중세(宋元明) 발음은 "chiəi-kən-cai"이며, 현대음은
"chi-gen-cai"이다. 청태조의 이름을 "누르하치(奴兒哈赤)"라 하듯, "赤"의 음
은 적어도 명나라 후기에는 [chi]라 발음하였을 것으로 보인다. 따라서 "시
금치"는 [chi-gen-cai]를 수용한 것이고, 이것이 변음된 것이라 하겠다.

배추는 "백채(白菜)"를 수용, 이것이 변음된 것이다. "흰 백(白)"자의 음은 중
세 이래 [bai]이다. "채(菜)"의 음은 앞에서 보듯 [chai]이다. 따라서 [bai-cai]가
"배추"가 된 것이다. 배추는 방언에서 "배차"라 한다. "배차> 배추"의 변
화를 겪은 것이다. "상추"는 "생채(生菜)"가 변음된 것이다. "낳을 생(生)"의
독음은 중세 이래 [shəŋ]이다. 따라서 이는 [성차이: shəŋ-cai]가 변해 "상
추"가 되었다. "상-추"의 "추"는 "배추"에 동화된 것이라 하겠다.

그리고 여기 덧붙일 것은 "나박-김치"의 "나박"이다. 이는 무를 이르는
한어 "로보(蘿蔔)"가 변한 말이다. "무 라(蘿)"자의 중세음은 [lo], 현대음은
[luó]이고, "무 복(蔔)"자의 음은 중세 이래 [bo]이다. 이렇게 한어로 무는
[lobo]이다. 우리말에서 무는 "로보[蘿蔔]"라고는 거의 하지 않고, "나박김
치"를 "나복저(蘿蔔菹)"라 하듯, 주로 한자어 "나복(蘿蔔)"이라 한다. "나복"은
우리식 한자음이다.

"무명, 비갸, 탕건" 등의 어원

음식물과 관련된 말을 살펴보았으니 다음에는 의류와 관련이 있는 한어
의 원음을 차용한 외래어를 보기로 한다. 이러한 말에는 "망건, 무명, 비갸,
비단, 탕건, 토시, 후시" 등이 있다.

"무명"은 무명실로 짠 피륙으로 한자어로는 "면포(棉布)", 또는 "목면(木棉), 목면포(木棉布)"라 한다. "무명"은 이 가운데 "목면(木棉)"의 중국 원음을 차용한 말이다. "무명(木棉)"의 "나무 목(木)"은 중세 이래의 한음이 [mù]이고, "목화 면(棉)"은 중세 이래의 한음이 [mián]이다. 따라서 이는 한음 [mù-mián]으로 차용되어, 이것이 "무명"으로 변음된 것이라 하겠다. "무명"의 용례는 계축일기 및 한중록 등에 보인다.

"비갸"는 낯설은 단어이다. 이는 말을 탈 때 입는 옷이다. 한어로는 "比甲(비갑)"이라 하는 말로, "비(比)"는 중세 이래 [bi], "갑(甲)"은 중세에는 [kia], 현대어로는 [jiǎ]로 발음되는 말이다. 따라서 "비갸"는 중세한어가 우리말에 들어와 변음된 것이라 하겠다.

"탕건"은 벼슬아치가 갓 아래 받쳐 쓰던 관으로, 이는 오늘날 "탕건(宕巾)"이라 쓰고 있는 말이다. 이 말이 지난날 차용될 때에는 "唐巾"으로 유입되었다. 물보(物譜)의 "탕건(唐巾)"이 그 예이다. "나라 당(唐)"의 음은 상고 및 중고음은 [daŋ]이었고, 중세 이래 [t'aŋ]과 같이 유기음이 되었다. "수건 건(巾)"은 중세음이 [kiən]이고 현대음은 [jīn]이다. 따라서 "탕건"은 중세 이후의 [tang-kiən]이 변음된 것이라 하겠다.

"토시"는 지난날의 방한 용구로 팔뚝에 끼던 것이다. 이는 한어 "套袖(투수)"가 변한 말이다. "투(套)"의 한음은 중세 이래 [t'au], 또는 [ta'o]이고, "袖(수)"는 중세 음이 [siəu]이다. 따라서 역어유해의 "토슈(套袖)"와 같이 [토슈]로 수용된 음이 [토시]로 말소리가 변하였다.

"후시"는 슬갑(膝甲)을 이르는 말이다. 이는 방한을 하기 위해 바지 위에다 무릎까지 내려오게 덧입는 옷이다. 한어 "護膝(호슬)"을 "후시"로 수용한 것이다. "護"는 중세음이 [hu]이고, "膝"은 중세음이 [siəi]이고 현대음이 [xi]이다. "후시"의 용례는 박통사언해(朴通事諺解)의 "야청비단으로 줌보기 치질 고이혼 후시 미엿고(護膝)"가 보인다. "후시"는 뒤에 우리의 한자음 "호슬"로 바뀌었다.

"다홍, 사탕, 상투, 창자" 등의 어원

이상 논의한 원음을 차용한 한어 외에도 많은 차용어들이 있다. "다홍(大紅), 노(羅), 비단(匹緞), 사탕(砂糖), 상투(上頭), 창자(腸子), 천량(錢糧) 한 탕(一趟), 투구(頭盔)" 같은 것이 그것이다. "다홍"은 다홍색을 나타내는 말로, "대홍(大紅)" 아닌, "다홍"으로 우리말에 수용되었다. 노걸대어해의 "다홍비단으로(大紅紵)"가 그것이다. "로"는 사(紗)붙이 비단을 이르는 말로, 이는 "라(羅)" 아닌, "로"로 받아들였다. 신증유합의 "로 라(羅)"가 그 예다. 비단은 "비단(緋緞)" 아닌 "비단(匹段)"을 수용한 것이다. 훈몽자회의 "비단 백(帛)"이 그 예다. 사탕은 "사당"과 "사탕(砂糖)"의 양형이 수용되었다. "사탕 당(糖)"은 중세 이전은 [daŋ], 중세 이후는 [taŋ]으로 유기음이 되었다. "당"의 예로는 노걸대언해의 "사당(砂糖)"을, "탕"의 예로는 박통사언해의 "사탕으로 중생의 얼굴 밍ᄀ로니(衆生纏糖)"를 볼 수 있다.

상투는 "샹토"와 "샹투(上頭)"의 양형으로 나타난다. "샹토"는 왜어유해의 "샹토 계(髻)", "샹투"는 훈몽자회의 "샹투 계(髻)"가 그 예다. 창자는 "장자" 아닌 "챵ᄌ(腸子)"로 수용되었다. 박통사언해의 "도티챵ᄌ(猪肚)"가 그 예다. "창자"는 오늘날에도 "소장(小腸) · 대장(大腸)"이라고 하면서 "장자(腸子)"는 "창자"라 한다. 전량은 "전량(錢糧)" 아닌, "천량"으로 수용되었다. 이의 예는 월인석보의 "보시(布施)ᄂᆞᆫ 천량을 펴아 내야 놉 줄씨라"에 보인다. 또한 왕복하거나 일을 하는 횟수를 나타내는 "탕"도 원음을 차용한 한어라 하겠다. 우리가 "한 탕"이라 하는 것은 "일쟁(一趟)"이라 발음할, 한어 "이탕(一趟)"의 "탕(趟)"을 차용한 것이다. "한 탕 해 먹다", "한탕주의"의 "한탕"의 "탕"이 그것이다. 투구는 "투구(頭盔)"가 수용되어 변음된 것이다. "투구 회(盔)"자는 중고 이래 [kʻuəi]로 유기음을 지닌 말이었다. 이의 용례는 훈몽자회와 신증유합의 "투구 듀(胄)"를 볼 수 있다.

(2020.10.14.)

4. 고유어로 잘못 아는 한자어들 (2)
– 한자어의 변형

"귀양"의 어원과 문화

죄인에 대한 형벌의 하나로 "귀양"이 있다. 이는 죄인을 시골이나 섬으로 보내어 일정한 기간 동안 그곳에서만 지내게 하는 형벌이다. 표준국어대사전에는 이에 대해 좀 자세한 풀이를 하고 있다. "고려·조선시대에 죄인을 먼 시골이나 섬으로 보내어 일정한 기간 동안 제한된 곳에서만 살게하던 형벌. 초기에는 방축향리의 뜻으로 쓰다가 후세에 와서는 도배(徒配), 유배(流配), 찬배(竄配), 정배(定配)의 뜻으로 쓰이게 되었다."

"귀양"이란 말은 초기에는 방축향리(放逐鄕里), 곧 시골로 내어 쫓음의 뜻으로 쓰이다가 형벌의 의미가 강해졌다는 말이다. 그리고 [< 귀향(두시초) <歸鄕]이라고 어원도 밝히고 있다. "귀양"의 어원을 "귀향(歸鄕)"이라 한 것이다.

조선조에는 대명률(大明律)을 적용하여 태(笞) 장(杖) 도(徒) 유(流) 사(死)의 오형(五刑)이 있었다. 그리고 유형에는 3,000리, 2500리, 2000리 밖으로 보내는 세 종류가 있었고, 그 명칭은 배(配) 찬(竄) 방(放) 천(遷) 도(徒) 등이라 하였다. 유형의 집행은 육지, 무인도, 유인도 등으로 하였으며, 안치(安置) 충군(充軍)의 방법이 있었다.

귀양은 보통 귀양을 간 땅에서 구속받지 않았으나, "안치"는 다시 일정한 장소에 거주를 제한하였다. 이는 가벼운 죄인에게 적용하는 본향안치(本鄉安置), 중죄인에게 적용하는 절도안치(絶島安置), 중죄인의 집 주위에 탱자나무를 둘리고, 그 안에 있게 하는 위리안치(圍籬安置) 등이 있다. 따라서 "귀양", 다시 말해 "귀향"은 초기의 "방축향리"의 향리로 보내는 것이거나, 본향안치(本鄉安置)의 의미가 강한 말이라 하겠다. "충군(充軍)"은 죄인을 군역(軍役)에 복무하게 하던 제도이다.

"귀양"은 "귀향"의 "ㅎ" 소리가 약화 탈락한 것이다. "귀향(歸鄉)"의 용례는 두시언해의 "너를 일훔호더 귀향왯는 仙人이라 ᄒ더니라(號爾謫仙人)"가 보인다. "ㅎ" 음이 약화 탈락한 용례로는 "산행(山行)"이 "사냥"으로 변한 말도 있다.

"나팔(喇叭)"의 어원과 문화

"나팔"은 금관악기의 하나다. 이는 기상나팔이나, 진혼곡으로 잘 불리는 악기다. "나팔"과 "나발"은 혼용된다. 한 마디로 "나팔"이 신식 악기라면, "나발"은 구식 악기다.

"나팔"은 "나팔(喇叭)"이라 쓰는 한자말이다. 그런데 "나발"의 경우는 고유어 냄새가 짙다. "나발 불지 마!" 이렇게 당치 않은 말을 하거나 과장된 말을 하지 말라고 할 때의 "나발"의 경우는 더욱 그러하다.

"나팔"은 현대식 금관악기의 총칭으로 일러지는 말이다. 이에 대해 "나발"은 옛 관악기의 하나로, 나팔 모양으로 생긴, 위는 가늘고, 아래는 퍼진 대롱같이 생겼다. 이는 군중(軍中)에서 호령하거나 신호하는 데 사용되었다. "나발"은 "나팔"과 마찬가지로 고유어가 아닌, 한자어 "喇叭"이 변한 말이다. "喇叭"은 "나팔 라(喇), 입 벌릴 팔(叭)"자를 쓰는 말이나, 사실은 "랄발"
이 변한 말이다. "喇·叭"의 중고(隋·唐)음은 다 같이 입성(入聲)이었고, 우리
말에서 [t]가 [l]로 변한 말이다. 그리고 "喇"의 경우는 종성 "ㄹ"이 탈락되
고, "叭"의 경우는 "ㄹ"을 유지하고 있는 것이다. "叭"은 또한 유기음 아
닌 [b]음을 초성으로 지닌 말이었다. 그리하여 "라발> 나발"이 된 것이다.
"나발·나팔"은 일본의 "ラッパ喇叭"와 입성(入聲) 유무의 대조를 보인다.
"나팔"은 "나발"의 음이 유기음화(有氣音화(化))한 것이다.

"따따부따"의 어원과 의미

> "채 영감은 입을 다문다. 인부들과 서로 말을 놓으며 따따부따하긴 싫은
> 모양이었다."

이문구의 소설 "장한몽"의 한 구절이다. 여기 쓰인 "따따부따"란 말은
따지거나 다툴 때 흔히 쓰는 말이다. 사전은 "딱딱한 말씨로 따지고 다투
는 소리. 또는 그 모양"이라 풀이하고 있으나, "딱딱거리는 말씨"라 하는
것이 좀 더 어울릴 것이다.
이 말의 어원은 "타타부타"이다. "타(妥)타 부(否)타"가 변한 말이다. 다시
말하면 "타(妥)하다 부(否)하다", 곧 "타당하다, 그렇지 않다"고 따지고 다투
는 것을 의미한다. 말이 속된 것 같으나, 사실은 한문투의 유식한 표현이다.
"따따부따"와 유사한 표현에 "가타부타"란 말이 있다. 이는 "따따부따"
에 비하면 한자어 냄새가 난다. "가(可)타 부(否)타", 곧 "가하다 부하다"는
말이다. 이도 시비곡직을 따지는 말로, "옳다거니 그렇지 않다거니" 하며
다투는 모양을 이르는 말이다.
"사건을 유야무야 얼버무리고 말았다."와 같이 쓰는 "유야무야"도 고유어
로 잘못 알기 쉬운 말이다. 이는 "있는 듯 없는 듯 흐지부지함"을 나타낸다.

이에 "유무(有無)"를 떠올려 한자어라는 인식을 가졌다가 "유야무야"의 "야"가 이어져 또 한번 좌절할지 모른다. 게다가 "흐지부지함"을 나타내는 말이기 때문이다. 한자로는 "有耶無耶"라 쓴다. 여기 쓰인 "야(耶)"자는 실사가 아닌 허사(虛辭)이다. 이는 어조사로, 어세를 돕거나, 의문을 나타내는 말이다. 여기서는 의문조사로 쓰여 "있느냐, 없느냐?"를 나타낸다. 예를 들어 "유야무야로 얼버무리다"나, "유야무야로 덮어버리다"와 같은 경우는 "유야무야"가 "있는지 없는지?"를 나타내며, 그 실체를 뭉개버리는 경우다. 이렇게 "유야무야"는 그 실체가 분명치 않다는 의미를 나타내는 한자말이다.

"막무가내"의 어원과 의미

"응보가 그들의 팔을 잡으며 사정을 해 보았으나 그들은 막무가내였다."

문순태의 "타오르는 강"의 일절이다. 여기 쓰인 "막무가내"라는 말은 도무지 융통성이 없고 고집이 세어 어찌할 수 없음을 나타낸다. 사전에는 이의 동의어로 "막가내하, 무가내, 무가내하"를 들고 있다. 이들은 모두 고유어 같은 한자말이다. "막무가내"는 "莫無可奈", "막가내하"는 "莫可奈何", "무가내"는 "無可奈", "무가내하"는 "無可奈何"라 쓰는 한자말이다.

"막무가내"는 "막무가내하(莫無可奈何)"의 준말이라 할 수 있다. "내하(奈何)"는 한문투의 문장 끝에서 "어찌 함"을 나타내는 명사다. 따라서 "막무가내하"라는 말은 전혀 어찌할 방법이 없다는 의미를 나타낸다. "막무가내"의 준말인 "무가내"는 동의어라고 하지만, 직역을 하면 "어찌 할 수 없음"을 나타낸다. "무가내하"는 "어찌할 방도가 없음"을 나타낸다 하겠다. 어떤 소설어사전은 이광수의 "흙" 등에 용례가 보이는 "무가내하지만"을 "무가내"에 "하다"가 붙은 동사로 보고 있다. "(……) 그렇더라도 현저한 죄상이 없으면야 그야 <u>무가내하지마는</u>, 사실 이 사건의 책임은 전혀 황기

수에게 있는 것이 분명합니다."<이광수, 흙>. 그러나 예의 이 "무가내하지마는"은 "무가내-하지마는"이 아니라, "무가내하(無可奈何)"에 서술격 조사가 "-이다"가 붙은 말로 보는 것이 좋을 것이다.

"망태기"의 어원과 문화

"꼴망태 둘러메고 이랴, 어서 가자" 이런 대중가요가 있다. 이 가사 가운데 "망태"는 "망태기"의 준말로 보고 있다.

"망태기"는 물건을 담아 들거나, 어깨에 메고 다니게 된 도구이다. 이는 주로 가는 새끼나 노 따위로 엮거나, 그물처럼 떠서 성기게 만든다. 국어사전은 이를 "망탁(網橐)"과 동의어로 보고 있다. 근자에는 농촌도 근대화하여 "망태기"를 보기가 쉽지 않다.

"망태기"는 사전에서 "망탁"과 동의어로 보고 있으나, 오히려 "망탁"이 변한 말이라 하겠다. 곧 "망탁(網橐)"이란 한자말에 접사 "-이"가 붙어, 소리나는 대로 "망타기"라 하고, 이 말에 "ㅣ" 모음의 역행동화가 일어나 "망태기"가 된 것이다. "망태"의 고어 용례는 "노망태(繩絡子)"<역어보>, "망태(網袋)"<물보> 등이 있다.

"잉어·상어"의 어원과 언어문화

우리말에는 한자어로 된 물고기 이름 가운데 이응 받침 아래 "어(魚)"자가 붙는 말이 많다. "농어(鱸魚), 뱅어(白魚), 붕어(鮒魚), 상어(鯊魚), 오징어(烏賊魚), 잉어(鯉魚) 따위가 그것이다. 이들은 대체로 "농어, 잉어"와 같이 모음으로 끝난 고기 이름 아래 "ㅇ" 받침이 오거나, "백어, 오적어"와 같이 "ㄱ" 받침이 "ㅇ"으로 바뀐 것이다. 이렇게 "ㅇ" 받침이 오거나, "ㄱ"이 "ㅇ"으로 바뀌어 한자어라는 인식이 없어지고, 오히려 고유어 같다는 느낌을 갖게 한다. 그러면 왜 물고기 이름에 "ㅇ" 소리가 많이 나는가?

그것은 "고기 어(魚)"자가 [ŋ]라는 비음(鼻音) 초성(初聲)을 지녔기 때문이다. 훈민정음을 처음 만들었을 때 이 비음인 아음(牙音) 초성은 꼭지 달린 "ㆁ"으로 나타내었다. 이는 후음(喉音) "ㅇ"과 구별되는 소리다. 이는 훈민정음에서 "업(業)"자 초성(初發聲)이라 한 것이다. "고기 어(魚)"는 [어]가 아닌 [어]로, [ŋə]로 발음되는 말이었다. 그래서 이 [ㆁ]은 앞의 말이 받침이 없을 때 이의 종성으로 발음되었다. "노어(鱸魚), 부어(鮒魚), 사어(鯊魚), 이어(鯉魚)"를 "농어, 붕어, 상어, 잉어"와 같이 발음하는 것이 그것이다. 그리고 "백어(白魚), 오적어(烏賊魚)"와 같은 경우도 이 "어(魚)"의 발음으로 말미암아 "ㄱ"이 탈락되고 여기에 "ㅇ"이 대체되었다.

"샌님"의 어원과 의미

나이 많은 선비를 대접하여 "샌님"이라 한다. 그러나 이는 원말이 아니요, "생원(生員)님"의 준말이다. 따라서 그 형태는 고유어처럼 보이나, 이 말의 어원은 한자어와 고유어의 혼종어(混種語)이다.

"생원(生員)"은 조선 시대에 소과(小科)인 생원과에 합격한 사람을 이르는 말이다. 이는 달리 상사(上舍)라고도 한다.

과거에는 소과(小科)와 대과(大科)가 있다. 소과(小科)는 생원과 진사(進士)를 뽑던 과거시험으로, 초시(初試)와 복시(覆試)가 있다. 소과(小科)는 달리 감시(監試), 사마시(司馬試), 또는 사마(司馬)라고도 하였다. 대과(大科)는 소과(小科), 곧 생원과 진사를 뽑는 생원진사시(生員進士試)를 통과한 사람이 보는 시험으로, 문과(文科)와 무과(武科), 그리고 잡과(雜科)가 있었다. 진사(進士)는 과거의 예비시험인 소과 복시에 합격한 사람에게 준 칭호이다. 과거는 이렇게 소과와 대과가 있으나, 흔히 "과거(科擧)"라고 할 때는 대과(大科)를 말한다.

"서랍"의 어원과 의미

책상이나 장롱, 문갑 따위에 끼웠다 빼었다 하게 되어 있는 뚜껑이 없는 상자를 "서랍"이라 한다. 이의 어원에 대해서는 이견이 있다. 하나는 고유어로 보는 것이고, 다른 하나는 한자어로 보는 것이다.

표준국어대사전은 "설합(舌盒)"을 표제어로 내걸고, "'서랍'의 잘못. 서랍을 한자를 빌려서 쓴 말이다"라 풀이하고 있다. 그런데 고어에는 "서랍"에 대한 용례가 보이지 않고, 오히려 역어유해에 "셜합(抽屉)"이 보인다. 역어유해의 용례는 한어 "추체(抽屉)"에 대한 역어로서 "셜합"이 제시된 것이어 고유어로 볼 근거는 충분하다. 그러나 사전에서 "셜합"을 한자어를 빌려서 "舌盒"이라 한 것은 잘못이라 한 "舌盒"이 어원일 가능성도 많다. 그것은 "서랍"이 단일 형태라면 그뿐이나, "혈-합"으로 본다면 이는 음운변화현상으로 볼 때 "켤-합"이거나, "썰-합"이 되어야 한다. 그런 면에서 고유어로 보는 것은 설득력이 없고 오히려 "셜합(舌盒)"을 어원으로 보는 쪽이 설득력이 있다.

"서랍"은 방언에서 "빼닫이"라 한다. 이는 "빼고 닫는 것"이란 의미를 지니는 말로 바람직한 말이다. 복수표준어로 인정함이 바람직할 것이다. 우리말 어휘의 특징의 하나가 퍼지(puzzy) 이론이 작용되는 것이다. "빼닫이"는 그런 말이다. 일본어 "히키다시(引き出し)"나, "뺄 추(抽), 서랍 체(屉)"자로 된 한어 "추체(抽屉)"는 일방적인 의미구조의 말로 되어 있다.

"성냥"의 어원과 문화

불은 인간의 문화발전에 크게 기여하였다. 그 가운데 "성냥"은 불의 역사를 바꾼 혁신적인 사물이다. 그러나 이는 문명의 발달로 사양길에 접어들었다.

"성냥"은 "석류황(石硫黃)"이 변한 말이다. "성냥"은 작은 나뭇개비 끝에 유황(硫黃) 따위 연소성 물질을 발라 마찰을 함으로 불이 붙게 된 물질이다. 그래서 이의 이름은 "석류황(石硫黃)"이라 하였다. 동의보감의 "셕류황(石硫黃)", 역어유해의 "뭇친 셕류황(取燈)" 등이 그 예다. 이 말은 뒤에 "셕뉴황"으로 변하였는데 동문유해의 "셕뉴황(硫黃)", 물보(物譜)의 "셕뉴황 뭇친 것(焠兜)" 등이 그 예이다. "셕뉴황"이 다시 변한 것이 "성냥>성냥"이다. 성냥은 달리 "인촌(燐寸)"이라고도 하는데, 이는 일본에서 영어 match를 번역한 한자 표기로 본다. "석류황"은 한어(漢語)이고, "인촌(燐寸)"은 일어(日語)라 하겠다.

"술래"의 어원과 문화

어린이들의 놀이 가운데 술래잡기가 있다. 한 아이가 술래가 되어 숨은 아이들을 찾아내는 놀이다. 이 놀이의 "술래"는 흔히 고유어로 착각하나, "순라(巡邏)"라는 한자말이 변한 말이다.

"순라(巡邏)"는 "순라군(巡邏軍)"을 이르는 말로, 이는 조선시대에 도둑·화재 따위를 경계하기 위하여 밤에 궁중과 장안 안팎을 순찰하던 군사를 이르는 말이다. 이들은 이경(二更)에서 오경(五更)사이에 사람들의 통행을 금지하였다. 이것이 소위 인경(人定)과 바라(罷漏)다. 궁성 안은 오위장(五衛將)과 부장(副長)이 군사 5명씩을 거느리고 순시하였고, 궁성 밖은 훈련도감, 금위영, 어영청 등에서 군사를 내었다. 순라군은 "순군(巡軍), 졸경군(卒更軍), 순라대(巡邏隊)"라고도 하였다. "순라"가 "술래"가 된 것은 "순라군"이 도적을 잡는 것과 놀이의 성격이 비슷해 전의된 것이다.

(2020.10.21.)

5. 고유어로 잘못 아는 한자어들 (3)
– 한자어의 변음

"오랑캐"의 어원과 의미

　우리는 야만족(野蠻族)을 언필칭 "오랑캐"라 한다. 사전은 "이민족"을 낮잡아 이르는 말이라는 풀이까지 하고 있다. 그러나 이는 보통명사가 아니고, 만주 지방에 살던 여진족의 한 부족 명칭이었다. 원래는 우스리강 지류인 목릉하(穆陵河) 지방에 거주했던 것으로 보이나, 명(明) 나라 초에 두만강 유역으로 옮아왔다.

　중국에서는 이들 종족을 "오량해(烏梁海)", 또는 "올량합(兀良哈)"이라 한다. 우리의 경우도 한자로는 "올량합(兀良哈)"이라 적고 "오랑캐"라 읽고 있다. 용비어천가 7장에 보이는 "兀良哈 오랑캐 兀狄哈 우거디"가 그것이다. 또한 왜어유해에는 "오랑캐 호(胡)"라고 호인(胡人)을 가리키고 있다. 그리고 우리는 이들을 한자로 "올량합(兀良哈)"이라 하는 외에 "올랑개(兀郎介), 올랑합(兀郎哈), 오랑개(吾郎介), 오랑합(吾郎哈)" 등으로 쓰고 있다. "크게 마실 합(哈)"자는 중국에서 "하얼빈(哈爾濱)"의 경우와 같이 "하" 음을 표기하는 문자로 사용된다. 따라서 이들은 "오랑하", 또는 "오랑개"라고 이르던 종족으

로, 이 말이 "오랑캐"로 변한 것이라 하겠다. 일본에서도 "오랑카이(ォラン ヵィ)"라 한다. 이는 물론 위에서 언급한 바와 같이 고유명사로, 이 말이 야 만족을 이르는 말로 의미가 변한 것이다.

"육시랄"의 어원과 문화

상대방을 저주하여 욕하는 말에 "육시랄 놈"이란 것이 있다. 이 말은 그 뜻을 알고는 함부로 쓸 수 없는 심한 욕설이다. 사람들은 그 뜻을 제대로 몰라 감탄사로 "육시랄"이라고 내뱉기도 한다. 이는 "육시를 할 만하다"는 뜻으로 쓰는, "육시(戮屍)를 할"이 준 말이다.

"육시(戮屍)"는 육시형(戮屍刑)을 이르는 말로, 이는 죽은 사람의 시체에 다 시 참형(斬刑)을 가하는 형벌이다. 달리 육지형(六支刑)이라고도 한다. 이는 시체의 머리를 벤 다음 팔·다리·몸통 등 여섯 도막을 내어 이를 각처에 돌려 보이는 형벌이다. 이러한 형벌은 고려 공민왕 때 시행한 사실이 있으 나, 가장 성행한 것은 연산군 때였고, 인조 때 엄금하였다. 그러나 그 뒤에 도 폐지되지 않고 이어졌는데, 그 중 대표적인 예는 고종 때 김옥균(金玉均) 의 처형 등을 들 수 있다. 이는 1894년에 실시된 "능지처참형 폐지령(陵遲處 斬刑 廢止令)" 이후 폐지되었다. "육시랄"은 이러한 "육시(戮屍)를 할"이란 말 이 축약되어 감탄사가 된 말이다. 따라서 쉽게 입으로 낼 말이 못 된다.

우리말에는 "육시랄"과 비슷한 형태의 말에 "우라질"이란 말이 있다. 이 는 일이 뜻대로 되지 않거나 마음에 들지 않을 때 혼자 욕으로 하는 감탄 사다. 이는 "오라질"이 변한 말로, "오라질"은 오라에 묶여 갈 만하다는 뜻 으로, 미워하는 대상을 비난하거나 못 마땅한 일에 대해 불평할 때 욕으로 하는 말이다. "오라"는 죄인을 묶을 때 쓰는 "오랏줄"을 의미한다. 따라서 "오라질"이나 "우라질"이란 말은 "오랏줄을 질", 곧 포승줄에 묶여갈 죄인 이란 말이다. 따라서 이도 함부로 쓸 말은 못 된다. 그렇지 않으면 망신을 하게 된다.

"인경"의 의미와 그 문화

표준국어대사전은 "인경"을 "조선시대에 통행금지를 알리기 위하여 밤
마다 치던 종. 서울의 보신각 종, 경주의 성덕대왕 신종 따위가 있다. =정
종(定鐘) (참) 인정(人定)·파루(罷漏)"라 풀이하고 있다.

이 풀이를 보면 그 의미가 아리송하다. "인정(人定)"을 알리기 위해 치던
종을 의미하는 것 같기도 하고, "인정(人定)"을 의미하는 것 같기도 하다.
"인정(人定)"을 (참)으로 처리한 것을 보면 동의어로 보지 않은 것이 분명하
나, "인경"을 "=정종(定鐘)"이라 보고, "정종(定鐘) =인정(人定)"이라고 한 것
을 보면 "인경=인정(人定)"이라 한 것이 되어 모순된다.

"인정(人定)"은 역사적으로 조선시대에 통행금지를 알리기 위해 종을 치
던 일이고, 이는 "인경"으로 변하였다. "인경"은 "통행금지를 알리기 위해
종을 치던 일"에서 나아가 "쇠북종" 일반을 가리키는 말로 그 의미가 변한
말이다. 따라서 "인경"의 어원은 "인정(人定)"이란 한자어가 된다.

조선시대에는 야간에 통행금지를 알리기 위하여 밤 10시에 큰 종을 28
번 쳤다. 이는 28수(宿)를 상징한 것이다. 세종실록에는 저간의 사정을 병조
에서 계를 올려 "도성의 문을 인정과 파루에 따라 여닫게 되면 서민들이
신혼(晨昏)을 분명히 알아 출입을 일정한 시간에 하게 될 것이라(兵曹啓 都城各
門 以人定罷漏鐘聲 隨卽開閉 然後庶幾晨昏明白 人物出入有時矣)"고 하고 있다. 통금을
알리는 종은 "인정종(人定鐘)"이라 한다. 이 "인정(人定)"이나 "파루(罷漏)"는
한국 한자어라 본다. 한어(漢語)에서의 "人定"은 통행금지를 의미하는 말이
아니고, 오후 8시, 또는 10시로 밤이 깊어 잠을 잘 시간임을 의미한다. "人
定鐘"은 잘 시각에 치는 종을 가리킨다. 우리의 "인정(人定)"은 여기서 파생
된 의미라 하겠다. 해록쇄사(海錄碎事)에 유공작(柳公綽)이 매일 자제에게 글

을 논하거나 강(講)을 하고, "인정종이 칠 때 잠을 잤다(至人定鐘鳴 始就寢)"고 한 것이 이의 그 구체적인 예이다.

"파루(罷漏)"는 통금해제를 알리기 위해 종을 치던 일을 의미한다. 이는 앞에서 이미 언급한 바와 같이 한국 한자어이다. 이는 뒤에 "바라를 뎅뎅 치는구나"와 같이 "바라"로 음이 변하였다.

"장가들다"의 어원과 문화

남녀가 성인이 되어 아내를 맞고 지아비를 맞는 것을 "장가든다"고 하고, "시집간다"고 한다. 그런데 이들 말의 어원이 다소 분명치 않다. "장가"와 "시집"이란 말이 한자어인지, 아니면 고유어인지가 분명치 않기 때문이다.

우선 "장가"란 말부터 보기로 한다. "표준국어대사전"은 "장가"를 "사내가 아내를 맞는 일. 한자를 빌려 '丈家'로 적기도 한다."라 풀이하고 있다. 그러면서 또 "입장(入丈)"이란 표제어를 내걸고 "장가 듦"이라 풀이하고 있다. 앞뒤가 맞지 않는다.

이와는 달리 단국대학교 동양학연구소의 한국한자어사전은 "장가(丈家)"를 표제어로 내걸고 "조선여속고(朝鮮女俗考)"의 "我俗에 謂娶妻曰 入丈家라 ᄒ나니 丈家는 卽妻家라. 然則入丈家者는 乃入妻家之意味也라."를 인용하며, 한국한자어로 보고 있다. 아내를 맞는 것을 입장가(入丈家)라 하는데, 장가(丈家)는 처가이니, 入丈家는 처가에 들어간다는 의미라 본 것이다. 이렇게 "장가"는 데릴사위로 처가에 들어가는 모계사회(母系社會)에서의 결혼제도를 반영한 말이다. 따라서 "장가"는 "丈家"란 한자어로 보는 것이 옳다. 다만 이는 동양 삼국 가운데 우리만이 처가를 의미한다. 그리고 "장인(丈人)"은 한어도 악부(岳父)를 의미하나, 어원을 달리 한다. 그 어원은 "태산은 오악(五嶽)의 으뜸이며, 거기에다 장인봉(丈人峰)이 있어 이 명칭이 생겼다. 또는 장인봉은 그 형태가 노인과 같기 때문이라고도 한다."(諸橋)고 한다. "장가(丈

家)” 아닌, “장인봉(丈人峯)”의 “장인(丈人)”을 그 어원으로 본다.

“시집”은 한자어로 “시가(媤家)”라 한다. 여유당전서(與猶堂全書)의 “아언각
비(雅言覺非)”에는 “媤者 女字也. 以稱舅家(舅曰媤父, 姑曰媤母類)”라고 한·중어
의 관계를 잘 설명하고 있다. “시(媤)”자는 중국에서는 여자의 자(字)를 의미
하고, 우리는 시집(媤家)을 의미한다는 것이다. “시집”을 의미하는 “시(媤)”자
는 가차(假借)한 말이라 하겠다. 그러나 이와는 달리 “시집”은 본가(本家)에
대한 “시집(新家)”으로, “시집> 싀집> 시집”으로 변한 말이라 보아 “시(媤)”
자는 “시”의 변음 “싀·시”를 음차한 것으로도 볼 수 있다. “시집가다”는
부계사회(父系社會)의 결혼제도를 반영한 말이라 하겠다.

“접시” 등 식기류의 어원과 문화

우리는 식사할 때 많은 식기를 사용한다. 접시, 대접, 사발, 주발, 종지
같은 것이 그것이다. 이들은 모두 놀랍게도 그 어원을 한어(漢語)나, 한자어
에 두는 말이다.

“접시”는 운두가 낮고 납작한 그릇으로, 반찬이나 과일 따위를 담는 데
사용하는 식기류다. 이는 훈몽자회의 “뎝시 뎝(楪)”, “나모 뎝시(木楪子)”와
같이 고어에서 “뎝시”라 하던 말로, 한어 “접자(楪子)”가 변한 말이다. “대
접”은 물론 큰 접시를 가리키는 말로, “대접(大楪)”에서 연유하는 말이다.

“사발”은 흔히 밥그릇으로 사용한다. 이는 사기로 만들었기 때문에 “모
래 사(砂)”와 “주발 발(鉢)”자를 쓰는 한자말이 그 어원이다. “주발”은 놋쇠
로 만든 밥그릇으로, “주발(周鉢)”이라 한다. “발(鉢)”은 본래 승려의 식기를
의미하는 말로, 이는 범어(梵語) patra를 음역한 말이다. 우리 옥편은 이를
“바리때 발(鉢)”자라 하고 있는데 “바리때”란 절에서 사용하는 중의 공양
그릇으로, 나무나 놋쇠로 대접처럼 만든 그릇이다. “발우(鉢盂)” 등으로도
일러진다. 중이 지고 다니는 자루 모양의 큰 주머니를 “바랑”이라 하는데,

이는 사실은 "발낭(鉢囊)"이 변한 말이다. 중의 식기 주머니란 말이다.

"종지"는 간장 고추장 따위를 담아서 상에 올려 놓는, 종발보다 작은 그릇을 이르는 말이다. 이를 한자어로는 소완(小盌)이라 한다. 방언에서는 흔히 "종재기"라 한다. "종지"는 "종자(鐘子)"가 변한 말이다. 이는 "종지"가 종처럼 생겨 그 형태에 주목해 명명한 것이라 하겠다. 이러한 추리는 "종발(鐘鉢)"의 어원이 종처럼 생긴 발(鉢)이란 것이 방증이 된다.

"주리"의 어원과 의미

앞에서 "육시(戮屍)"라는 형벌 이야기를 하였는데, "주리"라는 형벌도 있다. "주리"는 죄인의 두 발목을 한데 묶고 다리 사이에 두 개의 주릿대를 끼워 비트는 형벌을 말한다. 이는 한자어 "주뢰(周牢)"가 변한 말이다. 달리는 "주뢰형(周牢刑)", 또는 "전도주뢰(剪刀周牢)"라고도 한다.

"주뢰(周牢)"를 한자어라고 하였지만 이는 중국이나 일본어에는 보이지 않는 말로, 한국 한자어이다. 이 말은 흔히 "주리를 틀다"라는 관용어로 쓰인다. "이놈, 주리를 틀어야 바로 말하겠느냐?"와 같이 쓰는 것이 그것이다. 이의 용례는 박완서의 "未忘"에도 "'어머니는 중문 안에 일어나는 일도 잘 모르는데 어째서 팔자가 사납시니까?' '허어, 이런 주리를 틀 년 봤나.'"가 그것이다.

"주리를 틀다"는 "주뢰형(周牢刑)을 가하다"를 뜻하는 외에 "모진 악형을 가하거나 모진 매를 때리다"를 의미한다. 이렇게 "주리"는 악형에 속한다. "주리 참듯"은 모진 고통을 억지로 참는 것을 비유적으로 이르는 말이기도 하다. 그래서 영조실록에는 영조(英祖)가 "주리를 트는 형벌은 도둑의 죄를 다스릴 때에 간혹 사용하는 일이 있으나, 옥석을 가리지 않고 자복(自服)을 받기에 급하여 먼저 이 형을 쓰는 것은 썩 놀랄 만한 일인데, 가새주리(剪刀周牢)에 이르러서는 더욱 참혹하고 혹독한 일이어서 이를 일체 금한다"고 한 것을 볼 수 있다. "속대전(續大典)"에도 "포도청 전도주뢰지형 엄금(捕盜廳 剪刀周牢之刑嚴禁)"이란 기록이 보인다. 그러나 이는 그 뒤에도 계속 사용되었다.

"푸줏간"의 어원과 의미

박경리의 소설 "토지"에는 "재산을 모조리 정리하고 진주를 떠날 때 외할아버지는 눈물을 흘렸다. 그 후 그는 소를 잡지 않았고 <u>푸줏간</u>도 그만두었다."는 구절이 보인다. 쇠고기 돼지고기 따위의 고기를 파는 가게를 흔히 "푸줏간"이라 한다. 이는 "포주간(庖廚間)"이란 한자어가 변한 말이다.

국어사전에 의하면 "포주(庖廚)"는 "푸주"의 원말이고, "푸주"는 "=푸줏간"으로 되어 있다. 그리고 "푸줏간"은 "쇠고기 돼지고기 따위의 고기를 파는 가게.=고깃간, 포사, 푸주"라 풀이하고 있다. 따라서 "푸주"의 원말은 "포주(庖廚)"이고, "푸줏간"은 "푸주" 및 "포주"와 동의어이며, 그 뜻은 육류(肉類)를 파는 가게가 된다.

이러한 풀이는 한어(漢語)와 의미상 차이를 느끼게 한다. 한어에서 "포주(庖廚)"는 부엌, 주방을 의미한다. 우리는 "포주(庖廚)"의 "포(庖)"자를 "푸줏간 포, 관 포"자라고 하여 "뇌살소포주(牢殺所庖廚)", 도살장의 의미가 강하며, "주(廚)"자는 "부엌 주"라 하여 "취야숙식(炊也熟食)"의 의미라 본다. 이에 대해 한어에서는 "포(庖)"나 "주(廚)"가 다 같이 "부엌, 주방", 또는 "요리, 요리인" 등의 의미를 지니는 것으로 본다. 그러면서도 맹자의 양 혜왕조(梁惠王條) 등에서는 군자는 측은지심에서 포주(庖廚)를 멀리한다고까지 하고 있다. 우리의 "푸줏간"은 이러한 한어의 "포주(庖廚)"에서 형태와 의미가 많이 변하였다. 북의 "조선말대사전"에는 "푸주간"에 대해 "포주" 외에 "도살장"이란 풀이까지 아울러 붙이고 있다.

그리고 여기 하나 덧붙일 것은 삼황 오제(三皇五帝)의 으뜸으로 "복희(伏羲)"를 드는데, 이 "복희"를 중국에서는 "포희(庖犧)"라고도 한다는 것이다.

그는 희생(犧牲)을 길러 포주에 대는 법을 가르쳤다고 한다.

"흐지부지"의 어원과 의미

확실하게 끝맺지 아니하고 흐리멍덩하게 넘기는 것을 "흐지부지"라 한다. 이는 고유어처럼 보이나 "꺼릴 휘(諱), 갈지(之), 숨길 비(秘), 갈 지(之)"자를 쓰는 "휘지비지(諱之秘之)"를 어원으로 하는 한자말이다. 그 의미는 자의대로 풀이하면 "어떤 것을 꺼리어 피하고, 비밀로 하다"라는 말이나, 나아가 남을 꺼리어 우물쭈물 얼버무려 넘기는 것을 의미한다.

그런데 이 말은 한자권(漢字圈)에서 공통으로 쓰는 말이 아니고, 한국 한자어라 본다. "휘비(諱秘)"와 동의어이다. 이러한 말이 형태와 의미가 다 바뀌어 "흐지부지"가 되었다. "흐지부지"의 용례를 문학작품에서 보면 김동인의 "운현궁의 봄"에 "그날의 회의는 아무런 결론도 얻지 못하고 흐지부지 산회를 하게 되었다"가 있다.

"휘지비지"의 옛 용례는 잘 드러나지 않는다. "휘비(諱秘)"의 예는 "심양장계(瀋陽狀啓)"에 "朝鮮之事 無不詳知 雖欲諱秘 其可得乎"가 보인다. 이는 "비록 숨겨 비밀(諱秘)로 하고자 하나 얻을 수 있지 않겠느냐?"는 기사이다. 모로바시(諸橋)에는 "휘지비지(諱之秘之)"와 "휘비(諱秘)"가 다 같이 표제어로 나와 있지 않다. 특별히 "꺼릴 휘(諱)"의 경우는 "죽은 사람 이름 휘"자 이기도 하여 이를 기휘(忌諱)한다. 그래서 당 태종(太宗) 이세민(李世民)의 "세(世)"자를 꺼려 "절세미인(絶世美人)"을 절대미인(絶對美人)이라 하거나, 한(漢)나라 문제(文帝)의 이름이 "항(姮)"이기 때문에 달의 여신 항아(姮娥)의 "항(姮)"자도 "상(嫦)"자로 바꾸어 "상아(嫦娥)"라 하는 것이 이런 것이다. 소위 "휘문화(諱文化)"이다.

(2020.11.20.)

6. 의미와 형태가 많이 바뀐 말들 (1)

"고주망태"의 어원과 의미

"어제는 술이 고주망태가 되도록 마셨어."

이렇게 술에 몹시 취하여 정신을 가누지 못하는 상태, 또는 그런 사람을 "고주망태"라 한다. 한설야의 소설 "탑"에는 "고주망태"인 사람을 나타내는 용례가 다음과 같이 보인다.

"커다란 술 한 잔에 단돈 서 푼이니 엽전 두 냥이면 칠십 잔, 아무리 고주망태라도 이틀은 너끈 취해 자빠질 밑천이 생긴 것이다."

"고주망태"는 줄여 "고주"라고도 한다. "고주망태"는 "고조"와 "망태"가 복합된 말이다. "고조"는 술이나 기름 따위를 짜서 받는 틀이다. 이는 고유어로 보이는데 사성통해 등의 자료에 다음과 같이 보인다.

　　* 酒醡 亦作 醡笮 고조 <四聲通解>

* 고조 조(槽), 고조 자(榨) <훈몽자회>

"고조"는 "술주자(-酒榨)"로, 술을 거르거나 짜내는 틀을 말한다. "주자(酒榨), 주조(酒槽)"라고도 한다.

"망태"는 "망태기"로 이는 술주자 주머니를 의미한다. 달리 말하면 "고조주머니"를 가리킨다. 사성통해의 "酒帒 고조주머니"가 그것이다. "망태"는 "망탁(網橐)"이 변한 말이다.

"고주망태"란 이렇게 "고조망태"가 변한 말이다. 그리고 이는 술을 거르거나 짜내는 틀과, 여기에 술을 짜기 위해 얹은 망태, 곧 주머니를 의미한다. 이들은 모두 술을 받는 기구들이다. 따라서 이들 기구들은 술이 범벅이 되었을 것임은 물론이다. 술이 몹시 취한 상태를 이르는 "고주망태"는 이 "고조망태"라는 사물을 원관념(原觀念)으로 한 비유적 표현이다. 기구가 술에 저려 있어, 이로써 술에 저려 있는 상태, 나아가 그런 사람을 지칭하게 된 말이다.

덧붙일 것은 술주자에서 갓 뜬 술은 "고조목술"이라 한다. 그리고 이 술을 한자어로는 "동두주(銅頭酒)"라 하며, 대중가요의 "동동주 술타령이 오동동이냐?"라고 노래불리는 "동동주"는 여기에서 비롯된 말이다.

"관자놀이"의 어원과 의미

우리의 얼굴에는 "관자놀이"라는 곳이 있다. 이는 귀와 눈 사이의 맥박이 뛰는 곳을 가리킨다. 왜 이곳을 "관자놀이"라 하는가? 그 이유는 그곳에서 맥박이 뛸 때 관자(貫子)가 움직인다 하여 이런 이름이 붙었다.

"관자(貫子)"는 망건에 달아 당줄을 꿰는 작은 단추 모양의 고리를 말한다. 이렇게 말해도 많은 독자는 실감이 나지 않을 것이다. 그것은 "망건(網巾)"이란 이미 사라진 우리의 복식문화이며, "당줄"은 "망건당줄"로, 이는

"망건"을 알아야 비로소 이해될 것이기 때문이다. 따라서 우선 "망건"부터 살펴보기로 한다.

"망건"은 상투를 튼 사람이 걷어 올린 머리카락이 흘러내리지 않도록 머리에 쓰는 그물같이 생긴 물건을 말한다. 그리고 "망건당줄"은 망건에 달아 상투에 동여매는 줄로, 두 개가 있다. 망건의 윗부분인 망건당에 꿰는 아랫당줄과, 상투에 동여매는 윗당줄이 그것이다. "관자(貫子)"란 이 당줄을 꿰는 고리이고, 이 고리가 귀와 눈 사이의 맥박이 뛰는 곳에 놓인다. 그래서 맥박이 뛰게 되면 관자가 움직이게 된다.

다음에는 "관자놀이"의 "놀이"를 풀이할 필요가 있다. 이는 다른 자리에서도 설명하였지만 "놀다(遊)"란 동사에서 파생된 명사다. "놀다"는 "놀 유(遊)"의 의미만 지니고 있는 것이 아니다. 이의 근원적인 의미는 "움직이다(動)"이다. "뱃속의 애가 논다"의 "놀다"가 그것이다. 따라서 "관자놀이"란 "관자의 움직임", 나아가 "관자가 움직이는 곳"을 의미하는 말이다. "관자놀이"는 비유적인 명명이며, "놀다"가 본래의 의미에서 "놀 유(遊)"의 의미로 변화하게 됨으로 그 의미를 잘 알 수 없게 되었다고 하겠다.

"길라잡이"의 어원과 문화

"길라잡이"는 "길잡이"를 뜻하는 말이다. 전에는 이 말이 생소하게 느껴져서인지 잘 쓰지 않았는데 요사이는 멋있는 말로 알고 즐겨 쓰는 것 같다. 이는 소설에서는 많이 쓰이고 있다. 한 예를 김주영의 "객주"에서 보면 다음과 같다.

봉삼이가 길라잡이가 되어 앞장서고 최가가 맨 뒤로 쳐져서 소한테 물린 놈처럼 자국없이 비틀거렸다.

이 "길라잡이"는 사실은 "지로승(指路僧)"과 같은 뜻의 말로, 이 말의 순화어인가 생각하는 사람도 있을 것이다. 그리고 순화어에 대한 반감과 함께 생소함을 느꼈을지도 모른다. 그러나 그런 것이 아니다. 오히려 구제도를 반영하는 말이다. 그것은 이 말의 어원이 "길-라장(羅將)-이"이기 때문이다. "나장(羅將)"은 금부나장(禁府羅將)과, 조선시대에 군아(郡衙)에 속한 사령을 의미하는 말이다. "금부나장"은 조선시대에 의금부에 속하여 죄인을 문초할 때 매질하는 일과 귀양가는 죄인을 압송하는 일을 맡아보던 하급 관리를 가리킨다. 따라서 "길라장이"는 이 금부나장을 어원으로 하는 "길라장> 길나장> 길나장이"의 변화를 겪었다고 하겠다. "나장(羅將)"에 "이"가 붙은 "나장이"는 나장(羅將)을 낮잡는 뜻으로 쓰인 말이다.

여기 첨부할 것은 "질라래비-훨훨"이란 말이다. 이는 사전에 의하면 "어린이에게 새가 훨훨 날듯이 팔을 흔들라는 뜻으로 하는 말"이라고 풀이되어 있다. 그러나 이러한 의미와는 달리 방언에 어린이들의 놀이 가운데 "질라래비"라는 것이 있다. 밀집으로 만들어 밑에서 쑤시면 팔을 들었다 내렸다 하게 만든 수제 장난감이다. 이 놀이를 하며 "질라래비 훨훨"이라고 소리를 한다. 이는 단순히 팔을 흔들라는 의미만이 아니고, "길나장이"처럼 길을 지시하는 의미도 나타내려 하였던 것이다. 이의 어원은 "길나장"에서 "길라> 질라"로 축약되고, 여기에 "나장(羅將)"을 남자를 뜻하는 "아비(父)"로 대체한 것이다.

"냇가"의 어원과 의미

요즘은 달라졌지만 전에는 내나 강에 가 목욕을 하고, 수영을 하였다. 그래서 흔히 "냇가에 가 멱을 감는다"거나, "냇가에 수영하러 가자."라고 하였다. 그런데 이때 "냇가"라는 말이 문제다. "냇가"라면 "천변(川邊)"을 의미하고, 이는 흔히 냇물의 주변, 곧 "물가"를 의미하며, 수반(水畔), 저안(渚岸)

으로 물 아닌, 물기슭의 땅을 의미한다. 따라서 "냇가"에 가 목욕을 한다는 것은 말이 안 된다.

표준국어대사전을 보면 "냇가"에 대해 "냇물의 가장자리"라 풀이하고 있다. 이 풀이는 아리송하다. 물을 의미하는지, 물기슭의 땅을 의미하는지 알 수 없다. 이의 용례 또한 그 의미를 분명히 해 주지 않는다.

* 아낙네가 냇가에서 빨래를 한다.
* 아이들이 냇가에서 송사리를 몰고, 물장구를 쳤다.

전자는 물의 바깥이라 할 수 있고, 후자는 물 안이라 하겠기 때문이다. 같은 사전의 "냇ᄀ"에 대해서는 "냇가"의 옛말이라 풀이하고 다음의 두 예를 들고 있다.

* 냇ᄀ앳 野老는 눈썹 비븨디 마롤디니라 <남명집언해>
* 더틴 냇ᄀ읫 소론 덤쩌츠러 늦도록 퍼러호믈 머굼엇ᄂ니라. <번역소학>

이들은 모두 물이 아닌 육지를 가리키고 있다. 따라서 "냇가"의 본래의 의미는 "물가 · 물기슭"을 의미하는 말이라 보는 것이 좋겠다. 그리고 이 말은 바다나 강과 같이 물이 있는 곳의 가장자리를 의미하는 "물가"처럼 "냇물의 가장자리"도 의미하게 되었다고 하겠다.

그러나 여기 덧붙일 중요한 사실 하나가 있다. 그것은 우리 옛말에 개천을 의미하는 "걸(渠)"이란 말이 있다는 것이다. "거래 흘러 드ᄂ니라(走渠)" <두시언해>, "수플과 걸와(林渠)"<능엄경언해>가 그것이다. 이는 "개울"이나 "개천"을 의미하는 말이다. 이 말은 오늘날 경북 · 평안 방언에서 "개울", 또는 "내"를 의미하는 말로 보나(표준국어대사전), 이보다 광범한 지역에서 쓰이는 것으로 나타난다. 충남방언 등에서는 "냇갈", 혹은 "냇걸"이란 말도 쓰이는데, 이는 "내(川)-ㅅ-걸(渠)"의 복합어라 할 수 있다. 그리고 이는 "냇가에 목욕하러 간다"는 "내(川)" 자체를 의미하는 말로 쓰인다. 따라서 "천변(川邊)", 곧 Riverside 아닌 "River(川)"를 의미하는 "냇가"의 어원은 "냇가"가 아닌, "냇걸"이며. 이 말은 "냇갈> 냇가"로 변해 온 것이라 추정할 수 있다. "냇가에 목욕하러 간다"의 "냇가"는 "내" 자체를 의미하는 말이다.

"메다"의 어원과 의미

남부여대(男負女戴)라는 말이 있다. 남자는 짐을 지고 여자는 짐을 인다는 말이다. 이렇게 짐을 진다고 할 때 고유어로는 "어깨에 메다"라고 하거나, "등에 지다"라 한다. 우리는 흔히 어깨에 메거나 등에 져서 짐을 운반한다.

"어깨에 메다"라고 할 때의 "어깨"는 고어에서 "엇게·엇기"라 하였다. 이는 "엇게"에서 "엇기"로, 그리고 오늘의 "어깨"로 형태가 변하였다. "엇게"의 용례는 석보상절의 "尼師檀을 왼녁 엇게에 연고"와, 월인천강지곡의 "엇게 우희 金鑵子 메샤", 훈몽자회의 "엇게 견(肩)" 등이 보인다. 그리고 "엇기"의 예로는 물보(物譜)에 "엇기(肩胛)"가 있다. "메다"는 월인석보의 "棺을 손소 메샤보려 ᄒᆞ시놋다", 훈몽자회의 "멜 담(擔)", 신증유합의 "멜 하(荷)" 등의 용례가 보인다.

그러면 "메다"의 어원은 무엇인가? 이는 "어깨"를 의미하는 "메"가 서술격 조사 "-(이)다"와 결합하여 용언화한 것으로 추단된다. 명사에 "이다"가 붙어 용언화하는 것은 우리말의 특징 가운데 하나다. "메다"는 "어깨에 걸치거나 올려 놓다"를 의미하는 말이다.

월인석보에는 "올ᄒᆞ녁 엇게 메뱃사시고"가, 석보상절에는 "올ᄒᆞᆫ 엇게 메뱃고"의 "메뱃다"라는 용례가 보인다. 이는 "메(肩)-뱃다(脫)"로, 오른쪽 어깨를 벗는다는 "단우(袒右)"를 의미한다 하겠다. "단우(袒右)"의 "袒"자는 오늘날 "웃통 벗을 단"자라 하나, "메-벗다"는 "어깨를 벗다"라는 말이고, 이

"메"에 서술격 조사가 붙어 "메다(負)"를 의미하는 것을 보면 "메"는 "어깨"를 의미하는 말임이 분명하다. "메다"가 앞의 용례에 보이듯 이미 15세기의 문헌에 "엇게"와 함께 쓰인 것을 보면 어깨를 의미하는 "메"는 15세기 이전부터 "어깨(肩)"와 더불어 쓰인 이음동의어(異音同義語)라 할 것이다. 앞에서 예로 든 월인천강지곡에는 "엇게 우희 金鑵子 메샤"와 같이 "엇게"와 "메다"가 같이 쓰인 것도 보인다.

"메다"의 용례는 "멜꾼 · 멜대 · 멜빵 · 멜채" 등이 있다. "멜꾼"은 고싸움놀이에서 고를 메고 싸우는 사람을 이르는 말이고, "멜빵"은 "짐을 어깨에 걸어 메는 끈"이다. "멜빵"은 고어로 "멜씬"이라 하였는데, 이는 "메는 끈"이란 말이다. "빵"이 들어가는 말로는 "질빵 · 걸빵"이 있다. "멜빵"이 들어가는 말로, "멜빵끈 · 멜빵바지 · 멜빵짐 · 멜빵허리" 따위가 있다.

"보조개"의 어원과 의미

여자의 매력으로 흔히 쌍꺼풀과 보조개를 든다. "보조개"란 웃을 때에 볼에 오목하게 우물져 들어가는 자국을 말한다. 이는 그래서 "볼우물"이라고도 한다. "보조개"의 어원은 생각처럼 간단치가 않다. 고어에서는 "보죠개" 아닌, "보죠개-우물"이라 하였다고 볼 수 있다.

먼저 "보죠개"를 보기로 한다. 이는 "볼(頰)"을 의미하였다. 16세기 문헌 훈몽자회의 "보죠개 협(頰)", 18세기 한청문감의 "보죠개(腮根)"가 그 예다. 이에 대해 "보죠기 · 보죠개 · 보죠개우물" 따위는 볼우물 소인(笑印)을 의미하였다. 그 예를 보면 다음과 같다.

* 보죠개(笑印) <동문유해>
* 꼿갓튼 寶죠기예 웃는 듯 씽그는 듯 <해동>
* 보죠개우물(笑印) <역어유해보>

이들은 모두 18세기 문헌이다. 따라서 "보죠개"라는 말은 본래 "볼"을 의미하던 말이나, 볼의 특정 부위를 따로 지칭하는 말이 되었다. 그리고 마침내는 볼과 소인을 구별하기 위해 "우물"이란 말을 덧붙였다 하겠다.

그리고 소인(笑印)을 가리키는 "보조개"를 "볼(頰)-조개(貝)"로 분석하기도 하나 이는 옳은 것이 못 된다. 그것은 첫째 "보죠개"가 볼을 의미하는 말이기 때문에 "조개"와 관계가 없으며, 15세기의 "조개"의 표기는 "죠개" 아닌, "조개"였다. 능엄경언해의 "히 처섬 도듨제 조개 氣分을 吐ᄒᆞ야"나, 월인석보의 "鈿螺ᄂᆞᆫ 그르세 꾸미ᄂᆞᆫ 빗ᄂᆞᆫ 조개라"가 그것이다. 따라서 일본어에서 볼우물 "에쿠보(笑窪)"를 "웃음-구덩이"라고 하는 것처럼, "보조개"는 "볼(頰)-조개(貝)"로 분석되지는 않는다. 그리고 오늘날 볼우물을 "보조개"라고 하는 것은 "보조개-우물"의 "우물"이 생략된 것이라 하겠다.

"볼우물"의 예를 문학작품에서 하나 보면 김원일의 "불의 제전"에 "닭 쫓던 개 꼴이 된 노기태의 술 마시는 처량한 모습이 재미있다는 듯 그녀가 볼우물을 파며 배시시 웃는다."가 보인다.

(2020.11.14.)

7. 의미와 형태가 많이 바뀐 말들 (2)

"새끼"의 어원과 의미

"아이구, 금쪽 같은 내 새끼!"

어머니들은 제 자식을 끌어안으며 이렇게 중얼거리기도 한다. 흔히 욕으로 사용하는 "새끼"라는 말을 애칭으로 쓴다.

사전에는 "새끼"의 의미로 세 가지를 들고 있다. "①낳은 지 얼마 안 되는 어린 짐승, ②자식을 낮잡아 이르는 말, ③(속되게) 어떤 사람을 욕하여 이르는 말"

앞에 인용한 "아이구, 금쪽 같은 내 새끼!"란 이 가운데 ②의 뜻이나, 애칭으로 쓴 것이다.

"새끼"라는 말의 본래의 뜻은 낳은 지 얼마 안 되는 어린 짐승을 이르는 말이다. 그렇다면 이 "새끼"란 말의 어원은 무엇인가?

"새끼"의 고어는 "삿기"다. 석보상절의 "삿기 비골하 ᄒᆞ거든"이나, 훈몽자회의 "삿기 예(猊)"와 신증유합의 "삿기 추(雛)"가 그것이다. "삿기"의 용례는 이밖에 신증유합의 "삿기 양 고(羔)"와, "삿기 손ᄀᆞ락(우마양저염역병치

료방), "삿기밠가락(구급방언해)" 등이 보인다. "삿기"는 "삿(間)-기(접사)"로 분석되며 "사타구니 사이에서 나온 것", 곧 짐승의 새끼를 의미한다.

"삿"은 오늘날 "샅"으로 변하였다. 사전은 이를 "①두 다리 사이 고간(股間), ②두 물건의 틈"이라 풀이하고 있다. "사타구니·샅샅이"는 "샅"의 파생어이고, "샅바·샅바씨름·샅폭(-幅)·손샅·발샅·발샅자국" 등은 "샅"과의 복합어이다. "손샅"은 손가락과 손가락 사이를, "발샅"은 발가락 사이를 이르는 말이다. "손샅으로 밑 가리기"란 속담이 있는데 이는 가린다고 가렸으나 가려지지 아니하고 다 드러나 소용없음을 의미한다. "고샅"도 "골(洞)-샅(間)"이 변한 말로, 마을 사이, 또는 마을 사이의 좁은 길을 의미한다. "고샅길"이란 복합어도 따로 있다.

"손돌이추위"의 어원과 문화

우리는 흔히 큰 추위를 "강추위"라 한다. 지난날에는 몹시 추운 것을 나타낼 때 "사명당 사첫방"이라거나, "삼청냉돌", 또는 "손돌이추위"라 하였다.

"사명당 사첫방(下處房)"이란 "임진록(壬辰錄)"에 의하면 사명대사(四溟大師)가 일본에 사신으로 갔을 때 일본 왕이 대사의 신통력에 놀라 그를 죽이려 하였다. 숙소로 지은 별당 바닥을 무쇠로 깔아 이를 달구어 대사를 녹여 죽이고자 하였다. 대사는 바닥이 달아 오르자 얼음 빙(氷)자를 써서 두 손에 쥐었다. 그러자 서리가 눈같이 내리고 고드름이 드리워 한기가 과했다. 대사는 하룻밤을 지내고는 한 손의 얼음 빙(氷)자를 버렸더니 춥지도 덥지도 않았다. 이렇게 "사명당 사첫방"이란 일본에서의 대사 "사첫방"이 몹시 추웠다는 데 연유한다. "삼청냉돌(三廳令埃)"은 금군(禁軍)의 내금위(內禁衛), 겸사복(兼司僕), 우림위(羽臨衛)에서는 난방을 하지 않아 몹시 추웠기 때문에 생겨난 말이다.

"손돌이추위"에도 일화가 있다. 이는 고려 공민왕이 몽고 병사에 쫓겨

강화도로 피신할 때의 이야기라 한다. 손돌(孫乭)이란 뱃사공이 왕을 모시고
갑곳나루에서 광성(廣城)에 이르자 바다가 몹시 소용돌이쳤다. 이에 왕은 사
공이 일부러 험난한 뱃길로 들어선 것이라 하여 그의 목을 베었다. 그 뒤
손돌이 죽은 10월 20일 경이면 언제나 한파가 몰아쳤다. 이에 사람들은 손
돌의 원한이 사무쳐 날씨가 그렇게 사나운 것이라 하였다. 이 10월 20일
경의 추위를 그래서 "손돌이추위"라 한다고 한다.

그러나 이는 동음어에 의한 견강부회의 설화다. "손돌"은 인명 아닌, 지
명으로 이는 김포군 대곶면 신안리와 강화도 사이의 해협을 말한다. 용비
어천가 권6에 보이는 "窄梁 손돌(窄梁在今江華府南三十里許)"의 "窄梁(착량)"이
그것이다. 이는 "솔 착(窄), 돌 량(梁)"으로, "좁은 돌", 곧 좁은 해협을 가리
키는 말이다.

따라서 "손돌이추위"란 "손돌(窄梁)"이란 지명이 동음어인 "손돌(孫乭)"이
란 인명에 대체되고, 여기에 "손돌이"란 설화까지 덧붙어 10월의 추위를
이르게 된 것이다. 언어문화란 이렇게 묘한 면이 있다.

"어버이"의 어원과 그 문화

양친을 고유어로 "어버이"라 한다. "어버이"란 부모를 이르는 말이다.
이는 부모를 이르는 우리의 고유어와 관련이 있을 것으로 추단된다. 그러
면 그 어원은 무엇일까?

아버지를 이르는 15세기의 말은 "아비"와 "어비"의 두 형태가 있었다.
"아비"는 석보상절의 "그 아비 스랑ᄒᆞ야"나, 두시언해의 "아비 어미 날 기
롤 저긔"가 그것이다. 16세기의 훈몽자회에도 "아비 부(父)"와 같이 "아비"
로 나타난다. "어비"는 용비어천가의 "어비아ᄃᆞ리 사ᄅᆞ시리잇가"와 월인석
보의 "어비아ᄃᆞᆯ 제 ᄆᆞᆯ 열여슷 大龍이"가 그 예다.

어머니를 이르는 말은 15세기에 "어ᅀᅵ"와 "어미"의 두 형태가 있었다.

"어싀"는 석보상절의 "우리 어싀아ᄃ리 외롭고 입게 ᄃ외야"나, 월인천강지곡의 "어싀 아돌이 입게 사노이다"가 그 예이다. 이는 시용향악보에서 "사모곡(思母曲) 속칭(俗稱) 엇노래"라 하듯 본래 "엇"으로, 여기에 접사 "이"가 붙어 "엇-이> 어시> 어싀"로 변화한 말이다. 그리고 "어미"는 월인석보의 "네 어미 나를 여희어"나, 능엄경의 "어미 子息 ᄉ랑툿 ᄒ시ᄂ니(如母憶子)"가 그것이다. "어미"는 자웅의 자(雌)를 의미하는 "암"의 변형인 "엄"에 접사 "이"가 결합된 것이다.

양친을 이르는 고어도 "어싀"와 "어버싀"의 두 형태가 보인다. "어싀"는 사모곡의 "아바님도 어싀어신마르는"이 그 예이고 "어버싀"는 월인석보의 "어버싀 일후믈 더럽이ᄂ다 ᄒᄂ니"가 그 예이다. 이 가운데 부모를 이르는 "어싀"는 모계중심사회(母系中心社會)에서 아버지가 분명치 않은 문화를 반영한 것이라 하겠다. "어버이"는 아버지를 의미하는 "업"과 어머니를 의미하는 "어싀(< 엇-이)"가 결합된 말이다. 그리하여 "업-어싀"가 "어버싀"가 되고, 이것이 "어버이"로 변한 것이다. 이는 부계중심사회(父系中心社會)가 된 뒤에 명실상부하게 부모를 "어버이"라 한 것이라 하겠다. 이렇게 언어는 사회를 반영한다.

"얼굴"의 의미변화

우리말에 "얼굴 보아 가며 이름 짓는다"는 말이 있다. 사물의 생김새를 보아 가며 거기에 어울리게 이름을 짓는다는 말로, 이는 어떤 일을 구체적인 조건이나 특성에 맞게 처리하여야 함을 비유적으로 이르는 말이다. 그런데 이때 "얼굴"이란 구체적으로 "안면(顏面)"과 "형체(形體)" 어떤 것을 의미하는 것일까? 안면과 형체는 밀접한 관계를 지닌다. 이런 말을 하는 것은 "얼굴"이란 말은 "형체"를 의미하는 말에서 "안면"을 의미하는 말로 의미변화를 하였기 때문이다.

"얼굴"은 고어에서 "형체(形體)", "형상(形象)", "모양" 등을 의미하는 말이었다.

* 色온 비치니 얼구롤 니르니라 <월인석보>
* 지죄 업고 얼굴 늘구믈 슬노라(才盡傷形態) <두시언해>
* 얼굴 형(形) <훈몽자회> / 門얼굴(門框) <역어유해>

위의 "얼굴"은 모두 안면(顔面) 아닌, 형체(形體)나 형상(形象)을 의미하는 말이다. 심하게는 위의 예에 보이듯 "문틀"을 "門 얼굴"이라고까지 하고 있다. 이러한 의미의 "얼굴"이 "낯, 안면(顔面)"을 의미하는 말로 바뀌었다. "얼굴"은 "얼골"이라고도 하였는데, 왜어유해의 "겨놈은 얼골은 겨리 모지러 뵈도"의 "얼골"은 낯, 곧 "안면"을 의미하는 말이다.

오늘날 "용모(容貌)"라는 한자어의 낱자를 "얼굴 용(容)", "얼굴 모(貌)자라 한다. 이때의 "얼굴"도 안면을 의미하는 말이 아니다. "얼굴 용(容)"이 형태라면, "얼굴 모(貌)"는 모습을 의미한다. "용자(容姿), 용태(容態)"의 "용(容)"도 마찬가지로 형태를 의미한다. "얼굴 모(貌)"의 경우는 "외모(外貌), 미모(美貌), 체모(體貌), 모형(貌形)"과 같이 다 형태나 모습을 나타낸다. "얼굴"이란 말에 이끌려 "용모(容貌)"의 의미를 "안면(顔面)"의 의미로 해석해서는 안 된다.

"열없다"의 어원과 의미

"열없는 색시 달밤에 삿갓 쓴다"는 속담이 있다. 이는 사람이 소심해서 달밤에 그냥 출타하지 못하고 삿갓으로 얼굴을 가리고 나선다는 말이다.

이 속담에 쓰인 "열없다"는 말은 "숫기가 없고 부끄러워하다"를 뜻하는 말이다. 우리 민요에 "정든 님이 오셨는데 인사를 못해// 행주치마 입에 물고 입만 방긋"이라 하는 전통적 여인에서 볼 수 있는, 수줍어하는 태도다.

"열없다"는 "열-없다(無)"가 결합된 말이다, 여기서 "열"이란 쓸개, 곧 담(膽)을 가리킨다. "없다"는 물론 "무(無)"를 의미한다. 따라서 이는 "쓸개가 없다, 담(膽)이 없다", 곧 "담력(膽力)이 없다"는 말이다. "담"은 오장육부 가운데 하나로, 한자문화권에서는 "담력(膽力)" 곧 "겁이 없고 용감한 기운"이 여기서 나오는 것으로 보는 장기다. 그래서 이 "쓸개 담(膽)"자와 결합된 말에는 "담력"과 관련된 말이 여럿 있다. "대담(大膽), 담대(膽大), 담소(膽小), 담기(膽氣), 낙담(落膽), 담략(膽略: 담력과 지략)" 등이 그것이다. "열없다"와 관련이 있는 말에는 "열없쟁이"가 있다. 이는 물론 열없는 사람을 낮잡아 이르는 말이다.

"열없다"의 유의어라 할 말에 "열적다"가 있다. 이는 비표준어로 보고 있으나, "담대하다"는 말에 대가 되는 "담소(膽小)하다"는 말이니, "열없다"보다는 좀 더 상황에 어울리는 말이라 하겠다. 이 말은 표준어로 삼아 복수표준어로 했더라면 좋았을 말이다.

고어에서의 "열"의 용례는 구급간이방에 "고미 열와 사향과롤 곧게 눈화"가 보인다. "고미 열"은 "곰의 열", 곧 웅담(熊膽)을 이르는 말이다. 오늘날 우리는 "열"을 방언으로 보고 있다. 이는 강원, 황해, 평안, 함남, 경기, 충북, 경북 등 거의 한반도 전역에서 쓰는 말이다. 이를 북에서는 문화어로 본다. 웅담(熊膽)도 "곰열"이라 한다.

"지아비 · 지어미"의 어원과 의미

부부(夫婦)를 "지아비지어미"라 한다. 오늘날 한자 "부(夫)"와 "부(婦)"는 각각 "지아비 부(夫)", "지어미 부(婦)"자라 한다. 국어사전에서는 이들을 각각 남편이나 아내를 낮추어 이르는 말이라거나, 예스런 말이라 풀이하고 있다. 그렇다면 이의 어원은 무엇인가?

이들은 고어에서 각각 "집아비, 짓아비, 지사비, 지아비"와 "지서미, 지어미"로 나타난다. 여기서 알 수 있는 것은 이들은 "집"과 "아비", 또는 "어미"가 결합된 말이라는 것이다. "집아비"는 "정속언해(正俗諺解)"에 보이는 "호갓 집아븨게 스랑히오져 흐여(苟利主翁)"가 그것인데 이는 "집(家)-아비(男子)"를 의미한다. "짓아비"는 "집-ㅅ(사이시옷)-아비"로 "집의 아비"라는 의미로 사이시옷이 쓰이며, "집"의 "ㅂ"이 탈락된 것이다. "지사비"는 "짓아비"가 연철된 것이다. 그리고 "지아비"는 "지사비"가 유성음 사이에서 "ㅅ"이 "지ᅀᅡ비> 지아비"로 약화·탈락한 것이다. 따라서 "지아비"란 결국 "집에 있는 남자", 곧 남편을 의미하는 말이다.

이에 대해 "지어미"는 "지서미"의 형태부터 보이는데 이는 물론 "집-ㅅ(사이시옷)-어미(母)"가 결합된 말이다. 여기서 "어미"는 "자(雌)"를 의미하는 "암"에서 여인, 나아가 "어미"를 의미하게 된 말이다. "지어미"는 "지아비"의 경우와 같이 "지사비> 지ᅀᅥ미> 지어미"로 변화하였다.

앞에서 "지아비"의 "아비"를 "부(父)" 아닌 남자로 보았는데, 이는 고려속요 "처용가"의 "處容아바"나, "處容 아비롤 누고 지어셰니오"의 "處容아바"나, "處容 아비"가 이를 단적으로 증명해 준다. 이들은 "처용의 아버지"가 아닌 "처용랑(處容郞)"을 의미한다. 그리고 "지아비"는 예전에 계집종의 남편을 이르는 말이기도 하였는데, 이 경우도 "아비"가 부(父) 아닌, 서방(夫)을 의미함은 말할 것도 없다.

"한글"과 "국어"의 의미

"한글"이 문자사상(文字史上) 최고의 문자로 칭송되다보니 이것이 문자 이름이란 것을 잊어버리고, 우리말을 가리키는 말이라고 착각하는 사람이 많아졌다. 그래서 우리말, 또는 국어라 할 자리에 종종 "한글"이라 하는 것을 듣게 된다. 예를 들면 교포인데도 우리말을 모른다고 할 때 "그는 한글도 모른다."고 하는 따위가 그것이다.

"한글"은 우리 문자 이름이다. 이는 주시경(周時經) 선생이 명명한 것이라 본다. 우리의 국자는 "한글"이란 이름 외에 "훈민정음(訓民正音)"이라 하기도 하는데, 이는 어제(御製) 훈민정음 서문에 나오는 말로, 세종대왕(世宗大王)이 한글을 창제하고 우리의 문자에 붙인 이름이다. "백성을 가르치는 바른 소리"란 뜻이다. 훈미정음은 줄여 "정음(正音)"이라고도 한다. "한글"이나, "훈민정음"은 이렇게 문자, 곧 글자 이름이다. 이것을 우리말, 또는 국어의 뜻으로 사용하는 것은 잘못 쓰는 것이다. 우리는 영어(英語)와 알파벳을 동일시하지 않는다. "영어"는 영국 사람들의 언어요, "알파벳"은 영어를 기록하는 문자다. 그렇듯 우리말은 "국어(國語)"요, 이를 적는 문자는 "한글"이다. 따라서 이를 혼동해서는 안 된다. 그것은 언어와 문자를 혼동하는 것이 된다.

여기서 하나 밝혀 둘 것이 있다. 그것은 세종대왕이 우리 문자(文字)를 창제하고 왜 그 이름을 "훈민 정자(正字)"라 하지 않고, "훈민 정음(正音)"이라고, "소리 음(音)"자를 썼느냐 하는 것이다. 그것은 이 문자가 표의문자가 아니요, 표음문자이기 때문에 표음(表音) 수단이란 생각에 그렇게 한 것이라 하겠다. 그리고 또 하나는 정음(正音) 제작의 다른 의도의 하나가 한자음(漢字音)의 표기에 있었기 때문이기도 할 것이다. 그래서 그 명칭을 "정자(正字)" 아닌, "정음(正音)"이라 한 것이다. 이밖에 하나 더 생각할 수 있는 것은 "훈민정자(訓民正字)"라 하게 되면 당시 "진서(眞書)"인 한문을 부정하게 된다는 지정학적 고려도 작용했을 것이다.

그리고 "한글"이란 이름의 어원에 관해서도 덧붙이기로 한다. 이는 주시경 선생이 명명한 것이라 하였는데 그러면 그 의미는 무엇인가? 이는 대체로 "한글"의 "한"이 "한(韓), 한족(韓族)"을 의미하며, "하늘(天), 하다(大), 하나(一)"에 이어지는 것으로 본다. 여기에 "글", 곧 문자(文字)란 말이 붙은 것이다. 따라서 "한글"이란 "한민족의 글, 큰 글, 유일한 글"이란 의미를 지니는 것으로 본다.

(2020.11.13.)

8. 신체 관련 고유어의 어원과 문화 (1)

　신체 관련 어휘는 기본어휘라 할 수 있다. 이들 어휘의 어원과 문화를 살펴보기로 한다. 살펴보는 순서는 전신 관련 어휘, 두부, 상체, 본체, 하체, 지체의 순으로 하기로 한다.

전신(全身) 관련 어휘의 어원문화

　우리의 몸은 골육(骨肉)이란 말이 있듯, 뼈와 살로 이루어져 있다. 그리고 거기에 피가 흐르고, 겉은 가죽으로 싸여 있다. 따라서 신체 부위에 관한 말을 살피자면 우선 "몸, 살, 뼈, 피, 가죽"이라는 말부터 살펴보는 것이 순서라 하겠다.

　"몸"은 사람의 경우 이를 한자말로 "신체(身體)"라 한다. 그리하여 이들은 "몸 신(身), 몸 체(體)"자라 한다. "몸"의 어원이 무엇인가는 분명치 않다. "몸통"은 동체(胴體)를 가리키는 말로, 사람이나 동물의 팔, 다리, 머리와 날개, 꼬리 등을 제외한 가슴과 배 부분을 이른다. 유의어에 "몸뚱이"가 있다. 이의 옛말은 "몸똥"과 "몸동이"로 나타난다. "몸똥"은 "몸(身)-ㅅ(사잇시옷)-동(塊)"으로 분석된다. 이는 "몸통"으로 변하였다. "몸동이"는 "몸뚱이"로 변하였다. 고어에서는 "몸통"을 "몸얼굴"이라고도 하였다. "얼굴"이란 다음에 살펴지듯, "안면(顔面)" 아닌, "형체(形體)"를 의미하는 말이다. 그래서 "몸얼굴"이 "몸통"의 의미를 갖는다. "몸얼굴"의 용례는 "ᄆᆞᅀᆞᆷ 모로매 내 몸얼굴 안히 이실 거시니라 =心은 要在腔子裏니라"<번역소학>가 그 예이다.

"살(肉)"은 고어에서 "ᄉᆞᆲ"이라고 "ㅎ" 말음을 지닌 말이었다. "ᄇᆞ름미 ᄉᆞᆯ홀 헐에 부느니(風破肉)"<두시언해>, "ᄉᆞᆯ 부(膚)"<훈몽자회>가 그 예다. "ᄉᆞᆯ"과의 복합어로는 "비ᄉᆞᆯ, 심ᄉᆞᆯ" 같은 말이 있다. "비ᄉᆞᆯ"은 "비(腹)-ᄉᆞᆯ(肉)"이 변한 말로, "비ᄉᆞᆯ"은 다시 "비ᄋᆞᆯ"을 거쳐 "배알>밸"로 변하는 창자(腸)를 가리키는 말이 된다. "심ᄉᆞᆯ"은 안심의 살을 의미한다. "살갗"은 피부를 의미하는 말로, 이는 "ᄉᆞᆯ-갗(皮)"이 합성된 말이다. "갗"은 "가죽"을 뜻하는 말로, "갗, 갓, 갓" 등으로 쓰였다. "갓옷 구(裘)"<훈몽자회>, 갓휘(皮靴)<두시언해>"는 "갓"의 예이고, "갓바치 내일 모레"란 속담의 "갓바치"는 "갓"의 예이다. "거믄 가ᄎ로 밍그론 几틀"<두시언해>이나, "鹿皮ᄂᆞᆫ 사ᄉᆞ미 가치라"<월인석보>는 "갗"의 예이다. "갗"은 "가족"을 거쳐 "가죽"이란 말로 정착하였다. "가족"이나 "가죽"의 "-옥/-욱"은 접미사이다. "가족"의 예는 신증유합의 "가족 피(皮)", 동문유해의 "가족(皮子)" 등을 들 수 있다.

"뼈(骨)"는 고어에서 "ᄲᅧ, 쎠"라 하였다. "얼픤 뵈 이운 ᄲᅧ에 가맛느니(疎布纏枯骨)"<두시 중간>, "쎠 골(骨)"<훈몽자회>이 그 예다. "피(血)"는 고어에서도 "피"라 하였다. 고어에서 "피"와 복합된 말에는 "피덩이, 피똥, 피ㅅ대" 따위가 있다.

두부(頭部)와 관련된 신체어휘

두부(頭部)에는 머리(頭)를 비롯한 여러 가지 신체 어휘가 있다. "머리카락, 숫구멍, 얼굴, 이마, 눈, 눈썹, 코, 귀, 입, 볼, 뺨, 이, 턱, 목" 등의 어휘와, 이들의 복합어가 그것이다.

"머리(頭)"는 고어에서 "마리"라 하였다. 조선조 초기에 "마리"로 표기된 이 말은 "머리(頭)"와 "두발(頭髮)"을 아울러 의미하였다.

　　* 마리 우희 가치 삿기 치니 <월인천강지곡>
　　* 흐마 마리 셰도다 <두시언해>

이 "마리"란 말은 중종 때의 훈몽자회(1527), 선조 때의 신증유합(1576)에도 "마리 슈(首)"라 하고 있다. 따라서 이 말이 "머리"로 변한 것은 그 뒤의 일이라 하겠다. 이는 신라시대에도 "마리(麻立)"라 하였다. 임금을 뜻한 "마립간(麻立干)"이 그것으로 "麻立"는 "머리", "干"은 수장(首長)이나 임금을 의미하는 말이다. "마리"가 "머리 두(頭)"를 의미하는 경우는 오늘날에도 볼 수 있다. 짐승이나, 물고기를 셀 때 "한 마리, 두 마리"라고 하는 것이 그것이다. 두발(頭髮)을 의미하는 "마리"는 "머리(頭)"를 의미하는 "마리"에서 분화한 말이다. "머리카락"은 "머리ㅎ(頭)-가락(細長物)"이 변한 말이다.

　정문(頂門)을 이르는 "숫구멍"은 "숨구멍"이라고도 한다. "숫-구멍"의 "숫"은 접두사로, "더럽혀지지 않아 깨끗한"의 뜻을 나타내는 말이며, "구멍"은 "구무(穴)"가 변한 말이다. "구무(孔)"는 "굼/굼-"으로 곡용하는 말로, 이는 "굼-"에 접미사 "-엉"이 결합된 것이다. "굼-"의 예는 석보상절의 "굼긔 드러 이셔"가 그것이다. "숫구멍"은 갓난아이의 정수리가 굳지 않아서 숨을 쉴 때마다 발딱발딱 뛰는 곳이어서 이렇게 명명한 것이다. "정수리"는 "정(頂)-수리(峰·高處)"로 혼종어이다. "가마"는 선모(旋毛)·회모(回毛)를 이르는 고유어이다. 이는 머리칼이 소용돌이처럼 감아 도는 데서 명명된 것이라 하겠다.

　"얼굴"은 고어에서 "얼굴", 또는 "얼골"이라 하였고, "얼굴"이 더 보편적 형태였다. 이의 의미는 오늘날의 안면(顔面)의 의미와는 달리, 형체(形體)·형모(形貌)를 의미하였다.

　　* 얼구를 니저 버들 向ㅎ놋다(忘形向友朋)) <두시언해>

　　* 얼굴 형(形) <훈몽자회>

　　* 門얼굴(門框) <박통사언해>

　　이들 예는 모두가 모습, 형체를 의미하는 말이다. "門얼굴"은 "문테"를 의미한다. 이런 "얼굴"이 영조 말경의 "한청문감"에서는 "얼굴 살져 편편ㅎ다(瞼胖平了)"와 같이 "얼굴·뺨"을 의미하는 말로 오늘날과 같이 의미가 변화된 것을 보여 준다. 이마는 고어에서 "니맣"라 하였다. 오늘날에는 어두음 "ㄴ"과 어말음 "ㅎ"이 약화 탈락하였다. 훈몽자회의 "니마 익(額), 니마 뎡(顁), 니마 상(顙)"이 그 예다.

　　이목구비(耳目口鼻)를 나타내는 고유어는 오늘날과 거의 같았다. "코(鼻)"만은 "고ㅎ"라 하여 달랐다. "고"가 거센소리로 변해 오늘의 "코"가 된 것이다. "곳불"에 옛 형태가 남아 있는 것을 볼 수 있다. 감기를 "코"에 "불"과 같은 열기가 난다고 하여, "고(鼻)-ㅅ(사이시옷)-불(火)"이라 한 것이다. 전통놀이의 하나인 "고싸움놀이"의 "고"도 "코"를 의미하는 말이다. "고(鼻)"의 용례는 처용가(處容歌)의 "五香 마ㅌ샤 웅긔어신 고해" 등이 있다. 이러한 "고"는 16세기 초에 나온 훈몽자회에 "고 비(鼻)"와 함께 "콧물 뇽(齈)"의 용례를 보여 주어 16세기 초에는 "고·코"가 같이 쓰였음을 보게 한다. "입"은 15세기에 "입"이라 하였다. 훈민정음 해례본의 "입爲口", 석보상절의 "이베 불 吐ㅎ며"가 그것이다. 그러나 염불보권문 등에 "닙"으로 나타나는데, "입"은 기록과는 달리 "닙>입"으로 변화했을 것으로 보인다.

"귀"와 합성된 말의 어원

　　이목구비의 각 부분은 대부분 복합어를 이룬다. "귀(耳)"의 복합어부터 보면 "귓구멍, 귓바퀴, 귓밥, 귓불" 같은 말이 있다. "귓구멍"은 "이공(耳孔)"

으로, "구멍"이 "구무"에서 변한 말임은 앞에서 본 바 있다. "귓바퀴"는 "이 타(耳輪)"를 의미하는데, 이는 고어에서 "귓박회"라 하였다. "박회"는 차륜(車輪)과 같은 바퀴를 의미하는 말이다. "귓밥"은 표준국어대사전에서 "귓불"과 동의어로 보고 있는데, "귓불의 두께"라는 의미도 아울러 지닌다.

"귓불"은 귓바퀴의 아래쪽에 붙어 있는 살로, 이수(耳垂)를 가리킨다. 이는 "귓밥"의 풀이에서 들어났듯 "귓밥"이라고도 한다. 이러한 용례는 역어유해에 "귀ㅅ밥(耳垂)"이라 한 것이 보인다. "귓불"은 마경초집언해에 "귀붋", "한청문감에 "귀ㅅ쌜"이 보이는데, 이는 "귀(耳)-ㅅ-블(腎囊)"의 합성어로, 오늘날 "귓불"이 되었다.

"눈"과 합성된 말의 어원

"눈(目)"과의 복합어를 보면 "눈구멍, 눈구석, 눈꺼풀, 눈두덩, 눈망울, 눈부처, 눈살, 눈시울, 눈썹, 눈자위, 눈초리" 같은 것이 있다. "눈구멍"은 "안공(眼孔)"을 의미한다. "눈구석"은 "눈초리"와 함께 눈의 양쪽 끝 부분을 의미하는데, 코 쪽으로 향한 안쪽 끝이 "눈구석"이고, 귀 쪽으로 향한 끝 부분이 "눈초리"다. "눈초리"의 "초리"는 꼬리를 의미하는 말이다. 용례는 역어유해에 "눈초리(眼角)"가 보인다. "눈꺼풀"은 눈알을 덮고 있는 살갗을 의미하는 말로, 고어에서는 이를 "눈두에"라 하였다. 이는 "눈-둪(覆)-에(접사)"가 변한 말로, 눈을 덮고 있는 것이란 말이다. "눈두에"는 "눈두베"가 유성음 사이에서 "ㅂ"이 약화 탈락한 것이다. 방언에서 "눈두버리, 눈두부리" 등으로 일러지는데, 이들은 모두 "덮다"를 의미하는 고어 "둪다"에서 파생된 말이다. "눈꺼풀"은 "눈-거풀"의 합성어로 "거풀"은 고어에서 "거플"이라 하던 말로 "거죽(皮)"을 뜻하는 말이다. "댓 거프를 갓ㄱ니(取竹茹)" <구급방언해>가 그 예이다. "눈두덩"은 눈언저리의 두둑한 곳을 의미하는 말로, "두덩"이란 좀 불룩하게 된 것을 의미한다. "산두덩, 논두덩"이란 말이나, 신체어에도 "눈두덩"외에 "불두덩, 씹두덩"이란 말이 보인다. "두덩" 은 고어 "두던"이 변한 말이다. "두던"의 예는 "두던 구(丘)"<신증유합>, "두 던 고(皐)"<훈몽자회>와 같은 말이 보인다.

"눈망울"은 안주(眼珠)를 가리키는 말이다. 고어에서는 "눈망올"이라 하 였다. "눈망올(眼睛)"<역어유해>, "눈망올 모(眸)"<왜어유해>가 그 예다. 이는 "방울(鈴)"과 같은 뜻의 말로 "m~b" 호용현상(互用現象)을 보이는 경우이다. "눈부처"는 눈동자에 비치어 나타나는 사람의 형상을 이르는 말로, 한자어 로는 동인(瞳人), 동자부처(瞳子-)라 한다. 이는 눈동자에 비치는 사람의 형상 이 "부처"처럼 보여 이렇게 명명한 것이다. 용례는 역어유해에 "눈ㅅ부텨" 가 보인다. "눈살"은 "두 눈썹 사이에 주름이 잡히는 살"을 가리킨다. "눈 시울"은 훈몽자회에 "눈시올 쳡(睫)"이라 보이는 것으로, 이는 "눈-시울(弦)" 의 복합어이다. 여기서 "시울"이란 약간 굽거나 휜 부분의 가장자리를 의 미한다. "눈썹"은 "눈섭"이 변한 말이다. 이는 "눈-섭(薪)"의 복합어로, "섭" 은 뒤에 "섶(薪)"으로 변하는 말인데, 여기서는 "숲"을 의미한다 하겠다. "눈자위"는 눈동자를 의미하는 말로, 이는 "눈-ㅈㅿ"의 복합어이다. "ㅈ ㅿ"는 핵(核)을 의미한다. "눈동자"가 눈의 핵이란 말이다. 이는 "눈ㅈᅀᅵ> 눈ㅈᅵ"를 거쳐 "눈자위"로 변하였다. "눈ㅈᅵ"의 용례는 중간두시언해에 "金빈혀로 눈ㅈᅵ예 ᄀᆞ리씬 거슬 거더 ᄇᆞ리면(金箆刮眼膜)"이 보인다. "관자 놀이"란 귀와 눈 사이의 맥박이 뛰는 곳을 이르는 말이다. 이 말은 "관자(貫 子)-놀(遊)-이(접사)"의 구조로 된 말인데, 이는 맥박이 뛸 때 관자가 움직인 다 하여 붙여진 말이다. "놀이"는 "놀다(遊)"의 본원적 의미 "움직임(動)"을 나타내는 말이다. "뱃속의 아이가 논다"의 "놀다"가 그 예다.

"입"과 합성된 말의 어원

"입(口)"과의 복합어로는 "입거웃, 입술, 입아귀, 입웃거흠" 등이 있다.

"입거웇"은 "입"과 "거웇"의 복합어로, 수염을 이르는 고어 "입거웇"이 변한 말이다. 이는 월인천강지곡의 "鬚는 입거우지니"와 같이 "입거웇"이라 하였다. "거웇"은 뒤에 "거웃"으로 변하였다. 표준국어대사전에서는 "거웃"을 "사람의 생식기 둘레에 난 털 =음모(陰毛)"라고 풀이하고 있으나, 이는 그 뜻을 너무 좁게 풀이한 것이다. 훈몽자회에서는 "거웃 즈(髭)"라 하고 있고, 구급간이방언해에서는 "거웃 앗고(去鬚)"라 표현한 것까지 보인다. 자(顆)는 "코밑 수염"을, 수(鬚)는 "수염, 또는 동물의 입가에 난 털"을 의미하는 한자이다. 이렇게 "거웃"은 음모 외에 수염(鬚髯)도 이르는 말이다. 수염을 이르는 말은 또 "구렛나룻"이라는 말이 있다. 이는 고어에서 "구레나룻"으로 나타나는데, 이는 물론 "구레-나룻"의 복합어이다. 이는 고어에서 "구레너룻"으로 나타나<역어유해>, 흔히 "구레(勒)-나룻(鬚髯)"으로 분석하나, "구레(腔)-나룻(鬚髯)"의 가능성도 배제할 수 없다. 구강(口腔) 위의 수염이란 말이다.

입술(脣)은 고어에서 "입시울"이라 하였다. "입시울"이란 "눈시울"의 경우와 같이 "입(口)-시울(弦)"이 합성된 말이다. "입시울"은 "입슐"을 거쳐 "입술"이 되었다. "입시울"의 용례는 훈민정음 해례본에 "脣은 입시우리라" 등이 보인다. "입아귀"는 입의 양쪽 구석을 나타내는 말이다. 이는 "입아괴"가 변한 말이다. 훈몽자회의 "입아괴 믄(吻)"이 그 예다. 그런데 사실은 "입아괴"의 "아괴"는 본래 입(口)을 의미하던 말로 동의반복의 말이 의미가 축소된 것이다. "아괴"는 "아구", 또는 "악"이 변한 말이다. 입이나 출입구를 의미하는 "어귀"도 어원을 같이 하는 말이다. "입웃거흠"은 입 위 천장을 의미하는 옛말이다. "아히 입 웃거흠의도 ᄇᆞ라며"(두창경험방)가 그 용례인데, "웃거흠"은 뒤에 "웃거엄"으로 'ㅎ'이 약화 탈락한 것을 볼 수 있다. 입속의 "혀(舌)"는 "혀다・혀다(引)"의 어근이 되는 말이다. 이는 음식물을 입안으로 끌어들이는 구실을 한다. 그래서 "혀"에 서술격 조사 "(이)다"가 붙어 용언을 만들어 내기도 하였다.

"코"와 합성된 말의 어원

코(鼻)와의 복합어에는 "코털, 코허리, 콧구멍, 콧날, 콧대, 콧등, 콧마루, 콧방울, 콧부리, 콧살, 콧수염, 콧잔등" 등이 있다. "코털"은 비모(鼻毛)를 가리킨다. "털"은 "터럭"의 축약형으로 보인다. "터럭"의 용례는 15세기의 문헌 석보상절의 "터럭 구무마다 그지 업스며", 능엄경언해의 "甋은 터럭뵈라"가 보인다. 그리고 훈몽자회는 "터럭"과 "털"의 양자를 보여 준다. "터럭 발(髮)", "털 쯧다(攔毛)"가 그것이다. 따라서 이때 축약형이 나타나는 것으로 추정할 수 있다(문헌 자료와는 달리 "털> 터럭"의 확장도 생각해 볼 수 있다).

"코허리"는 콧등의 잘록한 부분을 비유적으로 명명한 말로, 한어(漢語)로는 "비량(鼻梁)"이라 한다. "콧구멍"은 비공(鼻孔)을 이른다. "콧날"은 콧마루의 날을 이룬 비선(鼻線)을 가리킨다. "날"은 고어 "놀"로, "날 인(刃)"의 "인(刃)"의 의미를 지니는 말이다. "콧대(鼻柱)"는 콧등의 우뚝한 줄기를 뜻하는 말로, 이는 코의 등성이를 의미한다. 한어로는 "콧대"나, "콧등", "코허리"를 다 같이 "비량(鼻梁)"이라 한다. "콧마루(鼻樑)"는 콧등에 마루가 진 부분으로, 고어에서는 "곳-ᄆᄅ"<훈몽자회>라 하였다. "ᄆᄅ"는 "마루 종(宗)"의 훈에 해당한 말로, 높은 곳을 의미한다. "콧방울"은 양쪽 코 끝에 방울(鈴)처럼 내민 부분을 가리킨다. 역어유해보에 "코ㅅ방올(鼻翅)"이 보인다. "콧부리"는 콧날 위의 약간 두드러진 부분을 가리킨다. 이는 "코-ㅅ-부리(嘴)"가 합성된 말이다. "콧살"은 코의 주름이 생기는 부분을 가리키는 말로, 청구영언에 "코쑬을 찡그리며 캉캉 즛는 요 노랑 암캐"란 용례가 보인다. "콧수염"은 코 아래에 난 수염, 곧 코밑수염을 가리킨다. "콧잔등"은 "콧잔등이"와 마찬가지로 "코허리"를 낮잡아 이르는 말이다.

(한글+漢字 문화, 2020. 2월호)

9. 신체 관련 고유어의 어원과 문화 (2)

"볼·뺨·턱·목"과 이들의 합성어

이목구비와 관련된 어휘를 살펴보았으니 다음에는 다 같은 안면 부위의 "볼·뺨·턱"과 "목"에 대해 살펴보기로 한다. "볼"은 고어에서도 "볼"이라 하였다. "볼우물", 또는 "보조개"라 하는 소인(笑印)은 고어에서 "보죠기·보죠개"라 하였다. 이는 "볼-죠개(蛤)"의 복합어로, 볼이 조개처럼 들어간다 하여 비유적 명명을 한 것이겠다. 이는 또 "보조개우물"이라고도 하였다. 역어유해보의 "보조개우물"이 그 예다. "보조개"와 "우물(井)"이 합성된 말이다. 여기서 밝혀 둘 것은 "보조개"를 "볼-죠개"의 복합어로 보고 소인(笑印)을 의미하는 말이라 하였으나, "보죠개"는 고어에서 그 자체가 볼과 뺨을 의미하는 말이기도 하였다는 것이다. "보죠개 협(頰)"<훈몽자회·왜어유해>, "보죠개(顋根)"<한청문감>가 그 예다. "뺨"은 고어에서는 "쌤·뺨"이라 하였다. "쌤"의 용례는 두시언해의 "쌰물 티디 말며", 훈몽자회의 "쌤 싀(顋)"가 그것이다. "뺨"의 용례는 신증유합의 "뺨 싀(腮)", 역어유해의 "뺨(腮頰)"이 보인다. "턱(頤)"은 고어에서 "특"이라 하였다. "특"의 예는 두시언해에 "사르미 특글 글희여 즐겨 웃게 ㅎ느니(解頤)"나, 처용가에 "人讚福盛

ᄒᆞ샤 미나거신 튀개"가 그 예다. "툭"은 색다른 용례로 훈민정음 해례본에
"툭爲頭"라고 "머리"를 가리키는 예도 보인다. "목"은 고어에서도 "모골 구
디 미니"<월인천강지곡>, "목 항(項)"<신증유합>과 같이 "목"이라 하였다.

이(齒)는 옛말로 "니"라 하였다. 예를 들면 치음(齒音)을 "닛소리"<훈민정음
언해본>라 한 따위가 그것이다. 이(齒)는 "앞니, 송곳니, 어금니" 등이 있다.
"앞니"는 전치(前齒)이고, "송곳니"는 호아(虎牙)를 가리키는 말로, 역어유해
보와 한청문감에 그 용례가 보이는데 오늘날과 같았다. "송곳(錐)"은 "솔옷"
이라고도 하였다. 이는 "솔(狹)-곳·곶(串)"이 변한 말로, "솔-곳> 솔-옷>
손-곳> 송-곳"이 된 말이다. "어금니(牙)"는 본래 "엄"이라 하였다. "六牙
는 여슷 어미라"<석보상절>나, "엄 아(牙)"<훈몽자회>가 그 예다. 치조(齒槽)
는 "닛므윰"<훈민정음언해본> 등으로 일러졌다. "므윰"은 그 어원을 알 수
없어 이는 "잇-몸"의 "몸"으로 어원이 속해(俗解)되었다. "인중"과 "광대"는
"人中"과 "廣大"란 한자어로 본다.

상체(上体)와 신체 어휘

상체(上体)에는 우선 신체 외부의 명칭으로 "어깨, 가슴, 등, 겨드랑, 옆구
리, 허리, 젖" 등이 있고, "갈비뼈"가 있으며, 내장으로 오장(五臟)을 가리키
는 말이 있다.

어깨는 고어에서 "엇게"라 하였다. 석보상절의 "尼師檀ᄋᆞᆯ 왼녁 엇게예
엱고"가 그 예다. 가슴(胸)은 고어에서는 "가ᄉᆞᆷ"이라 하였다. 이 말의 제이
음절 "ᆞ"가 "ㅡ"로 변해 오늘의 "가슴"이 되었다. 처용가의 "셜믜 모도와
有德ᄒᆞ신 가ᄉᆞ매"의 "가ᄉᆞᆷ"이 그 예다. "등(背)"은 오늘날과 마찬가지로 고
어에서도 "등"이었다. "등"과의 합성어인, "등골"은 등골뼈, 또는 척수(脊髓)
를 뜻한다. "등골"의 "골"은 "척수(骨髓)"를 의미한다. "등골뼈"는 척추(脊椎)
를 형성하는 뼈로, 사람에게는 32~34개가 있다. 등골뼈를 뜻하는 "등마루

(脊)"는 고어에서 "등ᄆᆞᆯ"라 하였다 이는 물론 "등(背)-ᄆᆞᆯ(宗)"의 복합어이다. "등ᄆᆞᆯ"는 "등물"이라고도 하였는데, 이는 어말모음 "ᄋᆞ"가 탈락한 것이다. "등ᄆᆞᆯ 척(脊)"<훈몽자회>과 "등물 척(脊)"<신증유합>"이 이들의 예다. "겨드랑(腋)"은 "곁"이라 하던 말이다. "곁 아래 쏨 나며"<월인석보>가 그 예이다. 이 말에 "-의/ᄋᆞ랑"이란 접사가 붙어 "겨드랑", 혹은 "겨ᄃᆞ랑"이란 말이 생겼다. "곁"은 "곁"으로 변해 "곁 방(傍), 곁 측(側)"의 의미를 지니기도 한다. "옆구리(脅)"는 고어로 "녑", 또는 "녑구레"라 하였다. 훈민정음해례의 "녑爲脅"이 그 예다. "녑"은 "옆"으로 변해 "측(側), 측근"을 의미한다. "녑구레"는 훈몽자회에 "녑구레 협(脇)"의 용례가 보인다. "구레"는 훈몽자회에 "구레 강(腔)"자가 보여 주듯, 이는 "月-空"의 형성자로 몸 가운데 비어 있는 곳, 뱃속을 의미한다. 따라서 "녑-구레"는 옆(脇)의 뱃속이라는 말이 된다. "곁"과 "녑"은 다 같이 몸의 옆에 있는 기관이어 오늘날의 "곁·옆"과 같이 "측(側)·방(傍)·측근(側近)"의 의미를 지니게 되었다.

"허리(腰)"는 "허리 우히 거여버"<월인석보>와 같이 오늘날과 같았다. "젖"은 고어에서 "졋"이라 하였다. 역어유해보에 보이는 "졋곡지(奶頭嘴), 졋니(奶牙)"가 그 예다. "갈비뼈(肋)"는 "가리", 또는 "가리쎠, 가리뼈"라 하였다. "가리"의 예는 한청문감, 역어유해 등에 보이는데, 이는 "갈비> 갈븨> 갈이> 가리"와 같이 "ㅂ"이 제로화한 것이다.

오장(五臟)의 신체 어휘

오장(五臟)을 이르는 말은 간장(肝臟)을 제외하고는 모두 고유어가 있다. 해독작용을 하는 간장(肝臟)은 웬 일인지 "간(肝), 간 천엽(千葉)"과 같이 한자말만 보이고, 고유어는 잘 보이지 않는다. 훈몽자회나 신증유합에는 "간 간(肝)"이 보인다. 칠장사판 신증유합에 "애 간(肝)"이 하나 보인다.(p.83 참조) 심장(心臟)은 "ᄆᆞ숨"이라 하였다. 동서양을 가릴 것 없이 정신작용을 이 심장이 관장하는 것으로 인식하여 이 말은 "마음(心)"을 의미하게 되었다. 그러나 우리의 "ᄆᆞ슴"이나, 일본의 "고코로(心)"는 본래 심장(心臟)을 의미하는 말이었고, 마음 "심(心)"이란 한자 또한 심장을 상형한 글자로 심장을 의미하였다. 영어의 "heart"도 심장과 마음을 의미 한다. 이들은 모두 구체적 장기(臟器)에서 추상적 의미가 생성된 예라 하겠다. "ᄆᆞ슴"이 심장을 가리키는 용례는 다음과 같은 것이 있다.

> 비를 ᄠᅳ고 ᄆᆞ슴을 ᄢᅡ혀ᄂᆞ야 鬼神을 이바드며 <월인천강지곡>
> 그 ᄆᆞ슴을 ᄃᆞ게 아니코(若不先溫其心) <구급간이방>
> 미친가히 믈인 도기 ᄆᆞ삼애 드러 답답ᄒᆞ야(狂犬咬毒入心 悶絕不識人) <구급간이방>

심장은 "염통"이라고도 한다. 이는 고유어로 본다. "염통"은 "염-동"이 변한 말일 것이다. "동"은 "몸ᄶᅩ" 등에 그 예가 보인다. 폐장(肺臟)은 "허파", 또는 "부화"라 하였다. 이는 "부화> 부하> 부아"와 같이 변하였다. "부화 폐(肺)"<훈몽자회>, "부하(肺子)"<역어유해>가 그 예다. 신장(腎臟)은 "콩팥"으로 고어에서 "콩ᄑᆞᆺ 신(腎)"<훈몽자회>, "콩ᄑᆞᆺ치라"<구급간이방>와 같이 "콩ᄑᆞᆺ", 또는 "콩팥"이라 하였다. 신장은 완두콩 모양이어 이런 이름이 붙은 것이다. 비장(脾臟)은 고어에서 "말하"<훈몽자회>, 혹은 "만화<동문유해>·만하"<왜어유해>라 하였다. 또 "길혀"라고도 하였다. 오늘날의 "지라"는 이 "길혀"가 변한 말이다.

하체 "배"와 합성된 말의 어원

하체(下體)의 신체 부위를 나타내는 말에는 배와, 오장육부(五臟六腑)의 육부(六腑)와 관련된 말이 있다.

배(腹)는 고어에서 "비"라 하였다. "비에 드러 겨싫제"<월인석보>, "비(肚子)"<동문유해>가 그 예다. 배와 합성된 말로는 "배꼽, 뱃가죽, 뱃살" 등이 있다. "배꼽(臍子)"은 배의 한 가운데 있는, 탯줄이 떨어진 자리로, 이 말은 이러한 사실을 밝히고 있다. "배꼽"은 본래 "빗복"이라 하던 말로, "비(腹)-ㅅ(사이시옷)-복(核)"의 구조로 된 말이다. "복"은 핵(核), 핵심, 중심을 뜻한다. "한복판"의 "복"이 이것이다. 따라서 "빗복"은 배의 핵심, 배의 한 가운데를 나타낸다. "빗복 졔(臍)<신증유합>·빗복줄에<언해태산집요>" 등이 그 예다. "배꼽"은 이 "빗복"의 "복"이 음운도치(音韻倒置) 된 말이다. "뱃가죽"은 배를 싸고 있는 가죽으로 고어에서는 "빗가족"이라 하였다. 박통사언해에 그 용례가 보인다. "뱃살"은 배를 싸고 있는 살이나 가죽, 두피(肚皮)를 의미한다. 월인석보의 "긴 모두로 모매 박고 비술홀 지지더라"가 그 예다. 그러나 고어에서는 오히려 이는 내장을 의미하는 말로 많이 쓰였다. "밸"이 그것인데, 이는 "비술> 비술> 비알> 밸"로 변화하였다. "비술"이 내장을 의미하는 예는 "關隔府臟은 비술둘홀 니르니라"<법화경언해> 등이 있다.

육부(六腑)와 관련된 말

오장육부(五臟六腑)의 "육부(六腑)"는 소화기관과 관계가 있는 뱃속의 여섯 기관을 말한다. 대장, 소장, 위장, 쓸개, 방광, 삼초가 그것이다. 우리는 대장(大腸) 소장(小腸)을 아울러 "창자"라 한다. 이는 한어(漢語) "腸子[changzi]"가 변한 말이다. "腸"은 "창자 장(腸)"자라 하듯 우리의 한자음은 "장"이다. "창"은 중국의 원음을 차용한 것이다. "곱창, 안창, 막창" 등도 다 이런 예다. "창자"는 고유어로 "밸" 외에 "애"라고 한다. 충무공 이순신(李舜臣)의 시조 "남의 애를 끊나니"의 "애"가 그것이다. 위장(胃臟)은 "밥통"이라 한다. "밥을 저장하고 소화시키는 통", 곧 "밥-통(桶)"의 혼종어이다. 이는 달리 "양"이라고도 한다. 훈몽자회, 신증유합 등의 "양 위(胃)", 노걸대언해의 "양

(肚兒)" 등이 그 예다. 담(膽)은 "쓸개"라 한다. 이는 "쓸(苦)-개(접사)"가 합성된 말이다. 이의 용례는 영조말의 한청문감에 보인다. "쓸개"는 "열"이라고도 하는데, 웅담(熊膽)을 "곰열"이라 하는 것이 그것이다. "열없는 색시 달밤에 삿갓 쓴다"는 속담의 "열"도 마친가지다. "열없다·열적다"는 담소(膽小)하다는 말로 "담대(膽大)하다"의 반대말이다. "방광(膀胱)"은 "오줌통"이라 한다. "오줌"은 고어에서는 "오좀"이라 하였으며, "오줌통"은 "오줌개"라고도 하였다. "오줌개"의 "개"는 접사다. "삼초(三焦)"란 상·중·하초를 총칭하는 말이다. 상초(上焦)는 심장 아래, 중초(中焦)는 위 부근, 하초(下焦)는 방광 위에 있어 음식물의 흡수·소화·배설 등을 맡은 기관이다. 특히 "하초"는 배설기관으로 남녀의 성기(性器)까지 아울러 이르는 말이기도 하다. 남녀의 성기는 한어 "鳥子(diaoz)", 包子(baozi)와 어원을 같이 한다.

육부(六腑) 외에도 하체에 관한 어휘는 더 있다. "샅, 엉덩이, 궁둥이, 똥구멍" 등이 그것이다. "샅"은 국어사전에서 "고간(股間)"과 동의어로 보고 있다. 그러나 "손샅"이란 말도 있어 이 풀이는 적당치 않다. "손샅"이란 손가락과 손가락 사이를 이르는 말이다. 따라서 "샅"은 "두 물건의 틈"이란 의미로 보는 것이 바람직하다. "아이구, 귀여운 내 새끼!" 할 때의 "새끼(仔)"란 바로 이 "샅"에 접사 "기"가 붙은 말이다. "샅"은 낮잡아 말할 때는 "사타구니"라 한다. "샅"에 접사 "-아구니"가 붙은 말이다. "엉덩이"는 둔부(臀部)를 가리키는 말이다. "궁둥이"는 둔부 가운데 앉을 때 바닥에 닿이는 부분이다. 이들은 고어에서도 오늘날과 마찬가지로 쓰였다. "궁둥이(外股)"<동문유해>, "以前에 업든 쩌서바회 엉덩이에 옮은 불근"<청구영언>이 그 예다. "밑구멍"은 "밋-구무" 또는 '밋구모'라 하여 항문이나 여음(女陰)을 지칭하였다. "밋구무 피(屁)"<훈몽자회>, "밋구모<가례언해>"가 그 예다.

지체(肢體) "손" 관련 어휘

지체, 곧 수족(手足)을 이르는 말에는 "손·발"을 비롯하여 "팔·다리, 팔꿈치, 손가락, 손톱, 가랑이, 허튀, 무릎, 종아리, 장딴지, 발꿈치, 복사뼈, 발가락, 발톱" 등의 어휘가 있다.

"손(手)"은 고어에서도 "손"이라 하였다. 손과 합성된 말에는 "손가락, 손금, 손등, 손목, 손바닥"과 같은 말이 있다. "손가락"은 손(手)과 가늘고 긴 토막을 의미하는 "가락"이 결합된 말이다. 이를 고어에서는 "손가락, 손ㄱ락, 손까락"이라 하였다. '손금'은 "손ㅅ금", 또는 "손끔"이라 하였다. "손의 금(線)"이란 말이다. "손등"은 수포(手胞)로 "손ㅅ등"<역어유해>이라 하였다. "손목"은 훈몽자회와 신증유합이 다 오늘날과 같은 표기를 보여 준다. "손바닥(掌)"은 "손ㅅ바당<한청문감>, 손빠당<내훈>"이라고 "바닥"이 아닌, "바당"의 형태를 취하고 있다. "손톱(指甲)"은 "손-톱(鋸)"이 합성된 말이라 하겠다. 손톱을 "톱날"로 인식한 것이다.

"팔"은 오늘날과 달리 "불ㅎ"이라 하였다. 훈민정음 해례본의 "불爲臂"가 그것이다. 이는 훈몽자회의 "폴 굉(肱)"을 거쳐 "팔"이 되었다. "팔"과의 복합어인 "팔꿈치"는 "팔"에 접사 "꿈치"가 붙은 것이다. 고어에서는 "폴구븨(肘)"<신증유합>, 또는 "폴구브렁 듀(肘)"<훈몽자회>라 하였다. 오늘날 우리가 비표준어로 보는 "팔굽"에 대응되는 말이다. "팔-굽"의 "굽"은 "굽다"의 어근(語根)이다. "팔굽"과 "발굽"은 형태상의 구조는 같고, 의미상으로는 비대칭을 이루는 말이다. "팔목"은 팔과 손을 이어주는 부분으로, "팔-목(頸)"이 합성된 말이다. "팔목"과 "손목"은 형태상 대응되는 말이나, 의미는 동의어로 보는 말이다.

지체 "발(足)" 관련 어휘

발은 크게 발(足)과 다리(脚)로 구분된다. "발"은 족(足)으로, 다리의 끝 부분을 가리킨다. 고어에서 "발"은 "발"이라 하여 오늘날과 같다. 발과의 복합어는 "발가락, 발꾸머리, 발뒤축(발측), 발목, 발바닥, 발톱, 복사뼈" 등이 있다. "발가락"은 "손가락"과, "발꾸머리"는 "팔꾸머리"와 같은 구조의 말이다. "발꿈치"는 "발뒤꿈치"와 같은 뜻의 말로, "팔꿈치"와 같은 구조의 말이다. "발뒤꿈치"는 "발-뒤(後)-꿈치(접사)"의 구조로 된 말로 "발꿈치"에 "뒤"가 첨가된 것이다. 그러나 이들도 의미상 대칭이 안 되는 말이다. 이는 "발뒤꾸머리"와 뜻이 같다. "발뒤축"은 "발-뒤축"의 합성어로, 고어에서도 "발뒤축(脚跟)"<동문유해>으로 오늘날과 같다. "발등"은 "손등"과 같은 구조의 말이다. 그런데 이 말은 고어에서 "밧등"의 형태도 보여 준다. 이는 "발-ㅅ-등"의 구조에서 사이시옷이 삽입되며, "ㄹ"이 탈락된 것이다. "밧등"의 예는 훈몽자회에 "밧등 부(跗)"가 보인다. 사이시옷 앞에서 "ㄹ"이 탈락되는 예는 많은데, 신체 어휘에는 "밧가락"<원각경언해>, "밧목"<구급간이방> 등이 보인다. "발목"은 "팔목"과, "발바닥"은 "손바닥"과, "발톱"은 "손톱"과 같은 구조의 말이다. "복사뼈"는 "복쇼아뼈, 복쇼아쎠"라 하였다. "복숭아(桃)"를 고어에서 "복셩화, 복셩와", 또는 "복쇼아, 복슝아, 복슝와"라 하였다. 그래서 "복사뼈"는 고어에서 "복쇼아뼈, 복쇼아쎠"라 한 것이다. 이는 또 "밠귀머리"라고도 하였다. "발-ㅅ-귀(耳)-머리(頭)"가 합성된 복합어라 하겠다. 발의 옆에 불쑥 튀어나왔다 하여 이런 이름이 붙여진 것이겠다. 이의 용례는 "밠귀머리(脚跟)"(금강경삼가해) 등이 보인다.

"다리(脚)"는 발의 윗부분으로, 이는 무릎을 중심으로 아랫다리와 윗다리로 나뉜다. "다리"와의 복합어에는 "다리뼈, 다리샅, 다리털, 다리통, 넓적다리, 허벅다리" 같은 말이 있다. "다리샅"은 넓적다리의 안쪽을 뜻하는 말로, "다리-샅(股間)"이 합성된 말이다. "다리통"은 주로 무릎 아래의 다리

둘레를 의미한다. "넓적다리"는 대퇴부(大腿部)를 의미하는데, 고어에서는 "넙덕-다리"<역어유해>라 하였다. "허벅다리"는 넓적다리의 위쪽 부분을 가리키고, "허벅지"는 허벅다리 안쪽의 살이 깊은 곳을 가리킨다. 지체(肢體)를 뜻하는 "가랑이"는 고어에서 "가룰"이라 하였다. 처용가의 "가ᄅᆞ리 네히로새라"의 "가룰"이 그것이다. "가랑이"는 "가ᄅᆞ(分岐)-앙이(접사)"가 합성된 말이다. "무릎(膝)"은 고어에서도 "무릎"이라 하였다. "무릎 슬(膝)"<훈몽자회·신증유합>이 그 예다. 슬골(膝骨)은 "무릎뼈", 또는 "종지뼈"라 하는데, "종지뼈"는 "종자(鐘子)-뼈"가 변한 말이다. 뒷무릎 곡추(曲瞅)는 "오곰"이라 하였다. "옥다"의 어간에 접사 "-옴"이 붙은 것이다. 훈몽자회에 "오곰 곡(䐐)"의 예가 보인다.

"종아리"는 무릎과 발목 사이의 뒤쪽 근육 부분을 말한다. 고어에서는 "죵아리"라 하였다. 역어유해와 왜어유해의 "죵아리 경(脛)"이 그 예다. 이는 또 고어에서 "허튀"라 하였다. "옥ᄀᆞ흔 허튀러라(玉脚)"<두시언해>, "길어신 허튀에"<처용가>가 그 예다. "장딴지"는 종아리 뒤쪽의 살이 불룩한 부분을 가리킨다. 고어로는 "허튓비"<월인석보>라 하였다. "정강이"는 무릎 아래의 앞쪽 정강뼈가 있는 부분을 가리킨다. 이를 고어에서는 "허튓ᄆᆞᄅᆞ"라 하였다. "허튀-ㅅ(사이시옷)-ᄆᆞᄅᆞ(宗)"로 분석될 말이다. "정강뼈"는 정강이 앞의 뼈로, 고어에서는 "허튓뼈"라 하였다. 혼몽자회의 "허튓뼈 형(脛)"이 그 예다.

(한글+漢字 문화, 2020. 3월호)

10. 형태가 많이 바뀐 고유어들 (1)

형태가 많이 바뀌어 그 어원을 가늠하기 힘든 어휘도 많다. 이러한 어휘들 가운데 생활 주변의 말, "살림살이, 여름지이(農事), 두레박, 지껄이다, 가다듬다, 부지깽이, 김(雜草)" 등에 얽힌 어원과 문화를 살펴보기로 한다.

"살림살이"는 "사롬사리"가 변한 말

"살림살이"는 "살림을 차려서 하는 일"이나, 살림에 쓰이는 "세간"을 뜻하는 말이다. 이들 두 용례를 소설 작품에서 보면 다음과 같은 것이 보인다.

> * 계집애는 추워지면서 잠자리가 마땅치 못할 뿐더러 날마다 더 어려워만 가는 <u>살림살이</u>에 진력이 난 모양이었다. <최정희, 인간사>
> * 부엌에서는 연엽이가 20여명의 여인들을 데리고 한쪽에서는 밥을 하고, 한쪽에서는 <u>살림살이</u>를 제자리에 놓는 등 부지런히 움직이고 있었다. <송기숙, 녹두장군>

이러한 "살림살이"는 고어에서 "사롬사리"라 하였다. 이의 용례는 두시언해 중간본에 "사룸사리아 어느 시러곰 니르리오(生理焉得說)"가 보인다. "살림살이야 어찌 감히 이르겠는가?"라 노래한 것이다.

"사룸사리"는 "살-옴-살이"라 분석되는 말이다. "살-"은 "살다(生)"의 어간이고, "옴"은 "동명사형"이다. 이는 물론 사동의 접사 "오"에 명사형 "ㅁ"이 붙은 것으로 볼 수도 있다. "살오다"는 "살리다, 살게하다"를 뜻한다. "살이"는 "살다"의 "살-"에 접사 "-이"가 붙은 것이다. 이의 의미는 "사는 것"이 된다. 따라서 "사룸사리"는 "살게 하는 생활", "살리는 생활", 곧 "생계(生計)"의 의미를 나타낸다.

"살리다"의 의미로는 고어에서 "사로다>살오다" 외에 "살이다"도 두시 언해 초간본에 "吳人 周瑜ㅣ 孫策을 집 주어 살이고"가 보인다. 그러나 15~6세기 문헌에 "살림사리"나 "살임자리"의 용례는 보이지 않는다. 오히려 현대소설 채만식의 "병조와 영복이"에는 "사룸사리"의 변형이라 할 "살음살이"가 보인다. "이 짓을 한평생 헌들 한때 배부른 밥을 먹을 수가 있을 텐가? 남처럼 계집을 얻어 살음살이를 허구 자식새끼를 낳구 살어를 갈 텐가?"가 그것이다.

"사룸사리"의 경우와 달리 "사람(人)"의 경우에는 "옴/음"을 써 파생명사를 이룬다, "사룸, 사름"이 그 예다. 석보상절의 "사르미 무례 사니고도"와, 정속언해의 "사름의 힝실과 효도만 크니 업슬식"가 그 예이다.

"여름지이"는 "농사(農事)"의 옛말

표준국어대사전을 보면 "여름지기: 농부(農夫)의 잘못", "여름지이: 농사(農事)의 잘못"이라 풀이하고 있다. 꼭 그리 풀이해야 할 것은 아니다. 이들은 우리의 고어와 관련이 있는 말이기 때문이다. 농사는 옛말에서 "녀름지싀", 농부는 "녀름지스리" 등으로 일렀다.

"녀름지싀"나 "녀름지스리"는 "농사하다"란 의미의 말 "녀름짓다"란 동사를 바탕으로 이루어진 말이다. "녀름짓다"라는 말은 훈몽자회에 "녀름지을 농(農)", 신증유합에 "여름 지을 롱(農)"의 예가 보인다. 우리 조상들은 농사(農事)를 봄에 씨를 뿌려 여름에 기르고, 가을에 거두는 것으로 생각했다. 그래서 농사를 "녀름짓다"라 한 것이다. "녀름-짓다"라는 말은 "계절 여름(夏)을 짓는다"는 말이요, 이는 나아가 "여름에 (농사를) 짓는다"는 말이다. "녀름지싀"나 "녀름지스리"는 각각 "녀름(夏)"에 "지싀"와 "지스리"가 결합되어 파생어가 된 말이다. 곧 "녀름지싀"는 어간 "짓-"에 접사 "-이"가 붙어 "짓는 것"을, "녀름지스리"는 활용 어미 "짓을"과 사람을 뜻하는 의존명사 "이"가 붙어 "짓는 사람"을 뜻한다. 그래서 이들은 각각 "농사"와 "농부"를 뜻하는 고유어(固有語)가 된 것이다. 이런 고유어가 지금은 사라지고 한자어로 대치되었다. 농부는 "녀름지스리" 외에 "녀름지슬아비"라고도 하였다. 여기 쓰인 "아비"는 남자라는 말이다. "녀름됴타"는 "풍년 들다"라는 말로, "녀름"이 아예 "농사"라는 말로 전의(轉義)되었다. "녀름"은 두음법칙에 따라 "여름"이 되었다. 이로 말미암아 이는 열매(實)를 뜻하는 "여름"과 동의어가 되었다. "여름(實)"은 "열다(結實)"의 어간 "열-"에 "-음"이 붙어 파생명사가 된 말이다. "여름"의 용례는 다음과 같이 보인다.

> 곳 우희 七寶 여르미 여느니<월인석보>
>
> 여름 연 남기<내훈>

"두레박"의 어원과 문화

도시는 말할 것도 없고, 요즘은 시골에도 수도가 일반화하여 우물물을 긷는 경우는 거의 없게 되었다. 따라서 "두레박"이라는 말을 모르는 사람도 있을 것 같다. "두레박"은 줄을 길게 달아 우물물을 퍼 올리는 데 쓰는 기구를 말한다. 박경리의 "토지"에 보이는 "석이는 우물에 두레박을 던져

서 물을 퍼 올린다.”의 “두레박”이 그 예이다.

“두레박”은 고어에서 “드레박”이라 하였다. 남녀상열지사(男女相悅之詞)의 대표적 작품이라 할 고려속요 “쌍화점(雙花店)”에는 이 “드레박”이 “죠그맛 간 드레바가 네 마리라 호리라.”라 노래 불리고 있다. 정사(情事)의 소문이 나면 “드레박”, 네가 소문을 낸 것이라 하겠으니 소문을 내지 말라고 입단속을 한 것이다. 이는 “드레-박”으로 분석된다. 현대어에서는 “드레”가 “두레”로 바뀌었다.

“드레”는 “들-에”로 다시 분석된다. “들”은 “들다(擧)”의 어간이고 “에”는 명사를 만들어 주는 접사다. 따라서 “들음, 드는 것”을 의미한다. “들에>드레”는 물을 퍼서 들어 올리는 것, 또는 그 기구, 급수기(汲水器)를 의미한다. “드레박”은 “드레-박(瓠)”이니 물을 퍼서 들어 올리는 바가지란 말이다. 그런데 이 “드레박”이 “두레박”으로 바뀌었다. 그래서 그 어원을 알 수 없게 되었다.

“드레박”으로 물을 푸는 우물은 고어에서 “드레우물”이라 하였다. “드레박”은 “박”을 줄여 “드레”라고도 한다. “드레爲汲器”<훈민정음해례본>, “드레(水斗)”<역어유해>가 그것이다. “두레박”의 줄은 “드레줄”이라 하였고, 이러한 줄로 된 급수기를 “줄드레”라 하였다. “드레박”의 “박(瓠)”이 아닌, 통으로 된 것은 “통드레”라고 한다. 그리고 여기 “우물”의 어원을 덧붙이기로 한다. 이는 “움(穴)-물(水)”로 “움에 고인 물”이란 말이다. 그런데 “움물”에는 “ㅁ”이 반복되므로 중복을 피해 그 중 하나를 탈락시켜 “우물”이 된 것이다.

“지껄이다·짖다·지저귀다”의 어원과 문화

우리는 새가 운다(鳴)고 하는데, 서양에서는 새가 노래한다(sing)고 한다. 그리고 새가 지저귄다(囀)고 할 때에도 역시 sing이라 하거나, twitter라 한다. 우리와 영어의 세계는 이렇게 다르다.

그런데 우리말에서는 사람이 "지껄이다"와 개가 "짖다(吠)", 새가 "지저 귀다"라고 사람, 짐승, 새가 서로 소통하는 통신수단(通信手段)을 비슷한 형태로 이른다. 이들은 우연한 유사일까? 아니면 이들 사이에 어떤 연관성이 있는 것일까?

우선 "짖다"의 사전풀이를 보면 현대어의 경우 "①개가 목청으로 소리를 내다. ②까마귀와 까치가 시끄럽게 울어서 지저귀다. ③(낮잡는 뜻으로) 떠들썩하게 지껄이다"<표준국어대사전>로 되어 있다. "짖다"가 사람, 짐승, 새에 공통되게 쓰이는 것으로 보고 있다. 그러면 고어의 경우는 어떠한가? 대표적인 어사(語辭)로 다음과 같은 것을 들 수 있다.

> * 즞다: 짖다(吠). 즈즐 폐(吠) <훈몽자회>, <신증유합>
>
> 즛다: 짖다(吠). 즛는 가히 하도다 <두시>, 싸화 믈들며 니내 즛더니
>   <법화경언해>
>
> * 지져괴다: 지저귀다. 지져괴다(嘆鬪) <동문유해>
>
> 지져귀다: 지저귀다. 지져귀는 춤새들아 <청구영언> 지져귀다(喧嘆)
>   <역어유해>
>
> 지지괴다: 지저귀다. 오작이 지지괴니 <송강가사>
>
> * 짓괴다: 지껄이다. 아기 나키 비롯거든 짓괴디 말고 <태산집요>, 사롬
>   이 짓괴기를 크게 흐더니 <노걸대언해>
>
> 짓궤다: 지껄이다. 娘子 보고 짓궤니(娘子見時聒譟) <박통사언해>

이렇게 대체로 구분하여 사용하였다. 동물은 "즞다 · 즛다(吠)", 새는 "지 져괴다 · 지져귀다 · 지지괴다", 사람은 "짓괴다 · 짓궤다"라 하였다. 그러나, 위의 용례에서 보듯 "즞다"는 "吠 · 喧"의, "지져귀다"는 "噪 · 喧"의 두 가지 뜻으로 쓰인 것도 볼 수 있다.

그렇다면 이들의 어원은 어떻게 볼 수 있는가? 이들은 다 같이 "즞다"에서 변한 말이라 볼 수 있다. "즞다> 짖다"로 변화한 것이 "폐(吠)"를 뜻하는 말이다. "지져괴다·지져귀다"는 송강가사에 보이는 "烏鵲이 지지괴니"의 "지지괴다"에서 변화된 말이다. "지지-괴다"는 "짖-이(부사화접사)-괴다"로 분석된다. 그리고 "지져괴다·지져귀다"의 "지져"는 "지지어"란 부사형이 축약된 것이다. 이는 법화경언해의 "새 지지며(雀噪)"에서 확인된다.

"지껄이다"는 "짓괴다·짓궤다"가 변한 말이다. 역어유해에 보이는 "지꿰다(唶囉)"도 "짓괴다"와 같은 말이다. "짓괴다·짓궤다"는 "즞다"의 변음 "짓"에 "괴다/궤다"가 합성된 것이다. 이로 볼 때 사람이 말하는 "지껄이다"도 "즞다(吠)"를 어원으로 하는 말이다. "지껄이다"는 의태어 "지껄지껄"과도 어원을 같이 한다. 그리고 정지용의 "향수"의 "옛 이야기 지즐대는 실개천이 휘돌아 나가고"의 "지즐대다"는 "주절대다"의 방언으로 다 같이 어원을 "즞다> 짖다"로 한다고 하겠다.

이렇게 새의 "지저귀다", 짐승의 "짖다", 사람의 "지껄이다"는 다 같이 "즞다(吠)"를 어원으로 변화한 말이라 할 것이다.

"가다듬다"는 갈고 다듬는 문화

우리는 "정신, 생각, 마음 따위를 바로 차리거나 다잡다"를 나타낼 때 "가다듬다"라 한다. 김동인(金東仁)의 "광화사(狂畵師)"에는 이의 용례가 다음과 같이 보인다.

"그 그림의 얼굴에는 어느덧 동자가 찍히었다. 자빠졌던 화공이 곧 정신을 가다듬어 가지고 몸을 일으켜서 다시 그림을 보매 두 눈에는 완연히 동자가 그려진 것이다."

그러면 어떻게 해서 "가다듬다"는 이런 의미를 지니는가? 그 어원은 어떻게 된 것인가? 이는 "갈다(磨)"와 "다듬다(整)"의 복합어로, "갈고 다듬다"가 이런 뜻을 나타내게 된 것이다. "갈다(磨)"는 "칼흘 그니(磨刀)"<두시>나, "그로몰 마디 아니ᄒᆞᆫ놋다(硏磨不休)"<능엄경>가 그 예이다.

"다듬다"는 "맵시를 내거나 고르게 손질하여 매만지다"를 뜻하는 말로, 이는 고어에서 "다ᄃᆞᆷ다"라 하였으며, 아래 아(·)의 소실로, "다듬다"로 음운변화가 일어났다. "練은 다ᄃᆞ몰 씨라"<월인석보>가 그 예다

"ᄀᆞᆯ다"와 "다듬다"는 복합어를 이루며, 우선 "ᄀᆞᆯ다"의 어간이 "다듬다"와 합성된다. 그래서 "ᄀᆞᆯ-다듬다"가 된다. 그리고 "ᄀᆞᆯ다"의 어간 "ᄀᆞᆯ-"은 "다듬다"의 설단음(舌端音) "ㄷ"을 만나 "ᄀᆞᆯ-"의 "ㄹ"이 탈락된다. 우리말에는 이와 같이 "ㄹ" 종성이 설단음 "ㄷ"이나, 마찰음 "ㅅ, ㅈ" 앞에서 탈락되는 경향이 있다. "내가 살던 고향"이 "내가 사던 고향", "불소시개"나 "물지게"가 "부소시개"와 "무지게"가 되는 것이 그것이다. 이렇게 "ᄀᆞᆯ- 다듬다"가 변해 "ᄀᆞ-다듬다"가 되고, 나아가 오늘날의 "가다듬다"가 되어 그 어원을 잘 모르게 된 것이다. 그리하여 그 유연성(有緣性)을 파악하기 어려운 말이 되었다.

"부지깽이"와 "부짓대"의 어원

아궁이에 불을 땔 때에는 "부지깽이"를 사용한다. 그런데 근자에는 특수한 경우가 아니면 아궁이에 불을 때지 않으므로 "부지깽이"란 말은 거의 쓰이지 않게 되었다. 불을 땔 때 사용하는 나무 막대기인 "부지깽이"는 문학작품에서나 향수처럼 접하게 된다.

새벽 일찍이 뒤를 보려니까 어디서 창가를 부른다. 거적 틈으로 내다보니 년이 밥을 끓이면서 연습을 하지 않나. 눈보라는 생생 소리를 치는데 보강지

에 쭈그리고 앉아서 <u>부지깽이</u>로 솥뚜껑을 툭툭 두드리겠다. 그리고 거기에 맞추어 신식 창가를 청승맞게 부르는구나. <김유정, 아내>

"부지깽이"는 한자어로는 "화곤(火棍), 화장(火杖)"이라 하는 것으로, 방언에서는 "부짓대, 부집깽이, 부지땡이, 부주땡이" 등으로 일러진다. 이러한 현상은 "부지깽이"의 어원을 잘 몰라 빚어지게 된 현상이라 하겠다. 고어에는 "(불)-딛다, (블)-찓다, (불)-짇다"라는 말이 보인다. 이들은 "불을 지피다, 불을 때다"라는 의미의 말이다.

* 섭을 딛고(燃薪) <두시언해>
* 네 블 찓더 가매 쓸커든(你燒的鍋滾時) <노걸대언해>
* 불 지들 찬(爨) <왜어유해>

"부지깽이"는 이러한 "불을 지피다, 불을 때다"란 의미를 지니는 "불짇다"의 어간에 접사 "-갱이/ -깽이"가 붙어 "불을 지피는 도구, 불을 때는 기구"를 의미하게 된 말이다. 그럼에도 "부딛다, 부짇다"란 말이 쓰이지 않고, 어원이 제대로 의식이 안 돼 "부지깽이, 부지땡이" 등으로 혼란이 일게 된 것이다. 이러한 혼란이 일게 된 데에는 "ㄷ, ㅅ, ㅈ" 앞에서 "ㄹ"이 탈락하는 현상이 한 몫 했다고 하겠다(불집게>부집게). "부짓대"의 경우는 복수 표준어로 삼아도 "부짇-대(幹)"로 분석되니 하자가 없다.

"김"의 어원과 그 주변 문화

농사에도 "삼시(三時)"가 있다. 봄, 여름, 가을이 그것이다. 이는 "파종춘(播種春), 할초하(割草夏), 수확추(收穫秋)"를 의미한다. 씨를 뿌리고, 제초를 하고, 거두어 들여야 한다. 풍년이 들게 하려면 무엇보다 제초(除草)를 잘 해야 한다.

"김"은 논밭에 난 잡풀을 말한다. 이는 고어에 "기슴", 또는 "기슴"으로 나타난다. 선가구감언해의 "三業 기슴올 미오매"나, 속삼강행실도의 "기슴 미다가"가 그 예이다. 이는 "기슴> 기슴> 기음> 김"으로 변한 말이다. "기슴"의 "ㅅ"이 유성음 사이에서 "△ > 0"화하고, "기음"이 "김"으로 축약한 것이다. 따라서 변화 과정으로 보면 "기음"도 표준어로 인정할 법하나, "김"만을 인정하고 잘못된 말로 보고 있다. 오히려 "기음"을 표준어로 보고, "김"을 준말로 봄이 좋았을 것이다. 방언에는 "기심"이란 말도 쓰이고 있다. 대중가요에 "낮에는 밭에 나가 기심을 매고"가 그것이다. 이는 "기슴"의 "ㅡ" 모음이 전설음 "ㅅ"에 동화되어 "ㅣ" 모음으로 바뀐 것이다. 앞의 고어의 예에도 보이듯 제초(除草)하는 것은 "김매다"라 한다. 훈몽자회에는 "기슴밀 운(耘)"이 보인다.

(한글+漢字 문화, 2021. 7월호)

11. 형태가 많이 바뀐 고유어들 (2)

"형태가 많이 바뀐 고유어들"을 이어서 보기로 한다. 이 장(章)에서는 "남새, 맵시, 땀띠, 벙어리, 고름, 구메밥, 구메혼인" 등에 대해 살펴보기로 한다.

"남새"의 어원과 문화

우리 속담에 "남새밭에 똥 싼 개는 저 개 저개 한다."는 것이 있다. 한번 실수를 하면 꼬리표가 붙어 다니니 조심하라는 말이다.

그런데 이 속담에 쓰인 "남새"라는 말을 사람들이 잘 모른다. 북에서는 문화어로 보고 있고, 남에서도 표준어로 작정해 놓은 말이나, 북쪽과는 달리 남쪽에서는 이 말을 잘 쓰지 않아 이상한 말로 받아들인다.

"남새"라는 말을 사전에서는 "채소(菜蔬)"라는 한자어와 동의어로 보고 있다. 밭에서 기르는 농작물로, 주로 그 잎이나 줄기와 열매 등을 식용하는 것이다. 이를 기르는 밭은 속담에서처럼 "남새밭"이라 하거나, "채소밭"이라 한다. 유의어에 "채마밭(菜麻-)"이란 말도 있는데 이는 먹을거리와 입을 거리로서의 식물을 기르는 밭을 말한다.

"남새"는 고어에서 "ᄂᆞᄆᆡ새"라 이르던 말로, 이는 "ᄂᆞᄆᆞᆯ(菜)-새(草)"의 복

합어인데, "ᄂᄆᆯ"의 "ㄹ" 받침이 "새"의 "ㅅ" 앞에서 탈락하여 "ᄂᄆ새"가
된 말이다. 따라서 "ᄂᄆ새"는 "나물로 식용하는 풀"이란 말이다. 그리고
"남새"는 이 "ᄂᄆ새"가 축약된 것이다. "남새"를 사전에서는 "채소"와 동
의어라 하였지만, "소채(蔬菜)"도 같은 말이다. "채소"를 흔히 "야채(野菜)"라
고도 하는데, "야채"는 본래 산나물 "산채(山菜)"에 대한 "들나물"을 이르는
말이다. 이 말이 일본어의 영향으로 "채소" 일반을 가리키게 되었다. "남
새"는 이러한 복합어를 이루기 전의 형태 "ᄂᄆᆯ", 곧 "나물"이란 말로 "채
소"를 이르기도 한다. "야채"란 일본말 냄새가 나는 한자어 대신 "남새"나
"나물"이란 말을 애용했으면 좋겠다. "남새"의 용례를 박경리의 "토지"에
서 하나 보기로 한다.

> 시든 파며 남새를 앞에 놓고 쭈그리고 앉은 아낙의 파란 입술. 객지에서
> 설을 쇄야 하는 늙은 장돌뱅이가 마른 명태 몇 짝을 내어 놓고 멍하니 곰방대
> 만 빨고 있는 모습.

"나물"은 "ᄂᄆᆶ"이 변한 말이다. 이는 "ᄂᄆᆯ> ᄂᄆᆯ> 나믈> 나물"로 변
화해 왔다. 그 예를 보면 다음과 같다.

* 蓽은 내 나는 ᄂᄆᆯ히라 <능엄경언해>
* ᄂᄆᆯ 茱蔬 <한청문감>
* 菜 나믈 <유씨물보>

"맵시"와 "3씨"의 어원과 문화

한 때 여인들은 "3씨"가 좋아야 한다고 했다. "3씨"란 "맵씨, 솜씨, 마음
씨"였다. 물론 "3씨" 가운데 "맵시"는 발음상으로는 3씨에 드나, 철자법상

으로는 "맵시"라 표기하는 것이니 반드시 "3씨"에 속하는 것은 아니다. 여하간 이는 여자들이 모양새가 좋고(美態), 수품(手品)이 있고, 심상(心相), 혹은 심지(心地)가 좋아야 한다는 말이다.

사전에서는 "맵시"를 "아름답고 보기 좋은 모양새"라 풀이하고 있다. 이는 "매"와 "ㅂ시"로 분석될 말이다. 현대의 국어사전에서는 "매"를 "생김새, 또는 맵시의 뜻을 더하는 접미사"라 보고 "눈매, 몸매, 입매, 옷매"를 들고 있다. 그러나 고어에서는 상황이 다르다. 실사(實辭)로 쓰였다. 매무새, 또는 모양을 나타낸다. 계축일기의 "믜온 민를 아니코 됴흔 민 ㅎ더니"나, 두시언해의 "민 무슨 사ᄅ미 紅粉ㅎ니(結束多紅粉)"가 그 예다. 고어에는 아직 "맵시"라는 용례는 보이지 않는다. 그러면 "민"의 어원은 무엇인가?

두시언해의 "민 무슨 사ᄅ미 紅粉ㅎ니(結束多紅粉)"가 그 단서이다. "민"는 "속(束)"이 본래의 뜻이다. "무슨"은 "결(結)", 곧 "묶다"를 의미하는 말로, 이는 "결속(結束)", 나아가 "단속(團束)한다"는 말이다. "민"는 묶음의 "민"에서 "단속"의 "매"로 의미가 확대된 것이다. "묶다"는 현대어에서 "묶다(結)"와 "뭇다"로 나뉜다. "뭇다"는 "①여러 조각을 한데 붙이거나 이어서 어떤 물건을 만들다, ②여럿이 한데 모여 조직, 짝 따위를 만들다, ③관계를 맺다"의 뜻으로 쓰여, 고어에서 "민 뭇다, 민 뭇다, 민 믇다, 민 뭇다"와 같이 쓰였다. 이것이 현대어의 옷을 입은 맵시를 이르는 "매무새"요, "매무시하다"란 말이다.

앞에서 3씨 이야기를 했거니와 "솜씨, 마음씨"에 쓰인 "-씨"는 접사로 본다. 이는 "태도 또는 모양의 뜻을 더하는 접미사"로, "말씨, 마음씨, 바람씨, 발씨" 등이 이의 예에 속한다. 조금 생소한 "바람씨"는 "바람이 불어오는 모양"을, "발씨"는 "길을 걸을 때 발걸음을 옮겨 놓는 모습"을 뜻한다. 이들 "-씨" 가운데 "말씨, 마음씨, 발씨"의 "-씨"는 "쓰다(用)"의 "쓰-(用)-이(접사)"로 분석된다. 문제의 "맵시"의 "ㅂ시"는 그 형태로 보아 "매를 사용하는 것"이란 "쓰다(用)"의 "쓰-이(접사)"에서 기원하는 것으로 보아야 할 것 같다. 물론 "사용(使用)"의 의미는 분명히 드러나지 않는다. 이는 "바람씨"의 경우도 같다. "몸삐"의 경우도 마찬가지다. 이는 몸매, 신분을 나타내는 말로, "몸삐 죠타(好身量)<역어유해>, 몸 삐 호미ᄒ다(窺窕)<한청문감>"가 그 예이다. 이도 "삐"가 쓰였으나, "쓰다(使用)"의 뜻은 제대로 드러나지 않는다. 그러나 보기는 "삐(使用)"라는 접미사라 보아야 할 것이다.

"땀띠"와 "뙤약볕"의 어원과 문화

여름에는 뙤약볕이 비친다. 그래서 땀으로 피부가 자극을 받아 좁쌀알 같은 종기가 생긴다. 이런 발진(發疹) 현상을 "땀띠"라 한다. 한자어로는 한우(汗疣), 한진(汗疹)이라 한다.

"땀띠"라는 말은 고어에서 여러 가지로 쓰였다. "쏨도야기, 쏨도약이, 쏨도역, 쏨되, 쏨쐬, 쏨되야기"가 그것이다. 이를 정리해 보면 "쏨도야기> 쏨되야기> 쏨되> 쏨쐬> 땀띠"의 변화과정을 거쳐서 오늘에 이르렀다고 할 수 있다. 이 말은 우선 "쏨"과 "도야기"의 두 형태로 되어 있다. "쏨"은 몸에서 열이 날 때 분비되는 "땀(汗)"이다. 이에 대해 "도야기"는 두드러기나 땀띠를 뜻하는 말이다. "도야기"가 "ㅣ" 모음의 역행동화를 한 것이 "되야기"다. 역어유해의 "疹子 되야기"가 그것이다. "도야기"는 어두음에 사이시옷 등의 영향으로 "쏘야기"로 경음화한 것을 볼 수 있다. 그리고 "되야기·쐬야기"는 "뙈기"로 줄고, "때기"를 거쳐 "띠"로 변했다. 방언에 많이 쓰이는 "땀때기"의 "때기"가 그 예이다.

이러한 변화는 동음이의어(同音異義語)에서도 부분적으로 나타나는 것을 볼 수 있다. 일정하게 구획된 논밭을, 고어에서 "쏘야기"라고 하였는데 이는 "논뙈기, 밭뙈기"라 하는가 하면 "뙈기밭, 뙈기논"이라 하는 것이 그것이다. 이는 방언에서 "밭때기, 논때기"라 한다. 폭양(曝陽)을 이르는 "뙤약볕"의 "뙤약"도 발진(發疹)을 의미하는 "뙤야기"와 관계가 있는 말이다. 이는 "뙤야기-볕"이 준말이다. "뙤야기"가 생길 정도로 강렬한 햇볕이란 말이다. "쬐약볕"이 준 말이 "땡-볕"이다. "땡볕, 땡볕!"하고 노래 불리는 "땡볕" 그것이다.

아자(啞者) "벙어리"의 어원과 문화

　　귀 먹어서 삼년이요, 눈 어두워 삼년이요, 말 못해서 삼년이요, 석삼년을 살고 나니 배꽃 같은 요 내 얼굴 호박꽃이 다 되었네.

　　울산 지방의 민요, "시집살이"의 일절이다. "귀머거리 3년, 장님 3년, 벙어리 3년"의 석삼년, 곧 약 10년을 살고 나니 배꽃 같이 환하던 얼굴이 호박꽃 같이 노랗게 시들었다는 말이다. 이 노래에 쓰인 "벙어리"란 말도 형태적으로 많은 변화를 겪은 말이다.

　　"벙어리"의 옛 형태는 "버워리"였다. 석보상절의 "百千世界예 버워리 아니 드외며"나, 훈몽자회의 "瘂 버워리 아, 俗稱瘂子 亦作啞"가 그것이다. 그리고 이렇게 말을 더듬거나, 못하는 상태를 "버우다"라 하였다. "귀먹고 눈 멀오 입버우며(聾盲瘂瘂)<법화경언해>"와 "입버우니와(瘂瘂)<능엄경언해>"가 그 예다. 그런데 이런 아자(啞者)를 일반적으로 방언에서 "버버리"라 한다. 이로 볼 때 "버우다"라는 말은 "버브다"에서 "버브다> 버우다"로 변한 것임을 알 수 있다. 그리고 "버버리"는 "버브-(啞)-어리(접사)", "버워리"는 "버우-(啞)-어리(접사)"로 분석된다. "-어리"는 "귀먹어리"와 같이 "그런 사람"을 의미한다. 그리고 만주어에서 "부부연"이 "어불청초(語不淸楚)"를 의미해 "벙어리"와 관련이 있다고 보기도 한다는 것을 부기해 둔다(유창돈설).

"안타깝다"의 구조와 의미

우리는 뜻대로 일이 되지 않거나, 보기에 딱하여 애타고 답답할 때 "안타깝다"고 한다. 이는 "안(內)"과 "답답하다"를 뜻하는 "답깝다"가 합성된 말이다.

"안"은 "내(內·裏)"를 뜻하는 말이다. "안타깝다"에서의 "안"은 나아가 "내심(內心)을 의미한다. 전의된 것이다. 이러한 예는 반포(反哺)를 뜻하는 "안갚음"에서 확인된다. "안갚음"은 본래 까마귀가 다 자란 뒤에 어미에게 먹이를 물어다 주어 보은(報恩)하는 것을 의미하는 말이다. 반포(反哺)하는 것이다. "안갚음"에 대해 어미의 입장에서는 이를 "안받음"이라 한다. "안갚음"과 "안받음"은 인간세계에서도 행해진다. "안-타깝다"의 "안"은 이런 내심(內心)이다. 속마음이다.

"안"과 합성된, "답답하다"를 뜻하는 말은 15세기에 "답깝다"와 "닶갑다"라는 양형(兩形)이 있었다. 이들은 표기상의 차이가 있으나 동일한 말이다. 이 말은 "답깝다"가 주가 되는 말이고, "닶갑다"는 이의 변이형이라 할 수 있다. 그리고 "닶갑다"는 "답답하다"로 대치되었고, 마침내 사어가 되었다.

* 迷惑ᄒᆞ야 답까와(迷悶) <능엄경언해>
  술히 덥고 안히 답깝거늘 <월인석보>
* 닶갑거든 能히 져근 길호로 디나오면(悶能過小徑) <두시언해>
  곧 더워 닶가오며 <원각경언해>

"안타깝다"의 "안"은 위에서 말한 바와 같이 본래 "안(內·裏)"을 의미하던 말이다. 이는 고어에서 "안ㅎ"과 같이 "ㅎ" 말음을 지닌 말이었다. 따라서 "안(內)"과 "답깝다"가 결합하는 과정에서 "답깝다"의 첫소리 "ㄷ"이 유기음 "ㅌ"으로 실현되게 되었다. 한중록(閑中錄)의 "하 안탓가오니 아는 일을 아니 알외디 못ᄒᆞ야'의 "안탓가오니"가 그것이다. 이렇게 "안타깝다"는 "안(內)-답쌉다(悶)"가 결합되고, 변화한 말이다. 그리고 "답쌉다"는 "들볶이다, 고민하다"를 뜻하는 동사 "답씨다"에 형용사를 만드는 접사 "-압/업"이 결합된 말이다. 따라서 전성형용사라 하겠다.

오늘날의 "안타깝다"는 이렇게 "안-답쌉다"가 합성 · 변화된 말이다. 그런데 많은 형태적 변화로 유연성을 상실해 단일어라는 인상이 강하다.

"구메밥 · 구메혼인"의 어원과 문화

열녀춘향수절가를 보면 이런 대목이 나온다.

> 농군이라 하난 것이 대가 빡빡하면 쥐새끼 소리가 나것다. 양 볼태기가 오목오목 코궁기가 발심발심 연기가 홀홀 나게 푸여 물고…

농부가 담배 피우는 모습을 묘사한 것이다. 여기에 "코궁기"라는 말이 보인다. 이는 "콧구멍이"라는 말이다. "구멍"의 옛말은 "구무"였다. 석보상절의 "터럭 구무마다"나, 신증유합의 "구무 공(孔), 구무 혈(穴)"이 그것이다. 그런데 이 말은 곡용(曲用)할 때 "굶-, 굼-"이 된다. 춘향전의 "코 궁기"는 "콧구멍이"라는 말로, "굶(孔)-이(격조사)"가 "굼기> 궁기"가 된 말이다. "굼-"의 예는 "구메밥, 구메도적, 구메혼인" 등에 보인다. 이들은 모두 "굼의 밥, 굼의 도적, 굼의 혼인"이 변음(變音), 연철된 것이다.

"구메밥"은 옥에 갇힌 죄수에게 벽 구멍으로 들여보내는 밥을 이른다. 김주영의 객주(客主)에는 이 말이 다음과 같이 쓰이고 있다.

> 네놈이 형방에 떨어지면 그 화적들이 근포되어 면질(面質)될 때까지 달장간은 썩은 <u>구메밥</u>을 먹어야 할 것이다. <u>구메밥</u> 넣어줄 내권이라도 있거든 이

참에 단단히 당부나 하거라.

"구메도적"은 "구멍 도둑"으로 여기서는 "구멍"이 작은 것을 의미한다. 따라서 이는 좀도둑을 뜻한다. "그 본디의 바탕이 굳이 사납거나 완악해서가 아니라 혈기 있는 자들은 산으로 가 장꾼이나 노리는 구메도적이 되거나, 무리의 형세가 큰 화적(火賊)이 되거나, 바다와 강으로 나가 수적(水賊)이 되었으니, 조선 팔도 삼백 스무 세 고을 어디든지 다 마찬가지였다."<김성동, 國手>가 그 예이다.

"구메혼인"은 격식을 제대로 갖추지 않고, 널리 알리지도 않고 하는 혼인을 말한다. 이의 용례는 홍명희의 "林巨正"에 다음과 같이 보인다.

또 대사를 지내는 주삼의 집이 외딴집일 뿐 아니라, 가근방에 사는 주삼의 결찌가 많지 못하던 까닭에 대사의 구경꾼들도 몇 사람이 못 되었다. 말하자면 구메혼인이나 별로 다름이 없었던 것이다.

이렇게 "구멍", "굶, 굼"은 작거나, 남이 모르게 조용히 이루어지는 것을 의미한다. 박완서의 "미망(未忘)"에 보이는 "구메구메"는 "남모르게 틈틈이"의 의미를 나타낸다. 어원적으로는 "굼(孔)-에(조사)-굼(孔)-에(조사)"의 형태로 "구멍마다"의 의미를 지닌다 하겠다.

그가 행랑채에 앓아누웠을 때 행주치마 폭에다 구메구메 보신할 만한 거나, 구미 돋울 만한 걸 여투어 먹인 적이 있는 그만이는 그의 배은망덕이 하도 기가 막혀 벌린 입을 못 다물었다.

(한글+漢字 문화, 2021. 8월호)

12. 형태가 많이 바뀐 고유어들 (3)

형태가 많이 바뀐 고유어를 다시 살펴보기로 한다. 이번에는 "함께, 어음, 말미암다, 서까래, 어레미, 부시, 눈자위"의 어원과 이에 얽힌 문화를 살피게 될 것이다.

"함께"의 어원과 문화

최근에 낯선 구호(口號)가 눈에 띈다. "구호"라고 했으나, 입으로 외쳐지기보다는 활자로 우리 앞에 다가선다. "함께 서울!"이란 것이다. 번역한, 아니 외국어를 전제로 한 말이어서 그 의미가 우리에게 쉽게 와 닿지 않는다. "with SEOUL", 또는 "together SEOUL"을 이렇게 "함께 서울"이라 한 것으로 보인다.

우리말의 "함께"라는 말은 형태적으로 많은 변화를 한 말이다. 의미의 면에서도 변하였다. "함께"를 사전은 "('⋯과 함께'의 구성으로 쓰여) 한꺼번에 같이, 또는 서로 더불어"라 풀이하고 있다.

"함께"는 고어의 "ᄒᆞᆫᄢᅴ"가 변한 말이다 "ᄒᆞᆫ(一)-ᄢᅴ(時)-의(저소격 조사)"로 분석된다. 이의 예를 두어 개 보면 다음과 같다.

* 宮殿과 諸天괘 <u>호쁴</u> 냇다가 흔 <u>쁴</u> 업느니라<월인천강지곡>

* 그려기와 <u>호쁴</u> 오리로다(雁同來) <두시언해>

이렇게 "호쁴"는 본래 "일시에", 나아가 "동시에"를 의미하는 말이다. "함께"는 "하나"를 뜻하는 "흔"의 "ㄴ" 받침이 "때"를 뜻하는 "쁴"의 "ㅂ"에 동화되어 "홈"이 되고, "쁴"가 "쎄"로 바뀌어 이루어진 말이다. 따라서 이의 변화과정은 "호쁴> 홈쁴> 홈쯰> 홈께> 함께"로 바뀌었다 하겠다.

이 말은 "쁴"가 "시(時)", 곧 "때"를 의미하는 말이기에 "흔 쁴"는 "일시 (一時), 동시(同時)"를, "호쁴"는 "일시에, 동시에"를 나타낸다. 그리고 시간적으로 같다는 것은 흔히 "동소성(同所性)"을 지닌다. 위에 인용한 두시(杜詩)의 "호쁴 오리로다(同來)"는 "동시에 오는" 것을 의미하나, "같이, 더불어, 함께" 온다는 "동소성(同所性)"도 아울러 지닌다. "호쁴"의 변형인 오늘날의 "함께"는 "동시성(同時性)"은 사라지고, "함께 논다, 함께 간다, 함께 산다"와 같이 동소성(同所性)을 드러내는 말로 그 의미가 바뀌었다.

여기 덧붙일 것은 "쁴"가 나아가 시간을 의미하는 명사가 되고, 시간 가운데 대표적 시간이라 할 "끼니(食事) 때"를 의미하게 되며, "끼(쁴)"가 "밥", "식사" 자체를 의미하는 말까지 되었다는 것이다. "삼시 세 끼"의 "세 끼"는 "아침, 점심, 저녁 때"를 의미하는 동시에 "세 끼의 끼니"를 의미한다. 우리는 "삼시 세 끼를 먹는다"의 "세 끼"가 그것이다.

"어음"의 명명과 그 문화

인생에는 경제가 중요한 의미를 지닌다. 이런 경제활동 가운데 전통적인 것에 "어음"이란 것이 있다. "어음"의 사전풀이는 다음과 같이 되어 있다.

① 일정한 금액을 일정한 날짜와 장소에서 치를 것을 약속하거나 제3자에

게 그 지급을 위탁하는 유가증권. 약속어음과 환(換)어음이 있다. =구권(矩券)
② (역) 돈을 주기로 약속한 표 쪽. 채권자와 채무자가 지급을 약속한 표시
를 가운데에 적고, 한 옆에 날짜와 채무자의 이름을 적어 수결이나 도장을 지
르고 두 쪽으로 나누어 가졌다.

"어음"은 지불 약속의 증서로, 두 쪽으로 나누어 갖는다는 데 초점이 놓
인다. 그리하여 부절(符節)을 맞추듯 확인한다. "어음"은 고유어로, 고어에
서 "어험"이라 하였다. "어험> 어흠> 어음"으로 변한 말이다. "어험"의 어
원은 "엏-(刻)-엄(접사)"으로 분석된다. "엏다"는 "베다"를 뜻하는 말로, "어
음"은 서로 나누어 가지는 것이므로, "엏-엄"이라 한 것이다.

"엏다"는 월인석보의 "입시울이 어티 아니호며"의 "어티"가 그 용례이
며, 이는 토순(兎脣)을 의미하는 "엇텽이>언청이"에 지금도 남아 쓰이고 있
다. 그러나 "베다"의 의미를 지니는, "엏다"의 용례는 별로 보이지 아니한
다. 오히려 "어히다"가 많이 쓰였다. 이는 오늘날 "에다"로 변해 쓰이고 있
다. "엏다"와 "어히다"의 관계는 음운 첨가 내지 생략으로 보게 하는데, 아
마도 "엏다"를 준말로 보는 것이 바람직할 것이다. "어히다"가 "에다"로 변
한 것은 "ㅎ" 음이 약화 탈락하고, 축약된 것이라 하겠다. 이는 "버히다"가
"베다"로 변한 것과 같다. 우리의 "어음"을 일본에서는 "데가타(手形)", 중국
에서는 "표거(票据)"라 한다.

"말미암다"의 어원문화

"난데없는 구렁이의 출현으로 말미암아 우리 집은 삽시에 엉망진창이 되
어버렸다. <윤흥길, 장마>

이렇게 "연유(緣由)·사유(事由)"를 "말미"라 하고, "어떤 현상이나 사물 따

위가 원인이나 이유가 되다"를 "말미암다"라 한다. "말미암다"의 옛말은 "말믹삼다"로, "말믹삼다(말믜삼다)> 말믹암다(말믜암다)"를 거쳐 오늘날의 "말미암다"가 되었다.

고어 "말믹삼다"는 "말믹"와 "삼다"로 분석될 말이다. "말믹"는 신증유합의 "말믹 연(緣), 말믹 유(由)"에서 쉽게 알 수 있듯 "연유(緣由)"를 뜻하는 말이다. 다른 예를 하나 더 보면 "王끽 가아 말미 엳줍고"<석보상절>와 같이 쓰였다. "왕께 가서 사유(연유)를 여쭙고"라 한 말이다.

"말믹-삼다"의 "삼다"는 "[…을 …으로] 무엇을 무엇으로 되게 하거나 그렇게 여기다"를 뜻하는 말이다. 따라서 "말믹-삼다"는 "무엇으로 연유·사유가 되게 하다"를 뜻한다. 예를 들어 "堯舜으로 말미삼마"<맹자언해>가 "요순(堯舜)을 연유하여"를 뜻하는 것이 그것이다.

"말믹"는 "연유·사유"와는 다른 의미도 지닌다. 그것은 "말믹"가 "말미", 곧 "겨를·휴가"를 의미한다는 것이다. "말믹"는 "몰믹> 말믜> 말미"로 변해, 근원적으로 "연유(緣由)"를 의미하는 "말믹"와 어원을 같이하는 말로 본다. "휴가"란 일정한 직업이나 일 따위에 매인 사람이 스스로 마련하는 것이 아니라, 일정한 사유를 들어 겨를을 얻는 것이기 때문이다. "말믹삼다"는 고어에서 "말믹ㅎ다"라고도 하였다. 현대어에서 이 말은 사어(死語)가 되었다.

"서까래"의 어원과 문화

집의 마룻대에서 도리 또는 보에 걸쳐 지른 나무를 "서까래"라 한다. 흔히 처마 끝까지 뻗쳐 있는 둥근 통나무로 되어 있다. 이는 한자어로 연목(椽木), 옥연(屋椽)이라 한다. "椽"자는 "서까래 연"자이다.

"서까래"는 고어에서 "혓가래"라고 하였다. 이는 "혓가래> 셧가래> 서까래"로 변한 말이다. "혓가래"는 "혀(舌)-ㅅ(사이시옷)-가래"로 분석되는 말이다. "혀"는 설(舌)을 의미한다. 서까래가 처마 끝까지 내뻗쳐 있는 것이 마치 혀(舌)를 내민 것 같아 "혀(舌)"란 말이 쓰인 것이다. "가래"는 둥글고 긴 토막, 막대기를 이르는 말이다. "떡가래"나 "엿가래"가 그것이다. "가래"는 다시 그 어원을 분석해 보면 "가르다(分·派)"에서 파생된 "가래(分派)"로, 이는 나아가 "갈래(分岐)"의 의미를 지니는 말이라 하겠다. 따라서 "혓가래"라는 말은 혀같이 생긴 나무 토막을 의미한다. 이 "혀(舌)"가 구개음화한 것이 "셔-ㅅ-가래"이다. "서까래"의 "서"는 "혀"가 "셔> 서"로 변한 것이다. "서까래"의 어휘 변화의 용례를 보면 다음과 같다.

> 혓가래 굴긔예(椽子簆)<박통사언해>
> 셧가래(椽)<동문유해>

"어레미"의 어원과 문화

> 구멍이 굵은 어레미로부터 가는 체까지 이삼십 개는 돼 보이는 체를 쳇바퀴에 달린 고리로 둥글게 이어서… <박완서, 그 많던 싱아는 누가 다 먹었을까>

가루를 곱게 치거나 액체를 받거나 거르는 데 쓰는 기구를 "체"라 한다. 훈몽자회의 "체 사(篩)"가 그것이다. 체는 구멍이 가는 것과 굵은 것이 있다. 구멍이 작은 것은 "고운체", 구멍이 큰 것은 "어레미"라 한다. 어레미보다 더 큰 것은 "도드미"라 하였다. "어레미"는 고어에 "어러미"로 나타난다. "모로미 어러미로 츤 細沙로써 섯글디니"<가례언해>가 그 예이다. 그러나 이 "어러미"보다 좀 더 고어로 추정되는 것이 방언에 보이는 "얼그미, 얼기미" 계통의 말이다.

"체(篩)"의 바탕은 말총, 철사 등으로 얽어서 만든다. 헝겊이나 나일론 등으로 만들기도 한다. "말총"으로 만든 체를 "말총체"라고 한다. 조선조에는 공조(工曹)의 선공감(繕工監)에 딸려 말총으로 체를 만들던 장인을 특별히 마미사장(馬尾篩匠)이라 하였다. 이렇게 체는 말총이나 철사를 얽어서 만드는 것이다. 따라서 체를 이르는 "얼그미, 얼기미" 계통의 방언은 "얽-음-이"가 변한 말이라 하겠다. "얽은(纙) 것"이란 말이다. 이 "얽음이"가 "얼금이> 얼음이> 어름이> 어러미> 어레미"로 변한 것이다. "얽음이"의 "얼그미"가 "얼으미"로 변한 것은 "ㄹ" 음 아래에서 "ㄱ"이 묵음화한 것이다. 이는 우리말의 조선조의 음운변화현상에 일반적으로 나타나는 현상이다.

"부싯돌"의 어원과 그 주변문화

요사이는 라이터 덕분에 "부시"를 전혀 볼 수 없게 되었다. 지난날 담배를 피우는 사람들은 모두가 담배쌈지와 부시를 필수적으로 지니고 다녀야 했다. 그런데 "부시"는 사라지고, 애연가는 많이 줄어들고 있다.

독자들 가운데는 이 "부시"를 보지 못한 사람도 있을 것이고, 부시가 무엇인지 모르는 사람도 없지 않아 있을 것이다. "부시"란 일종의 발화(發火) 기구로, 부싯돌을 쳐서 불이 일어나게 하는 쇳조각, 또는 그 장치를 말한다. 이는 한자어로 수금(燧金), 화도(火刀)라 한다. 문순태의 "타오르는 강"의 "사내는 부시를 쳐 곰방대에 불을 붙이고 나서 수인사를 청했다."가 그 예이다.

"부시"의 옛말은 "부쇠"였다. 역어유해의 "부쇠(火鎌)", 동문유해의 "火鎌 부쇠 …打火鎌 부쇠 티다"가 그 예이다. 이 "부쇠"는 물론 "불(火)-쇠(鐵)"가 "ㅅ" 앞에서 "불"의 "ㄹ"이 탈락한 것이다. 그리고 "부쇠"의 "쇠"가 "시"로 변한 것이다. 따라서 이 말은 "불-쇠> 부쇠> 부시"로 변한 말이다. "부시"는 이렇게 발화를 하게 하는 쇠이다. "부시"로 치는 돌을 "부싯돌"이라 하고, 부시로 부싯돌을 쳐서 불똥이 박히는 물건을 "부시깃", 화용(火茸)이라 한다. 오늘날 "부시"에 대용되고 있는 라이터는 이 부시의 원리를 이용한 것이다. 차이가 있다면 깃 대신 심지를 사용하고, 기름이나 가스를 활용하는 것이라 할 것이다.

마찰에 의해 발화를 하게 하는 것에 또 "성냥"이 있다. "성냥"의 어원은 "석류황(石硫黃)"이다. 따라서 고유어가 아닌 한자어로, 이 한자어 "석류황"이 축약된 것이 "성냥"이다. "석류황"은 오늘날 표준어로는 "석유황"이라 하는데 비금속 원소인 황(黃)을 뜻하는 말이다. "성냥"은 "당황(唐黃)"이라고 한다. 이는 중국에서 들어온 황(黃)이란 말이다.

"눈자위"의 어원과 그 문화

사전은 "눈자위"를 "눈알의 언저리. 안광(眼眶)"이라 풀이하고 있다. "언저리"란 "둘레의 가 부분", 곧 주변(周邊)을 뜻하는 말이다. 송기숙의 "녹두장군"에 쓰인 "눈자위"도 이런 의미로 쓰인 것이다.

어머니와 남분이는 잔등에서 발을 멈췄다. 두 사람은 그 자리에 서서 멀어져 가는 달주를 건너다 보며 연신 옷고름으로 눈자위를 찍어내고 있었다.

그러나 이 말의 어원을 살펴보면 "눈자위"란 "눈알의 언저리"가 아니라, "눈의 핵(核)"을 의미한다. "눈자위"의 옛말은 "눈ᄌᆞᅀᆞ", 또는 "눈ᄍᆞᅀᆞ"라 하였다.

* 눈ᄌᆞᅀᆞ애 ᄀᆞ리낀. 거슬 거더 ᄇᆞ리면(刮眼膜) <두시언해>
  눈ᄌᆞᅀᆞ 졍(睛) <훈몽자회>
* 눈ᄍᆞᅀᆞᄅᆞᆯ 뮈우디 아니ᄒᆞ야(不動目睛) <능엄경언해>

이렇게 "눈ᄌᆞᅀᆞ"는 "안정(眼睛)·목정(目睛)"을 의미하는 말이다. "졍(睛)"

은 "눈동자"를 의미한다. "눈ᄌᆞᅀᆞ"는 "눈(眼)-ᄌᆞᅀᆞ(核)"로 분석된다. "ᄌᆞᅀᆞ"
의 용례를 보면 다음과 같다.

    ᄌᆞᅀᆞ 잇ᄂᆞᆫ 果實와 <월인천강지곡>
    ᄌᆞᅀᆞ 아ᅀᆞ(去核) <구급방언해>
    눈 ᄌᆞᅀᅵ 감ᄑᆞᄅᆞ며 <월인천강지곡>

    이렇게 "ᄌᆞᅀᆞ"는 핵(核), 인(仁)을 의미한다. "눈자위"는 이런 "눈ᄌᆞᅀᆞ"가
"눈ᄌᆞᅌᆞ > 눈ᄌᆞᅌᅵ > 눈자위"로 변한 말이다. 사전의 풀이 가운데 "안광(眼
眶)"의 "광(眶)"도 "눈자위 광"자로 이런 의미를 나타낸다. "ᄌᆞᅀᆞ"는 "자위"
로 변해 오늘날 눈의 "흰자위, 검은자위"라 일러지고 있다. "흰자위, 노른
자위"는 계란에도 쓰인다. 계란의 경우도 "자위"가 핵(核), 핵심(核心)을 의미
함은 말할 것도 없다.

(한글+漢字 문화, 2021. 9월호)

13. 뜻이 많이 바뀐 말들 (1)

"겨레"의 의미와 문화적 배경

누가 "애국(愛國)이 뭐냐?"고 물으면 뭐라 답할까? 미국 사람들은 세금을 잘 내는 것이라 한다고 한다. 우리는 언필칭 "나라와 겨레를 위하여 목숨을 바치는 것"이라 한다. 우리는 이렇게 나라와 민족을 위해 헌신하는 것을 "애국"이라 생각한다.

"민족"이란 말의 고유어는 "겨레"이다. 그러나 이 "겨레"라는 말이 본래 "민족"을 의미하는 말은 아니었다. 오히려 이는 종족(宗族), 친족(親族)을 의미하는 말이었다. "겨레"라는 말은 고어에서 "겨릭, 겨레, 결레, 결애, 결에" 등으로 다양하게 쓰였다. 예를 몇 개 들어보면 다음과 같다.

* 우리 지비 본디 가난흔 겨레라 <소학언해>
* 겨레 권당으로셔 서르 통간하면 <경민편언해>
* 지아븨 겨레드려 고ᄒᆞ여 ᄒᆞ여곰 <동국신속삼강행실도>
* 결에 족(族) <신증유합>

이렇게 모두 "종족·친족·친척" 등의 의미로 쓰였다. 이것이 "민족(民族)"의 의미로 쓰인 것은 근대에 접어들어서였다. 이는 당연한 현상이다. 그것은 지난날 민족이란 개념은 생각할 수 없었을 것이고, 겨우 "친족"이란 개념을 떠올렸을 것이며, 나아가 "종족, 일족(一族)"을 생각했을 것이다. 겨레가 "이 겨레와 이 나라의 크나큰 보람"과 같이 "민족"의 의미로 쓰인 것은 미국 대통령 윌슨이 "민족자결주의(民族自決主義)"를 외치던 20세기 초반부터였을 것으로 추단된다. 주요한의 시 "외로움"에 보이는 "멧 천년 인류의 모든 <u>겨레</u>가 입으로 부르던"의 "겨레"가 이때의 예이다.

그러면 "겨레"의 어원은 무엇인가? 아직 정설이 없다. 나는 이를 "결"로 추정한다. 그것은 연분이 닿는 친척을 의미하는 말에 "결찌"라는 말이 있기 때문이다. 이는 복합어(複合語)에 고어의 흔적이 남아 있다는 가설에 근거해서다. "결-찌"는 "결"과 "찌"로 분석될 말로, "결"은 친척을 의미하고, "찌"는 "물건·대상"을 의미하는 말로 볼 수 있다. 이는 "밑에 깔아 괴는 물건"을 "깔-찌"라 하는데, 여기에 쓰인 "찌"는 "물건·대상"을 의미하는 말로 보이기 때문이다. 곧 "결-찌"란 "친척이 되는 대상"을 의미하는 말이다. 그리고 이러한 주장을 하는 또 하나의 배경은 16세기의 신증유합(新增類合)에 "결에 족(族)과 같이 "결"로 나타난다는 것이다. 이는 "결-에(접사)"의 파생명사로 보게 한다. 칠류(七類)는 "결애 족(族)"이라 하여 접사가 "-애"로 되어 있다. 따라서 "겨리·겨레·결레" 등은 이의 연철로 볼 수 있다. 자휼전칙(字恤典則)의 "결네"는 연음의 변음이거나, 아니면 "-네"를 복수를 뜻하는 말로 볼 수도 있다. "결레" 또한 마찬가지다. 친족을 의미하는 말에는 "겨레"와 동의어인 "아숨"이란 말도 있다.

"고름"의 어원과 의미 변화

"곯아도 젓국이 좋고, 늙어도 영감이 좋다"는 속담이 있다. 이는 아무리

늙었어도 오래 정을 붙이고 산 영감이 좋다는 말이다. 여기에 상대적으로 제시한 젓국도 비록 오래 되어 삭았어도 오래 된 것이 좋다는 말이다.

"곯다"는 말은 본래 "속이 물크러져 상하다"란 의미를 나타내는 말이나, 비유적으로 골병을 나타내는 등 형태와 의미가 많이 변하여 쓰이는 말이기도 하다. "술에 곯아떨어졌다"라는 말도 이런 것이다.

"계란에 유골"이란 속담의 "유골"도 "곯다"와 관계가 있는 말이다. "유골"을 "유골(有骨)"로 쓰기도 하나 이는 잘못 한자를 대입한 것이다. "뼈 골(骨)"이 아닌, "곯다"가 변한 "골다"의 "골"이다. "계란이 곯았다"는 말이다. 농(膿)을 이르는 "고름"의 어원도 "곯다"에 있다. 이 말은 능엄경언해에 보이듯 고어에서 "고롬"이라 하였다. "곯다"의 어간 "곯"에 명사를 만드는 접사 "-옴"이 결합한 것으로, "ㅎ"이 약화탈락된 것이다. "곯다"가 "골다"로 변화한 것도 마찬가지다. "고롬"은 오늘날 다시 "고름"으로 변하였다.

"배가 고프다"의 "고프다"도 "곯다"를 어원으로 하는 말이다. 이는 "곯다"에 형용사를 만드는 접사 "-ㅂ/브-"가 붙어 "골프다"를 거쳐 "골푸다>고프다"가 된 말이다. "골푸다"의 용례는 일찍이 월인석보에 "골폰 비 브르며"가 보이고, "골푸다"의 용례는 몽어유해에 보인다. "골푸다"의 어간 자음 "ㄹ"이 탈락한 예는 "아프다"에서 볼 수 있다. 이 말은 "고프다"와 똑같은 변화 과정을 거친 말이다. 동사 "앓다(病)"가 형용사 "앓-브-다"가 되고 "알푸다"를 거쳐 "아프다"가 되었다. "알푸다"의 용례는 일동장유가에 보인다.

그리고 초취(焦臭), 곧 썩은 냄새를 이르는 "고린내"도 그 어원을 "곯다"로 한다. 이는 "곯-이(피동접사)-ㄴ(관형형)-내(臭)"로 분석되는 말로, 이 말이 "고린내"가 된 것이다. "구린내"는 "고린내"와 음상(音相)을 달리하는 말로 좀 더 그 정도가 심한 것을 나타낸다. "쿠린내"는 "구린내"의 어감을 좀 더 세게 나타내는 말이다.

"고맙다"의 어원과 문화

남의 호의나 도움에 대하여 마음이 흐뭇하고 즐거운 상태를 나타낼 때 "고맙다"고 한다. 그러나 이는 본래 이런 의미를 지니는 말이 아니었다. "공경할 만하다"를 의미하는 말이었다.

"고맙다"의 어원은 "공경"을 의미하는 "고마"에 있다. 중세국어에서는 "공경할 경(敬)"자와 "공경할 건(虔)"자를 "고마 경(敬)·고마 건(虔)"이라 하였다. 이의 용례는 신증유합에 보인다. 이러한 "고마"는 여기에 접사 "-하다"가 붙어 동사로도 쓰였다. 석보상절의 "서르 고마ᄒᆞ야 드르샤 說法ᄒᆞ시니"가 그 예다. "서로 공경을 하고 들어가서 설법하시니"라는 뜻으로, 공경하는 예수(禮數)를 갖추고 난 뒤 들어가 설법을 했다는 말이다. "고마ᄒᆞ다"는 이렇게 "공경하여 받들어 모시다"를 뜻하는 말이다.

"고맙다"는 "고마ᄒᆞ다"와는 달리 "고마"에서 비롯된 형용사이다. 이는 "고마(敬)"에 형용사화 접사 "ㅂ"이 붙어 형용사가 된 말로, "공경할 만하다", 곧 "존귀하다"를 의미하는 말이다. 이의 용례는 소학언해의 "고마온 바를 보고 공경ᄒᆞ야(見所尊者)"가 그것이다. 이러한 "고맙다"는 오늘날과 같이 그 의미가 "감사하다"로 바뀌었다. 이의 용례는 순조때 간행된 혜경궁 홍씨의 "한중록"에 "고마와 ᄒᆞ시도록 말을 음흉히 ᄒᆞ니"가 보인다.

오늘날 "고마(敬)"에서 파생된 형용사 "고맙다"는 남아 쓰이고 있으나, 동사 "고마ᄒᆞ다"는 사어(死語)가 되었다. 따라서 동사를 써야 할 경우는 "고마워하다"란 형용사의 파생어를 써야 한다.

"개골창·개굴창"의 어형과 의미

"보라구, 저 멀쩡한 새끼들을. 쟤들이 와 아무 죄두 없이 개굴창이나 논바닥에 둑어자빠데야 하냐 이기야."

홍성원의 소설 "남과 북"의 일절이다. 여기에는 "개굴창"이란 말이 쓰이고 있다. 이는 형태적으로나 의미의 면에서나 많은 변화를 겪은 말이다.

"개굴창"은 사전의 풀이에 의하면 "①'개골창'의 방언(강원). ②'시궁창'의 방언(강원). ③'개울'의 방언(경기, 전북)"으로 되어 있다. 위의 소설에서는 "③개울의 방언"으로 쓰인 것이다. 방언이라고 한마디로 처리하면 그만일 수 있으나 이 말의 뜻을 바로 알기 위해서는 그 어원을 살펴보아야 한다.

"개굴창"은 형태적으로 볼 때 "개-굴헝-창"이 변한 말이라 하겠다. 여기서 "개"는 "개 포(浦)"자의 의미를 지니는 말로 "물 가(水邊)"를 의미한다. "굴헝"은 골짜기를 의미하는 말이다. 훈몽자회의 "굴헝 학(壑)"이 그 예다. 이 "굴헝"은 어중(語中)의 "ㅎ"이 약화 탈락되어 "구렁"이 되고 "굴"로 축약된다. "창"은 "마당 장(場)"의 음이 변한 것이라 볼 수 있다. 우리말에는 본래 유기음이 아닌 말이 유기음으로 바뀌는 현상을 볼 수 있다. "사절(四節)"이 "사철"로, "봄절(節)"이 "봄철"로 바뀌는 현상이 그것이다. "개굴창"의 경우는 "장"이 "창"으로 바뀐 것이다. 이와는 달리 "개굴창"의 "창"을 "신창"과 같이 밑바닥(底)을 의미하는 말로 볼 수도 있다. "개굴창"은 "개굴의 창", 곧 "개굴의 밑바닥"을 의미한다.

"개굴창"은 "개울"의 방언이라 하였지만 실은 형태적으로 볼 때 표준어 "개골창"이 변한 말이라 할 수 있다. "개골창"은 "개고랑창"이 축약된 것이다. 그리고 그 의미는 "①수채의 물이 흐르는 작은 도랑=구거(溝渠). ②개울의 방언"으로 보는 말이다. "개골"은 "개굴> 개울"로 변한다. 그리고 유의어 "시궁창"은 "시-구렁-창"이 복합된 말이라 하겠다. "시궁"은 고어에서 "싀공(溝子)"이라 한 것이 역어유해에 보인다. "싀공"의 "싀"는 "부패하다, 변하다"를 의미하는 "싀다"의 어근이다.

"무자맥질"의 어원과 문화

우리는 물속에서 팔다리를 놀리며 떴다 잠겼다하는 행동을 "무자맥질"
이라 한다. 김송배의 "하지 무렵"이란 시에는 다음과 같은 구절이 보인다.

무자맥질로 익힌 헤엄이/ 이제는 봇물을 틔우고 물꼬를 다독이는/ 따수한
행복을 얻었습니다.

그렇다면 "무자맥질"이란 말의 어원은 무엇인가? 이 말은 우선 "ᄆᆞᄌᆞ미"
로 소급된다. 이의 용례는 훈몽자회에 "ᄆᆞᄌᆞ미 영(泳)", 역어유해에 "ᄆᆞᄌᆞ미
ᄒᆞ다(泅水)"가 보인다. 이는 순음하의 "ㅡ"가 원순모음화 하여 "무ᄌᆞ미"로
변화하였다. 이의 용례는 왜어유해, 및 역어유해 등에 보인다.

그러면 "ᄆᆞᄌᆞ미"는 어떻게 된 말인가? 신증유합의 "ᄆᆞ좀다"가 그 어원을
잘 설명해 준다. 이는 "ᄆᆞ(믈·水)-좀(좀다의 어간)-이(접사)"로 분석된다. "ᄆᆞ"
는 "믈(水)"의 "ㄹ"이 "ㅈ" 앞에서 탈락한 것이고, "좀"은 "잠기다"를 의미
하는 "좀다"의 어간이다. 그리고 여기에 접사 "-이"가 붙어 명사가 된 것
이다. 따라서 "ᄆᆞᄌᆞ미"는 "물에 잠기는 것"을 의미한다. 이 "ᄆᆞᄌᆞ미"에 행
동을 나타내는 접사 "-질"이 붙은 것이 "ᄆᆞᄌᆞ미질"이다. 이 과정에서 "무
ᄌᆞ믹ᄒᆞ다"란 말도 나타난다. 동문유해에 보이는 "무ᄌᆞ믹악ᄒᆞ다"가 그것
이다. 이는 "ᄆᆞ-ᄌᆞ-ㅁ-의-악-ᄒᆞ다"로 분석할 수 있다. 이는 명사 "ᄆᆞᄌᆞ믹
(<ᄆᆞᄌᆞ미)"에 접사 "악"이 붙어 명사의 형태를 강화해 오늘날의 "무자맥"의
기초가 된 말이다. "무자맥질"은 여기에 행동을 나타내는 접사 "질"이 붙
은 것이다. "무자맥질"은 "물에 잠기는 행동"을 의미하는 말이다. 그러나
"ᄆᆞᄌᆞ미 영(泳)"에 보이듯 반드시 잠수의 의미를 나타내는 것은 아니다.

끝으로 "좀다"가 "잠기다"란 뜻의 말임을 보이는 용례는 용비어천가의
"나거ᅀᅡ ᄌᆞᄆᆞ니이다", 두시언해의 "ᄌᆞᄆᆞ락 ᄠᅳ락 ᄒᆞᄂᆞ다(沈浮)", 훈몽자회의

"ᄌᆞ몰 닉(溺)" 등이 있다.

"마누라"의 의미와 언어문화

중년이 지난 아내를 허물없이 이를 때 "마누라"라 한다. 그런데 이 말은 그 의미가 참으로 많이도 변한 말이다.

이 말은 중세국어에서 그 형태가 "마노라"로 나타나며, 그 의미도 남녀를 구분하지 않고 "상전(上典)"을 의미한다.

* 죵이 닐오디 마노랏 父母ㅣ 늘그시니 <삼강행실도>
* 셰손이 마노라 아돌인디 부ᄌᆞ가 화복이 ᄀᆞᆺ지 엇더ᄒᆞ오릿가. <한중록>
* 太太 마노라 <역어유해>

"마노라"는 이문(吏文)으로, "말루(抹樓)", 또는 "말루하(抹樓下)"라 기록되기도 하였다. 송남잡지의 "노부인칭말루(老婦人稱抹樓) 언여말루하(言秡抹樓下也)"가 그것이다. 그리고 이어서 "영감말루(令監抹樓), 대감말루(大監抹樓), 진사말루(進賜抹樓)"와 같이 "남녀존대지통칭(男女尊待之通稱)"이라 하고 있다.

"마노라"의 의미는 이에 그치지 않는다. "상전, 마님, 임금 등을 이르는 말"이라는 사전의 풀이처럼 왕이나 왕비까지 일렀다. 이는 계축일기와 한중만록이 증명해 준다.

* 민양 선왕 마노라부터 원망ᄒᆞ더니 <계축일기>
* 마노래 션왕 아드님이시고 <계축일기>
* 마노라가 비록 아돌이니 <한중록>
* 마노라가 독노ᄒᆞ엿습ᄂᆞ니잇가. <한중록>
* 대비 마노라게 엿ᄌᆞ와 쥬쇼셔. <계축일기>

이렇게 "마노라"는 왕이나 왕비를 지칭하는 경칭이기도 하였다. 이는 왕을 이르던 "마립간(麻立干)"으로 소급될 말이라 하겠다. "마노라"는 궁중이란 특수사회에서 사용되던 사회방언(社會方言)이 양반사회를 거쳐 일반 가정으로까지 확대되며 그 의미가 하락한 것이다.

이렇게 본래 왕이나 왕비 및 상전을 의미하던 "마노라"는 음운변화를 일으켜 "마누라"가 되었으며, 아내를 허물없이 이르거나, 부인을 이르는 비칭이 되었다. 이러한 "마누라"의 의미 하락(下落)은 근대에 들어선 뒤의 일이다. 초기의 용례는 1910년에 간행된 서북학회월보에 "여보 마누라 저녁밥 엇지 되엿나"에서 볼 수 있다.

(2020.12.22.)

14. 뜻이 많이 바뀐 말들 (2)

"방(榜)"의 의미와 문화

낙방거자(落榜擧子)라는 말이 있다. 과거(科擧)에 떨어진 선비를 이르는 말이다. 이렇게 과거는 "방(榜)"과 밀접한 관련을 갖는다.

"방(榜)"의 사전 풀이는 "①=계적(桂籍), ②방문(榜文)"이라 되어 있다. "계적"이란 고려시대에 작성해 두던 과거급제자의 명부, 곧 방목(榜目)을 의미한다. 그리고 "방문(榜文)"이란 "어떤 일을 널리 알리기 위해 사람들이 많이 다니는 길이나, 많이 모이는 곳에 써 붙이는 글"이다.

"방(榜)"은 "방을 내 걸다, 방을 붙이다, 방이 붙었다"와 같이 쓰인다. 그렇다면 과연 "방(榜)"은 거는 것인가, 아니면 붙이는 것인가? 위의 "방문(榜文)"의 사전 풀이에는 "써 붙이는 글"이라 되어 있다. 그리고 "방(榜)"은 오늘날 흔히 이렇게 "써 붙이는 글"이라 알고 있다. "고시", "고시문(告示文)"으로 이해한다. 과연 "방(榜)"은 본래 그런 말인가?

"방(榜)"의 자원(字源)은 형성자로, 나무 목(木)과, 음과 표시를 뜻하는 두루 방(旁)으로 이루어져 "표시하는 나무의 패(札)"를 의미한다. 집운(集韻)에 "방목편야(榜 木片也) 혹종편(或從片)"이라 한 것이 그것이다. "방찰(榜札)"이나,

"방패(榜牌)"라고 하는 말도 "방(榜)"이 "패(牌)"라는 사실을 증언한다. 이렇게 "방(榜)"은 "괘찰(掛札)"로, 써서 붙이는 것이 아니라 패에 써 거는 것이다. "괘방(掛榜)"이란 말은 이러한 사실을 증언한다. "괘방(掛榜)"만이 아니라, "방방(放榜)"이란 말도 마찬가지다. 이는 "관리 등용시험의 합격자 이름을 적은 표찰(表札)을 게시하다"라는 의미를 지니는 말이다. 방방(放榜)의 용례로는 두목(杜牧)의 "등제시(登第詩)"에 "평명방방 미화개(平明放榜 未花開)"라는 시구가 있다.

따라서 "방(榜)"은 본래 거는 패, 곧 "괘찰(掛札)"이나, 오늘날은 종이에 써서 게시판에 붙이기 때문에 붙이는 방문(榜文)이 되었다. 그래서 오늘날은 "방을 걸다"라 하지 않고, "방을 붙이다"라 한다.

"비싸다"와 "싸다"의 언어문화

우리는 상품의 싸고 비싼 것에 신경을 쓴다. 물론 싼 것이 좋은 것만은 아니다. "싼 게 비지떡"이란 말도 있다. 그러기에 요사이는 "착한 가격"이란 수사적 표현도 등장하였다.

고가(高價)인 경우 "비싸다"하고, 염가(廉價)인 경우 "싸다"고 한다. 그러면 이들의 어원은 어떻게 되는가?

"비싸다"는 말은 "빋-쓰다"가 변한 말이다. "빋"은 "값, 가격"을 뜻하는 말이다. 석보상절의 "비들 만히 니르면 몯 삵가ᄒ야"나, 월인석보의 "겨집 종이 비디 언메잇가"가 그 용례이다. "빋-쓰다"의 "쓰다"는 "(값에) 해당하다, (얼마만큼의) 값이 있다, 값이 나가다"를 의미한다. 한자로 "직(直)", 또는 "치(値)"에 해당하는 말이다. 이는 "ᄊᆞ다"가 본디말이고, "ᄡᆞ다·쓰다> 싸다"로 변해 왔다. 이들의 용례를 하나씩 보면 다음과 같다.

* 빗난 이바디는 ᄒᆞᆫ 金이 ᄉᆞ도다(華宴直一金) <두시언해>

　　* 훈 괴예 엇디 일뷕 닷돈이 ᄡᆞ리오(一箇猫兒 怎麽直的一百箇錢) <박통사언해>
　　* 일흠난 됴훈 오시 비디 千萬아 ᄊᆞ며 <석보상절>

　이렇게 "비싸다"는 "빋-ᄉᆞ다> 빋ᄊᆞ다> 빗ᄊᆞ다"를 거쳐 변해 온 말이
다. 이는 본래 "고가(高價)"를 의미하는 말도 아니었다. "그 값에 해당하다"
라는 말이었다. 이의 용례는 박통사언해에 "빋ᄉᆞ다(直)"가 보이고, 같은 박
통사언해에 "믈읫 잇는 빋싼 거시라도(有直錢物件)"와 같이 "빋ᄊᆞ다"의 용례
가 보인다. 이러한 말이 "값이 나가다, 비싸다"와 같이 고가(高價)를 의미하
는 말로 변하였다. 이의 용례는 노걸대언해에 "빗ᄊᆞ미 하니라"와, 신금사
목(申禁事目)의 가체(加髢)에 "등용: 둘내갑 빗ᄉᆞ다 말이라"가 보인다.

　"싸다(廉)"는 말은 "빋ᄊᆞ다"가 "그 값에 해당하다"에서 "비싸다"의 의미
로 전의되며 염가(廉價)의 의미를 지니게 되었다. 따라서 "ᄉᆞ다" 계통의 말
이 염가를 의미해야 할 필연적 이유가 있는 것이 아니고, 연쇄 반응이 일어
난 것이다. "ᄉᆞ다"가 "값이 싸다"의 의미로 쓰인 용례는 17세기의 박통사
언해에 보이는 "믈읫 갑 숀 物件으로 와 뎐당ᄒᆞ면 곳 그거슬 앗고"가 그것
이다.

　이밖에 "값, 가격"과 관련이 있는 말을 몇 개 보면 "빋디다, 빋없다" 같
은 말이 있다. "빋디다"는 "빋(價)-디다(落)"로 분석되는, 값이 떨어지다를
의미하는 말이다. 박통사언해에 "올ᄒᆡᆫ 져기 빋디다(今年較賤些箇)"가 보인다.
"빋없다"는 고가(高價), 곧 아주 비싸다를 의미하는 말로, 석보상절에 "빋 업
슨 오ᄉᆞ로 부텨와 즁괏 그에 布施ᄒᆞ며"가 그 예이다. 이밖에 "덜리다(被減)"
를 의미하는 "헐ᄒᆞ다"가 소학언해와 송강가사 등에 병세(病勢)와 관련하여
쓰이고 있는데, 이는 뒤에 염가를 의미하게 되었다.

"쌀팔다"와 "쌀사다"의 언어문화

우리말에는 얼른 생각하면 비정상적 의미를 나타내는 말이 있다. 그것은 "사다"와 "팔다"가 뒤바뀌어 쓰이는 것이다. "사다"는 일반적으로, "매입(買入)"을 의미한다. 이에 대해 "팔다"는 "매출(賣出)"을 의미한다. 그런데 "쌀팔다"와 "쌀사다"는 사전에 현실과는 반대되는 뜻으로 풀이되어 있다. 그리고 지금도 그렇게 쓰는 것으로 되어 있다.

> * 쌀팔다: 쌀을 돈 주고 사다.
>   q 쌀팔아오다/ 쌀팔러가다/ 쌀팔 돈으로 술을 마시다. (반) 쌀사다
> * 쌀사다: 쌀을 팔아 돈으로 바꾸다.
>   q 이번 장날에 쌀사야 설빔이라도 마련하지.

위의 풀이는 "표준국어대사전"의 풀이다. 위의 용례 "쌀팔아오다/ 쌀팔러가다/ 쌀팔 돈으로 술을 마시다."는 오늘날 대부분의 시민이 "쌀 사오다/ 쌀 사러 가다/ 쌀 살 돈으로 술을 마시다"라 한다. 그리고 "이번 장날에 쌀사야 설빔이라도 마련하지."는 "이번 장날에 쌀을 팔아야 설빔이라도 마련하지."라 한다. 어떻게 농담도 아니고, 이렇게 역설적인 풀이가 되고 있는 것인가?

이는 한마디로 물물교환(物物交換)의 원시교역(原始交易)을 반영하고 있기 때문이다. 곡물(穀物)의 대표인 "쌀"이 화폐(貨幣)의 구실을 하였다. 내어 놓은 쌀의 가격을 따져 필요로 하는 물건을 교환할 수도 있고, 그렇지 않으면 쌀을 팔아 그것을 돈으로 바꾸어 필요한 물건을 구매할 수도 있다. 이런 상거래(商去來)를 반영된 것이 "쌀팔다"와, "쌀사다"란 말이다. 곧 "쌀팔다"는 "쌀을 팔아 그것을 돈으로 바꾸어 물건을 사는 행위"를 의미하고, "쌀사다"는 "물건을 사기 위해 쌀을 파는 행위"를 의미한다.

"쌀팔다"와 "쌀사다"라는 말의 오늘날과 같은 의미도 우리말에 일찍부터 나타나는 것을 볼 수 있다. 16세기의 훈몽자회에 "뿔살 뎍(糴)", "뿔폴 됴(糶)"가 그 예이다. "뎍(糴)"자는 자형에도 들어나듯 쌀을 매입(買入)하는 것이고, "조(糶)"자는 쌀을 매출(賣出)하는 것이다. 이들은 오늘날과 같은 쌀 거래를 하는 것이다. 각각 "쌀을 사는 것"이요, "쌀을 파는 것"이다. 쌀(米)이 화폐의 구실을 하는 원시교역(原始交易) 수단을 반영하는 것이 아니다. 오늘날과 같은 의미로 사용한 것이다. 16세기에 역설(逆說) 아닌, 정용(正用)을 이미 하고 있는 것을 볼 수 있다.

"엉터리"와 "엉터리없다"의 의미변화

우리말에는 어떤 말에 "없다"가 붙어 형용사를 이루는 말이 많다. 그런데 이러한 말들 가운데는 "없다"가 붙거나 말거나 그 어근(語根)이 같은 뜻을 나타내는 말이 몇 개 있다. "엉터리- 엉터리없다"와 "주책- 주책없다", "분수- 분수없다"가 그것이다.

"엉터리"는 본래 "대강의 윤곽"을 뜻하는 말이다. 그런데 이 말은 흔히 "엉터리가 없다"거나, "엉터리없다"와 같이 형용사를 이루며, "정도나 내용이 전혀 이치에 맞지 아니하다"라는 의미를 나타낸다. "엉터리없는 수작"이나, "엉터리없는 거짓말"이라 하는 것이 그것이다. 그래서 "엉터리"라는 말은 본래 부정적 의미를 지니는 말이 아님에도 이어지는 "없다"에 전염(傳染)되어 "터무니없는 말이나 짓"이란 부정적 의미를 지니게 되었다. 이의 용례를 문학작품에서 보면 홍명희의 "임거정(林巨正)"에 "돌석이의 첫번 팔매를 눈결에 피하는 것만 보아도 그 흰소리가 전혀 엉터리는 아닌 것을 알 수 있었다."의 "엉터리"가 그것이다.

"주책"이란 말은 "일정하게 자리 잡힌 주장이나 판단력"을 의미하는 말로, "주착(主着)"이 변한 말이다. 그런데 이 말도 "없다"와 결합하여 "주책없다"라는 형용사를 이루어 "일정한 줏대가 없이 이랬다 저랬다 하여 몹시 실없다"는 뜻을 나타낸다. 그리하여 "주책"도 "없다"에 전염되어, 단독으로 쓰이면서도 부정적 의미를 지니게 되었다. "너 참 주책이구나!"나, "그런 말을 서슴없이 하다니 그 아주머니도 주책이시군."과 같이 쓰이는 것이 그것이다.

"분수(分數)"는 한자말로, "사물을 분별하는 지혜"나, "자기 신분에 맞는 한도"를 나타내는 말이다. 그런데 이 말도 "없다"와 결합하여 "분수없다"란 형용사를 이룬다. 그리고 "분수(分數)"라는 말은 "분수없다"에 이끌리어 "사물을 분별할 만한 지혜가 없다"는 부정적 의미를 지닌다. "그 양반 참 분수로군!", "분수가 따로 없지."라고 하는 것이 그것이다. 그런데 이 "분수"라는 말은 방언적 표현이라 본다. 표준어는 "분수"가 변한 "푼수"를 생각이 모자라고 어리석은 사람을 놀림조로 이르는 말로 본다. "푼수데기"는 "푼수"의 비칭이다.

이렇게 우리말에는 명사에 "없다"가 붙어 형용사를 만들뿐 아니라, 전염(傳染)에 의한 의미변화를 하는 말도 보인다.

"이부자리"의 의미와 어원

잘 때 깔고 덮는 침구를 "이부자리"라 한다. 줄여 "자리"라고도 한다. 한자어로는 "침구(寢具), 금구(衾具) · 금욕(衾褥) · 침금(寢衾) · 피금(被衾)"이라 한다.

"이부자리"의 어원은 "니불–자리"가 합성된 말이다. "니불"은 침구 가운데 덮는 것이다. 까는 것은 "요"라 한다. "니부자리"의 용례는 역어유해에 "니부자리(鋪蓋)"가 보인다. 한자어인 "포개(鋪蓋)"란 "펴서 덮는 것", 곧 이불을 의미한다. "니부자리"는 "자리"의 "ㅈ" 앞에서 "니불"의 "ㄹ"이 탈락한 것이다.

"니불"은 "입다"를 뜻하는 "닙다"에서 파생된 말이다. 곧 "닙다"의 관형형인 "닙을"이 연철된 것이다. "닙다"는 "입을 피(被) · 입을 착(着) · 입을 몽(蒙)"의 의미를 지니는 말이다. 이들의 용례를 보면 다음과 같다.

* 識이 ᄒᆞ마 드로몰 니버니(識已被聞) <능엄경언해>
* 슬피 너교몰 니베니라(蒙其傷憐而已) <두시언해>
* 니블 착(着) <훈몽자회>
* 죽니블 (粥皮) <同文類解>

이렇게 "닙다"는 피동의 의미와 "입다(着)"의 의미를 지니는 말이다. "이불"은 옷을 입듯 "입는 것, 걸치는 것, 덮는 것"의 의미를 지닌다. 옷을 "피복(被服)"이라 하는데, "피복(被服)"도 "옷을 걸치다"란 의미를 나타내는 말이다. 그리고 우리가 "이불 금(衾)"자라 하는 "금(衾)"은 "신체를 덮는 옷", 나아가 침구 잠옷을 의미한다. "옷 복(服)"자는 본래 옷을 나타내는 말이 아니고, "일에 종사함"을 나타내는 말로, 옷을 의미하게 된 것은 뒤에 차용에 의한 것이다. "니블"은 "닙다"의 관형형으로, 여기에 붙었던 "자리"가 생략된 것이거나, 알타이어의 원시 명사형 "-ㄹ"로, "입는 것", "걸치는 것", "덮는 것"을 의미하는 말이라 할 수 있다. 일본어의 "가케부동(掛布團)"은 "니블"에 그대로 대응되는 말이다. 우리 고어에 "죽니블"이란 말이 있는데, 이는 죽 위의 꺼풀을 이르는 말이다. 이때의 "니블"도 "덮은 것"을 의미하고 있다.

"자리"는 물론 "자리 석(席)"을 의미한다. 이는 고어에서 "돗 석(席)"<훈몽자회>이라 하던 말이다. 뒤에 "자리 석(席)"지로 바뀌었고, 흔히 "돗자리"라 한다. "자리"는 "잘(寢)-이(접사)"로 침구를 의미하는 말이다. "질자리"<태평광기언해>, "폼자리"<청구영언>라는 말은 "자리"가 "방석"이 아니요, "침구(寢具)"임을 방증해 준다.

그리고 까는 침구 "요"는 훈몽자회 등에 "요 속(褥)"으로 나타나는데, 폐

쇄음 종성이 탈락된 한자말이다. 일본어로는 "시키부동(敷布團)"이라한다. "포단(布團)"은 "포단(蒲團)"이 변한 말이다.

"힘"의 의미와 문화

"힘"의 어원은 무엇일까? 영어 Power는 가능하다, 능력이 있다를 뜻하는 라틴어 potere 또는 posse를 어원으로 한다. 일본어 "지카라(力)"는 스지가라 (筋幹)가 생략된 것이라 본다. 한어의 "리(力)"자는 상형문자(象形文字)로, 손의 근육이 부풀어 올라 힘줄이 드러나고, 힘이 들어간 모양을 상형한 것이다. 우리의 "힘"의 어원도 이 근육(筋肉)과 관련된다.

훈민정음 해례본에는 "힘爲筋"이란 말이 보인다. 힘은 힘줄(筋)이란 말이다. "힘"은 본래 "힘 력(力)"과 같은 추상적 의미를 지니는 말이 아니고, 구체적 사물 "힘줄"을 의미하는 말이었다. 오늘날 흔히 "근육(筋肉)"이라 하나, "근(筋)"과 "육(肉)"도 구별되는 말이었다. 원각경언해의 "갓과 고기와 힘과 뼈와는(皮肉筋骨)"이 그것이다. "힘줄"은 "근육의 기초가 되는 희고 질긴 살의 줄"을 의미하는 말이다. 이는 "근력(筋力)"이란 말도 있듯, 힘줄에서 힘이 나오므로 "근(筋)"이 "힘(力)"이란 추상적 의미를 나타내게 되었다.

"힘"은 우선 힘줄을 의미하던 말에서 근육(筋肉)을 의미하는 말로 바뀌었다. 이러한 관계는 "등심", 또는 "안심"이란 말에서 쉽게 확인된다. "등심"과 "안심"의 "심"은 "힘"이 구개음화한 말이고, "등심"은 여기에 등(背)이, "안심"은 여기에 안(內)이 합성된 말이다. 그리하여 이들은 각각 소의 등골뼈와, 갈비 안쪽에 붙은 고기, 곧 근육을 의미하게 되었다. "힘"이 "심"으로 변한 예는 "뱃심, 입심, 뒷심, 심줄" 등에서 쉽게 확인된다.

(2020.12.25.)

15. 사회적 인식과 어휘와의 관계 (1)

"개차반"의 명명과 의미

"나라구 원래부터 싸움을 좋아하겠나만 악이 나서 양반놈들과 부자놈들한
테는 아주 개차반 노릇을 할 작정이었다." <홍명희, 林巨正>

이 글에는 "언행이 몹시 더러운 사람"이라는 뜻으로 "개차반"이란 말이
쓰이고 있다. 그렇다면 "개차반"은 어떻게 돼서 이러한 뜻을 지니게 되었
는가?

"개차반"은 "개"와 "차반"으로 분석된다. 여기 쓰인 "개"는 가축으로서의
"개(犬)"다. "차반"은 "좋은 음식"을 뜻한다. "차반"의 사전의 풀이는 "①예
물로 가져가거나 들어오는 좋은 음식. ②맛있게 잘 차린 음식"으로 되어 있
다. 그러나 "개차반"의 경우는 이렇게 고상한 뜻으로 쓰인 것이 아니다. 오
히려 개가 좋아하는 먹이 "똥"을 가리킨다. "개차반"이 이렇게 "똥"을 지칭
하기 때문에 이는 "언행이 몹시 더러운 사람이나 행동"을 의미하는 것이다.

"똥"을 "개차반"이라 하는 것은 우리만의 사회적 인식인 것 같다. 다른
나라나 민족은 별로 그런 것 같지 않다. 중국에서는 특히 "제주도의 똥 돼

지"처럼 돼지의 "차반"이 "똥"이었다. 그러기에 "집 가(家)"자는 "집 면(宀)"자 아래 "돼지 시(豕)"자를 쓴 형성자로 되어 있다. 그리고 일본이나 영어권에서도 "개"가 똥을 먹는다는 사회적 인식은 없는 것으로 보인다.

"차반"은 "차반(茶飯)"을 어원으로 하는 한자말이다. "茶"는 상고음이 dǎg, 중고음이 dǎ이고, 중세 이래 tș'a라는 유기음이 되었다. "차반"의 용례를 보면 석보상절의 "父母 孝養ᄒᆞᅀᆞᆸ보더 오시며 차바니며 지비며 니블쇼히며"나, 내훈의 "廚ᄂᆞᆫ 차반 밍ᄀᆞᄂᆞᆫ 디라" 등이 보인다.

우리말에는 "개차반"처럼 "범의 차반"이란 말도 있다. 이는 속담으로, 쉽게 생각할 수 있듯 범의 포식(捕食)의 대상인 "개"를 지칭하는 것이 아니다. 오히려 동언해(東言解)에 보이듯, "지나치게 많이 먹어 어려움을 면치 못하는 것(飢困不免過輒太飽)"을 의미한다. 무엇이 생기면 뒷일을 생각지 않고 생기는 대로 더 써버리는 것을 의미한다. 한자어로는 "호다반(虎茶飯)"이라 한다.

"갈치"의 어원과 문화

"갈치가 갈치 꼬리 문다"는 속담이 있다. 동류끼리 못 살게 군다는 말이다. "갈치"는 흔히 "칼치"라고도 한다. "갈치"는 이렇게 칼(刀)과 관계가 있는 말이다. "갈치", 그것도 제주산 은갈치의 경우는 날이 시퍼렇게 선 백인(白刃)의 대도(大刀) 같다.

"칼(刀)"은 고어로 "갈"이라고 하였고, 이 말이 유기음화(有氣音化)하여 "칼"이 되었다.

　　* 믈 블 갈 모딘 것과 <석보상절>
　　* 두 갈히 것그니 <용비어천가, 36>
　　* 갈 도(刀) <신증유합 · 훈몽자회>

"갈치"는 고어에서 "갈티", 또는 "갈치"라 하였다. "갈티"의 용례는 역어
유해와 물보(物譜)에 "갈티(裙帶魚)"라 한 것이 보이고, "갈치"의 예는 해동가
요에 "헐이 긴 갈치"가 보인다. "갈-티"는 칼을 의미하는 "갈"과 물고기류
를 이르는 접사 "티"가 결합된 말이다(俗呼 火頭魚 가모티<사성통해>).

"갈치"는 그 모양이 칼과 같으므로 그 형상에 빗대어 "갈치"라 한 것이
다. 이의 명명은 동양어권에서는 대체로 비슷하다. 사회적으로 칼이나 띠
(帶)로 인식하였다. 그래서 한어(漢語)로는 "도어(刀魚)", 또는 "대어(帶魚)"라
한다. 한어에서는 칼과 띠(帶)와 비슷하다고 본 것이다. 위의 "갈티(裙帶魚)"
의 경우처럼 좀 더 구체적으로 "치마끈(띠)"과 같다고 본 명명도 있다. 일본
어로는 "다치우오(太刀魚)"라 한다. "다치"란 큰칼, 환도(還刀)를 의미하는 말
이다. 이에 대해 영어로는 hairtail이라 한다. 이는 우리들의 인식과는 거리
가 있다.

"기추 · 건즐"의 발상과 의미

이번에는 양반사회의 유식한 한자어 표현을 보기로 한다. 그것은 아내나
첩이 됨을 겸손하게 나타내는 말, "기추를 받들다"와 "건즐을 받들다"란
것이다.

"기추"는 "기추(箕帚)", 또는 "기추(箕箒)"라 쓰는 한자말이다. "기(箕)"는
"쓰레받기", "추(帚)"는 비를 뜻한다. 따라서 "기추"는 "쓰레받기와 비"를
의미한다. 그래서 "기추첩(箕帚妾)"은 청소를 하는 계집 종, 하녀(下女)를 가
리킨다. 이 말은 나아가 처(妻)의 겸칭(謙稱)이기도 하다. 따라서 "기추를 받
들다"라는 말은 "쓰레받기와 비를 받든다"는 말이요, 나아가 청소를 한다
는 말이며, 더 나아가 아내의 겸칭으로 쓰는 말이다. 청구야담(靑邱野談)의
"여식이 행차(行次) 떠나신 후로 타인에게 가고자 아니하고 상공댁(相公宅)을
찾아 기취(箕帚)를 받들고자 원하옵고"가 그 예이다. "기추를 받들다"는 한

자어로는 "봉기추(奉箕帚)", 또는 "집기추(執箕帚)"라 한다.

"기추첩"은 하녀(下女), 또는 아내가 자기를 이르는 겸칭이기도 하지만, 이는 또한 지아비가 자기 아내를, 딸의 어버이가 다른 사람에게 자기 딸을 이르는 겸칭이기도 하다,

"건즐"은 "건즐(巾櫛)"이라 쓰는 한자말이다. "건(巾)"은 수건이고, "즐(櫛)"은 빗을 의미한다. 따라서 "건즐"은 관목(盥沐)의 도구, 쉬운 말로 세면도구를 뜻하는 말이다. "건즐"의 용례는 예기(禮記) 곡례(曲禮)에 보인다. "남녀는 섞여 앉지 않으며, 옷걸이를 함께 쓰지 않으며, 수건과 빗을 함께 쓰지 않는다(不同巾櫛)"라 한 것이 그것이다.

"건즐을 받들다"라는 말은 따라서 "세면도구를 받든다"는 말로, 지아비의 세면 수발을 한다는 말이며, 나아가 아내가 된다는 완곡한 표현이다. 이를 한자어로는 "시건즐(侍巾櫛)", 또는 "집건즐(執巾櫛)"이라 한다. 이의 용례는 청구야담(靑邱野談)에 "그 소실(小室)이 어질고 지혜로워 산업(産業)을 다스리고 건즐(巾櫛)을 받들어 규범이 있으니"가 보인다.

"기추를 받들다"나, "건즐을 받들다"는 교양 있는 양반가 처첩의 겸칭이다. 그러나 오늘날의 사회적 인식으로는 수용하려 하지 않을 것 같다. 지아비가 그렇게 말하는 것도 오늘의 지어미들은 십중팔구 거부할 것이다. 사회가 많이 변했다.

"나팔꽃"의 명명과 사회적 인식

"나팔꽃"은 메과의 줄기식물로, 아시아 원산이다. 이는 여름에 나팔 모양의 꽃이 피기 때문에 "나팔꽃"이란 이름이 붙었다. 관상용이기도 하고 약용 식물이기도 하다. 한자어로는 견우(牽牛)·견우화(牽牛花)·구이초(狗耳草)·분증초(盆甑草)·천가(天茄) 등 여러 가지로 이른다.

나팔꽃의 이름은 크게 세 가지 유형으로 나뉜다. 그 하나는 형태에 따라

명명한 것이고, 다른 하나는 꽃이 아침에 핀다는 것이며, 셋째는 귀한 약초라는 것이다. 첫째 유형의 명명은 우리의 "나팔꽃"을 위시하여 한어(漢語)의 나팔화(喇叭花)를 들 수 있다. 따라서 한중어(韓中語)는 발상을 같이 한다. 둘째 유형은 일본어 "あさがお(朝顔)"와 영어 morning glory가 그것이다. "아사가오"란 아침에 피는 아름다운 꽃(容華)이라는 의미다. morning glory란 "아침의 영광"이라고 아침에 아름답게 피어 영광을 드러낸다는 의미를 지녀 일본어와 발상을 같이 한다. 여기 "아침"이란 "아침 조(朝)"를 의미하는 동시에 그 생명이 짧음도 아울러 나타낸다 하겠다. 나팔꽃은 아침에 피어 곧 시들기 때문이다.

셋째 유형의 이름은 중국의 "견우화(牽牛花)"를 들 수 있다. 나팔꽃은 약용식물이기도 하다고 하였거니와 잎은 진경제(鎭痙劑)와 천식의 약재로 쓰이며, 씨는 통변(通便)·부종(浮腫)·적취(積聚)·요통(腰痛) 등의 약으로 쓰인다. 그래서 지난날 나팔꽃 씨(牽牛子)는 귀하고 값이 비쌌다. 이러한 사연이 중국의 사물기원(事物紀原)의 "견우(牽牛)"조에 전한다. 본초(本草) 보주(補注)에 이른다고 전제하고 "처음 시골사람(田野人)이 소를 끌고 가 약과 바꾸었다. 그래서 이러한 이름이 붙었다(始出田野人 牽牛易藥 故以名之)"고 한 것이 그것이다. 소를 끌고 가(牽牛) 이 약과 바꾸었다는 것이다. 얼마나 귀한 것이면 소와 바꾸었겠는가?

이런 것들은 모두 발상, 말을 바꾸면 사회적인 인식의 차이로 말미암아 나팔꽃에 다른 이름이 붙은 것이다.

"댕기풀이"의 의미와 문화

채만식의 "모색(摸索)"이란 작품에는 "옛날 풍속의 '댕기풀이'로 발바닥 몇 대 맞은 셈만 치면 그뿐일 뿐 아니라…"라는 구절이 보인다.

지난날 결혼을 하면 친구들이 신랑을 거꾸로 매달아 놓고 발바닥을 치며 한 턱을 내라고 다는 풍습이 있었다. 이런 풍습이 관례(冠禮) 때에도 행해졌다. 관례는 요샛말로 성인식(成人式)이다. 남자는 20세 때 행해졌고, 여자는 계례(笄禮)라 하여 15세가 되었을 때 행하였다. 남자거나 여자거나 관례 전에는 머리를 땋아 댕기를 드리웠다.

남자는 관례와 동시에 댕기를 풀고 상투를 틀었고, 여자는 머리를 올려 쪽을 졌다. 따라서 관례의 한 특징은 댕기를 푸는 것이라 할 수 있다. 관례를 치르고 난 다음에는 성인, 곧 어른으로 대접을 받는다. 따라서 관례를 치르게 되면 성인(成人)이 되었다고 친구들이 한 턱을 내라 한 것이다. 이렇게 관례 뒤에 친구들에게 한 턱 내는 것을 "댕기풀이"라 하였다. 성인이 되었음을 자축한 것이다. "댕가풀이"는 이렇게 "댕기를 푸는 것"을 의미하고, 그것이 성인이 되었음을 의미하며, 축하의 대상이 된 것이다. 이것이 우리의 사회적 인식이다.

여기서 "댕기풀이"의 "푸는 것(解)" 이야기가 나왔으니, 다른 의식(儀式) 하나를 더 보기로 한다. 그것은 "풀보기"란 것이다. 이를 한자말로는 "해현례(解見禮)"라 한다. 전통혼례는 달비나 족두리를 쓰는 등 성장을 하고 행해진다. 따라서 의식으로서는 장엄한 맛이 있었겠으나, 거동을 하기에는 불편하였다. 이에 혼인한 며칠 뒤에 신부가 시부모를 뵈러 갈 때에는 예장을 간단히 하고 뵈러 가게 된다. 이를 "풀보기"라 한다. 웅장성식(雄壯盛飾)을 풀고 뵙는다는 말이다. 이는 "풀(解)-보기(謁見)"로 분석되는 말이다. "해현례(解見禮)"라는 말이 이를 단적으로 설명해 준다. "견(見)"자가 "보일 현(見)"으로 읽힌다. 그러니 이 말은 "풀보기"라 하기보다는 "풀뵙기"나 "풀뵈기"라고 "뵈다"라 해야 더 어울릴 말이다.

"손꼽다"의 의미와 문화

우리말에 "손꼽아 기다린다"는 말이 있다. 명절이나 생일과 같이 기다려지는 날을 며칠이나 남았나 하고 손가락을 고부리며 날짜를 세고 기다리는 것을 이르는 말이다. 이런 경우를 한자말로 "굴지계일(屈指計日)"이라 한다. 손가락을 꼽아가며, 예정된 날을 계산한다는 말이다.

그렇다면 "손꼽아 세어 본다"의 "손꼽다"는 어떻게 된 말인가? 이는 "손 -곱다"가 변한 말이다. 여기 "손"은 물론 "손가락"을 의미하는 말이고, "곱 다"는 "굽다"의 작은 말로, "굽히다"를 의미한다. "손가락을 구부리다"의 뜻을 나타낸다. 바로 "굴지계일"의 "굴지(屈指)"를 의미한다. 우리는 수를 셀 때 손가락을 구부린다. 굴지(屈指)를 한다. 서양에서는 오히려 펴는 것을 볼 수 있다. 굴지 아닌 "신지(伸指)"를 한다. 문화의 차이이다. 이것이 언어 에 반영된 것이 "손꼽다"이다. "손곱다"의 예는 역어유해에 "손곱아 혜다 (生手算)"를 볼 수 있다.

"손이 곱다"가 "손꼽다"가 된 것은 물론 어중(語中)에서 "ㄱ"이 된소리로 변한 것이다. 그런데 "손이 곱다"라 쓰이는 경우도 있다. 이때는 물론 의미 가 다르다. 이때의 "곱다"를 사전은 "손가락이나 발가락이 얼어서 감각이 없고, 놀리기가 어렵다"는 뜻으로 보고 있다. 물론 그런 상태에까지 이를 수 있다. 그러나 "손이 곱다"는 말의 본래의 뜻은 "날씨가 추워서 손가락이 나 발가락이 구부러드는 것"을 의미한다. "곱다"는 위에서 본 바와 같이 "굽다"의 작은말이다. "손이 곱다"는 "손가락이 구부러드는 것", 나아가 "추워서 감각이 없고 놀리기가 힘든 상태"를 이르는 말이다. 구체적 상황 으로 추상적 의미를 나타내는 의미변화를 한 것이다.

"시냇물"의 어원과 의미

"시냇물"을 사전은 "시내에서 흐르는 물"이라 풀이하고 있다. "시내"는 흔히 작은 내, 곧 "실 내(絲川)"로 생각한다. 그러나 그런 것이 아니다. 이는 "곡천(谷川)"을 의미한다.

"시내"는 고어에 "시냏, 시내"로 나타난다.

* 프른 시내해 비록 비 해 오나(碧澗雖多雨) <두시언해>
* 시내 계(溪) <훈몽자회>, <신증유합>

"시내"는 단일어가 아니고 복합어이다. 이는 "골짜기-내"라는 "곡천(谷川)"을 의미하는 말이다. 곧 골짜기(谷)를 뜻하는 "실"과 "내 천(川)"의 "내"가 합성된 말이다. "골 곡(谷)"을 "실"이라 하는 용례는 지명에 많이 보인다. 신라의 지명 "河曲縣 絲浦 今 蔚州谷浦也"에 보이듯 "絲浦"가 지금의 "谷浦"로 이것이 "실ㄴ른"라는 것이 그것이다. 이는 오늘날의 지명에도 世谷을 "누르실", 主谷을 "님실", 栗谷을 "밤실"이라 하는 데서 확인할 수 있다.

그리고 "시내"가 "실내"였음은 "싯냇물"에서 확인할 수 있다. 해동가요에 실려 있는 시조 "구즌비 멋겨가고 싯냇물이 묽아온다"고 "싯냇물"이라 쓰인 것이 그것이다. 이는 계곡의 냇물로, "실(谷)-ㅅ(사이시옷)-내(川)-ㅅ(사이시옷)-물(水)"로 분석된다. 그리고 "시냇물"이 된 것은 사이시옷이 쓰이며, "실내"의 "ㄹ"이 탈락된 것이다.

(2020.12.30.)

16. 사회적 인식과 어휘와의 관계 (2)

"아름답다"의 어원과 문화

우리말 "아름답다"의 어원은 분명치 않다. 한자 아름다울 미(美)는 양(羊)이 큰 것을 의미하고, 일본어 "美しい"는 자애를 의미하던 말이다. 영어 beautiful의 어원은 "beau-ti-ful"로 분석되며, beau"는 "멋쟁이 · 여자를 호위하는 사나이"를 의미한다. 독일어 "schön"은 "보다"란 의미의 schauen과 어원을 같이 하는 말로, 볼만한 가치가 있는 것을 의미 한다.

"아름답다"를 고어에서는 "아룸답다"라 하였다. 석보상절의 "美는 아룸다볼 씨니"와 신증유합의 "아룸다올 언(彦)" 등이 그것이다. 이는 "아룸"과 접사 "답다(如)"로 분석된다. 따라서 "아룸"은 그 뜻이 무엇이든 간에 명사류(名詞類)이어야 한다.

"아룸"은 "알(實)"을 의미하는 "아람"이거나, 사사로운 것을 의미하는 "아람(私)"을 생각할 수 있고, 또 훌륭하다를 뜻하는 "알다(長)"의 명사형을 생각할 수 있다. "사사로운 것"을 뜻하는 "아룸"은 형태나 의미의 면에서 가장 잘 어울린다. 이의 용례는 능엄경언해의 "제 모물 아룸삼디 아니ᄒ 며(不和)"<능엄경언해> 등이 보인다. 이는 성조까지 동일하다. 곧 "아룸"의 둘째 음절이 거성(去聲)인데 "아름답다"도 마찬가지로 거성이다. 이는 공적(公的)인 것이 아닌 것, 사적인 것을 사람들이 좋아한다는 점에서 의미의 면에서도 부합된다. 다만 문제는 "아리땁다"도 "아름답다"와 어원을 같이 하는 것으로 보이는데 이를 제대로 설명할 수 없다는 것이 단점이다.

이에 대해 "알다(長)"의 명사형은 "아리땁다"에 대한 설명을 제대로 할 수 있다는 장점을 지닌다. "아리땁다"는 고어에서 "아룻답다"라 하였다. "아룻"은 "알다"의 파생명사라 할 수 있다. 이는 "놀다(遊)"의 파생명사 "노룻"과 형태를 같이 한다. "노룻바치"가 그 예다. "알다"는 "훌륭하다"를 뜻하는데 금강경삼가해의 "알은 거스란 그 알오몰 므더니 너기고 뎌른 거스란 그 뎔오몰 므더니 너기고(長者란 任其長ᄒ고 短者란 任其短ᄒ고)"가 그 예이다.

따라서 여기서는 "아름답다"의 어원을 "아룸(私)-답다(如)"와 "아룸(長)-답다(如)"의 두 가지로 제시하고, 최종 결론은 훗날로 미루기로 한다.

"어른"의 어원과 문화

우리말에는 "관혼(冠婚)"이란 말이 있듯, 전통적으로 관례(冠禮)를 행하고 혼례(婚禮)를 행하였다. "혼례"를 나타내는 말은 여러 가지가 있다. 그 가운데 하나가 "남신얼이다"와 "겨집얼이다"라는 말이다. 전자는 남자가 장가드는 것이고, 후자는 여자가 시집가는 것을 말한다. 이들을 줄여서는 "얼이다"라 한다.

"얼이다"는 옛말에서 "얼다, 얼우다, 얼오다, 어로다, 어루다, 어르다" 등 다양한 형태로 나타난다. 그러나 기본이 되는 형태는 "얼다"라 하겠다. "얼다"의 형태는 15세기 문헌에 보이는데, 두시언해의 "샤옹 어루믈 발뵈디 못ᄒ니(嫁不售)"의 "어룸"이 그것이다. 이는 "얼다"의 명사형으로, "출가(出嫁)"를 의미한다. "얼다"는 이렇게 "혼인하다"라는 뜻 외에 "교합(交合)하다, 성교(性交)하다"의 의미를 지닌다. 그리고 "남신얼이다"와 "겨집얼이다"라는 말의 "얼이다"는 "얼다"에 사동의 접사 "이"가 붙은 것이다.

"어른"은 고어에서 "얼운, 어룬, 어론, 어루신" 등의 형태로 나타난다. 앞에서 "얼다"가 15세기에 나타난다고 하였듯, "얼운"의 형태도 15세기에 많이 보인다. 두시언해의 "얼우녯 사ᄅᆞ미 와 門인 이시니(長者來在門)"가 그것이다. 여기 "얼운"은 "얼다"의 동명사형으로, "혼인함", 나아가서 "혼인한 사람", 곧 성인(成人)을 의미한다. "성인", 곧 "어른"이란 사회적으로 부부가 되어 성생활(性生活)을 인정받은 사람이다. 그리하여 "얼운"은 "교합(交合)"과 함께 "성인(成人)·장자(長者)"의 의미를 지닌다. "어룬, 어론"은 "얼운", 또는 "얼온"이 연철된 것이고, "어루신"은 "얼운"에 존칭접사 "시"가 더 붙은 것이다. "어른"은 후대에 나타나는 새로운 어형이다.

"어른"의 어원은 "교합하다"를 뜻하는 "얼다"에서 파생된 것이 아니고, "알다/얼다(尊·長)"의 명사형으로 보려는 견해도 있다. 그러나 이는 장자(長者)가 연장자, 손윗사람을 의미하므로 "얼다(長)"가 "훌륭하다·우수하다·뛰어나다"라는 의미의 확장으로 이어진 것이라 하겠다. 따라서 이는 어원을 달리 하는 것이 아니라 같은 것으로 보는 것이 좋을 것이다.

"없다"의 "죽다"란 의미와 문화

유무(有無)의 "없다"와 사생(死生)의 "죽다"는 다른 말이다. 의미가 다를 뿐 아니라, 문법적 기능도 형용사와 동사로 다르다. 그런데 우리의 고어에서는 무(無)를 나타내는 "없다"가 "죽다·돌아가다"의 의미도 나타낸다. 이는 어떻게 된 것인가?

"사(死)", 곧 "죽다"는 "①생명이 없어지다, ②활기가 없다, ③감각이 없어지다, ④망해 없어지다" 등을 의미한다. 따라서 "죽다"와 "없다"는 관계가 없는 말이 아니라, 매우 밀접한 관계를 지닌 말이라 할 수 있다. 그래서 우리말에서는 "없다"가 "죽다·돌아가다"를 의미하게 된 것이다. 이는 일단은 비유적인 의미요, 완곡한 표현이며, "죽다"에 대한 금기어(taboo)로 쓰인 것이라 하겠다. 구체적으로 "없다"가 "죽다"의 의미로 쓰인 용례를 보면 다음과 같다.

* 아비 업거늘 시묘ᄒ고 <삼강행실도>
* 이는 내 업고자 한 뜻들이니, 내 몸이 없어 이 경상을 보지 말고자 하되
  <한중록>
* 이 몸이 없어 불효를 사뢰코자 하나 <한중록>
* 국영(國榮)이 업슨 후는 <한중록>

존칭의 접사 "시"를 동반한 "업스시다"가 "돌아가다"의 뜻으로 쓰인 것도 보인다.

* (太子룰) 업스시긔 쐬룰 ᄒ더니 <월인석보>
* 부텨 업스신 後에 後世에 퍼디게 호미 <석보상절>
* 장ᄎ 업스실 제(將終) <내훈(內訓)>
* 쇼경대왕 업스심애 삼년을 거상닙고 <동국신속삼강행실도>
* 대군 업스시다 쇼문 업시셔 <계축일기>

이상 "죽다"를 의미하는 "없다"나 "업스시다"는 대부분이 왕이나 왕족에게 쓰인 궁중용어이다. 궁중 용어가 아닌 경우는 부처에게 쓰인 경우와 삼강행실도의 "아비 업거늘 시묘ᄒ고" 뿐이다. 따라서 "죽다"를 의미하는 "없다"나 "업스시다"는 궁중 용어로서 불교계와 양반사회에 확산된 사회적 방언(社會的方言)이라 하겠다.

"움딸"의 의미와 문화

우리말에는 "움벼"라는 말이 있다. 이는 가을에 베어낸 벼 그루에서 다시 움이 돋아 자라난 벼를 말한다. 벼 줄기의 밑동에서 움이 돋아난 것이라 하여 그루벼라고도 한다. "움"은 새로 돋아난 싹(芽)을 이르는 말이나, 이렇게 나무나 풀을 베어낸 뿌리에서 다시 나온 싹을 이르기도 한다. "움돋이, 움버들, 움뽕(女桑), 움파" 따위가 이러한 것이다.

"움"이 붙는 말에는 이와 다른 색다른 말도 있다. "움딸"이란 말이 그것이다. 이는 죽은 딸의 남편, 곧 사위가 재혼한 여자를 이르는 말이다. 베어낸 나무나 풀의 줄기에서 움이 돋아나듯, 죽은 딸의 뒤를 이어 사위의 아내가 된, 딸과 같은 존재이기에 "움딸"이라 하는 것이다. 그래서 사실은 자기(丈人)와는 아무 관련이 없는 여인을 "딸"로 동일시한 것이다. 움이 다시 피어나듯이, 죽은 딸의 자리를 계승하였으니 "움딸"이라 수용한 것이다. "움누이"라는 말도 있는데, 이는 시집간 누이가 죽고 난 뒤 그 누이의 남편, 곧 매제와 결혼한 여자를 이르는 말이다. 이 여인은 "움딸"과는 달리 누이의 자리를 계승한 사람이다. 그래서 화자가 달라졌으니 그녀를 "움누이"라 한 것이다. 이러한 발상, 곧 사회적 인식에 의한 말에는 또 "움고모"라는 말도 있다. 이는 시집간 고모가 죽고 난 뒤에 고모부가 새로 맞은 여인을 이르는 말이다.

앞에서 "움벼"를 "그루벼"라고도 한다고 하였다. "그루며"는 "움벼"의 의미와 함께 보리를 베고 그루갈이로 심은 벼도 아울러 이른다. 이러한 말에는 "그루콩, 그루팥"과 같은 말이 있다. "그루갈이"란 한 해에 같은 땅에서 종(種)을 달리하여 두 번 농사를 짓는 일이나, 그렇게 지은 농사를 말한다. 이는 달리 "그루뜨기", 또는 한자어로 "근경(根耕), 근종(根種)"이라 한다. "그루밭"은 이러한 그루갈이를 하는 밭을 의미한다. 이는 줄여 "글밭"이라고도 한다.

"제미랄·네미랄"의 어원과 문화

욕설이란 반드시 나쁜 것만은 아니다. 이는 파괴의 안전판(安全瓣) 구실을 한다. 파괴에 이르게 할 것을 욕을 함으로 이를 사전에 막는 구실을 하기도 하는 것이다.

욕은 일종의 공격적(攻擊的) 행동이다. 이는 욕구 불만이나 갈등 및 무의식의 원망(願望)이 충족되지 않을 때 나타난다. 이는 좌절을 받았을 때 공격을 하는, 이른바 좌절공격(frustration aggression) 가설에 해당하는 행동이다. 따라서 욕은 세계 도처에서 행해진다.

욕설은 문화를 반영한다. 우리의 욕설은 성(性)관계 욕설과 형벌 관계 욕설이 많다. 성관계 욕설은 우리만이 많은 것은 아니다. 이는 일반적 경향을 지닌다. 성관계(性關係)는 그것이 동물적 속성을 지니는 것이기에 욕설이 된다. 우리는 음식을 먹는다는 것도 부끄럽게 생각했다. 그래서 "먹는다"는 말을 피하고, "든다(< 숟가락을 든다)"고 완곡한 표현을 한다. 그러니 성행위(性行爲)야 더 말해 무엇하랴?

성과 관계된 욕 가운데 "네미랄", 또는 "제미랄"이란 것이 있다. 오늘날 이 욕설은 유연성(有緣性)을 상실해 그냥 감탄사로 쓰이기 때문에 그 어원조차 의식이 잘 안 된다. 이는 "네밀할", 또는 "제밀할"이라고도 하는 것으로, "네- 어미를- 할", 또는 "제- 어미를 -할"이란 말이 준 것이다. 그리고 여기 "할"이란 "ㅆ할", 곧 "성교를 할"을 의미하는 말임은 말할 것도 없다. 그리고 이들은 모두 관형형으로 끝나고 있는데, 그 뒤에 와야 할 "놈"이 생략된 것이다. 따라서 이들은 저의 어미와 성교할 놈이란 말로, 근친상간(近親相姦)을 할 놈이라는 말이다.

중국에도 "네미랄", 또는 "제미랄"과 비슷한 욕설이 있다. "타마더(他媽的)"가 그것이다. 중국의 임어당(林語堂)은 이 말을 중국의 "국매(國罵)"라고까지 하였다. 이 말도 오늘날 "제미랄" 정도의 감탄사로 쓰이고 있으나, 본래

는 "그의 어미와 관계를 할"을 뜻하는 말이다. 그런데 이는 우리와는 다른
점을 지니는 말이다. 이는 근친상간을 욕하는 것이 아니라, 상대방의 부모,
나아가 조상과 관계를 한다는 말로, 상대방을 모욕하는 말이다. 이는 자기
어미와 관계한다는 말이 아니고, 남이 상대방의 어미를 욕보인다는 말이다.
이는 체면과 관계된 욕설이다. 중국에서는 8대에서 18대 조상(操他媽的祖宗十
八代)까지 들먹이며 성관계의 욕설을 한다. 그리하여 윤리적(倫理的)으로 형
편없는 집안이라 매도한다. 윤리도덕을 강조하는 중국에서 패륜(悖倫)을 저
지른, 형편없는 조상의 집안이라 상대방을 매도함으로 체면을 손상시키는
것이다.

이에 대해 일본에서는 성에 대한 금압(禁壓)이 심하지 않았기에 성에 대
한 욕설이 많지 않은 것으로 본다. 영어권에서는 불륜을 죄로 보기 때문에
성관계 및 근친상간에 대한 욕설이 비교적 많이 쓰인다.

"홀태바지"의 어원과 문화

여자들은 몸매를 드러내기 위해 몸에 짝 달라붙는 옷을 잘 입는다. 요샛
말로 레깅스를 입는다. 레깅스가 아니더라도 통이 매우 좁은 바지를 입기
도 한다. 이런 바지를 "홀태바지"라 한다. 이문열의 "변경"에는 이 "홀태바
지"의 용례가 보인다.

> "… 밸가 벗고 남천강에 목욕하던 게 언젠데 어디 가서 못된 것만 배워갖
> 고- 벌써 찌지고 볶은 머리에 홀태바지로 암내나 살살 피우는 기 없나, 그
> 노래, 그 춤 어디서 배웠는지, 머스마들 절로 가라카는 논다이꽤가 없나. …"

그러면 "홀태바지"의 어원은 무엇인가? 이는 "홀태"와 "바지"로 분석되
는 말이다. "홀태"는 "뱃속에 알이니 이리가 들어 있지 않아 배가 홀쭉한

생선"을 가리킨다. 홀태바지는 바지의 생김새를 이 생선 홀태에 비유한 것이다. 용모는 생각하지 않고 생긴 모양이 조선무가 아닌, 왜무처럼 날씬하게 생긴 면에 주목한 것이다. "바지"는 우리가 잘 아는 하의(下衣)로, 위는 통으로 되고 아래는 두 가랑이로 나뉜 옷을 말한다. 이는 고어에서 "바디"라 하였다. 신증유합의 "바디 고(袴)"와 가례언해의 "袴는 바디오"가 그것이다. 이는 또 "ㄱ외"라고도 하였다. "ㄱ외"란 본래 의상(衣裳)의 "상(裳)", 곧 하의를 의미하던 말로 치마 외에 바지를 의미하기도 하였다. 금강경삼가해의 "어미 나흔 가외오(孃生袴子)"가 그 예다. 그리고 오늘날 이 "ㄱ외"는 중의(中衣)를 이르는 말로, "고의"로 남아 쓰이고 있다. "고의"는 "고의(袴衣)"라고 한자를 대입하여 쓰기도 한다. 그리고 이 "ㄱ외 고(袴)"자는 오늘날 "바지 고(袴)"자라 하고 있다.

 "홀태"가 들어가는 말에는 "홀태버선", "홀태부리", "홀태소매" 등이 보인다. 이들은 각각 버선 목이, 물건의 부리가, 옷의 소매가 좁다는 의미로 "홀태"가 쓰인 말이다.

(2021.1.4.)

17. 기본이 되는 생활 속의 어휘들 (1)

"가운데"의 어원과 문화

공간이나 길이의 반이나 중간을 "가운데"라 한다. 이 말은 고어에서 "가
본디" 또는 "가온디·가온대"라 하던 말이다. 월인석보의 "깊 가본디는 大
小乘ㅅ 스이라"나, 두시언해의 "믌가온디셔 슬프니(哀中流)", 및, 신증유합의
"가온딧 듕(中)"이 그 예이다.

"가운데"의 어원은 위의 용례로서 알 수 있듯, "갑다(中·半)"의 관형형
"갑온"에 처소를 나타내는 "디"가 결합된 말이다. "가본-디> 가온더> 가
운데"로 변화하였다. 한가위를 이르는 "가배(嘉俳)"는 "갑다"의 어간에 접사
"이"가 결합된 "가비"를 한자를 차용 표기한 것이다. 고려 속요 "동동(動動)"
에 보이는 "八月ㅅ 보로문/ 아으 嘉俳나리언론"의 "嘉俳"도 마찬가지다.
"가비> 가뵈> 가위"로 변화하였다.

반(半)을 이르는 "가웃" 또한 이 "갑다"에서 파생된 말이다. 이는 "갑(어
간)-옷(접사)"으로 이루어져 "가봇 > 가옷> 가웃"으로 변한 말이다. "가웃"
과 비슷한 구조의 어휘에 "노릇"이 있다. 이는 "놀다"의 어간에 접사 "옷"
이 결합되어 "놀이"를 나타낸다. "가웃"의 용례는 태창집요의 "흔 되 가웃

(一盍牛)" 등이 보인다.

표준국어대사전에서는 "가옷"을 "가웃"의 경상방언으로 보고 있으나 그 분포는 좀 더 넓은 것으로 보인다. 이는 수량 단위의 절반 정도를 나타내는 접미사로 보고 있다. "한 말 가옷", "자 가옷"과 같이 쓰이는 것이 그것이다. 중간, 반(半)을 나타내는 "갑다"는 사어가 되어 오늘날은 쓰이는 것을 볼 수 없다.

"거스름돈"의 어원과 문화

셈한 돈을 제하고 나머지 돈을 도로 돌려주거나 받는 것을 "거스르다·거슬러 주다"라 한다. 그리고 이렇게 "거슬러 주는 돈"을 "거스름돈"이라 한다. 한어로는 조전(找錢), 일본어로는 "つりせん(釣錢)"이라 한다.

"거스름돈"의 어원은 "거스르다(逆)"의 명사형 "거스름"에 "돈(錢)"이 합성된 것이다. "거스르다"는 순행(順行)이 아닌 역행(逆行)을 의미한다. 따라서 다소 의아하게 들릴는지 모른다. 그러나 조금도 이상할 것이 없다. 돈을 주고서 받는 것은 분명히 순행과 역행의 행동이라 하겠다. "주는 것"을 순행이라 한다면, "받는 것"은 역행이다. 물건을 사기 위해서는 돈을 치러야 한다. 그러면 상대는 계산을 하고 나머지 돈을 되돌려 준다. 준 것에 대해 "거슬러(逆行)" 주는 것이다. 대체로 큰돈을 내고서 잔돈을 거슬러 받는다. 이렇게 돈을 건넨 뒤 셈을 하고 되돌려 받는 잔돈을 "거스름돈"이라 한다.

막역지우(莫逆之友)라는 말이 있다. 거스르지 않는 친구라는 말이다. 친구라면 서로의 뜻을 존중하고 거스르지 않아야 한다. 그러나 상행위(商行爲)에서는 셈을 하고 나머지는 반드시 거슬러 주고 받아야 한다. 이것이 상거래(商去來)의 원칙이다.

"다리미 · 인두"의 어원과 문화

조선시대 실명씨의 한글로 된 수필에 "규중칠우쟁론기(閨中七友爭論記)"라는 것이 있다. 이는 규중(閨中)의 일곱 친구 "바늘, 자, 가위, 인두, 다리미, 실, 골무"를 의인화하여 인간사회를 풍자한 글이다. 칠우(七友) 가운데 "다리미"와 "인두"가 들어 있다. 이들의 어원을 보기로 한다.

"다리미"는 옷을 다리는 기구로, 한자어로는 "울두(熨斗)"라 한다. 한어 "熨斗(yundou)"는 화두(火斗), 탕두(燙斗)라고도 하는 것으로, 다리미와 인두를 아울러 이르는 말이다. "울(熨)"과 "탕(燙)"은 "다리다"의 의미를 나타내고, "두(斗)"는 손잡이가 있는 그릇을 의미한다.

"다리미"는 고려 고종 때의 문헌인 향약구급방에 "熨斗 多里甫里"가 보이는데 이것이 가장 오래된 기록이다. 이는 조선조에 보이는 "다리오리 · 다리우리"의 전차어(前次語)라 하겠다. "多里"는 "다리다"의 어간이고, "甫里"는 접사로서 기구를 의미하는 말이라 하겠다. 따라서 이는 "다리는 것", 곧 다리는 기구를 의미한다. "디리오리"나 "다리우리"는 이 "多里甫里"가 "다리ᄫᅩ리> 다리오리 · 다리우리"로 변한 것이다. "다리오리 · 다리우리"의 예를 각각 하나씩 보면 역어유해의 "다리오리(熨斗)"와, 훈몽자회의 "다리우리 울(熨)"이 그것이다. 오늘날의 "다리미"는 "다리다"의 명사형 "다림"에 접사 "이"가 결합된 말임은 물론이다.

"인두"는 바느질할 때 주름살을 펴거나, 솔기를 꺾어 누르는 데 쓰는 기구이다. 이는 고어에서 "인도"라 하였다. 역어유해보의 "인도 밧침 견반(烙版)"과 동문유해의 "인도(烙鐵)"가 그 예다. 앞에서 한어에서는 다리미와 인두를 구별하지 않고 다 같이 "熨斗"라 한다고 하였다. 그런데 한어에서 이 "熨斗"를 "yundou"라 한다. 따라서 한어 "yundou"는 우리말에 "다리미" 아닌 "인두"를 지칭하는 말로 남아 쓰인다고 할 수 있다. 그것은 방언에 "인두"를 "윤디"라 하고 있기 때문이다. "인두"는 "윤도"가 변한 말로, 이는

"윤디"를 거쳐 "인도> 인두"로 변했다 하겠다. Gillelon은 방언주권설(方言周圈說)을 주장하며, 정치·경제·사회의 중심지에서 멀리 떨어져 있을수록 고어를 지닌다고 하였다. "윤디"는 바로 이러한 언어현상을 증언하는 산 증거라 하겠다.

"뼘"의 어원과 의미

몸으로 길이를 재는 방법에 두어 가지가 있다. 그 하나는 양팔을 벌려 한 발, 두발 하고 재는 것이고, 다른 하나는 발(刃)보다 작은 것을 잴 때 손가락을 벌려 한 뼘, 두 뼘 하고 재는 것이다. 한 발 두발 하는 "발(刃)"은 팔을 뜻하는 고어 "ᄇᆞᆯㅎ"이 변한 말이다. 한청문감에 보이는 "ᄇᆞᆯ(度), 반불(半度)"이 그 예이다. "ᄇᆞᆯㅎ"이 팔(脚)을 뜻하는 경우에는 유기음으로 바뀌었으나, 수량을 나타내는 단위 명사로 쓰일 때는 "ᄇᆞᆯ> 발"로 모음만이 바뀌었다.

"뼘"은 변화의 사정이 다르다. "뼘"은 뼘을 때의 손 모양에서 비롯된 말이다. "뼘"은 길이를 잴 때 엄지와 인지가 만들어 내는 공간 형태를 나타내는 말이다. 이 모양이 마치 범의 아가리(虎口) 같다고 하여 "범아귀"라 하였다. 동문유해의 "범아귀(手虎口)"가 그 예이다. 이 "범아귀"가 "봄> 뽐> 뺨> 뼘"으로 변하였다.

"범아귀"는 우선 "봄·뽐"으로 바뀌었다. 이의 용례는 훈몽자회에 "훈봄 탁(坼)"이라고 "봄"이라 한 것이 보이며, "뽐"의 예는 박통사언해에 "훈뽐 기릐롤(一把長)"이 보인다. 이들은 "범"이 "봄"으로, 그리고 "뽐"으로 경음화하였다. 그리고 "범아귀"가 "봄·뽐"으로 변화한 것은 "아귀"가 생략된 것이라 하겠다. "범아귀"가 수량 단위를 나타내며 유연성(有緣性)을 상실하고, 어형이 바뀌고 생략을 하기에 이른 것이다. 그리고 "봄·뽐"은 다시 모음의 변화를 입어 "뼘"으로 변화하였다.

"뼘"은 "장뼘"을 나타내는 말이기도 하다. "장뼘"은 엄지손가락과 가운

넷손가락 끝의 길이를 말한다. 이에 대해 엄지손가락과 집게손가락의 길이
는 "집게뼘"이라 하는데, 이를 고어에서 "져근뽐"이라 한 것이 보인다. 동
문유해의 "一虎口 져근뽐"이 그것이다. "큰뼘"과 "작은뼘"은 사전에 표제
어로 올라 있지는 않으나, 지금도 방언에 남아 쓰이는 말이다. 현대어에는
"뼘치"라는 말이 있는데 이는 한 뼘쯤 되는 물건이나 물고기를 이르는 말
이다.

"숨바꼭질"의 어원과 의미

어린이들의 놀이에 "숨바꼭질"이란 것이 있다. 한 사람이 술래가 되어
숨은 사람을 찾아내는 놀이다. 이는 "술래잡기"라고도 한다. "술래잡기"에
대해서는 앞에서 살펴본 바 있다.(p.339 참조)

"숨바꼭질"의 어원에 대해서는 정설이 없다. 그만큼 그 어원을 밝히기
어렵다는 말이 될 것이다. 이는 크게 두 가지 설로 나누어 볼 수 있다. "숨
바꼭질"의 "숨"을 "숨다(隱)"의 의미로 보느냐, 아니면 "숨(息)"의 의미로 보
느냐 하는 것이다. 후자의 뜻으로 보려 하는 것은 "숨바꼭질"이 "헤엄칠 때
물 속으로 숨는 것"에 주목하는 것이다. 그러나 이도 "숨을 쉬지 않는 것"
보다는 다음에 보듯, "숨는 것"에 초점이 놓임으로, 이 "숨"도 "숨다(隱)"의
의미로 보는 것이 바람직할 것이다.

"숨바꼭질"의 옛 기록은 "숨막질·숨박딜·숨박질" 등으로 나타난다.

    * 녀름내 숨막질ᄒᆞᄂᆞ니(一夏裏藏藏昧昧) <박통사언해>
    * 숨박질(迷藏) <物譜>
    * 潛 숨박딜 <유희, 물명고>

문헌 기록에 따르면 "숨막질> 숨박질"의 변화를 보이는 것이 되나, 이

는 알타이어의 m~b의 대응현상의 결과로, "숨박질"이 본래의 형태일 것으로 추정된다. 그리고 박통사언해의 "숨막질"은 잠영(潛泳)인지, 술래잡기인지 분명치 않으나, 한문 "藏藏昧昧"로 보아 "폐식(閉息)"이 아님이 분명하다. "숨는 것"이다.

"숨바꼭질"은 놀이의 과정으로 볼 때 이는 숨고 찾는 놀이이고, 술래가 숨은 사람을 찾아낸 뒤에는 술래가 바뀌는 놀이다. 따라서 이는 숨고 찾고, 그리고는 술래가 바뀌는 놀이다. "숨바꼭질"은 이러한 "숨고, (술래를) 바꿈질"하는 놀이다. 이는 이러한 "숨-바꿈질"이 변해 "숨바꼭질"이란 말이 된 것이라 하겠다. 북한에서는 "숨박곡질"을 문화어로 보고 있다 이는 "숨고 바꿈질하는 놀이"라는 풀이를 좀 더 잘 할 수 있게 한다. 이는 "숨고 박고 (바꾸고)-ㄱ(강세첨사)-질(행위 접사)"로 분석할 수 있기 때문이다.

"우물·샘"의 어원과 의미

사람이나 동물은 물을 마시지 않으면 살 수 없다. 그러기에 인가(人家) 근처에는 우물이나 샘이 있게 마련이다. 그렇다면 "우물"과 "샘"의 어원은 어떻게 되는가?

"우물"은 "움믈"이 변한 말이다. 이는 "움(穴)"과 "믈(水)"이 합성된 복합어이다. "움"의 옛 용례는 용비어천가의 "赤島안힛 움흘"과 같이 "ㅎ" 말음을 지닌 말이었다. 그리고 "우물"은 월인석보의 "ᄀᆞ롭과 우믌 므리"나, 훈몽자회의 "우믈 정(井)"과 같이 고어에서는 "우믈"이라 하였다. "믈"은 "믈"의 "ㅡ" 모음이 원순자음 "ㅁ"에 동화되어 "물"이 되었다. "움믈"이란 움의 물이란 말이고, 이 말에 "ㅁ"이 연이어 나오므로, 그 중 하나가 탈락되어 "우물"이 된 것이다. 따라서 "우물"이란 본래 "우물 정(井)"의 의미를 갖는 말이 아니고, "정수(井水)"를 의미하는 말이었다. 그리고 "우물"이 "우물 정(井)"을 의미하게 됨에 따라 오늘날 정수(井水)를 나타낼 때는 "우물물"이라고 "물(水)"을 첨가하게 되었다.

"샘(泉)"은 물이 땅에서 솟아나오는 것을 말한다. "샘"이란 "새다(漏)"에서 파생된 파생명사이다. "샘"의 고어는 "심"이었는데, 용비어천가 제2장의 "시미 기픈 믈은(源遠之水)"이 그 예이다. 샘의 물은 "움물"과는 달리 "시믈" 이라고는 하지 않고, "심믈"이라 하였다.

"짓"의 의미와 문화적 변동

놀던 계집이 결단이 나도 엉덩이짓은 남는다는 속담이 있다. 오래 된 습관은 좀처럼 떨어버릴 수 없다. "짓"이란 말은 형태도 의미도 많이 변한 말이다. 게다기 "짓"은 흔히 비어(卑語)로 쓰인다.

"짓"이란 말의 어원은 "즛"이다. "즛"의 용례는 월인석보의 "이 種種 다 론 즈싀 즈믄 머리 므의여보며"나, 훈몽자회의 "즛 용(容), 즛 모(貌)" 등을 볼 수 있다. 이렇게 "즛"은 용모, 태도 등 모양을 의미하던 말이다. 이 말이 행동을 의미하는 말로 변하였다. 이는 "즛 태(態)"의 경우처럼 모양 태도가 행동을 유발하기 때문이라 하겠다.

"짓"은 오늘날 "동작"을 의미하나 주로 좋지 않은 행위나 동작을 이른다. "어리석은 짓, 부질없는 짓, 좋지 못한 짓"과 같이 쓰이는 것이 그것이다.

그리고 "짓"은 많은 복합어를 이루는데, 앞의 속담에 보이는 "엉덩이짓" 과 같은 것이 그것이다. 이 밖의 "짓"과 결합된 복합어로는 "고갯짓, 곤댓짓, 군짓, 궁둥이짓, 눈짓, 몸짓, 발짓, 배냇짓, 손사랫짓, 손짓, 어깻짓, 웃음엣짓, 입짓, 팔짓, 활갯짓"과 같은 것이 있다. "곤댓짓"은 뽐내어 우쭐거리며 짓는 고갯짓이고, "군짓"은 아니하여도 좋을 쓸데없는 짓이다. "배냇짓" 은 갓난아이가 자면서 웃거나, 눈, 코, 입 따위를 쫑긋거리는 짓을, "웃음엣짓"은 웃기느라고 하는 짓을 의미한다. "짓"이 비어로 많이 쓰이는 것은 행동을 비천하게 본 유교의 영향이 크다 하겠다.

"핫바지"와 "홑바지"의 문화와 의미

바지에는 핫바지와 겹바지·홑바지가 있다. "핫바지"는 바지에 솜을 넣은 것이고, "홑바지"는 홑겹으로 된 바지다. 이에 대해 겹바지는 바지가 겹으로 된 것이다. "바지"는 "중의(中衣)"라고도 한다. 우리의 의생활(衣生活)은 한복(韓服)에서 양복(洋服)으로 바뀌었다. 그래서 "핫바지"는 흔히 시골 사람이 입기 때문에 시골 사람, 또는 무식하고 어리석은 사람을 낮잡아 이르는 말이 되었다.

"핫바지"는 고어에서 "핫바디"라 하였다. 역어유해의 "핫바디(綿袴兒)"가 그 예다. 이는 "핫"과 "바디"가 결합된 말로, "핫"은 "솜을 둔"의 뜻을 나타내는 접두사이다. "바디"는 "디"가 구개음화하여 "바지"가 되었다. "핫바지"를 "합바지"라고 하는 것은 발음의 편의를 위해 원순모음화(圓脣母音化)하여 발음하는 것이나 잘못된 것이다.

"홑바지"의 "홑"은 "ᄒᆞ옷·ᄒᆞ옺·ᄒᆞ옻"이 변한 말로, 접두사라 본다. "홑옷"의 경우도 고어에서는 "ᄒᆞ옷옷"이라 하였다. 단신(單身)은 석보상절의 "獨온 늘구디 자식업서 ᄒᆞ옷모민 사ᄅᆞ미라"에 보이듯 "ᄒᆞ옷몸> 홑몸"이라 하였다. 독신(獨身)과 단신(單身)은 구별되는 말이다. 결혼을 하지 않은 사람은 "독신(獨身)"이라 한다. 임부(姙婦)가 흔히 "홑몸"이 아니라고 하는 말을 많이 듣게 되는데, 이는 "홑몸", "단신(單身)"이 아니라고 해야 한다. "홀"은 "홀로 독(獨)"의 獨이고, "홑"은 "홑 단(單)"의 單이다. 제대로 구분해 써야 한다. 지방에 혼자 부임하는 것은 "독신 부임" 아닌, "단신 부임"이라 해야 한다.

(2021.1.24.)

18. 기본이 되는 생활 속의 어휘들 (2)

"구라파"와 "아세아"의 어원과 문화

지구는 오대양과 육대주로 이루어졌다. 육대주(六大洲)란 아시아, 아프리카, 유럽, 오세아니아, 남아메리카, 북아메리카를 말한다. 유럽은 한자어로 "구라파(歐羅巴)", 아시아는 "아세아(亞細亞)", 아메리카는 "미주(美洲)라 한다. 그 어원은 무엇인가?

"구라파(歐羅巴)"는 물론 "유럽(Europa · Europe)"의 번역어이다. 그것도 의역어(意譯語)가 아닌, 음역어(音譯語)다. 중국에서 원음을 차용한 말이다. 그런데 왜 "구라파(歐羅巴)"인가? "Europe"이나 "Europa"와는 거리가 너무 멀지 않은가?

중국에서 "歐羅巴"라는 말은 언제부터 쓰였는가? 이는 명(明)나라 때부터 쓰인 것으로 보인다. "명사(明史)"에 의하면 신종(神宗) 때 이태리인 Matteo Rich가 만국전도(萬國全圖)를 만들었으며, 천하에 오대주(五大洲)가 있는데, 그 가운데 "구라파주(歐羅巴洲)"가 있고, "아세아주(亞細亞洲)"가 있다고 한 것이 보이기 때문이다.

오늘날 중국에서 "구라파(歐羅巴)"는 [ouloba]라 한다. 그러면 명나라 때에는 어떻게 발음했을까? 후지도(藤堂明保)의 "學硏 漢和大字典"(1985)에 의하면 이의 중세(宋·元·明)의 발음은 각각 [əu, lo, pa]였다. 오늘날과 다름이 없었다. 한글로 표기하면 "오로바", 혹은 "우로바"가 된다. 이는 "Europa", 또는 "Europe"를 음차(音借)한 것이다. 그러면 왜 우리는 이를 "구라파"라 하는가?

 "구라파(歐羅巴)"의 "토할 구(歐)"자는 본래 우리의 한자음도 "우"였다. "구"는 속음이다.이의 구체적인 증거는 최남선의 "新字典"에서 확인된다. "歐 [우] 俗[구] 姓也 셩(尤) ○ 吐也 토할[急就篇註] –逆吐而不下食 ○捶擊 쥐여박을"이 그것이다. 그리고 실제로 "歐羅巴"를 "구라파"가 아닌 "우로바"라 한 예도 보인다. 주시경의 "대한국어문법" 발문에 구체적으로 "우로바"라 쓰이고 있다. 그리고 "歐羅巴"의 "비단 라(羅)"자도 중국음은 "로"이고 우리의 한자음이 [라]이다. 로마(Rome)를 "羅馬", Los Angeles를 "羅城"이라 하는 것도 중국에서 음차한 것이다. "구라파(歐羅巴)"는 중국에서 [ouloba]를 음차한 것을 우리가 속음 [구]로 잘못 발음하고 있는 것이다. 일본에서는 구라파를 "歐洲"라 쓰고, 이를 "오우슈(オゥシュゥ)"라 발음한다.

 "아시아"의 "亞細亞"란 한자 표기도 중국에서 음차한 것이다. "아세아"의 중고음(隋·唐)과 중세음은 각각 [a-sei-a], [ia-siei-ia]이다. 또한 아메리카주를 미주(美洲)라 하는 것도 음차와 관련된다. "미(美)"의 중고음과 중세음은 각각 [miui], [muei]이다. "America"는 발음할 때 악센트가 둘째 음절에 있어 어두의 [a]가 잘 드러나지 않고 제2음절이 두드러지게 드러나 "미주(美洲)"라 하게 된 것이다. "주(洲)"는 "큰 섬"이란 뜻의 한자말이다.

 음차한 말은 제 소리로 발음돼야 한다. 그런데 "구라파(歐羅巴)"의 경우는 엉뚱하게 우리가 잘못 발음하고 있는 경우이다. "歐"씨 성인 경우도 마찬가지다. "우양수(歐陽脩)"를 "구양수"라 하는 것은 성을 바꾼 것이 된다.

"귀이개"의 어원과 의미

"귀이개"는 귀지를 후비어 파내는 기구이다. 이는 옛말에 "귀쇼시개", 또는 "귀우개"라 하였다. 조선조 영조 때 황윤석(黃胤錫)이 지은 "화음방언자의해(華音方言字意解)"에 "除耳中垢者 귀이게 亦日 귀쇼시게"가 그것이다. 귓속의 때를 제거하는 것을 "귀이게", 또는 "귀쇼시게"라 한다는 것이다. 그런데 이 "귀이개"를 같은 영조 말기에 간행된 역어유해와 한청문감에는 "귀우개"라 하고 있다.

"귀쇼시게"의 "쇼시게"는 오늘날의 "쑤시개"의 해당한 말이다. 이는 역어유해에 "니뷰시개"라 한 것이 보이고, 한청문감에는 "니쓔시개"라 한 것이 보인다. 이때 이미 "쑤시다"는 경음화하였음을 알 수 있다.

이에 대해 "귀우개"는 "귀우비개"가 변한 것으로 추정된다. 그리고 이 "귀우비개"는 다시 "귀후비개"로 소급하는 것으로 볼 수 있다. "귀후비개> 귀우비개"로 변한 것이다. "귀후비개"의 "ㅎ" 소리가 유성음 사이에서 약화 탈락하여 "귀우비게"가 된 것이다. "귀우비개"는 다시 축약하여 "규우비개> 귀이개"가 된다. 오늘날의 방언 "귀후비개"는 "귀이개"가 투명성(透明性)이 없어 유연성을 찾은 것이거나, 고형(古形)이 방언에 남아 쓰이고 있는 것이라 하겠다.

앞에서 "귀이개"란 귀지를 후비어 내는 기구라 하였는데 "귀지"란 "이구(耳垢)"요 "아분(耳糞)"을 의미한다. "지"는 "똥(糞)"을 의미하는 말이다. "귀지"나 어린이말 "지지"가 이런 것이다. "물찌"는 "물똥"으로, "물"의 종성 "ㄹ"로 말미암아 "지"가 경음화한 것이다.

"낭만"의 어원과 의미

문예사조 Romanticism을 낭만주의(浪漫主義)라 한다. 이는 일본에서 소리를 빌어 외래어로 차용한 말이다. 곧 "Roman"을 "로만(浪漫)"이라 음차한 것이다. 이는 일본에서 번역되어 우리말과 한어(漢語)에 들어왔다. 그래서 한중일 3국이 다 이 말을 쓰고 있다.

그러나 이 말은 일본말로서는 형식과 개념이 어울리는 말이라 하겠으나, 우리나 중국의 경우는 어울리는 말이 못된다. 그것은 우리는 "로만(浪漫)"을 "낭만"이라 발음하고, 중국에서는 "langman"이라 발음하기 때문이다.

"낭만(浪漫)"이란 말의 경우는 더욱 그렇다. "浪漫主義"라는 말은 "낭만(浪漫)"이란 한자말이 있어 여기에 "主義"라는 말이 붙인 것이 아니다. 오히려 그 반대다. 일본에서 "Roman"에 그 뜻에 어울릴 한자를 골라 적용한 것이 "물결 낭(浪)"자와 "아득할 만(漫)"자의 "로만(浪漫)"이다. 따라서 이는 "浪漫主義"라는 말이 생기기 전에는 아예 없던 말이고, 더구나 "매우 정서적이고 이상적으로 사물을 파악하는 심리상태"를 이르는 말이 아니었다. 그래도 일본어 "로만"은 "roman"과 발음이라도 비슷해 용혹무괴(用或無怪)하나, 우리의 "낭만(浪漫)"이나 중국의 "랑만(浪漫)"의 경우는 황당하다 할 것이다. 한자로 음차하는 경우는 이런 의외의 사단이 생겨난다. 이에 낭만주의(浪漫主義) 대신, "노만주의(魯漫主義)"라는 말을 쓰기도 한다. 이는 음이 같아 좀 나은 편이나, 기호로써의 인지도나, 의미면에서 환정성(喚情性)이 드러나지 않는 것이 문제다. 기호의 세계란 자의적인 것이라 하나, 이렇게 문제성을 안고 있기도 하다. 더구나 한자로 음차(音借)할 때 그러하다.

"민낯 · 민소매"의 어원과 의미

우리말에는 "민낯 · 민소매 · 민머리 · 민저고리 · 민짜" 등 "민"이 들어가는 말이 많다. "민낯"은 화장하지 않은 여자의 얼굴을 가리키는 말이다. "민짜"는 아무런 꾸밈새가 없는 물건을 말한다. 그렇다면 이렇게 많이 쓰이는 "민"의 어원은 무엇이며, 그 의미는 무엇인가?

"민"은 옛말 "믜다"를 어원으로 하는 말이다. "믜다"는 "무이다, 빠지다"를 뜻하는 말이다. 이의 용례는 훈몽자회의 "믤 독(禿)"이나, 선가구감언해의 "或 머리 믠 居士ㅣ라 ㅎ며(或禿居士)"와 같은 것이 보인다. 이렇게 "믜다"는 머리가 빠지다를 뜻하는 말이었다. 이는 "뮈다"의 형태로도 나타나는데 이의 예는 한청문감의 "압 뮈다(脫頂)"가 그것이다. 따라서 이 말은 "무이다> 뮈다> 믜다> 미다"로 형태적 변화를 해 왔다고 할 수 있다. "민"은 "믜다"의 관형형이며, 나아가 현대어에서는 접두사의 구실을 하는 말이다.

"미다"는 본래 "털이 빠지다"를 의미하는 말이나, 이는 나아가 "없다"는 의미를 가지게 되었다. 그래서 오늘날의 접두사 "민"은 "①(일부 명사 앞에 붙어) 꾸미거나 딸린 것이 없다는 뜻을 더함, ②'그것이 없음', 또는 '그것이 없는'의 뜻을 더함"을 의미하는 것으로 본다. 따라서 소제목의 "민낯"의 "민"은 꾸미지 않았다는 의미를 나타내는 말이며, "민소매"의 "민"은 "소매가 없다"는 "없다"의 의미를 나타내는 말이라 하겠다. "민"은 이밖에 "밋밋하다"는 의미를 나타내기도 한다.

접두사 "민"이 들어가는 말을, 그 의미가 분명히 구별되는 것은 아니나, 위의 세 가지 뜻으로 구별해 보면 다음과 같이 볼 수 있을 것이다.

* 꾸밈 유무: 민걸상, 민부채, 민비녀, 민저고리
* 사물 유무: 민갓머리, 민등뼈(無脊椎), 민머리(白頭)
* 밋밋함: 민걸상, 민둥선, 민물, 민엿, 민저고리, 민코, 민화투

"샘바르다"의 어원과 의미

사람들은 오욕칠정(五慾七情)을 지니고 있다. 칠정은 흔히 "희로애락애오욕(喜怒哀樂愛惡欲)"이라 한다. 그런데 이 칠정(七情)에 버금가라면 서러워할 감정이 또 하나 있다. 시샘, 질투다. 물론 이는 미워하는 감정 "오(惡)"에 속

할 것이나, 그 성격을 좀 달리 한다.

우리는 이 질투를 "시샘"이라 한다. 이의 사전풀이는 "자기보다 잘되거나 나은 사람을 공연히 미워하고 싫어함. 또는 그런 마음"이라 되어 있다. "시샘"은 "시새움"의 준말로, "시새우다"의 파생명사다. 그리고 "시새우다"는 "시기할 시(猜)"자를 쓰는 혼종어로 보고 싶으나, 사전은 고유어로 보고 있다. 이의 옛말은 "싀새오다"이다. 이의 용례는 첩해신어에 "이리 스로믈 시새와"가 보인다. "샘"은 "시샘"의 유의어다.

동사 "시새우다"에 대해 "샘바르다"라는 형용사가 있다. 이는 샘이 심하다를 뜻한다. 이의 고어는 "샘바ᄅ다"로, "샘-바ᄅ다"로 분석된다. "샘"은 "새오다"란 동사에서 파생된 "새옴"이 축약된 말이다. "새옴"은 월인석보의 "貪ᄒ고 새옴ᄒ고"와 신증유합의 "새옴 투(妬)" 등 많은 용례가 보인다. "바ᄅ다"는 "그런 성질이 있다"를 의미하는 접사라 하겠다. 이는 "꾀바르다, 약삭-빠르다(약삭바르다:북한)"가 그 구체적 예이다. "새옴ᄇᄅ다"의 용례는 석보상절에 "貪ᄒ고 새옴블라 제 모믈 기리고 ᄂᆞ믈 헐어"가 보인다. 그리고 이의 이형태인 "시암바르다"의 예도 도산가(陶山歌)에 "人生이 더지 업고 造物이 시암발나"가 보인다. 현대어에서는 "새암"을 비표준어로 본다.

"짜장면·짬뽕"의 어원과 문화

"짜장면"은 우리의 아이 어른 할 것 없이 잘 먹는 음식이다. 그런데 그 이름에는 별 관심을 안 갖는 것 같다. 짜장면은 "볶을 작(炸)", "젓갈 장(醬)", "국수 면(麵)"자를 쓰는 한어로 "zhajangmian"이라 하는 중국 음식이다. 이는 다 아는 바와 같이 고기와 채소를 넣어 볶은 중국 된장에 비빈 면이다. 흔히 "짜장면"은 중국의 것과 우리의 것이 달라, "짜장면"의 원조를 우리라 하기도 하는 식품이다.

1882년에는 임오군란(壬午軍亂)이 일어났고, 1883년에는 제물포항(濟物浦港)

이 개항되었다. 이 때 청(淸)나라 문물이 인천항을 통해 많이 들어왔다. 상
인과 산동반도(山東半島) 출신의 부두 건설 노동자도 많이 들어왔다. 청일전
쟁(淸日戰爭) 이후 청나라 군대는 철수해 갔으나, 인천에 온 화상(華商)들은
그대로 남아 청관(淸館: 차이나타운)을 형성했다. 그리고 부두 노동자를 상대
로 싸고 빨리 먹을 수 있는 음식을 개발하여 팔았다. 이것이 우리식 "짜장
면"의 시초다. 이때 "짜장면"을 개발한 중국 음식점은 지금도 인천에서 영
업을 하고 있는 "공화춘(共和春)"으로 알려진다.

전에는 "짜장면"과 쌍벽을 이루는 음식이 "우동"이었다. 그런데 요즘
"우동"은 인기가 없고, 오히려 "짬뽕"이 사랑을 받는 것 같다. "짬뽕"은 한
자로 쓸 경우 "찌를 참(攙)", "삶을 팽(烹)"자를 쓴다.

"짬뽕"은 우리의 "짜장면"처럼 일본에서 처음으로 개항한 나가사키(長崎)
에서 비롯된 것으로 알려진다. 나가사키에는 중국의 부두 노동자와 학생이
많았다. 1899년 중국의 복건성(福建省)에서 일본에 온 천평순(陳平順)은 각종
해물과 야채를 함께 기름에 볶은 다음 돼지와 닭의 뼈를 우린 국물을 부어
만든 국수인 "짬뽕"을 개발하였다. 이는 돈이 없는 노동자와 학생들에게
큰 인기를 끌었다고 한다. 우리의 "짜장면"의 생성 과정과 비슷하다. 이
"짬뽕"은 지금도 "나가사키 짬뽕"이라 하여 유명하다. 이는 우리의 짬뽕과
차이가 있는데, 하얀 짬뽕이다. 우리의 붉고 매운 짬뽕과 다르다.

"짬뽕"이란 말을 우리 국어사전은 일본어 "チャンポン(짠뽕)"에서 온 것으
로 보고 있다. 일본에서는 이의 어원을 두어 가지로 본다. 그 하나는 간단
한 식사를 말하는 복건성의 "喫飯(샤폰)"이란 말이 변한 것이란 것이고, 다
른 하나는 "다른 것을 섞음"을 의미하는 일본어 "짠뽕"에 연유하는데, "짠
뽕"의 "짠"은 본래 합주하는 일이 없는 징(鉦)의 소리이고, "뽕"은 북(鼓)의
소리라는 것이다. 일본어 "짠뽕"은 "정종과 맥주를 짠뽕으로 마신다."와 같
이 쓰이는 것이 그것이다. 참고로 "기스면"의 어원에 대해 덧붙이면 이는
"鷄絲麵"으로 산동성 방언이라 본다. 중국의 표준발음은 "지스미엔"이다.

"고자"와 "애자"라는 표현 문화

인생은 생로병사(生老病死)의 과정이다. 사람들은 상(喪)을 당하게 되면 부고(訃告)를 낸다. 부고란 물론 "사람의 죽음을 알리는 글"이다. 여기에는 누가, 언제, 무슨 병으로 세상을 떠났다는 것이 쓰인다. 이러한 부고가 요사이는 그 형식이 많이 바뀌고 있다.

부고를 받고 문상(問喪)을 못 가는 경우에는 "조장(弔狀)"을 보내게 된다. 조장이란 "조상하는 글월"이다. 문상객이나 조장을 보내온 분들에게는 상주가 인사장을 보낸다. 이때 상주가 스스로를 무엇이라 지칭하느냐 하는 것이 꽤 문제가 된다. 흔히 전통적인 호칭을 쓰는데 이때 스스로를 무엇이라 해야 할 지 잘 모르기 때문이다. 부모의 상인 경우는 고자(孤子), 또는 애자(哀子)라 한다. 그러나 이 말이 부모 누구에게나 통용되는 것은 아니다. 그래서 한 신문의 독자란에는 다음과 같은 지적의 글이 실려 있었다.

"1일자 2면 하단 광고에 나와 있는 고 xxx회장 喪事時 '人事말씀'난에 표기된 '孤子'는 '孤哀子'로 표기해야 한다."

이는 이러한 호칭의 문제를 제기한 것이다. 이 지적을 보고 아는 사람은 벌써 무엇을 문제 삼고 있는 지 잘 알 것이다. 그러나 대부분의 사람은 모르지 않나 생각된다. 소위 대학 출신도 대부분이 모르는 것이 아닌가 한다.

그러면 "고자(孤子)"라는 말부터 살펴보기로 한다. "고자(孤子)"란 아버지가 돌아가신 상주가 스스로를 일컫는 말이다. "애자(哀子)"는 어머니가 돌아가셨을 때 상주가 자칭(自稱)하는 말이다. 부모가 다 돌아가신 경우는 "고자"와 "애자"가 합쳐진 "고애자(孤哀子)"라 한다. 따라서 위의 인용문은 전문을 인용한 것이 아니어 상황이 분명히 드러나지 않았으나 부모가 다 돌아가신 경우인데 상주가 자칭을 잘못했다고 문제를 제기한 것이다. 곧 "고

애자(孤哀子)"라 해야 하는데, 아버지 상만 당한 것처럼 "고자(孤子)"라 하였다고 하여 인사장의 지칭을 문제 삼은 것이다.

"고자", "애자", "고애자"는 다 같이 부모가 돌아가신 경우 상주가 스스로를 일컫는 말이다. 그러나 그 쓰임이 다르다. 구별하여 써야 한다. 그러지 않으면 돌아가신 분의 신원(身元)이 달라져 망발을 하게 된다.

여기에 조부모 상에 대해 부언하기로 한다. 할아버지 상에는 "고손(孤孫)", 할머니 상에는 "애손(哀孫)"이라 한다. 조부모가 다 돌아가신 경우에는 "고애손(孤哀孫)"이라 한다.

조장(弔狀) 답신의 경우에는 글의 말미에 연월일과 상제의 자칭을 적고, 아무개 소상(疏上)"이라 쓴다. "소상"이란 상제가 편지 끝에 "아무개 아뢰나이다"라는 뜻으로 쓰는 말이다.

(2021.2.2.)

제4부

———

외래문화와 언어의 변용

1. 사물의 소종래(所從來)와 명명

소종래(所從來)와 이름 붙이기

새로운 사물과 개념이 생겨나면 그것을 나타내는 말이 새로 생기게 마련이다. 이러한 명명(命名)의 대표적인 방법은 오감(五感), 그 가운데도 모양과 색감이란 시각(視覺)에 의존하는 경우가 많다.

그런데 이러한 명명 가운데 색다른 것으로, 어떤 사물이 들어온 경로, 소종래(所從來)를 밝히고 있는 말도 있다. 그것도 외국과 관련을 갖는다. 우리말에서 "되(胡), 당(唐), 호(胡), 양(洋), 왜(倭)" 등의 말이 꾸밈말이 되어 나타내는 말이 이런 것들이다. 이들의 예를 몇 개 들어보면 다음과 같다.

* 되(胡): 되놈, 되두부(胡豆腐), 되때까치, 되새(花鷄), 되성냥(胡石硫黃), 되
  프뎧(胡笛)
* 당(唐): 당나귀, 당나발, 당먹(唐墨), 당성냥, 당저고리, 당혜(唐鞋), 당화기
  (唐畵器)
* 호(胡): 호과(胡瓜), 호궁(胡弓), 호떡, 호마(胡麻), 호마(胡馬), 호밀, 호적(胡
  笛), 호주머니

* 양(洋): 양말(洋襪), 양배추, 양복, 양은(洋銀), 양재기(洋瓷器), 양회(洋灰),
  생철(西洋鐵)
* 왜(倭): 왜간장, 왜낫, 왜놈, 왜무, 왜사기(倭沙器), 왜솥(倭釜), 왜식(倭食),
  왜지(倭紙)
* 남(南): 남감저(南甘藷), 남과(南瓜), 남령초(南靈草), 남초(南草), 남방셔츠

"되"나 "호(胡)"의 경우 대체로 지리적으로는 우리나라 북쪽의 만주 벌판
일대를 가리켰다. 그리고 역사적으로는 예전에 오랑캐를 일렀는데, 우리나
라에서는 주로 여진족을, 중국에서는 주로 진(秦) · 한(漢) 시대에 흉노를, 당
나라 때에는 서역(西域)의 여러 민족을 일렀다. "당(唐)"은 물론 당나라이고,
이들은 주로 당나라의 화려한 문화를 반영한다. "양(洋)"은 서양, "왜(倭)"는
일본을 가리킨다. "남(南)"은 남방(南方), 곧 동남아(東南亞)를 이른다.

"고구마"와 "감자"의 이름

지난날 우리나라는 식량이 부족하였다. 이를 상징적으로 나타내는 말이
"보릿고개"다. 이때 가난한 서민은 초근목피(草根木皮)로 연명하여야 했다.
그래서 심한 흉년이라도 들게 되면 굶다 못해 시신(屍身)까지 먹었다. 이러
한 사실은 야담(野談)은 물론, 선조실록(宣祖實錄)의 기록에까지 보인다. 감자
와 고구마는 구황(救荒)작물의 구실을 하였다.

감자와 고구마 가운데 우리나라에 먼저 전래된 것은 고구마이다. 고구마
는 중앙아메리카 원산으로, 마젤란에 의해 필리핀으로 전해졌고, 뒤에 중
국을 거쳐 일본에 들어왔다. 이는 규슈(九州)의 사쓰마한(薩摩藩)에서 재배되
며 "사쓰마이모(薩摩芋 · 甘藷)"라는 이름을 얻게 되었고, 구황작물로서 대마
도(對馬島)에 전해졌다. 우리나라에는 1763년(영조 39년) 조선통신사로 일본에
갔던 조엄(趙儼)이 대마도에서 들여왔고, 동래부사 강필리(姜必履)가 부산의

영도에서 재배하면서 널리 퍼지게 되었다.

감자는 남아메리카 안데스산맥의 고원지대가 원산지로, 1570년경 탐험가 프란시스코 피사로에 의해 에스파냐에 전해졌고, 그 뒤 인도와 중국에 전해졌다. 우리나라에 전래된 것은 이규경(李圭景)의 오주연문장전산고(五洲衍文長箋散稿)에 의하면 순조(純祖) 때 함경도로 들어온 것으로 보고 있다. 이름은 "북저(北藷)", 또는 "토감저(土甘藷)"라 하였다.

이상 고구마와 감자의 전래 과정을 살펴보았다. "고구마"를 일본에서 "사쓰마이모(薩摩芋)"라 한 것은 그 전래 과정의 일단, 소종래(所從來)를 보여 주는 것이다. 그리고 우리의 "고구마"는 소종래가 아닌, 일본에서 고구마를 "고코이모(孝子芋)"라 하던 것을 받아들인 것이다. 조엄은 해사일기(海槎日記)에서 감저(甘藷)를 "孝子麻"라 하고, 일본 발음으로 "高貴爲麻"라 한다고 기록하고 있다. 감자는 이규경의 저서에서 "북저(北藷)"라 하듯, 북쪽 청나라에서 들어온 마(藷)라는 것을 알 수 있다. 그런데 일본에서는 이를 "쟈가이모(ジャガイモ)"라 하여 자가다라(지금의 자카르타, 또는 자바 섬)에서 도래한 "이모(芋)"라 한다. 따라서 한국과 일본은 감자의 소종래가 남북으로 차이가 난다.

그런데 감자와 고구마는 명칭간의 혼란이 빚어져 문제가 되기도 한다. 그것은 "고구마"를 방언에서 "감자"라고도 하기 때문이다. 이의 대표적인 경우가 김동인(金東仁)의 대표적인 단편 "감자"의 경우다.

　　가을이 되었다.
　　칠성문 밖 빈민굴의 여인들은 가을이 되면 칠성문 밖에 있는 중국인의 채마밭에 감자며 배추를 도둑질하려, 밤에 바구니를 가지고 간다. 복녀도 감잣개나 잘 도둑질하여 왔다.

이렇게 "감자"에서는 빈민굴의 여인들이 "감자"를 도둑질한다. 그런데 여기 "감자"란 실은 "고구마"다. 그것은 지문의 "가을이 되었다."라고 계절을 "가을"이라고 한 것이 그 증거다. 여인들은 가을에 감자를 훔치러 갔다. 감자는 여름에 수확하는 것이지, 가을에 수확하는 작물이 아니다. 가을에 수확하는 것은 "감자"가 아닌, "고구마"다. 따라서 김동인의 "감자"를 "감자" 아닌, "고구마"라는 사실을 모르고 감상한다면 그것은 엉뚱한 감상이 된다.

그리고 여기 덧붙일 것은 김유정의 "동백꽃"도 사실은 진짜 "동백꽃"이 아니다. 동백꽃은 그 빛깔이 붉다. 그런데 이 작품의 클라이맥스에서 여주인공 점순이는 주인공의 어깨를 짚고 "노란 동백꽃" 속으로 쓰러진다.

> 그 바람에 나의 몸뚱이도 겹쳐서 쓰러지며 한창 피여 퍼드러진 노란 동백꽃 속으로 푹파묻쳐 버렸다. 알싸한 그리고 향깃한 그 내음새에 나는 땅이 꺼지는 듯이 왼 정신이 그만 아찔하였다.

여기 "노란 동백꽃"이란 "생강나무 꽃"의 방언으로서의 "동백꽃"이다. 생강나무는 활엽교목으로 노란 꽃이 피고, 어린 싹은 작설차(雀舌茶)로 쓰인다. 고어에서는 "개동백(狗骨 기동빅 <柳氏物名考>)"이라 한 예가 보인다.

"호밀 · 호주머니"의 "호(胡)"

"되"나 "호(胡)"는 앞에서 말했듯, 북방의 오랑캐를 의미한다. 그런데 우리말에는 이 "되"나 "호(胡)"가 붙어 그 소종래를 나타내는 말이 많다.

밀에는 참밀(眞麥)과 호밀(胡麥)이 있다. "참밀"은 소맥(小麥)이라 하는 보통 밀이고, "호(胡)밀"은 참밀보다 키가 훨씬 크며, 밀알이 기다랗다. 호밀은 양맥(洋麥), 흑맥(黑麥)이라고도 한다. 밀은 기원전 5,6세기경 메소포타미아에서 재배되었고, 중국에는 기원전 5세기경 전래된 것으로 보인다. 이는 내한성이 강해 화북(華北)지방에서 많이 재배하게 되어 화남(華南)의 도작(稻作)과 대조를 이루었다. 고려도경(高麗圖經)에 의하면 우리나라에서는 고려 때에 밀이 많이 생산되지 않아 귀했고, 잔치 때에나 국수를 해먹었다고 한다.

우리나라에서는 밀 자체가 북방에서 전래되었으나 특히 "호맥(胡麥)"의 경우에만 그 이름에 "호-밀"이라고 "호(胡)"자를 붙이고 있다. "호빵"이나, "호떡"도 이런 것이다. "호과(胡瓜)"는 오이로, 이것도 북쪽에서 전래되었다는 것을 그 이름에서 알 수 있다.

"호주머니"라는 말은 지난날에는 일상용어였는데, 근자에는 포켓에 밀려 거의 사어(死語)가 되었다. 이것도 북쪽의 야만민족 호(胡)의 문화를 반영하는 말이다. 이는 방언으로 "호주머니"가 아닌, "홋주머니"라 하였다. 이는 그 주머니가 본래의 우리 "주머니"인 "영낭"이 아닌 의낭(衣囊)으로, "호(胡)의 주머니"라는 사실을 분명히 해 준다. 그리고 "호주머니"를 달리 이르는 "호랑(胡囊)"이란 말이 방언에 쓰였다는 사실은 이를 증명하고도 남음이 있다. 따라서 우리의 주머니는 "주머니> 호주머니> 개화(開化)주머니(> 갯주머니)> 포켓"으로 발전해 왔다 하겠다.

"남과 · 남령초"의 "남(南)"

"호박"은 호밀 호과(胡瓜)처럼 "되 호(胡)"자가 쓰일 법하나, 오히려 "남과(南瓜)"라고 하여 동남아에서 전래되었다는 사실을 알게 한다. 이는 또한 "호박"의 "호"의 발음이 장음이라는 사실에서도 "호(胡)-박"이 아니라는 것을 알 수 있다. 호박이 남쪽에서 전래되었다는 것은 호박을 이르는 일본어가 분명히 증명해 준다. 일본어에서는 호박을 "가보차(カボチャ)"라 한다. 이는 인도차이나 반도에 있는 나라 이름 캄보디아에서 유래한다. 호박은 캄보디아에서 전래되어 그 나라 이름으로 불렸고, 이 말이 변음되어 "가보차"가 된 것이다. 그러니 호박이 동남아에서 전래된 남과(南瓜)라는 사실이 분명하다.

이렇게 호박은 캄보디아에서 일본에 전래되었고, 우리는 동남아에서 직접 들여왔거나, 아니면 일본을 통해 들여와 "호(胡)-박"이 아닌, 남과(南瓜)라 하게 된 것이다. 이에 대해 "수박"은 아프리카 원산으로, 우리나라에는 고려시대에 전래된 것으로 본다. 이는 서방에서 전래되었다 하여 "서과(西瓜)"라 하는데, 허균의 "도문대작"에 그 용례가 보인다. 일본에서도 "스이카"라고 하여 한자로는 "서과(西瓜)" 또는 "수과(水瓜)"라 쓴다. "수과(水瓜)"는 물이 많은 외라는 의미로 우리의 "수박(水-박)"과 발상을 같이 한다. 다만 우리가 수박을 "박(朴)"으로 보는 데 대해, 일본에서는 "외(瓜)"로 본다는 것이 다르다. 이는 "고구마"를 우리가 마(薯)로 보는데, 일본에서는 "이모(芋)", 곧 토란으로 보는 것과 같은 차이이다.

담배(煙草)를 남초(南草), 또는 남령초(南靈草)라고도 한다. 이는 말할 것 없이 "남쪽에서 온 풀", 또는 "남쪽에서 온 신령스러운 풀"이란 말이다. 담배는 본래 남미(南美)가 원산지이며, 서양에는 1518년경 스페인의 선교사 로만 페인이 산토도밍고 섬에서 담배씨를 가져와 전파된 것으로 알려진다. 우리나라에는 광해군(光海君) 때 처음 들어왔다, 이수광(李睟光)의 "지봉유설(芝峯類說)"에 의하면 "담바고 풀이름. 또한 남령초라고도 한다. 근세에 왜국에서 처음 들어왔다(談婆姑 草名. 亦號 南靈草 近世始出倭國)."라 한 것이 그것이다. 이렇게 담배는 근세에 일본에서 들어온 것으로 되어 있다. "남초"나 "남령초"라는 말은 중국 한자어에는 보이지 않는다. "남령초"는 일본어에 용례가 보인다. "남초"는 일본어에도 용례가 보이지 않는 것 같다. 담배를 이르는 말 가운데는 엽권연(葉卷煙)을 이르는 말로 "여송연(呂宋煙)"이란 말이 있다. 여기 쓰인 "여송(呂宋)"이란 필리핀 북부의 루손도(島)를 가리키는 말이다. 중국에는 명(明)나라 때 이 여송(呂宋), 곧 루손에서 담배가 전래되었다. 그래서 "여송연(呂宋煙)"이란 말이 생겨났다. 우리의 "남초"나 "남령초"란 이 동남아를 가리키는 말이라 할 것이다. 조선의 정조(正祖)는 대표적인 애연가의 하나로, 그는 과거 시험에 "남령초의 유익한 점에 대해 논술하라"고 시제를 내기까지 하였다 한다.

담배라는 이름은 지봉유설에도 보이듯 "담파고(談婆姑)"라고도 하였다. 이는 하이디어(語) tobaco가 스페인, 포르트갈, 중국, 일본을 거치면서 우리나라에 들어온 것으로 보인다. 그런데 문제는 "tobaco"를 그 발음과 달리 "담파고(談婆姑)"라 하고 있다는 것이다. 이러한 경향은 중국이나 일본에도 보인다. 일본의 경우는 "談婆姑" 외에도 "談把姑, 談芭菰, 擔不歸"와 같은 한자 표기를 보이고, "화한삼재도회(和漢三才圖會)"에는 연초(煙草)의 주음을 "タンバコ(단바코)"라 달고 있기까지 하다. 중국에서도 "談婆姑" 외에 "談巴菰"가 보인다. 이런 것을 보면 tobaco라는 말은 전래되며 한때 이러한 변음 경향이 있었다는 것을 알 수 있다. 우리의 경우는 많은 "담바구타령"이란 민요에도 이 "담바구", 또는 "담바고"라는 말이 쓰이고 있다.

(한글+漢字 문화, 2018. 10월호)

2. 생활 주변의 외래어와 그 문화 (1)

우리 생활 주변에는 외래어가 많이 쓰인다. 이러한 생활 주변의 외래어 가운데 흔히 쓰는, 그러나 그 어원(語源)을 잘 모르거나, 문화적으로 색다른 배경을 지니는 말들을 몇 가지 살펴보기로 한다.

"커피"와 "카페"의 의미와 문화

지난날에는 "한 집 건너 다방(茶房)"이란 말이 있었다. 그런데 그 많던 "다방"이 다 사라졌다. 그리고 새로 생겨난 것이 "카페"다. 그것도 대형 브랜드의 점포다.

"다방", 혹은 "커피숍"에 익숙해 있던 기성세대에게는 유행이라고는 하나 "커피숍"을 "카페"라 하는 것은 좀 어색하다. 이들에게 "카페"는 커피를 파는 "커피숍"이 아니라, 술을 파는 "술집"으로 받아들여지기 때문이다. 지난날 한 때 "카페"는 양주를 파는 술집이었다.

"커피"는 영어로 Coffee라 하고, 불어(佛語)로는 "카페(cafe')"라 한다. 불어 사전을 보면 "cafe"란 "커피", 또는 "커피콩"을 가리키는 말이고, 이것이 오늘날의 "커피점", 나아가 "끽다점", 서양 음식점(restaurant)을 의미한다고 되어 있다.

커피는 아프리카에서 15세기에 아라비아에, 그리고 이집트 터키를 거쳐 이탈리아의 베네치아에 들어왔다. 그 뒤 구라파에 퍼지게 되었는데 1652년에는 영국 런던에 구라파 최초의 커피점이 생겼다. 프랑스에도 같은 때에 커피가 들어왔고, 이를 파는 점포 "카페"가 생겨났다. 17세기 중반 무역항 마르세유에 처음 가게가 생겼고, 이후 파리에도 등장하였다.

시실리아인 프로코프가 만든 파리의 카페 "프로코프"는 당시 시민(市民)들의 유명한 사교장(社交場)이었다. 귀족이나 상류 계급은 이와 달리 살롱에 모였다. 볼테르나, 디드로와 같은 유명 계몽사상가(啓蒙思想家)들도 카페에 드나들었다. 나중에 혁명의 지도자가 된 사람들도 이곳에서 정치 좌담의 꽃을 피웠다.

카페는 프랑스 혁명이 발발하며 민중의 정치 집회의 중심지가 되었다. 그 가운데도 "카페 드 포나"는 자코방 당이 모이는 장소였다. 혁명 전야 1789년 7월 12일 까뮤 드 무랑은 여기에서 "카페를 나가 혁명을"이라고 호소하였다 한다. 혁명 후 민중의 정치 담론의 장은 카페에서 선술집으로 옮겨졌다. 그리하여 카페는 화가 및 소설가와 시민들 가운데 멋쟁이들이 모이는 사교장이 되었다. 이렇게 "카페"의 본고장인 프랑스의 "카페"는 프랑스혁명의 뒷무대였다.

일본에서는 "커피"를 "고히(コーヒー)"라 한다. 한자로는 "珈琲"라 쓴다. 이는 중국의 차자 표기를 일본이 수용한 것으로, Coffee 아닌, Cafe를 원음차용한 것이다. 일본에서는 1886년(명치 19) 동경의 일본교(日本橋)에 "세수정(洗愁亭)"이란 커피점이 처음으로 생겼다. 이어서 2년 뒤인 1888년에는 동경 下谷에 중국인 정수녕(鄭水寧)이 "可否茶館"을 열었다. 이들 두 점포는 수입 커피의 전문점으로, 커피는 한 잔에 1전 5리였다. 당시 메밀국수가 한 그릇에 1전이었으므로 비싼 것이었다. 그 뒤 브라질 커피가 선전을 위해 동경의 銀座에 "카페 파우리스타"를 내었는데, 이에 자극을 받아 속속 커피점이 생겨났다. 그리고 이러한 카페는 뒤에 경양식도 팔았고, 나아가 여급을 두고 주로 술을 팔았다.

우리나라는 1890년 정동(貞洞)에 손탁 호텔을 세운 독일인 손탁(孫鐸: Antoinette Sontag)이 고종과 민비에게 커피를 대접한 것이 최초라 한다. 이후 고종은 소위 아관파천(俄館播遷)을 하여 러시아 공관에 머물면서 여기에서 커피에 맛을 들여 커피광(狂)이 되었다 한다. 이때 "커피"는 "가비(加非)" 또는 "가배(加琲)"라 했다. 색다른 이름으로 "양탕국"이라고도 하였는데, 이는 플레장(Plaisant)이란 프랑스 상인이 나무를 독점하기 위해 나무꾼들에게 커피를 대접한 데 연유한다. 커피점의 역사는 "다방", "커피숍"을 거쳐 오늘의 "카페"에 이르렀다. 그리고 한때 "카페"가 일본의 경우처럼 술을 파는 집이었기도 해서 기성세대는 오늘의 커피숍 "카페"에 대해 "술집"이란 인상이 가시지 않는 것이다.

"토마토"의 이칭(異稱)과 문화

외래종 식품에 토마토(tomato)가 있다. 이는 비타민C가 풍부하여, 영국에서는 "사랑의 사과", 이탈리아에서는 "황금의 사과", 독일에서는 "천국의 사과"라 한다. 이는 외형이 사과와 비슷하고, 비타민C가 풍부한 데서 이런 이름이 붙은 것이겠다. 그리고 기억해 둘 것은 흔히 토마토를 "과실"로 생각하나, 가지과에 속하는 야채(野菜)라는 사실이다.

토마토는 포르투갈 사람 콜롬부스가 1492년 아메리카 대륙을 발견하고, 이곳에서 감자, 호박, 고추, 옥수수 등과 함께 이 토마토를 유럽에 들여왔다고 한다. 우리나라에는 언제 들어왔는지 분명치 않다. 다만 조선 중기의 학자 이수광(李晬光: 1563-1628)의 "지봉유설(芝峯類說)"에 처음으로 기록이 보여 그 이전에 중국을 통해 들어왔을 것으로 추정한다. 이를 학명으로는 "늑대의 복숭아"라 한다. 우리는 이를 "일년감", 또는 "번가(番茄)"라 한다.

중국에서는 "서홍시(西紅柿)", 또는 "번가(番茄)"라 하고, 일본에서는 "당시(唐柿)", 또는 "붉은 가지"라 한다. 이들 이름은 외형에 따라 "감", 그리고 가지과에 속하기 때문에 "가지"라 명명한 것이다. 우리말 "가지"는 한어(漢語) "가자(茄子)"에서 변한 말이다. 그리고 중국은 이것이 "서양"에서, 일본은 "중국", 혹은 "외국"에서 들어왔다고 하여 그 이름에 "서(西)", 혹은 "당(唐)"자를 붙인 것이다. 그리고 서두에 인용한 것처럼 서양에서는 그 모양이 "사과" 같다고 본 데 대해 동양 삼국은 "감"과 같다고 보아 발상을 달리하고 있는 것을 볼 수 있다.

서양에서 몇 가지 식품을 영양소와 맛의 공통점으로 보아 비유적으로 이르는 말을 여기에 덧붙이기로 한다. 그것은 "밭의 고기"는 콩, "먹는 비타민"은 레몬, "숲의 버터"는 아보카도라 한다는 것이다. 그리고 송아지 고기는 "주방의 카멜레온"이라 한다. 조리를 어떻게 하느냐에 따라 맛이 달라지기 때문이다. 이에 대해 철갑상어의 알, 캐비아를 "흑해의 보석"이라 하는 것은 그 값이 비싸기 때문이고, 팥(小豆)을 "붉은 다이아몬드"라 하는 것은 상품 거래에서 인기가 있었기 때문이다.

"마스크"와 "가면"의 상관관계

난데없이 코로나19 바이러스가 창궐하여 전세계가 공포에 떨고 있다. 그리하여 전염을 막기 위해 "마스크" 착용이 권장되고 있다. 길거리에 나가보면 남녀노소 할 것 없이 모두 "마스크"를 썼다. 이런 와중에 "마스크" 사재기를 하는 악덕 상인이 있어 사회의 지탄을 받기도 한다.

"마스크"는 누구나 잘 아는 외래어다. 그런데 지금 코로나 바이러스를 막기 위해 착용하는 "마스크"는 우리말로 딱히 뭐라고 지칭할 말이 없는 것 같다. 영어 사전과 우리말 사전을 뒤져 보아도 그냥 "마스크"라고 할 수밖에 없는 것 같다. 국립국어원의 "표준국어대사전"은 "마스크"를 이렇게 풀이하고 있다.

> 마스크(mask) (명) ①= 탈. ②병균이나 먼지 따위를 막기 위하여 입과 코를
> 가리는 물건. ③얼굴 생김새. ④용접할 때 튀는 불꽃을 막기 위하여 얼굴에
> 쓰는 가리개. ⑤(군)=방독독면. ⑥(운)야구나 펜싱 따위에서, 포수와 구심(球
> 審)·선수들이 얼굴에 쓰는 방호구(防護具)

"마스크"의 대표적인 번역어는 "탈, 가면"이 되겠다. 코로나19의 경우는
②의 뜻으로 볼 수 있으므로 우리말로는 "추위를 막기 위하여 입을 가리는
물건"인 "입마개"를 차용해야 할 것 같다.

외래어 "마스크(mask)"의 어종(語種)은 위의 사전에 밝혀져 있지 않다. 그
러면 이의 어원은 어떻게 되는가? 이는 본래 아라비아어로 이탈리아어 "마
수케라(maschera)"를 거쳐 영어에 들어온 것으로 본다. 우리말에는 이 말이 일
본을 거쳐 들어왔겠다. 불어로는 "마스크(masque)", 독어로는 "마스케(Maske)"
라 한다.

"마스크"라는 말이 일본에 언제 들어왔는가는 분명치 않다. 다만 1864년
의 시미즈(淸水卯三郞)의 "영미통신(英美通信)"에 "めん＝メスク", 1872년 卜部
精二의 "개정증보 영어전(改正增補英語箋)"에 "가면(假面)＝マスク"가 보이는
것으로 보아 명치시대에 이 말이 들어온 것은 분명하다. 따라서 이는 우리
말에 그 뒤에 들어왔을 것이다.

우리말에는 이 "마스크"에 해당한 고유어로 "탈"이란 말이 일찍부터 쓰
였다. 1748년 동문유해(同文類解)의 "탈광대(鬼瞼兒)", 1775년 역어유해보(譯語
類解補)의 "탈판(模板子)", 영조 말 한청문감(漢淸文鑑)의 "광대 탈(鬼瞼)"이 그것이
다. 이 경우 "탈"은 가면(假面)을 의미한다. 따라서 코로나19 같은 경우에
"마스크" 대신 우리말을 쓴다면 "가면"이란 말은 어울리지 않고, "입마개"
란 말을 쓸 수 있겠다. "마스크 착용" 대신 "입마개 쓰기"라 할 수 있다.

"파자마"는 잠옷 아닌, 인도의 민족 의상

우리가 흔히 "잠옷"이라 하는 "파자마"의 말뜻을 국립국어연구원의 "표준국어대사전"을 보면 다음과 같이 풀이하고 있다.

> 파자마(pajamas) 명 ① 헐렁한 윗옷과 바지로 된 잠옷. 보통 땀을 잘 흡수하고 바람이 잘 통하는 천을 이용하여 만든다. ② 인도 사람이 입는 통 넓은 바지

"파자마"는 잘 때 입는 잠옷(sleeping suit)으로, 인도와 관련이 있는 옷이라는 것을 알 수 있다. 이는 본래 인도 북서부 판자프 주의 민족 의상이었는데, 그 옷의 천이 사랑을 받아 인도 전역에 퍼지게 되었다.

국어사전에서는 어종(語種)을 밝히고 있지 않은데, 이는 페르샤어(語) 및 울도우어(語)로, 이의 어원은 "paejamach", 또는 "pajamach"로 본다. 이들은 각각 "pae: 다리(leg)"와 "pa:발(foot)"에 "jamach: 착복(clothing)"을 뜻하는 말이 합성된 복합어이다. 따라서 그 뜻은 "다리(발)의 옷", 곧 "헐렁하고 발목까지 오는 긴 바지"라는 말이 된다. "파자마"는 본래 인도인이나 페르샤인들이 입던 헐렁한 긴 바지를 가리키는 말에서 온 것이나, 19세기 후반에 상의와 하의의 짝을 맞추어 잠잘 때 입는 침실의 옷을 의미하게 되었다.

파자마의 알파벳 표기는 복수로 하는 것이 바른 것으로 본다, 미국에서는 "pajamas", 영국, 프랑스, 독일은 이를 "파자마"가 아닌, "pyjamas"라 한다. 파자마를 우리가 "잠옷"이라 하듯, 일본에서는 이를 "네마키(寢間着)"라 하고, 중국에서는 "침의(寢衣)", 또는 "수의(睡衣)"라 한다. 서양에는 바지 모양의 "파자마"에 대하여 가운형의 "nightdress"가 따로 있다. 프랑스에서는 "슈미즈 드 뉘이(chemise de nui)", 또는 "네그리제(neglige')"가 있어 잠 잘 때만이 아니라, 거실에서 입기도 한다. 일본의 "네마키(寢間着)"도 호텔 방에서는

물론, 호텔 안에서 이를 입고 자유로이 왕래한다.

"웨딩"의 어원과 "저당(抵當)"

우리의 전통적 혼례는 신부 집에서 행해졌다. 그런데 근래에 와서는 외부 시설에서 예식이 많이 행해진다. 공공기관을 이용하기도 하고, 흔히 소위 "결혼식장", 또는 "결혼예식장"을 이용한다. 그런데 언제부터인가 이 "결혼식장"이란 말이 "웨딩홀"로 바뀌었다. 그래서 여기저기에 "웨딩홀"이란 간판을 쉽게 볼 수 있다.

"웨딩"이란 물론 "결혼(結婚)"이란 말이요, 이는 "Wedding"이라 하는 영어 단어이다. 그런데 이 "Wedding"이란 말의 동사 "Wed"의 어원이 재미있다. 이는 물론 "-와/과 결혼하다"라는 말이다. 그런데 이 말의 어원인 게르만 조어(祖語) wadja나 고대 이집트어 wedd, 고대 독일어 Wetti, 고대 노르웨이어 "veo, 고드어 wadi" 등은 모두 "저당물, 담보, 증거금"이란 뜻을 나타낸다. "wed"는 "저당을 잡히다"가 본래의 의미다. 이는 "바꿀 담보가 되는 금품을 모아 여자를 아내로 하다"란 옛날 게르만 민족의 혼인 풍속을 나타낸다. 이는 "보증, 보증인"을 나타내는 라틴어 "vas, vadis"와 동계의 말이다.

결혼의 방법으로는 약탈혼(掠奪婚), 매매혼(賣買婚) 등 여러 가지가 있거니와 "Wedding"이란 매매혼의 제도를 반영하고 있는 말이라 하겠다. 그래서 사실은 아내를 "재산(財産)"이라 한다. 중국 사람들이 도박을 좋아해 춘절(春節·설)이 지나면 중국 요리점의 주인이 바뀌고 부인이 바뀐다는 소화가 있는데 이러한 풍습도 여자가 재산이란 것을 반영하고 있다 하겠다. 매매혼의 잔재는 우리의 육례(六禮)에도 반영되어 있다. 육례는 납채(納采), 문명(問名), 납길(納吉), 납폐(納幣), 청기(請期), 친영(親迎)의 여섯 가지를 드는데 이 가운데 납폐(納幣)가 그것이다. "납폐"란 "혼인할 때 사주단자를 교환한 뒤 정혼이 이루어진 증거로 신랑 집에서 신부 집으로 예물을 보내거나, 보내는 예물"을 의미한다. 이것이 바로 매매혼의 흔적이란 말이다. 일본에서는 납폐를 "유이노우(結納)"라 하고, 이때 건네는 돈을 결납금(結納金)이라 하여 좀 더 매매혼의 냄새를 풍긴다. 약탈혼(掠奪婚)의 유풍은 키르키스탄에 오늘날에도 남아 있는 것 같다. 신부를 납치해 살기도 하는데 이를 전통이다, 인권의 문제다라 하며 아직도 시비가 분명히 가려지지 않고 있는 것 같다.

(한글+漢字 문화, 2020. 4월호)

3. 생활 주변의 외래어와 그 문화 (2)

"스킨십"과 "피부육아법"의 상호관계

우리는 전통적으로 사람을 만나면 반갑다고 손을 잡는다. 서양에서는 악수나 포옹을 하고 입을 맞추며 친밀감과 애정을 표현한다. 신체 접촉은 이렇게 사랑의 감정을 나타낸다.

신체접촉은 라틴 아메리카와 아랍 국가에서 많이 하는 편이고, 미국·영국·독일과 같이 미주나 북유럽 국가에서는 상대적으로 적게 하는 편이라 한다. 이에 대해 프랑스나 아일랜드, 중국, 인도 등은 중간 정도라 본다. 우리는 비교적 접촉을 많이 하는 나라로 분류된다.

흔히 피부접촉(皮膚接觸)을 "스킨십(skinship)"이라 한다. 그러나 이는 본래 이런 뜻의 말이 아니었다. 아기 어머니가 어린 아기를 안거나 어르는 "피부육아법(皮膚育兒法)"을 의미했다. 이는 육아법의 용어로, "kinship(혈족관계)"을 모방해 새로 만든 말이다.

어린이는 모자간(母子間)의 피부접촉을 통해 상호간의 관계가 강화되고, 인격도 정상적으로 발달된다고 한다. 대뇌생리학자들의 말에 의하면 0세에서 3세까지와, 3세에서 20세까지의 대뇌(大腦) 발달이 거의 같은 정도로 이루어진다고 한다. 3세까지 하루 4시간 정도 모자가 접촉을 하지 않으면 아이의 뇌는 정상적으로 발달하지 않는 것 같다. 또한 어머니가 자장가를 부르지 않고 아이를 키우면 그 아이는 노래를 잘 부를 수 없다고도 한다.

어머니는 아이와 접함에 의해 "좋을 호(好)"자처럼 만족감을 갖게 되고, 아이는 어머니 품에 안김에 의해 안정감을 갖게 된다. 따라서 어머니가 직장 여성인 경우에는 아이의 인격 형성에 장애를 받게 된다고 한다. 이렇게 볼 때 아기 엄마가 한 동안 직장을 그만 두고 육아에 전념하는 것은 아이의 인격 형성을 위해 좋은 선택을 하는 것이라 하겠다.

이러한 피부접촉의 효과는 어린아이들에게만 나타나는 것은 아니다. 성인의 세계에도 적용된다. 곧 선거(選擧)철이 돌아온다. 모든 후보자는 이리저리 뛰며 유세(遊說)하느라 바쁠 것이다. 그런데 열을 올려 유세하기보다, 뒷골목을 여기저기 누비며 가게 주인이나 길거리의 사람들과 악수를 하는 "스킨십"이 더 효과적이라 한다. 뒷골목의 악수를 우습게 볼 일이 아니다. "스킨십", 피부접촉의 효과는 열 말보다 낫다고 한다. 잘 활용하도록 할 일이다.

"히스테리"의 어원은 자궁(子宮)

정신적 원인에 의하여 일시적으로 일어나는 흥분 상태를 "히스테리"라 한다. 이를 우리의 국어사전은 독일어에서 들어온 외래어로, "hysterie"라 보고 있다.

"히스테리"는 그 어원이 희랍어이며, 자궁(子宮)을 의미하는 "histera"에 소급하는 것으로 본다. 의학(醫學)의 아버지인 고대 희랍의 의학자 히포크라테스(Hippocrates: ?B.C.460-?B.C.377)는 이 병의 이름을 "histeria"라 하였다. 그리고 이 병의 원인을 자궁(子宮)의 위치에 이상이 생겨 나타나는 것이라 하였다. 자궁이 뱃속에서 움직이며 돈다는 사실은 고대 이집트의 의학을 보여 주는 파피루스에 기록되어 있다.

같은 고대 희랍의 철학자인 플라톤(Platon: ?B.C.428-B.C.347)은 이렇게 쓰고 있기도 하다. 자궁은 아이를 만들고자 하는 하나의 동물이다. 이는 그의 소망이 이루어지지 않으면 난폭해져 여체(女體) 안에서 움직이며 돈다. 그리고 호흡을 곤란하게 하거나, 정신적 고통을 주어 나쁜 행동을 하게 한다.

2천 3, 4백년 전의 현자(賢者)들의 말이나, 오늘의 안목으로 보면 황당하다. 그러나 일찍이 그런 병을 지각하고, 그들 나름으로 해석한 것은 흥미롭다. 특별히 "히스테리"를 자궁과 결부시키고 있는 것은 "히스테리"가 남성에 비해 여성에 많이 나타난다는 사실에 주목한 것이라 하겠다. 그러니 히스테리를 부릴 때 여성은 좀 더 조심해야 하겠다.

"포스트"는 "파발꾼"의 의미

"통신 교통"은 흔히 붙어 다니는 말로, 매우 밀접한 관계를 갖는다. 그런데 이들이 요즘은 소원한 사이가 되었다. 이들을 관장하는 우리의 행정부서(行政部署)도 다르다.

우체국을 영어로는 Post Office라 한다. "Post"라는 말을 우리는 흔히 "우편(郵便)"이라기보다 "우체통"이란 의미로 받아들인다. 전에는 붉은 원기둥 모양의 통이었으나, 근자에는 거의 사각형의 철제 통으로 바뀌었다.

그런데 "Post"라는 말은 본래 이런 물건을 뜻하는 말이 아니었다. 이는 오히려 "배치하다, 두다"란 의미를 나타내는 동사였다. 그리고 16세기 초부터 영국의 국왕(國王)의 명령이나 편지 물품을 멀리 나르는 파발꾼을 의미하였다. 왕명을 신속하게 전달하기 위해서 주요 도로에 적당한 간격으로 말과 함께 전령(傳令)을 배치해 놓았다. 그래서 이는 그 뒤 파발꾼이 교대하는 지점(地點)을 의미하게 되었고, 나아가 편지나 물품을 나르는 말이나 배를 의미하게 되었다. 그리고 17세기에는 그 의미가 또 바뀌어 편지나 소포

를 배달하는 조직, 오늘의 "우체국"을 가리키게 되었다. "Post"는 이러한
과정을 거쳐 오늘날 "우편, 우편물, 우체국, 우체통"을 의미하게 되었다.

이러한 영어 "Post"란 말의 의미변화는 우리의 역관(驛館) 제도와도 밀접
한 관계를 보인다. 우리는 주요 지점에 역(驛站)과 역관(驛館)을 두고 거기에
파발마(擺撥馬)를 대기해 놓았다. "파발(擺撥)"이란 말은 "조선 후기에 공문을
급히 보내기 위하여 설치한 역참"을 의미한다. 이는 나아가 "파발꾼", 또는
"파발마(擺撥馬)"를 의미하게 되었다. "파발꾼"은 각 역참에 다섯 명을 두었
다. 역사적으로는 우리나라의 역체(驛遞)를 두기 시작한 것은 신라 소지왕
(炤知王) 때부터이며, 파발참(擺撥站)에는 조선 선조(宣祖) 때 병사(兵事)를 전하
기 위해 북으로는 의주(義州), 남으로는 동래(東萊)에 이르기까지 파발마를
두었다.

파발 제도에 이어 우리나라에 근대 우편제도가 도입된 것은 개화기(開化
期)에 우정국(郵政局)을 신설한 것이다. 이 우정국이 개국되던 날 개화당의
인사들이 갑신정변(甲申政變: 1884)을 일으킨 것은 유명한 역사적 사실이다.
이렇게 우정(郵政) 사업은 운송(運送) 사업과 불가분리의 관계를 지닌다. 앞
에서 "통신 교통"의 밀접한 관계를 언급한 것은 바로 이런 맥락을 염두에
둔 것이다. 우정(郵政) 사업은 우정국, 우편국, 우체국(郵遞局)으로 그 이름이
바뀌며 수행되었다. "우체국"이란 말의 "우(郵)"자는 "역참(驛站)"을, "체(遞)"
는 "교대하다, 전하다"를 의미한다. 따라서 "우체(郵遞)"는 "역에서 말을 갈
아타고 우편물을 전함"을 나타낸다.

여기에 덧붙일 말이 있다. 그것은 편지 등을 전하는 통신제도 "우편(郵
便)"이란 말의 생성 전말이다. 이는 결론부터 말해 일제 한자어이다. 일본에
도 전통적인 "파발"이 있었다. 이를 "히갸쿠(飛脚)"라 하였다. 이에 대해 새
로운 제도를 도입하며 1870년 역체(驛遞)의 수장(首長) 마에지마히소카(前島密)
는 종래의 "히갸쿠" 영업과 관영사업을 구별하기 위해 "우편(郵便), 절부(切
符), 절수(切手)"란 말을 새로 만들었다. 여기서 "우(郵)"란 우리의 경우와 마

찬가지로 역참(驛站), 곧 전령이 중계하는 둔소(屯所), 및 "비각(飛脚)"이 중계하는 숙소 "슈쿠바(宿場)"를 의미한다. 그리고 "편(便)"은 "편지(手紙)"를 의미한다. 따라서 "우편(郵便)"이란 말은 "역참(宿場)에서 역참으로 전하는 편지"라는 의미로 만든 신어다. 우리는 이를 차용하였다. "깃부(切符)"와 "깃테(切手)"라는 말은 각각 "표(標)", "우표"라는 말이다.

여기서 일본의 우스개 하나를 소개하기로 한다. 1872년에는 동경의 곳곳에 원통형의 우체통이 세워졌다. 우체통에는 흰 글씨로 "郵便"이라 쓰고, 편지를 넣는 투입구의 뚜껑에는 "差入口"라 썼다. 어느 시골 신사가 이에 쓰인 "우편(郵便)"이란 새로운 단어를 보고 그 뜻을 알 수 없어 다음과 같이 중얼거렸다 한다. "우(郵)자의 옆에 '드리울 수(垂)'가 있으니 오줌을 누는 통인가 보다. 그런데 높기는 왜 이리 높은가? 일본 사람에게는 어울리지 않는다. 아마도 외국인용인가 보다."

"로봇"은 체코어(語)

전에는 "로봇"이라면 자연스럽지 않고, 문자 그대로 딱딱한 기계적 동작을 하는 것이었다. 그런데 근자에는 여기에 인공지능까지 탑재하여 자연스러운 것은 말할 것도 없고, 인간의 지능을 능가하는 기계로까지 발전하고 있다.

사전에서는 "로봇(robot)"을 "인간과 비슷한 형태를 가지고 걷기도 하고 말도 하는 기계장치=인조인간"이라 풀이하고 있다. 그런데 이 말의 어원은 놀랍게도, 과학문명이 발달된 선진국의 말이 아니라, 체코의 말이다. 이는 "일하다"란 뜻을 지닌 "robit"를 바탕으로 하여 만든 "농노(農奴) 제도하에서의 강제노동"을 의미하는 "robota", 또는 "강제노동자"를 의미하는 "robotnik" 등의 어간(語幹)을 활용하여 신조(新造)한 말이다. 그것도 과학자가 아닌, 극작가가 조어한 것이다. 체코의 보헤미야 출신 극작가 카렐 차베크(Karel

Capek: 1890~1938)는 형 요셉과 공저로 풍자극 "Rossum's Universal Robots"란 책을 내었다. 여기에서 차베크는 최초로 "로봇"이란 말을 신조해 사용하였다. 이 풍자극에서 사회는 모든 두뇌와 육체노동이 가능한 로봇에 의존하는데, 이 로봇이 고물이 되면 폐철(廢鐵)로 처리하고, 새로운 로봇으로 대체한다. 이에 로봇들이 반항하게 되고 마침내 로봇을 창제한 사람들을 모두 죽인다는 내용의 작품이다.

이와 달리 언어가 아닌, 과학의 세계를 보면 기계인간은 사실은 "로봇"이란 말이 생겨나기 훨씬 전에 발명되었다. 1769년 헝가리의 침프렌에 의해서라 한다. 그리고 1929년에는 영국의 W. H. Richards가 인조인간을 고안하여, 이 로봇이 세계적 평판을 받았다.

그 뒤 로봇은 모양이 사람과 비슷하고 인간의 동작의 일부를 행하는 자동 기계, 곧 인조인간, 또는 기계인간을 의미하게 되었고, 근자에는 이 말이 외관과는 관계없이 특정한 작업을 행하는 기계를 가리키게 되었다. 최고의 기사(棋士)들을 물리치고 있는 "알파고"도 이 "로봇"에 다름 아니다. 그러고 보면 차베크의 희곡은 로봇이 인간을 지배하게 될 것임을 이미 예언한 것이라 하겠다.

"블랙리스트"는 "주류 판매 금지자 명단"

"지피지기(知彼知己)", 곧 저를 알고 나를 아는 것이 병가(兵家)의 상사(常事)라 한다. 어디 그것이 병가(兵家)만의 원리이겠는가? 세상 만물의 삶이 다 그러할 것이다.

"적폐청산(積弊淸算)"이란 이름 아래 지난 정권을 단죄하는 것 가운데 소위 "블랙리스트" 사건도 있다. 그래서 근자까지도 재판이 행해졌다. "블랙리스트(black list)"란 "요시찰 명부", "요주의 인물 명단"을 이르는 말로, 영어에서 들어온 외래어다. 국어사전에는 "감시가 필요한 위험한 인물의 명

단. 흔히 수사 기관 따위에서 위험한 인물의 동태를 파악하기 위하여 마련
한다."고 좀 더 강도가 높게 풀이하고 있다.

그러나 이 말은 본래 그렇게 "위험한 인물"의 명단을 의미하는 말이 아
니었다. 이 말의 어원은 영국의 "주류 판매금지자 리스트"에 유래한다. 옛
날 영국에서는 알코올 중독이라 보이는 사람에게 술을 팔지 않기 위해 명
부를 작성해 대처하였는데, 이 명부를 "블랙리스트"라 하였다. 이것이 "블
랙리스트"란 말의 단초이다.

이 말은 그 뒤 사어(死語)가 되었다. 그리고 제1차대전 때 민간에 퍼지게
되었다. 제1차 세계대전 때 영국 정부는 자국의 상인들에게 중립국 상인들
가운데 독일과 통상을 하는 자들과의 거래를 금지하여 이들 중립국의 요주
의 인물의 명부를 발표하였다. 이를 민간에서 "블랙리스트"라 하였다. "블
랙리스트"에 대해 우호적인 자의 명단은 "화이트리스트"라 한다. "화이트
리스트"도 근자에 문제가 되어 잘 알려지게 되었다. 이는 "블랙리스트"와
달리 "주재외교관" 등 다의성(多義性)을 지닌다.

"메뉴"는 요리 일람표

"메뉴"라면 흔히 "음식의 종류와 값을 적은 표"를 떠올린다. 국어사전에
도 이렇게 풀이되어 있다. 그리고 덧붙여 "'식단', '차림', '차림표'로 순화"
라 하고 있다. 이는 외래어이어 순화해야 하겠다는 것이겠다.

"메뉴(menu)"는 프랑스어에서 들어온 말로, 이의 어원은 라틴어 "minutum",
"작다(small)"라는 뜻의 말로, "미소한(minute)"이란 말과 자매어(姉妹語)이다.
이는 "식단(食單)"은 식단이나, 본래는 주문할 때 보라는 식단이 아니라, 양식
테이블 위에 놓인, 차려 나올 요리의 품목을 적은 작은 쪽지를 가리킨다.
독일어로는 "Menu", 스페인어로는 "menu", 포르투갈어로는 "menu"라 한다.

"메뉴"의 기원에 대해서는 두어 가지 설이 있다. 그 하나는 영국의 헨리

8세 때 헨리 브른스윅(Henry Brunswick) 공작이 1541년 개최한 연회에서 비롯되었다는 것이다. 연회 때 공작 옆에 앉아 있던 손님은 공작이 때때로 테이블 위의 종이쪽지에 눈이 가는 것을 보았다. 그래서 그 연유를 물었다. 그랬더니 공작은 종이쪽지를 가리키며, 이는 오늘 여러분께 대접할 요리의 리스트인데, 이를 보고 차례로 요리가 나오게 시키는 것이라 하였다. 이 아이디어는 손님들을 매우 즐겁게 하였다. 그래서 이것이 알려지며 일반화하였다는 것이다. 다른 하나는 유고 드 몽트포르트(Hugo de Montfort) 백작에 기원한다는 설이다. 백작이 1498년 연회를 베풀었는데, 테이블의 양피지를 자주 보자, 역시 옆의 손님이 그 사연을 물었다. 그러자 실은 이 종이에 "오늘 어떤 요리를 대접할까 요리장에게 써 놓게 한 것"을 보는 것이라 하더라는 것이다.

이렇게 "메뉴"란 식탁에 나올 요리의 이름을 적은 쪽지를 가리킨다. 여러 가지 요리가 나오게 되면 좋아하는 요리가 나오기 전에 만복(滿腹)이 되게 되는데, 이 "메뉴"가 있게 되면 조절하기에 편리해서 이는 곧 널리 보급되게 되었다 한다.

"메뉴"는 이러한 과정으로 이 세상에 태어났다. 따라서 "메뉴"는 요리를 내는 순서에 따라 적는데, 이 때 술의 이름도 적는 것이 관례로 되어 있다. 정식 디너의 풀코스는 오드블(前菜), 스프, 생선 요리, 고기 요리, 양주가 들어간 얼음과자, 조류(鳥類) 요리, 샐러드, 디저트, 과일, 애프터 디너 커피 등의 순으로 나온다. 이때 물론 요리에 어울리는 술이 따라 나온다.

(한글+漢字 문화, 2020. 5월호)

4. 포르투갈 외래어의 어원과 문화 (1)

포르투갈어 유입의 배경

언어의 유입은 사람들의 접촉(接觸)과 문화적 교류(交流)에 의해 이루어진다. 그런데 우리와 구라파의 포르투갈은 그럴만한 인적(人的) 접촉이나, 문화적 교류가 없었다. 그럼에도 근대문명과 관련된 이들의 의식(衣食) 관계 용어와 생활 용어가 여럿 우리말에 들어와 있는 것을 볼 수 있다. 이는 우리와 포르투갈 사이에 직접 교류가 이루어진 것이 아니라, 일본과의 교섭 및 일본문화의 접촉을 통해 간접적으로 영향을 받은 것이다.

일본인이 근대화하는 과정에서 처음 일본에 들어온 서양인은 포르투갈 인이었고, 그 다음 스페인 인, 그 뒤를 이어 홀란드 인이 들어왔다.

16세기 포르투갈 인은 중국과 일본의 중계무역을 하고 있었는데, 1543년 포르투갈 인을 태운 중국의 배가 일본 규슈(九州) 남쪽 다네가시마(種子島)에 표착(漂着)하였다. 이는 밀무역선이었다. 이 때 섬의 도주(島主) 도키다카(種子島時堯)는 포르투갈 인이 가지고 있던 총(火繩銃)을 구입해 가신(家臣)들에게 사용법과 제조법을 배우게 하였다. 이를 계기로 포르투갈 인은 매년과 같이 규슈의 여러 항구에 와 일본과 무역을 하였다. 그리고 1549년 포르투

갈의 선교사 프란시스 자비엘(Francis Xavier)이 가고시마(鹿兒島)에 와 기독교
의 일파인 제수이트(Jesuit)파를 전파하였다. 그는 규슈, 시고쿠(四國), 쥬우코
쿠(中國), 긴키(近畿) 지방 등 서일본에 포교하였다. 나가사키(長崎) 봉행소(奉行
所)에는 포르투갈어 통역이 배치되어 있었고, 새로 건너온 스페인, 홀란드,
영국인들도 이미 보급된 포르투갈어를 사용하고 있어 이것이 일본의 상용
(常用) 외국어같이 쓰였다. 이로 말미암아 포르투갈어가 일본어에 많이 들어
왔다. 기독교 용어는 약 500개가 수용되었다. 그러나 도쿠가와막부(德川幕府:
1603~1867)에서 기독교를 금제(禁制)하여 이들 외래어는 대부분 소실되었다.
이와 달리 의식(衣食), 동식물, 기계·기구를 나타내는 어휘는 약 1,000개가
수용되었는데, 많은 것이 오늘날에도 일본어에 남아 쓰이고 있다.

일본어에 유입된 포르투갈어는 일본인들이 정치 문화적으로 한국에 영
향을 미치게 되며 우리말에 흘러들었다. 따라서 우리말 속의 포르투갈어는
이렇게 일본의 정치, 내지 문화적 영향으로 간접 차용하게 된 것이다. 이
글에서는 우리말에 유입된 이러한 대표적 포르투갈어 어휘의 어원(語源)과
그 배경문화를 2회에 걸쳐 살펴보기로 한다. 이번에는 식품 관계 어휘를
중심으로 다음에는 의류 관계 어휘를 중심으로 살펴보기로 한다.

"빵"의 어원과 언어문화

서양의 주식이라 할 대표적인 식품은 "빵"이다. 우리는 이 말에 너무 익
숙해 있어 그 어원 같은 것은 생각지도 않는다. 영어로는 "빵"을 Bread라
한다. "Bread and Cake"을 "빵과 케이크"라 한다. "빵"이 어느 나라 말인지
도, 그 스펠은 어떻게 쓰는지도 모르면서 말이다.

"빵"은 포르투갈 말 "Pao(팡)"이 변한 말로, 같은 로망스계어인 스페인어
는 "Pan"이라 한다. 게르만어인 영어는 "Bread", 독일어는 "Brot"라 한다.
포르투갈어인 빵을 일본어에서 "パン(빵)"으로 수용하였고, 우리는 이를 그

대로 "빵"이라 받아들였다.

빵이 일본에 전해진 경위는 일본에 표착한 루손(呂宋) 총독 Don Rodrigo de Vivero의 보고서에 잘 나타나 있다. 그는 에도(江戶)에서 빵을 만들었고, 일본인이 빵을 먹는 것은 마치 과실과 마찬가지로 상식(常食) 외에 먹는 것이라 하고 있다. 그리고 에도에서 만든 빵은 세계에서 가장 우수한 제품이었으며, 그러면서도 사는 사람이 적어 가격은 거의 무료에 가깝다고 하고 있다. 이것이 일본의 문헌에 보이는 최초의 빵에 대한 기록이다. 이 빵이 일반인에게 널리 보급되게 된 것은 1868년 동경의 "風月堂"에서 병사들의 먹을거리로 5,000명 분을 만든 것이 최초라 한다(日置昌一 外, 1989).

우리나라에는 일본인들이 1883년 임오군란(壬午軍亂) 이후 대거 서울에 거주하게 되며 이 일본식 빵이 도입되었고, 1920년대 후반에 빵의 시대가 열리게 되었다. 우리는 이를 "서양떡"이라 하다가 "일본식 빵", "면포(麵包)", "빵떡"이라 일러 왔다. 그리고 우리도 일본의 경우처럼 상식(常食)이 아닌, 특식(特食)으로 이를 먹었다.

"덴푸라"의 언어문화

흔히 "덴뿌라"라 하는 "덴푸라"를 우리는 중국요리라고 생각할 만큼 중국 음식으로 알고 있다. 그도 그럴 것이 "덴푸라"를 먹으려면 우리는 중국 음식점을 가야하고, 그 이름도 "天麩羅"라고 한자로 적힌 것까지 볼 수 있기 때문이다. 그러나 이의 원어는 "Tempero"라는 포르투갈어로 조리(調理)를 뜻하는 말이다.

이는 16세기 모모야마시대(桃山時代)에 처음 일본에 들어온 남만(南蠻)의 요리로 알려진다. 일본에서 "南蠻"이란 포르투갈, 스페인, 이탈리아를 가리키고, 영국인, 네덜란드인은 홍모인(紅毛人)이라 구별하였다. 이렇게 "덴푸라"는 중국 요리가 아닌, 서양 요리이다. 본래 옷을 입혀 튀긴 것을 "덴푸라"라 하였기 때문에 일본에서는 처음에 옷을 입힌 남만 과자를 "덴푸라"
라 하였다. 그래서 이는 민중의 생활과 직결된 특정 요리가 아니어서 이
이름이 당장 일반화되지 않았다. 그 뒤 소설가 山東京傳이 이 튀김 요리에
"天麩羅(덴부라)"라는 이름을 붙였다. 그리고 오사카(大阪)에서 어육과 야채
를 기름에 튀긴 요리를 "天麩羅"라는 이름으로 판매하며 유행하게 되었다.
"덴푸라"라는 이름과 음식이 널리 일반에 보급된 것은 이후부터이다. (일설
에는 "덴푸라"가 사계절을 의미하는 "Quatuor trempora"에서 연유한다고 보기도 한다.)

여기에 덧붙일 일화가 하나 있다. 그것은 일본의 "國師日記"에 의하면 도
쿠가와(德川) 막부의 쇼군(將軍) 도쿠가와이에야스(德川家康: 1542~1616)가 도미
튀김을 만들어 먹고 이에 중독이 되어 죽었다고 한다. 이로 보면 이 요리가
16세기에 일본에 들어온 것으로 보인다. "덴푸라"는 "天麩羅"와 같이 일제
외래어라 생각해서인지 우리 국어사전에는 "튀김"이라 순화하도록 하고
있다.

"카스텔라"의 어원과 문화

"카스텔라"는 "덴푸라"와는 달리 일본 냄새나, 중국 냄새가 나지 않고,
오히려 서양과자라는 인상이 짙다. 이는 포르투갈어 "Pao de Castella", 곧
"카스텔라의 빵"을 일본에서 음차(音借)하고 생략한 말이다. 우리는 이 "카
스텔라"를 수용하였다. "카스텔라"는 이러한 외래어 외에 "설고(雪餻 · 雪
糕)", 또는 "설고빵"이라고도 한다. 그러나 의역을 한 이 말은 그런 말이 있
는지조차 모를 정도로 알려져 있지 않다.

"설고(雪餻 · 雪糕)"에 쓰인, "餻 · 糕"의 두 자는 같은 글자로 "떡 고"자이
다. 이 "떡 고(餻 · 糕)"자는 우리의 경우도 그렇지만, 중국에서는 카스텔라를
나타내는 말이다. 그래서 우리의 "설고(雪餻)"의 경우처럼 중국에서는 "카스
텔라"를 "단가오(蛋糕)", 또는 "지단가오(鷄蛋糕)"라 한다. 이는 카스텔라에

계란이 많이 사용되는 데 주목한 명명이다. 일본의 경우는 한자로 음차하여 "加須底羅, 家主貞良, 粕底羅"라 한 것을 볼 수 있다.

문화적 배경으로서의 "카스텔라"는 스페인의 주명(州名)으로, 지난날 스페인 중앙에서 북부에 걸쳐 있던 Castilla 왕국을 말한다. 이 나라는 바로 컬럼부스로 하여금 아메리카를 발견하게 한 이사벨라 여왕의 나라로, 스페인 통일의 모태가 된 나라이다. "카스텔라"는 바로 이 왕국의 이름 "Castilla"에서 연유하는 것으로 본다. 일본에는 이 나라의 빵이 16세기에 홀란드 인에 의해 나가사키(長崎)에 들어왔다. 홀란드는 막부시대에 통상을 허가 받은 유일한 서양의 나라로, 나가사키의 "데지마(出島)"를 근거지로 하여 무역을 하였다. 나가사키는 쇄국정책을 펴던 도쿠가와 막부의 유일한 서양 문호였다. 그리하여 나가사키에 이 "카스텔라"가 들어왔고, 이는 오늘날 나가사키의 토산품(土産品)으로도 유명하다.

"카스텔라"는 우리나라에서도 "加須底羅"라 한 기록이 보이며, 이는 1682년 조선통신사가 에도(江戸)를 방문했을 때 대접받은 것으로 나타나기도 한다. 그런가 하면 조선 중기의 실학자 이덕무(李德懋)는 카스텔라의 조리법을 기록으로 남겨 놓고 있는 것도 볼 수 있다.

"구삥"의 "삥"과 포르투갈어

한 동안 유행에 유행을 거듭하여 화투(花鬪)는 망국의 놀이라 일러지기도 하였다. 그러더니 유행의 속성이 그러하듯, 요새는 "화투"란 말조차 들을 수 없는 세상이 되었다.

이 화투놀이에 "섰다"라는 것이 있다. 화투장을 두 장씩 나누어 쥐고 상대방과 견주어 높은 끝수를 가진 사람이 이기는 놀이다. 이는 다른 말로 "구삥"이라고도 한다. 이 말은 사전에 표제어로 올라 있지 않다. "섰다"의 방언으로 보기 때문으로 보인다. 그러나 이 말은 "국민용어"라 할 정도로 보편화된 말이다. "구삥"이란 끝수 9와 1을 가리키는 말로, 섰다에서 이를 최고점으로 치기 때문에 놀이 이름으로까지 되어 있다. "삥"은 사전에 "섰다에서 쥐고 있는 두 장의 화투장 가운데 하나가 솔인 끝수. '일(一)', '1'로 순화"라고 풀이하고 있다. 그런데 "삥"이 왜 "1"을 의미하는가에 대한 설명은 없다. 이 말의 어원이 분명치 않기 때문에 애매모호하게 처리한 것이다. 아니면 일본어로 보아 순화 대상으로 보았는지도 모른다.

이 말은 포르투갈어에서 들어온 외래어로 "하나"를 의미하는 말이라 본다. 일본에 "하나에서 끝까지"라는 관용어가 있는데, 이를 "ピンからキリまで"라 한다. 이 관용어에 쓰인 "핀(ピン)"이 포르투갈어이고, 그 의미가 "하나"인 것이다("핀"의 발음은 외래어 표기법에 따른 표기와 달리 보통 "삥"이라 발음한다). 여기에서의 "핀"은 화투놀이의 전신인 "요미가루다(よみかるた)", 혹은 "메쿠리가루다(めくりかるた)"와 같은 가드놀이에서 나온 말이다("가루다"도 carta 라 쓰는 포르투갈어이다). 이들 카드는 1에서 12까지 각조 넉 장으로 되어 있다. 각조는 점이 찍힌 카드(点札) 두 장과 점이 없는 카드(無点札)로 되어 있는데, 점이 있는 카드는 1점에서 12점까지로 되어 있다. 그리고 그 "1점"을 "핀", 12점을 "기리(キリ)"라 하였다. 그래서 "ピンからキリまで"라는 말이 생겼고, 이는 1에서 12까지, 혹은 1에서 끝까지를 의미한다.

여기서 이들의 어원을 좀 더 구체적으로 제시하기로 한다. "핀"은 포르투갈어 "pinta"에서 비롯된 말로, 사실 이는 "점(点)"을 뜻하는 말이다. 그런데 이 말이 카드나 주사위의 눈 하나, 1점을 나타내는 말로 전용되었다. 점을 뜻하는 pinta의 변형 "pin"이 "하나(1)"를 의미하는 말로 의미변화를 한 것이다. "기리"는 같은 포르투갈어 "cruz"가 변한 말로 "십자가", 혹은 "10점"을 나타내었고, 이것이 나아가 "끝"을 나타내기도 하였다. 그리고 화투놀이에서 우리는 솔(松)을 1월, 오동을 11월이라 하는데, 일본에서는 오동(梧桐)을 12월로 보고 이를 "기리"라 한다. 따라서 포르투갈어 "기리"가 전용되어 사용되게 된 것이다. 일본어로 오동(梧桐)도 "기리"라고 하는데 이는 우연의 일치라 본다.

그리고 여기 덧붙일 것은 "핀"이 "하나(1)"를 의미하는 구체적 용례가 하나 더 있다. 그것은 "산핑사무라이(三一士)"(현실 발음은 "삼뼹사무라이")라는 말이다. 이는 에도시대에 무사를 경멸하던 말로, 이를 줄여 "삼뼹(三一)"이라고도 하였다. 이는 신분이 낮은 무사의 1년 급료가 "金三兩, 白米一人扶持", 곧 "돈 석량과 백미 한 사람 몫"이 월급(扶持)의 전부였기 때문이다. 그래서 "삼뼹"이란 말은 "삼뼹사무라이(三一侍)", "삼뼹야쓰(三一奴)"라고 사회적 상황을 반영하며 하급 사무라이를 놀리는 말로 사용하게 되었다.

"샤봉"과 세탁문화

국립국어원의 "표준국어대사전"을 보면 "사분"을 표제어로 내걸고, 이에 대해 "비누의 방언(경상, 제주)"이라 풀이하고 있다. "사분"이 경상, 제주에 분포된 비누의 방언이란 말이다. 확실히 6·25전쟁 때 부산에서는 "물사분 사이소, 물 사분 사이소"라 하며 아낙네들이 골목길을 누비고 다니며 물비누를 팔았다. 그런데 이 "사분"을 비누의 방언이라 한 것은 일찍이 小倉進平이 그의 "朝鮮方言の研究(1944)"에도 보인다. 이 책에서 그는 "비누"의 다섯째 방언으로 [sabun]을 들고, "國語シャボン(ポルトガル語起源)의 轉"이라 하고, 경남, 경북의 지명을 들고 있다.

"사분"은 비누를 의미하는 포르투갈어 "sabao"에 연유하는 말이다. 일본에서는 "sabao"을 음차하여 "サボン(사본)", 또는 "シャボン(샤본)"이라 하였는데(발음은 각각 [사봉], [샤봉]이라 함), 이들이 우리나라에 유입된 것이다. 비누(肥皂)를 의미하는 말이다.

"사분"은 포르투갈의 선교사가 망원경과 함께 다이묘(大名) 오다노부나가(織田信長: 1534~1582)에게 받쳤다는 기록이 있어, 소위 오다(織田)와 도요토미(豊臣)의 오다도요정권(織豊政權) 때에 일본에 처음 들어온 것으로 보인다. 이

때 다이묘(大名)나, 일부 무장(武將)들은 비누를 중히 여겼던 것으로 알려진다. 일본은 그 뒤 중국을 경유하여 비누를 수입하였고, 이로 말미암아 비누를 이르는 "石鹼(섹겐)"이란 한자말까지 들여오게 되었다. 이로 인해 오랫동안 쓰인 포르투갈어 "샤봉"에 이 "石鹼"이 대체되어 오늘날은 비누를 이르는 말이 "섹겡(石鹼)"으로 정착되었다. 비누가 일본에서 일반에 보급된 것은 堤磯右衛門이 요코하마(橫濱)에서 서양인에게 비누의 제조법을 배워 명치 6년, 1873년 세탁비누를 만들어 팔았고, 이듬해에 화장용 비누를 제조·판매한 데 연유하는 것으로 보인다.

우리말 가운데 들어와 있는 "사분"이란 말은 바로 이 포르투갈어 "sabao"이 일본을 거쳐 들어와 쓰이게 된 것이라 하겠다. 그래서 다른 지역에는 이 말이 보이지 않고, 일본과 가까운 제주와 경상방언에 나타나는 것이다. 따라서 이 말은 사전에서 방언으로 처리하는 것과는 달리 외래어로 보는 것이 바람직하다. 우리는 이 세제를 주로 "비누"라 하였으며, 일본의 경우와 같이 "석감(石鹼)"이란 한자말이 중국에서 들어와 쓰이기도 하였다. "비누"는 "비노"라고도 하였다. 이 말의 어원은 분명치 않다.

　　* 비노 잇ᄂ다(肥棗) <박통사언해>
　　　 비노 통(胰壺) <역어유해보>
　　　 비노(膩容) <동문유해>
　　* 향비누(肥皀) <한청문감>

5. 포르투갈 외래어의 어원과 문화 (2)

포르투갈어의 식품을 중심으로 기타 어휘에 대해 살펴보았다. 이번에는 의류 관계 어휘를 중심으로 기타 어휘를 살펴보기로 한다. 구체적으로 "나사, 메리야스, 비로드, 망토, 미라, 조로, 곱뿌" 등이 살펴질 것이다.

"나사(羅紗)"와 관련 문화

195,60년대만 하더라도 서울의 도심, 을지로 입구 소공동 쪽에는 양복점이 즐비하게 늘어서 있었다. 그런데 그 양복점 이름 가운데는 "漢城羅紗"를 비롯하여 "나사"라는 이름을 내 건 가게도 심심치 않게 있었다. 그러나 요사이는 양복점이 눈에 별로 띄지 않을 뿐 아니라, "나사(羅紗)"라는 이름의 양복점은 전혀 볼 수가 없다. 이게 웬 일인가? 양복점이 보기 힘든 것은 기성복 때문이라 하겠거니와, 양복점 이름에 "나사(羅紗)"가 사라진 것은 어떻게 된 것인가?

국어사전에서 "나사(羅紗)"를 찾아보면 이렇게 풀이하고 있다.

① 양털 또는 거기에 무명, 명주, 인조 견사 따위를 섞어서 짠 모직물. 보온

성이 풍부하여 겨울용 양복감, 코트 감으로 쓰인다. ② 두꺼운 모직물을 통틀어 이르는 말. (참) 나, 나삼

"나사"란 한마디로 양복감이나 코트 감을 이르는 모직물을 의미하는 말이다. 따라서 양복점은 이 양복을 만드는 재료, "나사"로서 옥호(屋號)를 삼은 것이었다.

사전에 의하면 "라사"의 "나(羅)"는 "명주실로 짠 피륙으로, 가볍고 부드러우며, 조금 성긴 구멍이 있고, 사(紗)와 비슷하다"고 되어 있다. 그리고 "사(紗)"에 대해서는 "생사로 짠 얇고 가벼운 비단. 여름옷감으로 많이 쓴다"고 하고 있다. 따라서 "나사"라는 말에는 모직물(毛織物)이란 말은 어느 구석에도 볼 수 없다. 그렇다면 이게 어떻게 된 것인가?

"나사(羅紗)"는 본래 포르투갈어 "raxa(레샤)"가 변한 말로, 이를 일본에서 한자로 가차(假借)한 말이다. 이 말은 가차할 때 소리를 빌고, 의미를 살려 만든 말이라 하겠다. 그러나 이는 본래의 뜻을 나타내기에는 부족했던 말인 셈이다. 그래서 한자어 "羅紗"에는 모직물이란 의미가 드러나지 않는다. 일본에서는 이 모직물을 오늘날에도 "라샤(羅紗)"라 한다.

모직물 "라샤"가 일본에 들어온 것은 무로마치(室町) 시대 후기이며, "라샤(羅紗)"라는 이름은 1605년 홀란드에서 수입해 온 이 모직물을 모조(模造)하여 포르투갈어 "레샤"에서 취해 이런 이름을 붙인 것이 최초로 알려진다. 이는 "羅紗"라 한자로 가차하며 더욱 "라샤"로 굳어지고, 뒤에 들어온 스페인어가 "rasha(라샤)"이어 이 말은 더욱 "라샤"로 정착하게 됐을 것으로 보인다. 중국에서는 이를 "nizi(呢子)", 혹은 "maoni(毛呢)"라 한다.

"메리야스"와 그 어원문화

우리의 내복은 대부분 메리야스로 되어 있다. "메리야스"는 무명실이나

털 실로 신축성이 있고, 촘촘하게 짠 천을 말한다. 이는 속옷 장갑 따위를 만드는 자료로 많이 쓰인다.

메리야스는 포르투갈어 "meias(메이아스)", 또는 스페인어 "medias(메디아스)"가 변한 말로 본다. 이는 본래 양말, 영어의 스타킹을 뜻하는 말이나, 일본에서 신축성, 유연성이 뛰어난 이 직물 전체를 가리키는 말로 잘못 수용해 이러한 직물 전반을 가리키게 된 말이다.

메리야스는 신축성, 유연성이 뛰어나 몸이 크거나 작거나 관계없이 누구에게나 잘 맞는다. 그래서 일본에서는 이에 "莫大小"라는 한자를 적용하고고 "메리야스"라 이르기도 한다. "크고 작음(大小)이 없다(莫)", 곧 누구에게나 다 잘 맞는 천의 옷이란 의미를 나타낸다.

이 메리야스 직조기는 1598년 영국인 윌리암 리에 의해 발명되었고, 일본에는 이 제품이 이미 에도 막부(江戸幕府)시대에 들어와 사용되었다는 기록이 보인다. 우리에게는 근대에 그 이름과 함께 들어왔을 것으로 추정된다. 중국에서는 이를 의역하여 "mianmao(綿毛)"라 번역하여 메리야스 셔츠는 "綿毛衫"이라 하며, 메리야스 제품은 "針織品" 등으로 이른다.

"비로드"와 그 문화

"비로드"에 대해 우리 사전은 "포 veludo=벨벳"이라 풀이하고 있다. 그리고 "벨벳"은 "거죽에 곱고 짧은 털이 촘촘히 돋게 짠 비단. 비로드·우단"이라 풀이하고 있다. "비로드"란 거죽에 짧은 털이 곱게 돋아난 우단이다. "우단(羽緞)"이란 깃털 같이 부드러운 비단이란 말이겠다. 초여름에 모가 파랗게 자라난 못자리를 보면 마치 "녹색의 비로드" 같다. 그래서 어느 시인은 술에 취해 밤에 못자리를 파란 비로드 침대로 착각하고 그 위에서 하룻밤을 실례했다는 일화도 있다.

우리가 "비로드"라고 하는 말은 포르투갈어 "veludo"를 일본에서 "ビロ-

ﾄ(비로-도)"라 한 것을 수용한 것이다. 그래서 우리도 왜정시대에는 이 벨
벳을 "비로드" 아닌, "비로도"라 하였다. 북한에서는 지금도 이 우단을 "비
로도"라 한다. 직물(織物)만이 아니고, "veludo"란 말이 들어 있는 합성어는
모두 "비로도"라 한다. "비로도가죽, 비로도그물버섯, 비로도박나비, 비로
도수(繡), 비로도풍뎅이" 따위가 그것이다. 이것들을 우리는 "우단가죽, 우
단그물버섯, 우단박나비" 등과 같이 "우단"으로 순화하고 있다. 일본에서
는 이 "비로드"를 1649년 경도(京都)의 직공이 처음으로 직조하였다 한다.

중국에서는 "비로드"를 "천아융(天鵝絨)"이라 한다. "천아"란 백조(白鳥)로,
비로드가 백조와 같은 윤이 나므로 이렇게 의역(意譯)한 것이다. 달리는 "사
융(絲絨)"이라고도 한다.

"우단"은 고급 옷감이다. 그래서 지난날에는 귀부인들의 옷감으로 많이
사용되었다. 경우에 따라서는 소파나 의자에도 이를 사용하였다. 김용성의
소설 "도둑일기"에는 "우단"이 사용되고 있는 의자를 보여 준다. 염상섭의
"삼대"에는 주머니의 재료가 우단으로 되어 있다. 요즘에는 양주 로열살루
트의 주머니가 이 "비로드"로 되어 있는 것을 볼 수 있다.

* 나는 그때의 광경을 머릿속에 되살리며 성수가 떼어낸 만큼의 우단 대신
담요와 같은 천으로 기워 땜질된 의자를 내려다 보면서 형을 손짓해 불렀다.
<김용성, 도둑일기>

* 손에는 검정 우단 주머니를 들고 자줏빛 목도리를 코 밑까지 칭칭 감았
다. <염상섭, 삼대>

"망토"와 그의 문화

지금은 거의 "망토"를 볼 수 없다. 개화기의 대학생들은 "망토"를 입고,
곧잘 거리를 활보하고 다녔다. 조중환(趙重桓)의 번안소설 "장한몽(長恨夢)"으

로 잘 알려진 이수일과 심순애의 이수일도 망토를 입었다. 망토는 말하자면 당시 개화 문명의 상징이라 할 것이었다.

"망토"란 소매가 없는, 어깨 위로 걸쳐 입게 된 외투이다. 이는 남녀의 구별 없이 다 입는 옷이었으며, 손을 내어 놓는 어귀가 있었다. 박경리의 "토지"에도 이 "망토"를 입은 장교의 모습이 그려진 장면이 보인다.

> 마상에 높이 앉은 장교는 가죽 장화에 긴 군도를 차고 있으며, 어깨에 걸친 군용 망토가 바람에 펄럭거렸다.

그러고 보면 알프스를 넘는 나폴레옹도 백마를 타고 이 "망토"를 걸쳐 입었던 것 같다.

우리의 "망토"란 로망스어인 포르투갈어 manto가 변한 일본 외래어 "マント(만또)"를 받아들인 것이다. 이는 불어로는 manteau, 영어로는 mantle이라 한다.

망토는 일본에 에도(江戸) 막부 말경에 군대의 양식(洋式) 조련용(調練用)으로 들어왔고, 명치(明治) 초기부터 일반인들도 착용한 것으로 알려진다.

"미라"와 "木乃伊", 그리고 방부제

인생은 생로병사(生老病死)의 과정을 겪는다. 사람이 죽게 되면 장례를 치르고 대체로 분묘에 매장하게 된다. 그리고 우리는 그 시신(屍身)이 잘 썩어야 좋다고 한다. 그런데 경우에 따라서는 여건에 따라 시신이 썩지 않거나, 처음서부터 방부(防腐) 처리를 하여 썩지 않게 하는 경우도 있다. 우리는 이런 썩지 않고 건조되어 있는 시신을 "미라"라 한다.

"미라"에 대해 우리 국어사전은 이렇게 풀이하고 있다.

(포 mirra) 썩지 않고 건조되어 원래 상태에 가까운 모습으로 남아 있는 인간이나 동물의 시체. 사하라 지방과 같은 건조한 지역에서 발견되는 천연적인 것과, 이집트 등에서 방부제를 사용하여 만든 인공적인 것이 있다.

"미라"는 일본을 통해 들어온 포르투갈어 "mirra"란 외래어다. 위에 보듯, 우리는 "미라"를 주로 사람이 죽어서 썩지 않고, 살아 있을 때의 모습으로 건조되어 있는 것을 의미한다. 그러나 이는 그런 것이 아니고, 원래 "미라"란 방부제의 이름으로, 이집트 등에서는 이를 시신에 채워 시신을 썩지 않게 하던 것이다. 이 약의 원료는 감람나무과의 수지(樹脂)로, 옛날에는 몰약(沒藥)이라 하였다. 이것을 홀란드 인이 에도(江戸)시대에 일본에 "ミイラ(미이라)"라는 이름으로 들여와 만병통치약으로 유행하게 하였다. 이는 한자로 "木乃伊"라고 적고 "미이라"라고 읽기도 하는데, 이는 중국에서 당시의 포르투갈어 "momia", 혹은 홀란드어 "mummie"를 음차한 것이라 본다. 일본에서는 이 "미이라"가 향료나 의약품으로서 여러 경우에 사용되었다. 그런데 이렇게 사용하자 시체가 썩지 않는 것을 보고, 시체가 원형대로 건조하여 굳는 것을 "미이라"라 하게 되었다. "미이라"가 향료 이름에서 썩지 않고 원형대로 굳은 시신을 의미하게 된 것이다.

건조된 시신 "미라"는 이집트에서는 종교상 인공적(人工的)으로 만든 것이고, 사하라 지방 등의 건조한 지역에서는 천연의 것이다. 일본에는 승려를 존중해 몰약(沒藥)을 사용해 방부·건조시킨 것, 奥州藤原 일족이 관을 밀폐하여 시신을 보존한 것, 모래사장에 시랍화(屍蠟化)한 것 등이 있는 것으로 알려진다. 우리나라에서는 지난날 매장한 시신이 관내의 여건으로 말미암아 썩지 않고, 천연으로 미라가 된 경우가 심심치 않게 발굴된 바 있다.

"미이라(木乃伊)"가 쓰인 시구(詩句)를 두어 개 보면 다음과 같다.

 * 알면서도 못 떠나는 生活의 길섶에서

이 봄날에도 처-얼석 뺨맞은 木乃伊의 서러움이… <이찬, 뻐- 샹하이>

* 산채로 하얗게 말라서

木乃伊가 된다. <홍윤숙, 廢家 1>

* 그리고 나는/ 나 自身이 이미/

숨쉬이는 木乃伊임을/ 아! 나는 弔喪한다. <김석송, 숨쉬이는 木乃伊>

"조로"의 언어문화

봄이 되면 꽃씨를 뿌린 뒤, 혹은 이미 싹이 튼 초목들을 위해 물을 뿌려 준다. 이 물뿌리는 기구를 "조로"라 한다. 그런데 이 "조로"라는 말이 "표준국어대사전"에 보이지 않는다. 전에 "조로"에 관해 짤막한 글도 쓴 적이 있어 그럴 리가 없다고 이 사전 저 사전을 뒤져 보니 이 말이 일본말이라고 표제어로 올리지 않은 것 같다. "조로"를 일본어 "如露(조로)", 혹은 "如雨露(조오로)"라 보고 "물뿌리개"로 순화해 싣지 않은 것이다. 이는 잘못 처리한 것이다. "조로"는 포르투갈어이다.

"조로"는 포르투갈어 "jorro"다. 이는 "화초 채소 등에 물을 주는 데 사용하는 기구"다. 일본에서 이를 "ジョロ(조로)", 또는 "ジョゥロ(조우로)"라 음차하고, 이에 다시 "如露·如雨露"라고 한자를 가차(假借)하여 표기하였다. "조로"는 "물뿌리개"로, 주전자의 주구(注口)와 같은 도관(導管) 끝에 잔 구멍이 많이 뚫린 덮개가 있어 물을 고루 뿌릴 수 있게 된 기구이다. 따라서 가차한 한자는 단순한 음차에, 마치 비나 이슬이 내리는 것 같다는 의미를 더해 명명한 것이다. 소리와 뜻을 다 살린 명명이다. 잘 된 번역어다. 어휘는 많을수록 좋다. 어휘수(語彙數)로 그 언어문화의 정도를 가늠하기도 한다. 그러고 보면 단어 하나라도 살려 쓰도록 할 일이다. "조로"를 중국어로는 "분호(噴壺)"라 한다. 분수처럼 물이 나오는 항아리란 말이겠다.

"담배" 등의 외래어 유입

"담배"에 관해서는 이미 앞에서 논의한 바 있다. 다만 포르투갈어와 관련해서는 논의를 하지 않았기에 이에 대해 약간 언급하기로 한다.

"담배"는 광해군 때 우리나라에 처음 들어왔고, 이수광(李晬光)의 "지봉유설(芝峯類說)"에 의하면 "근세에 왜국으로부터 들어왔다(近世始出倭國)"고 하였다. 담배는 스페인 선교사 로만 페인이 산토 도밍고섬에서 담배 씨를 가져와 서양에 전했다고 한다. 이러한 담배가 1543년 포르투갈 인이 다네가시마(種子島)에 표착함으로 일본에 알려지고, "타바코(tabaco)"라는 외래어가 전래된다. 따라서 "담배"라는 말은 포르투갈어, 일본어를 거쳐 우리말에 들어온 것으로 보인다.

담배의 전래는 포르투갈 인이 종자도에 표착한 것이 1543년이고, 그 뒤 포르투갈인은 일본의 여러 항구에서 무역을 하였고, 포르투갈 선교사는 제수이트(Jesuit)를 전도하였다. 이러한 것이 16세기 일본과 포르투갈의 관계이다. 그리고 한일 관계는 16세기말(1592~1598)에 임진왜란이 일어났다. 따라서 이수광의 "지봉유설(芝峯類說)"에서 "근세(近世)"에 왜국에서 "담배"가 들어왔다고 한 것은 임진왜란 이후 일본을 통해 담배가 우리나라에 들어온 것을 말하고 있는 것이라 하겠다.

이밖에 포르투갈어에서 전래된 말에는 음식물의 이름으로 "사라다"가 있고, 과자류를 나타내는 "카르메루, 비스코우트" 따위가 있다. "사라다"는 포르투갈어 Salada를 수용한 것이다. 이는 생야채나 과일 등을 주재료로 하여 마요네즈나 프렌치드레싱 따위로 버무린 서양 음식을 말한다. 오늘날 우리는 이 말을 수용해 사용하고 있다. 표준어는 영어 "샐러드(salad)"로 하고 있으나, 국민 대다수는 표준어가 아닌 이 "사라다"를 사용하고 있다. "카르메루"는 Caramelo를 수용한 것이며, "비스코우트"는 Biscouto를 수용한 것이다. 이는 오늘날 "갸라메루(キャラメル)·비스켓토(ビスケット)"와 같이

영어식 발음으로 바뀌었다. 우리도 영어식으로 "캐러멜, 비스킷"으로 발음을 하고 있다.

"오르강 · 후라스코 · 가루타 · 프레센또 · 보당 · 부랑코" 같은 말도 이때 일본에서 수용한 말이다. 이들은 각각 Orgao, Frasco, Carda, Presrnto, Botao, Balanco를 수용한 것으로, 오늘날에도 애용하고 있다. 우리는 오늘날 이들 어휘 가운데 "가루다"를 카드로, "프레센또"를 프레센트로, "보탕"을 단추로, 부랑코를 그네로 바꾸어 쓰고 있다.

(한글+漢字 문화, 2019. 6월호)

6. 홀란드어의 유입과 언어문화 (1)

홀란드어의 유입

포르투갈에 이어 일본과 접촉을 가진 서양의 나라는 홀란드(지금의 "네덜란드")이다. 홀란드는 1600년 드리프데(de Liefde)호가 우스키만(臼杵灣)에 표착하였는데, 이때 도쿠가와이에야스(德川家康)는 영국인 항해사와 홀란드인 선원을 에도(江戶)에 초청하여 외교·무역의 고문을 삼고 이들에게 저택을 제공하였다. 1609년엔 홀란드인에게 통상을 허가하였다. 그리하여 홀란드는 동인도회사의 상관을 구주(九州)의 히라도(平戶)에 세워 무역에 종사하였다. 그리고 그 뒤 1639년 홀란드 이외의 나라들에는 쇄국정책을 폈다.

일본에서는 1720년 도쿠가와요시마로(德川吉宗)가 쇄국을 누그리고, 홀란드의 학문을 받아들여 소위 "난학(蘭學)시대"를 연다. "난학(蘭學)"이란 "화란학(和蘭學)", 곧 홀란드에 대한 학문이란 말로, 이를 통해 근대과학을 수용한 것이다. 이는 1857년을 전후하여 절정에 달했으며, 이때 많은 서적이 번역되었는데, 그 9할이 화란어 계통의 것이었다. 이러한 번역을 통해 일본은 근대화를 꾀하고, 일본의 근대어(近代語)를 형성하게 되었다. 그리고 난학의 장려 및 발흥과 함께 외래어도 급증하였는데, 그 수는 전문어를 포함하여

2,3000어에 이르는 것으로 보인다. 이들 대부분은 자연과학에 관한 것이다. 그러나 이들 원음차용에 의한 외래어는 그 뒤 대부분 사라졌으나, 현재까지 남아 쓰이는 것도 많다.

현재 남아 쓰이고 있는 홀란드어를 몇 개 들어보면 다음과 같다.

> 간데라, 골프(kolf), 란드세루(randsel), 렌즈, 렛데루(letter), 마도로스, 메쓰(mes), 벳도(bed), 비루, 비스케트, 뽐뿌(pomp), 사라드, 세멘트, 에레키(electriciteit), 아키레스건(腱), 에키스(extract), 칸(kan), 콤파스, 콩크리트, 쿠키, 펜, 펭끼(pek), 피스토루, 텐트, 히스테리

홀란드인은 두어 번에 걸쳐 우리나라에도 표착하였다. 그 중 하나가 박연(朴淵: Jan Janse Weltvree)으로 1627년 제주도에 표착, 서울에 압송되어 훈련도감에 소속되어 있었다. 그는 병자호란에도 참가하였으며, 하멜 등을 감독하였고, 명 나라에서 수입한 홍이포(紅夷砲)의 제작법과 조종법을 우리 군인들에게 가르치기도 하였다. 또 한 사람은 "하멜 표류기"로 유명한 하멜(Hamel, Hendrik)인데 그도 1653년 제주도에 표착, 서울로 압송되어 병영에 소속되었다. 그리고 13년 뒤인 1666년에 조선을 탈출, 귀국하였다. 이들은 일본의 경우와는 달리 우리의 근대화에 기여하거나, 우리말에 이렇다 할 영향을 미치지는 않았다.

일본에서 번역된 홀란드어의 번역어와 이의 차용어는 대부분은 우리말에 들어와 쓰였거나, 쓰이고 있음을 볼 수 있다. 이 가운데 몇 개의 번역어와 원음(原音) 차용어를 그 문화와 함께 살펴보기로 한다.

"일주간"의 번역어와 그 문화

일본에서는 나가사키(長崎)의 데지마(出島)에 상관(商館)을 두고 이들과 교

역을 하였다. 나가사키는 서구문명을 받아들이는 일본의 창구였다. 여기에
는 많은 통사(通詞·통역)가 있었는데, 이들과 에도(江戶)의 난학자(蘭學者)들이
혼란드어를 번역하였다. 이 때 일상어와 함께 새로운 문화와 과학 용어가
번역되어 일본의 근대어를 형성하고, 일본의 근대화를 꾀하였다. "일요일,
월요일"과 같은 일용어, "중력, 구심력", "산소, 수소"와 같은 물리·화학
용어, "화분, 세포"와 같은 식물학 용어, "신경, 연골"과 같은 의학용어, "항
성, 유성, 혹성"과 같은 천문학 용어, "형용사, 부사"와 같은 문법 용어 등
이 다 이때 번역된 말들이다. 요새 같으면 이들 번역이 별로 신기할 것도
없으나, 당시의 일본은 이런 습관이나 제도가 없고, 이런 학문이 존재하지
도 않던 시대이기 때문에 이들 번역은 놀랍다고 해야 할 것이다.

오늘날 우리가 "일주일"이라 하는 말도 이때 홀란드어 "우에키(week)"라
는 말이 "일주간(一週間)"으로 번역된 것이다. 월화수목금토일의 일주(一週)
가 주기적으로 돌아오니 이 번역어는 어쩌면 당연한 것인지 모른다. 그러
나 중요한 것은 당시 일본사회는 그런 사회나, 시대가 아니었다. 그저 매일
매일이 그저 그날, 그날일 뿐이다. 6일 동안 일을 하고, 7일째 쉰다는 생각
을 꿈에도 할 수 없는 사회였다. 그런 때에 이 말이 번역되었다. 그래서 이
말은 번역이 되고 정착하기까지 반세기가 걸렸다고 한다.

여기에 요일 이야기를 덧붙이기로 한다. 요일 이름은 해(日)와 달(月)에 목
(木)·화(火)·금(金)·수(水)·토(土)의 오성(五星) 이름을 빌어 서양에서 붙인
것이다. 일본에서는 홀란드어의 이런 이름을 따 번역하였다. 명치(明治)정부
는 그 5년부터 태음력을 폐지하고 태양력을 채용하면서 칠요(七曜)제도를
정착시켰다. 이에 명치 2, 3년경까지만 하여도 일본에서는 중국식으로, 월
요일은 성기일(星期一)·예배일(禮拜一)이라 하고, 화요일은 성기이(星期二)·
예배이(禮拜二), 일요일은 성기일(星期日)·예배일(禮拜日)이라 하였다. 명치 5
년 이후 이를 "월요일, 화요일…"이라 하게 되었다. 오늘날 우리가 당연한
것으로 여기는 요일명은 이런 역사적 변화를 거친 것이다. 만약 일본에서

"성기일, 성기이…"와 같은 요일명을 계속해 썼다고 하면 오늘날 동양 3국은 "월요일, 화요일…"이 아닌, "성기일, 성기이…"와 같은 중국식 요일명을 쓰고 있을 것이다.

"에레키"와 "전기"의 문화

구체적인 사물은 그의 형태나 색채, 또는 기능 등에 따라 이름이 붙여진다. 그러나 추상적인 사물의 경우는 이름을 붙이기가 난감하다. 그래서 구체적 사물로 추상적인 것을 대신하기도 한다. 우리의 "힘"이란 말은 "근육(筋肉)"을 의미하는 말인데, 이것이 추상적인 "힘(力)"을 의미하게 된 것이 이런 것이다.

"전기(電氣)"란 에너지의 한 형태도 명명하기가 쉽지 않았을 것이다. 국어 사전에는 이 "전기"를 "물질 안에 있는 전자 또는 공간에 있는 자유 전자나 이온들의 움직임 때문에 생기는 에너지의 한 형태"라 풀이하고 있다. 그러니 이를 한두 개 음절의 말로 이름을 붙이기란 용이한 일이 아니다. 외국어의 첫 번역은 이런 경우에 해당한다. 그래서 같은 사물도 여러 가지로 번역되는가 하면, 그 번역어는 역사적으로 많은 변화를 겪는 것을 볼 수 있다.

홀란드어의 통사(通詞)들은 홀란드어를 번역차용하려 애를 썼다. 그리하여 오늘날 일본 근대어의 기초를 마련하였다. 그러나 번역을 하기 어려울 때 말소리를 그대로 적는, 원음차용(原音借用)을 하였다. 그래서 앞에서 언급한 것처럼 혼란드어를 원음차용한 말도 많다.

"전기"란 말에 해당한 홀란드어도 이런 원음을 차용한 외래어 가운데 하나였다. 전기를 홀란드어로는 "에렉트리시테이트(electriciteit)"라 한다. 이를 일본에서는 "에레키"라 하였다. "electriciteit"의 앞 부분 "elec"의 음만 빌어 "에레키"라 한 것이다. 이를 한자로는 음차(音借)하여 "越歷(에쓰레키)"라 하였다. 중국에서는 이를 의역하였다. 전기를 보니 그 방전하는 모습이 번개가 번쩍번쩍하는 기운과 같다. 그래서 "번개 전(電), 기운 기(氣)"자를 써 "디엔치(電氣)"라 하였다. 일본 사람들이 뒤에 중국의 의역어를 보니 자기들의 음역어(音譯語)인 "에레키"보다 나아 보였다. 그래서 저들은 음차한 "에레키"를 버리고, "電氣"란 말을 수용하였다. 일본에서는 오늘날 "에레키" 아닌, "덴키(電氣)"란 말을 쓰고 있다. 우리는 이런 "전기"라는 말을 아무 고민도 하지 않고 받아들인 것이다.

"레테르"와 그의 문화

우리처럼 민주주의를 좋아하고, 평등을 좋아하는 민족도 없는 것 같다. 차별을 참지 못한다. 그래서 회사에서도 사장과 평사원의 차별이 있어서는 안 된다. 남녀의 성차별도 있어서는 안 된다. 이런 것이 민주주의고 평등인가? 대표적 민주국가라는 미국에서는 사장과 과장, 평사원은 그 신분의 차이를 인정한다. 남녀의 차이도 우리처럼 덮어 놓고, 동등 내지 우위에 올라서려 하지 않는다. 성차(性差)를 인정한다. 사물은 그 나름의 특성을 지니고 있고, 그 특성을 인정받아야 한다.

우리는 상품의 특성을 그 상품에 부착된 "레테르"에서 확인한다. 상품의 번호·품명·규격·가격 등을 표시하여 붙여 놓은 딱지를 우리는 "레테르"라 한다. 아니 언어 현실에서는 "렛뗄"이라 한다. "레테르"는 홀란드어 "letter"에서 온 말이라 본다. 이는 문자(文字)를 나타내는 말로, 영어 "레터(letter)"에 해당한 말이다. 이 말은 일본에서 18세기에 홀란드 인과 접촉하며, 홀란드어에서 받아들인 말로, 그들은 이를 "レッテル(렛데루)"라 하였다. 우리는 이 말을 일본어에서 받아들여 "렛데루", 혹은 "렛뗄"이라 하였다. 오늘날 이를 "레테르"라 하는 것은 외래어 표기법에 따라 발음하고 표기하고 있는 것이다. 일본에서는 이 말이 의미변화를 하여 "부인의 면모"라는

의미를 지니는 은어로 사용되기도 한다. 예를 들어 "저 여자는 렛데루가 나쁘다."와 같이 쓰는 것이 그것인데, 이는 그 여인의 기량(器量)이 좋지 않다는 말이다. 또한 "사장 아들인 너와 말단 사원인 내가 렛데루를 바꾸면 세상 사람은 나를 달리 대할 것이다."와 같이 쓰이기도 한다. 이 때의 "렛데루"는 요사이 우리가 "간판 떼고 맞붙는다"고 하는 "간판"과 같은 뜻으로 쓰이는 말이다. 아니면 "계급장을 떼다"란 "계급장"의 의미로 쓰이는 것이라 하겠다.

우리말에서는 "레테르"가 "라벨(label)"과 동의어(同義語)로 쓰이며, "어떤 인물이나 사물에 대하여 불명예스럽게 붙은 이름"이라는 뜻으로 쓰인다. 후자의 예로는 "그는 어용교수라는 레테르가 붙었다.", "그는 꼴통 보수라는 레테르가 붙은 사람이다."와 같은 것이 그 예다. 따라서 "레테르"는 일본의 경우와는 의미상 다소 차이를 보인다 하겠다.

"란드셀"과 그의 문화적 배경

"란드셀"이란 말은 전에는 기본 생활 용어였다. 그런데 이 말을 요사이는 거의 들을 수 없다. 이 말이 배낭(背囊)으로 바뀌었다고나 할까? 지난날에 소학교나 유치원에 가게 되면 으레 "란드셀"을 구하고, 이를 메고 소학교나 유치원엘 갔다. 요사이는 너나 할 것 없이 배낭을 메고 다닌다.

"란드셀"이란 홀란드말로, "ransel"이라 표기한다. 이 말은 배낭(背囊)이란 말로, 이를 일본에서는 "ランドセル(란도세루)"라 수용하였다. 그리고 우리는 이 일제 외래어를 "란도세루", 혹은 "란드셀", "란드셀"이라 받아들였다.

"란도세루"는 일본과 특별한 문화적 관계를 가지고 있다. 이는 "배낭(背囊)"이란 번역어와 함께 처음에 군대용으로만 사용되었다. 일본에서는 프랑스 장교 14명이 막부(幕府)의 친위총대(親衛銃隊)를 지도하고 있었는데, 1866년 2월부터 이들 병사들에게 이 "란드셀"을 사용하게 하였다. 그리고 그 뒤 이를 보병(步兵)의 장구로 결정하여 사용하였다. 1885(明治 18)년부터는 검은 가죽 란드셀이 사학(私學)인 학습원(學習院)의 생도들의 배낭으로 제정되었다. 그리고 대정(大正)시대 말기에는 도시 소학교의 생도들 사이에 이것이 유행하게 되었다. 나아가 소화(昭和)시대에는 이것이 일반 소학교 및 유치원 생도들 사이에까지 유행하였다. 이렇게 "란드셀"은 일본의 정책과 함께 소학교와 유치원 생도들의 선호에 의해 어린이들 사이에 유행하게 되었다. 당시 우리나라는 일제 식민치하에 있었기 때문에 이러한 풍조는 자연스럽게 우리에게도 미쳤다. 그리고 이러한 풍조는 해방 후에도 한 동안 계속되었다. 우리의 "란드셀"이란 말은 이러한 문화적인 배경에서 차용된 것이다.

이 "란드셀"과 달리 일본에서는 성인의 배낭, 특히 등산 배낭은 독일어인 "Ruck~sack(뤼크자크)"가 "루쿠자쿠", 또는 "루쿠사쿠", "리쿠사쿠"라 차용되었다. 이들 일제 외래어도 우리말에 그대로 수용되었다. 오늘날은 번역어 "배낭", 혹은 "빽"이란 말과 함께 남녀노소 할 것 없이 "룩색(rucksack)"이 거리를 누비고 있는 것을 보게 된다.

"핀트"와 그의 문화

우리가 흔히 쓰는 말 가운데 "핀트"라는 말이 있다. "핀트가 맞지 않아 사진이 흐릿하다."거나, "너는 왜 그렇게 핀트가 맞지 않는 소리를 하느냐?"고 나무랄 때 쓴다. 이렇게 "핀트"란 "초점"과 관련된 말이다.

우리의 국어사전에는 이 "핀트"를 "(<일pinto) ①사진기나 안경 따위의 렌즈의 초점. ②사물의 중심점. '초점'으로 순화"라고 풀이하고 있다. 일단 이 말을 일본어에서 들어온 말로 보아 순화 대상으로 규정하고 있으며, 그 의미를 "초점"이라 보고 있다.

이 말이 일본어임에 틀림없는가? 일본에서는 오히려 "핀트(ピント)"를 홀란드어에서 들어온 외래어라 보고 있다. 홀란드어 "Punt"가 변한 "삔또(ピン

ㅏ)"라는 것이다. 그리고 그 의미도 사진 렌즈의 초점을 의미하는 말인데, 이것이 의미가 변해 사물의 중심을 의미하는 말이 되었다고 본다. "말의 핀트가 맞지 않는다."와 같이 쓰이는 것을 그것이라 본다. 이렇게 볼 때, "핀트"란 일본어가 아니요, 홀란드어 외래어인 "punt(삔또)"가 일본을 통해 우리에게 들어온 것이라 하겠다. 그래서 우리도 지난날에는 "핀트"가 아닌, "삔또", 혹은 "삔뜨"라 하였다. "핀트"의 용례를 우리 문학작품에서 보면 다음과 같은 것이 보인다.

* 꿈도 아니고 생시도 아닌, 어딘가 <u>핀트</u>가 어긋난 그런 렌즈 속을 나는 걷고 있었던 것일까? <이제하, 기차 기선 바다 하늘>
* 만나서 시간을 보낼 때 대화에 <u>핀트</u>가 맞지 않는 거예요. <황순원, 움직이는 성>
* 전혀 <u>핀트</u>가 안 맞는 대답이라고 나는 생각했다. <박완서, 도시의 흉년>

이들 용례는 일본의 용례와 같다. 북한에서도 홀란드어에서 들어온 말로 보고 있으며, 발음은 우리와 같이 "핀트"를 문화어로 보고 있다. 중국에서는 "핀트"를 "焦點"이라 한다.

(한글+漢字 문화, 2019. 11월호)

7. 홀란드어의 유입과 언어문화 (2)

"뻥끼"와 "페인트"의 문화

어떤 물체에 발라 고운 색깔을 내거나, 물체를 보호하기 위해 칠을 하는 물감, 곧 도료(塗料)를 통틀어 페인트라 한다. 요사이는 물체에 바르는 것에 그치지 않고, 벽을 칠하고, 그림을 그려 거리의 미관을 살리기도 한다. 이는 물론 영어 "paint"에서 들어온 외래어다.

그런데 이 도료를 일제(日帝)시대만 하더라도 "페인트", 아닌 "뻥끼"라 하였고, 그 뒤에도 한 동안 이 말이 쓰였다. 이는 국어사전에도 표제어로 올라 있다. "표준국어대사전"에는 "(<일 penki) ①'페인트'로 순화. ②남을 속이는 것을 속되게 이르는 말"이라 되어 있다. 그런데 이 말을 일본어에서 들어온 외래어로 보아 순화대상으로 보고 있다. 그러나 이 말은 홀란드어의 외래어다. 일본의 사전들은 이를 일본어라 하지 않고, 홀란드어에서 들어온 외래어라 보고 있다. 홀란드어 "pek"가 변해 "ペンキ(뻥끼)"가 되었다는 것이다. 우리의 "뻥끼"는 이 "ペンキ(뻥끼)"를 수용한 것이다. 따라서 화란어에서 일본어를 거쳐 들어온 2차 외래어라 하겠다.

"뻥끼"의 둘째 뜻은 도색을 함으로 본래의 색이 드러나지 않는 데서 의

미가 변한 것이다. 사전에는 "야, 나한테는 뼁끼 칠 생각하지도 마./ 이제
더 이상 뼁끼는 안 통하니까 알아서 해./ 내 부탁 들어 준다고 하더니 뼁끼
쓴 거 아니야?"와 같은 용례가 실려 있다. 그런데 놀랍게도 新村出이 편저
한 일본의 국어사전 "廣辭苑(1969)"이나, 이와나미(岩波) "국어사전"에는 이
둘째 뜻이 살려 있지 않다. 우리말에 들어온 뒤에 생겨난 의미인 것 같다.

"세멘트"와 "회삼물(灰三物)"의 문화

오늘날 우리가 "시멘트"라 하는 말을 전에는 "세멘트", 혹은 "세멘"이라
하였다. "시멘트"는 "cement"란 영어 단어에서 온 말이다. 그러나 "세멘트"
란 말은 영어 아닌, 홀란드어 "cement"에서 온 말이다. 일본에서 이 말을
"セメント(세멘또)"라 받아들였고, 이를 우리가 수용하다가, 해방 후 이를
"세멘트"라 하게 되었다. 그리고 이를 다시 영어식으로 "시멘트"라 하였다.
"세멘트"를 "세멘"이라 하는 것도 일본의 영향이다. 일본에서 "세멘또"를
줄여 "セメン(세멘)"이라 하였는데, 이 말이 우리말에 들어온 것이다.

영어나 홀란드어에서 들어온 이 외래어와 달리 우리에게는 이러한 건축
자재를 이르는 "회삼물"이란 말이 있다. 아스팔트길과는 달리 시멘트 길도
있는데, 이런 길을 전에는 "회사무리한 길"이라 하였다. "회사무리"란 말은
이 "회삼물"이 변한 말이다. "회삼물"이란 "灰三物"이라 쓰는 한자말로, 이
는 "석회(石灰) · 세사(細沙) · 백토(白土) 또는 황토(黃土)의 세 가지를 한데 섞은
물건"이란 말로 "세멘트"에 적용되던 말이다. 그래서 "시멘트하다"라는 말
은 "회삼물하다"라 하였고, 이를 방언으로 "회사무리하다"라 하였다. "회
삼물"은 줄여 "삼물(三物)"이라고도 하며, 이를 동사로 쓸 때에는 "삼물하
다"라 한다. 이 말은 방언으로 흔히 "사무리하다"라 한다.

"시멘트"와 밀접한 관련을 갖는 말에 "콩크리트"가 있다. "콘크리트"는
시멘트와 모래와 자갈, 골재 따위를 적당히 섞고 물에 반죽한 혼합물을 말한

다. 이는 "레미콘"으로 잘 알려져 있는데, 이는 "Ready Made Instant Concrete" 의 약어로 기성(旣成)의 콘크리트라는 말이다. 이 "콘크리트"도 영어로 알고 있지만, 실상은 홀란드어가 일본을 거쳐 우리말에 들어 온 것이다. 홀란드 어 "concreet"가 일본에서 "コンクリート(공꾸리-또)"로 수용되고, 이것이 우리 에게 "공구리또"를 거쳐 "콩크리트"가 되었다. 이 말도 일본에서 "コンクリ (공꾸리)"라고 줄여 써 우리말에 "공구리"로 수용되기도 하였다. 그리고 언 어 현실에서는 이 말이 많이 쓰인다. 동사로 쓰일 때는 일반적으로 "공구 리하다"라 한다.

"비-루"와 "비어"의 문화

보리의 맥아(麥芽)를 발효시킨 것에 호프를 넣어 만든 알코올 음료를 맥 주(麥酒)라 한다. 이는 일찍이 기원전 3,000년 경 바빌로니아에서 만든 것 같다는 기록이 전한다. 큰 항아리에 맥주를 넣고, 거기에 몇 개의 관을 넣 어 많은 사람이 한꺼번에 마시는 그림이 전한다. 고대 이집트의 왕들은 맥 주를 즐겨 마신 맥주당(麥酒黨)이었다고도 한다.

맥주를 이르는 말은 독일어의 비르(bier), 영어의 비어(beer), 프랑스어의 비 에르(biere) 같은 말이 있다. 이와는 달리 에일(ale)이라 하기도 한다. 맥주를 이르는 서양말이 일본에 처음 들어온 것은 홀란드어 bier였다. 이는 에도(江 戶)시대에 홀란드인이 들여왔다. 이를 일본에서는 말소리를 빌어 "비-루" 라 하였고, 번역하여 "맥주(麥酒)"라고도 하였다. 일본에서는 지금도 일반적 으로 "비-루"라 한다. 명치시대(明治時代)에는 영어 beer도 들어와 "비아ㆍ비 야"라 하기도 하였다. 그러나 오늘날 일본에서는 "비-루"가 일반적인 표현 이고, "비아 가덴(beer garden), 비아홀(beer hall)"이라는 복합어 외에는 "비아" 라는 말이 쓰이지 않는 것으로 본다.

우리는 일본의 "비루"라는 말을 수용하여 사용해 오다가 지금은 영어식으로 "비어"라 하고 있다. 그리고 일본에서 번역 차용하였으나, 잘 쓰지 않는 "맥주(麥酒)"라는 말을 즐겨 쓴다. 북에서는 "조선말대사전"에서 "비루⇒맥주 [← bier 희]"라 풀이하고 있다. ("←"는 "한자말이나 외래어를 고유어에 보내주는 경우에"에 사용한다고 풀이되어 있다.) 이로 보아 북에서는 아직도 "비루"라 음차(音借)한 말을 사용하고 있음을 알 수 있다. 중국에서는 맥주를 "피주(啤酒)"라 한다. 이는 물론 음차한 말에 "술(酒)"자를 더한 것이다. 일본의 번역어 "맥주(麥酒)"라고는 하지 않는다.

"가스"와 "까쓰", 그리고 "와사(瓦斯)"

연료나 살상(殺傷) 무기로 사용하는 기체의 물질을 통틀어 "가스"라 한다. 사실 이는 "가스"가 표준어로 잡혀져 있으나, 대부분의 언중(言衆)은 "까스"나, "깨쓰"라 하고 있다. 그러나 이들은 모두 비표준어로 본다.

"가스"라는 말은 벨기에의 화학자 J. B. van Helmont가 "혼돈(混沌)"을 의미하는 희랍어 "khaos"에서 힌트를 얻어 만든 말이다. 이 말은 홀란드어인 "gas"가 일본에 들어와 "ガス(가스)"라 사용되었다. 이는 우리에게도 전해져 "까스"라 한다. 일본에서는 명치시대에 가등(街燈)으로 "가스등(瓦斯燈)"을 사용하며 이 말이 많이 쓰였다.

"가스"를 "와사(瓦斯)"라고도 한다. 이는 "瓦斯(가스)"를 우리의 한자음으로 읽는 것이다. 문학을 좋아하는 사람이라면 주지주의(主知主義) 시인 김광균(金光均)의 시집 "와사등(瓦斯燈)"이 있어 이 말을 기억할 것이다. 시 "와사등(瓦斯燈)"의 서두는 이렇게 되어 있다.

차단한 등불이 하나 비인 하늘에 걸려 있다.
내 호올로 오델 가라는 슬픈 신호냐.

긴 여름해 황망히 날애를 접고

늘어선 고층 창백한 묘석같이 황혼에 젖어

찬란한 야경 무수한 무성한 잡초인 양 헝클어진 채

사념 벙어리 되어 입을 다물다.

그렇다면 "가스"를 의미하는 "와사(瓦斯)"란 어떻게 된 말인가? 혹자는 이를 중국에서 들어온 한자말로 알지 모른다. 그러나 그렇지 않다. 이는 일본에서 한자를 빌어 소리 나는 대로 "gas"를 적은 말이다. 일본에서는 "가스등(ガス燈)"을 표기할 때 앞에서 본 바와 같이 "瓦斯燈"이라 적고 "가시또우"가 아닌, "가스또우(ガストゥ)"라 하였다. 瓦의 음이 "가(ガ)", 斯의 음이 "시(シ)"로 이는 gas를 음차한 것이다. 시인 김광균도 이 말을 "와사등" 아닌 "가스등"이라 생각하고 시를 쓴 것임은 물론이다. "와사"는 "瓦斯(ガス)"를 우리 한자음으로 읽음으로 새로운 한자말이 되었다. "와사관(가스관), 와사난로(가스난로), 와사단(가스로 짠 비단)"과 같은 말이 이러한 예이다. 중국에서는 원칙적으로 "가스"를 "기체(氣體)·매체(媒體)"라 한다. "원칙적으로"라 한 것은 중국에서도 일제 한자어 "瓦斯"를 차용해 쓰고 있기 때문이다. 중국에서도 이를 자국의 발음으로 [wasi]라 한다.

"피스톨"과 "육혈포"의 문화

한손으로 쥐고 쏘는 소형의 총을 권총(拳銃), 또는 "피스톨"이라 한다. "피스톨"은 홀란드어가 일본을 거쳐 우리나라에 들어온 말이다. 이 말은 일본의 경우 에도시대의 정치가이자 학자인 아라이 하쿠세키(新井白石)의 "채람이언(采覽異言)"에 "작은 총"을 "페스토루(pistol)"라 한 것이 일본에서 가장 오래된 기록이라 알려진다. 실물이 언제 일본에 들어왔는가 하는 것은 분명치 않다. 아마도 에도막부(江戸幕府)의 중기(中期)이거나 말기일 것이라 추정한다. 에도막부 말기에는 무사들 사이에 외제 피스톨을 가지고 다니는 것이 신기하지 않았다고 한다.

"피스톨"이란 말은 본래 단검(短劍)을 지칭하는 말이었는데, 16세기 중엽에 소형 화기(火器)를 지칭하는 말이 된 것으로 본다. 피스톨은 역사적으로 1364년 페르샤에서 발명한 것이 원조라 한다. 한편 "피스톨"이 소총을 지칭하게 된 것은 1545년 이탈리아의 Pistoia라는 도시에서 공업적으로 제작하기 시작해 이 지명에서 연유하는 것이라 본다. 이와는 달리 "쥐다(握)"라는 뜻의 이태리어 pistalo가 그 어원이라 보는 설도 있다.

"피스톨"의 상위 개념은 "핸드건(hand gun)"이다. 이의 번역어가 "권총(拳銃)"이다. 권총은 피스톨과 리볼버(revolver)로 나뉜다. "피스톨"은 약실과 총신이 한 몸이 되어 있는 것이고, "리볼버"는 약실(실린더)과 총신이 분리되어 있는 것이다. 리볼버는 여러 개의 약실을 회전시켜 가며 총을 쏠 수 있어 연발 사격이 가능하다. 상당수의 리볼버 권총은 총알을 재는 구멍이 6개 있다. 그래서 이는 "육혈포(六穴砲)"라 부르게도 되었다.

우리는 지난날 이 "핸드 건"을 권총(拳銃)이라 하기보다 흔히 "육혈포(六穴砲)"라 하였다. 그래서 염상섭의 "만세전(萬歲前)"에도 이 권총이 "육혈포"라 쓰인 것을 볼 수 있다.

> 배에서 끌어내린 층층다리가 선창 위에 걸리니까, 앞장을 서서 올라오는 것은 흰 테를 두른 벙거지를 쓰고 외투를 입은 '순사보'와 육혈포의 줄을 어깨에 늘인 일본 순사하고, 누런 복장에 역시 육혈포의 검은 줄을 늘인 헌병들이다.

"아킬레스건"과 그의 문화

근자에는 "아킬레스건(腱)"이라는 말을 자주 듣게 된다. 아킬레스건이란

"발꿈치의 뼈 위에 붙어 있는 힘줄"로, 이는 인체에서 가장 강한 힘줄이며, 보행에 중요한 구실을 하는 것이다. 더러는 심한 운동을 하다가 이 아킬레스건이 끊어졌다는 말을 듣기도 한다. 그리고 이는 치명적 약점을 비유적으로 이르는 말로 쓰이기도 한다. 예를 들면 "누구는 고집불통이 그의 아킬레스건이다"라 하는 따위가 그것이다. 이는 그만한 문화적 배경을 지닌다. 그것도 우리 문화가 아닌, 그리스의 신화로, 호메로스의 일리아드에 나오는, 트로이 전쟁의 영웅 아킬레우스(Achilleus)에 얽힌 일화다.

바다의 여신 테티스(Tethis)는 제우스와 포세이돈의 구애를 받았다. 프로메테우스(Prometeus)는 그녀가 낳은 아들이 하늘의 제왕이 될 것이며, 아버지보다 위대한 존재가 된다고 예언한다. 그래서 그녀는 제우스의 중매로 평범한 인간 프티아의 왕 펠레우스(Peleus)와 결혼하여 아킬레우스란 아들을 낳았다. 그녀는 아들을 불사신을 만들기 위해 스틱스(Styx)강에서 몸을 씻긴다. 이 강물로 몸을 씻으면 몸이 강철같이 단단해진다 한다. 이때 그녀는 아킬레우스의 발꿈치를 잡고 목욕을 시켜, 발꿈치만은 물에 젖지 않아 이것이 절대적 약점이 되었다. 아킬레우스의 약점을 모르는 트로이 군대는 속수무책으로 당하였다. 이에 트로이를 적극 지원하던 포세이돈이 트로이의 왕자 파리스와 아폴론에게 아킬레우스의 약점을 일러 주어, 아킬레우스는 이들의 독 화살에 발뒤꿈치를 맞아 죽는다.

이것이 아킬레스건의 문화적 배경이다. 그러나 이와 다른 아킬레스건의 문화적 배경도 보인다. 그것은 어머니 테티스가 역시 생명의 한계가 있는 아들을 성스러운 불에 던져 인간적 부분을 태워 없이 하려 하였다. 이를 안 아버지 펠레우스는 아기의 울음 소리를 듣고 아들을 구해 그를 의술이 뛰어난 반인반마(半人半馬)의 케론에게 맡겨 기르게 하였다. 그러나 불에 탄 아킬레스건만은 불사(不死)의 것이 되지 못하였다. "아킬레스건"이란 이러한 결점을 지닌 힘줄을 의미한다. "아킬레스건"이란 이러한 문화적 배경을 지닌 홀란드어가 외래어로 일본어에 들어온 것이다. 그리고 이는 오늘날에도 쓰인다. 그리고 이 말은 우리말에도 들어와 지금도 쓰이고 있다. "아킬레스건"의 "건(腱)"은 "힘 줄 건"자로 힘줄을 의미하는 말이다.

"간데라"와 "간드레"의 문화

"간데라"는 국어사전에 "(←(일) kandera) [건] '촉', '촉광'으로 순화. [<(네) kandelaar]"라 풀이하고 있다. 일본어라 보고 순화하고자 한 것이다. 그러나 이는 풀이 뒤에 보이듯 홀란드어에서 일본을 거쳐 우리말에 들어온 말이다.

일본에서는 이 말이 에도시대부터 잘 쓰였으며, 명치시대부터는 매우 많이 쓰였다고 하고 있다. 양철 등으로 기름통을 만들어 그 가운데 석유를 넣고, 무명 실로 심을 만들어 불을 붙여 들고 다닐 수 있게 한 것이다.

우리의 경우는 이를 "간데라"가 아닌, "간드레"라 하고 있다. 이는 Candle 이 변화한 것으로 보기도 하나, 역시 화란어 "간드레"에 소급되는 말이라 하겠다. 이는 광산의 구덩이 안에서 불을 켜 들고 다니는 등을 말한다. 쇠붙이로 만들고, 석유 아닌 카바이드(carbide)를 연료로 사용하였다("카바이드"도 홀란드어이다). 전에는 밤낚시를 하는 사람들도 주로 이 카바이드를 이용하는 "간드레"를 사용하였다. "간드레"의 용례를 문학작품에서 보면 김성종의 "도탄(盜炭)"에 다음과 같은 예가 보인다.

> 오 감독이 간드레 불을 앞세우고 폐갱도로 향했다. 갱 입구의 천정에는 고드름이 한 줄로 고르게 매달려 있었다. 간드레 불빛을 쏘인 어둠이 멈칫거리며 한 거름 한 거름 물러섰다.

(한글+漢字 문화, 2019, 12월호)

8. 홀란드어의 유입과 언어문화 (3)

"해체신서(解體新書)"의 번역과 번역어

일본인들은 포르투갈에 이어 홀란드인과 접촉하며 저들의 문물 수용에 총력을 기울였다. 그리고 한편으로 번역 및 출판 사업을 적극적으로 추진하였다. 이때 번역된 난학(蘭學), 곧 홀란드 학문의 최초의 번역서가 "해체신서(解體新書)"란 해부학(解剖學) 책이다. 이는 1774년 나가사키(長崎)의 통사(通詞)와 에도(江戶)의 난학자(蘭學者)들이 주로 한자어로 번역하였는데, 이들은 직역(直譯)과 의역(意譯)을 하고, 그렇지 않으면 원음(原音) 차용(借用)을 하였다. 문물의 이입(移入)에 따른 명칭 외에 이러한 번역에 의해 일본어에는 천문, 의학, 물리화학, 병학(兵學) 등 근대 과학용어들이 많이 창출되었다. 그리하여 일본의 근대어가 형성되었고, 일본의 개화문명이 꽃을 피웠다. 이들 번역어는 또 우리의 근대어로 유입되었다. 이제 이들 예를 의학 용어를 중심으로 몇 개 살펴봄으로 저간의 사정을 약간 엿보기로 한다.

우선 직역한 어휘를 보면 "맹장, 골막, 후뇌" 같은 것을 들 수 있다. "맹장(盲腸)"은 "Blinde(盲)-Darm(腸)", "골막(骨膜)"은 "Been(骨)-Vlies(膜)", "후뇌(後腦)"는 "Argeter(後)-Hersen(腦)"과 같이 낱말 하나하나를 직접 번역하여 복합

어를 만들었다. "호흡기, 혈석(血石), 결막(結膜), 모상관(毛狀管)"과 같은 것도
이러한 예다. 의역어로는 "Dunker(暗)-Kamer(室)"를 "사진기"라 하고, "Glas
(硝子)-ligchaam(体)"을 "초자액(硝子液)"이라 한 따위가 그것이다. "구개골(口蓋
骨), 신경(神經), 시신경(視神經)"과 같은 것도 이러한 예에 속한다. 원음을 차
용한 어휘는 무수하다. 아라카와(荒 川惣兵衛)의 "외래어개설(外來語槪說)"(1943)
에 소개된 것만도 동·식물명, 광물명, 화학·약품명, 음식물명, 의류명, 기
계·기구명, 의학·생리학 및 병학(兵學), 항해(航海) 용어, 도량형 단위 등
440여 단어에 이른다. "亞爾加里(아루카리), 加爾叟謨(카루시우무), 依的耳(에테
루), 瓦斯(가스)" 같은 것이 그 예다. 이밖에 "가라스(glas), 골프(kolf), 곱뿌(kop),
람뿌(lamp), 렌스(lens), 마도로스(matroos), 메스(mes), 부리키(blik), 뽐뿌(pomp), 사
라데(salade), 에키스(다라쿠또)(extract), 콤파스(kompas), 텐또(tent), 펜(pen), 히스테
리(histerie)"도 같은 예들이다.

"곱뿌"와 "컵"의 문화

물이나 음료 따위를 따라 마시는 기구를 우리는 전통적으로 "잔(盞)"이라
하였다. 그리하여 흔히 "물잔, 술잔"이라 한다. 이는 대체로 도기(陶器)나 사
기(沙器)로 된 것이었다. 그런데 근대화하며 이것이 유리그릇으로 바뀌면서
그 그릇과 함께 "컵"이란 외래어가 들어왔다. 그래서 이는 흔히 "물 컵, 맥
주 컵, 유리컵"이라 한다.

그런데 사실은 "컵"이란 말 이전에 우리는 이를 "고뿌", 또는 "곱뿌"라
했다. 이들은 일제하(日帝下)와 그 뒤 한 동안 계속 사용되었다. 아니 나이
드신 시골 영감들은 근자까지도 "나 물 한 곱뿌 다오"라고 하셨다. 그래서
"곱뿌"라는 말은 흔히 영어 "컵"이란 말이 일본을 거쳐 들어오면서 남아
쓰이는 일제 잔재라 생각한다. 그리고 그렇게 말하는 사람을 다소 업신여
기는 것도 볼 수 있다. 그러나 그게 그런 것이 아니다.

"곱뿌", 또는 "고뿌"란 영어 "컵(cup)"을 이렇게 발음한 것이 아니다. 홀란 드어 "kop"를 일본에서 "コップ(곱뿌)"라 받아들인 것이고, 이를 우리가 수용 한 것이다. 일본에서 영어를 잘못 수용해, 이상한 발음을 한 것이 아니다.

"곱뿌"란 18세기에 홀란드어가 일본에 들어온 것으로 본다. 이때의 "곱 뿌"는 유리로 된 술잔, 또는 물을 마시는 잔으로, 본래는 잔에 발이 달린, 운두가 높은 양주잔이었다. 이는 에도(江戶)시대에 일본에 전해졌는데 일본 의 "本朝世事談綺"에는 "古津不(コップ)라 하는 것은 주배(酒杯)를 古津不(コッ プ)라 하는 것이다"라 해설을 하고 있는 것을 볼 수 있다. 이 "곱뿌"가 널리 퍼진 것은 명치(明治)시대 초부터라 알려진다. 이는 그 뒤 우승컵에도 적용 되는데, 우승컵의 "곱뿌"는 그것이 발이 달린 술잔임을 여실히 보여준다.

이 "곱뿌"라는 말은 일제하에 우리말에 들어왔고, 해방 후에 영어 "컵" 에 밀려 사어(死語)가 되었다. 그러나 북에서는 지금도 "고뿌"라 쓰고 있다. 그리고 그들의 "조선말 대사전"에서는 "유리, 사기, 비닐, 알미늄 같은 것으로 만든 운두 높은 잔"이라 풀이하고 예로 "유리~"와 함께 문학 작품 의 용례를 들고 있다.

> 고뿌를 받아 쥔 청년은 단숨에 꿀꺽꿀꺽 소리 내며 물을 마시고 나서 입맛 을 다시더니 한 고뿌 더 달라고 하였다. (장편소설 '해돋이')

"뽐뿌"와 "펌프"의 문화

옛날에는 지하수를 퍼 올리자면 우선 우물을 파고 그 물을 길어 올려야 했다. 그러기 위해 필요한 것이 두레박이었다. "남녀상열지사(男女相悅之詞) 사리부재(詞俚不載)"라고 부도덕한 내용이라 책에 실을 수 없다고 한 고려속 요의 대표적 작품 "쌍화점(雙花店)"의 제3련에는 이 "드레박"이 노래 불리고 있다.

드레 우므레 므를 길러 가고신던
우믓 龍이 내 손모글 주여이다
이 말ㅅ미 이 우믈 밧긔 나명들명
조그맛간 드레바가 네 마리라 호리라.

두레박으로 물을 푸는 우물에 물을 길러 갔더니, 우물의 용이 내 손목을
쥐더라, 이 소문이 이 우물 밖에 퍼지면 그것은 조그만 두레박 네가 한 말
이라 하겠다. 그러니 소문을 내지 말라고 한 말이다. 여기 "드레박"이란 물
을 퍼 들어 올리는 바가지란 말이다.

이러한 급수(汲水) 수단을 개화한 것이 펌프에 의해 물을 퍼 올리는 것이
다. "펌프"는 압력을 이용해 지하수를 지상으로 끌어올리는 양수기(揚水機)
다. "펌프(pump)"란 말은 영어다. 종래에는 이를 "펌프" 아닌, "뽐뿌"라 하
였다. 홀란드어 "Pomp"를 일본에서 "ポムプ(뽐뿌)"라 하던 것을 우리가 수용
한 것이다. 일본에서는 이를 한자로 "즉통(喞筒)"이라 했다. "물을 대는 통"
이란 말이다. 중국어로는 "jitongbeng(喞筒泵)", 또는 "shuibeng(水泵)"이라 한
다. "붕(泵)"은 펌프를 의미하는 말이다.

일본에서는 지난날 양수(揚水)를 목적으로 "목제즉통(木製喞筒)(すっぽん)", "수
동즉통(手動喞筒·龍吐水)" 등이 사용되었다. 1637년에는 대판(大坂)의 水上宗
甫가 "용통(龍樋)"을 고안하여 佐渡金山에서 사용하였다. 그리고 소화시설로
서 "뽐뿌"가 영국, 독일 등에서 수입되기도 하였다. "뽐뿌"는 그 뒤 수도가
일반화하기 전 쇠로 된 것이 제작되어 가정에 설치, 이를 사용하였다. 우리
나라에도 이 펌프가 일제시대부터 설치, 사용되기 시작하였다. 따라서 "뽐
뿌"라는 말은 이 물건과 함께 일반화하였고, 해방이 되며 "곱뿌"의 경우와
같이 영어 "펌프"로 대치되었다.

"부리끼"와 함석, 그리고 생철

홍성원의 소설 "육이오"에는 "오 대위는 잠시 능선 위에 올라선 과수원 한복판의 붉은 <u>양철집</u>을 바라보았다."는 문장이 보인다. 우리의 집들은 전통적으로 짚으로 이은 초가집이거나, 기와를 얹은 기와집이다. 양철로 지붕을 한 양철집은 근대적 산물이다. 그만큼 신식 집이라 할 수 있다.

"양철집"의 "양철"이란 "양철(洋鐵)"로 이는 서양에서 들어온 쇠라는 말이다. 이는 "서양철(西洋鐵)"의 준말로, 달리는 "생철(-鐵)", "백철(白鐵)"이라고도 한다. "생철"의 "생-"이란 "서양"이 준 말이다. 이 "생철"은 또 "함석"이라고 한다. 그래서 "양철집, 양철통"을 "함석집, 함석통"이라고도 한다. 그런데 이들은 모두 홀란드어 "부리끼"에서 연유한 말이다.

"부리끼"는 호란드어 "blik"로 주석(朱錫)을 도금한 강판(鋼板)을 말한다. 이는 아름답고, 부식이 잘 되지 않는다. 그리하여 건축 자재나 깡통을 만드는 재료 등에 널리 쓰인다. "부리끼"란 얇은 철판의 의미를 지닌 홀란드어 "blik"를 일본에서 "ブリッキ(부리끼)"라 수용한 것이다. 그래서 홍성원의 소설 "육이오"에서도 이 "부리끼"가 양철지붕의 재료로 쓰인 것이다. "부리끼"를 "양철(洋鐵)"이나, "서양철(西洋鐵)"이라 하는 것은 이 말을 의역을 한 것이다. "부리끼"라 음차한 말은 우리말에서는 사라졌다. 그러나 일본어에는 건재한다. 우리의 경우 "양철집"은 "생철집"이라 한 것도 볼 수 있다. 채만식의 "탁류(濁流)"에 그 예가 보인다.

급하게 경사진 언덕 비탈에 게딱지 같은 초가집이며, 낡은 <u>생철집</u> 오막살이 들이, 손바닥만한 빈틈도 남기지 않고 콩나물 기르듯 다닥다닥 주어박혀 언덕이거니 짐작이나 할 뿐인 것이다.

"뻰"과 "강필"의 문화

글씨를 쓰거나 그림을 그리는 우리의 전통적 기구에 붓이 있다. 이를 한 자로는 "필(筆)"이라 한다. "붓"이란 사실은 이 "필(筆)"의 음이 변한 말이니, 붓과 필(筆)은 같은 것이다. 그리고 이는 "필기(筆記)"라는 말이 나타내듯, 모필(毛筆)이라기보다 기록하는 기구 일반을 가리키는 말이라 하겠다.

필기 기구에는 석필(石筆), 골필(骨筆), 연필(鉛筆), 철필(鐵筆), 강필(鋼筆), 모필(毛筆) 따위가 있다. 그리고 이러한 필기 기구 가운데 대표적인 것이 붓과 펜이라 할 것이다. 붓이 동양의 필기구라면, 펜은 서양의 필기구라 하겠다.

우리는 "펜"을 "펜"이라 하고, 경필(硬筆), 철필(鐵筆)이라고도 한다. 중국에서는 이를 "강필(鋼筆)", 또는 "잠수필(蘸水筆)"이라 한다. "강필"이란 강철로 만든 필기구라는 말이요, "잠수필(蘸水筆)"이란 잉크(黑水)를 찍어 쓰는 필기구라는 말이나, 우리는 이들을 수용하고 있지 않다. "펜"이라는 외래어만을 즐겨 사용한다.

"펜"은 영어로 잘 알려져 있지만 이 말이 일본에 처음 들어온 것은 홀란드어 "뻰(pen)"으로서이다. 이 말은 깃털(羽毛)을 의미하는 라틴어 "penna"에서 유래하며, 중세 영어에서는 "penne", 프랑스어에서는 "plume", 독일어에서는 "Feder"라 하는 말이다.

고대 아시리아에서는 점토판에, 희랍 로마에서는 밀랍 판(蠟板)에 각각 쇠, 청동, 놋쇠, 목골(木骨) 등의 첨필(尖筆)로 새기고 그 위에 먹을 발랐다. 고대 이집트에서는 갈대로 만든 펜으로, 파피루스에 글자를 썼고, 중세 전후부터 거위의 깃으로 만든 "거위 펜"이 사용되었다. 그리고 그 뒤 오늘날과 같은 강철 펜을 사용하게 되었다. 일본에 처음으로 펜이 도래한 것은 명치 4년(1871)이며, 그 다음 해에는 거위 펜, 강철 펜이 쓰이게 되었다 한다. 일본에서 펜 촉을 처음 만든 것은 명치 30년이 되어서이다. 이때 "石川 펜촉제작소"가 설립되었는데, 특허권의 문제가 있어 제품에는 서양 회사의 마크를 붙여야 했다. 오늘날 생각해 보면 참으로 웃기는 역사적 사실이다. 이렇게 하여 펜은 마침내 1905년경에는 일반에 보급된 것으로 본다. 이러한 과정을 겪은 펜촉은 일본을 통해 우리나라에 들어오게 되었고, "펜"이란 말은 홀란드어로서 일제시대에 "뻰"으로 수용되었다. 북에서도 "펜"은 "뻰" 아닌, "펜"이라 한다. 그리고 펜을 "철필"과 동의어로 본다.

"꼬루후"와 "골프"의 문화

골프는 우리나라의 낭자군(娘子軍)들이 세계적으로 명성을 날리며 유명해진 스포츠다. 이는 9홀과 18홀을 돌며 경기를 하는데, 총타수를 계산하는 스트로크 플레이와 각 홀마다 승패를 겨루는 매치 플레이의 두 형식이 있다.

"골프"의 기원은 분명치 않다. 홀란드의 아이스하키 비슷한 놀이가 스코틀랜드로 건너가 서민들 사이에 널리 행해졌다는 설이 유력하다. 골프가 오늘날과 같이 조직화된 것은 15세기부터이며, 1945년 세계대전 이후 전세계에 전파되었다. 일본에는 1901년(명치 34년) 당시 고오베(神戶)에 있던 영국인에 의해 전해졌다 한다. 우리나라에서는 1897년 영국인들이 6홀의 코스를 만들어 즐겼다고 한다. 그러니 일본보다 빠르다. 그 뒤 1919년 효창공원에, 1924년 청량리에 코스가 생겼다. 우리나라에 골프가 본궤도에 오른 것은 1929년 영친왕 이은(李垠)이 군자리(성동구 능동)에 18홀의 서울컨트리클럽을 개장하면서부터라 본다. 그 뒤 대구, 평양, 부산, 원산 등지에 잇달아 코스가 생겨났다.

"골프"란 말의 어원은 스코틀랜드 고어인 "goulf"에서 유래되었다는 것이 최근 골프 역사가들의 중론이다. 이는 "치다"라는 뜻의 영어 단어 "cuff"와 동의어로, "goulf"가 변해 오늘의 "golf"가 된 것으로 본다.

골프라는 스포츠의 전래와 달리 일본의 "꼬루후"라는 말의 어원은 홀란드어 "kolf"를 수용한 것이다. 그렇기 때문에 그들은 이의 표기를 영어의

"golf"처럼 "고"를 "ゴルフ(고루후)"라 유성음으로 하지 않고, "コルフ(꼬루후)"
라고 무성음으로 하고 있다.

우리의 경우는 "골프"의 들어온 경로가 달라 반드시 일본을 거친 홀란드
어가 들어온 것이라고는 할 수 없을 것 같다. 오히려 이는 영어에서 들어왔
을 개연성이 크다. 국어사전은 대체로 이렇게 보고 있다. 우리는 유성 자음
을 된소리로 내는 경향이 있다. "bag"을 "빽", "dam"을 "땜", "gas"를 "까
스"라 한다. 영어 "golf"도 이런 발음 경향에 따라 "골프" 아닌, "꼴프"라
하고 있는 것이라 하겠다.

"에끼스"와 "엑스트랙트"의 문화

근자에 많이 듣게 되는 말 가운데 하나가 "에끼스"라는 말이다. 아마도
많은 사람이 그것이 어떻게 된 말인지도 모르고 "정수(精髓)", 또는 "정수(精
粹)"라는 뜻으로 쓰고 있는 것이 아닌가 한다. 이 "에끼스"라는 말도 홀란드
어가 일본을 통해 우리말에 들어온 것이다. 물론 이는 일본인이 홀란드인
과 접촉하던 에도(江戸)시대에 일본에 들어온 말이고, 이 말이 뒤에 우리말에
들어온 것이다. 이 말은 "추출물"을 의미하는 홀란드어 "엑스트락트(extract)"
를 일본에서 "에끼스또라꾸또"라고 수용하며, 뒷부분을 생략하고 그 앞 부
분만을 사용하여 "에끼스"라 한 것이다. 그래서 지금도 일본의 "국어사전"
을 보면 "エキス(에끼스)"에 대해 다음과 같이 풀이하고 있는 것을 볼 수 있다.

① 약물 또는 식물(食物)의 유효성분을 발취하여 농즙(濃汁)으로 한 것. "梅肉-"
② 골라 뽑은 것의 가장 중요한 것. 精粹 △홀란드 extract(=추출물)에서

우리의 국어사전은 이에 해당한 말을 영어 "엑스트랙트(extract)"라 보고
"[약] 동물이나 식물 따위에서 뽑아낸 천연 약물의 유효 성분을 농축시킨

의약품. 유동체와 건조한 것이 있다."라 풀이하고 있다. 우리가 생활용어로 쓰고 있는 "에끼스"라는 말은 보다 일본 사전의 풀이에 부합한다 하겠다. 그런데 국립국어연구원의 "표준국어대사전"은 "표준"이란 말이 붙어서인지 "에끼스"를 표제어로 내걸고 있지 않다. "엑스트랙트"의 오용이라고 라도 표제어로 올렸어야 했다. "에끼스"는 분명히 많은 언중이 사용하는 우리의 외래어다. "엑스트랙트"는 일본과 달리 영어로 본다.

(2019.11.5.)

9. 즐겨 쓰는 일본의 조어와 일본어투

세상이 국제화하면서 말도 국제화하고 있다. 우리말에는 외래어들이 많이 들어와 쓰이고 있다. 이런 외래어들 가운데는 외래어라는 냄새가 나지 않는 말도 있다. 일본어(日本語)와 관련이 있는 말에 이런 것이 심심치 않게 발견된다. 이번에는 즐겨 쓰는 이러한 말을 몇 개 보기로 한다.

"문민"의 어원과 "문민정부"

문민정부(文民政府), 문민정치(文民政治)와 같이 쓰이는 "문민(文民)"이라는 말은 당연히 옛날부터 쓰이던 한자말이라고 생각하는 사람이 많을 것이다. 그러나 그렇지 않다. 우리나라에서는 김영삼(金泳三) 정권이 들어선 뒤 이 말이 쓰이기 시작하였다. 그 전의 군사정권에 대해 "직업군인이 아닌 일반 국민", 곧 민간인의 정부라 하여 "문민(文民)"이란 말을 쓴 것이다. 이는 과거의 억압과 독재의 군사 정부에 대해 민간인의 정부를 일컫는 말로 참신성(斬新性)을 지녀 애용되었다.

그러나 이는 애용되는 것과는 달리 생래적으로 문제성을 안고 있는 말이다. "문민"이란 옛날부터 있었던 한자말이 아니다. 중국의 "사원(辭源)"에도, "현대한어사전(現代漢語詞典)"에도 이 말은 수록되어 있지 않다. 이는 제2차 대전 이후 일본에서 신조한 말이다. 그래서 일본의 국어사전에는 "문민(文民)"을 대체로 다음과 같이 풀이하고 있다(岩波, 国語辞典, 1977).

> 현역 군인 이외의 일반인. 직업군인이 아닌 사람. civilian의 역어로, 일본국 헌법에서 쓰기 시작하였다.

일본에서는 "문민"을 civilian의 번역어로 일본에서 만든 말이요, 그것도 일본국 헌법(憲法)에서 최초로 쓰기 시작한 말이라 보고 있다. 일본국 헌법은 1946년 공포, 이듬해인 1947년부터 시행되었다. "문민"은 이 헌법 제66조 2항에 "내각 총리대신, 그 밖의 국무대신은 문민이 아니면 안 된다."고 규정한 것이 최초로 쓰인 것이라는 말이다. 전쟁을 억제하려는 연합국(聯合國)이 일본의 군국주의(軍國主義) 부활을 염려하여 헌법(憲法)에 못을 박되, 총리와 각부 대신은 무인(武人), 곧 군인이 아닌, "문인(文人)"이어야 한다고 새로운 번역어로 명문화한 것이다.

우리나라에서는 "문민(文民)"이란 말이 1964년에 나온 어느 한한사전(漢韓辭典)에 실려 있는 것이 보인다. 이는 일본 사전을 베낀 데 말미암은 것이라 하겠다. 우리는 군인에 대해 "민간·민간인"이라 하고, "무인(武人)"에 대해 "문인(文人)"이라 한다. civilian을 "문민"이라 번역한 사전은 보이지 않는다. 따라서 우리의 "문민"이란 말은 일본에서 번역한 말을 차용한 것이라 하겠다. 이 말은 오늘날 우리 사회에 정착하였다. 정착된 말을 쓰지 말라는 것은 의미가 없다. 다만 이 말의 어원을 바로 알고, "문민" 대신 "민간"이란 말을 쓰며, 이 말의 사용을 자제하는 것이 바람직할 것이다.

"민초(民草)"라는 말의 어원과 의미

방송 사극 "한명회(韓明澮)"에 "민초(民草)"라는 말이 나와 깜짝 놀란 적이 있다. 아무리 "민초"라는 말이 즐겨 쓰인다고 하더라도 조선조 세조(世祖) 때에 이 말이 쓰인다는 것은 수용할 수 없는 사실이기 때문이다.

"민초(民草)"라는 말은 "백성, 서민, 창생" 등의 의미를 지니는 말이다. 이의 어원은 외형상 한자어의 형태를 취하고 있으나, 이는 한자어가 아닌 일본말이다. 이는 "다미쿠사", 또는 "다미구사(民草)"라 하는 말로, 일본 사전에는 조그만 포켓판에도 다 실려 있는 말이다. 그 뜻은 "인민. 사람을 풀에 비유한 말. 민서(民庶), 창생(蒼生)"이라 풀이하고 있다. 따라서 중국의 사서들에도 보이지 않는다. 물론 우리의 국어사전에도 보이지 않던 말이다. 그런데 이 말이 한자의 탈을 썼기 때문에 1988년의 국립국어원의 "표준국어대사전"에 사전으로서는 처음으로 "민초(民草)"라는 한자 표제어로 실렸다. 그리고 이렇게 풀이하고 있다.

> "백성"을 질긴 생명력을 가진 잡초에 비유하여 이르는 말. q 이름없는 민초들/ 엎드려 바라옵기는 왕은이 넓고 넓어 하늘 아래 구석구석 민초에게도 융숭하옵시거니와… <박종화, 금삼의 피(1936)>

한자의 탈을 써 마치 고상한 우리말이나 되는 양 사전에 오른 것이다. 이 말은 일본의 근대화 과정에서 영어 "grassroots"를 "다미쿠사(民草)"라 번역·사용하게 된 말이다. 그래서 박종화의 "금삼의 피"에도 이 말이 사용되었는가 하면 왜정시대의 잡지에도 그 용례가 보인다.

> * 皇國永遠의 畜强에 身을 捧함을 陛의 赤子의 民草로서 當然한 責預라 아니 할 수 없다 <동아일보, 1930.9.24.>

  * 朝鮮靑年들이 모두 한 번식 訓練所門을 거쳐 나오는 날이면 조선에는 새로운 광명이 비최일 것이다. 지원병제도야말로 聖上의 반도民草에게 베푸신 一視同仁의 結晶임에 틀림없다. <삼천리, 제12권 10호, 1940.12.1.>

  근자에는 이 말을 일반대중보다는 매스컴에서 즐겨 쓰고, 또 소위 "의식(意識) 있는" 사람들이 즐겨 사용하고 있다.

  "농민전쟁 격랑 헤쳐온 / 민초들의 애환 생생히"

  이는 한승원의 대하소설 "동학제" 출간을 기사화한 신문 표제다. 여기 쓰인 "민초"는 동학혁명 때의 우리 서민을 가리킨다. "민초 숨결 담긴 삶 노래"는 신경림의 시집 "농무(農舞)"의 주제를 신문 표제어로 내건 것이다. 여기 "민초"는 농민이다. 이 밖에 "민초들 눈물 되새겨야" 같은 표제도 보인다. 이는 힘없는 서민을 지칭한다.

  최근의 기사에는 이런 예가 있었다. "'토지'에는 동학농민혁명의 불길이 타올랐던 시기부터 해방까지 격동의 반세기를 살아온 민초들의 생생하고 구체적인 삶이 담겨 있다."

  "민초"라는 말의 어원은 앞에서 살펴본 바와 같이 한자어가 아닌 일본말 "다미쿠사"이다. 따라서 "민초"라는 말을 사용하기보다 "농민, 일반대중, 서민" 등 문맥에 어울리는 말을 사용하는 것이 바람직할 것이다.

"승부(勝負)하다"라는 일본말의 애용

  동호회의 친선경기로나 하던 테니스가 정현 선수가 호주 오픈 4강에 진출함으로 국민적 관심사가 되었다. "승부(勝負)", 곧 이기고 지는 것은 인생을 바꾸어 놓는다.

전에는 어떤 문제의 해결을 본다는 뜻으로 "쇼부를 본다"고 했고, 결판을 낸다는 뜻으로 "쇼부를 낸다", "쇼부한다", "쇼부를 친다"라는 말이 곧잘 쓰였다. "쇼부(勝負)"란 "이기고 짐"을 뜻하는 외에 "승부를 내려고 싸우는 일. 다툼 승부를 결정하는 일"을 뜻하는 일본말이다. 그러나 요사이는 이 "쇼부"라는 외래어는 거의 쓰이지 않는다. 그 대신 "쇼부(勝負)"를 우리 한자음으로 바꾸어 "승부"라 하며 일본식 용법으로 그대로 쓰고 있다.

"승부(勝負)"라는 말은 우리의 경우 "이김과 짐"을 뜻하는 말이다. "승부가 나다, 승부를 내다, 승부를 겨루다, 승부를 걸다, 승부를 가르다"와 같이 사용한다. 일본의 경우는 이 "승부", 곧 "쇼부(勝負)"라는 말이 우리와 같이 "이기고 짐"을 뜻하는 외에 앞에서 언급한 바와 같이 "승부를 내려고 싸우는 일. 다투어 승부를 결정하는 일"을 뜻하기도 한다. 이러한 용례의 대표적인 것이 "진검승부(眞劍勝負)"다. 일본말로 "신켄쇼부"라 하는 말이다. 이는 진검(眞劍)으로 승부를 낸다는 말로, 문자 그대로 목숨을 건 승부가 될 수 있다. 따라서 비유적으로 진지한 승부를 의미하기도 한다. 이 "진검승부"라는 말도 우리말에 들어와 쓰이고 있다.

우리의 "승부"라는 말에는 이 둘째 뜻 "승부를 내려고 싸우는 일"이란 의미가 없다. 이는 일본어에는 "쇼부스루(勝負する)"란 동사가 있는데, 우리말에는 "승부-하다"란 동사가 없는 것과 관련이 있다. "승부"는 "승패(勝敗)"와 동의어로, 승패(勝敗)의 경우에도 "승패-하다"란 동사가 없다. 따라서 "승부"라는 말을 이러한 뜻으로 쓰게 되면 오용(誤用)이 된다. 그런데 우리의 "승부"라는 말이 일본어의 영향을 받아 이 둘째 뜻으로 많이 쓰이고 있다.

* 홍길동, 변부사 일당들과 한판 승부
* 그는 승부욕이 대단하다.
* 승부 근성이 있는 사나이
* 승부를 자청했지만 그는 오히려 패배하고 말았다.

이렇게 쓰이는 것이 그것이다. 이들은 다 오용에 해당한다. "한판 승부"
는 "한판 승부를 겨루다", 또는 "단판 승리", "승부욕"은 "승리하겠다는 욕
심", "승부 근성"은 "결판을 내려는 심성", "승부를 자청"은 "결전을 자청"
쯤으로 바꿔 써야 한다. 이는 일본어가 국어를 간섭(干涉)하고 있는 것이다.
말을 바꾸면 일본어가 우리말을 잘못 바꾸어 놓고 있는 것이다. 외국어의
간섭에 유의해야 한다.

"선물부"의 어원과 의미

명절 때에는 "선물부 대 바겐세일"이라 야단스럽게 광고를 한다. 이러한
광고 표현은 하도 많아 거기에 어떤 문제가 있으리라 생각되지도 않는다.
그러나 분명히 문제가 있다.

"선물부 대 바겐", "추석 선물부 대 바겐"의 "선물부(膳物附)"라는 표현이
문제다. 이는 한자로 쓰였으나 한자어가 아니다. 오히려 일본어의 어순(語
順)에 따른, 한자어의 탈을 쓴 일본식 표현이요, 일본어. 한문의 형식에
따른다면 이는 오히려 "부선물(附膳物) 대 바겐", "부추석선물(附秋夕膳物) 대
바겐"이라 해야 한다. "선물부(膳物附)"라는 말은 "오미아게쓰키(膳物付き)", 곧
"선물이 딸린"이란 일본말이다. 한문투로 "부선물"이라고 어순을 바꿀 때
어렵고 어색하게 느껴진다면 "선물 딸림", 또는 "선물 붙임"이라 하거나,
"선물이 딸린 대 바겐세일", "선물을 곁들인 바겐", "선물을 드리는 바겐"
과 같이 "선물부"라는 말을 우리말로 풀어서 표현함이 바람직할 것이다.

"조건부(條件附) 계약", "조건부 거래"라는 말의 경우도 마찬가지다. 이는
아주 익숙한 말이다. 그러나 이 표현도 "선물부 대 바겐"과 같은 문제를
안고 있는 말이다. 이는 "선물" 대신 "조건(條件)"에 "부(附)"가 붙은 말이다.
따라서 이 경우에도 "부(附)"를 풀어서 관형어로 표현하는 것이 바람직하다.
요즘은 길거리에서 "骨附燒肉"이란 간판까지 볼 수 있는데, 이는 "호네쓰

키 야키니쿠"라고 완전히 일본말로 읽혀야 하는 말이다. "갈비구이"를 가리키는 일본말이다.

여기 덧붙일 것에 "일부변경선(日附變更線)"이란 말이 있다. 동경 180도선을 따라 전세계가 날짜를 달리하는 선을 말한다. "일부(日附)"란 말도 본래 한자말이 아니다. "날짜 붙임"이라 할 "ひつけ(히쓰케)"란 일본말로, 이는 "연월일 기입, 또는 그 연월일·날짜"를 의미하는 말이다. 우편물의 소인(消印) 등 "일부인(日附印)"도 많이 쓰이고 있는 말이다. 우리는 이 "히쓰케(日附)"란 일본말을 차용해 애용하고 있는 것이다. "일부변경선(日附變更線)"은 "날짜변경선"으로 많이 순화되었다. "일부인(日附印)"도 "날짜 도장" 쯤으로 순화할 수 있을 것이다.

"십팔번"과 K팝의 유행

우리는 놀이나 주연(酒筵)이 있을 때 언제나 노래가 따른다. 일찍이 삼국지(三國志) 위지(魏志) 동이전(東夷傳)에도 "무리지어 가무를 하고 술을 마시기를 밤낮 쉬지 않았다"고 하니, 확실히 가무를 즐기는 민족이다. K팝이 전세계를 누비는 것이나, BTS가 가요계를 휩쓰는 것도 우연이 아니다.

이렇게 놀이에서 노래를 하라고 할 때는 으레 "십팔번 하라"는 말이 나온다. "십팔번"이란 "가장 자랑으로 여기는 것이거나 일"을 의미한다. 그런데 이는 일본어에서 유래하는 말이다. 일본어 "쥬하치방(十八番)"이란 한자어를 우리 음으로 수용한 말이다.

"쥬하치방"이란 말의 어원은 후지이(藤井之男)의 언어대사전(諺語大辭典)에 의하면 가부키(歌舞伎)의 대가(大家) 이치카와 단쥬로(市川團十郎)의 집안에서 나온 말이다. 이치카와 집안에는 18종의 예(藝)가 전해 왔는데, 이는 이 집안의 자랑으로 여기는 것이었다. 그래서 이는 이치가와가(家)의 속담이 되었다. 그리고 이 말이 일반화한 것이다.

이치카와 단쥬로(1660-1704)는 이치가와가(市川家)의 7대손으로, 17세기 에도(江戶) 전기에 가부키의 대표적 배우였다. 그는 이치카와가 7대에 걸쳐 성공한 열여덟 가지 예(藝)를 정리하였다. 이것이 가부키 쥬하치방(十八番)이란 것이다. 이는 내로라 하는 희극이다. 여기서 일본 사람들이 "가장 장기로 하는 예"를 "쥬하치방(十八番)"이라 하게 되고, 이 말이 우리에게까지 전해져 "십팔번"이 된 것이다. "십팔번"이란 이렇게 일본의 가부키의 대가 집안에서 연유하는 말이다. 우리가 놀이에서 신이 나서 "십팔번, 십팔번!"을 하라고 외쳐대는 "십팔번"이란 우리에게는 다소 엉뚱한 말이라 할 것이다. 표준국어대사전에서는 이를 "단골노래", "단골장기"로 순화하도록 권하고 있다. 노래라면 "애창곡(愛唱曲)"쯤으로 순화할 수는 있을 것이다.

(한글+漢字 문화, 2018. 6월호)

10. 고유어 같은 몽골어 어휘의 어원문화

　우리말과 몽골어는 같은 알타이어족에 속하는 것으로 본다. 따라서 두 언어 사이에는 친연성(親緣性)이 있다. 그뿐 아니라 몽골은 두 번에 걸쳐 침공을 해 왔고, 고려는 이에 항쟁하다가 마침내 강화하였다. 충렬왕(忠烈王) 이후 5대에 걸친 임금이 원(元)나라의 부마가 되었고, 세자는 질자(人質)로서 북경에 머물렀다. 왕의 복식은 몽골식으로 변했고, 궁중에서는 몽골어가 쓰였다. 이에 고려에는 몽골풍이 불고, 몽골어가 많이 들어와 쓰였다. 이런 말들 가운데는 오늘날 "말(馬<morin)"과 같이 고유어보다 더 고유어 같은 말이 되어 쓰이고 있는 것도 있다. 다음에 이러한 몽골어를 살펴보기로 한다.

"설렁탕"의 어원과 문화

　설렁탕은 서민들의 대표적인 음식이다. 이 말의 어원에 대해서는 속설이 일반화하고 있으나, "설렁탕"은 몽골어에서 기원하는 말로 보아야 한다.
　전통적인 어원설은 적전지례(耤田之禮)에서 비롯되었다는 것이다. "적전지례(耤田之禮)"란 임금이 친히 밭을 가는 의례를 말한다. 조선조의 성종(成宗) 때 성종은 행사장인, 농신(農神) 신농씨(神農氏)와 후직씨(后稷氏)를 제 지내는 선농단(先農壇)에 납시었다. 성종은 종친 월산대군(月山大君)과 재상인 신숙주(申叔舟) 등과 더불어 밭을 갈고, 술과 국밥을 내리었다. 그래서 이때 먹게 된 국밥을 "선농단의 탕"이라 하여 "선농탕(先農湯)"이라 하였다. 그리고 오늘의 "설렁탕"은 이 말이 변화한 것이라 보는 것이다.

이러한 역사적 사실을 바탕으로 한 어원설이 있을 수는 있다. 그러나 이는 통속어원설(falsetymology)이다. "설렁탕"은 이와 달리 몽골어를 차용한 말이다. 이는 양의 내장, 뼈 등을 끓인 국을 뜻하는 몽골어 "슐렁(sulen)"에서 비롯되었다. 몽어유해에 고기 삶은 물인 공탕(空湯)을 "슈루"라 한 것이 이것이다. 또한 방언집석(方言集釋)에는 "공탕(空湯)"을 만주어로 "실러", 몽골어로 "슐루"라 한다고 하였다. 이들은 몽골어 "sulen"을 "슈루", 또는 "슐루"라 표기한 것이라 하겠다. 이렇게 "설렁탕"이란 몽골어에서 기원한 것이다. 이는 형태적으로 볼 때 "빵-떡"과 같이 "sulen(湯)-탕(湯)"이란 동의반복의 구조로 된 말이다.

"수라"의 어원과 문화

수라를 표준국어대사전은 "수라(水刺): 궁중에서 임금에게 올리는 밥을 높여 이르는 말… [수라<계축>/슈라<계축> <(몽) sulen]"이라 풀이하고 있다. 이렇게 "수라"는 임금에게 올리는 진지를 뜻하며, 몽골어 "sulen"에서 비롯된 말이라 보고 있다.

"수라"는 "밥"의 높임말이고, 이는 몽골어라는 것이다. 앞에서 이미 언급하였듯 궁중에서는 몽골어가 쓰였고, 고려에는 몽골의 문물이 유행하여 몽고풍(蒙古風)이 불었다. 따라서 궁중에서는 "밥"이나, "진지"라는 고려말이 아닌, 몽골어 "수라"라는 말이 쓰였을 것임은 불문가지다. 이에 "수라"는 자연 "임금에게 올리는 밥"의 높임말이 된 것이다. 이런 맥락에서 임금의 진지를 마련하는 주방은 "수라간(水刺間)"이라 하고, 마련하는 사람은 "수라상궁", 임금에게 올리는 밥상은 "수라상(水刺床)"이라 하였다.

임금의 진지를 뜻하는 "수라(水刺)"는 동양 삼국 가운데 우리만이 쓰는 말이다. 다시 말하면 "수라(水刺)"라는 말은 몽골어 "sulen"의 차용어이며, 이는 "탕(湯)"이란 의미에서 "임금의 진지"라는 한국적 의미로 변한 말이다. 따라서 "임금에게 올리는 밥"이라고 "밥"이라 특정하고 있는 것은 문제성이 있다. "水刺"는 한국 한자어이다.

"한참"의 "참"과 역참(驛站)

"한참 뒤"나 "한참 동안"이라 하는 "한참"의 사전풀이는 "①시간이 상당히 지나는 동안. ②두 역참(驛站) 사이의 거리"라 되어 있다.

"한참"은 오늘날 하나의 단어인 명사로 보나, 이는 관형사인 "한(一)"과 명사인 "참(站)"이 합성된 복합어이다. "참(站)"은 역참(驛站)의 "참"으로 "역(驛)"을 뜻하는 말이다. 따라서 "한참"이란 말의 본래의 뜻은 하나의 참(站)이란 말이고, 나아가 하나의 참과 참 사이를 이르는 말이다. "한 참, 두 참, 세 참 째에 가서 내리세요."와 같이 말할 때의 "한 참"이다. 이는 공간적 거리를 나타내는 말이다. 따라서 사전 풀이의 ②가 본래의 뜻이요, ①은 의미가 확대된 것이다. "한참 기다리셔야 하겠어요."와 같이 쓰이는 것이 그것이다. 그리고 오늘날은 주로 ①의 뜻으로 쓰이는데, 이는 공간적 개념이 시간적 개념으로 변한 것이다.

그러면 이 "참(站)"은 어떻게 된 말인가? 이는 역참제도의 "참(站)"이요, 역을 의미한다 하였지만 본래 한자말이 아닌, 길을 의미하는 몽골어 "jam"이었다. 이를 중국에서 원음차용(原音借用)해 "역 참(站)"자로 수용한 것이다. 따라서 우리가 "참(站)"을 "역참"이라 하는 것은 중국에서의 몽골어 외래어 "참(站)"을 재차용한 것이라 하겠다.

마르코 폴로의 "동방견문록"에 의면 "참(站)"은 대체로 40Km 간격으로 설치되어 있었다. 역참(驛站)이란 달리 말하면 "역관(驛館)"을 의미한다. 여기에는 말이 있고, 인원(人員)이 머무는 숙박시설이 있었다. 우리는 조선조 때 이를 "역원(驛院)"이라 하였다. 우리말에 "새참, 밤참"과 같이 음식을 의미하는 말을 "참"이라 하는데, 이는 역참에서 음식물을 제공하였기에 "역 참(站)"자와 관련을 갖게 된 말이다. 그리고 "아침참, 저녁참", 또는 "참참이"와 같이 "참"은 "때"를 의미하기도 한다. "아침 때, 저녁 때, 시시때때로"의 의미를 갖는 것이 그것이다. 이는 "한참"이 "한동안"을 의미하는 것과 같이 공간개념이 시간개념으로 바뀐 것이다. 그리고 "참"이 음식을 가리키는 것도 이 시간개념이 식사 시간, 내지 식사와 밀접한 관계를 갖는 데서 의미가 변한 것이다. 이는 "아침·점심·저녁의 세 끼"라 하듯, "쎄·끠·끼"가 "때(時)"에서 "식사·밥"을 의미하게 된 것과 같다.

"이 치, 저 치"의 "치"와 몽골어

우리는 어떤 사람을 높여서 지칭할 때 "이 분, 저 분"이라 한다. 이에 대해 낮잡아 말할 때는 "이 치, 저 치"라 한다. 사람을 낮잡아 말하는 "치"란 어떻게 된 말인가?

"치"의 사전 풀이는 "①사람을 낮잡아 이르는 말, ②물건 또는 대상, ③일정한 몫이나 양"이라 되어 있다. 이것이 전부다. "치"는 사람을 낮잡아 이르는 말이고, 물건까지 뜻하는 말이란 것이다. 이는 달리 말하면 "치"란 사람을 물건 취급한다는 말이다. 그러면 이 말의 어원은 무엇인가? 이는 몽골어를 차용한 것이다.

우리말에는 말 이름, 매 이름, 병영(兵營) 관계의 이름 등 많은 몽골말이 들어와 있다. 이 밖의 많은 것이 관직이나 직업 등 사람과 관련된 말이다. "가베치, 나루치, 다라치, 다루가치, 모도치, 잠치, 조라치, 취라치, 필자치, 화아치, 홀치"와 같은 것이 그것이다. 가베치는 "궁사(弓士)", 나루치는 "선

인(船人)", 다라치는 농부(農夫), 다루가치는 "진수관(鎭守官)", 모도치는 "목장
(木匠)"을 뜻한다. 잠치는 참호(站戶 · 역장), 조라치는 "마부(馬夫)", 취라치는
"취라수(吹螺手)", 필자치는 "서기(書記)", 화아치는 "위사(衛士)", 홀치는 "호위
인(護衛人)"을 의미한다. 여기 쓰인 "치"는 모두 "붉을 적(赤)"자로 표기되는
데, 이들은 다 "사람"을 뜻하는 말이다. 예를 들면 "잠치"는 "站赤"으로 "잠
(jam · 길)-치(chi · 사람)", "홀치"는 "忽赤"로 "홀(gor · 화살통)-치(chi · 사람)"라 분
석되는 것이 그것이다. 이렇게 몽골어의 "치"는 한자 "赤"로 표기되어 사람
을 나타내었다.

　이러한 몽골어 "치(赤)"가 우리말에서 사람의 비칭(卑稱)으로 쓰이게 된 것
이 "이 치, 저 치"의 "치"다. 장인(匠人)을 이르는 "바치"의 "치"도 마찬가지
다. 장인은 조선조에서 천시 대상이었으므로 비칭으로 쓰였을 것이다. 신
증유합에 보이는 "가온더 치 즁(仲)"은 물건을 뜻한 "치"의 예다.

"미숫가루"와 "타락죽"의 어원과 문화

　찹쌀 · 멥쌀 · 보리쌀 따위를 찌거나, 볶아서 가루로 만든 식품을 "미숫가
루"라 한다. 설탕이나 꿀물에 "미숫가루"를 타 마시는 전통적 여름 음료는
"미수"라 한다. 1988년 "표준어규정" 이전에는 "미숫가루"가 아닌 "미싯가
루"를 표준어로 보았다. 고어에서도 이를 "미시", 또는 "미싯가루"라 하였
다. 그러면 "미시"는 어떻게 된 말인가?

　"미시"는 "musi"라고 하는 몽고어, 또는 만주어의 차용어다. 그래서 몽어
유해에는 "무시 炒麵 미시"라 하였고, 한청문감에서도 "炒麵 무시 미시"라
하고 있다. 이렇게 몽골어와 만주어의 "무시"를 우리말로는 "미시"라 하였
다. 이러한 역사적 배경 때문에 종전에는 "미시"를 표준어로 본 것이다. 그
런데 오늘날 일반대중은 모두가 이 음료수 "초면(炒麵)"을 "미시" 아닌, "미
수"라 하므로 1988년에 표준어를 "미수"로 바꾸었다. 훈몽자회에는 "미시

초(麨)”라는 예가 보이고, 삼강행실도에는 “뿔미시 어더오라(持米糒)”라는 용
례가 보인다.

다음에는 “타락(駝酪)”의 언어문화를 보기로 한다. 사전은 “타락(駝酪)”을
우유와 동의어로 보고 있다. 이는 몽골어 “taraq”을 중국에서 “약대 타(駝),
타락 낙(酪)”자로 음차한 말이다. 옥편은 한문으로 “약대”는 낙타(駱駝)이며,
“낙(酪)”은 “유장(乳漿)”이라 하고 있다. “유장”은 발효식품을 의미한다. “駝
酪”이 이러한 의미의 말이듯, 몽골어 “taraq”은 발효된 우유제품을 의미한
다. 따라서 이는 의미를 고려한 음차라 하겠다.

우리말에는 이 “타락”이란 말과 합성된 말도 몇 개 보인다. 타락죽(駝酪
粥)과 타락병(駝酪餅)이 그것이다. 이들은 물론 우유가 들어간 죽이요, 떡임
은 말할 것도 없다.

“사돈”과 “박수”의 의미와 어원

“사돈집 잔치에 감 놓아라 배 놓아라 한다”는 속담과 같이 “사돈”은 흔
히 제3자, 또는 남이란 뜻이 강하다. 그런가 하면 “사돈 밤 바래기”와 같이
어려운 인척이란 의미도 갖는다.

“사돈(査頓)”은 혼인에 의해 맺어진 두 집 사람이 상호간에 이르는 말이
다. 조선 명종실록의 “夫之父 婦之父 相爲査頓”이나, 조선 숙종실록의 “俗以
婚家相謂爲査頓”이라 한 것이 그것이다. 그런데 이 “査頓”이란 말은 한국
한자어이다. 그리고 이 “사돈”이란 말은 몽골어 및 만주어 “sadun”에 “査
頓”이란 한자를 차용한 것이다.

옛말 “사돈”의 예는 한청문감에 “사돈짓다(結親)”가 보이고, 훈몽자회에
“사돈 혼(婚), 사돈 인(姻)”이라 하고 있는 것을 볼 수 있다. 여기서 알 수 있
듯 “査頓”이란 결친(結親) 관계를 이르는 말이고, 혼가(婚家), 내지 인가(姻家)
및 양가의 부모를 이르는 말이다. 이는 몽골어가 일가친척을 의미하는 것

과 다르다. 우리말에서는 그 의미가 축소되었다고 할 수 있다.

"박수"는 남자 무당, 남무(男巫)를 이르는 말이다. 이는 달리 "박수무당"이라고도 한다. "박수"의 어원은 몽골어 "baksi"에 있으며, 이는 "박스"를 거쳐 "박수"로 변한 말이다. "박스"의 예는 역어유해에 "박스(瑞公)"가 보인다. 몽골어에서 "박시"는 "선생·스승·지혜로운 사람"을 말한다. 우리말 "스승"이란 말이 고어에서 무당을 의미하고, 나아가 "스승(師)"을 의미하는 것과 같다. 신라시대에 임금을 남해차차웅(南解次次雄)과 같이 "次次雄"이라고도 하였는데, 이를 "慈充"이라고도 하였다. 삼국유사를 보면 "慈充"이란 방언으로 "무당"을 이르고 "존장자(尊長者)"를 이르는 것으로 되어 있다. 이는 "박시"와 의미상 대응되며, 제정일치(祭政一致) 시대의 문화를 보여 준다고 할 수 있다.

"꼭두각시"의 어원과 의미

우리나라의 민속 인형극(人形劇)에 "꼭두각시놀음"이라는 것이 있다. 그리고 민속극(民俗劇)에 "박첨지 놀음"이라는 것이 있는데, 이의 남자 주인공이 박첨지이고, 박첨지의 아내가 바로 "꼭두각시"다. 오늘날 "꼭두각시"라는 말은 이러한 구체적 사실에서 의미가 확대되어 괴뢰(傀儡) 일반을 의미하게 된 말이다.

"꼭두각시"란 "꼭두"와 "각시"가 합쳐진 복합어이다. "꼭두"란 "괴뢰"와 "허깨비", 또는 "가면"을 뜻하는 "곡도"가 변한 말로, 이는 중국에서 괴뢰를 이르던 "곽독(郭禿:kaktouk)"에서 유래한 말로 보인다. 그러나 "郭禿"은 본래의 한어(漢語)가 아니고, "괴물의 면", 또는 "가면"을 의미하는 몽고어 "qodoɣ"을 음차한 말이다. 일본에서 인형 조종자를 "구구쓰〈ぐつ〉"라 하는데 이도 "郭禿"에서 연유하는 것으로 본다. 이렇게 우리의 "꼭두"라는 말은 몽고어 "qodoɣ"에서 비롯되어 중국의 "곽독(郭禿)"을 거쳐 "곡도> 곡두>

꼭두"로 변해 온 말이다.

"각시"는 물론 여인, 또는 신부를 뜻하는 말이다. 그리고 여기 덧붙일 것
은 "꼭두각시"는 1988년 "표준어 규정" 이전에는 몽고어나, 한자어의 우리
발음을 고려하여 "꼭둑각시"를 표준어로 보았다는 것이다. 그것을 1988년
의 "표준어 규정" 이후 "꼭두각시"로 바꾸었다.

"보라매"와 "송골매"의 어원문화

매의 이름도 몽골어에서 많이 차용되었다고 했는데, "보라매"와 "송골
매"는 그 중 대표적인 것이다. "보라매"는 몽골어 "boro"가 "보라"로 변한
말이다. 이는 어린 새끼를 잡아 길들여 사냥에 사용하는 매를 말한다, 보라
매는 한자어로 "추응(秋鷹)"이라 하는 매로, 이의 용례는 훈몽자회에 "秋鷹
보라매", 역어유해에 "보라매(秋鷹)" 등이 보인다. 색채어 "보라"는 여기서
나온 말이다.

"송골매"는 몽골어 "송홀(sonqor)"에서 유래하는 말로 해동청(海東靑)이라
고도 한다. "송골매"의 용례는 왜어유해에 "송골매 골(鶻)"이, 신증유합에
"숑고리 골(鶻)"이 보인다. 송골매는 "松鶻", 또는 "松骨"이라고 한자로 표기
되기도 하였는데, 이는 한국 한자어이다. 이들의 용례는 조선태종실록에
"교동서북면 다진송골(敎東西北面 多進松鶻)", 세종실록에 "강원황해도 송골희
한(江原黃海道松骨稀罕)"이라 한 것이 그것이다. 성종실록에는 "퇴곤(堆困)"이
좋은 매인데, "송골(松鶻)"이 이보다 좋은 매라고 하고 있다(蓋亦松鶻之次也).

(2020.12.2.)

11. 고유한 한국 한자어의 어원문화
- 수사와 결합된 한자어

한자어(漢字語)에는 중국의 한자어만 있는 것이 아니다. 일본 한자어도 있고, 한국 한자어도 있다. 한국(韓國) 한자어(漢字語)는 우리말에만 있는 것으로, 한자어이긴 하나 우리의 고유한 말이다. 이러한 말은 무수하다. 이러한 무수한 말들 가운데 일(一)에서 십(十)에 이르는 수사(數詞)와 관련된 말, 그것도 흥미를 가질 만한 말을 몇 개 살펴보기로 한다.

"일식(一息)"의 의미와 문화

"일식(一息)"이란 말을 처음 접하는 독자도 있을 것이다. 이는 사전에 "① 잠시 쉼. ②(한)한번 숨을 쉼. 또는 그 일"이라 풀이되어있다. 이는 중국 한자어(漢字語)인 "일식(一息)"의 풀이다. 우리의 한자어 "일식(一息)"은 이와는 달리. "한번 휴식을 취할 정도의 거리"(한국한자어사전, 1992)를 뜻하며, 그 거리를 30리(里)로 본다.

속대전(續大典)에는 한국 한자어 "일식(一息)"의 어원이라 할 것이 보인다. "주척(周尺)으로 6척이 1보(步)이고, 360보(步)가 1리(里)이며, 30리(里)가 1식

(息)(八道路程 依皇朝例 用周尺 六尺爲一步 三百六十步爲一里 三十里爲一息)"이라 하고 있다. 주척의 1자(尺)는 23.1cm이다. 따라서 1步는 1m 38.6cm이고, 1里는 498m 96cm, 1식은 약 15Km인, 14k 968m 80cm가 된다. 따라서 "일식(一息)"은 30.7리가 되어, 한 번 쉬자고 하기에는 좀 먼 거리이다. 이렇게 "일식(一息)"은 "거리의 단위"를 나타내는 말이다. "일식(一息)"을 "휴식"과 관계 짓는 것은 이 한자가 "쉴 식(息)"자 이기도 하기 때문이다. 일식의 노정을 "일식정(一息程)"이라 한다. "식경(息耕)"은 "한참갈이"를 의미한다. "식(息)"은 흔히 "한참"이란 의미를 지닌다. "一息"은 이렇게 "거리의 단위"에서 "휴식을 취할 정도의 한참의 거리"를 의미하는 말로 의미가 변화하였다.

춘향전(春香傳)에서 성춘향과 이 도령은 오리정에서 작별한다. 이 "오리정(五里亭)"이란 말도 한국 한자어이다. 이는 각 지방 관아에서 빈객을 영송하기 위하여 5리쯤 떨어진 곳에 세운 정자를 말한다. 경국대전의 "京外官迎送"조에 "향리는 오리정에서 맞이하고, 사관과 교생은 대문 밖에서 영송한다(鄕吏公服迎于五里亭伏地 士官校生 大門外迎送)"고 한 것이 이런 것이다. 5里는 주척(周尺)으로 계산할 때 2K 494m 80cm이니, 오늘날의 이정(里程)에도 거의 부합된다.

"삼공(三空)"과 "삼외(三畏)"의 의미와 문화

요사이 "이게 나라냐?"라는 말을 자주 듣게 된다. 한편으로 언론 자유가 많아졌구나 하면서도, 그 자조(自嘲)에 속이 상한다. 어쩌다가 나라가 이 지경이 되었는가?

우리의 한국 한자어에 "삼공(三空)"이란 말이 있다. 문자 그대로 "세 가지가 비었음"을 의미한다. 조정이 비었고, 창고가 비었고, 전야(田野)가 비었다는 말이다. 이는 곧 조정에 인재(人材)가 없고, 국고(國庫)가 텅 비었으며, 들이 황폐해졌다는 말이다. 나라에 인재가 없고, 국고가 탕진되고, 거기에다

전야(田野)가 황폐해졌다면 나라의 꼴이 어떻게 되겠는가? 상상하고 싶지도 않다. "삼공(三空)"이 제발 우리에게 닥쳐오지 않기만을 바라고 바란다.

"삼공(三空)"의 용례는 선조실록(宣祖實錄)에 진변(陳蕃)의 말로 "국유삼공(國有三空) 조정공(朝廷空) 창름공(倉廩空) 전야공(田野空) 시위삼공(是謂三空)"이라 한 것이 보인다. 그뿐 아니라 광해군일기(光海君日記)에는 "물력(物力)이 이미 다하고 민심이 이미 떠났으며, 삼공의 재액이 있고(三空有厄)"란 구절이 보인다. 그러니 광해군이 폐위된 것이 아닌가?

삼공(三空)과 같은 위기를 초래하지 않기 위해서는 임금이 두려워해야 할 세 가지가 있다. 이른바 삼외(三畏)라는 것이다. 공자(孔子)는 논어(論語)에서 이를 천명(天命)과 대인(大人)과 성인(聖人)의 말이라 하였다. 그런데 이와는 다른 우리의 삼외(三畏)도 있다. 한국 한자어인 "삼외(三畏)"는 "하늘이 내리는 경계(警戒), 민심의 이반(離反), 직언(直言)하는 신하가 없는 것"이라 한다.

인조실록에는 우리의 이 삼외(三畏)의 기록이 보인다. "자고로 임금에게는 삼외(三畏)가 있는데, 하늘이 진노(震怒)하는 것이 첫째 두려움이고, 인심을 불복(不服)하는 것이 둘째 두려움이며, 직언을 듣지 않는 것이 셋째 두려움이다"라 한 것이 그것이다. 그리고 "이 두려움을 알고 두려워하는 자는 흥하고, 두려움을 멸시하고 두려워하지 않는 자는 망한다."고 하고 있다. 선현들이 다 예언을 해 놓았는데, 후세인이 이를 지키지 않아 오늘날 우리는 "이게 나라냐?"는 자조어린 말을 듣고 있다.

"삼불여(三不如)"와 "삼반(三反)"의 언어문화

사물에 대한 평가는 가치관에 따라 달라질 수 있다. 귀한 것이 높은 평가를 받을 수도 있고, 새로운 것이 높이 평가될 수도 있다. 아니면 실용적인 것이 선호될 수도 있다.

"삼불여(三不如)"는 실용성이 평가를 받는 경우다. 이는 아무리 좋은 것이라도 그것은 일상의 긴요한 것보다는 못하다는 것을 나타낸다. 삼불여(三不如)는 세 가지 좋은 것을 들고, 그것이 실용적인 것만 같지 못하다는 뜻을 나타내는 표현 형식에서 생겨 난 말이다. 좋은 것과 일상적인 것의 가치를 새삼 생각하게 하는 말이다.

"삼불여"의 어원은 이런 구체적 사실에서 비롯되었다. "기생이 통인(通引)만 못하고(妓不如通), 배가 무만 못하고(梨不如菁), 꿩고기가 닭고기만 못하다(雉不如鷄)"는 것이다. 재예(才藝)를 갖춘 기생이 좋고, 시원하고 단 배가 좋고, 닭고기보다는 꿩고기가 맛이 있어 좋다. 그러나 현실적으로는 가까이 심부름을 시킬 통인(通引)이 기생보다 낫고, 실생활에 필요한 것은 배 아닌 무이며, 구하기 힘든 꿩보다는 쉽게 구할 수 있는 닭이 낫다는 것이다. 이 "삼불여(三不如)"를 고금석림(古今釋林)은 호남인(湖南人)의 말에 연유한다고 하고 있다.

세상에는 같은 것도 많고 다른 것도 많다. "삼반(三反)"이란 어떤 것에 반대가 되는 세 가지 현상을 이르는 말로, 이는 젊은이와 반대로 노인에게 나타나는 세 가지 현상을 말한다.

노인에게 나타나는 현상은 여러 가지가 있을 것이다. 그런데 "삼반(三反)"이란 말의 경우는 다소 익살스러운 세 가지 현상이 거론된다. 그것은 옛날 일은 잘 기억하면서 최근의 일은 잊어버리는 것(遠事記近事忘), 낮에는 졸고 밤에는 잠이 없는 것(晝卽睡夜無睡), 웃으면 눈물이 나고 울면 눈물이 나지 않는 것(笑有淚哭無淚)이다. "삼반(三反)"이란 젊은이들과 달리 노인들에게 나타나는 세 가지 현상이다. 이는 사람이 늙으며 나타나는 현상이다. 늙는다는 것은 슬픈 일이다.

"사학(四學)"의 의미와 그의 문화

조선조에는 인재를 기르기 위해 한양에 "사학(四學)"을 설치하였다. 태종

11년(1411)에 최초로 학당(學堂)이 설립되었다. 서울을 5부(部)로 누었는데 이 가운데 중부·동부·남부·서부에 학당을 두었다. 이들은 각각 중학(中學)·동학(東學)·남학(南學)·서학(西學)이라 하였다. 이는 사부학(四部學), 또는 사부학당(四部學堂)이라고 하였다. 속담에 "중학생이 화간하고 활인서 별제가 파직을 당한다."고 하는 것이 있는데, 여기 "중학생"이란 바로 이 사학의 하나인 중부에 있는 "중학(中學)"의 학생을 가리킨 말이다.

학당은 고려 원종(元宗) 때 동서의 두 학당이 처음으로 설립되었고, 유교가 불교를 대신하여 사상계를 지배하게 되자 개경(開京)에 5부 학당을 설치하였다. 조선조에 들어와서는 4부 학당을 운영하였다. 학령은 소학(小學)으로 정하여 소학(小學)부터 가르쳤다. 학생 수는 100명이었고, 처음에는 교수(敎授) 2인, 훈도(訓導) 2인을 두고 가르쳤으나 뒤에 각 1인으로 수를 줄였다. 이는 물론 사립(私立)의 서원이나 서당과는 다른 국립 교육 기관이다.

"사학(四學)"은 이와 다른 것도 있다. 그것은 조선시대 사역원(司譯院)에 딸린 한학(漢學)·청학(淸學)·몽학(蒙學)·왜학(倭學)을 통틀어 이르는 말이다. 청학은 여진학(女眞學)이라고도 하였다. 이들 사학의 역원(譯員)은 100명(員)이었다. 한학이 50원, 몽학 10원, 왜학20원, 청학 20원이었다.

"사학(四學)"은 이렇게 조선조의 교육 기관(制度)을 반영하는 말이며, 동시에 사역원의 부속 기관을 지칭하는 말이기도 하다.

"육해(六害)"의 의미와 언어문화

요사이 우리는 단군 이래 가장 잘 살고 있다고 한다. 그래서 "보릿고개"를 걱정하는 것이 아니라, 오히려 살찌는 것을 걱정하며 섭생(攝生)에 신경을 쓴다.

"육해(六害)"라는 말은 이러한 섭생과 관계가 있는 말로, 이는 섭생에 경계해야 할 여섯 가지, 곧 여섯 가지 해로운 일을 말한다. 이는 명예(名譽)나

이익에 대한 욕심을 갖는 일, 듣기 좋은 음악이나 여색(女色)에 빠지는 일, 재화(財貨)를 탐하는 일, 맛있는 음식을 과도하게 즐기는 일, 허망한 생각을 하는 일, 질투(嫉妬)하는 일 등의 여섯 가지를 말한다. 이들은 한 마디로 지나치게 속세(俗世)에 집착하는 것으로, 이들을 경계할 때 올바른 섭생이 된다는 것이다.

산림경제(山林經濟)의 "섭생(攝生)"조에는 "육해(六害)"를 간략히 제시하고, 그 피해를 경고 하고 있다. 곧 "만약 섭생을 하려면 먼저 육해(六害)를 제거해야 한다. 첫째 명리를 등한히 하고(薄名利), 둘째 성색을 금하며(禁聲色), 셋째 재화에 청렴하며(廉財貨), 넷째 자미를 줄이며(損滋味), 다섯째 허망한 것과 담을 쌓고(屛虛妄), 여섯째 질투를 버려야(除嫉妬)한다는 것이다. 만약 이것이 지켜지지 않으면 양생지도(養生之道)는 헛수고가 된다. 유익한 것을 보지 못했다"고 산림경제의 저자 홍만선은 경계한다. 홍만선의 말에 귀를 기우려야겠다. 그러나 이를 지키기란 지난할 것이다.

"칠천(七賤)"의 의미와 문화

사람은 다 뻘건 핏덩이로 이 세상에 태어난다. 그런데도 역사적으로 볼 때 사람들은 차별이 있었고, 신분을 달리했다. 현대에 접어들며 겨우 만민평등을 외치게 된 셈이다.

한국 한자어에는 "칠천(七賤)"이란 말이 있다. 일곱 가지 천한 구실을 가리키는 말이다. 이는 곧 "칠반천역(七般賤役)"과 같은 말이다. 이밖에 유의어로 "칠반천인(七般賤人)"이란 말도 있는데, 이는 줄여 천인이라 한다.

"칠반천역(七般賤役)"이란 조선시대에 일곱 가지 천한 구실에 종사하던, 미천한 신분의 사람들을 말한다. 요샛말로 하면 하위 말단 공무원이다. 신보수교집록(新補受敎輯錄)에 의하면 이들은 "조례(皂隸)·나장(羅將)·일수(日守)·조군(漕軍)·수군(水軍)·봉군(烽軍)·역졸(驛卒)"이다. 조례는 노예이고, 나장은 군아(郡衙)의 사령(使令)이며, 일수는 지방 관아나 역의 아전이다. 조군은 선원이고, 수군은 수군(水軍)의 병졸이고, 봉군은 봉화 일을 맡은 군사이며, 역졸은 역참(驛站)의 병졸을 의미한다.

이에 대해 "칠반천인(七般賤人)"이란 조선시대의 일곱 가지 천한 신분의 사람을 말한다. 같은 신보수교집록(新補受敎輯錄)에 의하면 이들 천인은 "백정·장인(匠人)·기생·노비·승려·무당·광대"라 되어 있다. 기록에 따라서는 약간의 차이를 보인다.

"팔선녀(八仙女)"의 실제와 문화

도를 닦아 현실의 인간세계를 떠나 자연을 벗하고 산다는 상상의 사람을 우리는 선인(仙人), 또는 신선(神仙)이라 한다. 그리고 이러한 사람들 가운데는 팔선(八仙)이라든가, 팔선녀(八仙女)라고 하는 일군(一群)의 남녀가 있다.

중국에는 이런 저런 "팔선(八仙)"의 무리가 있다. 우리에게는 팔성(八聖)이라고도 하는 팔선(八仙)이 있는데, 이는 고려 고종 때 중 묘청(妙淸)이 궁궐 안에 모신 여덟 신(神)을 말한다. 백두악(白頭嶽)의 태백선인(太白仙人) 등이 그들인데 이는 세상에 그리 알려진 선인이 못된다.

"팔선(八仙)"은 보다 한어(漢語) 같은 한어라 하겠다. 그런데 "팔선녀(八仙女)"는 한국 한자어이다. 이는 김만중(金萬重)의 소설 "구운몽(九雲夢)"에 등장하는 선녀들로, 주인공 양소유(楊少遊)의 처첩들이다. 중국에는 따로 "팔선녀(八仙女)"라는 말이 없다.

팔선녀(八仙女)는 본래 득도를 하고 형산(衡山)에 좌정한 위부인(衛夫人)의 시녀들로 양소유와 희롱한 죄로 양소유와 함께 인간 속세에 떨어진 선녀들이다. 이들이 속세에서 양소유와 만난 순서대로 열거해 보면 진채봉(秦彩鳳)·계섬월(桂蟾月)·정경패(鄭瓊貝)·가춘운(賈春雲)·적경홍(狄驚鴻)·난양공주(蘭陽公主)·심요연(沈裊烟)·백능파(白凌波)의 순이 된다. 이들이 각각 양소

유와 만난 때의 신분을 보면 진채봉은 진어사의 딸이었고, 계섬월은 기생
이었으며, 정경패는 정사도의 딸이었고, 가춘운은 정경패의 시비였다. 그리
고 적경홍은 하북(河北)의 명기였고, 난양공주는 진 나라 황제의 딸이었으
며, 심요연은 자객이었고, 백릉파는 용왕의 딸이었다. 따라서 이들이 인간
세상에 환생하여서는 그 신분이 가지가지로 달랐다. 이들이 양소유와 인연
을 맺어 양소유는 2처6첩을 거느렸다. 정부인은 정경패(제1공주, 영양공주를
삼음)와 난양공주이다.

   그러면 8명의 처첩을 거느린 배경은 무엇일까? 이는 추론이긴 하나, 무
엇보다 매력적인 "팔선(八仙)"이란 말에 이끌려 팔선녀를 처첩으로 상정한
것이 아닌가 한다. 조선조에서 양반들은 일부일첩(一婦一妾)을 당연시하였으
나, 일부다처(一夫多妻)의 의식은 보이지 않았다. 그렇지 않으면 한서(漢書)에
보이는 "夫人八妾"에 이끌려 일부다처를 도입하였을 수 있겠다. 중국의 한
서(漢書)에는 "부인팔첩(夫人八妾)"이라는 말이 보인다. 그리고 그 주(注)에 "일
취구녀 정적일인 여개첩아(一娶九女 正嫡一人 餘皆妾也)"라 한 것이 그것이다.
한 사람이 아홉 여자를 취하는데, 정실은 한 사람이고, 나머지는 모두 첩이
란 말이다. 따라서 "구운몽(九雲夢)"은 이를 비록 변형하긴 하였으나 모형은
여기서 취하였다고 할 수도 있을 것 같다.

(2020.12.5.)

12. 개화 문명 관련 어휘의 어원과 문화 (1)

개화(開化) 문명(文明)과 관련된 어휘를 두 번에 걸쳐 살펴보기로 한다. 이번에는 "신사, 문화, 혁명, 발명, 신문"을 살펴보고, 다음에는 "경제, 시계, 연필, 방송, 발동기"에 대해 살펴보기로 한다.

"신사(紳士)"의 어원과 의미

실례의 말이나 오늘날의 신사 숙녀 가운데는 "신사"라는 말의 한자를 어떻게 쓰는지 모르는 사람이 많을 것 같다. 더구나 이 말의 본래의 뜻은 대부분이 모르지 않을까 한다.

"신사(紳士)"라는 말은 본래 한어(漢語)에 있던 한자말이다. 이는 서울이 아닌 지방의 관리, 또는 관리였던 사람을 뜻하는 말이었고, 지방의 유력자, 상류계급을 의미하는 말이었다. 오늘날 우리가 쓰고 있는 "신사(紳士)"라는 말은 이와 다른 말로, 영어 "gentleman"을 번역한 말이다. "gentle"은 "좋은 가정의"란 의미를 지니는 라틴어 "gentilis"에 소급되는 말로 13세기에는 "고귀한 태생의"란 의미를 지니게 되었다. 그 뒤 이 말은 "점잖은, 예의바른, 세련된"의 의미를 나타내게 되어 "gentleman"이란 "교양 있고 인격이 훌륭한 사람, 지체가 높은 사람"을 뜻하게 되었다. 이러한 "gentleman"이란 말이 개화의 물결을 타고 일본에 들어와 "진신(搢紳)의 사(士)"를 줄인 "신사(紳士)"라는 말로 번역되어 쓰이게 되었다.

"진신(搢紳)의 사(士)"란 "사관(仕官) 진신(搢紳)", 곧 "진신의 관리(선비)"란 말이다. "진(搢)"이란 "꽂다(揷也)"를 뜻하는 말로 "진(縉)"과도 통해 "진신(縉紳)"이라고도 한다. "신(紳)"은 넓은 띠, 곧 "대대(大帶)"를 의미한다. 이는 예복에 사용하는 띠로, 묶어서는 아래로 늘어뜨린다. "진신(搢紳)"이란 넓은 허리띠에 홀(笏)을 꽂는다는 의미로, 고귀한 사람을 뜻한다. "홀(笏)"은 "수판(手板)"이라고도 하는 것으로, 관원이 제왕(帝王)을 뵈올 때 손에 쥐던 한 자(尺) 크기의 판(板)이다. 옥(玉), 상아(象牙), 대나무 등으로 만들었으며, 여기에 임금의 지시나, 군왕에게 아뢸 내용을 적었다. 비망용(備忘用)의 판이라 하겠다. 따라서 "진신(搢紳)의 사(士)"란 "넓은 허리띠에 홀을 꽂은 선비", 곧 높은 관료를 의미한다. "신사(紳士)"는 이러한 "진신(搢紳)의 사(士)", 혹은 "진신(縉紳)의 사(士)"를 줄인 말이다. 따라서 이는 지방 관원을 의미하던, 본래의 중국 "신사(紳士)"와는 구별된다. 이는 서양의 gentleman과는 달리 인격보다는 사회적 지위에 무게를 둔 말이다. 그러나 이 말은 "학덕의 수양이 높고 전아한 남자. 군자"의 의미를 거쳐 오늘날 "상류사회의 남자"를 지칭하는 말이 되었고, 마침내 남자의 미칭(美稱)이 되었다.

"신사 숙녀"라고 연호하듯 남자에 대해 여성은 "숙녀(淑女)"라 한다. 이는 본래 "현숙한 여자"를 가리키는 말이었으나, "ladies and gentleman"이라고 하는 "lady"의 번역어가 되며, 이 말도 오늘날 상류사회의 여인, 혹은 여인의 미칭(美稱)이 되었다.

"문화(文化)"라는 말의 의미와 문화

"문화(文化)"라는 말도 전통적인 어휘로서의 "문화"와 번역어로서의 "문

화"라는 두 개의 다른 말이 있다. 전통적 "문화(文化)"라는 말은 일찍이 한
(漢) 나라 때부터 쓰였다. 유향(劉向)의 "설원(說苑)"에 보이는 "문화불개 연후
가주(文化不改 然後加誅)", 곧 "문화로 교화하여 고쳐지지 않으면 그 때에는
죄인을 벤다"고 한 것이 그것이다. 이렇게 중국 전래의 "문화"라는 말은
"문(文)으로서 변화를 추구하는 것", 나아가 "문치교화(文治敎化)"를 의미하
는 말이었다. 이는 형벌이나 위력을 사용하지 않고 인민을 교화하는 것, 곧
무력(武力)을 사용하지 않고 세상을 다스리는 것을 의미한다. 이는 유교사
상(儒敎思想)을 핵으로 한 정치로 "무단정치(武斷政治)"의 대가 되는 말이라 하
겠다.

이에 대해 번역어로서의 "문화"라는 말은 독일어 Kultur나 영어 culture
를 번역한 말이다. 이는 "자연을 순화하고, 이상을 실현하려는 인생의 과
정, 곧 인간이 자연을 정복하고 지배하여 본래 구유(具有)한 구극의 이상을
실현 완성하려는 과정의 총칭"(諸橋轍次, 大漢和辭典)으로서의 문화다.

번역어로서의 "문화"는 일본의 근대화과정에서 등장한 말이다. 명치(明
治) 초기에 니시아마네(西周)의 역어가 그것이다. 그러나 culture 및 civilization
이란 말은 오히려 흔히 "문명(文明)·개화(開化)"라 번역되었고, culture가 "문
화"로 널리 쓰이게 된 것은 대정(大正) 말기 이후의 일이다. 일본의 많은 번
역어는 명치(明治) 중반에 정착되었다. 그런데 이 말은 후기에 들어서야 정
착되었다. 이러한 사정은 "문화"라는 전래의 의미가 일본 사회에 강하게
작용하고 있었기 때문에 새로운 의미의 "문화"라는 말이 정착될 수 없었던
것이다. 번역어 "문화"라는 말은 이렇게 전부터 있었던 말에 새로운 의미
를 부여한 것이다.

사실 "문화"를 "인간의 정신적 지적 행위의 성과"라 보는 것은 서구 사
회에서도 그리 오래되지 않았다. culture는 "경작한다"는 의미의 라틴어
cultura가 영어에 들어온 말이다. 고대 희랍에는 culture에 해당한 말이 없었
고, 인간 행위의 성과 전체를 culture라 하게 된 것은 19세기경에 들어와서

다. 인류학자 E. 타일러에 의해 비롯되었다. 그는 "culture 또는 civilization이란 민족학적 넓은 의미로는 지식, 신앙, 예술, 도덕, 법률, 관습 기타 인간이 사회의 성원으로서 익힌 모든 능력 및 습성이 복합된 전체"라 보았다.

그리고 분명히 할 것은 culture와 civilization의 관계다. 이는 타일러의 정의에서도 보이듯 같거나, 같으면서 대립하는 것이다. 오늘날은 이들을 각각 "문화"와 "문명"에 대응하는 것으로 본다. civilization이란 말 역시 오늘날과 같은 의미를 지니게 된 것은 18세기경부터다. 이는 라틴어 civitas에서 나온 말로, 영어 city와 어원을 같이 한다. 서양의 도시는 성벽으로 둘러싸여 있고, 성벽 밖은 무법(無法), 야만(野蠻)의 세계이고, 성벽 안에만 civilization이 있다고 생각한 데 연유한다.

culture와 civilization은 분명한 차이가 있는 것으로는 보지 않는다. 주장하는 사람에 따라 차이가 나는 것으로 본다. 흔히 문화는 정신적 발전을, 문명은 물질적 발전을 의미하는 것으로 구별하기도 하나, 이도 반드시 그렇다고는 보지 않는다. 이들 사이에 차이가 있다면 오히려 전자는 절대적(絶對的) 가치체계가 아니고 상대적인 것이며, 후자는 발전관(發展觀)을 지녀 가치의 우열을 지닌다는 것이다.

"혁명(革命)"과 그 어원문화

"혁명"이란 말도 전통적인 한어(漢語)와 번역어라는 두 개의 다른 말이 있다. 전통적인 한어로서의 "혁명(革命)"이란 "역성혁명(易姓革命)"으로서의 "혁명"을 말한다.

"역성혁명(易姓革命)"이란 중국 고래의 정치사상이다. 천하는 천명(天命)을 받은 덕이 있는 사람이 다스린다고 생각하였다. 그리고 그가 사람을 다스릴 덕이 없으면 유덕한 사람으로 바꾼다고 믿었다. 노자(老子)에 "천도에는 친(親)함이 없고, 항상 선인(善人)에게 주어진다"고 한 것은 이런 뜻이다. 통치자의 성(姓)이 바뀌는 것은, 곧 천명이 바뀌는 것으로, 이를 "혁명(革命)"이라 생각하였다. 역경(易經)에 보이는 "탕무혁명(湯武革命)", 곧 "탕무가 천명을 바꾸었다"란 기록이 이의 구체적 예이다. 여기서 "혁(革)"은 "바뀌다"를 의미하며, "명(命)"이란 "천명(天命)"을 의미함은 말할 것도 없다. "혁명"이란 이렇게 제왕이 바뀌는 것을 의미했다.

천명이 바뀌는 것, 곧 혁명은 두 가지로 나타난다. 그 하나는 덕이 있는 사람을 제왕으로 모시는 것이다. 천명이 다했다고 깨달은 요(堯) 임금이 덕이 많은 순(舜)에게, 그리고, 순 임금이 황하(黃河) 치수의 공이 큰 우(禹)에게 제위(帝位)를 넘긴 것이 그것인데, 이를 선양(禪讓)이라 한다. 다른 하나는 상(商)나라의 탕왕(湯王)이 하(夏)의 걸(桀)을 토벌하고, 주(周)의 무왕(武王)이 은(殷)의 주(紂)를 토벌한 것이 그것으로 이는 방벌(放伐)이라 한다. 이렇게 전통적 의미로서의 "혁명"이란 말에는 선양(禪讓)과 방벌(放伐)의 두 가지 의미가 있다.

이러한 역성혁명을 최초로 인정한 사람은 맹자(孟子)다. "혁명"을 한 두 성왕(聖王)의 거사가 옳은 것이냐는 제(齊) 선왕(宣王)의 질문을 받고서다. 그는 "인(仁)을 해하는 자는 적(賊)이라 하고, 의(義)를 해하는 자를 잔(殘)이라 한다. 잔적(殘賊)의 사람을 일부(一夫)라 한다. 일부 주(紂)를 베었다는 말은 들었지만, 아직 임금을 베었다는 말은 듣지 못했다"고 한 것이 그것이다. 그리고 맹자는 더 나아가 "임금에게 대과가 있으면 간하고, 반복해서 말해도 듣지 않으면 왕통(王統)을 바꾼다"고 임금을 폐하는 것 까지 언급하고 있다.

번역어로서의 "혁명"은 일본에서 영어 revolution을 번역한 말이다. 이는 물론 중국 고전을 바탕으로 한 번역으로, 그 어원은 회전(回轉)을 의미하는 라틴어 revolutio에 소급한다. 중세, 르네쌍스 시대에는 천문학 용어로서 지구 둘레를 별들이 궤도를 그리며 돈다는 뜻으로 쓰였다. 그리고 인간의 소관사(所管事)가 순환하며 일어나는 경우에 사용되었다. 이는 그 뒤 피지배계급이 지배계급으로부터 정치권력을 탈취하여 사회를 변혁한다는 의미를 나타내게 되었다.

정치적 권력의 대변혁이란 의미로 "Revolution"이 처음 쓰인 것은 1660
년 영국에서 왕정복고에 대한 호칭으로 쓰인 것이다. 역사적으로는 그 뒤
영국의 명예혁명(the glorious revolution), 미국의 독립(the American revolution), 프랑
스의 대혁명(the French revolution), 19세기의 유럽의 제 혁명, 나아가 러시아혁
명(the Russian revolution), 중국의 혁명 등이 Revolution이란 이름으로 불리고
있다. 정치적 혁명이 아닌 것으로는 18세기에 시작된 산업혁명(the Industrial
revolution), 및 문화혁명(the Cultural revolution) 등이 있고, 근자에는 이밖에 정보
혁명이란 말도 쓰인다.

우리에게는 조선의 건국을 "역성혁명(易姓革命)"이라 하는 전통적 한어(漢
語)가 들어와 쓰였고, 번역어로서의 "혁명(革命)"이란 말도 근대화 과정에 일
본을 통해 들어와 쓰이게 되었다.

"발명(發明)"과 그 어원문화

근대화, 또는 문명·개화라고 하는 말은 서양화를 의미하고, 이는 나아
가 과학 문명을 수용하는 것을 의미한다. 따라서 이러한 문화의 중심에는
"발명(發明)"이란 말이 있다. 이에 "발명"이란 말과 이에 얽힌 문화를 살펴
보기로 한다.

"발명(發明)"이란 말을 사전에서 찾아보면 두 개의 표제어가 나와 있다.

발명(發明)1: 아직까지 없던 기술이나 물건을 새로 생각하여 만들어 냄.
발명(發明)2: ① 죄나 잘못이 없음을 말하여 밝힘. 또는 그리하여 발뺌하려
함. ② 경서 및 사서의 뜻을 스스로 깨달아서 밝힘.

이는 "발명(發明)"이란 말의 전통적 의미와 현대적 의미를 구별한 것이라

할 수 있다. 달리 말하면 "발명2"는 전통적 한자어의 의미이고, "발명1"은 invention의 번역어로서의 "발명(發明)"에 대한 풀이이다.

전통적인 "발명"이란 말은 넓은 의미로 "밝히다", 혹은 "들어 밝히다"라 할 수 있다. 옛 문헌의 예로는 안씨가훈(顔氏家訓)에 "발명공덕(發明功德)"이 있고, 후한서(後漢書)에 "시서예악(詩書禮樂)은 공자에 의해 정해지고, 장구(章句)의 발명(發明)은 자하(子夏)에 의해 비롯되었다"라 한 것이 보인다.

현대적 의미의 "발명(發明)"이란 말은 이러한 고전의 "발명(發明)"이란 말에 새로운 의미를 부여한 것이다. 곧 일본에서 영어 invention의 번역어 "발명(發明)"에 "새로운 사물과 방법을 창출해 내는 것"에 적용한 것이다. 역사적으로는 산업혁명을 일으킨 직조기(織造機)의 발명, 문화혁명을 초래한 금속활자의 발명 등이 그것이다. 오늘날의 복사기의 발명, 통신기기의 발명 등도 다 혁명이라 해야 할 발명이라 하겠다. 이 "발명(發明)"이란 일본의 번역어는 우리는 물론, 한자어의 본 고장인 중국에까지 외래어로 들어가 쓰이고 있다.

"신문"의 의미와 그 언어문화

개화(開化) 문명(文明)과 관련된 또 하나의 특징은 신문(新聞) 방송(放送)과 같은 매스컴의 발달을 들 수 있을 것이다. 지난날에는 매스컴은 존재하지 않았고, 퍼스널 컴(personal com.)만이 있었다.

"신문(新聞)"은 근대화 과정에서 태어난 것으로, news paper의 번역어이다. 그러나 사실은 이 말이 최초로 쓰인 것은 먼 옛날 당(唐)나라 때였다. "南楚新聞(남초신문)"이 그것이다. 이는 수필체의 읽을거리였다. 이때의 "신문(新聞)"이란 "새로 들은 이야기"라는 의미를 지닐 것으로 보인다. 이렇게 이 말은 중국에서 먼저 사용되었다. 그러나 news paper를 이르는 "신문(新聞)"이란 말은 중국에서 잘 쓰이지 않고, "보(報)", 또는 "보지(報知)"라 하였다.

오늘날도 "報知"라 한다.

이에 대해 일본에서는 1861년 영자지(英字紙)가 창간되었고, 1862년 "官版파다비야 新聞"이 최초로 발행되었다. 이는 마카오 및 파다비야(현 자카르타)의 잡지를 번역 수록한 책자였다. 따라서 "신문"이라 하나, 오늘날의 그것과는 성격이 다른 것이었다. 그 뒤 1869년 "신문지인행조례"가 공포되고, 그 이듬해인 1870년 일간지 "橫濱新聞"이 창간되었다. 이것이 일본 최초의 일간지이다. 그 뒤 일본에서는 줄곧 이 말을 사용하였고, 이 말이 오늘날 "news paper"의 번역어로 정착하게 되었다.

우리나라에는 이 일본의 "신문"이란 말이 1880년대에 들어왔다. 1883년 "한성순보(漢城旬報)"가 발행되었고, 이는 1886년 "한성주보(漢城週報)"로 개제되었다. 그리고 10년 뒤인 1896년에 최초의 일간신문인 "독닙신문"이 창간되었다. 이어 1898년 "황성신문(皇城新聞)"과 "제국신문(帝國新聞)"이, 1904년 "대한매일신보"가 발행되었다. 1920년에는 오늘의 "조선일보"와 "동아일보"가 창간되었다.

일본에서 "news paper"의 역어로서 "신문(新聞)"이란 말이 사용된 것은 1868년경이며, 당시에는 "신문지"라는 말도 같이 쓰였으나, 1887년 이후 차츰 "신문"이란 용어가 보급되게 되어 이로써 정착되었다. 중국에서 "신문"이란 용어가 잘 안 쓰이게 된 것은 "신문"이 news의 의미를 지니기 때문이 아닌가 한다. 중국에서는 "신문기자"라는 말을 일본어에서 들어온 외래어로 보고 있다.

(한글+漢字 문화, 2020. 7월호)

13. 개화 문명 관련 어휘의 어원과 문화 (2)

번역어 "경제(經濟)"와 그 문화

살다보노라면 인생에 경제(經濟)만큼 중요한 게 없다는 생각을 하게 될 때가 있다. 자본주의(資本主義) 사회에선 더 말할 것도 없다. 그러나 자본주의 시대 이전에도 경제는 중시되었다. "경제(經濟)"라는 번역어가 생기기 전에 이 말은 이미 인생에 중요한 의미를 지니고 있었다.

"경제(經濟)"라는 말은 "economy"의 번역어 이전에 "경세제민(經世濟民)", 곧 세상을 다스리고 백성을 구제한다는 의미로 상용되었다. 당나라 백거이(白居易)의 시에 "경제(經濟)"라는 말이 보이는가 하면, 송사(宋史)에도 이 말이 보인다. 송사(宋史)의 기록은 왕안석(王安石)의 전기에 관한 기록으로, 그가 문장(文章) 절행(節行)이 뛰어나고, 더구나 도덕(道德) 경제(經濟)는 그의 소관사가 되었다(道德經濟爲己任)고 한 것이 그것이다. "경제"라는 말은 이렇게 경제학 용어가 아니라, "경세제민"이란 정치적 의미를 지닌, 일종의 정치 용어로 사용되었다.

그러나 "경제"는 이러한 뜻으로만 쓰인 것도 아니다. 경영 내지 운영과 같은 일반적인 뜻으로도 쓰였다. 조선조 숙종 때의 홍만선(洪萬選)의 "산림

경제(山林經濟)"라는 저서의 "경제"가 이런 것이다. 이는 정치적이거나 경제적 내용의 저술이 아니라, 농업기술의 종합 참고서인 것이다.

"경제"라는 말은 이렇게 "economy"의 번역어로 쓰이기 전에는 정치적 용어이거나 경영이나 운영이란 일반적 개념을 나타내는 말로 사용되었다. 그런데 서양의 과학 문명이 동양에 들어오면서, 이러한 전통적인 의미와는 달리, 일본에서 economy의 번역어로서 "경세제민(經世濟民)"의 준말로 "경제(經濟)"란 말을 새로 만들어 쓰게 되었다. 이 번역어는 전통적 의미로 말미암아 그리 환영을 받지는 못하였다. 그러나 일본에서는 에도(江戶) 말경 정치 · 경제적으로 이 말의 의미를 구별하기 시작하여 마침내 명치(明治) 시대에 와서 이 말을 경제 용어로 구별하여 쓰게 되었다. 그리하여 번역어 "경제(經濟)"는 "인류가 재화를 획득해 사용하며 그의 욕망을 만족시키려 하는 각종 활동. 또는 그런 상태"를 의미하는 현재의 의미를 지니게 되었다. 중국과 우리는 이 일본의 번역어를 외래어로 수용하여 사용하고 있다. 유길준(兪吉濬)의 "서유견문록"의 다음과 같은 구절은 이러한 용례라 할 수 있다.

第四 賦稅를 酌定과 課收홈에 人民의 生涯를 抑制ᄒ지 勿ᄒ고 國家의 經濟를 損傷ᄒ지 勿ᄒ야 其 合當ᄒ 道理를 遵守홈이 可ᄒ 者

"시계(時計)"의 어원과 문화

"시계"는 문명사회를 반영하는 산품(産品)이라 할 것이다. 시각(時刻)을 재기 위해서는 일찍부터 여러 가지 방법이 강구되었다. 해를 이용하여 시각을 측정하려는 해시계가 가장 원시적인 것이라 할 수 있고, 그 다음엔 물시계, 모래시계, 불시계(火時計) 등의 계시(計時) 방법이 강구되었고, 마침내 기계로 된 시계의 발명을 보게 되었다.

"토규(土圭)"는 중국에서 주대(周代)에 해의 그림자를 측정하던 기구이다.

주례(周禮)의 "土圭"의 주(注)에 의하면 "토규(土圭)"는 "사시의 해와 달의 빛을 궁구하는 것(所以致四時日月之景)"이라 되어 있다. 이는 위도(緯度) 측정기(測程器)였던 것으로 보인다. 그런데 일본에서 이 "토규(土圭)", 곧 일본 발음으로 "도케이"를 해시계의 뜻으로 사용하였다. 그리고 이 말에 "시각을 계측하는 것"이라는 의미의 한자 "時計(도케이)"를 적용해 "시계(時計)"를 나타내게 되었다. 따라서 "도케이(土圭)"는 "도케이(時計)"의 어원이 된다.

그런데 "시계(時計)"라는 말은 두어 가지 문제성을 안고 있다. 첫째 일본어 "도케이(時計)"는 "도케이"라고 읽힐 수 있는 근거가 없다는 것이다. 자음(字音)으로 읽는다면 "지케이"라 해야 하고, "때 시(時)"자와 같이 훈으로 읽는다면 "도" 아닌, "도키"라고 해야 한다. 혹 백보를 양보하여 "도키(時)"의 "도"만을 차용하여 "도케이"라 하였다고 볼 수는 있을 것이다. 그리고 한자의 조어법으로 볼 때도 "시계(時計)"는 "계시(計時)"가 돼야 어울린다. 따라서 "도케이(時計)"는 "도케이(土圭)"의 차음을 한 것이라 하겠다.

우리는 이러한 일본어 "도케이(時計)"를 차용해 "시계(時計)"라 하고 있다. 중국에서는 "시계(時計)"라는 말을 사용하지 않는다. 고어로는 "시진의(時辰儀)"라 하였고, 오늘날은 시계를 통틀어 "종표(鐘表)"라 한다. 그리고 탁상시계나 괘종시계는 "종(鐘)", 손목시계나 회중시계는 "표(表)"라 한다. 그래서 손목시계는 "수표(手表)", 회중시계는 "회표(懷表)"라 하고, 탁상시계는 "좌종(坐鐘)", 괘종시계는 "괘종(卦鐘)"이라 한다. 자명종 시계는 "자명종(自鳴鐘)"이라 한다. 시계를 "표(表)"라 하는 것은 "시표(時表)"의 준말이라 하겠고, "종(鐘)"이라 하는 것은 지난날 시각에 맞추어 종을 친 데 연유한다고 할 것이다. 그래서 지금도 몇 시 정각을 나타낼 때에는 "X시종(時鍾)"이라 한다.

우리의 시계의 역사를 간단히 살펴보면 718년 신라 성덕왕 때 물시계 "누각(漏刻)"을 처음 만들었고, 세종 때 해시계 "일구(日晷)", "일성정시의(日星定時儀)", "자격루(自擊漏)" 등 시각을 알리고 재는 장치들을 만들었다. 서양의 시계가 아시아로 전래된 것은 주로 가톨릭을 전파하려는 선교사들에 의

해서였다. 중국은 대표적으로 마테오리치가 청(淸)의 신종(神宗)에게 자명종을 바치므로 천주당을 짓고 포교할 수 있었다. 일본의 경우는 예수회 신부 프란시스코 사비에르가 1550년 야마구치(山口)의 성주에게 시계를 전달한 것이 유럽의 기계식 시계가 일본에 들어 온 시초라 한다. 우리나라에는 1630년대에 정두원과, 김육이 각각 중국에서 자명종(自鳴鐘)을 들여왔고, 17세기 전반 북경과 일본을 통해 자명종이 수입되기 시작하였다. 1669년 현종 때에는 송이영이 서양식 자명종의 원리를 이용해 혼천시계(渾天時計: 국보 제230호)를 만들기까지 하였다.

"연필(鉛筆)"의 어원과 문화

인간은 문자(文字)를 발명하며 문명개화를 하게 되었다. 문자생활을 위해서는 무엇보다 문자를 기록하는 필기구(筆記具)가 있어야 한다. 필기구에는 우선 "필기(筆記)"라는 말에 쓰인 "붓(筆)"이 있고, 이 "필(筆)"자와 복합어를 이룬 "연필(鉛筆)", "철필(鐵筆)", "만년필(萬年筆)"과 같은 것이 있다.

"필(筆)"의 자원은 "대 죽(竹)"과 "붓 율(聿)"자로 이루어진 형성자다. "필(筆)"자의 갑골문자(甲骨文字)는 손과 붓을 상형한 글자로 되어 사람이 붓을 잡고 있는 형상을 상형하고 있다. 이는 모필(毛筆)을 의미한다. 제대로 된 필기구로서는 모필이 처음 만들어졌다고 할 수 있다. 사실 우리의 "붓"이란 말은 고유어가 아니고, 이 "필(筆)"자의 발음 [pit]이 변한 한자어이다. 이를 보아도 우리의 필기구의 역사는 알 만하다. 붓의 역사는 아주 오래 되어 중국에서는 은(殷)나라 때에 붓글씨를 썼음이 은허(殷墟)의 유물에서 확인된다. 우리나라에서도 경상남도 다호리 고분에서 고대의 붓 다섯 자루가 출토된 바 있다.

"연필(鉛筆)"은 쉽게 "흑연(黑鉛)으로 만든 붓"이라고 하여 이러한 이름이 붙은 것으로 생각할 수 있다. 그러나 그런 것이 아니다. 고대 그리스나 로

마에서는 작은 원판 모양의 납(鉛)으로 양이나 사슴 가죽 등에 금을 긋거나 기호를 표시하였다. 이러한 것이 연필(鉛筆)의 기원에 해당한다. 고대 중국에도 "연참(鉛槧)"이란 말이 보이는데, 여기 쓰인 연(鉛)도 역시 납으로 만든 필기구이고, "참(槧)"은 목판을 의미한다. 아직 종이가 일반화하지 않아 납으로 목판에 새기듯 글씨를 쓴 것이다. 그래서 고명개(高名凱)와 유정담(劉正埮)의 "현대중국어 외래사연구"에는 다음과 같은 내용의 글이 쓰여 있다.

> 연필(鉛筆)은 중국의 고대 한자어다. 고대인들이 납으로 글씨를 썼으므로 연필(鉛筆)이라 하였다. 예를 들어 "東觀漢記"에 "조포(曹褒)는 잘 때는 연필을 품고 자고 길을 걸을 때는 책을 읽었다"고 하였고, "임방표(任昉表)"에도 "사람은 기름을 비축하고 집에는 연필이 있어야 한다."는 용례가 보인다. 이들 연필은 고대인들이 글씨를 쓰는데 사용한 납으로 만든 필기구를 말한다.

이렇게 "연필(鉛筆)"이란 납(鉛)으로 만든 붓이라 하여 붙여진 이름이다. 이러한 사정은 서구어에서도 확인된다. 영어의 "lead-pencil 석필(石筆)"(영화자전, 1866), 독일어의 "Bleistift 석필 연필"(독화자전, 1873)이 그것이다. "lead"나 "Blei"는 납(鉛)을 의미한다. 그 뒤 유럽에서는 1564년 영국에서 양질의 흑연이 발견되어 흑연(黑鉛)을 사용하여 연필을 만들게 되었다. 현재의 연필 제조법은 19세기에 개발되어 대량 생산이 가능해졌다.

"연필(鉛筆)"은 이렇게 처음에 납(鉛)으로 만들었고, 뒤에 흑연의 심을 박아 만들게 되었다. 영어 "pencil"과 같은 서구어는 위의 보기에서 나타나듯, 주로 석필(石筆)이라 번역되었다. 그리고 1877년 일본이 독일에서 연필을 수입·판매하게 되었는데 처음에는 이를 "목필(木筆)"이라 하였다. 목필(木筆)이라 한 것은 연필의 앞 부분을 태워서 쓸 수 있도록 고안된 나무 막대기였기 때문이다. 그 뒤 미쓰비시(三稜)에서 연필을 양산하게 되면서 목필(木筆)이나, 석필(石筆)이 아닌, 연필(鉛筆)이라 하게 되었다. 따라서 "연필(鉛筆)"

이란 말은 본래 납으로 만들어 붙여진 이름으로, 석필, 목필을 거쳐 흑연의 심을 박은 Pencil을 "연필(鉛筆)"이라 하게 된 것이다. 근대적인 흑연의 "연필(鉛筆)", 곧 pencil을 "연필(鉛筆)"이라 하게 된 것은 일반적으로 일본에서 pencil을 번역한 것으로 본다. 그런데 근자에 사전의 용례를 바탕으로 중국에서 먼저 이 말을 사용하였다는 이설도 제기되고 있다(이한섭, 2012).

철필(鐵筆)은 펜을 의미한다. 중국어로는 강필(鋼筆)이라 한다. 이에 대해서는 앞에서 언급한 바 있으므로 재론하지 않기로 한다. "철필(鐵筆)"에는 펜 외에 등사할 때 원지에 글씨를 쓰는 끝이 뾰족한 쇠붙이로 된 붓도 있다.

만년필(萬年筆)은 fountain pen을 일본에서 번역한 말이다. 중국에서는 "자래수강필(自來水鋼筆)"이라 한다. 다 같이 의역한 것이나, 발상을 달리한 명명이다. 전자는 장기간 사용한다는 기간에, 후자는 필기구의 기능에 초점을 맞추어 번역을 달리한 것이다.

"방송(放送)"의 어원과 그 문화

방송은 신문과 함께 매스컴의 대표적인 매체다. "신문(新聞)"에 관해서는 앞에서 언급한 바 있다. "방송(放送)"은 영어 Broadcasting을 번역한 말이다. 직역을 하면 "광파(廣播)" 쯤이 될 말이다. 그런데 이는 좀 엉뚱한 과정을 거쳐 일본에서 쓰기 시작하여 한자권에서 쓰게 된 말이다.

제1차 대전 중인 1917년 일본의 상선 삼도환(三島丸)이 Cape Town을 돌아 유럽으로 가고 있었다. 연합국 측의 상선은 독일의 가장순양함(假裝巡洋艦)의 공격에 전전긍긍해 하며 물자를 운반하고 있었다. 이때 일본도 연합군에 가담하고 있었으므로 삼도환(三島丸)도 사정은 마찬가지였다. 그런데 이 배가 인도양을 항해하고 있을 때 한 통의 무전을 받았다. 전문의 내용은 "아프리카 연안에 독일의 가장순양함이 있는 것 같으니 경계하라"는 것이었다. 흔히 무전은 상대방을 부르고, 발신자를 밝힌 다음 송신하는 법인데,

이때는 다짜고짜로 송신이 들어왔다. Cape Town 부근의 미군 기지에서 발신한 것으로 보이나 상대방을 알 수 없었다. 그래서 알았다는 답신도 하지 못했다. 이 때 일본 배의 무전국원은 관리로 통신 일지를 작성해 상부에 제출해야 했다. 그래서 무선국장 갈원(葛原)은 방출(放出)한 송신(送信)을 받았다는 뜻으로, "방송(放送)을 수신하였다"고 썼다. 이렇게 하여 "방송(放送)"이란 문자가 일본 공문서에 처음 쓰이게 되었고, 해안 무전대의 기상통보는 응신을 필요로 하지 않으므로 1919년 이래 이 말을 활용하였다. 그 뒤 1922년 무선전화(radio)의 연구가 시작되며 Broadcasting의 번역어가 논의 되게 되었다. 이 때 "공포(公布), 확포(擴布), 확산, 홍선(弘宣), 전파(傳播)"와 함께 이 "방송(放送)"이란 말도 후보에 오르게 되었고, 마침내 이 말이 번역어로 채택되게 되었다. "방송"이란 말은 이와 같이 엉뚱한 상황에서 처음 쓰이게 되었고, 마침내 번역어로 채택되게 된 말이다(박갑수, 우리말 바로 써야한다 1, 1995).

이렇게 이상한 인연으로 탄생하게 된 일제 용어 "방송(放送)"이란 말을 우리는 수용해 쓰고 있다. 우리의 방송은 1926년 11월 30일 사단법인 경성방송국이 발족되어 그 이듬해인 1927년 2월 16일 최초로 방송을 하게 되었다. 중국에서는 방송(放送)을 "광파(廣播), 파송(播送), 파방(播放)"이라 한다. 방송국은 "광파전대(廣播電台)"라 한다.

"발동기(發動機)"와 주변 문화

"요 아래 산 중턱에서 발동기는 채신없이 풍, 풍, 풍 연이어 소리를 낸다."
<김유정, 금>

"발동기(發動機)"란 말을 들으면 요즘 젊은이들은 무슨 시대에 뒤떨어진 소리를 하느냐고 할는지 모른다. 그러나 이는 개화기, 아니 왜정시대만 하

여도 신문명의 기계였다. 이는 동력을 일으키는 기계로, 모터나 엔진을 가리키는 말이다.

발동기에는 전동기, 내연기관, 증기기관 따위가 있으며, 자동차, 기차, 선풍기 등에 폭 넓게 사용된다. 지난날에는 발동기가 따로 있어 이 동력을 피댓줄로 연결하여 각종 기계를 가동시키기도 하였다. 특히 시골의 정미소(搗精所)나 제분소(製粉所) 등의 발동기가 시끄럽게 돌아갔다. 그래서 발동기 근처에서는 악을 쓰듯이 큰 소리로 말을 하여야 하였다. 이 "발동기(發動機)"는 일본의 근대화 과정에서 영어 motor 또는 engine을 번역한 말이다. 따라서 오늘의 젊은이는 "모터"나 "엔진"이라 하지 발동기(發動機)라 하지 않을 뿐 아니라, 그게 무슨 말인지조차 잘 모르는지도 모른다.

그리고 이 발동기(發動機)의 성능은 "마력(馬力)"이라는 말로 나타내었다. "마력"이란 말 한 마리의 힘의 양을 말한다. 1마력은 1초당 746줄(joule)에 해당하는 노동량으로, 746와트(wat)의 전력에 해당한다. 이 "마력(馬力)"이란 말은 지금 생각하면 촌스런 계량 단위처럼 생각되나, 사실은 이 말도 영어 "horse power"라는 말의 번역어로 비유적 표현이다.

이러한 일제 번역어 "발동기"나 "마력"이란 말은 그 동안 우리말에 들어와 일상어로 쓰였다. 그리고 이들은 시대의 변천과 더불어 서구 외래어로 바뀌거나 계량 단위를 달리하고 있다. 이들 "발동기"와 "마력"이란 말은 중국어에도 유입되어 쓰인다. "발동기"와 "발전기"가 중국에 유입되기 전에 중국에서는 "대나모(代那模)"와 "인경(引擎)"이란 말이 쓰였다. "인경(引擎)"이란 말은 engin을 음차(音借)한 말로 지금도 구어에서 쓰인다.

(한글+漢字 문화, 2020. 8월호)

14. 인생 관련 한자어의 어원과 문화 (1)

"성명(姓名)"의 어원과 문화적 배경

"성명"을 사전에서 찾아보면 "성과 이름을 아울러 이르는 말. 성(姓)은 가계(家系)의 이름이고, 명(名)은 개인의 이름이다."라 풀이되어 있다. 그러나 이의 어원은 이렇게 간단한 것만은 아니다.

"대객초인사(對客初人事)"란 말도 있듯, 사람들은 처음 만나게 되면 인사를 차리게 되고, 이 때 흔히 "성씨(姓氏)"는 어떻게 되느냐고 묻는다. 그러면 "이가(李哥)요", "박가(朴哥)요" 하고 대답한다.

이런 성(姓)은 중국에서는 주대(周代) 이전부터 쓰였고, 우리는 삼국시대부터 쓴 것으로 알려진다. 중국에서는 성을 "성씨(姓氏)"라 하듯, 고대 하(夏)·은(殷)·주(周) 삼대(三代) 이전에는 성을 성(姓)과 씨(氏)의 둘로 구분하였다. 성(姓)은 모계사회의 성이요, 씨(氏)는 부계사회의 성이다. 원시시대는 여성 우위 시대로, 일처다부(一妻多夫) 시대였다. 따라서 이때 아이의 성은 어머니의 성을 따랐다. "성(姓)"이라는 한자 자체가 "계집 녀(女), 날 생(生)"자가 합해진 형성자(形聲字)로 되어 있다. 따라서 자연히 성도 계집 녀(女)자가 들어간 한자가 많이 쓰였다. "희(姬)·강(姜)·영(嬴)·사(姒)·위(嬀)·길(姞)" 같은

것이 그것이다. 이때에는 귀천과 관계 없이 모두가 성이 있었다. 부계사회
가 되어서는 성(姓) 아닌 씨(氏)를 쓰게 되었다. 성만으로 지파(支派)를 구별할
수 없었기 때문이다. 이때에는 귀천을 나누어 귀한 사람만이 씨(氏)를 가지
고, 천한 사람은 씨(氏)를 가질 수 없었다. 성(姓)은 족호(族號)이고, 씨(氏)는
이의 지파(支派)라 할 수 있다. 성 강(姜)에서 "신(申)·여(呂)·허(許)·최(崔)·
마(馬)"씨 등이 분파된 것이 그 예이다. 여자 성(姓)의 호칭은 매우 복잡하였
다. 출가한 여인의 경우 성 앞에 나라 이름을 붙이거나, 남편의 분봉(分封)한
나라나 고을 이름을 붙였고, 배우자의 씨(氏)를 붙이기도 하였다. 삼대(三代)
이후 전국시대에는 성(姓)과 씨(氏)의 경계가 모호해지며 마침내 이의 구별
이 없어졌다. 한대(漢代)에 와서 성씨(姓氏)는 하나로 통합되었고, 평민도 성
씨를 가지게 되었다.

이름은 "이름 명(名)"자의 자원(字源)이 그 생성 과정을 말해 준다. 이는 어
두운 저녁에는 잘 보이지 않아 누가 누구인지 알 수 없어, 이름을 대야 하
므로, 이름을 나타내는 한자 "이름 명(名)"자는 "저녁 석(夕)"과 "입 구(口)"자
의 형성자로 이루어졌다.

우리는 성과 이름을 나타낼 때 "성명(姓名)" 외에 "성함(姓銜)", "함자(銜
字)", "명함(名銜)"과 같은 말을 쓰기도 한다. 국립국어연구원의 사전에 의하
면 "명함"과 "함자"는 "남의 이름을 높여 이르는 말"이라 하고, "성함"은
"성명의 높임말"이라 풀이하고 있다. 이들 세 낱말이 다 "남의 성명을 높이
이르는 말"이라는 것이다. 그런데 이 세 낱말은 우리만의 특성을 지닌다.
우선 "성함(姓銜)"과 "함자(銜字)"라는 두 단어는 중국의 "사원(辭源)"이나, 모
로바시(諸橋)의 "대한화사전(大漢和辭典)"(大修館書店)에 표제어로 올라 있지 않
다. 따라서 이들은 중국 한자어가 아닌, 우리만의 한자어가 아닌가 한다.
그리고 "명함(名銜)"이란 말은 "사원(辭源)"에는 표제어로 올라 있지 않으나,
모로바시(諸橋)의 "대한화사전(大漢和辭典)"에는 제시되어 있다. 그리고 그 풀
이를 명(名)과 관위(官位)라 하고 있다. "함(銜)"자의 의미를 "관위(官位)"라

풀이한 것이다. 사원에서는 "함(銜)"자의 의미를 "관리계위왈함(官吏階位曰銜)"
이라 하고 있다. "함(銜)"자는 관리의 품계를 뜻하는 말이다. 따라서 "성함,
함자, 명함"이란 말은 단순히 "성명의 높임말"이라 풀이할 말이 아니다.
"성함, 명함"은 "성명과 관위", "함자"는 오히려 성명 아닌 "관위"를 나타
내는 말이라 해야 할 것이다. 이러한 주장의 방증으로는 한어(漢語) "함명(銜
名)"과 "함두(銜頭)"란 말을 들 수 있다. "함명"은 "관직 명"이고, "함두"란
"관직이나 학위 따위 직함"을 의미하는 말이기 때문이다. "두함(頭銜)"은
"함두(銜頭)"와 동의어인데, 우리 국어사전에도 수록되어 있고, "관리의 위
계"라 풀이되어 있다. "성함"과 "함자", "명함"이란 세 단어는 우리가 새로
만든 한자어이거나, 의미가 변한 말이라 해야 하겠다.

"학교·교편·공부"의 어원과 문화

어려서는 사회에 나가기 위해 배워야 한다. 교육을 받아야 한다. "교육(敎
育)"이란 말은 맹자(孟子)의 삼락(三樂)에 "득천하영재(得天下英才) 이교육지삼
락야(而敎育之三樂也)"가 보이듯 일찍부터 쓰였다.

"학교(學校)"라는 말은 중국에서 나라(國)에서는 학(學)을, 향(鄕)에서는 교
(校)를 세웠기에 여기서 비롯되었다. 역사적으로는 당우(唐虞)시대에 순(舜)
임금이 대소학(大小學)을 처음 세웠는데, 대학은 상상(上庠)이라 하고, 소학은
하상(夏庠)이라 하였다. 하우(夏禹)는 대학을 동서(東序), 소학을 서서(西序)라
하고, 은(殷)나라는 각각 좌학(左學) 우학(右學), 그리고 주(周)나라는 동교(東膠),
우상(虞庠)이라 하였다. 우리나라에서는 기자(箕子)가 처음 학교를 세웠고, 고
구려는 소수림왕 때 태학(太學)을 설립하였으며, 신라에서는 진덕여왕 때 국
학(國學)을 세웠다고 한다. 그리고 고려는 태조 때 학교를 세우고, 조선 성종
때에는 국자감을 세웠다.

학교에서 학생을 가르치는 것을 "교편(敎鞭)"을 잡는다고 한다. 가르칠 교

(教)자의 자원(字源)은 형성자로, 채찍을 손에 든 것을 나타내는 칠 복(攴)자와 음과 배운다는 뜻을 나타내는 孝자로 이루어졌다 따라서 이는 채찍으로 쳐서 가르친다는 의미를 나타낸다. 채찍 편(鞭)자는 가죽 혁(革)과 음과 함께 친다는 뜻의 편(便)으로 이루어져 말을 치는 가죽 기구를 나타낸다. 따라서 전통적인 교육은 체벌을 가하면서 가르치는 것으로 인식하였음을 알 수 있다. 조선조의 교사는 훈도(訓導), 또는 훈장(訓長)이라 하였다. 훈도(訓導)는 한양의 사학(四學)과 지방의 향교에서 교육을 맡아보던 교관이며, 훈장(訓長)은 사설 서당(書堂)에서 교육을 맡아 보던 사람으로 이들은 신분이 달랐다.

학문이나 기술을 배워 익히는 것을 "공부(工夫)", 또는 "공부하다"라 한다. 그런데 이 한자어는 한·중·일 삼국이 다 같이 공유하고 있으나, 그 의미에 차이를 보인다. 중국의 경우는 "①시간(指占用的時間) ②공한 시간(空間時間) ③(方)시후(時候)"<현대한어사전, 상무인서관, 2010>를 나타낸다. 이 밖에 "조예, 노력·진력·고심, 업무·작업"의 의미로도 쓰인다. 일본의 경우는 "①이것저것 생각하여 좋은 방법을 얻고자 하는 것. 또는 그 생각해 낸 좋은 방법. ②선종(禪宗)에서 주어진 공안(公案)에 대해 깊이 생각하는 것"(岩波國語辭典, 1977)을 의미한다. 곧 "궁리함, 고안함"이 주의가 된다. 따라서 우리와 같은 "학문이나 기술을 배워 익히는 것"을 나타내기 위해서 중·일어는 각각 "학습(學習)·독서(讀書)·주공과(做功課)", "면강(勉强)·ならぶ(學)"라는 다른 말을 써야 한다.

"관혼(冠婚)"의 어원과 그 문화

관혼상제(冠婚喪祭)를 사례(四禮)라 한다. "관혼(冠婚)"이란 이 사례 가운데 둘인 "관례(冠禮)"와 "혼례(婚禮)"를 가리키는 말이다.

"관례(冠禮)"는 남자가 20세가 되어서 처음으로 관을 쓰는 의식으로, 오늘날의 표현을 빌리면 성인식에 해당한 것이다. 관례를 치른 뒤에는 성인 사회에 참여할 수 있는 자격을 갖게 된다. 결혼식은 이 뒤에 하게 된다. 관례는 빈(賓)의 주관하에 행해지며, 주요 의식은 삼가례(三加禮)를 하는 것이다. 곧 가관건(加冠巾), 재가모자(再加帽子), 삼가복두(三加幞頭)를 한다. 처음에 갓(粒子)을, 다음에 사모(紗帽), 세 번째로 복두(幞頭)를 갈아 씌우는 예를 한다.

여자의 의식은 계례(笄禮)라 한다. 여자는 15세가 되었을 때 땋았던 머리를 풀고 쪽을 쪄 비녀(笄)를 꽂는다. 이 의식은 어머니가 주관한다. 우리나라에서는 이러한 관례가 조혼(早婚) 풍속으로 말미암아 대체로 결혼식과 함께 행하게 되었다. 관례는 달리 "원복(元服)"이라고도 한다.

"혼례(婚禮)"는 혼인의 의례를 가리키는 말로 흔히 "결혼(結婚)"이라 한다. 결혼이란 물론 남녀가 정식으로 부부관계를 맺는 것을 말한다. "혼인(婚姻)"은 본래 "혼인(昏姻)"이라 하던 말로, 이는 여자가 저녁때(昏)에 사위네 집(姻)으로 가던 풍속에 연유한다. 바뀐 "혼인(婚姻)"이란 말의 "혼(婚)"은 신부네 집을, "인(姻)"은 사위네 집을 가리키는 말이다. 이는 또한 결혼하는 남녀의 부모가 상호간에 호칭하는 말이기도 하다. 며느리의 아버지를 "혼(婚)"이라 하고, 사위의 아버지를 "인(姻)"이라 한다(漢書). 따라서 "혼인(婚姻)"이란 말은 사돈 관계를 맺는다는 말이라 할 수 있다. 이러한 사실은 이규보(李奎報)의 동국이상국집(東國李相國集)의 용례로 확인할 수 있다. 동명성왕(東明聖王)의 탄생설화에서. "나는 천제의 아들인 바 하백과 결혼하고 싶다(我是天帝之子 今欲與河伯結婚)"고 당사자 "유화(柳花)"가 아닌, 그녀의 아버지 "하백(河伯)"과 결혼하고 싶다고 하고 있다. 혼인(婚姻), 또는 결혼(結婚)이란 이렇게 일남일녀가 결합하는 것이 아니라, 혼가(婚家)와 인가(姻家)가 결합하는 것이다. 곧 사돈 관계를 맺는 것이다.

그리고 여기 노파심에서 덧붙일 것은 "결혼(結婚)"이란 말이 일본어라고 알고 있는 사람이 있는데, 그렇지 않다는 것이다. 이는 이미 동국이상국집에 용례가 있는 것으로도 확인되었으나, 중국에서도 여러 용례가 보인다(漢書 張良傳, "爲壽結婚" 등).

"출세(出世)"의 어원과 주변 문화

사람은 명예욕을 지니고 있다. 그래서 출세를 하고 싶어 한다. 사전에 의하면 "출세(出世)"란 "사회적으로 높은 지위에 오르거나, 유명하게 됨. = 등달(騰達)"이라 풀이되어 있다. 이는 달리 말하면 출사(出仕), 곧 벼슬하는 것이요, 입신양명(立身揚名)하는 것이다. 그러나 이 말의 기본적 의미는 이 세상에 태어나는 것임은 말할 것도 없다.

지난날의 "출세(出世)"란 벼슬을 하는 것과 문명(文名)을 세상에 널리 알리는 것이었다. 그래서 우선 양반(兩班)이 돼야 했고, 출장입상(出將入相)을 꿈으로 여겼다. 삼대(三代)를 벼슬하지 않으면 향반(鄕班)으로 그 집안은 사실상 양반으로 여기지 않았다. 벼슬을 하지 않고 선비로 일생을 보내는 것을 영광으로 여기는 문사(文士)도 있었다. 이들은 벼슬하는 것을 속된 것으로 생각하고 오로지 학문(學文)을 닦아 예문덕가(禮文德家)로 일생을 바치고자 하였다. 예를 들면 송도삼절(松都三絶)의 하나로 일러지는 서 화담(徐花潭)같은 분이 그러하다.

출세(出世)의 의미는 이와 달리 속세를 떠나 신선의 경지에 들어가는 것을 의미하기도 한다. 이러한 사람들로는 중국 진(晉) 나라 때의 죽림칠현(竹林七賢)이 있다. 이밖에 "출세(出世)"는 또 불교 용어로, 부처가 중생을 구제하기 위해 이 세상에 나타나는 것과, 출세간(出世間) 및 출가(出家)를 의미하기도 한다. "출세간(出世間)"이란 현실세계를 초월한 세계, 곧 세속을 떠난 깨달음의 세계를 의미한다. 이러한 세계는 김만중(金萬重)의 소설 "구운몽(九雲夢)"의 대단원에서 아홉 남녀가 불교의 진리를 깨달아 이에 귀의하는 장면 같은 것이 그것이다. 이 장면을 무명씨(無名氏)가 시조로 읊은 것이 있다. 이를 보면 다음과 같다(現代譯).

천하명산 오악지중(五嶽之中)에 형산(衡山)이 가장 좋던지

　　육관대사(六觀大師)가 설법(說法) 제중(濟衆)할 제 상좌중 영통자(靈通者)로
용궁에 봉명(奉命)타가 석교상(石橋上)의 팔선녀(八仙女) 만나 희롱한 죄로 환
생인간(幻生人間)하여 용문(龍門)에 높이 올라 출장입상(出將入相)타가 태사당
(太師堂) 돌아들어 난양공주(蘭陽公主) 이소화(李簫和), 영양공주(英陽公主) 정
경패(鄭瓊貝)며, 가춘운(賈春雲) 진채봉(秦彩鳳)과 계섬월(桂蟾月) 적경홍(翟驚
鴻) 심요연(沈裊烟) 백능파(白凌波)로 슬카장 노니다가 산종일성(山鍾一聲)에
자던 꿈을 다 깨었구나.

　　세상(世上)의 부귀공명(富貴功名)이 이러한가 하노라.

"사직(社稷)"의 어원과 그 문화

　　"사직의 운명이 풍전등화와 같은 때 우국지사들은 목숨을 초개와 같이 버
렸다."

　이런 표현을 우리는 곧잘 볼 수 있다. 여기서 "사직(社稷)"이란 나라를 의
미한다. 비유적 의미다. 나라를 위해 한 목숨을 하찮게 버린다는 말이다.
그렇다면 "사직"의 본래의 뜻은 무엇인가?
　"사직(社稷)"의 "사(社)"자를 허신(許愼)은 설문해자(說文解字)에서 "토지의
신주(神主)다(地主也). 시(示)와 토(土)로 이루어졌다(從示土). 춘추전(春秋傳)에 이
르되 '공공의 아들 구룡이 사신이 되었다(共工之子句龍爲社神)'"라 하고 있다.
"사(社)"는 토지를 주관하는 신으로, 시(示)와 토(土)의 형성자이다. 공공(共工)
의 아들 구룡(句龍)이 사신(社神)이 되었다는 것이다. 이렇게 "사(社)"는 토지
신(土地神)을 가리킨다. "직(稷)"자는 "치야(齋也) 오곡지장(五穀之長) 종화직성
(從禾嵏聲)"이라 하고 있다. "직(稷)"은 기장으로, 오곡 가운데 가장 좋은 것이
며, 화(禾)와 직(嵏)의 형성자라는 것이다. 따라서 "사직(社稷)"이란 말은 토지
의 신이며, 오곡 가운데 가장 좋은 곡식을 가리킨다 하겠다.

중국에서는 고대부터 "식위천(食爲天)"이라 하였다. 이런 사상을 바탕으로 할 때 "사직(社稷)"은 무엇보다 중시된다. 곡물이 중시되고, 이를 길러 내는 토지신(土地神)을 받들어 모셔야 한다. 그래서 중국이나 우리나라는 새로운 왕조가 태어나면 사직단(社稷壇)부터 모으고, 이들 신을 받들어 모셨다. 사직단의 위치도 정위(定位)가 있어 왕궁을 중심으로 우사직 좌종묘(右社稷左宗廟)"라 하였다. 사직은 오른쪽에, 종묘는 왼쪽에 두었다. 그리고 국가 대사나, 국태민안(國泰民安)을 기원할 때 이 사직단에서 제를 지냈다. 이에 "사직(社稷)"은 국가(나라)와 불가분리의 존재가 되었고, 마침내 사직이 나라를 비유하고, 나아가 나라를 의미하게 되었다. 조선조의 사직단(社稷壇)은 경복궁의 우측 사직공원 안에 있었고, 종묘(宗廟)는 지금도 경복궁의 좌측에 있다.

그리고 여기 부기할 것은 "직(稷)"은 우리가 흔히 "피 직"자라 하고 있으나, 이는 본래 "피"가 아니고, 사실은 "조(粟)"를 가리키는 말이라는 것이다. 이에 대해서는 필자가 다른 곳(언어·문화, 그리고 한국어교육, 역락, 2017)에서 검증한 바 있다.

(한글+漢字 문화, 2020. 9월호)

15. 인생 관련 한자어의 어원과 문화 (2)

"명함(名銜) · 명편(名片)"과 "명자(名刺)"의 어원

사회생활을 하자면 자연 사람을 만나야 한다. 처음 만나는 사람인 경우에는 자신의 신상을 소개한다. 이때 편리하게 사용되는 것이 "명함(名銜)"이다. 오늘날 우리의 명함에는 성명, 직업, 주소, 신분 따위를 적는다. 이는 대체로 가로 5.5cm, 세로 9cm로 되어 있다.

서양의 Name card를 우리는 흔히 "명함"이라 한다. 그런데, 이를 중국에서는 "밍피엔(名片)", 일본에서는 "메이시(名刺)"라 한다. 이는 본래 달리 이르던 말인가? 아니면 어떤 역사적 연관성이 있는 것인가? 다음에 이들의 어원(語源) 문화를 살펴보기로 한다.

"명함(名銜)"이란 문자 그대로 이름과 관위(官位)를 말하며, 나아가 이를 적은 쪽지를 말한다. 옛날 종이가 없던 때에는 대나무(竹木)에 이름을 새겨 통성명할 때 사용하였다. "명자(名刺)"란 말은 이런 연유로 생겨난 말이다. 역사적으로 서한(西漢) 때에는 이를 "알(謁)"이라 하였고, 동한(東漢) 때에는 "자(刺)"라 하였다. 후에 대나무 아닌 종이에 쓰게 되었으나, 이는 여전히 종전 습관대로 "자(刺)", 또는 "명자(名刺)"라 하였다. 예를 들어 당나라 원진

(元稹)의 중수낙천시(重酬樂天詩)에 "최소근래황숙도(最笑近來黃叔度) 자투명자점 피호(自投名刺占陂湖)"에 "명자(刺)"란 말이 쓰인 것이 그것이다. 그러나 오늘 날 중국에서는 "명자(名刺)"란 말은 잘 쓰지 않고, "명편(名片)"이란 말을 보 편적으로 사용한다. "명편(名片)"은 명나라 후반에 쓰이기 시작하여 청조(淸 朝) 때에 정식으로 쓰게 되었다. "명자(名刺)"는 "메이시"라 하여 일본에서 오히려 보편적으로 사용한다. 당나라 때에는 이를 "명첩(名帖)"이라 하여 통 상적으로 사용하였는데, 위로 천자(天子)로부터 아래로 청루(靑樓)에 이르기 까지 사용하였다. "명함(名銜)"은 성명과 관함(官銜), 곧 관원의 직함으로, 이 는 당대(唐代)에 쓰인 것으로 기록에 나타난다. 송 나라 때에는 "문장(門狀)" 이란 명함이 많이 사용되었다.

우리나라에서는 주로 명함(名銜)이라고 한다. 국어사전에서는 이를 명자 (名刺), 명첩(名帖), 명편(名片), 명함지(名銜紙) 등과 동의어로 보고 있다. 따라서 우리는 흔히 "명함(名銜)"이란 말만을 주로 쓰고 있으나, 중국과 일본의 보 편적 용어 "명편(名片)"이나, "명자(名刺)"라는 말도 비록 잘 쓰이지는 않으 나, 통용되는 말임을 알 수 있다.

"삼거(三擧)"와 그 주변 문화

사람을 들어 쓰는 것, 곧 등용(登用)을 의미하는 말에 세 "거(擧)"자가 들어 가는 말이 있다. "과거(科擧), 선거(選擧), 천거(薦擧)"가 그것이다.

"과거(科擧)"는 지난날 관리를 등용하던 제도이다. 지난날 "과거(科擧)" 제 도가 있었다는 것은 모두 잘 안다. 그러나 이 말의 의미 내지 어원은 잘 모르지 않나 생각된다. "과거(科擧)"는 "과목(科目)에 따라 인재를 등용하여 씀"을 의미하는 말이다. 쉽게 말해 정치, 경제와 같이 과목에 따라 인재를 등용하여 쓴다는 말이다.

"과거(科擧)"는 중국에서 시작된 제도로, 수(隋) 나라, 당(唐) 나라 때 본격적으로 발달하였다. 시험 과목은 시대에 따라 달랐다. 당 나라 때에는 "수재(秀才) · 명경(明經) · 진사(進士) · 준사(俊士) · 명법(明法) · 명산(明算)"이 그 과목이었다. 송나라 때에는 "진사 · 명경(明經) · 명법(明法)"의 세 가지였다. 이로 보면 경전에 밝고, 법(法)과 계산에 밝은 사람과, 뛰어난 인재(秀才)를 선발하였음을 알 수 있다("秀才"라는 말은 여기서 연유한다). 시험은 세 가지 단계가 있었다. 향시(鄕試=解試), 성시(省試=會試), 전시(殿試)가 그것인데, 향시는 지방에서 보이는 것이고, 성시는 상서성(尙書省) 예부(禮部)에서 보이는 것이며, 전시(殿試)는 천자가 스스로 행하는 것이었다.

우리나라의 과거제도는 신라의 원성왕 때(788)의 독서삼품과(讀書三品科)가 최초의 것이라 보이며, 고려 광종 때(958) 중국식 과거제도가 처음 도입된 것으로 본다. 당 나라 제도를 본떠 시행하였으며, 왕권 강화에 목적이 있었다. 초기 과거시험엔 제술과(製述科 · 진사과), 명경과(明經科), 잡과(雜科 · 醫卜科)를 두었다. 처음에는 예부시(禮部試) 한번만 보였으나, 뒤에는 향시(鄕試), 국자감시(國子監試), 예부시(禮部試)의 3차례를 보였다. 조선시대에 와서는 소과(小科), 문과, 무과, 잡과의 네 종류가 있었다. 소과에는 생원시와 진사시가 있었고, 이는 초시와 복시의 두 단계로 나뉘었다. 문과(文科)는 동당시(東堂試), 또는 대과(大科)라고도 하였는데 이는 정기시(定期試)와 부정기시가 있었다. 정기시는 3년마다 치러지는 식년시(式年文試)로, 이는 초시, 복시, 전시(殿試)의 3단계로 나뉘었다. 부정기시로는 알성문과(謁聖文科)와 같은 것이 있었다. 이는 임금이 공자의 사당인 문묘(文廟)를 배알하고 성균관에서 유생(儒生)들에게 보이는 시험이었다. 대중가요의 "알성급제 빌고 빌어"라고 노래하는 "알성"이 이것이다. 시험과목은 고려조에서는 사장(詞章), 오경(五經)을 중심으로 하였고, 조선조에서는 경사(經史)와 사서(四書)를 중심으로 하였다. 이러한 과거 제도는 1984년 갑오경장(甲午更張) 때 폐지되었고, 그 뒤 선거조례(選擧條例), 전고국조례(詮考局條例) 등 새로운 관리 등용법이 제정되며 바뀌게 되었다.

갑오경장 이후 "선거조례"가 만들어지고 시험 아닌 관리 등용을 하게
된, 한 방법이 "선거(選擧)"이다. 오늘날엔 자치단체의 장과 의원 선출에 선
거의 방법이 활용되고 있다. 선거를 통한 등용의 한 특징은 "출마(出馬)"를
하고 선거인의 지지를 받아야 한다는 것이다. "출마(出馬)"는 "말을 내다"가
기본적인 뜻이고, "전장에 나가다(出陣), 말을 타고 외출하다" 등의 의미를
지닌다. 이 말이 "선거에 나가다"란 의미를 지니게 된 것은 일본에서 이러
한 뜻으로 새로 쓰기 시작한 데 말미암은 것으로 보인다.

또 하나의 등용의 길은 "천거(薦擧)"하는 것이다. "천거"란 물론 어떤 일
을 맡아 할 수 있으리라고 생각되는, 유능한 사람을 그 자리에 쓰도록 추천
하는 것이다. 이는 대체로 고위 관원이나, 책사(策士)가 군왕에게 천거하거
나, 지방관(地方官)이 중앙에 추천한다. 이러한 천거에 의한 등용은 아무래도
정실에 흐르기 쉽다. 따라서 문제가 많아 과거(科擧)와 같은 시험제도가 생
겨났다. 이렇게 지난날의 관원의 등용은 "과거, 선거, 천거"와 같은 세 가지
제도에 의해 이루어졌다.

"의상(衣裳)"의 어원과 문화

사람은 만물의 영장으로 의식주의 면에서는 특히 옷을 입는다는 것이
다른 동물과 다른 점이다. 이로 인해 신체를 보호할 뿐 아니라, 문화생활을
한다.

옷의 기능은 두 가지라 할 수 있다. 하나는 신체를 보호한다는 것이고,
다른 하나는 장식(裝飾)한다는 것이다. 옷을 일본에서는 입는 물건, 곧 "기
모노(着物)"라 하고, 중국에서는 의복(衣服), 또는 의상(衣裳)이라 한다. "의상
(衣裳)"이란 한자어의 "옷 의(衣)"자는 옷깃을 맞춘 깃 언저리를 상형한 글자
로 상의(上衣)를 의미한다. 그리고 "치마 상(裳)"자는 "옷 의(衣)"자와, "가리
다(障)"의 뜻과 음을 나타내는 "상(尙)"자의 형성자로, 하반신을 가리는 옷,

곧 치마를 의미한다. 여기서의 "상(裳)"은 여자들의 치마만이 아닌, 고대 중국 남녀의 의복으로서의 치마를 가리킨다. 따라서 "의상"이란 "상의하상(上衣下裳)"이라는 "의상(衣裳)"으로서, 옛날의 저고리와 치마를 가리킨다. 이는 "의고(衣袴)"와 동의어이기도 한데, 이때는 저고리와 하의 바지를 가리킨다. 이렇게 "의상(衣裳)"은 본래 "상의하상(上衣下裳)"으로서의 옷이다.

다음엔 옷을 입는 방법, "좌임(左衽)"에 대해 살펴보기로 한다. 흔히는 옷을 입을 때 왼쪽 섶을 오른쪽 섶 위로 여민다. 그런데 이와 달리 옷을 입기도 한다. 오른쪽 섶을 왼쪽 섶 위로 여미는 것이다. 이를 "좌임(左衽)"이라 한다. 중국 사람들이 보기에 이러한 옷을 입는 방식은 야인(野人)들의 풍속이었다. 그래서 "좌임(左衽)"이란 말은 미개 상태를 의미하는 말이 되었다. 전(傳)에 의하면 "동이(東夷) 서융(西戎) 남만(南蠻) 북적(北狄)이 머리를 헤치고 섶을 왼쪽으로 여민다"고 하고 있다. 그리고 공자(孔子)도 논어(論語)의 헌문편(憲問篇)에서 다음과 같이 이르고 있는 것을 볼 수 있다.

관중(管仲)이 환공(桓公)을 도와 제후(諸侯)의 어른이 되어 혼란한 세상을 한번 바로잡았기에 인민들은 이제까지 그의 혜택을 입었다. 만약에 관중이 아니었더라면 우리는 모두 머리를 헤치고 옷깃을 왼쪽으로 여밀 뻔하였다.

이렇게 "머리를 헤치고 옷깃을 왼쪽으로 여미는 것(被髮左衽)"을 야만의 풍습으로 보고 있다.

그러나 동이족(東夷族)이라는 우리는 오늘날 옷깃을 왼쪽으로 여미는 것이 아니라, 오른쪽으로 여민다. 우리네 여인의 옷은 왼쪽으로 여민다. 이는 하나의 풍습일 뿐, 그것 자체가 야만의 풍속이라 탓할 것은 못 된다. 다만 중화사상(中華思想)을 지닌 중국 사람의 입장에서 볼 때 당시 사위(四圍)가 중국에 비해 문화적으로 뒤떨어졌기 때문에 그렇게 본 것이라 하겠다. 이 "좌임"을 고유어로는 "왼섶"이라 한다. 그리고 여기 덧붙일 것은 일본 사람들은 이 "좌임(左衽)"을 "히다리마에(左前)"라 한다는 것이다. 일본에서는 나라(奈良)시대 719년에 처음으로 백성들에게 깃을 오른쪽으로 여미도록 하고, 다만 사자(死者)만 왼쪽으로 여며 입관하도록 하였다. 이 풍습은 오늘날까지 전해진다. 그래서 "히다리마에(左前)"는 그 의미가 변해 "거꾸로 되는 것, 운이 나빠지는 것, 경제적으로 곤란해지는 것"을 의미한다. 양복을 입는 경우에도 여인의 옷은 "왼섶" 여밈을 한다.

"도시(都市)"와 "성시(城市)"의 어원과 주변 문화

사람들은 사회적 동물이다. 따라서 사회(社會)를 구성하여 모여서 산다. 이렇게 구성된 큰 사회를 우리와 일본은 흔히 "도시(都市)"라 하고, 중국에서는 "성시(城市)"라 한다.

지난날 사람들은 우선 "시정(市井)"에 모였다. "저자 시(市)"는 사람들이 물품을 사고파는 곳이다. 그리고 "우물 정(井)"은 생활에 불가결한 요소인 물을 공급해 주는 곳이다. 특히 우물(井戶)이 있는 곳에 시장(市場)이 섰다. 따라서 "시정(市井)"은 사람들이 많이 모이는 곳이었고, 이는 사람들이 모여 물품을 매매하는 장소이기도 하였다. 그래서 "시정(市井)"은 도시(都市)를 이루게 되었다. 이와는 달리 관서(官署)도 사람들을 모여들게 하였고, 여기에 마을이 형성되게 하였다. 우리의 "마을"이란 말은 본래 "무술"로 관서(官署)를 의미하는 말이었고, 이것이 마을(村)의 의미를 지니게 된 것이다. "도시(都市)"의 "도(都)"자는 "언덕 부(阝)"자와 모이다의 의미를 나타내는 "자(者)"자로 이루어진 것으로, 사람이 많이 모이는 곳, 나아가 수도(首都)를 의미하게 된 말이다. 따라서 "도시(都市)"란 천자(天子)의 궁성이 있는 땅, 도성(都城)이 본래의 의미이다. 그리고 이 말이 오늘날 사람이 많이 모이는 땅이란 도회지(都會地), 내지 city란 도시(都市)의 의미를 지니게 되었다.

도시를 이르는 중국의 "성시(城市)"라는 말은 우리에게는 다소 낯선 말이

다. 우리의 국어사전에는 "성시(城市)"를 "①성으로 둘러싸인 시가, ②(북)예
전에 '도시'를 달리 이르던 말"이라 풀이하고 있다. "도시"를 이르는 "성시
(城市)"란 말을 북한에서는 예전에 "도시"를 이르던 말이라 풀이하고 있다.
확실히 이 말은 우리가 지금 쓰지 않는, 전에 쓰던 말이다. 그리고 중국에
서 쓰는 말이다. "재 성(城)"은 외적(外敵)으로부터 지키기 위해 흙을 쌓아 두
른 것을 말한다. 따라서 성 안은 안전할 것이고 많은 사람이 살게 마련이었
다. 그리고 여기 "저자 시(市)"는 시장이 아닌, 인가가 많은 곳을 의미한다.
따라서 "성시(城市)"는 큰 마을(town), 도시를 지칭한다. 중국에서는 "도시(都
市)"라는 말도 일찍부터 썼다. "도시(都市)"의 용례는 한서(漢書)에 보이는
장안의 도시(都市)가 사통팔달(四通八達)의 거리였다고 하는 "장안도시사통지
구(長安都市四通之衢)"가 그것이다.

"단풍(丹楓)"과 "홍엽(紅葉)"의 어원

우리는 "노세, 노세. 젊어서 노세. 늙어지면 못 노나니."라고 놀이를 좋아
하는 민족이다. 놀이의 대표적인 것으로는 봄에 꽃을 즐기는 "꽃놀이"와
가을의 단풍을 즐기는 "단풍놀이"가 있다.

우리말 "단풍(丹楓)"은 두 가지 의미를 지닌다. 그 하나는 식물 단풍나무
를 가리키는 것이고, 다른 하나는 기후 변화로 식물의 잎의 빛깔이 변하거
나, 그렇게 변한 잎을 가리킨다. "단풍나무"는 고유어로는 "신나무(<신나
모"라 하고, 한자로는 "신나무 풍(楓)"자를 쓰고, 흔히 "단풍(丹楓)-나무"라
한다. "신나무"는 기후의 변화로 잎의 빛깔이 붉게 변하는 대표적인 나무
이기에 "붉은 단(丹)"자를 앞에 붙여 "단풍(丹楓)-나무"라 한다. 그리고 이
"단풍(丹楓)"으로서 잎이 울긋불긋 물드는 것을 이르게 되었다. 나무 "단풍
(丹楓)"이 제유(提喻)에 의해 "기후 변화로 잎이 변색하는 것"을 의미하게 된
것이다. 중국에서도 "단풍(丹楓)"은 "풍수(楓樹), 풍향수(楓香樹)"와 동의어로

단풍나무를 가리킨다. 그러나 가을에 잎이 물드는 것은 우리와 달리 "단풍(丹楓)" 아닌, "홍엽(紅葉)", 또는 "상엽(霜葉)"이라 한다. 한어(漢語)에서는 나무 이름과 상엽(霜葉)을 구별해 나타낸다. 일본어의 경우는 "단풍나무"를 "가에데(楓)"라 하고, "상엽(霜葉)"을 "모미지(もみじ)"라 한다. "모미지"는 한자로는 "홍엽(紅葉)"이라 써 한자만 보면 한어 "hongye(紅葉)"와 같다. 그러나 일본의 경우는 한자를 차자(借字)한 것이다. "紅葉"을 "모미지"가 아닌 "고우요우"라 읽기도 하는데, 이는 한자음대로 읽는 것이다. "紅葉"는 붉게만 물드는 것도 아니어서 일본에서는 한자를 달리 쓰기도 한다. 8세기의 일본의 가요집 "만요슈(萬葉集)"를 보면 "황엽(黃葉)"이라 쓰고 있는 것이 오히려 많고, "紅葉", "赤葉"이라 한 예는 적다고 한다. 또한 이 "紅葉"는 접사를 붙여 "紅葉する(단풍들다)"라는 동사로도 쓰는 독특한 어법도 있다.

그러나 저러나 "단풍(丹楓)" 빛의 주조(主潮)는 "단풍(丹楓)", 또는 "홍엽(紅葉)"이라 하듯, 붉은 빛깔이라 하겠다. 그래서 만당(晚唐) 시인 두목(杜牧)은 "산행(山行)"이란 시에서 단풍의 빛깔이 2월의 꽃보다 더 "붉다"고 노래한 것을 보여 준다.

원산한산석경사(遠山寒山石經斜) (먼 산 한산사의 돌길은 빗겨 있고)
백운생처유인가(白雲生處有人家) (흰 구름 이는 곳에 인가가 있도다.)
정거좌애풍림만(停車坐愛楓林晚) (수레 멈추고 앉아 늦단풍을 즐기노니)
상엽홍어이월화(霜葉紅於二月花) (단풍 든 잎이 2월의 꽃보다 더 붉도다.)

(한글+漢字 문화, 2020. 10월호)

16. 새삼 의미를 되새기게 하는 말들 (1)

"단장(斷腸)"의 어원과 모성애

> 閑山셤 둘볼근 밤에 戍樓에 혼자 안자
> 긴 칼 녀픠 초고 기픈 시룹 호는 적의
> 어듸셔 一聲胡笳는 눕의 애룰 긋느니.

충무공 이순신(李舜臣) 장군이 수루에 앉아 깊은 시름하고 있는데, 어디서 호적(胡笛)의 소리가 들려온다. 이 호적의 구슬픈 소리를 듣고 공(公)이 누가 "남의 창자를 끊느냐"고 노래한 것이다. 이는 호적 소리에 단장(斷腸)의 슬픔을 느낀 것이다. 그러나 이 "단장"은 심각하다기보다 아직은 낭만이 있다.

"단장(斷腸)"은 문자 그대로 "창자가 끊어짐"을 뜻한다. 그리고 이는 나아가 "몹시 마음이 아픔", "창자가 끊어질 정도로 슬픔"을 의미한다. 창자가 끊어지는데 어찌 마음이 아프고, 슬프지 않겠는가? 그래서 "단장"은 흔히 "단장의 슬픔"이라 표현된다.

"단장(斷腸)"에는 기막힌 고사가 있다. 중국의 세설신어(世說新語) "출면(黜免)"조에 보이는 이야기다.

진(晉)나라 무장(武將) 환온(桓溫)이 배로 서촉(西蜀)의 삼협(三峽)을 지날 때 그를 따르는 사람(從者)이 원숭이 새끼를 붙잡아 왔다. 그러자 그 어미는 슬피 울며 기슭을 따라 100여 리(里)를 좇아왔다. 그리고 마침내 배로 뛰어들었다. 그리고는 곧 죽었다. 원숭이의 배를 갈라 보니 장(腸)이 마디마디 끊어져 있었다. 이 이야기를 들은 환공(桓公)은 노해서 그 종자를 내쳤다.

충격적인 이야기다. 제 새끼가 잡혀 배에 실려 가는 것을 보고 원숭이는 너무나 슬퍼서 배를 따라 백여 리를 뛰어서 따라왔다. 그리고 마침내 배에 뛰어들었으나, 이미 창자가 마디마디 끊어진 상태라 죽고 말았다. 제가 잡혀갔다면 이렇게 애가 끊어졌을까? 자식을 사랑하는 어미의 사랑과 연민(憐憫)이 이런 비극을 낳게 한 것이다. "단장(斷腸)"이란 말의 어원을 다시 한 번 생각하게 한다.

"위기일발(危機一髮)"과 배경 고사

월사는 급했다. 말에 채찍을 갈겨 고개를 뛰어 달려서 겨우 위기일발인 죽음의 구멍을 면했다. (박종화, 임진왜란)

"여유가 조금도 없이 몹시 절박한 순간"을 "위기일발(危機一髮)"이라 한다. 위에 인용한 박종화의 "임진왜란"의 한 대목도 이러한 것이다. 자칫하면 죽을 수도 있었을 절박한 순간에 월사는 말에 채찍을 가해 죽음에서 벗어날 수 있었다는 것이다.

그렇다면 여기 "일발(一髮)"이란 어떤 의미를 갖는가? 흔히는 머리칼이 가늘기 때문에 사소한 것을 가리키는 것으로 생각한다. 위에 인용한 "임진왜란"에서는 "일발"이 시간적으로 짧은 것을 의미한다. 그런데 사실은 "위기일발"의 의미는 그런 것이 아니다.

"위기일발"이란 말은 한유(韓愈)의 "여맹상서서(與孟尙書書)"란 "맹 상서에게 주는 글"이란 글에 연유하는 말이다. 이는 문자 그대로 "위험에 떨어지려는 순간"을 뜻하는 말이다. 한유(韓愈)는 이 글에서, "머리칼 하나로 천균(千鈞)이나 되는 무거운 물건을 끌어올리는 것과 같은 위험(其危如髮引千鈞)"이란 비유적 표현을 하고 있다. "균(鈞)"은 "서른 근 균(鈞)"자이다. 따라서 천균(千鈞)이라면 오늘의 무게로 환산하면 6톤에 해당된다. 머리칼 하나로 6톤을 들어 올린다는 것은 있을 수 없는 일이나, 그만큼 위험한, 당장 끊어질 것 같은 상태를 비유한 말이다.

따라서 "위기일발(危機一髮)"이란 말이 "여유가 조금도 없이 몹시 절박한 순간"을 의미하는 것은 사실이나, 오늘의 용법은 한유(韓愈)가 비유적으로 쓴 어원과는 사뭇 다른 것이다.

"태공망(太公望)"의 의미와 문화

태공망(太公望)은 주(周)나리 초기의 정치가이다. 이름은 강상(姜尙)으로, 속칭 강태공(姜太公)이며, 곧은 낚시질로 유명한 사람이다. 무왕(武王)을 도와 은(殷)나라를 멸하고, 천하를 평정하였다. 그러나 이런 소개로서는 강태공을 제대로 이해할 수 없다. "태공망(太公望)"이란 호칭의 배경을 알아야 그를 제대로 알 수 있다.

기원전 8세기 중국의 은(殷)나라에는 폭군 걸주(桀紂)로 유명한 주(紂)가 군림하고 있었다. 이 때 사냥을 나간, 뒤에 문왕(文王)이 되는 주(周)나라의 서백(西伯)이 위수(渭水) 가에서 낚시를 하는 노인 여상(呂尙)을 만났다. 대화를 하여 보니 학문과 견식이 대단하다. 서백은 "나의 태공(太公)이 늘 말씀하시기를 머지않아 훌륭한 인물이 나타나, 그 사람이 이 나라를 번영하게 할 것이라 하더니 당신이야말로 그 사람에 틀림없다."라 하고 그를 데리고 집으로 와 스승을 삼았다. 그리고 그에게 "태공망(太公望)"이란 존호를 바쳤다.

여기서 "태공(太公)"이란 아버지를 이르는 말이며, "태공망(太公望)"이란 아버지가 바라던 사람이란 말이다. 이렇게 여상은 주문왕의 아버지가 기다리던 인물이어 "태공망(太公望)"이란 존호를 바친 것이다. 그 뒤 여상은 문왕의 아들 무왕(武王)을 도와 은(殷)나라를 멸하고 주왕조(周王朝)를 세웠다.

현인(賢人)은 이렇게 예지(豫知)와 지인(知人)의 능력이 있는 모양이다. 우리 속담에 "강태공 위수 변에 주 문왕 기다리듯"도 이러한 것이다. 여상은 장래의 주 문왕이 올 것을 알고, 곧은 낚시를 하며 기다린 것이다. 그리고 그의 아들인 무왕(武王)을 도와 주(周)왕조를 세웠다.

"좌천(左遷)"의 어원과 문화

요사이 "좌천 인사"란 말이 매스컴에 자주 오르내린다. 모 장관이 구미에 맞지 않는 검사를 지방이나 한직으로 내몰고 있다는 것이다.

"좌천(左遷)"이란 표준국어대사전에 의하면 "낮은 관직이나 지위로 떨어지거나, 외직으로 전근됨을 이르는 말"이라 풀이되어 있다. 그리고 그 배경으로 "예전에 중국에서 오른 쪽을 숭상하고, 왼쪽을 멸시하였던 데서 유래한다."고 덧붙이고 있다.

"오를 우(右), 왼 좌(左)"자라 하듯, 사람들은 "오른쪽"이 바르고, "왼쪽"이 잘못된 것으로 인식한다. 그리고 오른손잡이를 정상으로 생각하고, 왼손잡이를 그렇지 않은 것으로 본다. 따라서 오른쪽을 우대하는 것은 당연한지 모른다. 그러나 역사는 반드시 그렇지만은 않다.

표준국어대사전은 "예전에 중국에서 오른쪽을 숭상하고"라 하고 있지만 언제나 그런 것은 아니었다. 시대에 따라 달랐다. 중국에서는 진(秦)나라나 한(漢)나라 때에는 "오를 우(右)"자가 붙은 직(職)이 상위직(上位職)이었다. 그런데 당(唐)나라나, 송(宋)나라 때에는 이것이 바뀌어 "왼 좌(左)"가 상위가 되는 좌상위(左上位)가 되었다. 그리고 원(元)나라 때에는 다시 진나라와 한

나라 때와 같이 우상위(右上位)로 바뀌었다. 그리고 명(明)나라나 청(淸)나라 때에는 다시 좌상위(左上位)가 되었다. 이렇게 중국에서는 우상위(右上位)와 좌상위(左上位)가 일정한 원칙에 따라 그대로 유지되는 것이 아니라, 시대에 따라 바뀌었다.(아래의 도표 참조)

우리나라는 당송(唐宋)의 영향을 받아 고려시대나 조선조는 다 같이 좌상위(左上位)였다. 고려조 상서도성(尚書都省)의 "좌복야(左僕射)·우복야(右僕射)"나, 조선조의 "좌의정(左議政)·우의정(右議政)"이 이를 실증한다.

"좌천(左遷)"이란 말은 따라서 중국의 진(秦)·한(漢)시대나, 원(元)나라와 같이 우상위(右上位) 시대에나 적용될 수 있는 말이요, 좌상위(左上位) 시대에는 적용될 수 없는, 모순되는 말이다. 더구나 우리와 같이 고려와 조선조가 다 좌상위(左上位)였던 나라에서는 언어의 형식과 개념이 어울리는 말이 못 된다. 그러나 이것이 언어다. 언어는 하나의 사회적인 계약(契約)에 의한 기호일 뿐이기 때문이다.

"단란(團欒)"의 의미와 문화

"단란(團欒)"의 사전풀이를 보면 두어 가지 다른 뜻으로 풀이하고 있다. 그 하나는 "한 가족의 생활이 원만하고 즐겁다"는 것이고, 다른 하나는 "여럿이 함께 즐겁고 화목하다"는 것이다. 이에 대해 모로바시제(諸橋)의 大漢和辭典에는 "①모여 즐기다, 또는 한데 모이다, ②둥근 모양, ③단자(團子)로 만들다"라 풀이하고 있다. 풀이에 차이가 난다.

"단란"의 "단(團)"자는 "둥글다, 모으다"란 뜻의 말이요, "난(欒)"자 역시 "둥글다"란 뜻의 말이다. "단란"은 둥근 달을 의미하기도 한다. 단란은 "단좌(團坐)"와 동의어이기도 하다. "단좌(團坐)"는 또한 원좌(圓座)와도 그 의미를 같이한다. "여럿이 둥글게 둘러앉는다"는 말이다. 동경몽화록(東京夢華錄)에 "백성들은 섣달 그믐에 둥근 화로 주변에 둘러 앉아 밤을 새운다"는

"사서지가 제석 단로단좌(土庶之家 除夕團爐團坐)"의 "단좌(團坐)"가 그것이다. "단란"은 이렇게 원만하고 평화로운 분위기, 그것도 여럿이 둥그렇게 모여 앉아 먹고 마시고 환담하는 그런 화목한 분위기를 나타내는 말이다.

이렇게 볼 때 "단란"은 모로바시에 제시된 의미가 기본적 의미이고, 우리 국어대사전의 풀이는 이러한 기본적 의미를 축소하거나 부연한 것이라 하겠다. 특별히 우리는 오늘날 "단란(團欒)"이란 말을 들으면 가족(家族)·가정(家庭)을 떠 올린다. "단란한 가정"이란 말이 그것이다. 그러나 이는 가족의 화합·화목만을 의미하는 말이 아니다. "단체·단결"의 "단(團)"처럼 가족만이 아닌, 타인과의 관계도 의미한다. 한자의 새김(訓)을 제대로 알아야 한다. 그래야 단좌(團坐)와 원좌(圓座)가 어떻게 돼서 같은 말인가를 알게 되고, 우리가 흔히 "경단(瓊團)"이라 하는 말이나, 이의 다른 말 "단자(團餈)(일본에서는 團子)"에 왜 "단(團)"자가 쓰이는지 알 게 된다.

"표변(豹變)"의 의미와 문화

표변(豹變)이라면 흔히 "마음이나 행동이 갑작스럽게 바뀌는 것"을 의미한다. 그러나 이는 본래 이런 말이 아니다. 이는 오히려 그 반대의 뜻으로 쓰이던 말이다.

"표변(豹變)"이란 말의 출전은 역경(易經)이다. "군자표변 소인혁면(君子豹變 小人革面)"이 그것이다. 군자는 가을에 표범이 얼룩무늬를 아름답게 바꾸듯 구악(舊惡)을 바꾸고, 소인은 안색을 바꾼다는 말이다. 이는 곧 공경(公卿) 대부와 같은 조정의 군자(君子)는 표범의 얼룩무늬가 가을에 아름답게 변하는 것과 같이 정치개혁에 지금까지의 태도를 버리고 고친다. 이를 보고 재야의 민중(民衆)도 태도를 바꾸어 지금까지의 잘못된 것을 고쳐 새로운 체제에 협력한다는 말이다.

"군자표변(君子豹變)"이란 말의 "표변(豹變)"은 덕이 있는 사람이 과오를 고

칠 때에는 표범의 가죽 무늬가 선명히 드러나듯 개선(改善), 개혁이 이루어 진다는 말이다. "표변(豹變)"이란 이렇게 좋은 뜻의 말이다. 그런데 언제부터인가 이 말이 "바뀐다, 변한다"는 의미 때문인지, 아니면 사회적 현실 때문인지 "마음이나 행동이 갑작스럽게 바뀐다"는 반대의 뜻을 지니게 되었다. 이는 이 말이나, 사회적 현실로 보아 슬픈 일이다. 특히 정치인의 "표변(豹變)"이 그러하다. 그러나 이직까지도 "표변"의 의미로 "허물을 고쳐 말과 행동이 뚜렷이 달라짐"이 살아 있으니 위로가 된다. 뜻이 변한 "표변"의 용례를 문학작품에서 하나 보면 다음과 같다.

지금까지 은근히 모시고 있던 태도에 비하여 그것이 너무 낯이 간지러운 표변임을 알기 때문에 실망이나 하는 체하고 잠시 더 앉아 있는 것이다. (채만식, 레디메이드 인생)

"골계(滑稽)"의 어원과 문화

지혜와 변설(辯舌)로 사람을 구슬리는 재능, 그것도 그럴듯하게 속이는 것을 "골계(滑稽)"라 한다. 이를 영어로 바꾸면 유머(humour) 정도가 된다.

"골계(滑稽)"의 "골(滑)"은 우리의 경우 "활"이라고도 읽혀지는 말로, 이는 "매끄럽다, 흐트리다"의 뜻이며, "계(稽)"는 "재다, 생각하다"의 뜻을 나타내는 말이다. 그래서 "골계"는 재미있고 우습게, 그리고 교묘하게 시비곡직(是非曲直)을 혼동하여서 자기 나름으로 새겨 표현한다는 의미를 지닌다. 사기(史記)의 "활 난야 계동야(滑 亂也 稽同也)"가 그것으로 이동(異同)을 혼란시킨다는 말이다. 이는 말을 잘 한다는 것에서 다변(多辯)의 뜻으로도, 기지에 찬 말투라는 뜻으로도 쓰이게 되었으며, 마침내는 바보 같고 이상한 말, 농담의 의미로까지 쓰이게 되었다.

이 말이 처음 쓰인 것은 초(楚) 나라의 굴원(屈原)이 지었다고 하는(이는 이

설도 있다) "복거(卜居)"의 "돌제골계(突梯滑稽)"라 본다. "돌제"란 미끄럼 타는 형용, 골계는 뒹구는 형용으로, 이는 빈둥빈둥 살아가는 것을 형용한다.

사마천(司馬遷)의 사기(史記) 골계전(滑稽傳)에는 순우곤(淳于髡)·우맹(優孟)·우전(優旃) 세 사람에 대한 기사가 보인다. 이들은 변설에 뛰어난, 그리고 기지에 찬 사람들로, 주군(主君)에 대한 풍자와 간언을 한 사람들이다. 사마천은 이들에 대해 "골계다변(滑稽多辯)"이라든가 "잘 소언(笑言)을 한다 그러면서도 대도(大道)에 부합한다"고 하였다. 사마천의 "골계"라는 말에는 언설을 교묘하게 한다는 의미와, 동시에 사물의 도리에 부합하는 희언(戲言)이라는 의미가 담겨 있다. 이는 표준국대사전에서 "골계(滑稽)"의 의미를 "익살을 부리는 가운데 어떤 교훈을 주는 일"이라 풀이하고 있는 것과 맥을 같이한다. "골계(滑稽)"란 이렇게 "대도에 부합하는 것", 달리 말하면 "교훈을 주는 것"이 본래의 의미이고, 여기서 "시비를 혼동하게 하는 것"으로 의미가 전의되었다. 그리고 오늘날은 주로 후자의 의미로 쓰이고 있다.

(2020.9.9.)

〈참고〉

尙左尙右의 時代的 變貌

시대	관직	상좌우	시대	관직	상좌우
三代	朝官	尙左		燕飮	尙右
	燕飮凶事兵事	尙右	唐		尙左
戰國		尙右	宋		尙左
		(軍中尙左)	元		尙右
秦		尙右	明		尙左
兩漢		尙右	清		尙左
六朝	朝官	尙左			

<趙翼의 陔餘叢考를 바탕으로 한 諸橋轍也, 大漢和辭典(1968)>

17. 새삼 의미를 되새기게 하는 말들 (2)

"영수(領袖)"의 의미와 문화적 배경

"여야의 영수(領袖) 회담열리다"와 같이 쓰이는 "영수(領袖)"라는 말이 있다. 이는 "여러 사람 가운데 우두머리"를 가리키는 말이다. 그렇다면 이 말은 어떻게 돼서 "우두머리"라는 의미를 가지게 되었을까?

한자 "영(領)"자는 "목"을 의미하는 말이다. 설문(說文)의 자원 풀이 "영 항야. 종항령성(領 項也. 從頁令聲)"이 그것이다. "영(令)"은 "아름답다"는 뜻을 지닌다. 그래서 "영(領)"은 아름답고, 말쑥한 옷깃 언저리를 뜻해, 여기서 의복의 깃을 의미하게 되었다. "수(袖)"는 소매를 의미하는 말로, 이는 "의(衣)"와 "유(由)"의 형성자로, "유(由)"에는 "빼내다"라는 뜻이 있어 손이 나오는 부분, 곧 소매를 의미한다. 따라서 "영수(領袖)"의 본래의 의미는 이렇게 "옷깃과 소매"를 가리키는 말이다.

이 "영수(領袖)"가 우두머리를 뜻하게 된 과정은 "사원(辭源)"이 잘 설명해 준다. 사원은 "옷을 들기 위해서는 반드시 영수(領袖)를 잡는다. 고로 사람을 부하로 잘 부리는 자에 비유"하는 것이라 한다. 옷을 들자면 반드시 옷깃이나 소매를 먼저 잡아야 해서 "영수"라는 말이 남을 부하로 잘 부리는 것을 비유하게 되었다는 것이다.

"영수(領袖)"의 어원으로서의 용례는 "진서(晉書) 위서전(魏舒傳)"에 보인다. 위(魏) 문제(文帝)는 위서(魏舒)를 중용하고, 언제나 조회(朝會)가 파하고 그가 나갈 때면 목례를 하여 보냈다. 그리고 "위서는 당당하고 사람들의 영수다 (魏舒堂堂 人之領袖也)"라 하였다. 이에 "영수(領袖)"는 사람들의 "우두머리"를 지칭하는 말이 되었다.

"낙제(落第)"와 "급제(及第)"의 의미와 어원

진학 또는 진급을 하지 못하는 것을 "낙제(落第)"라 한다. 이에 대해 시험이나 검사 따위에 합격하는 것을 "급제(及第)"라 한다. 이의 대표적인 예로 과거에 합격하는 것을 "급제(及第)"라 하는 것이 이것이다. 과거에 떨어지는 것은 일반적으로 "낙제" 아닌 "낙방(落榜)"이라 한다. "방(榜)이 붙지 않고 떨어졌다."는 말이다. 그렇다면 "낙제"와, "급제"의 어원은 어떻게 된 것인가?

"낙제(落第)"의 "낙(落)"은 "풀(草)"과 "떨어지다"를 뜻하는 "락(洛)"의 형성자로 "잎이 떨어지는 것"을 의미한다. "낙엽(落葉)"을 뜻한다. "낙화(落花), 낙루(落淚)"의 "낙(落)"도 이러한 "떨어지다"를 의미하는 말이다. "제(第)"는 "죽(竹)"과 순서를 나타내는 "제(弟)"의 생략형이 합성된 형성자로, "차례·순서"를 나타낸다. 이는 나아가 관리의 채용시험에 합격하는 것, 널리 시험에 합격하는 것을 의미한다. 따라서 "낙제"란 채용시험에 떨어지는 것, 혹은 시험에 불합격하는 것을 의미 한다.

이에 대해 "급제(及第)"는 "장원급제(壯元及第)"라는 말에도 보이듯, "합격하는 것"을 의미한다. 그런데 "급제(及第)"의 경우는 "낙제(落第)"와 달리 "시험의 합격 여부"를 나타내기에는 부족한 말이다. "합격에 미친다"라 하게 되면 아무래도 어색하다. 이때의 "제(第)"는 "제(弟)"의 본래의 의미 "차례·순서"를 나타내는 말인 것이다. "급제(及第)"란 "차례가 합격선 안에 미쳤다

(들었다)"는 말이다. 이는 "낙제"를 "하제(下第)"라고도 한다는 것이 방증이 된다. "하제(下第)"란 "낙제"란 말로, "(시험에 통과하지 못하고) 차례가 합격선에 미치지 못하고 떨어졌다", 곧 "합격선에 미치지 못하고 그 아래"라는 말이기 때문이다.

낙제(落第)와 같은 뜻의 말 "낙방(落榜)"이란 본래 과거 시험에 응하였다 떨어진 것을 의미하는 말이다. 이는 과거에 떨어졌다 하여 "낙과(落科)"라고도 한다. 그런데 "낙방(落榜)"이란 말은 좀 살펴보아야 할 여지가 있는 말이다. 국어사전은 "방(榜)"을 "①=계적(桂籍), ②=방문(榜文)"이라 풀이하고 있다. "계적"이란 고려시대 작성해 두던 과거 급제자의 명부이고, "방문"이란 널리 알리기 위해 길거리나, 사람이 많이 모이는 곳에 써 붙이는 글이다. 그러나 "낙방(落榜)"의 의미는 이것만으로는 제대로 설명이 안 된다. 좀 더 설명이 필요하다.

"방(榜)"이란 "목(木)"과 표시한다는 의미의 "방(旁)"자로 된 형성자이다. 따라서 이는 "표시하는 나무로 된 표(票)"를 말한다. 오늘날 우리는 "방을 붙인다"는 말로 "공지사항을 적어 붙인다"는 의미로 쓴다. 그러나 이는 그 의미가 변한 말이고, 본래는 공지사항을 적은 "표찰(標札)을 붙이는 것", 달리 말하면 "표찰을 거는 것"이다. "괘방(掛榜)"하는 것이다.

"방방(放榜)"이란 말도 있다. 이는 관리 등용시험에 합격한 사람의 명단을 적은 표를 게시하는 것을 말한다. 과거(科擧)에 급제한 사람은 이렇게 이름을 적은 명단을 게시하였다. 여기에서 비로소 "낙방(落榜)"의 의미가 드러난다. 낙방거자(落榜擧子)는 "방방(放榜)"할 명단에 빠져, 괘방(掛榜)이 되지 않고, 낙방(落榜)이 된 것이다. 끝으로 "낙제(落第)"의 상심(傷心)을 읊은 백거이(白居易)의 "송상수재시(送常秀才詩)"를 보기로 한다. "한식간화안(寒食看花眼), 춘풍낙제심(春風落第心)", 한식에 꽃을 보는 눈은 봄날 낙제한 사람의 마음이로다라 노래한 것이다. 매년 한식 때에 과거의 최종 시험이 있었다 한다. 그래서 한식과 낙제가 연합되었다.

"풍류(風流)"의 의미와 문화

우리는 "풍류(風流)"라는 말을 듣게 되면 성가신 일상을 떠나 시취(詩趣)에 잠기는 것을 떠올린다. "풍류(風流)"라는 말은 그렇게 멋이 있고, 운치가 있는 말이다. 표준국어대사전은 이 풍류(風流)를 두어 가지 뜻으로 풀이하고 있다. "①멋스럽고 풍치가 있는 일. 또는 그렇게 노는 일. =화조풍월. ② "(음) 대풍류, 줄풍류 따위의 관악합주나 소편성의 관현악을 이르는 말" 둘째 뜻은 우리만의 특수한 용례이고, 첫째 뜻이 한자권(漢字圈)의 일반적 의미라 하겠다. 아러한 의미의 말로는 "풍류객(風流客), 풍류랑(風流郞), 풍류남아(風流男兒), 풍류가(風流家)" 같은 말이 있다. 심하게는 "풍류죄과(風流罪過)"라는 말도 있다. 이는 법률상 허물이 되지 아니하는 고상하고 멋스러운 죄를 이른다. 지난날 영웅호걸들의 여색(女色)이 바로 이런 것에 해당한다 할 것이다.

"풍류(風流)"는 우리말에 들어와 그 사용범위가 매우 축소되었다는 인상이다. 좁은 의미로 쓰인다. 중국이나 일본에서는 이 말이 다양한 의미로 쓰인다. 따라서 한·중·일 삼국은 이 말을 접할 때 다소간에 신경을 써야 한다. 우선 이 말의 본래의 의미를 알고, 서로 다른 용례에 신경을 쓸 필요가 있다.

"풍류(風流)"는 본래 아름다운 유풍(遺風)을 의미하는 말이다. "후한서(後漢書)"에 보이는 "사녀(士女)는 교화를 우러르고, 백성은 풍류를 우러른다(士女仰敎化 黔首仰風流)"라 한 것이 그것이다. "풍치가 있는 일, 또는 그렇게 노는 일"이 주의가 아니다. 우리는 이러한 뜻으로는 쓰지 않는 것 같다. "풍류"는 여기서 나아가 속되지 아니한, 우아한 품격을 의미하고, 속된 일을 버리고, 고상하게 노는 것을 의미한다. 시가(詩歌)와 음악을 즐기고 자연을 즐기는 것이 그것이다. 이것이 우리 사전의 첫 번째 뜻이다. 이밖에 한어(漢語)에서는 "멋, 풍취"를 의미하고, "예법에 구속받지 아니하고 스스로 한 파(一派)

를 이루므로, 대중과 다른 것"을 의미한다. 또 "총애를 받는 것", "남녀간의 정사(情事)"도 의미한다. 이렇게 한어(漢語)에서의 의미는 다양하다. 일본의 경우는 "생각을 짜내어 장식하는 것", "남과 다른 짓을 하는 모양", "남에게 보이기 위해 만든 물건", "가무(歌舞)" 등을 의미한다. 이렇게 "풍류(風流)"는 같은 형태를 지닌 말이나, 나라마다 그 의미가 다르니 그 사용에 신경을 써야 한다.

"약관(弱冠)"의 의미와 용법

"약관의 젊은 나이", 이렇게 남자 나이 20세를 약관(弱冠)이라 한다. "약(弱)"은 "약하다, 어리다"를 의미한다. 이에 대해 "관(冠)"은 회의(會意)의 글자로, "관, 갓", 또는 "쓰다"를 의미하는 말이다. 그렇다면 "약관(弱冠)"의 의미는 어떻게 된 것인가?

"약할 약(弱)"자에는 "어리다, 약하다"는 의미 외에 "20세. 또는 20세 미만"의 의미와, "어린이, 연소자"라는 의미도 있다. "약(弱)"이 "20세"라는 것은 석명(釋名)의 "이십왈약 언유약야(二十曰弱 言柔弱也)"가 그것이다. 20세를 약(弱)이라 하는데, 그것은 유약(柔弱)하기 때문이라는 것이다.

그러나 "약(弱)"이 20세라는 것은 기본적으로 유약하기 때문이지만, 원복(元服)과 관련된 예기(禮記)의 기사 때문이다. 예기의 "곡례(曲禮)" 상(上)에는 "사람이 태어나 10년을 유(幼)라 하고 배운다. 20은 약(弱)이라 하고 관을 쓴다. 30을 장(壯)이라 하고 벼슬을 한다. 50을 애(艾)라 하고 중요 관직에 나아간다. 60을 기(耆)라 하고 많은 사람을 지휘한다. 70을 노(老)라 하고 지위를 물려준다. 80, 90을 모(耄)라 한다(生十年曰幼 學, 二十弱 冠, 三十曰壯 有室, 四十曰强 而仕, 五十曰艾 官政, 六十曰耆 指使, 七十曰老 而傳, 八十九十曰耄)". 이러한 예기(禮記)의 "20은 약(弱)이라 하고 관을 쓴다(二十弱 冠)"에 말미암는다. "약관(弱冠)"이란 말의 어원도 여기에서 있다.

앞에서 "약관(弱冠)"이란 말에 앞서 "원복(元服)"이란 말을 했는데 "원복(元服)"이란 말을 조금 살펴보아야 하겠다. "원복"이란 쉽게 말해 오늘날의 성인식(成人式)을 말한다. 중국에서는 20세에 성인으로서의 의관을 처음 갖추게 하였다. 이를 남자의 경우는 "관례(冠禮)"라 하고, 여자의 경우는 "계례(笄禮)"라 한다. "약관(弱冠)"이란 남자가 20세에 "관례(冠禮)"를 하기 때문에 "약관"이라 하는 것이다. 그리고 남자의 나이 20세를 "약관"이라 하는 것이다. "약관"은 원칙적으로 남자 나이 20세를 가리킨다. "20세 미만"을 의미하는 것은 의미의 확장에 의한 것으로 의미가 다소 바뀐 것이다. 여자 나이 20세 전후는 "방년(芳年)"이라 한다. "부인은 방년 18세"라는 영화 제목처럼 20세 전후를 방년(芳年)이라 한다. 25세가 넘으면 "방년"이란 말은 쓰이지 않는다.

"청춘(靑春)"의 어원과 문화적 배경

청량리와 춘천을 오가는 열차를 "청춘열차"라 한다. 꽤나 낭만적인 이름이다. 그러나 이는 동음어에 의한 착각으로 "청량리"의 "청"은 "푸를 청(靑)"자가 아닌 "맑을 청(淸)"자로, "청춘열차(靑春列車)"가 아닌, "청춘열차(淸春列車)"이다.

"청춘(靑春)"이란 원래 방춘(芳春), 양춘(陽春), 청양(靑陽)과 같이 새싹이 돋아나는 계절 봄을 이르는 말이다. 그런데 이 말은 흔히 십대 후반에서 이십대에 걸치는 인생의 젊은 나이, 또는 그런 시절을 말한다. 이백(李白)의 시 "백양선가자(伯陽仙家子) 안색여청춘(顔色如靑春)"도 이런 젊음을 노래한 것이다. 그러면 이 말의 어원은 무엇이며, 어찌하여 이러한 의미를 나타내는가?

중국 사람들은 일찍부터 오행(五行)에 따라 생각하는 습성이 있었다. 그래서 방위(方位)에는 색을 부여하여 동방은 청(靑), 남방은 주(朱), 서방은 백(白), 북방은 현(玄)이라 하였다. 그리고 이들 방위를 지키는 신을 청룡(靑龍), 주작(朱雀), 백호(白虎), 현무(玄武)라 한다. 이들은 계절의 신이기도 하다. 청룡은 봄, 주작은 여름, 백호는 가을, 현무는 겨울의 신이라 하는 것이 그것이다. 그리고 사계(四季)는 오행(五行)에 따라 봄은 목(木), 여름은 화(火), 가을은 금(金), 겨울은 수(水)라 한다. 이렇게 해서 만들어진 말이 청춘(青春), 주하(朱夏), 백추(白秋), 현동(玄冬)이다. "청춘"이란 방위 청(青)과 계절 춘(春)이 합성된 말이다. 그리고 계절 봄(春)에는 오행의 목(木)이 해당되니 푸른 빛깔 청(青)과 자연히 조화를 이룬다. 따라서 우리가 정감 있게 수용하고 있는 "청춘"이란 말은 사실은 정감과는 거리가 먼 관념의, 논리적인 조합에 의해 만들어진 말이다. 그러나 젊음이 우리를 설레게 만들기 때문에 김진섭(金晉燮)의 "청춘예찬"의 서두처럼 "청춘, 이는 듣기만 하여도 가슴이 설레게 하는 말이다."라 "청춘(青春)"을 노래하는 것이다.

"묵수(墨守)"의 어원과 문화

자기 설(說)이나 습관을 굳게 지키는 것을 "묵수(墨守)"라 한다. 또한 굳게 성(城)을 지켜 전쟁을 막는 데 진력하는 것을 의미하기도 한다.

이는 평범한 어휘가 아니다. 고사를 지니는 말이다. 중국의 춘추시대(春秋時代) 송(宋) 나라의 사상가 묵자(墨子)가 초(楚)의 군사를 물리치고, 이에 굴하지 않은 고사에서 연유하는 말이다. 그러나 이 싸움은 우리 표준국어대사전의 풀이처럼 "묵자가 성을 잘 지켜 초나라의 공격을 아홉 번이나 물리쳤다는 데서 연유"하는 것은 아니다. 이는 실제의 공수(攻守)가 아니라, 궤상(机上)의 공수(攻守)였다.

"묵수(墨守)"라는 말은 묵자(墨子)의 공륜편(公輪篇)에 나온다. 초(楚)나라가 송(宋)나라를 치려하자 묵자가 초나라에 가 우선 이를 막고, 초의 장수 공륜반(公輪盤)과 궤상(机上)의 공수(攻守) 대결 시합을 하였다. 묵자는 허리띠를 풀어 성의 모양을 만들고, 공륜반은 아홉 번을 도구를 바꾸어 가며 공격을 시도하였다. 묵자는 그때마다 이를 막았다. 그러자 공륜반은 마침내 졌다고 묵자에게 굴복했다. "묵수(墨守)"라는 말은 이런 고사에서 비롯된 말이다. 이는 공륜반의 공격을 묵자가 지켰다는 의미에서 생긴 말이다. 따라서 "묵수(墨守)"라는 말을 "완고하게 지키는 것"이라는 풀이를 보게 되는데, 그런 것이 아니다. 농성방전(籠城防戰)을 "굳게"하는 것, 강고(强固)하게 하는 것을 의미한다.

묵자(墨子)의 이름은 적(翟)으로 묵가(墨家)의 시조이다. 공장(工匠) 출신으로, 기술가 병법가의 일면을 지녔다. 그는 유가에게 배웠으나, 무차별적 박애의 겸애를 설파하고, 침략주의를 배격하였다. 방어전술의 지식은 그의 "묵자(墨子)"에 전한다. 현재 전해지는 그의 저서는 15권 53편이다.

(2020.9.19.)

18. 새삼 의미를 되새기게 하는 말들 (3)

"사지(四知)"의 의미와 경계

비밀은 있을 수 없다. 드러나게 마련이다. 감추어도 비밀은 드러나게 마련이라는 의미를 나타내는 말도 있다. "사지(四知)"라는 말이다. "사지(四知)"란 하늘이 알고, 땅이 알고, 내가 알고, 상대가 아는데 어떻게 비밀이 있을 수 있느냐는 것이다. 이는 후한(後漢) 양진(楊震)의 고사에서 비롯된 말이다. 고사의 내용은 이러하다.

후한(後漢)의 양진(楊震)이 동래(東萊)의 태수(太守)로 옮겨 갈 때 창읍(昌邑)에서 숙박을 하게 되었다. 오래 전에 양진에게 은혜를 입은 왕밀(王密)이란 사람이 창읍(昌邑)의 수령이 되어 있었다. 그는 양진이 그 곳에 온다는 사실을 알고, "나의 때가 왔다"고 환희작약(歡喜雀躍)하였다. 그리고 밤에 몰래 양진의 숙사를 찾아가 금(金) 10근을 바치며, 이렇게 말했다. "다행이 밤이고, 아무도 아는 사람이 없습니다. 아무쪼록 받아주시기 바랍니다." 양진은 용자(容姿)를 고치고 훈계하였다. "그것은 안 되네. 하늘이 알고, 땅이 알고, 내가 알고, 그대가 아네(天知地知(혹神知)我知子知). 어찌 아는 사람이 없다고 하겠는가?"

왕밀(王密)은 이 말을 듣고 크게 부끄러워하며 인사도 제대로 하지 못하고 도
망치듯 돌아갔다.

이 고사에서 양진(楊震)이 말한 "천지(天知) 지지(地知)(혹 神知) 아지(我知) 자
지(子知)"가 바로 "사지(四知)"의 어원이다. 그리고 이는 비밀을 아는 네 주체
를 언급한 것이나, 나아가 "비밀이란 반드시 남이 알게 되는 것"이란 경계
의 말이다. "사지(四知)"를 언급한 양진은 큰 인물이다. 그리고 "사지(四知)"
에 대한 양진의 훈계를 듣고 도망치듯 돌아간 왕밀(王密)도 된 사람이다. 양
진과 왕밀 같은 사람만 있다면 이 세상은 사는 맛이 있는 세상이라 하겠다.
그런데 오히려 가렴주구(苛斂誅求)를 하고, 사기를 치는 것이 오늘의 이 세상
이다.

"두각(頭角)"의 어원과 의미

재능이나 지식이 남보다 뛰어날 때 "두각을 나타낸다"고 한다. 이때의
"두각(頭角)"을 일설은 문자 그대로 "머리 두(頭), 뿔 각(角)"으로 보아, "머리의
뿔", 곧 짐승의 머리에 난 뿔이라 해석한다. 그리고 이것이 유달리 눈에 띄
므로 출중하다는 의미를 지니게 된 것이라 한다. 이와 다른 주장은 "두각(頭
角)"을 "머리의 모서리", 또는 "머리의 끄트머리"를 뜻하는 말로 보아, "머리
의 선단(先端), 머리, 처음, 끝, 단서(端緖)"를 의미하는 말로 본다. 이들 두 설은
각각 일리가 있으나 보다 어원에 가까운 것은 후자라 하겠다. 전자나 후자
나 이들이 다 학식이나 재능이 뛰어난 것으로 보는 것은 마찬가지다.

이 말의 어원은 당 나라 문인 한유(韓愈)의 "유자후 묘지명(柳子厚墓誌碑銘)"
에 연유한다. 한유는 묘지명에서 자후(子厚)가 "소년이나 이미 한 사람의 어
른이 되어서 진사 시험에 합격하여, 높이 두각을 나타내었다(雖少年已自成人
能取進士第 嶄然見頭角)"라 하였다. 이것이 "두각(頭角)"의 어원이다.

"두각을 나타내다"와 비슷한 뜻의 말에는 또 "출일두지(出一頭地)"라는 말이 있다. 이는 "머리의 높이만이 뛰어나다. 사람들보다 한 단계 높고 우수한 것"을 의미한다. 송사(宋史) "소식전(蘇軾傳)"은 매성유(梅聖兪)의 말로, 소식(蘇軾)이 출중했음을 "출일두(出一頭)"라 하고 있다.

"전별(餞別)"의 의미와 문화

작별하여 보내는 일을 우리는 "배웅"이라 한다. "배웅"과 비슷한 뜻의 말에 "작별(作別)"을 비롯하여 "송별(送別)", "전별(餞別), 전송(餞送)" 등 한자말이 있다. "작별"은 이별을 한다는 말이요, "송별"은 떠나보낸다는 말이다. "전별"이나 "전송"은 "송별"과 같은 말이긴 하나 의미상 다른 면을 지닌다.

"전별(餞別)"의 "전(餞)"은 형성자로, 식(食)자와, 음과 더불어 술을 따른다는 뜻을 나타내는 전(戔)으로 이루어진 말이다. 이는 여행을 떠나며 도조신(道祖神)에게 술을 바쳐 제를 지내는 것을 의미한다. 그리고 여행을 떠날 때의 연회, 또는 여행객을 전송하는 것, 나아가 선물 등을 의미한다. 이에 대해 "별(別)"자는 회의문자(會意文字)로, 두개골의 상형과 칼 도(刀)자로 이루어져, 머리뼈를 분해하는 것을 나타내며, 나아가 사물을 나누는 것을 의미한다. 따라서 "전별(餞別)"이란 말은 길 떠나는 사람을 배웅하는 것을 의미하되, 주식(酒食)을 대접한다는 것이 전제가 된다. 설문(說文)의 "전 송거식야(餞送去食也)"나, 광운(廣韻)의 "전 주식송인(餞 酒食送人)"이 다 이러한 뜻을 나타낸다.

그러나 요사이는 풍습이 많이 바뀌고, 말의 용법도 바뀌었다. "전별(餞別)"을 한다면서도 주식(酒食)이 전제되지 않고, 전별(餞別) 아닌, "송별(送別)"을 하면서 "송별연(送別宴)"을 하고 있는 것이 오늘의 현실이다. 박경리의 소설 "토지"에서 "사라져 가는 아비 자취에 대한 마지막 전별의 순간인지도 모를 일이었다."도 이런 예이다. 이런 경우라면 "전별" 아닌, "작별"이

어울릴 것이다.

"낭자(狼藉)"의 의미와 의미 확장

"신발이 여기저기 낭자하게 흩어져 있다."와 같이 "사물이 어지럽게 여기저기 흩어져 있는 것"을 "낭자(狼藉)하다"라 한다. 통감연의(通鑑演義)에 의하면 "늑대는 풀을 깔고 자는데, 그들이 떠난 자리는 풀이 잘리고 어지럽혀져 있어, 모든 것이 어지럽게 산란(散亂)한 모양"을 낭자(狼藉)라 하게 되었다고 한다.

늑대는 무리를 지어 행동하는 동물이다. 이들은 초원에서 잘 때에는 한 마리 한 마리가 다 제각각 마음에 내키는 대로 방향을 잡아 잠을 잔다. 그래서 그들이 떠난 뒤에 머물렀던 자리를 보면 풀밭이 무질서하게 어지럽혀 있다. 이에 "낭자(狼藉)"란 말이 생겨났다는 것이다. 모시(毛詩)에도 "석문(釋文)에 이르기를 늑대가 풀을 짓밟고 누워 떠난 뒤에 보면 그 풀은 더럽고 어지럽다. 그래서 낭자(狼藉)라 한다(故曰爲狼藉也)"라 한 것이 보인다. 일설은 "낭자(狼藉)"의 "낭(狼)"자에는 어지럽다는 뜻이 있고, "자(藉)"자에는 "짓밟다"의 뜻이 있어 "낭자(狼藉)"란 말이 생겨났다고도 한다.

우리 국어사전을 보면 "낭자(狼藉)"에는 두 가지 뜻이 있는 것으로 되어 있다. 하나는 "여기저기 흩어져 어지럽다. =낭려(狼戾)"라는 것이고, 다른 하나는 "왁자지껄하고 시끄럽다"는 것이다. 첫째 뜻은 "낭자(狼藉)" 본래의 뜻이다. 둘째 뜻은 한어(漢語)에는 없는, 우리말에 들어와 파생된 뜻이다. 첫째의 뜻도 달라진 것을 볼 수 있다. 앞에서 인용한 "신발이 여기저기 낭자하게 흩어져 있다"는 바른 용례다. 사기(史記) 골계전(滑稽傳)에도 "남녀가 자리를 같이하고, 신발을 뒤섞고, 배반이 낭자하다(男女同席 履舃交錯 胚盤狼藉)"라 한 것이 보인다. 그러나 우리가 흔히 쓰는 "유혈이 낭자하다"라고는 쓰지 않는다. 이는 의미가 확대되어 쓰이는 것이다. 우리는 "낭자"라는 말을

"많이, 굉장히"의 의미로 쓰는 경향이 있다. 한어(漢語)에서는 이런 뜻으로는 쓰지 않는다.

일본의 경우도 "어지럽다"는 뜻 외에 "난폭한 것, 무법적 소행, 폭행" 등을 의미한다. 이러한 뜻은 일본어에서 파생된 뜻이다. 중국에서도 우리도 이러한 뜻으로는 쓰지 않는다.

"사진(寫眞)"의 어원과 의미

사물의 모습을 사실적으로 그린 그림을 보고 "사진(寫眞) 같다"고 한다. 그러나 사실은 "사진(寫眞)"이 "있는 그대로 그린 그림", "진실한 모습을 베낀 것", "사실적인 그림"을 의미하는 말이다.

"사진(寫眞)"이란 본래 "실상을 베끼다(寫像)", 혹은 초상화를 의미하는 말이었다. 두보(杜甫)의 "단청인(丹靑引)"의 "반드시 좋은 선비를 만나면 진상(眞相)을 그린다(亦寫眞)"거나, 백거이(白居易)의 "자제사진시(自題寫眞詩)"의 "내 모습을 알 수 없는데 이방이 내 초상화를 그려 주도다(李放寫寫眞)"라 한 것이 그것이다.

오늘날 우리가 사진기로 찍어 감광지에 영상이 드러나도록 하는 "사진(寫眞)"은 이 전통적인 "사진"이란 말에 일본에서 영어 포토그래프(photograph)라는 말을 적용한 것이다. 중국에서는 이에 대해 "조편(照片), 상편(相片), 상편아(相片兒)"라 하였다. 그리고 뒤에 일본의 용법을 수용하였다. 그래서 중국의 "현대한어사전"은 표제어 "사진(寫眞)"에 대해 "①(동)인상(人像)을 그리거나 촬영하다, ②(명)인상을 그리거나 촬영하는 것, ③(명)사물의 여실(如實)한 그림"이라 풀이하고 있다. 그런데 이 사전에는 표제어로 "상편(相片)"이나 "상편아(相片兒)"는 수록되어 있지 않고, "조편(照片)"만 제시하며 포토그래프의 의미로 풀이하고 있다. 이로 보면 중국에서는 포토그래프의 의미로 오늘날 "조편(照片)"을 주로 인정하는 것으로 보인다.

우리의 경우는 중국의 "조편(照片)"이나, "상편(相片), 상편아(相片兒)" 등은 수용하지 않고, 한어(漢語)의 고전을 활용한 일본의 번역어라 할 "사진(寫眞)"만을 수용하고 있다. 그리고 사물의 형상을 사실적으로 그린다는 의미의 "사진(寫眞)"도 수용하지 않은 것으로 보인다. "진영(眞影)"을 "사진(寫眞)"이라 하였다.

"수고(受苦)"의 어원과 문화

"수고하셨습니다.", "수고가 많습니다."
"수고는 무슨 수고…"

이렇게 인사말에 "수고"라는 말이 많이 쓰인다. 그런데 이는 어원이 아리송한 말이다. 우리의 국어사전은 이 말을 고유어(固有語)로 보고 있다. 과연 고유어일까?

성경에도 "수고하고 짐 진 자들아 다 내게로 오라. 내가 그를 위로하리로다."라 하고 있다. 기독교는 중국을 경유하여 들어왔다. 따라서 성경은 한어(漢語)의 영향을 많이 받아, 어려운 한자어가 많이 쓰이고 있다. 이렇게 볼 때 이 "수고"라는 말은 한자어라는 의심을 떨굴 수 없다. 형태가 고유어 아닌 한자어의 형태로 되어 있고, 고유어로는 분석이 되지 않는다.

모로바시(諸橋)는 "고통을 받다, 괴롭힘을 당하다"라는 의미의 한어(漢語)로 "수고(受苦: shòukǔ)"를 들고 있다. 그러나 용례는 들고 있지 않다. 니이무라(新村出)의 "廣辭苑"에는 아예 "じゆく(受苦)"라는 표제어가 보이지 않는다. 이런 사정으로 우리의 국어사전에서는 "수고"를 고유어로 처리한 것으로 보인다.

그러나 "수고"에는 한자어가 있고, 한어(漢語)에 용례도 구체적으로 보인다. 김언종(2001)에는 삼국지(三國志)를 바탕으로 한, 작자 미상의 "삼국지평화(三國志平話)"의 용례를 하나 들고 있다. "답답해 하던 유비의 눈에 장비가 단규를 한 주먹에 때려눕히고, 그가 데리고 온 군사들을 괴롭히던 장면이 떠올랐다(讓帶衆軍受苦)"가 그것이다. 여기서의 "受苦"는 장비에게 단규(段珪)의 군사가 괴롭힘을 당한 것을 말한다. 그리고 김언종(2001)은 변함없이 이러한 뜻으로 "수고(受苦)"가 쓰였다고 하고 있다. 그뿐이 아니다. 現代漢語詞典(2010)에도 "受苦"가 표제어로 나와 있고, "[動] 遭受痛苦: ~受難"이라고 풀아하고 있다. 우리말의 "수고"는 바로 이러한 한어(漢語)가 한자어로 수용된 것이라 하겠다. 따라서 "수고(受苦)"란 "고통, 또는 괴로움을 받다"라는 의미이니, "수고하세요!"라는 판에 박은 인사는 안 하는 것이 좋겠다. "고생을 하라!"는 것은 인사가 아니고, 저주라 하겠기 때문이다. 서두에 제시한 것처럼 "수고하셨습니다", "수고가 많습니다"라 인사하도록 할 일이다.

"망명(亡命)"의 어원과 의미

혁명이나 정치적인 이유로 박해를 받는 사람이 외국으로 몸을 피하는 것을 "망명(亡命)"이라 한다. 그런데 이 말은 조어(造語)의 형태소(形態素)로 볼 때 그 의미가 잘 이해가 안 된다. 살기 위해 피하는 것인데 "망할 망(亡), 목숨 명(命)"의 "망명"이라니? 이는 어찌된 일인가?

"망명(亡命)"의 "망(亡)"은 흔히 "망할 망, 도망할 망"자라 한다. 여기서는 물론 "도망하다"라는 의미로 쓰였다. 그러나 이의 자원(字源)은 사람을 둘러싸 숨기는 모양을 나타내는 회의문자(會意文字)이다. 그래서 이는 "모습을 감추다, 보이지 않게 되다"란 뜻을 함축하고 있다. "명(命)"은 "목숨 명, 명령할 명"자라 하나, 여기서는 그러한 뜻으로 쓰인 것이 아니다. "명적(名籍)", 곧 호적(戶籍)을 의미한다. 사기(史記)에는 이러한 "망명(亡命)"에 대한 구체적인 풀이가 보인다.

"명(命)이란 명(名)을 의미한다. 명적(名籍)을 빼어 도망하는 것을 말한다(命

者名也, 謂脫名籍而逃)"라 한 것이 그것이다. 이렇게 "망명(亡命)"이란 단순히 목숨을 구하기 위해 도망하는 것이 아니고, 호적을 캐어 몸을 숨기는 것, 곧 도망하는 것이다. 이렇게 되면 "망명(亡命)"이란 말의 의미가 비로소 분명해질 것이다. 그리고 "망명(亡命)"이란 말의 어원은 사기(史記)의 "장이전(張耳傳)"에서 비롯되는 것으로 보인다. 장이(張耳)가 "젊어서 일찍이 망명(亡命)해 외황(外黃)에서 놀았으나 뒤에 한(漢)의 고조(高祖)를 모시고 천하를 평정하였다."고 한 것이 그것이다.

우리나라에서는 개화기의 갑신정변(甲申政變) 이후 1882년 김옥균(金玉均)·박영효(朴泳孝) 등이 일본으로 망명한 것이 역사상 최초의 사건이었다. 일본에서도 이들이 망명해 와 이때 이 말이 널리 알려지게 되었다 한다. 오늘날은 정치적 혁명(革命)이라기보다 종교·사상적으로 자국(自國)의 정책과 맞지 않아 박해를 받는 사람들이 타국의 구원을 요청하거나 떠도는 망명객(亡命客)을 볼 수 있다.

(2020.9.16.)

● 참고문헌

김무림(2015), 한국어 어원 시전, 지식과 교양

김상규(2010), 우리말 잡학사전, 푸른길

김양진(2011), 우리말 수첩, 정보와 사람

김언종(2010), 한자의 뿌리, 1·2, 문학동네

김인호(2001), 조선 어원 편람, 상·하, 박이정

단국대 동양학연구소(1992), 한국한자어 사전(전4권), 단국대 동양학 연구소

박갑수(1979), 사라진 말, 살아 암는 말, 서래한

박갑수(1994), 올바른 언어생활, 한샘출판사

박갑수(1995), 우리말 바로 써야 한다. 1. 2. 3. 집문당

박갑수(1999), 이름다운 우리말 가꾸기, 집문당

박갑수(2015), 교양인을 위한 언어·문학·문화, 그리고 교육 이야기, 역락

박갑수(2017), 언어·문화, 그리고 한국어교육, 역락

박갑천(1974), 어원수필, 을유문화사

박갑천(1995), 재미있는 어원 이야기, 을유문화사

박남일(1996), 아름다운 우리 옛말, 서해문집

박일환(1994), 우리말 유래사전, 우리교육

배문식(1998), 우리말의 뿌리를 찾아서, 삼광출판사

서정범(1989), 우리말의 뿌리, 고려원

신기철(2008), 한국문화대사전(전 7권), 도서출판 한울터

안옥규(1989), 어원사전, 동북조선민족 교육출판사

이재윤(2003), 뜻도 모르고 자주 쓰는 우리말 사전, 책이 있는 마을

이한섭(2012), 근대중일 어휘교류사, 고려대학교 출판부

이한섭(2014), 일본어에서 온 우리말 사전, 고려대 출판문화원

임진규(2015), 중국문화산책, 한나래플러스

조항법(1997), 다시 쓴 우리말 어원 이야기, 한국문원

조항범(2009), 국어어원론, 도서출판 개신

최기호(2009), 최기호 교수와 어원을 찾아 떠나는 세계 문화여행, 박문사

최남선(1972), 조선상식문답, 상·하, 삼성문화재단

최창렬(1986), 우리말 語源硏究, 일지사

최창렬(1989), 아름다운 민속 어원, 신아출판사

최창렬(1993), 어원산책, 한신문화사

최창렬(1993), 어원의 오솔길, 한샘 출판사

최호철·김무림(1997), 우리말 語源辭典, 태학사

한진건(1990), 조선말의 어원을 찾아서, 연변인민출판사

홍기문(1991), 조선문화총화, 대제각

許愼(1981), 說文解字注, 上海古籍出版社

臺灣商務印書館 編(1947), 辭源, 臺灣商務印書館

編纂委員會(1963), 中文大辭典(全12卷), 中華學術院

湯可敬(1997), 說文解字今釋, 上·下 岳麓書社

劉正埮 外(1985), 漢語外來詞詞典, 商務印書館

中國社會科學院(2010), 現代漢語詞典, 商務印書館

靑木 茂 外(1980), 故事名言·由來·ことわざ 總解說, 自由國民社

小倉進平(1944), 朝鮮方言の硏究, 朝鮮總督府

加藤道理(1986), 現代に生きる漢語, 東洋書店

金山宣夫(1989), 日本と中國 "どこが違うか"事典, 日本實業出版社

久世善男(1978), 外來語 ものしり百科, 新人物往來社

佐藤信 外(2017), 詳說 日本史硏究, 山川出版社

下宮忠雄 外(1989), スタンダ-ド 英語語源辭典, 大修館書店

城生伯太郎(1994), "ことばの科學"雜學事典, 日本實業出版社

鈴木健二(1991), ことばの知識 雑學事典, 三笠書房

藤堂明保(1980), 學研 漢和大字典, 學研社

新村出(1979), 廣辭源, 岩波書院

樋口清之 監修(1987), 語源ものしり辭典, 大和出版

樋口清之 監修(1987), 日本人の"しきたり"ものしり辭典, 大和出版

日置昌英 外(1989), ことばの事典, 講談社

諸橋轍也(1965), 漢和大事典(全12卷), 大修館書店

山口佳紀(1998), 語源辭典, 講談社

山中襄太(1976), 國語語源辭典, 校倉書房

● 저자의 약력

성명　　(한글)　박갑수

　　　　(한자)　朴甲洙

　　　　(영문)　PARK KAP SOO

생년월일　1934년 8월 20일

학력

기간	학교명
1950년 3월–1953년 2월	淸州高等學校 졸업
1954년 3월–1958년 2월	서울대학교 사범대학 國語科 졸업
1958년 3월–1965년 8월	서울대학교 대학원 國語國文學科(석사과정) 졸업
1969년 9월–1971년 3월	日本 天理大學 親里硏究所에서 文體論 연구
1975년 3월–1980년 8월	서울대학교 대학원 國語國文學科(박사과정) 修了

경력 및 활동

	기간	경력 및 활동
경력	1958년 3월–1967년 2월	梨花女子高等學校 및 서울 사대 附屬高等學校 교사
	1965년 9월–1968년 2월	서울師大, 淑明女大, 國際大學 강사
	1968년 3월–1968년 12월	淸州女子大學 조교수
	1969년 3월–1975년 2월	서울대학교 사범대학 전임강사 · 조교수
	1975년 3월–1977년 2월	서울대학교 인문대학 조교수
	1977년 3월–1984년 3월	서울대학교 사범대학 조교수 · 부교수
	1980년 4월–1981년 3월	日本 筑波大學 초빙교수
	1984년 4월–1999년 8월	서울대학교 사범대학 교수
	1987년 4월–1988년 3월	日本 天理大學 초빙교수
	1995년 12월–1999년 3월	서울대학교 국어교육연구소 소장

	1997년 3월-1999년 8월	서울대 사대 韓國語教育 지도자과정 주임교수
	1999년 10월-현재	서울대학교 사범대학 명예교수
	2001년 11월-현재	中國 延邊科學技術大學 겸직교수
	2004년 9월-2005년 8월	中國 洛陽外國語大學 초빙교수
	2009년 9월-2011년 8월	培材大學校 초빙교수
	2013년 9월-현재	서울사대 한국어교육 지도자과정 고문
사회 활동	1977년-1999년	教育部 1종도서 심의위원 및 위원장
	1981년-1988년	法制處 정책자문위원회 위원
	1983년-1999년	教育部 교육과정 심의위원
	1987년-2000년	文化部 국어심의위원회 위원
	1988년-1993년	放送審議委員會(보도·교양, 연예·오락 등) 위원
	1990년-1991년	방송위원회 放送言語 심의위원회 위원장
	1992년-2000년	방송위원회 放送言語 특별위원회 위원
	1993년-1994년	공익광고 협의회 위원
	1996년-2004년	한국어能力試驗 자문위원장
	1999년-2004년	바른 언어생활 실천연합 공동대표
	2000년-2004년	한국어 世界化財團 이사
	2001년-2013년	在外同胞 교육진흥재단 이사, 공동대표, 상임대표
	2003년-2020년	(사) 韓國語文會 이사
	2007년-2021년	(사) 전국 한자교육추진 총연합회 이사
	2008년-2013년	한국어세계화포럼 이사장
	2011년-현재	(사) 한국문화국제교류운동본부 이사·이사장·고문
학회 활동	1970년-1985년	한국 국어교육연구회 이사 및 감사
	1978년-1993년	한국 어문교육연구회 이사
	1982년-2009년	KBS 한국어연구회 자문위원
	1983년-1999년	한국어연구회 회장
	1983년-1993년	二重言語學會 이사
	1993년-현재	국어교육학회 고문
	1997년-현재	이중언어학회 회장·고문
	2003년-현재	한국 언어문화교육학회 회장·고문

수상 경력

연도	수상 내용	수여기관
1985년 12월 5일	제17주년 국민교육헌장선포기념 표창	문교부장관
1988년 10월 15일	서울대학교 20주년 근속 표창	서울대 총장
1998년 10월 15일	서울대학교 30주년 근속 표창	서울대 총장
1999년 8월 31일	국민훈장모란장	대통령
2015년 5월 15일	세종문화상(학술부문)	대통령
2016년 3월 11일	청관대상 공로상	서울사대 동창회장
2019년 10월 6일	대한민국 세계화 봉사대상 (교육행정부문)	세계한인여성협회
2020년 12월 15일	자랑스러운 사범대인상	서울대 사범대학장

● 저자의 대표적 논저

단독 자서가 32종, 36권이고, 논문이 약 270여 편 된다. 이 밖에 공저·편저가 15종 약 30권 있고, 중고 교재가 14종 20여 권이 있다. 여기에는 단독 저서만 제시하기로 한다.

1. 文體論의 理論과 實際	1977. 世運文化社	
2. 사라진 말, 살아 남는 말	1979. 瑞來軒	
3. 우리말의 虛像과 實像	1983. 韓國放送事業團	
4. 放送言語의 問題點과 改善方案 研究	1983. 放送調査研究 報告書4, 放送委員會	
5. 國語의 誤用과 醇化	1984. 韓國放送事業團	
6. 國語의 表現과 醇化論	1984. 志學社	
7. 放送言語論	1987. 文化放送	
8. 광고언어의 사용의 기준	1993. 공보처	
9. 제2 논설집, 우리말 사랑 이야기	1994. 한샘출판사	
10. 제3 논설집, 올바른 언어생활	1994. 한샘출판사	
11. 우리말 바로 써야 한다 1, 2, 3	1995. 집문당	
12. 韓國 放送言語論	1996. 집문당	
13. 民事訴訟法의 醇化研究	1997. 大法院 報告書	
14. 현대문학의 문체와 표현	1998. 집문당	
15. 신문·광고의 문체와 표현	1998. 집문당	
16. 일반국어의 문체와 표현	1998. 집문당	
17. 제4 논설집, 아름다운 우리말 가꾸기	1999. 집문당	
18. 국어교육과 한국어교육의 성찰	2005. 서울대학교 출판부	
19. 고전문학의 문체와 표현	2005. 집문당	

20. 한국어교육학총서 1, 한국어교육의 원리와 방법   2012. 역락

21. 한국어교육학총서 2, 한국어교육과 언어문화 교육   2013. 역락

22. 한국어교육학총서 3, 재외동포 교육과 한국어교육   2013. 역락

23. 한국인과 한국어의 발상과 표현   2014. 역락

24. 우리말 우리 문화, 上, 下   2014. 역락

25. 재미있는 속담과 인생   2015. 역락

26. 교양인을 위한 언어·문학·문화, 그리고 교육 이야기   2015 역락

27. 국어순화와 법률 문장의 순화   2016. 역락

28. 한국어교육학총서 4, 언어·문화, 그리고 한국어교육   2017. 역락

29. 재미있는 곁말 기행, 上, 下   2018. 역락

30. 한국어교육학총서 5. 통일 대비 국어교육과 한국어교육   2019. 역락

31. 신문·방송의 언어와 표현론   2020. 역락

32. 우리말의 어원과 그 문화   2021. 역락(본서)

● 어휘 색인

624

630

638

650

우리말의 어원과 그 문화

— 우리말의 어원사전

초판 1쇄 발행 2021년 8월 30일

초판 2쇄 발행 2022년 10월 17일

저 자 박갑수

펴낸이 이대현

책임편집 강윤경 | **편집** 이태곤 권분옥 임애정

디자인 안혜진 최선주 이경진 | **마케팅** 박태훈 안현진

펴낸곳 도서출판 역락 | **등록** 1999년 4월 19일 제303-2002-000014호

주소 서울시 서초구 동광로46길 6-6 문창빌딩 2층(우06589)

전화 02-3409-2060(편집부), 2058(영업부) | **팩스** 02-3409-2059

전자우편 youkrack@hanmail.net | **홈페이지** www.youkrackbooks.com

ISBN 979-11-6742-193-7 93710